고전소설의 스펙트럼

저자 신태수

글누리
HNU

머리말

흔히들 물고기를 주지 말고 물고기 잡는 법을 가르치라고 한다. 그러나 나는 다른 차원의 이야기를 하고 싶다. 물고기 요리하는 법을 가르치라고.

우리 앞에 신선한 물고기가 한 마리 있다고 하자. 펄떡거리는 물고기를 집어들고 우리가 짐승처럼 산 채로 야만스럽게 입으로 뜯어먹을 수는 없는 노릇이다. 설령 생으로 먹는다 해도 회를 쳐서 먹는다. 회를 치는 것도 기술이 필요한 요리법이다.

대학은 학생들에게 물고기 요리하는 법까지 가르쳐야 한다. 펄떡거리며 의미들이 생동하는 텍스트를 요리하는 다양한 방법들을. 그래야만 리버럴 아츠(Liberal Arts) 교육, 인문학적 능력을 계발시키는 진정한 대학 교육에 이를 수 있다.

먹어본 사람이 요리도 잘한다. 맛을 알아야 그 맛을 낼 수 있으니까. 그러므로 우선 맛있는 물고기 요리를 다양하게 맛보아야 한다. 그리고 자신만의 독특한 테이스트(taste), 즉 개성있는 감식안을 갖추고, 텍스트를 읽으면서 맛을 음미한다. 그런 연후에 그 맛을 좇아 텍스트를 면밀히 분석하여 맛있는 요리를 만들어낼 수 있어야 한다.

고전소설 읽기는 텍스트의 진진한 맛을 음미하며 즐기는 과정인 동시에 의미를 생성하고 창조하는 생산적 활동이다. 맛있는 요리를 만들어내는 생산공정이다.

나는 쉐프(chef)다. 물고기 요리 전문이다. 이 책 『고전소설의 스펙트럼』은 맛있는 물고기 요리들과 그 요리 방법들에 관한 요리책이다. 고전소설 텍스트라는 물고기를 가지고 요리한 다양한 메뉴와 각각의 요리 방법들을 함께 담았다.

이 책 『고전소설의 스펙트럼』을 통해 고전소설 텍스트에 담긴 다양한 맛을 맛보고 음미해보길 바란다. 나아가 이를 바탕으로 물고기 요리하는 방법을 터득하고, 궁극적으로는 텍스트라는 물고기를 요리하는 데까지 이를 수 있기를 기대한다.

2023. 8. 立秋

한밭 梧井골 青林에서

차 례 CONTENTS

7장. 문학치료학

8장. 고전서사학

9장. 비교문학

10장. 문학주제학

11장. 문학변이학

12장. 문학계보학

1장 총 론

고전소설은 천 년이 넘는 오랜 세월에 걸쳐 생성 발전해온 까닭에 창작된 작품의 수와 이본의 종류가 대단히 많고, 스토리가 매우 긴 장편소설도 상당히 많다. 이러한 특성으로 인해 기존의 고전소설 개론서나 고전소설사, 강독서나 이론서를 막론하고 모두가 가능한 한 많은 수의 작품들을 소개하는 데 치중하였다.

고전소설을 학습하기 위해서는 우선 작품 읽기가 선행되어야만 하고, 가장 바람직한 것은 작품 전체를 읽는 완독이어야 한다. 나아가 대학에서는 단순한 작품 강독을 넘어서서 학생 스스로 작품의 새로운 의미를 발견할 수 있는 창조적인 읽기 능력의 배양을 위해서 고전소설의 이론과 연구방법론까지 아우르는 심화된 교육이 이루어져야 바람직하다.

그러나 실제 우리의 교육 현실은 한정된 수업시간으로 인해 몇몇 주요 작품들, 그나마 그 내용의 일부만 읽는 것마저도 시간이 부족한 실정이다. 이러한 문제들로 인해 대학에서의 고전소설 이론 교육은 많은 어려움이 있으며, 연구방법론까지 교육하는 것은 엄두도 내지 못하고 있는 상황이다. 그뿐만 아니라 국문학 전공 학부생이나 대학원생들이 고전소설 연구방법론을 전문적으로 학습할 수 있는 연구서가 나와 있는 것도 아니다. 선행 논문들을 읽으면서 거기에 사용된 연구방법을 참고하거나, 대개는 서구 이론서를 통해 혹은 고전 시학을 공부하는 과정에서 습득한 방법론을 적용해보면서 어렵사리 스스로 익혀나가고 있는 것이 적나라한 현실이다.

이 책은 대학 현장의 고전소설 교육이 안고 있는 이러한 고충을 해결하기 위해 새롭고 전향적인 접근을 시도하였다. 작품 강독에 대한 시간적 부담을 최소화하기 위해서 한국 고전소설의 대표작이자 한국 전기소설의 양식적 발전의 최고 정점에 도달한 두 작품을 선정하고 문헌학을 바탕으로 삼아 작품사회학, 작가사회학, 독자사회학, 문학지리학, 문학치료학, 서사학, 비교문학, 문학주제학, 문학변이학, 문학계보학 등의 다양한 연구방법론을 정밀하게 적용한 각각의 분석 사례들을 제시하였다. 이를 통해 학습자가 한국 고전소설 작품에 내재된 다채로운 스펙트럼을 한눈에 조감하면서 고전소설의 연구방법론을 효율적이고 흥미롭게 학습할 수 있도록 구성하였다.

문학작품은 인간과 세계의 복잡한 현상들이 작품 내적 질서에 따라 조합된 구조물이다. 따라서 문학작품은 각기 고유한 스펙트럼을 지니는데 각 작품의 그 고유한 스펙트럼은 정교한 인문학적 시각의 프리즘을 통해서만이 비로소 다양한 양상으로 펼쳐져 가시화할 수 있다.

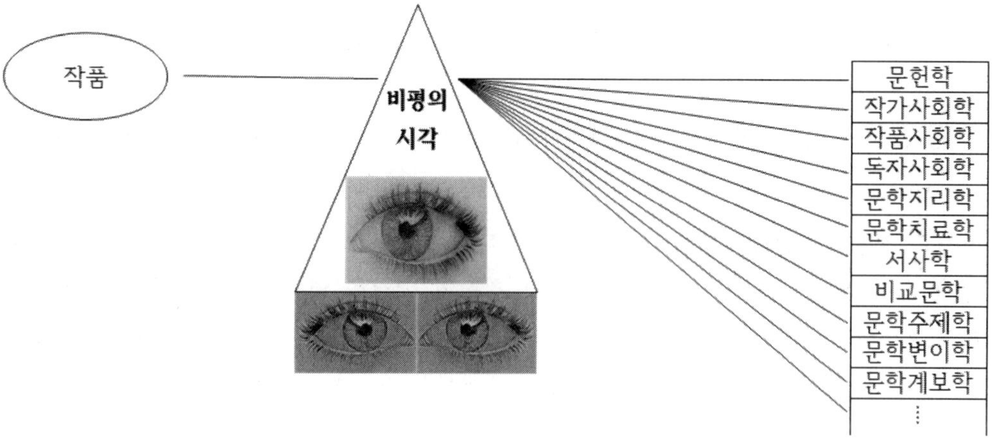

이 책은 다양한 연구방법론을 적용하여 한국 고전소설의 백미로 꼽히는 <주생전>과 <최척전>의 고유한 스펙트럼을 다채롭게 펼쳐내어 독자들에게 보여준다. 고전소설사에 있어 일대 혁신을 가져온 이 두 작품이 지닌 내적 의미들을 다각적이고 세밀하게 분석하여 제시하였다.

중세에서 근대로의 전환점에 출현한 <주생전>과 <최척전>은 한국 고전소설사의 분수령을 이룬 문제작이다. 전기소설의 서사문법 전통에 있어서 최고 수준의 정점에 도달한 작품이며 동시에 뛰어난 사실성과 외국으로의 공간 확장, 서사의 장편화 징후 등을 통해 전기소설의 최고 경지를 넘어 전통적 서사문법의 창조적 파괴로 나아가면서 일대 혁신을 가져온 걸작이다. 전기소설의 절정을 넘어 고전소설사에 새로운 경지를 열어나간 이 두 작품을 집중적으로 분석하여 그 속에 내재된 고유한 스펙트럼을 펼쳐 보여주는 것은 한국 고전소설에 대한 매우 심층적이고 정밀한 탐구인 동시에 고전소설 연구방법론에 대한 효과적인 학습의 기회를 제공한다.

본서는 우선 2장에서 문헌학 연구를 소개하였다. 문헌학은 고전소설 연구에 있어서 기초석과 같은 역할을 한다. 실존인물 최척의 행적이 적힌 『도탄집』과 『국당배어』의 기록과 <최척전>의 상관성을 분석하여 이 작품의 사실과 허구의 문제를 면밀히 검토하였다. 최척의 실존 여부, 최척의 종군, 최척의 귀환 등의 허실 여부를 논증하였고, 또한 <최척전>과 <홍도>의 선후 및 영향 관계를 규명하였다.

3장에서는 작품사회학 연구를 소개하였다. <최척전>의 가족서사에 대한 사회학적 분석과 이 작품에 내재된 상대적 화이관을 분석하였다. 가족서사에 대한 사회학적 분석에서는 가족제도 중에서 혼인과정, 부부형태, 가족형태, 거주형태 등 네 가지 분야에서 17세기 사회의 양상과 <최척전>의 양상을 비교하여 이를 통해 이 작품의 가족서사에 담긴 시대성과 아울러 그 시대를 뛰어넘는 근대적 성향을 살펴보았다. 또한 상대적 화이관 분석에서는 그 시대가 직면했던 문제에서 실마리를 찾아 외국인형상에 담긴 대외인식을 밝혔다. 이 작품은 당시 고답적인 화이관념의 잘못된 틀을 넘어서서 현실적이고 상대적인 화이관을 사실적인 묘사를 통해 창작 당시 조선사회가 직면한 대외정책에 대한 대안을 보여주었음을 논증하였다.

4장에서는 작가사회학 연구를 소개하였다. 작가사회학의 방법으로 <주생전>의 작가를 규명하고, 작품에 내재된 작가의식을 분석하였다. 주생전의 작가에서는 권필이 1593년 5월(癸巳年 仲夏)에 이 작품을 지은 것임과 그 창작의 배경을 역사적이고 실증적인 차원에서 밝혔다. <주생전>의 내용과 이 작품이 창작된 당시의 현실과의 관계를 타당하게 설명할 수 있는 논리, 권필이 작가가 아니라는 의혹을 불식시킬 수 있는 명확한 논리를 작가를 중심으로 시대상황과 창작의도를 통해 분석하였다. 또한 작품에 내재된 작가의식에서는 낭만성의 핵을 이루는 남조풍(南朝風)과 사상(士商)적 삶을 작자 권필과 그 당시 사회와의 관계 속에서 살펴보았다. 그 과정에서 작자 권필의 낭만적 상상력의 근원과 그것이 작품 속에서 어떻게 문학적으로 발현되었는지, 또 세계와의 관계 속에서 권필이 체험한 16세기 사회와 그 체험세계에 대한 의미론적 시도가 어떻게 작품 속에서 이루어졌는지를 구체적으로 밝혔다.

5장에서는 독자사회학 연구를 소개하였다. 모든 작품은 독자를 위해 씌어지고 또 독자마다 작품 해석이 다를 수 있다는 점에 기초하여 <최척전>의 예상독자와 창작의도, <주생전>의 일차독자와 창작의도, <주생전> 국문본 독자층의 문화를 분석하였다. 최척전의 예상독자와 창작의도에서는 이 작품을 창작하면서 작가 조위한은 누구를 위해, 그리고 어떤 의도로 작품을 썼는지를 창작 당시 그가 처한 시대적 상황과 작품의 주동적 인물 옥영의 형상화 사이의 관계성을 실마리로 삼아 작가가 염두에 두고 있던 예상독자와 창작의도를 추론하였다. 주생전의 일차독자와 창작의도에서는 작가 권필은 왜 당시 조선의 상황과는 매우 동떨어진 내용을 담고 있는 이 작품을 지었는가라고 하는 난제를, 그렇다면 작가가 일차적으로 누구를 독자로 설정하고 이 작품을 지었을까라고 하는 독자 문제를 실마리로 삼아 풀어냈다. 주생전 국문본 독자층의 문화 분석에서는 궁중과 민간이라고 하는 상이한 독자층의 문화를 전제하고 있는 2종의 국역본의 독자들에 초점을 맞추어 각 이본의 독자 및 그들을 둘러싼 사회와의 관계 속에서 이 작품의 특징을 밝혔다. 또한 과거의 독자와 현대의 독자가 처한 사회문화적 상황에 따라 작품의 해석이 크게 달라진 현상을 조명하였다.

6장에서는 문학지리학 연구를 소개하였다. <주생전>의 심상지리를 분석하고, 17세기 소설의 문학지리를 조감하였다. 주생전의 심상지리에서는 이 작품의 주요 공간적 배경인 중국 남방

공간과 관련한 작가 권필의 심상지리가 어떠하며, 그것들이 어떤 경로로 형성된 것이고, 어떤 양상으로 작품화되었는지를 밝혀서 이를 통해 고전소설 작품의 형성원리를 탐구하였다. 17세기 소설의 문학지리에서는 조선땅을 넘어 동아시아를 무대로 삼은 17세기 작품인 <주생전>, <조완벽전>, <최척전>, <김영철전>에 그려진 지리적 공간을 통해 동아시아세계에 대한 새로운 발견과 공간인식이 확장되어나간 흐름을 짚어보았다. 임진왜란과 대후금전쟁은 동아시아세계 국제질서의 개편을 초래하였고 이러한 정황은 조선 지식인의 대외인식과 공간인식에 변화를 야기하여 그들의 의식 속에 보다 더 큰 하나의 단위로서의 동아시아세계라는 개념적 공간이 형성된 것임을 밝혔다.

7장에서는 문학치료학 연구를 소개하였다. <최척전>을 자기치유 관점과 사회치유 관점에서 각각 분석해보았다. 자기치유 관점에서 본 최척전에서는 이 작품을 창작할 무렵 작가 조위한의 자기서사에서 발견되는 심리적 장애를 진단하고, 그의 자기서사가 이 작품에 어떤 양상으로 발현 또는 변형되면서 심리적 장애를 치유하는 데로 작용했는지를 밝혔다. 사회치유 관점에서 본 최척전에서는 이 작품의 사회치유적 의의를 조명하였다. 임진왜란 이후의 역사적 트라우마에 오염된 사회서사와 조선의 주류적인 사회서사로서 강력한 힘을 발휘하던 예학이데올로기가 드러낸 심각한 병리현상들을 어떻게 대응하면서 조정하고 치유를 시도하였는지를 고찰하였다.

8장에서는 고전 서사학 연구를 소개하였다. 고전시학의 비평 및 창작 이론에 입각하여 <최척전>에 사용된 허실상생의 기법과 서사기법 활용 양상을 분석하였다. 최척전의 허실상생 기법에서는 이 작품에 나타난 허실상생의 양상과 그것의 서사적 의미를 밝히고, 고전 서사시학 중 허실이론의 견지에서 이 작품의 사실적 문체가 지닌 동아시아문학사적 위상을 규명하였다. 사실과 허구를 섞어 창작한 이야기가 어떻게 사실성을 확보하는지, 그리고 사실과 허구를 유기적으로 결합하여 핍진한 사실성과 높은 흥미를 지닌 작품으로 완성해내는 창작기법을 구체적으로 밝혀내었다. 최척전의 서사기법 활용 양상에서는 서사 구성 및 서술방식을 세부적으로 분석하여 이 작품에 사용된 서사기법들을 일목요연하게 목록화하였다. 이 작품에 발휘된 서사기법들을 전면적으로 분석·추출하고 그 서사적 기능들을 밝혀 도표화함으로써 이 작품의 서사기법 활용의 양상을 한눈에 파악할 수 있도록 제시하였다.

9장에서는 비교문학 연구를 소개하였다. <최척전>과 동시대 작품의 작가의식 비교와 통변론으로 본 <주생전>의 문체를 다루었는데 전자는 평행론적 비교문학 연구이고, 후자는 수용-변용론적 비교문학 연구에 해당한다. 최척전과 동시대 작품의 작가의식 비교에서는 17세기에 출현한 <홍도전>, <주생전>, <홍길동전>, <김영철전> 등에 나타난 가족 관련 서술을 검토하여 그 속에 담겨진 작가의식을 비교하였다. 이를 통해 근대 이행기라는 사회적 상황 속에 처해 있으면서도 작가마다 지향하고 있는 의식이 다르며, 궁극적으로 조위한이 동시대 인물들보다 앞선 근대적 의식을 작품 속에 드러내었음을 규명하였다. 통변론으로 본 주생전의 문체에서는 창작 당시에 작가가 이해하고 있던 창작론을 전제로 고전 작품을 분석하는 것이 고전문학 연구에서 선행되어야 할 작업이요 바람직한 자세라는 인식 아래 권필을 포함한 16-17세기 문인들이 지니고 있던 통변과 법고창신이라고 하는 전통적 창작론의 조명 아래서 이 작품의 문체적 특징을 살펴보았다. 그리하여 이 작품이 통변과 법고창신의 정신을 성공적으로 구현함으로써 결과적으로 문체적으로 문학적 관습을 충실히 따르면서도 개성적이고 독자적인 경지를 열어 보인 작품임을 밝혔다.

10장에서는 문학주제학 연구를 소개하였다. <최척전>의 주제, <주생전>의 중층적 주제의식, 사랑은 어떻게 여성의 신분과 정절이데올로기를 극복했나 등을 분석하였다. 최척전의 주제에서는 작품이란 작가 자신이 그가 처한 시대적 상황과의 이상적 관계를 추구해 보려는 과정에서 창출된 것이라는 관점에서 이 작품을 통해서 작자가 말하고자 했던 것은 바로 어떠한 역경 속에서도 굴하지 않고 지성(至誠)해야 한다는 것이며, 전란으로 인해 해체된 가정과 파괴된 인간관계가 오직 지성(至誠)을 통해서만 회복되고 유지될 수 있음을 역설한 것임을 밝혔다. 주생전의 중층적 주제의식에서는 이 작품이 情을 긍정하면서도 동시에 권계(勸戒)를 통해서 절제의 균형점을 제시하는 중층적 주제의식을 담고 있는데 액자 안에서는 전자를, 액자틀에서는 후자를 드러내었고, 작가의 궁극적 의도는 언외지의(言外之意)로 존재하는 것임을 논증하였다. 사랑은 어떻게 여성의 신분과 정절이데올로기를 극복했나에서는 여성의 신분한계와 정절이데올로기를 극복하고 성취한 사랑이라는 동일한 주제를 다룬 소설 작품들에 대한 통시적 연구를 진행하였다. 애정을 다룬 고전소설에서 사랑을 가로막는 주요한 갈등 소재가 여성의 신분과 정절이었음 밝히고, 신분한계를 극복하고 사랑을 성취한 기녀의 사랑이야기와 정절이데올로기를 극복하고 사랑을 성취한 서사를 분석하여 그 극복의 양상들을 구체적으로 살펴보았다.

11장에서는 문학변이학 연구를 소개하였다. 원천 서사가 새로운 서사로 변주된 방식에 초점을 맞추어 <미수>의 재창작 양상과 1930년대 고전 서사의 근대적 리텔링 양상을 분석하였다. 미수의 재창작 양상에서는 이 작품이 원천 서사인 <홍도>를 기반으로 삼되 새로운 주제의식 아래 다양한 기존 서사작품들을 혼합 변주하여 재구성하는 한편 창의적 요소를 가미하는 방식으로 창작된 작품임을 밝혔다. 1930년대 고전 서사의 근대적 리텔링 양상에서는 1930년대에 신문과 잡지에 연재된 홍도 서사 리텔링 작품을 대상으로 그 리텔링의 양상과 특징을 분석하였다. 각 작품의 문체와 장르, 서사 구성, 주제와 역사 의식 등을 파악함으로써 원천 서사가 각 작품별로 어떻게 다양한 스펙트럼을 펼쳐보이면서 변주되었는지를 밝혔다. 이미 근대로 들어선 이 시기에 고전 서사를 어떤 양상으로 변주하였는지를 파악하고, 나아가 그 리텔링의 특징은 무엇인지를 분석한 것이다.

마지막으로 12장에서는 문학계보학 연구를 소개하였다. 홍도 서사의 계보학에서 1621년 <홍도(紅桃)>에서부터 현대에 이르기까지 300여 년간 전승되어 온 홍도계 서사 작품들 사이의 관계망을 파악하여 홍도 서사의 계보를 추적하였다. 우리 서사문학사에서 남녀주인공의 이름을 정생과 홍도로 삼아 현대에까지 활발히 전승되고 있는 홍도계 서사 작품들의 상호수수관계를 면밀히 분석하여 전체 작품들의 명확한 계보도를 도출하였다.

본서를 통해서 고전소설에 관심있는 독자들과 특히, 대학의 학부와 대학원에서 한국문학을 전공하는 국문학도들이 우리 고전소설의 다채로운 스펙트럼을 향유하는 동시에 효율적으로 작품 연구방법론을 학습할 수 있기를 기대한다. 그리하여 고전소설에 대해 더욱 흥미를 느끼게 되고, 나아가 궁극적으로는 고전소설 작품을 더욱 재미있게 읽으면서 묻혀있는 보석들을 캐듯이, 창조적인 읽기를 통해 각자 스스로 새로운 의미들을 발견하는 즐거움을 경험하는 경지에까지 이르게 되기를 응원한다.

2장 문헌학

Ⅰ. 최척전의 허실(虛實) 논변

2장에서는 문헌학 연구를 소개하였다. 문헌학은 고전소설 연구에 있어서 기초석과 같은 역할을 한다. 실존인물 최척의 행적이 적힌 『도탄집』과 『국당배어』의 기록과 〈최척전〉의 상관성을 분석하여 이 작품의 사실과 허구의 문제를 면밀히 검토하였다. 최척의 실존 여부, 최척의 종군, 최척의 귀환 등의 허실 여부를 논증하였고, 또한 〈최척전〉과 〈홍도〉의 선후 및 영향 관계를 규명하였다.

문헌학(文獻學) 연구는 고전소설 연구에 있어서 가장 기본적이고 필수적인 작업이다. 신화, 전설, 민담과 같이 말로 전승되는 구비서사문학과는 달리 고전소설은 문자로 기록되어 문헌으로 전승되었으며 문헌으로 존재해왔기 때문에 문헌적 상태의 검토가 고전소설 연구의 첫 출발이 된다.

고전소설 작품 중에서 가장 널리 알려져 있는 춘향전의 경우, 이본이 120여 종이나 되고, 제목도 이본에 따라 다르며, 판소리계소설도 있고 문장체 소설도 있고 한문소설본도 있으며, 문헌적 양상도 필사본 20여 종, 목판본 5종, 활자본 50여 종이나 되고, 국문본도 있고 한문본도 있고 영역본으로도 존재한다. 대부분의 고전소설 작품들도 각각 수 종에서 수십 종에 이르는 다양한 이본으로 존재할 뿐만 아니라 계속적으로 새로운 작품들이 발굴되고 있다. 이본에 따른 내용의 차이, 주제의 변화도 발생하는 등 변이의 폭이 상당히 넓은 것이 고전소설의 특성이기 때문에 문헌학 연구는 고전소설 연구에 있어서 필수불가결한 작업이다.

문헌학적 연구는 새 자료의 발굴, 소개, 분류 등을 기초 작업으로 삼고, 작가 규명, 작품 제작의 경위, 작품의 주석에 관한 고증 작업을 포함한다. 원전 비평(text criticism)은 문헌학적 연구의 중요한 영역이다. 작품의 제작 연대를 밝히거나, 이본(異本)들을 대조해서 그 차이점들을 규명하고, 원본(原本) 또는 선본(善本)을 추정하고, 후인의 의작(擬作)을 가려내는 등의 작업이 원전 비평에 해당한다. 고전소설은 한 작품에도 다양한 이본들이 존재하여 문헌적 혼란이 심하기 때문에 원전 비평은 특히 중요한 의의를 지닌다.

그동안 고전소설 연구에서 문헌학적 연구방법론은 중요한 연구방법으로 인식되기는 하였지만 본격적인 문학연구를 위한 보조수단으로 여기는 경향도 있었다. 그러나 고전소설 연구에 있어서 문헌학적 연구는 단순히 새로 발굴된 작품의 소개나 연구대상 텍스트 선정을 위한 선행 작업으로서의 이본 대조를 통한 선본 확정 등에 가치와 목적을 두는 것이 아니라 작품의 이해와 해석의 새로운 시각을 제공하는 데에 궁극적인 가치와 목적을 두어야 한다는 점에 유의할 필요가 있다.

I.

최척전의 허실(虛實) 논변

1. 들어가는 말

<최척전(崔陟傳)>(1621)은 장육불의 현몽과 같은 초현실적 요소로 인한 리얼리즘적 한계에도 불구하고 전체적으로는 그 이전 소설이 도달하지 못한 리얼리즘의 새로운 진전을 이룩한 작품으로 평가받는다.[1] 이 작품은 종래의 전기소설의 기이함이 초현실적이고 환상적인 소재를 통해 구현된 것과 달리 현실 속에서 일어난 사건을 심미화의 방식을 통해 기이하게 그려내었으며, 이를 통해 보여준 현실성의 강화는 전기소설의 양식적 정점과 해체의 분수령을 이루는 것으로 보고 있다.[2] <최척전>은 이전 소설에 비해 뛰어난 사실성(寫實性)으로 인해 소설사의 전환을 보여준 작품이라는 평가는 학계의 공통된 인식이라고 할 수 있다.

그런데 이 작품의 사실성(寫實性)과 관련하여 소설사에서 주목하는 바는 허구(虛構)의 문제이다. <최척전>에 이르러 소설에서의 허구는 없는 것을 만들어낸다는 의미가 아니라 역사현실에서 일어났던 세계를 가공해가는 과정, 즉 있는 세계와 인물을 유기적으로 조직하는 과정으로 전환되었다는 주장[3]도 있듯 이 작품의 허구성은 소설사의 전환적 의의를 띠고 있다.

일찍이 민영대는 사실적 시공간을 설정하고 임진왜란, 남원성함락, 대후금전투, 변사정, 강홍립 등 역사적 사건 및 역사 인물이라는 객관적 사실 사이사이에 허구를 조합하여 조화를 이루도록 치밀하게 구성하여 창작된 작품으로 보고, 이 작품의 허구를 현실적 허구와 가공적 허구로 나누어 살폈다. 현실적 허구는 우리의 삶 속에서 있을 수 있는 사실적인 것을, 가공적 허구는 현실적으로 있을 수 없는 비사실적인 것을 가리키는 용어로 사용하면서, 만복사 부처의 계시를 비롯한 불교적 요소는 후자에 속하는 것으로 작가의 불교인식의 반영

---

1) 박희병, 「최척전」, 『한국고전소설작품론』, 집문당, 1990, 96-103쪽.
2) 소인호, 「조선 중기 애정전기소설의 양식적 특성 연구」, 『인문과학연구』 37, 청주대학교인문과학연구소, 2008, 1-11쪽.
3) 정환국, 「17세기 實記類와 小說의 거리」, 『고전문학연구의 쟁점적 과제와 전망(상)』, 월인, 2003, 157쪽.

이라 했고, 전자에 대하여는 작품 속에서 일어나고 있는 모든 사건이 최척의 실제담일 수 있으나 최척이 실제 인물인지 확인할 수 없기 때문에 현실적 허구로 본다고 했다.[4] 그는 작가의 삶과 작품의 관계를 살피면서 조위한의 삶의 체험이 작품에 그대로 투영되어 있다고 주장했다.[5] 이러한 견해는 최척이 실존인물임이 밝혀지면서 더욱 설득력을 얻게 되었다.

양승민은 변사정의 『도탄집(桃灘集)』과 정태제의 『국당배어(菊堂排語)』 등을 통해 최척이 실존인물임을 밝혔다. 그런데 실존인물 최척의 실제 행적은 <최척전>과는 동떨어져 있다고 하면서 이 작품의 거의 모든 사건이 허구라고 주장했다. 실존인물 최척은 <최척전>에서 볼 수 있는 그러한 발자취를 남긴 사람이 아니기 때문에 그 줄거리마저 최척의 실제 행적에 토대하고 있지 않으며 오히려 작가의 경험적 사실과 세계관에 입각해 치밀하게 짜여진 상상의 산물이라고 보았다.[6]

이처럼 최척이 실존인물임이 밝혀지고 그의 행적이 작품과 상이함이 거론됨에 따라 이 작품의 허구성에 대한 논의는 더욱 심화되었다. 작가의 체험 범위를 넘어서, 당시 포로로 끌려갔다가 극적으로 귀환한 조완벽, 강항, 노인, 정희득 등의 체험을 작중인물을 형상화하는 과정에 갈마들며 파편적으로 구현한 것[7]이라고 밝힌 정환국의 논문은 허구성 논의를 좀더 확장시킨 연구 중 하나라고 할 수 있다.

그런데 최근 엄태식은 양승민의 논의를 일일이 되짚으면서 『도탄집』의 최척은 <최척전>의 최척과 동일인이지만 『국당배어』의 최척은 <최척전>의 주인공이 아니라는 이견을 내놓았다. 그는 이 작품의 서사가 완전한 허구라면 작품 말미의 기록도 허구일 가능성이 충분하다며 조위한이 최척으로부터 이야기를 들었다는 내용은 물론 천개(天啓) 원년(元年, 1621) 윤이월(閏二月)이라는 창작연대조차도 허구이고, 실제적인 창작시기는 조위한이 상산(商山)에 거주했을 것으로 추정되는 1622-1623년 사이라고 주장했다.[8]

실존인물 최척의 행적과 작가 조위한의 체험 및 역사적인 주변 정황에 대한 고증이 가세하면서 <최척전>의 허구성에 대한 논의는 점입가경의 형세를 이루고 있는 상황이다. 이처럼 최척의 실존마저 부정되고 작품의 말미 기록도 허구로 의심받음에 따라 그동안 확정적으로 받아들여지던 창작시기조차 부정되는 작금의 상황에 직면하여, 이제 <최척전>의 사실과 허구의 실상이 과연 어떠한 것인지를 면밀하게 재검토해볼 필요가 있다고 판단된다.

이에 본고는 이 작품의 허구성과 관련한 사실과 허구의 문제를 재검토해보려고 한다. 실존

---

4) 민영대, 『趙緯韓과 崔陟傳』, 아세아문화사, 1993, 189-195쪽.
5) 위의 책, 308쪽.
6) 양승민, 「최척전의 창작동인과 소통과정」, 『고소설연구』 9, 한국고소설학회, 2000, 109쪽.
7) 정환국, 앞의 논문, 141-147쪽.
8) 엄태식, 「최척전의 창작 배경과 열녀 담론」, 『한국고전여성문학연구』 24, 한국고전여성문학회, 2012, 85-106쪽.

인물 최척의 행적과 작품의 상관성, 창작시기와 작품 말미 기록의 진위 등 허구성 논의에서 논란의 핵심이 되는 사안들을 중심으로 살펴보겠다.

2. 최척의 행적과 작품의 상관성

2.1. 최척의 실존 여부

변사정(邊士貞, 1529-1596)의 『도탄집』 소재 「창의실적(倡義實蹟)」과 「연보(年譜)」에 각각 기재된 '직장 최척(直長 崔陟)'과 '유학 최척(幼學 崔陟)'이라는 기록을 통해서 최척이 실존 인물임이 확인되었다.[9] 최척이 젊은 시절 변사정의 의병에 참여하여 종군했던 행적은 작품 안팎이 서로 부합한다. 이로써 <최척전>의 주인공 최척이 실재했던 인물이라는 것은 이론의 여지가 없는 사실로 규정할 수 있을 것이다.

그런데 문제가 되는 것은 해외를 편력했다는 성년기의 행적과 중년기에 귀국 후의 행방이다. 그 가운데 작품에 나와 있는 해외편력의 행적에 대하여는 아직 별도의 사료(史料)를 찾아볼 수 없으며, 현재 논란이 되고 있는 것은 중년기의 행방이다. 즉, 정태제(鄭泰齊, 1612-1669)의 『국당배어(菊堂排語)』에 등장하는 최척이라는 인물이 과연 <최척전>의 주인공과 동일인인가 하는 것이 쟁점이 된 것이다.

> 충주에는 예로부터 문재가 많이 배출되었다. 최진방과 최척은 모두 이 지방 사람이다. … 정문원 영감께서 예전에 이런 말씀을 하신 적이 있다. "젊은 시절 남원에 우거할 때, 호남 방백이 순제(旬題)로 〈개형운부(開衡雲賦)〉를 냈지. 이때 제호(霽湖) 양경우(梁慶遇)가 집에 있었으므로, 여러 유생들이 각자 지은 것을 써서 먼저 양경우에게 상고를 청했네. 마침 최척이 지은 〈개형운부〉가 있기에 또한 아무개 이름으로 써 보내어 양경우의 안목을 시험해 보았는데, 다른 작품들은 다 등제(登第)시켜 보냈으나 최척의 부(賦)에 대해서는 '감히 상고할 수 없다.'고 했네. 이튿날 내가 가서 뵙고, '이 작품은 새롭거나 기이하지 않은 것 같은데, 어찌 이처럼 지나치게 허여하십니까?'라고 물었더니, 양경우는 또 한번 죽 읽어보고는, '이러이러한 점은 문장가의 솜씨가 아니면 불가하니, 결코 남원부의 유생이 지은 것이 아니네. 늙은이를 속이려 들지 말게.'라고 했네. 비로소 양경우가 안목을 갖춘 사람임을 알았지."[10]

9) 양승민, 앞의 논문, 70-73쪽.

10) 鄭泰齊, 『菊堂排語』(국립도서관소장본, 한古朝56-나151), 42-43쪽. "忠州自古文士多出, 崔鎭邦、崔陟皆本州人. 崔鎭邦有詩, 萬事霜侵鬢, 三秋客依樓. 白烟孤店外, 紅葉小橋頭. 崔陟落葉會序, 佳人唱流連之詞, 今日今日又今日. 醉客續慇懃之意, 一盃一盃復一盃. 皆膾炙人口. 鄭聞遠丈嘗言, 少時寓居

이 기록에 대하여 양승민은 최척이 관향이 충주인 남원의 재지사족이며, 최척이 <개형운부>를 보낸 것은 양경우가 남원에 낙향해 있던 1620년 무렵의 일이라고 했다.[11] 반면에 엄태식은 최척이 <개형운부>를 양경우에게 보낸 것이 아니라 정문원이 보낸 것이라고 지적하는 한편, '결코 남원부의 유생이 지은 것이 아니라'는 양경우의 언급을 근거로 정문원이 보낸 <개형운부>의 작가 최척은 남원 사람도 유생도 아님이 분명하며, 충주 사람 최척의 <개형운부>는 호남 방백의 순제와 무관하게 창작된 것이라고 주장했다. 그는 젊은 유생들이나 보았을 순제에 당시 적어도 40세는 되었을 최척이 함께 참여하지는 않았을 것이라고 본 것이다. 그리하여 그는 <최척전>의 최척과 『도탄집』의 최척은 동일인이지만 『국당배어』의 최척은 동명이인으로 보았다.[12]

그러나 작품에서 조명연합군이 누루하치에게 패하여 호지(胡地)에 억류되어 있을 때 함께 갇혀 있던 몽석이 최척에게 거주를 물어보니, 최척이 "때로는 전라도 사람이라 대답하기도 하고 때로는 충청도 사람이라 대답하기도 하였다."[13]고 한 대목에 주목할 필요가 있다. 남원은 전라도에 속하였고 충주는 충청도에 속한 곳이므로 최척이 두 곳 모두에 연고가 있는 사람임을 알 수 있으니, '남원(南原)' 사람이라고 한 <최척전> 서두와 '충주(忠州)' 사람이라고 한 『국당배어』는 서로 모순된 것[14]이 아니며, 따라서 『도탄집』의 최척과 『국당배어』의 최척은 동일인이고, 그가 곧 <최척전>의 최척이라고 보아야 타당할 것이다.

또 양경우의 『제호집(霽湖集)』 소재 <개형운부>의 주(註)에 "방백이 출제하여 도내의 과거 응시자를 시험했는데, 나를 따르며 함께 하는 이들이 내가 지은 것을 보고서 그 양식을 본뜨고자 하였으므로, 이 부를 지어 보여주었다."[15]는 기록에서 알 수 있듯이 <개형운부>는 그가 남원에 낙향해 있던 시절인 1616-1623년 사이에 방백의 시험 출제를 계기로 지은 것인데, 바로 그 무렵은 최척이 해외로부터 귀환하여 남원에 머물고 있던 시기와 겹친다. 그리고 양경우가 최척의 <개형운부>를 두고 '결코 남원 유생이 지은 것이 아니다'고 평한 것은 출신 지역과 신분을 적시한 것이 아니라 문장의 수준을 두고 한 말임에 주의해야 한다. 즉, 이렇게 뛰어난 문장은 남원과 같은 시골의 풋내기 유생들로서는 도저히 지어낼 수 없는

南原, 湖南方伯出旬題開衡雲賦. 時霽湖梁慶遇在家, 諸生各書所製, 爲先請考於梁. 適有崔陟所作開衡雲賦, 亦以某名書送, 以試梁眼, 它作皆登第以送, 而崔賦則曰 不敢考. 翌日, 余往見, 問之曰 此作似不新奇, 而何過許至此耶? 梁又讀下一遍曰 如此如此, 非文章手, 不能也, 決非府儒生之作. 老夫不可瞞云. 始知霽湖爲具眼也."

11) 양승민, 앞의 논문, 73-76쪽.

12) 엄태식, 앞의 논문, 87-88쪽.

13) 趙緯韓, <崔陟傳>(민영대, 『趙緯韓과 崔陟傳』 부록 원문), 아세아문화사, 1993, 362쪽. "或稱全羅, 或稱忠淸"

14) 엄태식은 이 두 기록이 서로 모순됨을 이유로 『국당배어』의 최척이 <최척전>의 최척과는 다른 동명이인으로 본다.

15) 梁慶遇, 『霽湖集』(한국문집총간 73, 민족문화추진회, 1991), 513쪽. "方伯出題 試道內擧子 從余遊者 願見余所製而依樣之 故賦此示之"

수준임을 지적한 것이다. 사실 최척이 일찍부터 문장이 뛰어난데다가 20여년을 중국에서 생활하며 그곳 문사들과 교유하고 중국 땅의 명승지들을 두루 유람하여 견문을 넓힌 인물이었다면 궁벽한 시골 한 구석에 묻혀 사는 젊은 유생들과는 비교할 수 없는 수준일 수밖에 없는 것이다. "사람이 천하를 봄이 넓지 못하면, 시가 또한 국한되는 바가 있다."[16]고 한 석주(石洲) 권필(權韠, 1569-1612)을 비롯한 당시 문인들이 추구했던 '강산지조(江山之助)'의 인식이 그것을 뒷받침한다. 실제로 <개형운부>를 지을 당시 최척의 문장 수준은 남원 땅의 유생들과 군계일학(群鷄一鶴)의 차등이 있었을 것이 분명하다.

또한 최척이 호남 방백이 실시한 순제(旬題)에 참여했을 가능성도 그 당시의 사회 현실을 살펴보면 얼마든지 있다. 조선은 향교의 교생(校生)에 대하여 군역을 잠정적으로 면제해주었는데 이 점을 이용하여 정원 외에 이름만 걸어두고 군역을 면제받는 자들이 속출하였다. 1612년 호패법의 실시 이후에는 소재가 정확히 추적당하게 됨에 따라 사족(士族) 계층의 다수가 피역을 목적으로 서울의 성균관과 사학(四學) 및 지방의 향교에 입속하는 사례가 더욱 늘어났다. 정기적으로 치러지는 시험에 탈락한 자들은 정예병으로 충원되어 군역을 담당해야만 했지만 사족층의 반발로 인해 교생들의 시험 합격률은 100%에 달하여 사실상 시험에 참가만 해도 군역이 면제되는 상황이었다. 이러한 상황은 1627년 호패법의 폐지에 따라 사족층의 면역이 공인될 때까지 지속되었다.[17] 따라서 이와 같은 역사적 사실을 감안할 때 사족층의 면역이 공인된 1627년 이전인 1620년 무렵에 사족인 최척이 비록 40대의 나이였을지라도 군역을 면제받을 수 있는 방편으로 향교에 이름만 걸어두고 형식적인 시험에 응하여 <개형운부> 한 수를 지어 제출한 것으로 볼 수 있다.

2.2. 최척의 종군

최척의 종군과 관련하여서 우선 <최척전>을 살펴보자. 작품 서두에서 최척은 아버지 최숙으로부터 이런 훈계를 듣는다.

> 네가 공부는 하지 않고 빈둥거리니 필경 어떤 사람이 되려고 그러느냐. 하물며 지금 나라에서는 군사를 일으켜 고을마다 무사(武士)를 모집하고 있으니 너는 활쏘기와 사냥을 일삼지 마라. 늙은 아비가 근심하는 것을 보아서라도 머리를 숙여 가르침을 받아 과거(科擧) 공부에 힘을 쏟는다면 비록 급제하여 이름을 명부에 올리지는 못하더라도 정기(旌旗)를 지고 종군하는 일은 면할 수 있을 것이다[18]

16) 宋時烈, 「與南雲卿」, 『宋子大全』 卷76. "一日石洲謂曰 人不博觀天下 詩亦爲所局矣"
17) 김성우, 『조선중기 국가와 사족』, 역사비평사, 2001, 123-469쪽.

최숙은 아들 최척이 공부를 하지 않고 활쏘기와 사냥을 일삼는 것을 못마땅하게 여긴다. 그러다가는 종군하게 될 것임을 알아 염려했기 때문이다. 앞에서 언급했듯이 당시에 사족은 과거 공부를 하면 군역을 면제받았다. 최숙은 그 점을 염두에 두고 말한 것이다. 이에 최척은 아버지의 말씀에 따라 "부지런히 공부하여 몇 달이 지나자 시문(詩文)의 재주가 날로 늘어나 왕성함이 마치 강물이 터진 듯하니 마을사람들이 모두 그 총명하고 민첩함에 탄복한다."[19] 이로 보건대, <최척전>의 최척은 문(文)과 무(武)를 겸비한 인재임을 알 수가 있다.

그렇다면 실존인물 최척의 경우는 어떠했을까. 종군 사유와 인물평가에 대한 『도탄집』의 기록은 다음과 같다.

> 文從事는 … 進士 金汝重, 直長 崔陟이다. … 이르기를 參謀, 軍正, 召募, 書記라고 불렀는데, 혹은 長老로써 혹은 名望으로써 혹은 부지런과 성실로써 혹은 文筆로써 예비 인원이 된 것이다.[20]
>
> 幼學 방원진, 김정, 崔陟, 최준, 박의, 최윤, 오서익 등은 다 名望있고, 부지런하며, 文筆이 뛰어나고, 意氣가 있으며, 대장부다워서 막하의 보좌관이 되었다. 혹은 參謀로 혹은 軍正으로 혹은 書記로 혹은 犒餉으로, 각기 재능에 따라 임무를 맡았다.[21]

위 인용문에서 보는 바와 같이 여러 사람들을 함께 묶어 개괄적으로 언급하고 있기 때문에 최척의 정확한 종군의 명분과 자질을 한 가지로 꼭 집어 이야기할 수 있는 상황이 아니다. 그가 변사정의 막하에서 서기(書記)로 활동했다거나, 또 그 이유로 문재(文才)가 출중했기 때문이라고 지목할 만한 정확한 근거는 없다.[22]

<최척전>에서 최척이 '아직 결혼을 할 나이도 되지 않았다.'[23]고 한 것을 통해서 종군 당시에 그의 나이가 어렸음을 알 수 있는데, 이 점을 감안한다면 문재가 출중해서가 아니라 오히려 무(武)적 자질 때문에 종군하게 되었다고 한 작품 내용이 더 현실적이라 하겠다. 작품 속에서 변사정은 의병을 소집하면서 '최척이 활쏘기와 말타는 재주(弓馬之才)가 있는 것을 보고 끝내 참가시켜 함께 데려갔다'[24]고 했다. 서두에서 이미 최척은 문무를 겸비한 인물로

---

18) 趙緯韓, <崔陟傳>, 353쪽. "汝不學無賴, 畢竟做何等人乎. 況今國家興戎, 州縣方徵武士, 汝無射獵爲事. 貽老父憂, 屈首受書, 從事於擧子業, 雖未得策名登第, 亦可免負羽從軍."

19) <崔陟傳>. "請業不輟. 浹數月, 詞藻日富, 沛然如決江河, 鄕人咸服其聰敏."

20) 邊士貞, 「倡義實蹟」, 『桃灘集』 卷1. "文從事 … 進士金汝重 直長崔陟也. … 曰參謀 曰軍正 曰召募 曰書記, 或以長老 或以名望 或以勤幹 或以文筆 爲之備員焉."

21) 위의 책, 「年譜」. "幼學房元震 金定 崔陟 崔准 朴猗 崔潤 吳瑞翼等, 俱以名望勤幹文筆意氣男兒爲佐幕, 或參謀或軍正或書記或犒餉隨才各任"

22) 그러나 양승민(앞의 논문, 73쪽)과 엄태식(앞의 논문, 94쪽)은 모두 최척이 문필이 뛰어났기 때문에 변사정의 막하에서 書記로 활동한 것으로 단정했다.

23) <崔陟傳>. "而況汝未及有室之年"

설정되었으니 이같은 최척의 종군 이유는 작품 내적 논리에도 어긋나지 않는다.

그러나 엄태식은 과거 공부를 하면 종군을 면할 수 있다는 최숙의 말은 현실적으로 불가능한 일이고, 최척이 문재가 아니라 궁마지재로 종군한 것도 작품 논리에 어긋나며, 최척이 원래 학문에 힘쓰지 않은 인물로 서술된 점이 유몽인(柳夢寅)의 『어우야담(於于野譚)』 소재 <홍도>에서 정생이 배움이 없었다고 한 것과 일치하니, 이러한 점들은 곧 조위한이 <홍도>를 무리하게 개작하여 <최척전>을 창작한 흔적들이라고 주장한다.[25]

하지만 앞에서 이미 언급했듯이 과거 공부를 하면 종군을 면할 수 있었다는 것은 부정할 수 없는 역사적 사실이다. 또한 그 당시 사족 가운데에는 최척처럼 문무를 겸비한 사람들이 종종 있었다. 조위한의 친구였던 권필은 젊은 시절 문장을 연마했을 뿐 아니라 병법도 두루 섭렵했다.[26] 허균의 형 허봉(許葑, 1551-1588)은 무과에 급제한 후 나중에 문과에 급제하여 문관으로 나갔다.[27] 반대로 하경청(河景淸)은 성균관 진사시에 합격했으나 문(文)을 버리고 무(武)로 나아가 무과에 합격하여 무관직을 얻었다.[28] 그야말로 "대장부가 세상에 나매 공맹을 본받지 못하면 차라리 병법을 외워 대장인을 요하에 빗겨 차고 동정서벌하여 국가의 대공을 세우고 이름을 만대에 빛냄이 장부의 쾌사라."[29]는 인식은 조선 사대부층의 공통된 인식이었다고 할 수 있다. 이러한 역사적 정황들을 종합적으로 고려할 때, 처음에 최척이 활쏘기와 사냥을 일삼으며 공부를 하지 않다가 아버지의 훈계에 따라 돌이켜서 부지런히 공부하여 문재가 일취월장하기는 했으나 아직 나이가 어린 탓에 문재가 충분히 성숙되지 못한 상태였기 때문에 문재보다는 궁마지재가 우세한 상황에서 변사정의 눈에 띄어 억지로 종군하게 된 것으로 자연스럽게 이해할 수 있다. 따라서 <최척전>에서는 엄태식이 주장하는 '<홍도>를 무리하게 변개한 흔적'과 같은 것은 찾아볼 수가 없다.

2.3. 최척의 귀환

실존인물 최척이 과연 해외로부터 귀환했는가 하는 문제는 <최척전>의 허구성 논란의 불씨이기도 하다. 일찍이 <최척전>을 읽고 나서 기록을 남긴 독자 가운데 가장 이른 시기의 사람인 이민성(李民宬, 1570-1629)은 최척의 귀환과 존재를 부정했다. 그는 이 작품 속에서 자신의 동생인 이민환(李民寏, 1573-1649)과 관련된 사건을 발견하고는 최척이란 사람을 남원에서 수소문해보았지만 찾지 못했다고 하면서 이 작품이 날조된 허구라고 비난했다.

---

24) <崔陟傳>. "府人前參奉邊士貞, 起義兵, 赴嶺南, 以陟有弓馬之才, 遂與同行."
25) 엄태식, 앞의 논문, 93-96쪽.
26) 申泰秀, 「周生傳 硏究」, 한남대학교 박사학위논문, 2012, 40-44쪽.
27) 윤남한, 「조천기 해제」, 『국역 연행록선집』 I, 민족문화추진회, 1976, 241쪽 참조.
28) 柳夢寅, 신익철·이형대·조융희·노영미 역, 『어우야담』, 돌베개, 2009, 782쪽.
29) <洪吉童傳>(京板24張本), 鄭夏英 編, 『韓國古代小說選讀』, 集文堂, 1992, 17쪽을 현대적 표기로 바꾼 것이다.

況聞帶方郡 하물며 남원에서 듣건대
原無還人物 본래 돌아온 인물이 없다 한다
或云資話柄 혹자는 말하기를 이야깃거리를 제공한 것일 뿐
未必憑事實 사실에 근거한 것은 아니라고 한다[30)]

<제최척전(題崔陟傳)>이 <최척전> 관련 기록 중 가장 이른 시기의 것이기 때문에 <최척전>에 대한 가장 정확한 정보를 담고 있다고 본 엄태식은 이민성의 주장을 절대적으로 신뢰한다. 그리하여 이민성이 최척의 존재를 부정했으니 <최척전>은 '완전 허구'라고 주장하기에 이른다. 최척이 겪은 일뿐만이 아니라, 주인공 최척의 실존 및 후지(後識)의 내용까지를 포함하여 모두 허구라는 것이다.[31)] 그가 『국당배어』의 최척을 동명이인이라고 하며 중년기의 최척을 삭제한 것은 이러한 인식에 기인한 것이라 하겠다.

그러나 최척의 실존 여부를 이민성의 주장에만 의거하여 단정하는 것은 위험하다. 이민성은 동생 이민환의 무고함을 주장하며 변호하는 입장에서 <최척전>의 허구성을 주장하였지만 사실상 그 당시 이민환은 변절자라는 혐의가 일반적인 인식이었기 때문이다. 이민환은 1619년 3월에 강홍립과 함께 포로가 되었다가 1620년 7월에 풀려났다. 본국으로 돌아온 그는 오랑캐에게 항복하여 절의를 잃은 자로 비난을 받았다. 1620년 8월에는 그의 목을 베어 효수해야 한다는 상소가 올라왔고, 심지어 15년 뒤인 1635년에도 같은 이유로 관직에서 쫓겨났다. 이러한 조정의 혹평과 더불어 세간에서도 이민환에 대한 부정적인 평가가 널리 퍼져 있던 것으로 보인다.[32)]

이민성의 주장에만 의존할 수 없는 다른 이유들도 있다. 그가 제시한 대후금전투 생환자의 환적 절차가 과연 그의 말대로 철저히 이루어졌는지, 국경의 경비가 물샐 틈 없이 이루어져서 과연 한 명도 빠짐없이 그러한 절차를 밟아 집으로 돌아왔는지 의심스럽기 때문이다. 또 그가 최척을 찾기 위해 남원 지역을 얼마만큼 성실하게 수색했는지도 의문이고, 특히 이민성이 <최척전>을 읽고 나서 수소문할 당시에 최척이 이미 남원을 떠나 다른 지역으로 이주했을 가능성도 배제할 수 없기 때문이다.

당시는 전후 복구사업의 일환으로서, 관의 주도와 사족의 능동적 참여로 개간사업이 활발히 이루어졌다. 이때 사족층을 중심으로 한 개간사업이 곳곳에서 추진되면서 인구이동도 발생

30) 李民宬, <題崔陟傳>, 『敬亭集』 卷4(『韓國文集叢刊』 76卷, 민족문화추진회, 1992).
31) 엄태식, 앞의 논문, 99-100쪽.
32) 박양리, 「강홍립에 대한 문학적 형상화 양상 연구: <책중일록>과 <강로전>을 중심으로」, 『韓國文學論叢』 58, 한국문학회, 2011, 104쪽. (『광해군일기』 권155 광해군 12년 8월 을축/ 『인조실록』 권31 인조 13년 4월 병신)

했다. 일례로 경상도 함양의 양반 정경운 일가는 고향을 떠나 낯선 전라도 옥포 지역의 황무지를 개간하여 그곳에 정착했다.[33] 최척 일족도 흩어졌다가 다시 한자리에 모이게 되어 대가족을 이루었기 때문에 가산을 늘려야 할 필요성으로 인해 개간 등을 목적으로 타 지역으로 이주했을 가능성을 배제할 수 없다.

한편 앞에서 살펴본 바와 같이 『국당배어』의 충주 사람 최척이 『도탄집』의 최척과 동일인이라고 한다면, 후금으로부터의 최척의 귀환은 사실로 보아야 하겠는데 문제는 귀환 후 그의 행적이 묘연하다는 데 있다. 이에 대해 양승민은 최척을 전란의 질곡을 겪은 데 이어 회재불우하였기 때문에 마침내 종적을 감춰버린 '특수한 인간', 사족 일반의 삶과 달랐기에 신분만 사족인 그러면서도 기층민과도 거리가 있는 '별종의 인간'으로 규정한다.[34]

그러나 귀환 후 최척은 '일사(逸士)'적 삶을 산 것으로 봄이 더 타당할 것이다. 왜냐하면 최척은 정유재란 당시 명나라로 불법 월경을 한 범법자인데다가 대후금전투의 '주회자(走回者)', 즉 도망자였기에 떳떳할 수 없었기 때문이다. 당시 주회자들은 공공연하게 사회적으로 지탄과 배척을 받기도 했다. 일예로, 권칙(權侙, 1599-1667)은 약관 20세에 대후금전투에 참전했다가 1619년 강홍립의 군대가 패하자 도망하여 돌아왔다. 도중에 며칠 동안 먹지 못해 눈이 보이지 않을 지경에 이르렀다가 사람 똥을 먹고서야 겨우 앞이 보여 돌아올 수 있었다. 이처럼 사선을 넘어 죽을 고생을 한 끝에 간신히 돌아왔지만 권칙은 살아왔다는 이유만으로 비난을 받아야 했다. 유몽인(1559-1623)은 "유독 애석한 것은 전쟁터에서 절개를 지키지 못한 일이다."[35]라고 하면서 살아 돌아온 것을 가리켜 '절개를 지키지 못한 짓'이라고 꾸짖었다. 유몽인을 포함하여 당시의 사회적 분위기는 김응하(金應河)처럼 끝까지 싸우다 장렬하게 전사했어야 마땅하다는 인식이 지배적이었던 것이다. 광해군이 후금과 화약을 맺음으로써 명나라에 대해 배은망덕했다는 것을 반정의 명분 중 하나로 삼았던 인조반정(1623) 이후에는 결사항전했던 김응하에 대한 찬양과, 반면에 항복했던 강홍립에 대한 비난이 더욱 극렬하게 표출되고 강화되었다. 이러한 사회 분위기를 감안할 때 권칙과 마찬가지로 대후금전투에서 도망쳐 돌아온 최척이 자신을 드러내며 살 수 있는 상황이 결코 아니었다. 그래서 최척은 산수간(山水間)이나 여항간(閭巷間)에 묻혀 조용히 은둔의 삶을 살아간 것으로 보인다.

또한 작품 속에서 최척은 도교에 심취하여, 세상에 살 뜻을 버리고 중국 도교의 성지인 청성산에 들어가려고 했는데, 이러한 그의 도가적 취향이 귀환 후의 사회적 분위기와 맞물리면서 그로 하여금 은둔의 삶을 살아가도록 작용했을 것이라 짐작해 볼 수도 있다. 최척과의 조우 당시 조위한은 <차귀거래사(次歸去來辭)>를 짓고 남원에 은거(1618-1623)하고 있으

33) 김성우, 앞의 책, 391-393쪽
34) 양승민, 앞의 논문, 77쪽.
35) 柳夢寅, 「題權學官侙西征錄」, 『於于集後集』 卷4. "獨惜失身戎馬之間也."

면서 상산사호(商山四皓)나 죽림칠현(竹林七賢) 등 도가적 은둔자들을 본받아 정홍명, 양경우 등 비슷한 취향의 사람들과 어울리고 있었다.[36] 최척이 자주 조위한을 찾아가 만났다는 작품 말미의 기록으로 볼 때 이들의 친밀한 교유에는 도가적, 은둔적 취향을 공유함으로써 공감대가 형성되어 있었기 때문이라고 할 수 있을 것이다. 또 그 무렵 조위한은 우리말로 <유민탄(流民歎)>을 지어 부세의 번중함과 백성들의 기아, 유리함을 고발했는데 그 노래가 궁중에까지 들어가는 바람에 광해군이 잡아들이라고 명하여 화를 입을 지경에 이르렀으나 다행히 화를 모면하기도 했다. 이러한 정황으로 보아 최척이 귀환 후에 일사(逸士)와 같은 은둔의 삶을 살았을 가능성이 크며, 그러한 이유 때문에 최척의 행방을 이민성이 찾아내지 못한 것으로 해석된다.

3. 창작시기와 작품 말미 기록의 진위

<최척전>의 창작시기는 "천개원년신유윤이월일소옹제(天啓元年辛酉閏二月日素翁題)"라는 후지(後識)에 근거하여 1621년 윤 2월로 인정하는 것이 학계의 일반적인 인식이다. 그런데 엄태식은, 최척의 존재를 부정하고 <최척전>이 날조된 것이라고 한 이민성의 주장에 따라 이 작품의 서사가 완전한 허구라면 작가가 최척을 만났다고 한 작품 말미와 창작시기를 적은 후지도 허구일 가능성이 충분하다면서 1621년을 부정하고, <제최척전(題崔陟傳)>과 <제최척전후(題崔陟傳後)>의 제목에 붙은 주(註)[37]에 근거하여 1622-1623년 사이를 창작 시기로 제시했다. 거기에 나오는 '상산(商山)의 사인(士人)'은 곧 조위한인데 그가 상산의 사인으로 일컬어질 수 있는 시기는 그의 동생 조찬한(趙纘韓)이 상산, 즉 상주(尙州)의 목사로 있던 때일 것이고, 그가 그곳에 머물렀을 시기는 1622년 11월부터 1623년 인조반정 무렵까지의 기간일 것으로 추정했다.[38]

그러나 상산의 사인이라는 말은 이민성이 <최척전>을 읽은 시기, 더 정확히는 <제최척전>이란 시를 지은 시기를 알 수 있는 표지일 뿐이다. 그럼에도 불구하고 굳이 그가 이렇게 무리한 논리적 비약을 서슴지 않은 이유는 조위한이 유몽인의 『어우야담』에 있는 <홍도>를 직접 읽고 이를 개작하여 <최척전>을 창작한 것이라는 자신의 가설을 관철시키려는 데 있다.

---

36) 남원 은거 시절 조위한이 이들과 교유하던 상황은 「題浴川酬唱卷後」 등 그의 문집 곳곳에 잘 나타나 있다. 한편, 조위한은 평소에 『莊子』를 가장 즐겨 읽었던 인물로 알려져 있다. 「玄谷集敍」에서 申欽은 "조자는 … 서책이라면 보지 않은 서책이 없었지만 그 중에서도 장주(莊周)를 더욱 좋아하였다."고 지적했다.(申欽, 「玄谷集敍」, 『국역 상촌집』 Ⅲ, 민족문화추진회, 1994, 328쪽)

37) 李民宬의 『敬亭集』에 실린 <題崔陟傳>과 그것을 전사해놓은 李民寏의 『紫巖集』에 실린 <題崔陟傳後>의 제목에는 각각 '商山有一士人 自言渠所作'과, '時商山一士人 自稱作崔陟傳 挿入誣公之說 故敬亭公作此詩以辨之'라는 註가 있다.

38) 엄태식, 앞의 논문, 104쪽.

그는 조위한이 1621년 윤2월에 <최척전>을 지었다고 적은 후지는 <홍도>의 창작시기를 염두에 둔 결과라고 주장한다.[39)]

이처럼 작품 말미에 기록된 최척과의 만남 및 창작시기에 대한 사실 인정 여부는 <최척전>과 <홍도>의 선후 및 영향 관계로 비화되면서 <최척전>의 허구성 문제를 극단으로 몰아가고 있다. 그런데 『국당배어』의 최척이 『도탄집』의 최척과 동일인이라는 것은 앞에서도 밝힌 바이므로 <최척전> 말미에 언급된 최척과의 만남이 완전한 허구일 수만은 없는 것이다. 따라서 거기에서 창작시기의 문제만이 남는데 이를 명확히 하기 위해서는 <홍도>와의 관련성 여부를 다시 한번 검토해볼 필요가 있다.[40)]

우선, <홍도> 창작의 경위를 살펴볼 때, 이 작품에서 남녀주인공의 신상정보가 모호하게 처리되어 있는 것을 통해서 유몽인이 항간에 떠도는 이야기를 바탕으로 지은 것임을 알 수 있다.

> 남원에 정생(鄭生)이라는 사람이 있었는데, 이름은 알지 못한다. 젊은 시절 퉁소를 잘 불고 노래도 잘했으며, 의기가 호탕하여 얽매임이 없었으나 학문을 게을리 하였다. 같은 마을의 양가(良家)에 구혼했는데, 그 집 딸의 이름이 홍도(紅桃)라 하였다. … 정생은 만력 임진년의 난리에 활 쏘는 군인이 되어 왜적을 막았다. 정유년에는 총병 양원(楊元)이 남원을 지켰는데, 정생도 성 안에 있었다. 홍도는 남자 복장을 하고 남편을 따랐는데, 군영에서는 아무도 알지 못했다. … 성이 함락되자 정생은 총병을 따라 탈출할 수 있었으며[41)]

여주인공 홍도의 이름만 있고 성을 밝히지 않은 것과 남주인공도 '정생'이라고만 하며 성만 쓰고 이름은 밝히지 않은 것을 볼 수 있다. 남주인공의 형상화에 있어서도, 남주인공 정생은 임진년 난리에 활 쏘는 군인이 되어 왜적을 막았다고 되어 있으나 남주인공이 활 쏘기를 좋아했다는 진술은 <홍도>에는 나오지 않는 것이며, 오히려 <최척전>에서 언급된 내용이다. 게다가 '학문'과 '배움'을 중시하는 양가(良家)라고 한다면 양반과 천민 사이의

39) 위의 논문, 106쪽.

40) <최척전>과 <홍도>의 선후 문제를 중심으로 한 관련양상에 대한 기존 논의는 ①홍도 선행설, ②홍도와 최척전 무관설, ③최척전 선행설로 정리할 수 있는데 이에 대하여는 엄태식의 앞의 논문을 참고할 수 있다. 그런데 이 세 가지 중 '최척전 선행설'을 주장하며 비교적 심도있는 논의를 편 양승민은 실존인물 최척이 정말로 그러한 체험을 한 사람은 아니기 때문에 <최척전>이 지어진 윤2월 이전부터 이미 홍도이야기가 구전되고 있었을 가능성은 없다고 보았다. 즉, 어우야담의 <홍도>라는 문헌설화와 동일한 구전담이 생성될 어떠한 토대도 마련돼 있지 못했으므로 <최척전>이 먼저 성립된 것은 의심의 여지가 없다고 주장했다. <최척전>이 나온 이후에도 이 작품을 통하지 않고서는 <홍도>가 파생될 수 없다고 보았다. 그는 <홍도>가 유몽인이 몸소 <최척전>을 읽고 '기억에 의해' 기술했을 가능성이 있음을 피력했다.(양승민, 앞의 논문, 101-103쪽)

41) 柳夢寅, 『어우야담』, 38쪽.

일반 양민(良民)이 아니라 '지체 있는 집안'을 가리키는 것일 터인데 그러한 신분의 부녀자가 군역에 나아간 남편을 따라서 남복을 하고 군영에서 함께 생활했다고 한 것은 홍도를 '열녀'로 형상화하는 데에는 기여하지만 설정된 신분과는 어울리지 않는다. 이처럼 <홍도>가 주인공들의 신상정보가 모호하고, 인물 설정에서 내적 논리를 결여하고 있는 것은 유몽인이 떠도는 이야기를 토대로 하였기 때문에 정보가 부족한 상태에서 창작했을 가능성을 시사하는 것이라 하겠다.

둘째, <홍도>가 앞서 등장하여 조위한에게 영향을 주었을 가능성은 희박하다. <홍도>는 『어우야담』의 초기 작품군이 완성된 1621년 가을 이전에 지어진 것으로 알려져 있다. <홍도>에 연이어 실려 있는 <강남덕의 어머니>의 후지에 '천계 원년(1621) 여름에 기록한다'는 기록이 있는 것으로 보아 <홍도> 역시 그와 비슷한 시기에 채록한 것일 가능성이 높다. 이에 비해 <최척전>의 후지에는 1621년 윤2월에 지었다고 기록되어 있다.

시기적으로 보아 최척 일가의 귀환과 이들 작품의 창작 사이에는, 남원에서 서울로 전해졌던 이야기가 <홍도>가 되어 돌아다니다가 다시 남원으로 돌아와 비로소 조위한에게까지 들려져서 <최척전>으로 되었다고 하기에는 그리 충분한 만큼의 시간적 거리가 있지 않다. 또 무엇보다 남원에 외가 친척들이 있었고 자신 또한 가족을 이끌고 가서 정착하여 여러 해 동안이나 살고 있던 같은 지역의 인물에 관한 이야기를, 천리 밖의 서울사람 유몽인의 <홍도>를 통해 비로소 알게 되었다는 것은 상식적으로도 납득하기 어려운 것이다. 따라서 <홍도>가 <최척전>에 영향을 준 것은 아니며, 시기적으로 <홍도>보다 <최척전>이 앞선다고 보아야 타당할 것이다.

셋째, <최척전>이 <홍도>에 앞서기는 하지만 그렇다고 유몽인이 <최척전>을 직접 읽고 <홍도>를 지은 것은 아니다. 앞에서 인용한 <홍도>의 서두에서 볼 수 있듯이 남주인공 정생은 이름도 알 수 없으며 배움이 없어 퇴혼을 당할 정도로 학문에 게으른, 다시 말해서 함량 미달의 인물로 설정되어 있다. 뿐만 아니라 아내를 찾으러 중국에 들어가서 걸식을 하며 돌아다닐 정도로 능력 없는 인물로 형상화되어 있다.

> 아내가 명나라 군대를 따라갔다고 생각한 정생은 중국 군대를 따라 중국으로 들어가 걸식을 하며 절강까지 가면서 두루 아내를 찾았다. … 정생은 홍도와 함께 그대로 절강 땅에 눌러 살았는데, 절강 사람들이 모두 가엽게 여겨 저마다 은전과 곡식을 주었으므로 입에 풀칠을 할 수 있었다.[42]

42) 위의 책, 38-39쪽.

구걸을 하며 돌아다니거나 남들이 동정으로 베푼 양식과 돈으로 겨우 입에 풀칠이나 하며 사는 무능한 인물로 그려져 있는 것을 볼 수 있다. 유몽인이 <최척전>을 읽고 나서 지은 것이라면 남주인공을 이런 식으로 폄하하지는 않았을 것이 분명하다.

오히려 정생이 아내를 찾기 위해 중국으로 들어가 걸식하며 다녔다는 묘사에는 <강남덕의 어머니>와 짝을 이루게 하려는 의도가 엿보인다.

> "… 이제 듣건대 아직 목숨을 보전하여 중국에 계시는구나. 내 장차 표주박을 들고 구걸을 하다가 길가에 쓰러져 죽더라도 반드시 찾아갈 것이다." … 소매를 떨치고 길을 떠나 몰래 압록강을 건너서 곧장 중국 땅으로 들어갔다. 옷은 너덜너덜 누더기에 머리는 봉두난발을 하고, 땟자국에 찌든 얼굴에 맨발을 한 채 저잣거리에서 걸식을 하였다. 1년 남짓 걸려 편지에서 말한 대로 강남 땅에 이르러 마침내 바닷가 변방의 성에서 황봉과 재회하였다.[43]

중국으로 들어가 걸식을 하며 찾아가서 결국 남편을 만난 강남덕 어머니의 행적은 정생의 형상과 겹치면서 <홍도> 뒤에 나란히 이어져 있는데 이러한 『어우야담』의 배열은 열절(烈節)을 실천한 남녀의 형상이 짝을 이루도록 의도적으로 배치된 것이라 할 수 있다.

또한 홍도가 일본에서 남만으로 갔다가 귀환의 기회를 얻기 위해 절강으로 갔다는 것은 노인(魯認)의 행적과 일치한다. 노인(魯認, 1566-1622)은 정유재란 때 왜적에게 붙잡혀 일본으로 끌려가서 지내다가, 귀환의 기회를 얻기 위해 남번 사람의 상선을 타고 남번국으로 갔다가 중국 복건성에 들어가 1년여를 머문 후 강남 지역을 거쳐 귀환했다. 홍도 역시 고국으로 돌아올 기회를 잡기 위해 일본-남번-중국의 경로를 거쳤는데 이는 홍도의 행위묘사에 노인의 행적을 투사한 것으로 볼 수 있다.

이와 같은 다른 인물 이야기의 간섭과 침투는 『어우야담』에 실을 이야기들을 두루 수집하는 과정에서 자연스럽게 이루어진 것인데, 유몽인은 여러 제보자들에게서 이야기들을 수집했었다. 예를 들면, 김응하에 관한 이야기는 권칙을 통해 입수한 박승종의 <김장군충렬록> 및 권칙을 비롯하여 포로로 잡혀 있다가 도망쳐 돌아온 사람들에게서 들은 말을 기초로 작성한 것이다.[44] 유몽인은 자신이 '보고 들은 바에 따라 『어우야담』을 지었다'고 진술한 바 있다.[45] <홍도> 역시도 유몽인이 '최척에 관한 이야기'를 누군가에게서 전해 듣고 그것을 토대로 지은 것이라고 할 수 있다.

---

43) 위의 책, 42-43쪽.
44) 위의 책, 53쪽; 柳夢寅, 「題權學官侙西征錄」, 『於于集後集』 卷4.
45) 유몽인, 『어우야담』, 342쪽.

넷째, <홍도>는 <최척전>에 관한 전언을 통해서 영향을 입은 것으로 보인다. <홍도>는 <최척전>과 동일한 소재를 가지고 서술된 사건들이 거의 일치하지만 그 내용은 소략하다. 예를 들면 여주인공이 일본으로 끌려갔다가 해외를 편력하는 장면, 부부가 해외에서 재회하는 장면, 여주인공이 둘째아들 내외를 이끌고 절강에서 배를 타고 귀환하는 장면 등 서사 전반이 해당한다. 이는 두 작품 사이의 연관성의 단서인데, <최척전>이 시기적으로 앞선 것이므로 <홍도>는 축약·변형의 성격을 띤 것이라 할 수 있다.

또한 <홍도>의 지향점이 <최척전>과는 다르면서도 공통적으로 '성(誠)'을 강조하고 있는 점도 <최척전>의 간접적인 영향의 증거이다. 유몽인은 『동국신속삼강행실도(東國新續三綱行實圖)』의 서문을 쓴 인물이고 그 책은 전국 각지의 효열 이야기를 수집하여 만든 것이다. <홍도>는 <강남덕의 어머니>와 함께 『동국신속삼강행실도』의 냄새가 풍기는 효열담에 속한다. 그 가운데 <홍도>는 열절에 초점이 맞추어져 있다. 제보자들을 통해 획득한 이야기를 유몽인이 열절에 초점을 맞추어 '열녀담'으로 각색한 결과라고 할 수 있다. 그에 반하여 <최척전>은 열녀담론에 대한 저항적 성격을 띤다.[46]

하지만 이러한 차이점에도 불구하고 두 작품의 말미 논평에 '성(誠)'을 강조하는 공통점이 있다는 점은 특별히 주목할 만하다.

> 아! 아버지와 아들, 남편과 아내, 시아버지와 장모, 그리고 형제들이 네 나라로 흩어져 삼십여 년을 살면서 적지에서 도모하고 사지를 넘나들었다. 그러나 마침내 단란하게 함께 모였으니 소망대로 이루어지지 않은 일이 없다. 이것을 어찌 인력의 소치라 하겠는가? 필시 皇天后土가 至誠에 감동하여 이런 기특한 일을 이룬 것이다. 匹婦도 誠을 다한다면 하늘도 어기지 않는 법이다. 誠을 가릴 수 없음이 이와 같도다![47]

> 정생은 우리나라 사람이다. 난리에 아내와 헤어져 멀리 중국에 가서 찾았으며, 홍도는 전쟁 중에 남편을 잃고 세 나라에 들어가 남자 복색으로 변장하고 몸을 보전하였다. 몽현의 아내는 스스로 다른 나라 사람과 결혼하면서까지, 사지에서라도 아버지 만나기를

46) <최척전>의 여주인공 옥영의 서사가 17세기 당시의 열녀담론에 대한 저항적 성격을 지녔음은 선행연구들에서 밝혀진 바이다. 이에 대한 자세한 논의는 申泰秀의 「여성 인물형상을 통해 본 <崔陟傳>의 창작의도」(『語文研究』 77, 어문연구학회, 2013, 197-217쪽)와 장경남의 「17세기 열녀담론과 소설적 대응」(『민족문학사연구』 47, 민족문학사학회, 2011, 122-123쪽)을 참조할 수 있다.

47) 趙緯韓, <崔陟傳>. "噫! 父子夫妻, 舅姑兄弟, 分離四國, 愴望三紀, 經營賊所, 出入死地, 畢竟團圓, 無不如意, 此豈人力之所致? 皇天后土, 必感於至誠, 能致此奇特之事也. 匹婦有誠, 天且不違, 誠之不可掩, 如是夫!"

> 원했다. 마침내 모두 다 한 곳에서 만났는데, 온 가족 여섯 명이 기약하지 않고서도 만난 것이 모두 만 리의 바람과 파도 넘어 국경 밖에서 이루어졌다. 비록 이치로 헤아릴 수 없는 만의 하나의 행운에서 나온 것이지만, 어찌 이른바 '至誠이면 감천'이라는 것이 아니겠는가? 기이하고도 특이하구나![48]

공통적으로 주인공들의 지성스런 삶의 태도를 찬양하면서, 지성이면 하늘도 감동하는 법이니 지성스럽게 살라는 교훈을 제시하고 있다. <홍도>와 <최척전>이 공통적으로 '성'을 강조하고 있는 것은 우연의 일치라고 하기에는 그 목소리가 너무도 닮았다.

그런데 '성'을 중시하는 태도는 조위한의 책문(策文, 1609)에 배어 있는 기본 정신이라는 사실이 매우 흥미롭다. 조위한은 광해군 1년(1609) 증광문과에 응시하여 급제하였다. 당시 출제된 책제(策題)는 전후 복구와 국가 중흥의 대책을 묻는 것이었다. 이에 대하여 조위한이 제출한 책문에는 '誠'이라는 말이 15회나 거듭 등장함으로써 그가 제시한 대책은 그야말로 '誠'이라는 한 글자로 집약할 수가 있다. 그는 다음과 같은 말로 결론을 맺는다.

> 誠으로써 중흥을 이루고, 誠으로써 복수를 하며, 誠으로써 유능한 인재를 구하고, 誠으로써 장수를 임용하셔야 합니다. 더불어 인재를 등용하고, 자신을 수양하며, 병사를 훈련시키고, 백성을 사랑하는 데 이르기까지 모두 誠으로써 한다면, 잃어버린 국력을 회복하고 새롭게 할 정책을 굳이 논할 것도 없을 것입니다.[49]

책문에 나타난 인식은 그 사람의 인생행보를 짐작할 수 있는 자료가 된다.[50] 따라서 '誠'에 대한 강조가 두 작품 사이의 연관성의 증거라고 한다면 그 목소리가 조위한으로부터 나왔을 가능성이 높다고 보아야 할 것이다. 그러므로 결국 <홍도>는 <최척전>에 간접적인 영향을 입은 것으로 봄이 타당하다 하겠다.

48) 유몽인, 『어우야담』, 41쪽.
49) 趙緯韓, 『玄谷集』(한국역대문집총서 1790), 한국문집편찬위원회, 1999, 40쪽. 역문은 김태완의 『책문』(소나무, 2005) 188쪽을 참조하였다.
50) 김현옥, 「성삼문(成三問)과 신숙주(申叔舟)의 책문(策文)에 나타난 현실인식(現實認識) 비교(比較)」, 『漢文學論集』 33, 근역한문학회, 35-72쪽.

4. 맺는 말

본고는 <최척전>의 허구성과 관련한 사실과 허구의 문제를 재검토하려는 의도에서 실존인물 최척의 행적과 작품의 상관성, 창작시기와 작품 말미 기록의 진위 등 허구성 논의에서 논란의 핵심이 되는 사안들을 중점적으로 살폈다.

우선, 최척의 행적과 작품의 상관성에서는 ① 최척의 실존 여부 ② 최척의 종군 ③ 최척의 귀환 등의 허실 여부를 다루었다. 다음으로, 창작시기와 작품 말미 기록의 진위에서는 작품 말미에 기록된 최척과의 만남 및 창작시기에 대한 사실 인정 여부가 <최척전>과 <홍도>의 선후 및 영향 관계로 비화되면서 <최척전>의 허구성 문제가 극단으로 향하고 있는 점을 비판적으로 재검토하였다. 논의 결과 본고는 다음과 같은 결론에 도달하였다.

첫째, 최척은 실존인물이며, 『도탄집』의 최척과 『국당배어』의 최척은 동일인이고, 그가 곧 <최척전>의 최척이다.

둘째, <최척전> 말미의 기록은 사실로 인정해야 한다.

셋째, <최척전>은 일사전(逸士傳)의 성격을 지닌 작품으로 볼 수 있다.

넷째, <최척전> 후지의 창작시기는 사실로 인정해야 한다. 따라서 작품 창작시기는 <최척전>은 1621년 윤2월, <홍도>는 1621년 여름으로 보아야 한다.

다섯째, <홍도>는 유몽인이 '최척에 관한 이야기' 혹은 <최척전>의 내용을 간접적으로 전해 듣고 축약·변형하여 지은 작품이다.

3장 작품사회학

Ⅰ. 최척전 가족서사의 사회학적 분석

Ⅱ. 최척전에 나타난 상대적 화이관

3장에서는 작품사회학 연구를 소개하였다. 〈최척전〉의 가족서사에 대한 사회학적 분석과 이 작품에 내재된 상대적 화이관을 분석하였다. 가족서사에 대한 사회학적 분석에서는 가족제도 중에서 혼인과정, 부부형태, 가족형태, 거주형태 등 네 가지 분야에서 17세기 사회의 양상과 〈최척전〉의 양상을 비교하여 이를 통해 이 작품의 가족서사에 담긴 시대성과 아울러 그 시대를 뛰어넘는 근대적 성향을 살펴보았다. 또한 상대적 화이관 분석에서는 그 시대가 직면했던 문제에서 실마리를 찾아 외국인 형상에 담긴 대외인식을 밝혔다. 이 작품은 당시 고답적인 화이관념의 잘못된 틀을 넘어서서 현실적이고 상대적인 화이관을 사실적인 묘사를 통해 창작 당시 조선사회가 직면한 대외정책에 대한 대안을 보여주었음을 논증하였다.

작품사회학은 문학사회학의 한 분야이다. 문학은 작가, 작품, 독자, 세계 네 가지 요소의 상호 관계로 이루어진다. 그 중에서 세계(사회)는 토대와 같은 역할을 하면서 항상 나머지 것들과 관계된다. 문학은 언어를 매개로 사용하고, 문학의 표현수단인 언어는 사회의 의사소통 수단이요 사회적 창조물이다. 또 문학작품의 작가와 독자도 사회의 구성원이며, 작품이 다루는 세계도 현실사회를 기반으로 재구성한 것이므로 문학과 사회는 불가분의 관계에 있다. 문학은 특정한 사회적 맥락 속에 사는 인간에 관한 것이므로 문학을 사회와 따로 떼어 논의할 수는 없다. 이러한 인식이 곧 문학사회학의 기초이다. 즉, 문학사회학은 사회와의 관계 속에서 작가, 작품, 독자를 파악하는 것이다. 따라서 문학사회학 연구는 문학작품을 종합적으로 이해하는 데 유리하다.

본래 문학의 사회적 의미를 따지고 사회와의 관계 속에서 문학작품을 설명하려는 비평방법은 그 연원이 오래된 것이지만 문학사회학이라는 이름으로 학문적 체계화가 이루어진 것은 사회학이 등장한 1830년 이후이다.

문학사회학의 과제는 우선 문학의 상상적 구조와 문학이 태어나는 곳이기도 한 특정한 역사적 상황을 관계 맺게 하는 데서 찾을 수 있다. 다시 말해서 문학사회학은 작가 및 작품을 사회적 정황 내지 요인과 연결시켜 설명하려는 태도이다. 또한 문학은 개인의 체험세계를 들려주면서 동시에 그 체험세계에 관한 의미론도 시도한다. 따라서 작품은 사회학에 관한 하나의 중요한 원천이 될 수 있으며 동시에 개인과 사회와의 관계를 전문적으로 살펴보는 기록물이 될 수도 있다.

작품사회학, 작가사회학, 독자사회학이 문학사회학에 속하는 세부 방법론들이다. 분석에서 그 셋은 서로 나뉘어서 고찰되기는 하지만, 사실 그것은 단 하나의 대상, 즉 문학적 사실을 다룬다. 그 어느 하나에 역점을 두고 대상을 분석하는 경우에도 나머지 영역이 섬세하게 작용한다. 예를 들어, 작품(사회학)이란 것도 작가와 사회와의 관계 속에서만 이루어지는 것이 아니라 작가가 염두에 둔 독자, 혹은 독자의 요구에 의해서, 다시 말하면 작가와 독자의 상호관계도 작용하여 창작될 수 있다.

작품사회학은 작품을 창작 당시 사회상의 반영물로 간주하고, 문학작품 속에서 한 시대의 사회상을 읽어내거나 혹은 그 당시 사회에 대한 의미론적 시도들을 읽어낸다.

Ⅰ.

최척전 가족서사의 사회학적 분석

본고는 <최척전>의 근대적 성향에 대한 객관적 규명을 목적으로 한다. <최척전>에 대한 연구가 그 동안 많은 진척을 보인 것은 사실이다. 그러나 출현 시기상 <최척전>이 17세기 초기의 소설 작품으로서 근대로의 이행기 혹은 근대로의 전환기로 구분된 시기의 시점에 놓여 있다는 중요성에도 불구하고 아직 <최척전>에 대한 문학사적 자리매김은 제대로 이루어졌다고 볼 수 없다. 이에 본고는 가족서사에 담긴 작가의식의 근대적 성향을 살펴봄으로써 <최척전>의 소설사적 위상을 제고하고자 한다.

<최척전>의 근대적 성향을 밝히는 데 있어서 본고는 '근대문학의 개념을 자의적으로 설정한 다음, 이에 호응하는 문학적 현상을 고전문학사에서 단편적으로 적출해내는'[1] 식의 오류를 피하고자 한다. 본고는 우선 근대의 개념을 전근대적인 것 혹은 전통적인 것과 대비된 포괄적인 가치개념[2]으로 설정한 후 작품분석과 동시대 작품들과의 비교를 통해 귀납적으로 <최척전>의 근대적 성향을 정리하고자 한다. 왜냐하면 '근대 문학의 개념을 규정하는 것은 근대 문학이 무엇인가 알아야만 근대 문학에 포함시켜 다룰 범위를 정할 수 있으며, 한편으로는 근대 문학을 두루 깊이 다룬 다음에야 근거있는 개념 규정을 할 수 있는 것'[3]이기 때문이다. 조위한의 <최척전>과 같은 근대적 성향의 작가와 작품을 보다 더 많이 그리고 객관적으로 검증할 필요성도 여기에 있는 것이기도 하다.

<최척전>의 근대적 성향을 살피기 위해 본고가 추구하는 방법론은 기본적으로 작품과 외적 현실의 상응관계를 유기적으로 파악하는 문학사회학적 연구이다. 이러한 접근방법은 <최척전> 연구에 있어 본고가 선행연구와 변별성을 갖는 점이기도 하며, <최척전>의 근대적 성향에 대한 보다 객관적인 규명 작업이 될 것이다.

---

1) 김명호, 「근대문학론의 기본쟁점」, 『近代文學의 形成科程』 문학과 지성사, 1983, 87쪽.
2) 하버마스도 모더니즘을 전통과 대립해서 끊임없는 혁신을 추구하는 시대정신으로 파악하고, "모더니티는 전통을 규범화하려는 기능에 반항하며, 또 규범적인 모든 것에 반항하는 경험으로 살아간다"(위르겐 하버마스, 「모더니티-미완성의 계획」, 『포스트모더니즘』, 김지원, 터, 1990, 108쪽)고 하였다.
3) 조동일 외, 「한국 근대 문학 형성 과정론 연구사」, 『近代文學의 形成科程』 문학과 지성사, 1983, 40쪽.

1. 17세기의 근대이행기적 양상

조동일 교수는 『한국문학통사』에서 '중세에서 근대로의 이행기'(1592 임진왜란 이후~1919년)를 설정하고 이 시기는 중세적 문학을 지키고자 하는 노력과 근대문학을 이룩하고자 하는 움직임이 서로 불가분의 관계를 가지고 얽혀있다고 보았다. '임진왜란과 병자호란의 충격이 조선전기의 사회와 문화가 이미 지녔던 모순을 격화시켜 상하관계의 질서를 뒤바꾸어 놓고, 현실인식의 새로운 표현방식을 개척하면서 문학에서도 변혁이 일어나지 않을 수 없게 했다'[4]는 것이다. 문학에서의 변혁 가운데서도 '소설의 등장이 이 시기의 시작을 알리는 가장 뚜렷한 징표'[5]로 보았다. 국문학뿐만 아니라 '세계 다른 어느 곳의 소설이라도 중세에서 근대로의 이행기에 시작되어 중세문학의 유산을 버리지 않고 이용하면서 근대적인 의식을 나타내는 이행기문학 특유의 모습을 보여주었다'[6]는 것이다. 그는 전 또는 전기와 소설의 관련 양상에 따라서 문학사의 단계를 구분할 수 있다고 하며 다음과 같이 말한다.

> 전만 있고 소설은 없던 단계가 바로 중세문학기이다. 전과 소설이 공존하되 소설이 열등한 위치에 있기 때문에 소설을 전이라고 표방하던 단계가 중세문학에서 근대문학으로의 이행기이다. 전기와 소설이 공존하되 전기는 문학으로서의 의의가 격하되고 소설이 우월한 위치를 굳힌 단계가 근대문학기이다.[7]

이런 관점에서 전이라고 표방하는 소설이 나타난 현상을 이행기가 시작된 징표로서 주목해야 한다고 주장한 것이다.

그러나 이 시기는 정통 한문학마저 하층의 경험에 접근하며 문체와 표현을 바꾸어 나가고, 소설을 통해 현실의 갈등을 문제삼는 문학사의 전환을 뚜렷하게 보여주었음에도 불구하고 정통 한문학의 순수성을 되찾으려는 운동이 바로 이어서 일어나는 상황이라서 근대문학으로의 전환이 일거에 이루어지지 못하였다. 따라서 중세문학의 완강한 지속을 무시할 수 없기에 이행기문학이 곧바로 근대문학이라고 할 수 없다. 정통 한문학을 옹호하는 노선을 경색되게 추종하는 부류는 현실에서의 갈등을 생동하게 드러내며 근대의 가치관을 지향하는 움직임이 광범위하게 대두하는 데 두려움을 느껴 중세문학을 경직되게 수호하려 했고, 그럼으로써 조선왕조의 지배질서가 무너지지 않고 지탱되었다. 이에 그는 중세에서 근대로의 이행기문학이 시작된 지 몇 세기가 지나도록 중세문학을 청산할 수 없었던 이유를 내부의 사정에서만

4) 조동일, 『한국문학통사』3권, 지식산업사, 1995, 47쪽.
5) 조동일, 『한국문학통사』1권, 지식산업사, 1995, 48쪽.
6) 조동일, 『한국문학통사』3권, 87쪽.
7) 위의 책, 88쪽.

찾을 것은 아니라고 주장했다.[8)]

김광순 교수 역시 『韓國古小說史와 論』에서 임진왜란(1592)부터 영조 원년(1725) 이전까지의 소설을 '중세에서 근대로의 전환기 소설'로 구분했다.

> 문학적인 측면에서는 교산 허균의 〈홍길동전〉과 그의 한문단편 등에서 전기성(傳奇性), 비현실성 등 중세적인 요소가 다소 내포되어 있기는 하지만, 서얼차대 등 모순된 사회제도에 대한 비판의식과 서민주도의 성격이 두드러지게 나타났으며, 이외에도 〈임진록〉 등의 역사군담소설에 나타난 민중의식의 성장, 김만중의 〈구운몽〉과 〈사씨남정기〉 등에서 현실의 사건을 소재로 한 현실참여문학으로서의 면모를 시도한 점 등은 근대적인 요소가 소설에 나타나기 시작한 것이라고 할 수 있다. 정치적인 측면에서는, 사색당파의 갈등이 당리당략에 빠지긴 했지만, 중세봉건사회의 일당독재에서 다당제의 정치체제로 바뀌어가는 과도기라고 본다면, 정치와 사회적인 측면에서도 중세에서 근대로의 맹아기였음을 알 수 있다. 따라서 임·병양란은 당시 집권층의 사대부들에게 일대 경종이 되기도 했고, 애족애민의 발로와 민족의 자주성과 문화의 일대 전환기라 할 수 있어 임란부터 영조 이전까지를 중세에서 근대로의 전환기라 명명한 것이다.[9)]

그는 조동일 교수의 경우처럼 중세적 요소와 근대적 요소가 혼재한 중세에서 근대로의 전환기의 소설로 구분한 것이다. 이들은 모두, 근대로의 이행기가 시작될 수 있는 계기가 된 것은 임진왜란과 병자호란이었다는데 동의하고 있다.

임병양란을 계기로 시작된 근대 이행기는 근대 지향적인 움직임과 중세 복고적인 움직임이 때로는 타협하고 때로는 충돌한 양상을 띠며 병존하는 특징을 보인다. 특히 임병양란을 사이에 두고 시작된 17세기는 근대 이행기의 시점이라는 중요성이 있다. 따라서 근대 이행기의 시점이라고 할 수 있는 17세기초에 등장한 <최척전>의 근대적 성향을 살피기 위해서는 먼저 이 작품이 산생된 17세기 사회의 근대 이행기적 양상에 대한 검토가 선행되어야 할 것이다.

그런데 이행기라는 오랜 시간동안 중세문학을 청산할 수 없었던 이유를 문학 내부의 사정에서만 찾을 수 없다는 조동일 교수의 주장도 있듯이 17세기의 근대 이행기적 양상을 검토함에 있어 문학 외적인 측면에 대한 고려가 필요하다. 이에 본고는 먼저 문학 외적인 측면에서 근대 지향적 움직임과 중세 복고적 움직임을 살펴봄으로써 17세기의 근대 이행기적 양상을 객관화시키고자 한다. 이는 <최척전> 가족서사의 사회학적 분석에 전제되어야 할 요건이며 동시에 분석의 타당성을 높이는 근거가 될 것이기 때문이다.

---

8) 위의 책, 49-85쪽.
9) 김광순, 『韓國古小說史와 論』, 새문사, 1995, 69-70쪽.

1.1. 근대 지향적 움직임

17세기에 나타난 근대 지향적 움직임은 여러 분야에 걸쳐 있다. 하지만 그 중 정치, 사회, 사상적인 면에서 두드러진 것 몇 가지를 들어보면 다음과 같다.

첫째, 신분제의 동요를 들 수 있다. 임병양란을 거치면서 조선은 통치능력의 한계를 드러냈다. 그리하여 전쟁수행 과정에서 하층민들의 참전을 유도하기 위한 제도적 신분상승 조치를 마련하였다. 전쟁에서 공을 세운다거나 군량미를 헌납하는 자에게 신분을 상승시켜 주었던 것이다.

선조 27년의 기록에 "공·사천(公·私賤)도 적 1명을 베면 면천하고 2명을 베면 우림위(羽林衛)에 소속되게 하고 3명을 베면 허통(許通)하고 4명을 베면 수문장(守門將)을 제수하는 것이 이미 규례로 되어 있다. 이미 허통되고 관직을 받았으면 사족이나 다를 것이 없다. 공·사천뿐만 아니라 재인·백정·장인·산척(才人·白丁·匠人·山尺) 등의 미천한 신분도 또한 높은 관직으로 뛰어오른 자가 있다."[10]고 하였다. 이는 군공이 현저한 자에게 상을 주어 군사의 사기를 고무시키는 데 목적이 있었던 것이다. 또한 임란 중에는 공사천무과(公私賤武科)와 참급무과(斬級武科)가 시행되어 신분상승의 제도적 뒷받침이 되기도 하였다.[11] 이것은 선조의 명에 의해서 실시되었는데 이를 통해 하층민의 신분상승이 합법적으로 가능했던 것이다. 이것 역시 신분제가 동요되는 한 요인이었다.

양란 중의 제도적 조처에 의한 신분상승의 길은 군공뿐만 아니라 납율(納栗)에 의해서도 가능하였다. 임란을 통해 재정적 타격을 받은 조선왕조는 특히 군량미 조달을 위한 납속을 통해 면천·면역·허통·보관(補官)의 길을 넓게 열었으며, 그것을 통해 서얼·향리·유역인(有役人)·공사천(公私賤) 등도 신분상승을 도모하게 되었다.[12]

이러한 일련의 제도적 조처는 일정한 한계가 있기는 하였지만 합법적 신분상승을 가능하게 한 요인들이었다. 뿐만 아니라 전란을 치르면서 막대한 인명의 피해가 있었다. 이로 인해 초래된 인구의 감소는 백성들의 요역 부담을 더욱 가중시켰으며, 이러한 부담을 피하기 위한 노력은 결국 신분제 동요의 또다른 요인으로 작용하게 되었다. 그리하여 전란 후에도 신분제의 동요 현상은 계속되었던 것이다.

둘째, 중화적 세계관의 극복과 근대적 우주관의 생성이다. 17세기 전반에 조선으로 전래된 서양문물에는 서양기계류와 지도, 그리고 한역(漢譯)된 서학서 등이 있다. 그 가운데 한역서학세계지도(漢譯西學世界地圖)는 예수회 선교사들이 중국을 중앙에 위치케 하여 만든 세계

---

10) 『선조실록』권51, 선조 27년 5월 을유., 이준구, 「사족지배체제하의 신분질서」, 『한국사』31, 국사편찬위원회, 1998, 143쪽 재인용.

11) 평목실, 「奴婢의 免賤從良形態」, 『조선후기노비연구』, 지식산업사, 1982, 159-164쪽.

12) 이준구, 앞의 책, 148쪽.

지도였다. 지명과 필요한 기사를 한문으로 적었다. 가장 먼저 조선으로 도입된 지도는 중국 최초의 한역서학세계지도인 '곤여만국전도(坤輿萬國全圖)'(마태오 릿치 제작, 1602년 판각)로서 선조 36년(1603)에 이광정이 북경에서 가져왔다.

한역세계지도는 조선사회의 일부 집권지식층에 커다란 파문을 일으켰다. 우선, 중국·여진·일본이나 서역, 그리고 인도 일부만을 알고 있었던 지리 인식세계가 일시에 세계화되는 결과를 자아내게 되었다. 둘째, 세계에는 수많은 국가가 있으며 중국이나 조선도 그것들 가운데 하나일 뿐이라는 점에서, 점차 중화의식을 극복할 수 있는 국제감각이 생겨나게 되었다. 18세기에 들어서는 마침내 '존화비이(尊華卑夷)'의 세계관을 극복할 수 있는 새로운 의식을 깨우쳐 준 지도였다. 셋째, '곤여만국전도'에 부쳐진 한문으로 된 간략한 설명문을 통해, 천원지방의 전통적 우주관이 지구설에 입각한 근대적 우주관으로 바뀌게 되는 첫단계적 인식을 심어주게 되었다.[13] '서양문물은 17세기 조선전통사회에 첨가되는 역사적 변수'[14]였던 것이다.

세계지도를 비롯한 서양문물의 유입은 결과적으로 당대 지식인들의 중화적 세계관에 동요를 일으켰고 그들의 의식이 확대되는 데에 크게 기여했다. 17세기 종래의 세계관·우주론을 동요하게 만들었던 것이다.

셋째, 근대적 민족의식의 발현이다. 17세기는 한국의 근대적 민족의식이 발현한 시기였다.[15] 임병양란을 거치면서 동아시아의 세력구도가 재편되었고, 그 와중에서 조선은 세계관의 변화와 함께 주체적인 각성을 통해 근대적인 민족의식을 갖게 된 것이다. 우리의 근대적 민족의식은 서구의 경우와는 다른 역사적, 문화적 토양[16]에서 17세기에 등장했던 것이다.

임병양란으로 인해 중국 중심의 국제관과 성리학적 정치이념 속에서 조선의 위치를 새롭게 부상시키고 피지배층의 각성이 나타났다. 근 50년간이나 계속된 일본과 중국과의 전쟁을 통해서 중국에 대한 기존의 관념도 재검토된 것이다. 기존 국제질서의 재편과정에서 조선은 중국에 대한 하나의 동등한 개체로서 인식되기 시작했다. 이로써 근대적 민족의식의 면모가 나타나는 계기가 되었던 것이다.

---

13) 이원순, 「서양문물의 전래와 반응」, 『한국사』31, 국사편찬위원회, 1998, 317쪽.
14) 위의 책, 303쪽.
15) 김한식, 「한국 근대 민족의식 부각의 논리」, 『한국사회 발전이론 비판』, 한국정신문화연구원, 1994, 5쪽.
16) 한국인의 근대적 민족의식이 서구와 다른 점은 첫째, 외적 억압에 대한 자존심의 발로로서 발단이 되었다는 점이다. 이 점은 경제적 조건에 따라 시민계급이 등장했고 이렇게 등장한 시민계급에 의해 근대 민족의식이 나타났던 서구의 경우와는 다른 점이다. 둘째, 근대적 민족의식이 발현되는 과정에 하등의 내적 계층구조 간에 무력적 충돌과 같은 갈등이 없었다는 점이다. 이것은 서구의 경우와 매우 다른 점이다. 서구의 경우는 민족의 구심세력이 바뀜에 따라 격렬한 내부 진통을 겪어 나타난 것임에 비하여 우리의 경우는 강한 계층질서가 있었던 19세기까지도 민족문제와 관련하여 계층간의 내적 충돌은 없었으며, 오히려 기존 중심세력이 주동이 된 모든 계층의 참여로 이루어지는 형태였다. 셋째, 민족국가가 존재하는 의미를 민족국가마다 지니고 있는 존립의 의미를 인정하고 이를 발현해 나가는 기능주의로서 서로 존중하자는 데 두고 있다는 점이다. 병자호란 이후 중국에 이기는 힘을 기르되 중국에 대한 정복자로서가 아니라 동반자로서 피차 인정을 하자는 입장이었다. 이 점은 명백히 서구의 경우와 다르다.(위의 책, 15-17쪽)

1.2. 중세 복고적 움직임

16세기 후반~17세기는 조선예학사에서 하나의 획기적인 시대[17]로 일컬어진다. 성리학이 본격적으로 발달하고 토착화하기 시작한 16세기부터 조선의 예학연구도 아울러 심화되었다. 16세기 후반부터 전례에 관한 활발한 논의가 제기되던 것이 17세기부터는 이러한 논의가 대대적인 정치적 분쟁[18]으로 발전하기도 하였다. 그리고 점차 성리학이 심화되고 사림파가 정치·사회적인 주도권을 확립한 이후에는 <가례>가 급속히 보급·시행되었다.

17세기는 유교적 종법질서의 보편화 추세로 인해 여성차별이 구조화 되던 시기였다. 가부장제의 강화와 맞물린 <가례>의 보편화로 의혼 과정에 있어 당사자의 의사가 배제된 채 비합리적으로 진행되었으며, 여자에게만 수절을 강요하는 불평등 구조가 자리를 잡아갔다. 가족형태에 있어서도 부계혈연집단의 조직화로 처방혈족(妻方血族)이 점차 배제되었다. 상속에 있어서 여자는 배제되고 남자, 특히 장남위주의 단독상속으로 변하였다. 족보에 있어서도 외손의 범위가 축소되고, 출생순서에 따르던기재방식도 선남후녀로 전환되었다. 유교사상에 입각한 '남성에 의한 여성의 지배체제'를 의미하는 가부장제가 확립되던 시기였던 것이다.

이처럼 임병양란을 전후한 17세기는 유교적 종법제도에 입각한 가족구조의 재편성이 가속화되면서 가족제도상에 있어서 여성에 대한 차별과 불평등이 제도적으로 정착되던 시기였던 것이다. 17세기가 전란으로 인해 해체된 가족과 사회질서의 재건이라는 시대적 과제를 안고 있었음을 감안한다면 이러한 가족제도상의 변화는 이후 시대를 결정하는 중요한 요인으로 작용했음이 분명하다. 당시 이러한 가족제도상의 변화는 근대 지향적 움직임에도 불구하고 조선 후기 사회가 근대로의 진행을 가속화하지 못한 원인으로 작용하였다.

---

17) 이영춘, 「예학의 발달」, 『한국사』31, 국사편찬위원회, 1998, 196쪽.

18) 인조 즉위년(1623)부터 10여 년에 걸쳐 진행되었던 인조의 생부 정원군 추숭논쟁은 이 시대의 변화해가는 예학 경향을 잘 반영하고 있었다. 조위한은 추숭을 찬성하는 입장에 있었다. 그러나 대세는 추숭 반대쪽으로 기울었으며, 조정에서는 인조의 아버지를 定遠大院君으로, 어머니를 連珠君夫人으로 각각 존호를 올려 논의를 일단락 지었다. 조정의 많은 신하들은 조위한이 왕의 뜻에 영합하려는 태도, 아부하는 마음을 가졌다고 그를 비방하였다. 그로부터 10년이 지나는 동안 이 문제는 계속 논의되었는데, 인조 10년에 이르러 다시 크게 대두되었다. 이때도 조정의 분위기는 추숭 반대쪽으로 기울었는데, 조위한이 아무런 의사를 표시하지 않자 또 많은 신하들이 그를 배척하였다. 옥당에서는 연명하여 추숭에 반대하는 차자를 올렸지만 조위한은 처음 자신의 뜻을 조금도 굽히지 않고 연명에 참여하지 않았다. 이로 인하여 반대파에서는 그의 파직을 상소하였다. 그의 태도는 처음 이 문제가 제기되었던 때나 10년이 지났을 때나 한결같이 변함이 없었다. 이에 그 자신도 상소를 올려 遞職을 청하였지만 인조는 변함없는 그의 태도를 가상히 여기고 내직에 그대로 머물도록 하였다. 그리고 계속하여 사헌부에서 그의 파직을 상소하였을 때도 인조는 단호히 거절하였다. 그 이유는 작자가 시세에 영합하지 않고 자신의 소견에 따라 언행을 실천하는 인물임을 알았기 때문이었다.(민영대, 『조위한의 삶과 문학』, 65-66쪽.)

2. 17세기의 가족제도

가족은 혼인관계와 부모자녀관계로 이룩된 사회의 가장 기초적인 집단이다.[19] 또 가족제도는 인류가 가족생활을 행하는 데에서 지켜온 사회적 규범이며, 가족구성원의 행동을 규제하고 그 생활에 관해 규정하는 사회적 제약이며 법칙이다. 그러므로 가족제도는 법률적인 제도이며 동시에 관습적인 제도이기도 하다.[20] 가족이 발전해 나가는 과정에서 만들어지고 적용되는 가족제도는 시대에 따라 변천한다.

17세기는 가족제도사에 있어서 매우 중요한 시기로 주목받는다. 부계적, 부권적 성격이 강한 종법질서를 축으로 하는 사대부의 가문의식에 권위를 부여하여 가족질서, 나아가 사회질서를 유지하고자 한 노력이 경주되던 시대였기 때문이다. 본고는 <최척전>에 제시된 가족모형이 지닌 근대적 성향을 규명하려는 의도를 지녔다. 따라서 상속제도, 양자제도 이혼제도 등 본고의 논의와 관계가 먼 분야는 언급하지 않기로 한다. 가족제도 중에서 혼인과정, 부부형태, 가족형태, 거주형태 등 네 가지 분야에서 17세기 사회의 양상과 <최척전>의 양상을 비교할 것이다. 이를 통해 <최척전>의 가족서사에 담긴 시대성과 아울러 그 시대를 뛰어넘는 근대적 성향을 살펴보겠다.

2.1. 혼인과정

조선시대의 혼인은 『주자가례(朱子家禮)』와 『대명율(大明律)』의 규정에 준하여 혼인 의식이 치러졌다. 혼인의 절차는 사례(四禮) 즉 의혼, 납채, 납폐, 친영으로 구성된다. 의혼은 주혼자가 중매인을 통해 혼인 당사자를 선정하고 양가의 주혼자가 혼인을 구두로 약정하는 단계이다. 납채는 혼인할 양가에서 의혼과정을 통해 이미 혼인할 것을 합의한 연후에 신랑측의 혼주가 신부측에 혼인를 청하는 서식을 보내는 절차로서 일종의 청혼절차이다. 그리고 납폐는 혼인의 구체적인 증표로서 혼례날이 결정된 후에 신랑집에서 신부집에 폐백과 혼서를 보내는 의식을 말한다. 친영은 신부를 부가(夫家)로 맞이하는 것이다.

우리나라는 전통적으로 자유혼이 일반적이었고,[21] '장기간의 서우부가(壻留婦家)' 형태의 혼인거주규칙이 존재하였다.[22] 이로 인해 유가적 규범을 통해 새로운 사회질서를 확립하려했던 조선시대는 이러한 전통과 오랜 갈등을 빚어야 했다. 사례(四禮) 중에서도 특히 의혼과 친영은 법적 강제조치에도 불구하고 제대로 시행되지 못한 채 절충 혹은 변형되기에 이르렀다.

---

19) 이광규, 『한국가족의 사적연구』, 8쪽.
20) 유영주 외, 『가족관계학』, 교문사, 1999, 69쪽.
21) 이광규, 앞의 책, 221-227쪽.
22) 최재석, 「조선중기 가족·친족제의 재구조화」, 5쪽.

유가적 질서체제를 표방한 조선조에 들어서 자유혼은 비난의 대상이 되었다. "고려의 서민들은 남녀의 혼취에 경솔하게 합하고 부부가 쉽게 헤어지니 전례의 법이 아니었다"[23]라는 비판을 가하였다. 또 유가에서 통치의 근간으로 여겼던 예악의 정비에서도 고려의 악은 남녀상열지사, 음사 등으로 폄하되어 상당부분 삭제 또는 개작되었던 사실은 이와 괘를 같이 하는 것이다.

자유혼은 점차 중매혼으로 바뀌었다. 주혼자와 매파에 의해 의혼이 진행되는 중매혼은 결혼 당사자의 의사가 배제되는 경향을 띤 것이다. 이러한 경향은 점차 경직화되어 당사자의 뜻은 전혀 무시된 채 주혼자들간의 합의에 의해 혼인이 이루어지기도 하고 중매자의 농간도 개입되기도 하면서 폐단을 낳기도 하였다. 조혼이 그 단적인 예가 될 것이다. 조선조는 조혼의 폐해를 막기 위해 일련의 금지조치를 내리기까지 했다. 중매혼은 가장권의 강화와 부계중심의 가문의식의 대두와 맞물리며 조선후기에 일반화 되었다. 유가적 규범의 강화에 따라 당사자들의 자유의사에 따른 자유혼을 야합이라고 하며 경멸했다.

『주자가례』와 『대명율』의 규정에 준하여 치러지는 혼인 의식은 모두 주혼자에 의해 주관되었다. 그리고 주혼자가 혼인을 주관함에 있어서 혼인할 대상자를 선정하는 일은 중매인을 통해 이루어졌다. 따라서 의혼 과정에서 중요한 역할을 한 것은 주혼자와 중매인이라 할 수 있다.

『시경』「南山」에 "娶妻如之何 必告父母 娶妻如之何 匪媒不得"이라 하였고, 『맹자』「藤文公下」에 "不待父母之命媒妁之言 鑽穴際相窺 踰墻相從 則父母國人皆賤之"라고 하며 혼인은 부모의 허락을 받고 중매인을 통해야 함을 강조했다. 그런데 조선조의 혼인규정에는 주혼자의 자격에 대한 언급만 있을 뿐 중매인의 자격에 대한 언급은 없다. 주혼자는 필수적으로 있어야 했지만, 중매인은 필수불가결한 존재가 아니었다.[24] 주혼자는 조부모, 부모에 국한되지 않고 伯叔父母, 姑·兄·外祖父母와 餘親 등 그밖의 친척까지 하도록 되어 있어 반드시 주혼자가 있어야 함을 보여준다. 성종대에는 주혼자의 주관없이 이루어진 혼인자들을 화간율로 처벌[25]한 일도 있었다.

이러한 주혼자의 필수적 개입은 가문을 중시하는 경향과 맞물려 있다. 혼인은 가문의 결합이라는 의식의 소산인 것이다. 상대방의 용모나 사사로운 감정에 끌리기 쉬운 당사자보다는 냉정하게 가문의 지위를 가늠할 수 있는 주혼자가 혼인 상대를 결정하는 것이 가문을 보존하는 보다 안전한 방법이었기 때문일 것이다. 그러나 의혼 과정에서 혼인 당사자의 의사가 무시되는 것은 적잖은 물의를 빚었다. 특히 여성에게는 원치 않는 혼인으로 인해 평생을 고통과 원망 속에 살아야 하는 비극적 상황이 끊이지 않았던 것이다. 처첩제가 용인된 현실

23) 『고려도경』 권 19, 서민條., 이광규, 앞의 책, 227쪽 재인용.
24) 장병인, 『조선전기 혼인제와 성차별』, 125-135쪽.
25) 『성종실록』 권 82, 선종 8년 7월 임오., 위의 책, 129쪽 재인용.

에서 남성들은 자신이 원치 않는 상대자와 혼인했다 하더라도 다시 다른 여성을 선택할 수 있었지만, 여성들은 일부종사의 재가금지 규범에 묶여 선택의 여지가 없었기 때문이다.

유교사상에 입각한 '남성에 의한 여성의 지배체제'를 의미하는 가부장제는 17세기 이후인 조선 후기에 이르러 비로소 확립되었다.[26] 또 17세기 중엽까지 재산과 제사의 상속에 있어서 남녀 균분상속의 전통이 이어졌고, 18세기 중엽까지 장남우대·남녀차대의 상속이 점차 출현·증가하여 그 이후는 이러한 경향으로 완전히 기울어졌다.[27] 따라서 <최척전>이 등장한 17세기초는 유가적 규범체계에 근거한 가부장제가 강화되던 시기임을 알 수 있다.

2.2. 부부형태

부부형태에는 일반적으로 일부일처, 일부다처, 일처다부 등의 유형이 있다. 그 가운데 고려시대의 혼인제는 일부다처제였다. 특히 고려말에 와서 다처병축(多妻竝畜)의 풍조가 더욱 크게 성행한 것으로 드러났다.

> 전조지계(前朝之季)에 예의의 교화가 행해지지 못하니 부부의 의리가 먼저 무너져 경·대부·사(卿·大夫·士)들이 오직 욕심만 좇고 정애(情愛)에 미혹되어, 처가 있는데도 처를 취하는 자가 있고 첩으로 처를 삼는 자도 있어 마침내 오늘날 처첩(妻妾)이 서로 송사하는 단서가 되었다.(태종실록 권25, 태종 13년 3월 기축)
>
> 전조지계에 예제가 문란해지고 기강이 무너져서 대소인원(大小人員)이 경외에 두 처를 임의로 병축하였다.(태종실록 권27, 태종 14년 6월 신유)
>
> 전조지계에는 대소인원으로서 경외(京外)에 두 처를 병축하는 자가 있고 다시 혼인하였다가 본래의 처와 도로 결합하는 자가 있고, 먼저 첩을 취하고서 후에 처를 취하는 자가 있고 먼저 처를 취하고 후에 첩을 취하는 자가 있고, 또 일시에 세 처를 병축한 자도 있었다.(태종실록 권33, 태종 17년 2월 경진)[28]

이는 조선초의 기록으로서 전조지계(前朝之季)라고 명시된 것을 통해 고려말에 이러한 다처병축의 현상이 성행했음을 알 수 있다. 이와 같은 다처병축의 성행은 적잖은 사회문제를 불러일으켰다. 부인들 사이의 지위다툼, 배다른 자녀들 사이의 재산다툼, 그리고 관직자의 경우 처의 봉작이나 문음(門蔭)의 수여에 있어서 누구를 그 대상으로 할 것인가의 문제 등이 제기되었던 것이다.

---

26) 문소정, 「한국 가부장제 확립의 가구경제적 배경과 여성의 위치」, 『유교적 전통사회의 구조와 특성』, 한국정신문화연구원, 1993, 185쪽.

27) 최재석, 「조선중기 가족·친족제의 재구조화」, 31쪽.

28) 장병인, 『조선전기 혼인제와 성차별』, 일지사, 1999, 50쪽 재인용.

고려말의 다처병축의 풍조는 조선 건국 후에도 얼마간 지속되었다. 그러나 여말의 다처 행위가 국가로부터 방치되었거나 어느 정도 국가의 묵인 아래 이루어졌던 데 반해 조선에 들어와서는 단속의 대상이 되었다.[29] 조선을 건국한 개혁파 사대부들은 새로운 사회를 건설하려는 강력한 의지를 가지고 사회질서의 바탕이 되는 것으로 생각하였던 가족윤리의 확립에 상당한 노력을 기울였다. 그 첫째가 여말 이래의 다처풍조를 척결하여 일부일처제를 확립하는 것이었다.[30]

그러나 당시 조선의 일부일처제는 오늘날과 같이 명실상부한 일부일처가 아니었다. 즉, 처첩제는 그대로 용인하되 정처(正妻)는 1인밖에 두지 못하게 함으로써 가정내의 기강을 바로잡는 것이었다. 이를 위해 중혼(重婚)과 개가(改嫁) 금지조치가 내려졌고 서얼차대정책이 시행되었다.

주지하고 있는 바와 같이 서얼은 양반 자식중 첩의 소생을 일컫는 말이다. 서(庶)는 양인(良人) 첩의 자손, 얼(孼)은 천인(賤人) 첩의 자손을 말한다. 고려시대에는 서얼에 대한 차별이 두드러지지 않았으나 려말선초 주자학의 귀천의식과 계급사상이 지배계급의 생각으로 자리잡게 되자 서얼의 등용에 제한을 두기 시작하였다. 서얼은 가정에서도 천하게 여겨 재산상속권이 없었고 관직에 등용되기도 어려웠다.

조선전기에 성립한 이러한 서얼차대정책은 신분적 귀천의식, 즉 유교의 적서(嫡庶)에 대한 명분론에서 나온 것이었다. 고려 말 이래 다처(多妻)의 풍조 아래 천인을 첩으로 맞아들이면서 첩과 그 소생에 대한 종모법(從母法)이 적용되어, 그 자손이 신분적으로 천인이 됨으로써 사회적인 천시관념이 생겨났다. 이러한 관행은 예무이적(禮無二嫡)이라는 예교사상의 팽배와 사족(士族)의 기득권 고수 등 신분질서 유지가 강조되면서 1415년(태종 15) '서얼에게는 현직(顯職)을 금한다'는 규제가 성문화된 뒤 세조·성종 연간에 편찬된 『경국대전(經國大典)』에 의해 서얼금고법(庶孼禁錮法)으로 확립되었다.

양반층의 수적 증가를 억제하려는 자기도태적 기구의 하나로서 기능하던 서얼금고법 등 서얼차대는 서얼의 수적 증가와 서얼 가운데 뛰어난 자가 많음에도 인재 활용의 비효율성 차원 등에 의해서 사회적인 큰 문제로 대두되기에 이르렀다. 이에 중종대 이래 조광조, 이이, 송시열 등으로부터 서얼차대의 부당성이 지적되었고,[31] 1567년(선조 원년)이래 서얼들은

---

29) 위의 책, 55쪽.

30) 위의 책, 54쪽.

31) 『경국대전』 禮典 諸科條에 서얼은 문과, 생원진사시에 응시하지 못한다고 규정되었고, 吏典 限品敍用條에는 문무 2품 이상의 양첩자손은 정3품, 천첩자손은 정5품에 한하고, 6품 이상의 양첩자손은 정4품, 천첩자손은 정6품에 한하며, 7품 이하의 관직이 없는 사람까지의 양첩자손은 정5품, 천첩자손은 정7품에, 양첩자손의 천첩자손은 정8품에 각각 한정하여 서용한다고 규정되었다. 그리하여 서얼은 관직에 나갈 경우 雜織에 한정되거나 과거 응시 자격마저 박탈당하여 아예 벼슬길에 나갈 수 없었다. 그러나 서얼들의 신분상승의 노력이 계속되고 그 수도 점차 증가하자 명종 초인 1550년대에 庶孼許通이 되어 양첩자손의 경우 손자부터 과거에 응시할 수 있게 하되 幼學이라 부를 수 없도록 하였고 합격문서에 서얼출신임을

서얼차대의 철폐, 즉 서얼의 문무핵심 관직진출의 허용을 요구하는 서얼소통운동(庶孼疏通運動)을 벌이게 되었다.

허균은 적서차별대우 폐지를 주장하면서 집권층의 비위를 거슬려 1610년 그들의 모해를 입어 유배를 당하기도 했다. 그리고 그의 '소설 <홍길동전>은 임진전쟁 직후의 사회적 현실을 배경으로 하여 적서차별의 봉건적 신분제에 대한 반항투쟁을 이왕조통치를 반대하는 농민투쟁과 결합하여 보여준 작품이다.'[32] 임병양란은 신분질서의 변화를 가져왔고 이러한 계층변화는 기존질서에 대한 비판의 안목을 넓게 해주었으며 그만큼 지배층에 대한 저항의식을 높여주는 결과가 되었던 것이다.[33]

서얼문제는 근본적으로 주자학적 가치체계에 뿌리를 둔 사대부적 가문의식의 확대로부터 비롯된 것이다. '고려시대는 일부다처혼(一夫多妻婚)의 사회였으며 초취(初娶), 재취(再娶), 삼취(三娶) 등 여러 처(妻) 상호간에 차별이 없었던 사회였다. 또한 초취의 자녀와 재취의 자녀간에 차이가 없었으며, 재가(再嫁)가 자유로웠기에 재가녀(再嫁女)가 전부(前夫)의 자식이나 재산을 가지고 재혼을 하기도 하였다. 이러한 습속은 조선조에 들어 점차 쇠퇴, 변형되기는 하였으나 조선 중기까지도 잔존하고 있었다.'[34] 그러나 부계적, 부권적 성격이 강한 종법질서를 축으로 하는 사대부의 가문의식, 즉 종자(宗子)와 지자(支子)의 지위를 구별하고 종자에게는 침범할 수 없는 권위를 부여하여 가족질서, 나아가 사회질서를 유지하고자 한 사대부가의 부계적 가족질서의 정립 노력으로 말미암아 이전의 전통은 점차 소멸되어 갔다. '부계적인 가족질서를 이상시 한 것은 조선 초기부터이지만 실제 새로운 가족질서가 정착되는 것은 조선 중기인 17세기를 지나서야 비로소 가능하였다. 즉, 조선에서 16세기 이후 사림파가 등장하여 성리학적인 윤리관을 몸소 실천하고 널리 일반화시킴으로써 그에 상응하는 성리학적인, 더 구체적으로 종법적인 가족질서가 정착될 수 있는 여건이 마련되었던 것이다.'[35] 그리하여 이러한 종법적 가족질서의 정착으로 말미암아 적서의 차별이 심화된 것이며, 그에 따라 서얼문제가 고질적인 사회문제로 대두된 것이다.

조선 중기는 가족제도의 변화과정에서 매우 중요한 시기[36]로 주목받는다. 그것은 그만큼

밝히도록 하였다. 16세기 말에는 이이와 최명길 등이 서얼허통을 주장하였으나 실현되지 못하다가 母系가 한미한 서자 출신의 영조가 즉위하면서 활기를 띠어 1772년(영조 48)에는 문과의 兩司와 무과의 宣傳官에, 1777년(정조 1) 에는 首任職을 제외한 지방의 향임직에도 임용될 수 있었다. 정조는 서얼들이 관직에 오를 수 있는 길을 넓힌 '정유절목'을 발표하고 규장각에 검서관제도를 두어 이덕무, 유득공, 박제가 등의 학식 있는 서얼 출신들을 임명하였다. 그 뒤에도 여러 차례 차별완화 조치가 시행되었으나 폐습의 뿌리를 없애지 못하다가 1894년(고종 31) 갑오개혁 때 완전히 폐지되었다.(http//kr.enc yl.yahoo.com/두산세계대백과EnCyber/서얼금고법, 한품서용條 참조.)

32) 허문섭, 『한국민족문학사』, 도서출판 세계, 1989, 229쪽.

33) 김한식, 앞의 책, 5쪽.

34) 최재석, 「조선중기 가족·친족제의 '재구조화'」, 『유교적 전통사회의 구조와 특성』, 한국정신문화연구원, 1993, 4-22쪽.

35) 이순구, 「종법제의 보급과 가족제도의 변화」, 『한국사』31, 국사편찬위원회, 1998, 213쪽.

가족이라는 사회의 안정기조가 동요하던 시기였음을 웅변하는 것이다. 부친을 부친이라 못하고 형을 형이라 부르지 못하매 스스로 천생됨을 자탄하여 가족과 사회의 굴레로부터 벗어나 도적의 무리를 이끌고 새로운 세상건설을 꿈꾼 <홍길동전>은 허균이 살았던 16·7세기 당시의 사회상을 잘 대변하고 있다. 이렇듯 허균과 동시대를 살며 절친한 친분관계를 유지했던 조위한 역시 17세기의 가족제도의 변화와 그에 따른 사회문제를 결코 외면할 수 없었다.

2.3. 가족형태

앞에서도 언급했지만 조선조 중기를 전후하여 가족·친족제도상에 급격한 변동이 있었다. 이 시기의 변화는 가족유형, 재산·제사상속, 양자제도, 족보의 체제, 혼인거주규칙 등의 여러 분야에서 나타났는데, 이러한 변화양상은 모두 비부계적·비단계적(非父系的·非單系的) 요소가 점차 약화되고 부계적(父系的) 요소가 강화되는 동일한 지향성을 지니고 있다.[37]

최재석 교수에 따르면 15세기 말 사림파가 정치 전면에 대두하여 그들의 유교적 통치이념에 따른 사회체계의 재구조화 노력이 진행되었다. 이와같은 사림파의 유교적 통치이념의 정착 노력은 그들의 향촌에서 중소지주적 경제적 기반을 가지고 있어 일반 민중과 끊임없이 접촉·통제가 가능했다는 점과 생산력이 발전하는 과정에서 상업적 능력 등으로 돈을 벌은 서민지주·부상 등의 민중층이 재력을 기반으로 수직적 신분상승의 기회를 가져 의도적으로 사족의 유교적 가치체계를 수용하려 했다는 점 등이 맞물려 커다란 성과를 거둘 수 있었다. 더욱이 임진왜란과 병자호란 등의 전쟁으로 16세기 이래의 사회·경제변동은 더욱 격심하게 되어 새로운 사회체계의 정립을 위한 유교적 통치이념의 정비가 더욱 필요하게 되어 이의 정착은 가속화되었다. 그 결과 17세기에 이르러 조선조는 유교적 가치체계에 의해 규제되는 새로운 사회 질서가 확립되고 이는 모든 민중층에까지 파급되어 사회규범적인 효력을 발휘할 수 있게 되었다.[38]

그는 조선중기 이후의 가족·친족제의 변화와 재구조화의 특징들을 다음과 같이 정리하였다.

> 첫째, 조선중기 이후에는 서우부가(壻留婦家)의 기간이 점차 단축되어 부처거주(父處居住)의 장자(長子)와 장자부(長子婦), 장손(長孫)과 장손부(長孫婦)가 같이 생활하는 직계가족이 이상적인 가족이 되었다.

36) 위의 책, 213쪽.
37) 최재석, 「조선중기 가족·친족제의 재구조화」, 2쪽.
38) 위의 책, 26쪽.

둘째, 재산상속의 경우에도 아들과 딸의 차별이 생겨 아들우대, 장남우대의 경향으로 기울어졌으며, 제사의 상속도 장자봉사(長子奉祀)로 바뀌었다.

셋째, 가계계승을 위한 남아의 입양이 보편화되었으며 양자결정의 경우 처족(妻族)의 참여는 제거되고 남편쪽 친족의 결정만으로 이루어졌다.

넷째, 족보의 성격이 자손보(子孫譜)에서 외손을 제거하고 성만 기재하는 등 동성동본의 자손과 이성자손을 차별하여 부계친의 계보로 바뀌었다.

다섯째, 이상의 가족제의 급격한 변화로 인한 친족의 재구조화는 바로 동성자의 집단화·조직화를 가능하게 하여 조선후기에 이르러 부계혈연집단의 형성을 가능하게 하였다. 또한 부계혈연자의 조직이 강화되면서 가족제 또한 이에 상응하여 변화의 강도가 심화되고 더욱 철저한 재구조화의 과정을 겪게 되었다.[39)]

이상에서 볼 수 있는 바와 같이 17세기는 부계혈연집단이 조직화되던 시기였다. 동성자의 집단화와 조직화가 진행되어 부계 일변적 형태가 되었으며, 적장자 중심의 직계가족이 이상시 되었다. 간단히 말해서, 이 시기의 가족형태는 부계 일변적 직계가족이라 할 수 있다.

2.4. 거주형태

고려시대에는 장기간의 서유부가(壻留婦家) 형태의 혼인거주규칙이 존재하였다.[40)] 조선 전기에도 『주자가례』나 『세종실록』「오례」의 친영이라는 혼인 절차 대신 서류부가제에 따른 혼인절차가 실행되었다. 이러한 혼인풍습은 친영 실시를 위한 계속적인 노력에도 불구하고 유지되다가 명종대에 이르러 반친영으로 절충적 형태를 띠게 된다.

서유부가혼의 특징

- 여자집에서 혼례를 치를 뿐 아니라 서유부가한다.
- 부부로서 동침을 하고 향연을 베풀고 난 후 3일째 되는 날에야 혼례(상견지례)를 치른다.
- 혼례가 끝난 후 날을 정해 음식과 노비를 갖추어 구고지알(舅姑之謁)을 한다

39) 위의 책, 49-50쪽.
40) 최재석, 「조선중기 가족·친족제의 재구조화」, 5쪽.

친영제의 특징

- 남자 집에서 혼례를 치르고 남자집에서 혼인생활을 시작한다.
- 혼인 당일에 상견지례를 하고 동침을 한다.
- 혼례 다음날 구고지알을 하는데, 이때 신부집에서 찬(饌)을 갖추어 시부모를 공궤한다.

반친영의 특징

- 여자집에서 혼례를 치르되, 서유부가혼에서 3일째에야 행하던 상견지례를 혼인 당일에 한다.
- 혼인 3일 이후 적당한 날을 잡아 행하던 구고지알을 혼인 다음날 한다.
- 서유부가의 기간이 점차 단축되었다.[41]

결국 반친영이 서유부가혼과 다른 점은 부부의 상견례를 혼인 당일에 하고 시부모에 대한 인사가 일러졌다는 것 이외의 차이가 없다는 점에서 반친영이라기보다는 서유부가혼의 변형이었다.[42] 반친영은 서유부가의 혼속을 바꾸기 어려웠던 당시 상황을 알게 하는 것으로 실정에 따라 그 일부만이라도 바꾸기 위한 편법이었다고 할 수 있다. 서유부가의 기간은 조선 중기 이후로 점차 단축되었으나[43] 조선후기까지 강인하게 잔존하였다.[44] 친영례는 사대부들조차 제대로 시행하지 않아[45] 반친영의 편법적 규정을 두었는데 이것조차도 민간에서 시행되기에는 오랜 기간이 필요했다.

이상 17세기 가족제도의 특징을 정리하면 다음과 같다. 첫째, 혼인과정에서 강력한 가부장제의 정착으로 말미암아 혼인당사자가 배제된 채 주혼자의 절대적 권위에 의해 혼사가 결정되었다. 둘째, 부부형태에서 일부일처라는 법적 규정은 처첩제가 용인된 기형적 형태로서 그 폐단으로 인해 서얼문제가 심각한 사회문제로 대두되었다. 셋째, 가족형태에서 부계혈연집단의 조직화와 적장자 중심의 경향으로 부계 일변적 직계가족 형태로의 재구조화가 추진되었다. 넷째, 거주형태에서 친영을 통한 부처거주가 정착되지 못한 채 변형적 형태인 반친영이 권장되었고 점차 서유부가의 기간도 단축되었다.

---

41) 장병인, 「조선전기 혼인제와 성차별」, 145쪽.
42) 박혜인, 『한국의 전통혼례 연구-서유부가혼속을 중심으로』, 고대민족문화연구소, 1988, 174쪽.
43) 최재석, 「조선중기 가족·친족제의 재구조화」, 48쪽.
44) 이능화, 『조선여속고』, 한국학연구소, 1977, 36-37쪽.
45) "중종대에 이르러 사대부들조차 친영례를 시행하지 않는다고 개탄하고 있는 기사들이 보이며, 납채와 납폐의 절차조차 규정대로 시행되지 않은 듯하다."(장병인, 『조선전기 혼인제와 성차별』, 138쪽)

3. 〈최척전〉의 가족제도 유형

3.1. 혼인과정 - 부자(父子)의논형 의혼(議婚)

가부장제 혹은 부계중심의 가족구조가 강화되던 이 시기의 상황은 혼인에 있어서 여성에게 새로운 국면을 맞게 했다. 무엇보다 여성에게 있어서 혼인 상대자의 선택 자체가 자신의 운명을 좌우하는 관건으로 떠오를 수밖에 없었던 것이다. 뿐만 아니라 서유부가의 전통에 의해 혼인을 통해 경제적으로 적잖은 도움을 받던 여가(女家)측에서는 가정경제에 손실을 가져오는 결과에 직면하게 되었다. 그에 대한 대책을 모색해야 했다.

작품이 산생된 시대적 상황이 이러했음에도 불구하고 <최척전>은 대단히 합리적인 의혼 과정을 보여주고 있다. 이 작품에는 최척과 옥영, 몽선과 홍도의 두 건의 결혼이 있고, 비록 성사되지는 않았지만 옥영과 양생 사이의 의혼 과정 등 모두 세 건의 의혼이 나타나 있다. 그런데 이들의 의혼 과정에는 시대적 상황을 여실히 보여주면서도 작자 나름대로 합리적인 의혼 유형을 제시하고 있음이 주목된다.

① 최척·옥영의 의혼 과정

- 옥영은 정상사의 집에 와서 수학하는 최척의 인물됨을 살핀 후 몰래 연서를 보내 구애의 뜻을 전한다.
- 최척은 옥영의 시비 춘생을 통해 옥영과 그 집안의 내력에 대해 듣고, 멀리서 지켜만 볼 수밖에 없었던 그 동안의 심경과 혼인의 뜻을 적어 보낸다.
- 옥영은 이제 서로의 마음을 알았으니 정식으로 매파를 통해 청혼해 줄 것을 제의한다.
- 최척은 옥영과의 혼사를 주선해 줄 것을 아버지에게 청한다.
- 최척의 부 최숙은 옥영 모녀가 의탁하고 있는 심씨의 친척 정상사를 찾아가 혼인의사를 타진해 줄 것을 부탁한다.
- 정상사는 심씨에게 말을 전한다.
- 심씨는 자신이 의탁할 곳은 딸 하나뿐이므로, 비록 어질다해도 가난한 집 아들에게는 딸을 줄 수 없다며 반대한다.
- 옥영은 어머니를 찾아가 부자보다는 어진 사람을 남편으로 삼아야 가업을 보존하기 쉽고, 믿음직스런 사람만이 모녀를 보살펴줄 수 있다고 하며 최척에게 시집보내줄 것을 조리 있게 설득한다.
- 심씨는 마지못해 허락하고 정혼할 뜻을 정상사에게 알린다.
- 정상사도 찬성하고 곧 매파를 최숙家에 보내 혼인날을 정한다.

② 옥영·양생의 의혼과정

- 정상사의 이웃으로 부자 양생은 옥영이 현철하고 최척과 혼사를 이루지 못했음을 알고 정상사의 부인에게 뇌물을 주어 혼사를 부탁한다.
- 부인은 심씨에게 최척의 가난함과 종군 후 생사가 불분명함을 들어 부자인 양생에게 시집보낼 것을 청한다.
- 정상사 부부의 권유에 따라 심씨는 혼인을 결정하고 혼인날을 정한다.
- 옥영은 약속을 저버릴 수 없으며, 죽어도 다른 사람에게 가지 않겠다고 반대한다.
- 심씨는 가장의 처분에 따를 것을 명하고 옥영의 뜻을 묵살한다.
- 옥영이 목을 매 자살을 단행하나 심씨에게 발견되어 살아난다.
- 양생과의 혼사가 거론되지 않게 된다.

③ 몽선·홍도의 의혼과정

- 몽선이 자란 후 그 부모는 어진 며느리를 얻으려 한다.
- 이웃에 살던 홍도가 소문을 듣고 조선으로 갈 수 있을 것이라는 희망 아래 최씨 집안의 며느리가 되고자 하는 뜻을 이모에게 이야기한다.
- 그 이모도 아버지를 찾아 조선에 가고자 하는 평소 홍도의 뜻을 알고 있어 최척을 찾아가 사연을 이야기한다.
- 옥영은 홍도의 뜻을 가상히 여겨 며느리로 삼는다.

위의 사례에서 중매인은 최척·옥영의 경우에만 나타난다. 이는 당시 사회에서 중매인은 의혼 과정에서 필수적이지 않았다는 현실과도 부합되는 사실이다. 또 당시에는 주혼자가 혼인 여부를 결정하고 혼인 전반의 절차를 주관했다. 친족이 주혼할 경우 혼인 당사자의 의사가 전혀 반영되지 않고도 혼인이 성립할 수 있었다. 하지만 <최척전>에는 양생과의 의혼 과정에서 주혼자의 독단적 결정권도 드러나지만 당사자인 옥영과의 충돌을 피할 수 없었다.

그러나 <최척전>에 나타난 의혼과정에서 무엇보다 주목할 만한 점은 세 경우 모두 반드시 주혼자를 통해서 의혼이 진행되면서도 그에 앞서 어느 한 쪽에서든 혼인 당사자가 대상자를 물색하고 자유의지로 선택한다는 것이다. 혼인 남녀의 의사가 대부분 반영되고 있음을 볼 수 있다. 주혼자에게 절대적인 결정권이 부여되던 시기에 혼인 당사자의 의사에 의해 의혼이 제기되는 것은 특기할 만한 것이다. 여기에서 주혼자를 통해 이루어지는 의혼 과정은 예(禮)로써 결합한다는 현실적 명분을 획득하는 의의를 갖는다. 실질과 명분을 조화시킨 합리적 의식의 단면인 것이다. 이것에 관해서는 동시대 타작품과의 비교를 통해 뒤에서 자세히 살펴볼 것이다.

3.2. 부부형태 - 일부일처

처첩제가 용인된 조선의 일부일처제는 여자에게만 중혼과 개가를 규제함으로써 강한 성차별을 조장했다. 고려 공양왕 원년(1389)에 고위관직자의 처에 한하여 재가(再嫁)를 제한하는 법이 생겼으나 당시는 수절하는 사람이 극히 드물었다.[46] 려말의 재가 제한의 움직임은 조선조에 이르러 더욱 강하게 나타나 결국 성종조에 이르러 『경국대전』에 재가금지법이 성문화되었다.[47] 여성에게만 수절을 강요함으로써 여성차별의 질곡이 깊어졌던 것이다.

처첩제가 용인된 상태에서 명분론에 입각한 일부일처제는 종모법(從母法)에 입각한 신분제와 더불어 여성의 지위하락을 조장함으로써 불평등구조를 형성했다. 재가금지법은 여성의 수절을 강요했다. 그러나 진정한 일부일처는 남녀 모두 배우자를 한 사람으로 하는 것이며, 현실적으로 이것이 실현되기 위해서는 무엇보다 남성도 절의를 지키는 것이 더 절실했다. 남성 중심의 유교적 질서체제 아래서는 오히려 남성이 절의를 지킬 때에 비로서 일부일처와 남녀평등의 실현이 가능한 것이라고 할 수 있는 것이다.

조위한은 여성의 윤리덕목만을 강조하던 바로 이런 시대임에도 여성들이 윤리를 지킨 것처럼 남성들도 윤리를 실천하여야 할 것임을 시사하고 있다. 남성도 여성과 같은 인격체로서 여성에게만 이런 부당한 윤리를 강요할 것이 아니라 남성도 수절하면서 절의를 행해야 함을 주지하였다.[48]

옥영은 피란 중에 남편 최척을 잃고 왜병의 포로가 된다. 임진왜란시 왜적에게 욕을 보지 않으려고 자결하거나 왜적의 칼에 죽은 열부(烈婦)의 예가 433건이나 있었다.[49] 물론 옥영도 자살을 감행하나 모두 실패한다.

> 옥영이 물에 빠져 죽으려고 여러 차례나 배를 탈출하려 하였다. 그러나 그때마다 돈우의 눈에 뜨여 죽을 수가 없었다. 어느 날 저녁 丈六金佛이 옥영의 꿈에 나타났다. "나는 만복사의 부처라네. 삼가 죽지 말게. 뒷날 반드시 좋은 일이 있을 것이야." 옥영은 꿈을 깬 후 기이하게 생각하며 만에 하나라도 희망이 있으리라는 것을 알았다. 드디어 억지로 밥을 먹으며 목숨을 연명하였다.[50]

---

46) 이상백, 『한국문화사연구논고』, 을유문화사, 1947, 209., 이광규, 『한국가족의 사적연구』, 일지사, 1978, 262쪽 재인용.

47) 위의 책, 268-270쪽.

48) 민영대, 『조위한의 삶과 문학』, 439쪽.

49) 이광규, 『한국가족의 사적연구』, 279쪽.

50) 玉英欲投水溺死, 再三出船, 輒為所覺. 一夕, 丈六金佛夢玉英而告曰, 我萬福寺佛也. 愼無死, 後必有喜. 玉英覺而診其夢, 不能無萬一之冀, 遂強食不死.

옥영은 장육금불의 출현을 통해 일말의 희망을 가지게 되었다. 그리고 그녀는 고된 항해 생활 속에서도 남장한 채 사년을 지내면서 정절을 지킨다. 그러한 절의를 통해 결국 그녀는 남편과 해후하게 된다.

그러나 주목해야 할 것은 최척의 경우이다. 최척은 연곡에서 가족을 잃은 후 명나라 장수 여유문과 함께 중국으로 가 요흥에 있는 여유문의 집에 머문다. 형제의 의를 맺은 여유문은 최척에게 자신의 누이동생과 결혼할 것을 권유한다. 하지만 최척은 한사코 거절하였다.

> 그때 최척은 요흥에서 여공과 의형제를 맺었다. 그 누이동생을 그에게 시집보내기를 원했으나 최척이 굳이 사양하며 이르기를. "나는 온 집안이 적에게 사로잡혔고, 지금까지 늙으신 아버지와 연약한 처의 생사도 알지 못하여 끝내 발상(發喪)을 하거나 상복(喪服)도 입지 못하고 있습니다. 어찌 편안히 부인을 얻고 이로써 혼자 안일하게 살 궁리를 하겠습니까?" 했다. 여공은 옳다고 여겨 그만두었다.[51]

여유문의 결혼 제의를 거부하는 이유로 제시한 최척의 진술을 통해서 우리는 그 이면에 담긴 작자의 의식을 읽을 수 있다. '그 죽음을 확인하고 장례를 치르지 않는 이상 또다른 처를 얻을 수 없다. 재취하여 일신의 안일을 구하는 것은 도의에 어긋난다'는 의식을 담고 있는 것이다. 본래 재혼은 부부가 이혼 또는 사별(死別)로 인해 그 관계가 끊어진 후 다른 배우자와 다시 혼인관계를 맺는 것을 말한다. 그러나 당시의 법제상으로 '남자는 전처의 유무에 관계없이 재취(再娶)가 가능'[52]하였다. 그럼에도 불구하고 최척으로 하여금 재취를 거부하도록 구성한 것은 작자가 지닌 남다른 의식의 소산이다.

51) 是時, 陟在姚興, 與余公結為兄弟. 欲以其妹妻之, 陟固辭曰, 我以全家陷賊, 老父弱妻, 至今未知生死, 終不得發喪服衰. 豈晏然婚娶, 以為自逸之計乎. 余公義而止之.

52) 위의 책, 260쪽.

3.3. 가족형태 - 양변적 직계가족(兩邊的 直系家族)

<최척전>은 16세기 말~17세기초의 전란을 배경으로 가족이 이산하고 재회하는 문제를 깊이있게 다루고 있다. 그리고 사실주의적 방식으로 당대의 절실했던 사회역사적 문제를 형상화해 내고 있다. 이 작품은 전란으로 인한 가족이산의 고통과 가족애를 통한 재회의 성취과정을 그리고 있다. 그리하여 온가족이 다시 만나는 것으로 작품은 종결된다.[53)]

<최척전>은 임병양란을 거치면서 가속화된 직계가족형태로의 재구조화 경향을 나타내던 시기에 쓰여졌다. 그러나 <최척전>은 사돈 사이의 집안들이 하나가 되어 일가를 이루는 형태로 되어있다. 직계가족형태라고 하면 최숙-최척(옥영)-몽석으로 구성된 일가를 말한다. 이에 비하여 <최척전>의 가족형태는 최척과 옥영 부부를 중심으로 최척의 父인 최숙과 옥영의 母인 심씨 부인, 장남인 몽석, 차남인 몽선과 홍도 부부, 그리고 홍도의 父 진위경 등 삼대에 걸친 부부와 안팎 사돈들이 함께 살게 됨을 보여준다.

사림파로 대표되는 사대부들에 의한 가족제의 재구조화 경향이 본격적으로 추진되기 이전의 시기, 즉 조선 전기와 고려조의 전통적인 가족형태는 '외손녀(外孫女), 여서(女壻), 처부(妻父), 처모(妻母) 등을 포함하는 양변적 방계가족(兩邊的 傍系家族)'이 이상적 유형이었다.[54)] 반면 당시 사대부들에 의해 재구조화 되던 가족구조의 전형은 부계 일변적 직계가족 형태였다. 하지만 최척일가의 가족유형은 양변적 직계가족 형태에 속한다. 조위한은 그 당시까지 내려오던 전통적 가족관계로부터 괴리된 이질적인 가족형태로의 전환과 그에 따라 발생되는 풍속의 변화, 그리고 그에 부수된 각종 사회문제들을 목도하였음이 분명하다. 따라서 전란이라는 당시의 사회현실 속에서 이산과 재회를 거치는 가운데 한 가족이 어떻게 새로운 일가(一家)를 형성해 나가는가를 형상화한 <최척전>은 이상적인 가문모형에 대한 조위한 나름대로의 고심이 담겨져 있는 것임을 시사한다. 결과적으로 <최척전>에 제시된 가족 유형은 전통의 발전적 계승의 양태이며, 현실을 고려한 조위한의 합리적 의식의 단면인 것이다.

---

53) 반면, 전란을 통한 가족이산의 현실 및 가족상봉을 위한 끈질긴 노력을 보여준다는 점에서 <최척전>과 유사한 17세기말의 <김영철전>은 호족과 한족 여인과 결혼하여 각각의 가족이 있음에도 불구하고 본국의 가족과의 상봉을 위해 이들을 모두 이국에 버려두고 귀국한다. 박희병 교수는 <김영철전>에서 이국의 처자를 버리고 고국에 귀환했던 것은 모두 강한 家門 保存의 의식 때문이라고 지적한다(박희병, 「17세기 동아시아의 전란과 민중의 삶」, 『한국 근대문학사의 쟁점』, 창작과비평사, 1990, 28-29쪽 참조). <최척전>과 불과 반세기밖에 떨어져있지 않은 <김영철전>의 이러한 양상은 임병양란을 거친 이후 가속화된 가족제의 재구조화 추세를 보여주는 좋은 예이며, 동시에 바람직한 가문 모형의 모색과 제시란 측면에서 <최척전>의 독특성을 반증하는 것이라고도 할 수 있다.

54) 최재석, 「조선중기 가족·친족제의 재구조화」, 29쪽.

3.4. 거주형태 - 부처거주(夫處居住)

최척과 옥영이 혼례를 치른 것은 계사년(1593) 동짓달 초하루이며, 혼례 장소는 정상사의 집이었다. 이들은 혼례를 치른 후 최숙의 집에 와서 최척의 친척들에게 인사를 한다. 구고지알(舅姑之謁)을 행한 것이다. 그리고는 그대로 최숙의 집에 머물러 살았다. 이는 곧 반친영을 행한 것이다.

> 드디어 동짓달 초하루 날 정상사 집에서 이들은 혼례를 올렸다. 아름다운 두 사람이 결연(結緣)을 이루었으니 그 기쁨은 가히 알 만하였다. 최척은 아내와 장모 심씨를 모시고 자기 집으로 돌아갔다. 대문 안으로 들어서자 종들이 모두 기뻐하였다. 마루에 오르자 친척들도 모두 축하하였다. 기쁨이 온 집안에 넘쳤으며 칭찬이 이웃 마을에까지 자자하였다.[55)]

하지만 여기서 주목해야 할 것은 <최척전>의 등장이 바로 재구조화의 경향을 띤 사대부 계급의 가문의식이 대두되던 시기였고, 작가 조위한 역시 그 부류 중의 한 사람이었음에도 불구하고 당시 사대부들이 추구하던 부계중심의 부처거주형태를 답습하지 않고 있다는 점이다. <최척전>에 제시된 가족모형은 서유부가(壻留婦家)를 지양하고 부처거주(父處居住)의 자(子)에 귀속시켜 가문을 형성한다는 점에서 사대부의 가족 재구조화와도 맥을 같이 한다. 그러나 친부모와 처부모에 대한 차별이 없었던 전통을 계승하여 현실과 접목하려는 노력이 돋보인다.

<최척전>은 반친영을 통한 부처거주의 거주형태를 보인다. 이는 양변적 직계가족이라는 가족형태와 맞물리면서 조위한의 합리적 의식이 드러나 있는 또다른 측면이다. 전란으로 인해 해체된 가족과 사회질서의 재건이라는 시대적 과제를 안고 있던 17세기 상황에서 그는 전통과 현실 양자를 충분히 고려함으로써 합리적인 대안을 모색했던 것이다.

---

55) 遂以仲冬初吉, 合巹於鄭上舍之家. 兩美相合, 喜可知也. 陟載妻與母, 歸於其家, 入門而仆隸歡悅, 上堂而親戚稱賀. 慶溢一家, 譽洽四鄰.

Ⅱ.

최척전에 나타난 상대적 화이관

1. 서론

조위한(趙緯韓, 1567-1649)의 <최척전>(1621)은 전대미문의 임진왜란과 잇따른 대후금 전쟁으로 인해 단란했던 가정이 철저히 파괴되는 비참한 현실과 대전란의 와중에서 생사의 고비를 넘나들며 구사일생으로 살아나온 사람들의 이야기를 하고 있는데 이상하리만치 적이었던 왜와 후금에 대한 묘사에서 적개심을 드러내기보다는 오히려 적대국 사람들을 우호적 인물로 형상화하고 있다. 반면에 구원병을 보내어 조선을 위기에서 구한 명나라와 주인공들을 도와준 명나라 사람들에 대해서는 감사와 보은의 자세를 보이지 않는다. 주지하는 바와 같이 「최척전」은 사실성이 뛰어난 작품으로 알려져 있지만 당시의 현실에 비추어본다면 이 작품에 드러난 외국인에 대한 묘사는 오히려 비현실적인 것처럼 보인다. 이 논문은 이러한 문제의식을 출발점으로 삼아 이 작품의 외국인에 대한 묘사를 분석하여 외국인 형상에 담긴 대외인식을 살펴보고자 한다.

<최척전>에 등장하는 주인공들의 해외편력과 외국인물들이 지닌 특징에 대해 '인간애'[1], '전근대 동아시아공동체의 싹'[2], '초국성(超國性)'[3] 등의 주장이 제기되었고, 이에 대한 비판적 논의[4]도 전개된 바 있다. 최근에는 이 작품에 구현된 동아시아연대의 토대가 왕조, 즉 국가에 소속감을 두지 않는 '탈국가(脫國家)'적 면모에 있으며, 그것은 국가의 안위보다

---

1) 김현양, 「최척전, 희망과 연대의 서사」, 『열상고전연구』 24, 열상고전연구회, 2006, 75-100쪽.

2) 진재교, 「월경과 서사-동아시아의 서사 체험과 이웃의 기억」, 『한국한문학연구』 46, 한국한문학회, 2010, 129-162쪽.

3) 최원오, 「17세기 서사문학에 나타난 월경(越境)의 양상과 초국적 공간의 출현」, 『고전문학연구』 36, 한국고전문학회, 2009, 189-224쪽.

4) 신선희, 「전란이 낳은 이방인의 삶-최척전」, 『장안논총』 33, 장안대학교, 2012, 1553-1572쪽. 김경미, 「동아시아적 시각에서 다시 읽는 최척전·김영철전」, 『고전문학연구』 43, 한국고전문학회 2013, 165-192쪽. 정규식, 「최척전에 형상화된 주변인물의 특징과 작가 의식」, 『어문론총』 64 한국문학언어학회, 157-186쪽.

개인과 가정의 생존을 우선시하는 당대인들의 현실을 살아가는 한 방식[5]이라는 견해도 제시되었다.

하지만 지금까지의 논의들은 주로 외국인형상의 긍정적인 면만을 부각시켜 다루었다는 한계가 있다.[6] 외국인의 긍정적인 면과 더불어 부정적인 면도 함께 다루어야 비로소 이 작품의 대외인식을 총체적으로 파악할 수 있으리라는 데에는 이론의 여지가 없을 것이다. 외국인의 부정적인 면도 포함하여 대외인식을 총체적으로 파악하고 그 의미를 구명할 때 더한층 균형 잡힌 작품 이해가 이루어질 것으로 판단된다.

이에 본고는 우선 사건 전개에 따라 등장하는 외국인들을 국적별로 나누고 그 행위를 정리한 후, 이를 바탕으로 당시의 화이(華夷)관념에 따라 華에 해당하는 명(明). 夷에 해당하는 왜(倭)와 후금(後金)에 대한 인식을 각각 살펴보겠다. 그리고 이러한 대외인식에는 작가 조위한의 현실적인 국제감각과 정치인식에 의한 상대적·현실적 화이관이 반영되어 있는 것임을 밝혀보고자 한다.

2. 외국인형상에 드러난 대외인식의 양상

<최척전>에서 남녀주인공들은 전쟁으로 인해 동아시아 각국을 떠돌아다니는 와중에 많은 외국인들을 만난다. 남녀주인공의 국내외 편력의 여정에 따라 사건이 전개되면서 작중에 등장하는 외국인을 국가별로 묶고, 그들의 행위를 간략히 정리해보면 다음과 같다.

국가	인물	행위
명	여유문	최척을 중국으로 데려가 보살펴준다.
	주우	세상을 등지려는 최척을 설득하여 함께 장사를 하며 주유한다. 왜인에게서 옥영을 구해내고자 자신의 재물을 아끼지 않는다. 최척 부부가 항주에 정착할 수 있도록 방을 마련해준다.
	두홍	최척의 사연을 듣고 의기를 느껴 적극 도우려한다.
	홍도	아버지를 찾기 위해 조선사람과 결혼한다. 옥영을 따라 배를 타고 사지를 넘어 조선에 도착하여 결국 아버지와 상봉한다.

5) 최빛나라, 「최척전의 탈국가적 면모와 그 의미」, 『한국동양정치사상사연구』 16(2), 한국동양정치사상사학회, 2017, 55-79쪽.

6) 정규식은 돈우, 여유문, 주우, 늙은 오랑캐, 진위경 등이 기존의 견해와 달리 보편적이고 따뜻한 인간애를 지닌 인물들이 아니라고 주장하였다(정규식, 앞의 논문). 후속 연구자에 의해 일부 주장이 부정되기는 하였으나, 기존 논의가 동아시아적 차원으로 경도되는 것에 문제제기를 하였다는 데에 일정한 의의가 있다고 판단된다. 그러나 善行의 진위여부를 가리는 이들 논의와는 달리 본고는 제삼의 시각에서 새로운 접근을 시도하고자 한다.

국가	인물	행위
	장수	후금군을 얕보다가 패하여 전군이 몰살당한다.
	교유격	패잔병과 함께 조선군중으로 피신하지만 결국 후금군에게로 압송된다.
	진위경	최척의 병이 위급한 것을 보고 치료하여 살려준다.
	해랑적	옥영 일행의 재물을 약탈하려고 구타하고 위협한 후 배를 빼앗아간다.
후금	누르하치	성격이 곧고 관대한 지도자이며, 명군은 전멸시키지만 조선군은 건드리지 않는다.
	늙은 호인	최척과 몽석 부자를 몰래 탈출시켜준다.
왜	왜적들	남원성을 함락시키고 최척 일가를 포함한 마을사람들의 피난처까지 습격하여 사람들을 살상하거나 포로로 끌고 간다.
	돈우	옥영을 자식처럼 대하다가 대가 없이 놓아줄 뿐 아니라 재물까지 주고 축복하며 보낸다.
국적 불명	뱃사람들	최척과 옥영의 기이한 재회를 축하하면서 금과 비단 등을 선물로 준다.

이 외국인들은 국적에 따라 왜인, 후금인, 명인, 국적불명 등으로 나눌 수 있다. 여유문·주우·두홍·홍도·장수·교유격·진위경·해랑적은 명인이고, 누르하치와 늙은 호인은 후금인이며, 왜적과 돈우는 왜인, 그리고 외국 뱃사람들은 국적불명이다. 당시의 화이관념(華夷觀念)을 염두에 두면서 먼저는 華에 해당하는 명에 대한 인식을 살펴본 후, 다음으로 夷, 즉 오랑캐에 해당하는 후금과 왜에 대한 인식을 살펴보겠다.

2.1. 재조지은과 모화의식에 치우치지 않은 대명인식

1592년 4월 13일 왜적이 부산에 상륙하면서 시작된 임진왜란은 삽시간에 조선을 멸망의 벼랑끝으로 몰아세웠다. 조선군은 싸워보지도 못하고 무너져 왜적이 물밀듯 북상하자 국왕과 관료들은 수도 한양을 버리고 도주하여 의주로 향했고 국왕 선조는 명나라로의 망명을 추진했다. 또한 국내적으로 그동안의 학정과 토색에 고통받던 백성들의 쌓였던 원성과 왜적 방어에 속수무책인 정권의 무능에 민심이 폭발하여 임금의 피난길을 방해하는가 하면 왕자들을 사로잡아 왜적에게 넘기는 사태까지도 발생하였다. 왜적의 절대적인 우세와 더불어 전대미문의 민심이반에 놀란 선조와 지배층은 절체절명의 위기의식에 빠지고 말았다. 이러한 절망적 상황에서 명군의 참전과 전세역전의 전기를 마련한 1593년 1월 9일 평양성 전투의 승리는 멸망했던 국가가 다시 소생하는 것과 다를 바가 없었다. 이에 명나라가 조선을 구원하여 다시 세워주는 은혜를 베풀었다는 의식을 품으면서 재조지은(再造之恩)의 관념을 갖게

되었으며 명에 대한 모화의식(慕華意識)도 강화되었다.[7]

조선 지배층은 전쟁기간 내내 명나라에 절대 의존적이었으며 자신들의 무능을 덮는 수단으로도 재조지은을 강조하였다. "여염의 백성들이 명군 복장을 하고 있는 사람을 만나면 장수인지 병졸인지 모르더라도 모두를 외경한다."[8]고 한 언급을 통해서 일반 백성들까지도 명나라에 대한 고마움과 명나라 사람에 대한 공경하는 마음을 품고 있었음을 알 수 있다. 전란과 기근으로 인해 굶주린 백성들이 명나라 군대의 진영에 들어가 방자(房子)가 되거나 식량을 얻어 아사를 면하는 경우가 많았으므로 수많은 사람들이 명군 진영에 의탁하였고, 명군의 철수와 함께 명나라로 따라 들어간 조선인이 대단히 많았던 것은 역사적 사실이다.[9]

<최척전>에서 최척 역시 가족들이 왜적에게 유린당하여 온 가족을 잃고 홀로 남게 되자 절망한 상황에서 명나라 장수에게 의지할 곳 없음을 호소하면서 명나라로 데려가 살게 해 달라고 애원한다. 이에 여유문은 최척을 막하로 삼은 후 중국으로 데려가 자신의 집에서 보살펴주었을 뿐만 아니라 최척의 외로운 처지를 안타깝게 여겨 누이동생과의 결혼까지도 주선한다. 이처럼 최척은 명나라 장수 여유문의 도움으로 새 삶을 살 수 있게 된 것이다.

최척은 전란으로 인해 가족들과 헤어져 고향을 떠났다가 다시 고향으로 귀환하기까지의 과정에서 총 다섯 차례에 걸쳐 타인의 도움으로 인생의 극적 전환을 경험한다. 첫째는 방금 언급한, 중국으로의 망명(명-여유문)이고, 둘째, 청성산행을 포기하고 무역선 타기(명-주우), 셋째, 홍도와의 재회와 항주 정착(명-주우), 넷째, 포로수용소 탈출(후금-늙은 호인), 다섯째, 응급치료로 생명 소생(명-진위경) 등이다. 그 중에서 후금의 포로수용소 탈출을 제외한 나머지는 모두 명나라 사람의 도움에 의한 것이다. 전쟁 발발로 인한 가족이산에서부터 고향으로의 귀환까지 최척의 생애 가운데 대부분은 명나라 땅에서, 명나라 사람의 도움으로 인생의 중대한 전환이 이루어졌다고 해도 과언이 아니다.

하지만 그럼에도 불구하고 이 작품에는 명나라 사람과 명나라에 대한 재조지은과 모화의식이 드러나 있지 않다. 작품에 등장하는 명나라 사람들의 형상화된 면면을 살펴보면 망명 이후 중국에서 최척은 비록 여유문과 주우를 비롯한 명나라 사람들로부터 도움을 받기는 하지만 그들과 대등한 입장에서 교류했으며, 조선으로 귀환하여 고향으로 가는 도중에 만나 도움을 받은 진위경의 경우에는 오히려 최척이 명나라 사람보다 상대적인 우위에 있음을 볼 수 있다.

---

7) 재조지은 관념의 형성에 관하여는 한명기의 논의(한명기, 『임진왜란과 한중관계』, 역사비평사, 2001, 67-74쪽.)를 참조하였다.

8) 李好閔, 「山海關三次呈文」, 『五峰先生集』 권14 庚子, 위의 책, 74-75쪽 재인용. 閭閻小民 遇有天兵樣子 不知是官是巡 一體畏敬.

9) 임란 당시 조선인의 명군 진영 투탁과 명나라로의 유출에 관하여는 한명기, 앞의 책, 145-150쪽을 참조할 수 있다.

명나라 장수 여유문의 도움으로 최척은 여유문의 막하로 있긴 했지만 그와 같은 상에서 먹고 한 이불을 덮고 잤으며, 중국으로 가서도 여유문의 집에 의탁하고 있었지만 그와는 형제의 의를 맺고 지냈다. 나아가 여유문이 여동생을 최척에게 시집보내려 할 때 최척은 부인과 가족에 대한 도의를 내세워 단호하게 거절한다. 이것은 유몽인의 『어우야담』에 실린 「홍도」에서 몽현의 신부감을 구할 때 명나라 사람들이 조선인이라는 것을 꺼려 딸을 주지 않았다는 대목에서 나타나는 당시 일반적인 명나라 사람들의 조선에 대한 배타적인 우월의식과는 대조되는 것으로, 작가 조위한이 의도적으로 최척의 위상을 중국인과 대등하게 설정한 것이라 하겠다.

또한 학식 있고 덕망 있는 주우와도 최척은 서로 지기로 인정하며 교류했으며, 주우는 최척에게 예의를 갖추어 대우한다.

> 최척의 자를 부르며 말했다. 백승(伯昇)! 사람이 이 세상에 살면서 누군들 장생불사하고 싶지 않겠습니까? (중략) 그대(子)는 모름지기 나와 함께 돌아갑시다. 일엽편주에 몸을 싣고 오월 지방으로 다니며 비단이나 차를 팔면서 남은 생을 즐겨 봅시다. 그 또한 달인의 삶이 아니겠습니까?10)

주우는 최척의 자(字)를 호칭으로 사용하고, 또 '子'(그대)라고 부르면서 점잖게 존중의 자세를 표시하고 있음을 볼 수 있다.

진위경의 경우는 오히려 최척이 우위적 입장에서 대화를 진행하며, 게다가 조선인이 명나라 사람을 돌봐주는 시혜의 입장이 되는 것으로 설정함으로써 위상의 역전현상을 보여준다.

> "괴이하군요! 괴이해! 내가 항주에서 당신(你)의 집과 이웃하여서 살았지요. 당신(爾) 부인은 1611년 9월에 병으로 사망하셨소. 홀로 남은 홍도는 이모부인 오봉일 집에서 길렀는데, 내가 둘째아들의 며느리로 삼았지요. 그런데 뜻밖에 오늘 이곳에서 당신(爾)을 만나다니요." 위경이 놀라 애통해하면서도 주저리주저리 떠들며, 기뻐하는 것을 오래도록 참지 못하다가 말했다. "아! 저는 대구에서 박씨 성을 가진 이의 집에서 의탁하고 있을 때, 한 노파에게 침술을 배워 생계를 꾸려 나갔답니다. 이제 당신(子)의 말을 들으니 고향에 있는 것과 같아 저도 이곳으로 옮겨와서 살고 싶군요."11)

---

10) 伯升! 人生斯世, 孰不欲长生而久视? (중략) 子须从我, 而归浮扁舟, 適吴越贩绘卖茶, 以娱余年, 不亦达人之事乎?(원문은 간호윤, 『先賢遺音』, 이회, 2003, 610쪽을 따랐고, 인용한 번역문은 필자가 윤문한 것임.)

11) 위의 책, 580-581쪽.(원문은 621쪽)

이것은 사경을 헤매던 최척을 구해준 진위경에게 보답하기 위해 그를 남원으로 데려온 후 최척과 진위경 두 사람이 대화하는 장면이다. 여기에서 최척은 명나라 사람이며 더구나 생명의 은인인 진위경을 '你-爾-爾'로 호칭하면서 평대하는 데 비해 진위경은 최척을 '子'로 호칭하며 존대하고 있다. 이같은 현상은 가람문고본도 '爾-爾-爾'/'子'로, 천리대본도 '爾-汝-汝'/'君'으로 표현되어 있어 동일하다.[12)]

다른 한편으로, 명나라의 해적에 대한 묘사는 도리어 재조지은과 모화사상을 전도시켜 명나라에 대한 부정적 인식을 보여주는 경우라 할 수 있다.

> 잠시 후에 뱃사람들이 보였는데 시끄럽게 떠들면서 내려왔다. 말소리와 옷차림새가 모두 조선이나 일본이 아니었다. 대략 중국사람(華人)과 흡사했다. 손에 병기는 갖고 있지 않았지만 흰 몽둥이로 마구 때리며 화물을 찾았다. 옥영이 중국말(華語)로 대답했다. "나는 중국사람(天朝人)으로 고기를 잡기 위해 나왔다가 표류하여 이곳에 정박하게 된 것이기에 본래부터 화물은 있지도 않소." 눈물을 흘리면서 슬프게 울며 살기를 구하니 죽이지는 않고 다만 옥영이 타고 왔던 배를 빼앗아 자기들 배의 후미에 묶고 가버렸다.[13)]

폭풍을 만나 표류하다가 구사일생으로 살아난 옥영 일행의 실낱같은 희망마저 처참하게 무너지는 절망적 장면이다. 중국사람이 노략질을 일삼으며 오랑캐나 다름없는 야만적 행위를 하고 있다는 것을 전시하고 있다. 문명을 대표하는 화인(華人) 중에도 무자비한 약탈과 폭력을 자행하는 야만이 있음을 보여줌으로써 명나라에 대한 부정적인 인식을 드러내고 있는 것이다. 해적을 하필이면 그 당시 흔히 바다에 출몰하던 왜구(倭寇)로 설정하지 않고 굳이 중국인으로 설정한 것이 주목된다. 여기에서 재조지은과 모화사상은 찾아볼 수 없고, 오히려 명나라 사람들이 모두 문명인은 아니며 그들 중에도 야만이 있다는 현실적 인식을 드러내고 있는 것이라 하겠다.

2.2. 야만으로만 폄하하지 않는 대후금인식

1619년 기미년, 누르하치의 침략에 대항하기 위한 조명연합군의 군사작전이 개시되어 대후금전쟁이 벌어진다. 명나라 항주에 우거하고 있던 최척은 교유격의 천총 오세영에 의해 서기로 발탁되어 종군한다. 그러나 명나라 군대는 누르하치군에게 몰살을 당하고 만다. 최척은

---

12) 고려대본만 '君-君-君'/'子'로 되어 있다.(박희병, 『韓國漢文小說 校合句解』, 소명출판, 2007, 442쪽.) 그러나 간호윤은 이본비교를 통해서 선현유음본과 천리대본이 선본임을 밝혔다.(위의 책, 39-42쪽.)

13) 간호윤, 앞의 책, 588쪽.

혼란을 틈타 조선 군중으로 숨어들어 홀로 죽음을 면하지만 후금의 포로가 되어 수용소에 갇힌 채 앞날을 예측할 수 없는 신세로 전락한다.

후금은 본래 대대로 약탈을 일삼으며 북방을 위협해온 여진족이 세운 국가였다. 여진족을 통일한 누르하치는 우선 명나라의 요동 지역을 침범하며 점차 남쪽으로 세력을 키워나가면서 명나라와 조선을 압박하고 있었다. 훗날 후금은 중원을 점령하고 동아시아의 패권을 장악하는 대제국을 건설하지만 <최척전>의 사건 당시, 여진족의 누르하치에 의해 발흥한 후금은 조선과 명나라에게는 전통적인 화이관념에 따라 북쪽의 야만적인 오랑캐로 인식되고 있었다.

> "하찮은 오랑캐 추장이 감히 씽씽매미가 팔을 걷어붙이고 항거하듯 하기에 왕의 군대가 쓸어버리려 가는 것이니 계란을 깨는 것과 똑같소."[14]
>
> "오랑캐 우두머리의 소굴은 조선과 땅과는 겨우 4, 5일 정도면 갈 수 있는 거리이다."[15]

각각 최척과 옥영의 입을 통해서 누르하치로 대표되는 후금에 대해 야만이라는 인식이 강하게 표명되고 있다.

그러나 다른 한편으로 이 작품은 그와 대조적인 인식도 드러낸다.

> 조선 병사들은 유혹하고 으름장을 놓았지만 한 명도 살상하지 않았다. (중략) "오랑캐들은 성격이 솔직하고 가혹한 학정도 없지요. (중략) 누르하치는 나에게 80명의 날랜 군사를 주어서 조선병사들을 관압하여 도망하지 못하도록 방비하게 시켰다오."[16]

<최척전>에 따르면, 누르하치는 후금을 공격하는 명을 적대시하여 남김없이 살육하지만 조선 군사들은 한 사람도 살상하지 않는다. 그리고 후금으로 귀화한 조선인을 포용하고 포상한다. 성격이 곧으면서도 관대한 지도자의 모습[17]으로 그려지고 있는 것이다.

최척을 비롯한 조선인 포로들을 지키던 후금의 늙은 군인은 십여 년 전 조선에서 후금으로 귀화한 사람이었다. 본래 삭주의 토병이었는데 지방관의 가혹한 정사에 고통을 견딜 수 없어 온 가족을 이끌고 오랑캐 땅으로 이주한 것이다. 조선에서 가혹한 학정을 견디다 못해 후금으로 망명한 삭주 토병의 입을 통해서 후금이 야만적인 오랑캐라는 통념과는 달리 가혹한

14) 위의 책, 575쪽.
15) 위의 책, 582쪽.
16) 위의 책, 575-578쪽.
17) 유몽인의 『어우야담』에도 누르하치는 위세가 막강하면서도 재물을 아끼지 않는 호탕한 지도자로 묘사되어 있다.유몽인, 『어우야담』(신익철·이형대·조융희·노영미 역), 돌베개, 2011, 727쪽.

학정이 없을 뿐더러 사람들의 성격도 곧다고 함으로써 오히려 조선보다 더 살만한 곳이라는 인식을 보여주고 있다.

또한 최척 부자를 도와준 후금인 부자의 선한 행동을 통해서도 후금에 대한 긍정적 인식을 드러내고 있다.

> 늙은 오랑캐가 자주 왕래하며 보고는 그들의 말을 알아듣은 듯하더니 가엾게 여기는 기색을 보였다. (중략) "당신들의 말을 들어보니 이것은 아주 기이한 일이요. 내가 비록 누르하치에게 문책을 받는 한이 있어도 어떻게 잔인하게 당신들을 돌려보내지 않을 수 있겠소." 다음날 말린 밥을 준비하여 주고는 그의 아들에게 샛길을 가르쳐주게 하여 보냈다.[18)]

후금의 늙은 군인은 최척 부자의 사연에 불쌍히 여기는 마음을 갖고, 자신이 처벌을 받을 수 있는 위험을 감수하면서까지 도움의 손길을 펴서 최척 부자를 탈출시켜준다. 이러한 호인의 선행은 측은지심에서 일어나는 따뜻한 인간미를 보여준다. 후금인이 인간적 도리도 모르는 야만적인 오랑캐만은 아니라는 인식을 드러내고 있는 것이다.

2.3. 불공대천의 원수로만 보지 않는 대왜인식

1597년 정유재란이 발발하여 남원성이 함락되면서 최척 일가의 행복은 산산이 깨어진다. 최척 일가는 지리산 연곡으로 피난하지만 피난처까지 왜적이 쳐들어와 약탈하는 바람에 철저하게 유린을 당하고 만다.

> 이날, 왜적들은 연곡으로 쳐들어가 아무것도 남기지 않고 다 약탈해 갔다. (중략) 연곡으로 들어가 보니 다만 시체가 쌓여 길에 가로놓여 있고 흐르는 피가 내를 이루었다. (중략) "적병이 산에 들어와서 사흘 동안 재물을 약탈하였다네. 늙은이들을 잡아 베어 죽였으며 아이들과 여자들은 모두 끌고 어제 겨우 섬강으로 물러나서 진을 쳤어." (중략) "저는 어린 몽석을 업었는데 빨리 달리 수가 없어 적병이 칼로 찌르고는 갔답니다. (중략) 일어나서 섬강에 가서 보니 창에 찔려 상처를 입은 수십 명의 노약자들이 서로 모여서 통곡을 하고 있었다. (중략) 고향마을의 담벼락은 무너지거나 기왓장은 깨져 있었다. 모두 불타버려 숨쉬는 것이라곤 없었으며, 해골만이 나뒹굴어 발 디딜 땅조차 없었다.[19)]

---

18) 간호윤, 앞의 책, 577-578쪽.
19) 위의 책, 560-561쪽.

최척 일가가 경험한 왜적들의 만행이 드러나 있는 부분이다. 왜적들은 무자비하게 살상과 약탈을 자행했다. 왜적들의 야만적 행위로 인해 최척 일가를 포함한 온 마을이 피로 물들었고 폐허로 변하고 말았다. 임란 당시 왜적들의 잔악함과 야만성이 적시되고 있는 것이다.

임진왜란(1592-1598)은 조선 역사상 최악의 대재앙이었다. 7년간의 전쟁으로 인구가 1/3이나 줄어들었다. 전쟁 기간 동안 왜적의 약탈은 말할 것도 없거니와 기근과 전염병까지 겹쳐 당시 백성들은 대단히 참혹한 상태에 놓여있었다. 굶주린 나머지 인육을 먹고 심지어는 가족들끼리 서로 잡아먹는 비참한 상황으로까지 치달았다. 당시 병조판서로 있던 이덕형(1561-1613) 역시 부자형제간에 서로 잡아먹고, 백성들이 서로 도적질을 하거나 사람을 잡아먹고 있는데 백성들에게 살 길을 열어주지 않는 한 사람들끼리 서로 잡아먹는 일을 금지하기가 어려울 것[20]이라고 말할 정도로 전쟁 중 조선의 상황은 대단히 비참했다. 부자형제끼리 서로 잡아먹는 생지옥 같은 비극은 바로 왜적이 일으킨 전쟁 때문이고, 따라서 궁극적인 원흉은 다름 아닌 왜적들이었다.

또한 왜적들의 만행으로 평화롭던 삶이 송두리째 파괴되었으며 단란했던 가정이 산산조각 나고 부모형제와 자식과 일가친척들이 처참하게 죽어갔다. 앞의 인용문과 같이 처참한 비극을 당한 최척은 더 이상 살 뜻마저 잃고 자살을 시도할 정도로 철저히 절망한다. 그리고 삶의 의욕을 상실하여 고향을 떠나 중국으로 망명을 한다.

그러나 이 작품은 왜적들의 만행을 객관적으로 기술하여 보여줄 뿐이며, 작품에서 묘사되고 있는 왜인은 그러한 적개심과 증오의 대상만으로 그려져 있지 않다. 앞의 인용문에서처럼 왜적의 비인간적 만행으로 인한 전쟁의 참상을 고발하고 있기는 하지만 다른 한편으로 늙은 왜병 돈우의 경우 오히려 인간미를 지닌 존재로 그려져 있어 주목된다.

여주인공 옥영은 왜병 돈우에 의해 포로가 된다. 그런데 뜻밖에도 왜병 돈우는 조선인 포로 옥영을 인간적으로 보살펴준다. 돈우는 본래 살생을 하지 않는, 불심이 돈독한 자로서 왜장 소서행장의 명령에 의해 부득이 종군하게 된 자였다.

> 돈우는 옥영이 재빠르고 재치 있는 것을 아꼈다. 오직 달아날까 걱정하여 좋은 옷을 입히고 맛있는 음식을 주면서 그녀의 마음을 위로하고 안심시켰다. (중략) "내가 이

20) 『선조실록』 49권, 선조 27년 3월 20일 무술. 최흥원(崔興源)이 아뢰기를, "굶주린 백성들이 요즘 들어 더욱 많이 죽고 있는데 그 시체의 살점을 모두 베어 먹어버리므로 단지 백골(白骨)만 남아 성(城)밖에 쌓인 것이 성과 높이가 같습니다." 하고, 유성룡이 아뢰기를, "비단 죽은 사람의 살점만 먹을 뿐 아니라 살아 있는 사람도 서로 잡아먹는데 포도군(捕盜軍)이 적어서 제대로 금지하지를 못합니다." 하고, 이덕형이 아뢰기를, "부자 형제도 서로 잡아먹고 있으며 양주(楊州)의 백성은 서로 뭉쳐 도적이 되어 사람을 잡아먹고 있습니다. 반드시 조치를 취하여 살 수 있는 길을 열어 준 뒤에라야 서로 죽이지 않게 될 것이니 그렇지 않으면 금지시키기 어려울 것입니다."

사람을 만난 지 4년 되었다오. 그의 단정하고 훌륭한 마음씨를 사랑하여 친자식과 똑같이 대하여 침식을 함께 하여 잠시도 떨어진 적이 없었지요. 그러나 그녀가 부인인 줄은 지금까지 몰랐답니다. 오늘 이런 일을 직접 보니 이는 천지의 귀신도 오히려 감동할 일이지요. 내가 비록 무디고 어리석기는 하지만 목석은 아닙니다. 어떻게 차마 이 여인을 팔아먹겠습니까?" 돈우는 즉시 주머니 속에서 은자 열 냥을 꺼내서 신의(贐儀)를 주면서 말했다.[21]

전쟁에서 노획한 포로를 노예로 삼은 왜병 돈우는 의외로 조선인 노예 옥영을 자식처럼 선대하다가 무상으로 해방시켜줄 뿐 아니라 선뜻 자신의 재물을 나누어 전별금으로 선사하기까지 한다. 이 작품에 묘사된 왜병 돈우의 호의적 태도는 임진왜란이라는 대재앙을 초래한 적이자 무자비한 살상과 파괴를 자행한 불공대천의 원수인 왜적에 대한 이미지와 관념적 틀을 깨뜨리고 있다. 왜적의 비인간적 만행과는 극단적인 대조를 이루고 있는 것이다. 이같은 묘사를 통해서 이 작품에 드러난 왜인에 대한 양가적 인식, 다시 말해서 불공대천의 원수로만 보지 않는 대외인식을 엿볼 수가 있다.

이상에서 <최척전>의 외국인형상에서 드러나는 대외인식을 화이관념을 기준으로 삼아 국가별로 살펴보았다. 그 결과 이 작품의 시대적 배경이 된 임진왜란과 대후금전쟁 전후의 역사적 비극과 당시 사회에 일반적이었던 화이관념에 비추어볼 때, 외국인물의 묘사를 통해서 드러나 있는 명나라, 후금, 왜에 대한 대외인식은 일반적 통념과는 매우 다르다는 사실을 알 수 있다. 특히 당시의 화이관념에서 본다면, 이 작품에 나타난 대외인식에는 華와 夷의 구분이 불분명하다는 점이 매우 독특하다. 야만스런 오랑캐인 왜적과 후금인 중에도 인간미를 간직한 돈우나 늙은 호인 같은 사람이 있고, 오랑캐의 두목인 누르하치는 강직하고 관대한 성품을 소유한 훌륭한 군주로서의 면모를 지니고 있다. 반면에 조선을 위기에서 구해준 나라이자 중화의 나라인 명나라와 최척 부부를 보살펴준 명나라 사람에 대한 재조지은과 모화의식은 보이지 않고, 최척은 그들과 대등하거나 우월적인 위상에서 교류한다. 오히려 해적들이 약탈을 일삼고 있음을 보여주면서 문명국이라고 하는 명나라에도 야만이 뒤섞여 있음을 드러내고 있다. 한마디로 화와 이가 칼로 자르듯 양분되는 것이 아니라 옥석이 서로 섞여 있듯이, 오랑캐 안에도 문명인과 같은 성정(性情)과 인간미를 가진 사람이 있고, 문명국 안에도 비인간적인 야만인이 있다는 것이다.

이러한 인식은 화와 이에 대한 도식적인 구분과 관념적 사고에서는 도저히 나올 수 없는 것이 분명하다. 작가 조위한이 현실 체험과 국제적 감각을 통해 얻은 현실인식에서 비롯된 것이라 할 수 있는데 이에 대하여 다음 장에서 구체적으로 살펴보기로 하겠다.

21) 간호윤, 앞의 책, 564; 571쪽.

3. 대외인식에 담긴 상대적 화이관

임진왜란 당시 왜적들은 조선인에게 천인공노할 만행을 저질렀다. <최척전>에도 묘사된 바와 같이 무자비한 살상과 약탈을 자행한 것이 사실이다. 왜는 조선인에게 본래부터 오랑캐로 치부되었고 임진왜란에서 왜적이 저지른 야만적 행위는 그들이 천생 짐승 같은 오랑캐라는 관념을 더욱 강화시켰다. 그런데 왜국에 포로로 잡혀갔던 사람들이 속속 귀환하고 그들의 체험담과 실기문학이 퍼지면서 왜에 대한 기존의 통념과는 다른 현실적 인식이 싹트기 시작했다. 이러한 현상은 특히 강항의 글[22]에 잘 드러나 있다.

강항은 왜적에게 포로가 되어 끌려가던 도중에 뜻밖의 일을 겪고 깜짝 놀란다. 왜인은 모두 한통속으로 금수같이 사람 죽이기만을 좋아하는 야만인으로만 여겼는데 그들 가운데서 이처럼 선량한 마음을 지닌 사람이 있다는 것을 발견하고는 '선입관'[23]이 깨지게 된 것이다. 강항은 왜인들의 호전적 민족성은 본래부터 그런 것이 아니라 위정자의 가혹한 법령에 의한 강제에 의해서 백성들의 선량했던 품성이 기형화된 것이라는 분석적 판단에 이르게 된다. 그리하여 강항은 왜인을 지배층과 피지배층으로 분리하여 인식하고, 지배층에게는 적개심을 품는 반면에 일반 백성들에게는 연민의 정을 품는다.[24] 강항을 비롯한 포로체험자들은 왜인들에 대한 종래의 피상적 관념에서 벗어나 현실적 인식을 갖게 된 것이다.

이렇게 수정된 夷관념과 유사한 인식이 임진왜란에서 왜적 때문에 수난을 당했고 의병에 참가하여 적극적으로 주전론을 펼쳤던 지식인이자 조위한과 절친했던 또다른 인물에게서도 발견되는 것은 주목할 만하다.

> 하물며 사람과 사람 사이는
> 원래부터 동포로 태어났다네.
> 오랑캐가 윤리를 달리 한대도
> 이 또한 교화시킬 수가 있다네.[25]

---

22) 姜沆, 「涉亂事迹」, 『看羊錄』(민족문화추진회, 『국역 해행총재 Ⅱ』, 민족문화추진회, 1984, 212쪽.) 이튿날에 또 한 바다를 건너서 이예주(伊豫州)의 장기(長崎)에 정박한 후 배를 버리고 육지로 올라갔는데 열 걸음에 아홉 번은 넘어졌다. 작은딸이 나이가 여섯 살이어서 제 힘으로 걷지 못하므로 아내와 처모(妻母)가 번갈아서 업었다. 업고서 내 하나를 건너다가 물 속에 쓰러지자, 힘이 없어 일어나지 못하였다. 언덕 위에 있던 한 왜인이 눈물을 흘리며 붙잡아 일으키고 말하기를, "아! 너무도 심하다. 대합(大閤)이 이 사람들을 사로잡아다가 어디다 쓰려는가? 어찌 천도가 없을소냐?" 하고, 급히 자기 집으로 달려가서 서속밥과 차숭늉을 가지고 와서 우리 한집 식구를 먹였다. 그제서야 귀와 눈이 들리고 보였으니, 왜노 가운데도 이와 같이 착한 사람이 있었다. 그들이 사람 죽이기를 좋아하는 것은 유달리 법령이 몰아넣은 것이다.

23) 유몽인은 『어우야담』에서 "왜인들은 성질이 급하며 죽이고 베는 것을 숭상해, 대저 눈만 흘기는 일이 있어도 그때마다 칼을 집는다."고 왜인들의 호전적 습성을 지적하였다. 이것은 당시 왜인에 대한 조선인의 일반적인 선입견을 단적으로 보여주는 사례라고 할 수 있다.(유몽인, 앞의 책, 716쪽)

24) 임란왜란 시기 포로 실기문학에 나타난 대왜인식의 수정 양상에 대하여는 이채연, 「임진왜란 포로 실기문학 연구」(부산대 박사학위논문, 1993) 84-93쪽을 참조할 수 있다.

사람은 모두 같은 바탕을 지녔기 때문에 오랑캐도 바르게 인도한다면 얼마든지 교화될 수 있다는 것으로, 기존의 이분법적이고 관념적인 화이관에서 벗어난 상대적인 인식을 보여준다. 이 시의 작가 권필은 강항의 포로체험을 한나라 소무(蘇武)의 간양(看羊) 고사에 비유하며 높이 평가했던 인물이다.

또한 후금에 대한 인식에 있어서도, 후금의 풍속이 중국보다 훨씬 순박하고 인정이 있다는 인식이 대두되었다. 이항복은 우의정의 신분으로 명나라 사행(1598) 도중에 호지(胡地), 즉 후금의 전신인 건주여진에 대해 탐문한 내용을 다음과 같이 기록하고 있다.

> 본토(本土)가 퍽 그립지 않느냐고 물으니, 대답하기를, "부모와 처자가 모두 중원(中原)에 있는데, 어찌 그리워하는 마음이야 없겠습니까마는, 호지(胡地)의 풍속이 중국보다 십분 순호(醇好)하여 부역(賦役)도 없고 도적(盜賊)도 없어 바깥 문을 닫지도 않고 아침에 나갔다가 저녁에 돌아오곤 하여 자기 일만 할 뿐입니다. 그러므로 요양에 살면서 쉴새없이 일에 골몰하는 것과는 고락(苦樂)의 차이가 현저하게 다르기 때문에 구차하게 눈앞의 안일만을 탐하여 도망쳐 돌아가기를 생각하지 않는 것입니다."라고 하였다.[26]

이와 같은 명나라 출신 후금인의 호지에 대한 진술은 <최척전>에 나오는 늙은 호인의 말과 매우 흡사하다.

> 나 역시 삭주의 토병이었소. 부사(府使)의 학정이 심하여 그 고통을 이기지 못해 가족을 모두 데리고 오랑캐 땅에 들어 온 지 이미 10년이나 되었다오. 오랑캐들은 성격이 솔직하고 가혹한 학정도 없지요. 인생살이가 풀잎에 맺힌 이슬 같은데 무엇 때문에 채찍으로 때리는 고통을 겪어야만 하는 고향에서 몸을 웅크리고 살아야만 하겠소?[27]

위의 두 인용문은 오랑캐인 후금의 풍속이 중화인 명나라나 조선보다 순박하여 더 살기 좋은 곳이라는 인식을 공유하고 있다.

이항복은 조위한과 평소 서로 '농담의 천자와 태자'라고 부르면서 농담을 즐길 정도로 가까운 사이로 알려진 인물이다. 조위한이 이항복, 권필, 강항 등과 친분이 매우 두터웠던 사실을 고려한다면 <최척전>에 나타나는 夷에 대한 현실적 인식은 이들 교유집단과의 정보 교류와 공감대가 작용한 것으로 볼 수 있다. 또 그와 더불어, 지리적 인접성 때문에 재침

25) 권필, 『석주집』(정민 역), 태학사, 2009, 114쪽. 況乎人與人/ 元自同胞生/ 夷狄縱異倫/ 亦可就羈纓
26) 이항복, 『국역 백사집 3』(임정기 역), 민족문화추진회, 1999, 118쪽.
27) 간호윤, 앞의 책, 578쪽.

방지를 위해서 불가피하게 1607년 왜국과의 통상을 재개한 이래로 기미책을 통한 왜·후금과의 평화유지라는 현실적 국제문제가 당시 정치권의 현안이었던 점도 조위한을 비롯한 이들의 夷에 대한 현실적 인식을 자극한 것으로 보인다.

다른 한편으로, 임진왜란과 대후금전쟁을 거치면서 명나라로 대표되는 華에 대한 조선 지식인들의 인식도 변화하였다. 임진왜란 때 조선으로 온 명나라 지원군 가운데에는 조선인을 만나면 목을 벤 뒤에 머리털을 깎아서 왜적의 머리라고 속여 상급을 타내는 악질들도 있었고, 민가에 들어가 약탈과 겁탈을 자행하는 자들도 대단히 많아 조선 백성들은 왜적보다 명군의 피해를 더 두려워해서 명군이 온다고 하면 도망가고 오히려 왜적을 더 낫게 여기는 경우가 적지 않았다고 한다. 명나라 병졸뿐만 아니라 장수와 지휘부의 횡포에 조선의 민중과 조정 신료들도 극심한 피해를 입어 골머리를 앓았으며, 민가에 숨어 백성을 괴롭히는 명군 탈영병의 문제는 전쟁 이후에도 지속되었다.[28] 또한 명이 조선을 직접 통치하려는 직할통치론이 제기되고 전쟁 기간 내내 조선의 내정에 간섭함으로써 조선의 군신들은 상당한 위협을 느끼며 명을 경계하였다.[29] 게다가 임진왜란 이후 쇠락의 징후가 가속되던 명나라는 후금의 발흥을 견제하기에는 역부족인 상황이 되어 조선에 지원병을 끊임없이 독촉하였기 때문에 조선은 다시 국운이 위태로운 지경에 놓이게 되었다.

그 와중에 전란의 후유증에서 벗어나지 못한 채 허덕이고 있는 조선에 대해 명나라 관료와 사신들은 조선 백성들의 고혈이 다 마르도록 탐욕스럽게 뇌물을 착취해 갔다. 일예로, 1608년 4-7월에 방문한 명나라 사신 일행의 입에서조차 "이번에 유사가 귀국에서 얻은 것도 7만 금이니 귀국 백성의 고혈(膏血)이 말랐을 것이다."[30]라고 할 정도였다. 당시 사신 접대를 담당했던 허균의 체험과 그에 따른 명나라에 대한 인식은 그와 친밀한 관계를 맺고 있던 조위한에게 그대로 전달되었을 것으로 판단된다. 다른 예를 하나 더 들어 보겠다.

> 황신이 아뢰기를, "책사의 소행은 사람의 이치라곤 하나도 없습니다. 저 골짜기 같은 욕심을 다 충족시키기 어려우니, 저토록 무리한 요구에 대하여 애당초 곤란하고 군색한 상황을 보여주고 죽더라도 따르지 않는 것이 옳습니다." (중략) 상이 이르기를, "책사가 무리하게 하고 있다고는 하지만 황제의 명을 받아서 왔으니 우리 입장에서 대접하는 것은 정성과 공경을 다하여야 된다. 경들이 잘 대처하라." 하니, 항복이 아뢰기를, "성의와 예모는 겉치레이고 관건은 은의 수량이 많고 적음에 달려 있으니, 잘 대접하는 방법은 은의 수량을 더 준비하는 데 불과할 뿐입니다."[31]

---

28) 임진왜란을 전후한 명나라 지원군의 폐해에 관하여는 한명기의 앞의 책, 125-156쪽을 참고할 수 있다.
29) 위의 책, 61-67쪽.
30) 민족문화추진회, 『국역 성소부부고 Ⅲ』, 민족문화추진회, 1989, 50쪽.
31) 『광해군일기』 권31 광해군 2년 7월 을사.

여기서 명나라 사신들은 무례하고 돈밖에 모르는 자들로 인식되고 있음을 볼 수 있다. 이항복을 비롯한 조선 조정신료들은 명나라 관료들의 탐욕에 진저리를 쳤고, 그에 소요되는 엄청난 양의 은을 조달하는 과정에서 가렴주구가 횡행하여 결국 백성들의 삶은 날로 피폐해졌다.[32] 이 1610년의 광해군과 이항복의 대화를 통해서 알 수 있듯이 임진왜란 이후로 조선의 사대부들은 명나라 사신에 대한 반감과 함께 中華에 대한 현실적인 각성을 하게 되었다. 조위한은 광해군 1년인 1609년 과거에 급제하여 성균관전적 등을 거쳐 1610년에는 예조정랑, 지제교로서 조정에 있었으며, 그 해 8월에는 서장관으로 명나라를 방문하였다.[33] 당시에 조위한은 조정에서 근무하고 있었기 때문에 명나라 사신의 횡포에 대해서 인지하고 있었을 것은 자명하며, 이항복과의 친분관계를 통해서도 영향을 받았을 것으로 추정된다.

또한 명나라의 책봉 반대에 부딪혀 왕위가 위태로웠던 광해군은 이미 임진왜란 당시 분조활동을 통한 항전과정에서 목도한 명군의 폐해와 명나라의 합병위협을 직접 경험했기 때문에 명나라에 대한 일종의 반감을 품을 수밖에 없었다. 국내적으로 광해군은 정권이 불안정했기 때문에 명나라의 참전 요구에 섣불리 응할 수가 없었으며[34], 전후복구가 이루어지지 않은 상황에서 국력을 기울여 북쪽 전쟁에 참여했다가는 왜적의 재침입에 속수무책일 수밖에 없음을 두려워했다. 그리하여 광해군은 관념적이고 절대적인 화이관과 명분론에서 벗어나 실리적인 대외정책을 추진하였고, 현실적인 국제감각을 지닌 사대부들도 그에 동조하였다. 특히 조위한과 우애가 남달랐던 동생 조찬한이 1618년 명나라의 출병 요구에 대해 출병을 반대하는 광해군의 입장을 지지하며 대외정책에 동조했던 인물 중 하나였다[35]는 사실은 주목할 만하다. 中華와 夷로 이분하여 夷의 가치를 인정하지 않는 절대적 화이론과 달리 후금의 흥기를 현실적으로 인정하고 조건적·전략적으로 받아들여 국익을 도모하고자 한 것이 광해군의 상대적 화이론[36]이었다.

조위한은 책제(策題)에서 '산수와 인물의 관계'를 언급하면서 '지령인걸(地靈人傑)'과 '강산지조(江山之助)'에 대해 다음과 같이 질의한 바 있다.

---

32) 한명기, 앞의 책, 214-223쪽.

33) 민영대, 『趙緯韓의 삶과 문학』, 국학자료원, 2000, 104쪽의 연보 참조.

34) 김종원, 『근세 동아시아관계사 연구-조청교섭과 동아삼국교역을 중심으로』, 혜안, 1999, 35-36쪽.

35) 『광해군일기』 권127 광해군 10년 윤4월 갑신. 이때 왕이 징병을 요청해 온 일에 응하고 싶지 않아 누차 비국에 분부하여, 요동(遼東)·광령(廣寧)의 각 아문에 자문(咨文)을 보내 저지해 보도록 하였는데, 묘당에서 의견을 고집하며 따르지 않자 조정의 의논을 널리 거두라고 명한 것이었다. 이에 2품 이상이 아뢰면서 목소리를 합쳐 같은 내용으로 청하였으니, 비록 간사한 원흉(元兇)이라 하더라도 대의(大義)를 범할 수 없음을 알았을 것이다. 그런데 유독 윤휘(尹暉)가 앞장서서 보내면 안 된다는 주장을 펼쳤으며, 황중윤(黃中允)·**조찬한(趙纘韓)**·이위경(李偉卿)·임연(任兗)의 무리는 왕의 의중을 탐색하여 아첨하려고 속임수로 가득 찬 도리에 어긋나는 말로 공공연히 헌의(獻議)하기까지 하였다.

36) 정우택은 절대적 사대관과 상대적 사대관, 절대적 화이론과 상대적 화이론을 비교하면서, 광해군이 '상대적 화이론'을 지녔다고 규정하였다.(정우택, 「광해군대 정치론의 분화와 개혁정책」, 경희대 박사학위논문, 2009, 175쪽.)

> 山西에서 장수가 나고 山東에서 재상이 난다지만 將相이 될 인재는 진실로 동서의 구분이 없이 나오니 이러한 이치가 또한 있는데 어찌 생각하는가. (중략) 우리 조선은 산수가 빼어난 나라로 일컬어지고 강원도는 나라에서 가장 기이한 절경이다. 山으로 금강산은 華人이 보기를 원하는 곳이고, 水로 동명(東溟)은 일출과 월출이 천하의 가장 빼어난 장관이다. (중략) 마땅히 신령함을 빚어내고 정밀한 것을 내려 영웅과 호걸의 훌륭한 인재를 낳아야 할 것이다. (중략) 절대로 雄傑의 奇才나 뛰어난 문장이 나왔다는 말은 듣지 못했고 인재의 성함은 오히려 영남이나 호남에 미치지 못한다. (중략) 그러므로 다만 강산지조의 책임으로 돌릴 수는 없으니 그 이치는 무엇인가.[37]

주지하는 바와 같이 지령인걸이란 산천이 수려하고 지세가 빼어나면 그 땅의 기운을 타고 걸출한 인물이 태어난다는 설이며, 강산지조는 산수의 아름다운 풍경이 사람의 시정(詩情)을 돕는다는 설이다. 이 글에서 그는 山西에서 장수가 나고 山東에서 재상이 난다고 하지만 장상(將相)이 될 인재는 동서의 구분이 없이 나오니 이러한 이치에 대해서 어떻게 생각하는지를 물었다. 또한 조선은 산수가 빼어난 나라로 일컬어지는데 강원도는 나라에서 가장 기이한 절경이요, 山으로 금강산은 중국사람들이 보기를 소원하는 곳이고, 水로는 일출과 월출의 동명(東溟)을 천하에 가장 빼어난 장관으로 꼽으므로 강원도에 걸출한 인재가 나와야 마땅하지만 오히려 타 지역에 미치지 못하고 문장도 논할 바가 못 되니 전적으로 강산지조의 책임으로 돌릴 수 없다고 하면서 그 이유가 무엇인지를 물었다.

이러한 질문의 기저에는 조위한의 상대적이고 현실적인 인식이 깔려있음을 알 수 있다. 그는 본래 명나라를 방문하기 전에는 "우리들이 중국에 태어나지 못한 것이 이미 불행이라 하겠는데, 하물며 행로의 수고로움으로 위대하고 장려한 구경을 폐할 것인가? 이는 우물 안 개구리의 소견과 무엇이 다르겠는가?"[38]라고 할 정도로 중국의 산수를 흠모했던 사람이었다. 그러나 1609년 조정에 들어가서 중국사신들의 횡포를 목도한 데 이어 1610년 사행(使行)으로 직접 중국을 다녀오고 또 사신들과 교류한 이후에는 위의 책제에 보이는 바와 같이 조선의 산수를 천하제일로 꼽으면서 중국인들이 동경하는 명승이라고 하는 의식을 갖게 되었다. 그러면서 그는 將相之才는 동서의 구분이 없이 나고, 강산이 빼어나더라도 반드시 인재가 나는 것은 아니라는 상대적이고 현실적인 인식에 이르렀다. 책제에 나타난 이러한 인식은 <최척전>의 상대적인 대외인식과 상통하는 것이다.

이같은 사실들을 염두에 둘 때, <최척전>에서 왜구가 아닌 '명나라 해적'이라는 설정 역시

37) 趙緯韓, 앞의 책, 5-8쪽. 山西出將, 山東出相, 將相之才, 固無間於東西, 而亦有此理, 何歟. (중략) 惟我朝鮮, 號稱山水之邦, 而江原一道, 爲一國之奇絶, 山則金剛而華人願見, 水則東溟而日月所出, 此天下最勝之壯觀. (중략) 宜其釀靈降精, 孕出豪英瑰偉之才. (중략) 絶不聞雄傑之奇才, 卓犖之文章, 而人才之盛, 返有愧於嶺之南湖之右. (중략) 而不但全責於江山之助, 其道何由.

38) 민족문화추진회, 『국역 성소부부고 Ⅱ』, 민족문화추진회, 1989, 67쪽.

상대적 화이관의 반영이라 할 수 있다. 명나라 해적과의 조우사건은 이미 앞에서 인용했기에 여기에 다시 제시하지는 않지만 이 장면은 최부의 표류체험 기록과 매우 흡사하다. 옥영 일행이 겪은 이 사건과 마찬가지로 실제로 최부 일행은 구사일생으로, 표류하던 배가 겨우 정박했을 때 명나라 사람들이 점잖은 척 접근했다가 갑자기 해적으로 돌변하여 재물을 약탈하고 포악하게 구타한 후 배를 망가뜨려서 다시 사지로 내몰리는 만행을 겪었다.[39) 『표해록』에서 최부는 명나라의 긍정적인 면뿐 아니라 도적의 횡행, 윤리기강의 해이, 오랑캐 습속 만연 등 명나라 사회의 부정적인 면을 세부적으로 지적하며 비판하였고, 그에 대비되는 자신(자기정체성으로서의 조선)의 문화적 우월성을 자부하기도 했다. 1569년 간행 보급되면서 널리 알려진 최부의 『표해록』은 당시 지식인들이 명나라의 실상을 이해하는 데 기여하였다. 나아가 조위한과 그 시대의 지식인들은 임진왜란을 겪는 과정에서 직접 명나라 사람들을 목도하며 그 사실을 확인하는 한편 그 실체를 파악할 수 있었다. 따라서 명나라 해적이라는 설정은 사실적(寫實的)이기도 하지만 명에 대한 피상적이고 절대적인 중화관념에서 탈피한, 작가의 현실적이고 상대적인 화이관의 반영이라고 할 수 있다.

이상에서 살펴본 바와 같이 조위한은 조정에서의 관직생활과 중국사행 등 실제적인 현실체험을 통해서, 그리고 동생 조찬한을 비롯한 이항복, 허균, 강항, 권필 등 친밀하게 교류하던 교유집단의 지식인들을 통해서 관념적인 화이관에서 벗어나 현실적인 국제감각과 대외인식을 갖게 되었다고 할 수 있다. 그의 현실적인 대외인식은 <최척전>에서 야만적으로 살육을 일삼는 왜적뿐 아니라 왜병 돈우나 늙은 호인과 같이 夷 안에도 華人 못지않은 성정(性情)과 인간미를 가진 사람이 섞여 있고, 中華 안에도 여유문이나 주우 같은 선인뿐 아니라 야만적인 해적도 섞여 있음을 보여준 것에서 간취할 수 있다. 결국 이 작품의 외국인형상에서 드러나는 이같은 대외인식은 작가 조위한이 직간접적인 경험을 통해 형성한 상대적 화이관이 반영된 것이라 하겠다.

4. 결론

본고는 <최척전>에 나타난 대외인식을 종합적으로 파악하기 위해서 작가의 시대와 그가 처한 현실 및 그 시대가 직면한 문제에서 실마리를 찾아야 한다는 관점에서 논의를 진행하였다.

<최척전>의 창작시점은 조선사회가 국내외적으로 어려운 문제에 봉착하고 있던 시기였다. 국내적으로는 임진왜란의 후유증이 채 가시지 않았고, 전후복구사업을 추진하면서 피폐해진

39) 최부, 『최부 표해록 역주』(박원호 역), 고려대학교출판부, 2007, 53-57쪽.

국가를 재건하는 데 힘을 쏟아야 했다. 대외적으로는 남쪽 왜적의 재침입을 저지해야 했고, 북쪽 후금은 급격히 세력을 확장하며 위협을 가해왔기 때문에 충돌을 피하는 기미책(羈縻策)을 구사하는 데에도 어려움을 겪고 있었다. 그러나 설상가상으로 명이 몰락의 길로 치달아 회생의 가망이 없는 상태에서 후금을 견제하기 위해 끊임없이 조선에 병력과 물자 지원을 독촉해왔다. 어쩔 수 없는 상황에서 명분상 출병은 했지만 조명연합군은 대패하고 말았다. 그럼에도 명은 더욱 조선에 매달리며 압박했다. 국내 사정도 녹녹치 않은 상황에서 몰락하고 있는 명을 돕다가는 공멸할 것이 명약관화한 형국이었으나 명을 중심으로 한 화이관념과 재조지은이라는 굴레에 묶여 조선 조정은 끝없이 표류하고 있었다. 국가의 생존을 앞세우며 실리를 추구한 광해군의 외교정책은 고답적 화이관에 갇혀있는 신료들의 거센 반대에 번번이 부딪히고 있는 상황이었다. 이때 조위한의 동생 조찬한은 출병을 반대하며 광해군의 정책을 지지하고 있었다.

이러한 상황에서 작가 조위한이 <최척전>을 통해 그려낸 대외인식은 그 당시 조선사회에 시사하는 바가 심상치 않다. 화와 이의 구분이 모호하다는 시각은 관념성을 탈피한 현실적·상대적 인식이며, 국제정세의 변화를 균형잡힌 시각으로 정확하게 읽어낸 혜안이라고 할 수 있다. 조위한은 당시 고답적인 화이관념의 잘못된 틀을 넘어서서 夷도 교화가 가능하고 華에도 야만이 있을 수 있다는 현실적이고 상대적인 화이관을 사실적인 묘사를 통해 보여줌으로써 조선이 미망에서 벗어나기를 바라는 작가의식을 이 작품에 녹여 넣은 것으로 볼 수 있다. 다시 말해서 조위한은 이 작품을 통해 고답적인 화이관념에서 벗어난 현실적인 대외인식을 보여줌으로써 창작 당시 조선사회가 직면한 대외정책에 대한 대안을 언외지의(言外之意)의 방식으로 암시한 것이라 하겠다.

고전소설의
스펙트럼

4장 작가사회학

Ⅰ. 주생전의 작가

Ⅱ. 주생전의 이국적 낭만 취향, 진보적 사회의식

4장에서는 작가사회학 연구를 소개하였다. 작가사회학의 방법으로 〈주생전〉의 작가를 규명하고, 작품에 내재된 작가의식을 분석하였다. 주생전의 작가에서는 권필이 1593년 5월(癸巳年 仲夏)에 이 작품을 지은 것임과 그 창작의 배경을 역사적이고 실증적인 차원에서 밝혔다. 〈주생전〉의 내용과 이 작품이 창작된 당시의 현실과의 관계를 타당하게 설명할 수 있는 논리, 권필이 작가가 아니라는 의혹을 불식시킬 수 있는 명확한 논리를 작가를 중심으로 시대상황과 창작의도를 통해 분석하였다. 또한 작품에 내재된 작가의식에서는 낭만성의 핵을 이루는 남조풍(南朝風)과 사상(士商)적 삶을 작자 권필과 그 당시 사회와의 관계 속에서 살펴보았다. 그 과정에서 작자 권필의 낭만적 상상력의 근원과 그것이 작품 속에서 어떻게 문학적으로 발현되었는지, 또 세계와의 관계 속에서 권필이 체험한 16세기 사회와 그 체험 세계에 대한 의미론적 시도가 어떻게 작품 속에서 이루어졌는지를 구체적으로 밝혔다.

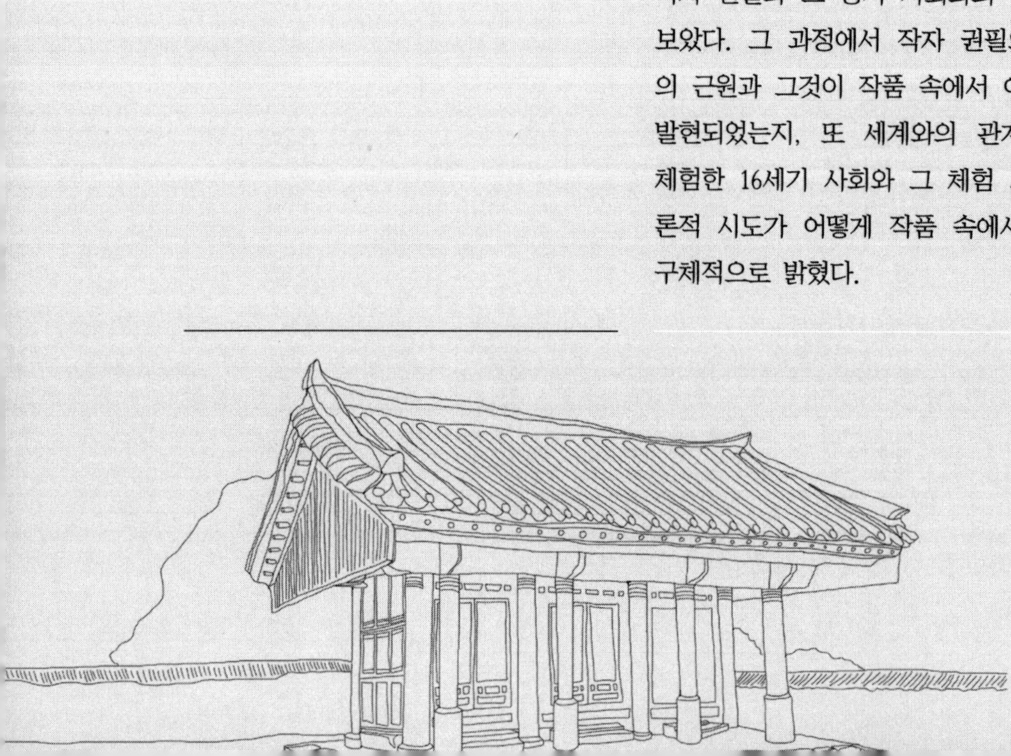

작가사회학은 문학사회학의 한 분야로서 작가와 그를 둘러싼 사회와의 관계 속에서 문학 작품을 연구하는 방법론이다. 작가사회학은 작가의 생애와 그가 살았던 시대의 사회적 상황, 특히 작가의 창작과정에 영향을 미친 요소들에 주목하면서 작품을 정밀하게 분석한다. 작품 형성에 영향을 미친 작가의 삶의 정보들을 통해 작품을 해석하거나, 작품에 담긴 작가의 취향이나 세계인식의 독특성 등을 규명한다.

I.

주생전의 작가

<주생전>은 16세기 말에 창작된 작품임에도 불구하고 조선성리학이 정점에 이르렀던 당시 사회에 지배적이었던 이념과는 대척적이면서 파격적인 남녀의 삼각관계 애정담을 이야기하고 있다. 더구나 임진왜란이라는 전대미문의 전란을 맞아 나라가 풍전등화와 같은 위기에 처한 상황에서 한가롭게 명나라 사람의 애정사를 다루고 있는 것이다. 이러한 사실은 이 작품을 논리적으로 이해하고자 하는 연구자들을 혼란스럽게 만들어 왔다.

<주생전>에서 다루고 있는 내용이 당시 조선의 긴박했던 전황과 너무도 동떨어져 있고, 한문(漢文) 전기(傳奇)의 주요 독자였던 조선 사대부들의 정서에 어긋나는 것이기에, 현실과의 그러한 괴리를 논리적으로 설명하기 위해 혹자는 작가 권필의 역사의식의 결여나 전쟁의 사회사적 의미에 대한 작가의 몰자각을, 혹자는 비현실적 낭만성 획득을 위한 의도적 무관심을 제시하기도 했다. 나아가 전란에 휘말려 앞날을 기약할 수 없는 "그런 긴박한 상황에서 그가 한가로이 명군의 애정사를 다루고 있는 이런 작품을 지었으리라고는 결코 추단할 수 없다."고 단정하면서 1593년이 아니라 권필이 교유하던 명나라 군사들의 철수가 구체화되던 1600년을 전후한 시기로 창작시기를 늦추어 잡기까지 한다.[1)]

그러나 이어질 필자의 논의에서 곧 드러나겠지만 임진왜란 당시에 권필은 결코 현실에 무관심하지 않았다. 목숨을 건 상소를 올리고, 의병에 참가하여 병사를 논하고, 군영에 머물며 병법서의 인간(印刊)에도 참여하는 등 전쟁에 적극적으로 대응하였다. 그렇다면 <주생전>의 내용과 이 작품이 창작된 당시의 현실과의 관계를 타당하게 설명할 수 있는 논리는 무엇인가? 또한 그와 더불어 일각에서 제기하고 있는, 권필이 작가가 아니라는 의혹을 불식시킬 수 있는 명확한 논거는 무엇인가?

창작시기와 작가를 확정하는 문제는 <주생전> 연구에 있어서 핵심적인 사안이고, 특히 작가와의 관련성 속에서 작품을 이해하고자 하는 본고가 수행하고자 하는 논의의 토대가 되기 때문에 필자는 우선적으로 이 문제를 다루지 않을 수 없다. 이에 필자는 여기에서 창작

---

1) 정민, 『목릉문단과 석주 권필』, 태학사, 1999, 455~461쪽.

시기와 작가를 확정하기 위하여 우선 작가논의를 재론해보고, 이어 작가를 중심으로 시대 상황, 창작의도 등 <주생전> 창작의 배경을 문학사회학의 방법을 통해 살펴보겠다.

1. 〈주생전〉과 권필의 상관성

권필(權韠, 1569~1612)이 <주생전>의 작가로 처음 소개된 것은 이명선의 『조선문학사』(1948)에서이다.[2] 그 출전을 『고담요람(古談要覽)』으로 밝혀 놓았지만 이를 확인할 수 있는 텍스트가 전해지지 않다가 북한의 『림제 권필 작품선집』(1963)에 소개된 한문필사본 『화몽집(花夢集)』 소재 <주생전>의 존재가 알려지면서 새로운 국면에 접어들었다.[3] 현재까지 다수의 이본이 발굴되어 한문본 8종, 국역본 2종이 소개되어 있다.[4] 북한의 김일성종합대학 소장 한문필사본 『화몽집』 원본의 복사본도 입수되어 서지사항과 문헌적 연구가 본격적으로 이루어져[5] 현전하는 이본들 가운데 그 북한본(花夢集本)을 선본으로 인정하고 있다.[6]

북한본 말미에는 "계사중하무언자권여장기(癸巳仲夏無言者權汝章記)"라 하여 창작시기와 작가를 명기하고 있다. 계사년 중하(癸巳年 仲夏)는 1593년 음력 5월이고, 무언자권여장(無言者權汝章)은 권필을 가리킨다. 그런데 이러한 후지(後識)의 내용을 사실로 인정하는 여부가 <주생전> 연구의 중요한 쟁점으로 떠올랐다. 후지를 인정하는 여부에 따라 작가와 창작시기, 그리고 작품해석의 방향도 결정적인 분기를 이루기 때문이다.

그리하여 권필의 자가 여장(汝章)인 것은 틀림없으나 '무언자(無言者)'라는 호를 쓴 적이 없다는 점, 다른 이본들 어디에도 권필의 작이라는 기록이 없다는 점[7] 등을 이유로 권필이 창작한 것으로 보기 어렵다는 주장이 제기되었다.[8] 또한 '무언자'라는 호는 권필의 조카인 권칙(權侙, 1599~1667)이 지은 <강노전(姜虜傳)>에도 보인다고 하면서 <강노전>의 '무언자'가 권칙의 별호일 가능성은 무척 높지만 <주생전>의 '무언자'가 권필일 가능성은 매우 적다고 보는 이도 있다. 지금까지의 연구 성과를 고려할 때 <주생전>의 작자에 가장 근접한

2) 이명선, 『조선문학사』, 범우사, 1992, 169쪽.
3) 리철화 역, 『림제 권필 작품선집』, 북한 : 조선문학예술동맹출판사, 1963/ 박충록 편, 『림제 권필 작품집』, 중국 : 민족출판사, 1987.
4) 한문본으로는 선현유음본, 김구경본(문선규본), 화몽집본(북한본), 이헌홍본, 임형택본, 정경주본, 김집수택본, 한골동본(간호윤본)의 8종이 있고, 국역본으로는 묵재일기본과 주생전·위생전 연철본(김일근본)의 2종이 있다(소인호, 「17세기 고전소설의 저작 유통과 『화몽집』의 소설사적 위상」, 『고소설연구』 21, 한국고소설학회, 2006, 284쪽/ 간호윤, 『새로 발굴한 주생전·위생전의 자료와 해석』, 박이정, 2008, 35~36쪽 참조).
5) 소재영, 「필사본 한문소설 『花夢集』에 대하여」, 『민족문화연구』 41, 고려대민족문화연구소, 2004; 소인호, 위의 논문.
6) 소인호, 위의 논문, 284~286쪽.
7) 간호윤본은 "癸巳仲夏序", 임형택본은 "癸巳仲春無言者傳", 이헌홍본과 정경주본은 "癸巳仲夏無言者傳"으로 되어 있다(소인호, 위의 논문, 286쪽 각주 14).
8) 간호윤, 앞의 책, 66쪽 각주 54.

인물이 권필이라는 점은 부인하기 어렵지만, 『화몽집』의 기록이 와전일 가능성이 높으므로 <주생전>의 작가 문제는 보다 확실한 기록이 나올 때까지 신중을 기해야 한다면서 『화몽집』의 기록 이외의 다른 근거가 발견되지 않는 한 <주생전>의 '무언자'는 권필이나 권칙으로 단정하기보다는 미상으로 놓아두는 게 나을 듯하다는 유보적 태도를 드러낸다.[9]

반면, 권필이 <야좌취심주필성장삼수(夜坐醉甚走筆成章三首)>, <절필(絶筆)> 등의 한시에서 '무언(無言)'에의 희망을 거듭 천명한 것을 들어 '무언자'라는 별호를 사용한 것이 낯설지 않다고 하고, 작품 속에 삽입된 사(詞)의 문학성이나 아름답고 염려한 문체는 <주생전>이 바로 권필에 의해 지어진 것임을 웅변한다는 주장도 있다.[10] 또한 17세기 초의 작품인 <남궁선생전(南宮先生傳)>이나 <최척전>의 경우에도 작품의 후지에서 연대를 밝히고 있는데 이 역시 사실에 입각하고 있으므로 <주생전>도 마땅히 사실에 입각한 것으로 보아야 한다는 주장도 제기되었다. 작품 후지의 내용을 사실로 인정하면서 작가가 주생에게서 단순한 보고식의 진술로 들은 이야기에 매개적 인물이나 사건의 정황을 설정하고 삽입시 등을 보태는 방향으로 창작하였을 것으로 보아야 한다는 것이다.[11]

대체로 현재까지는 <주생전>의 작가가 제3자로 명확히 밝혀지거나 또는 권필이 아니라는 결정적인 증거가 발견되지 않는 한 권필을 작가로 인정해야 한다는 것이 중론이다. 하지만 일각에서 제기하는 바 작가가 권필이 아닐 수도 있다는 의혹을 불식시키기 위해서는 실증적인 연구가 더한층 면밀하게 이루어져야 할 것이다. 이에 필자는 권필의 문학, 당시의 사회상황 등을 살펴서 <주생전>과 권필의 상관성을 밝혀보고자 한다.

우선 논의를 위해 이 작품의 경개를 정리하면 다음과 같다.

> 전당(錢塘) 사람 주생은 어릴 때 촉주(蜀州)로 이사하여 성장한다. 어려서부터 총명하여 18세에 태학생이 되었으나 과거에 거듭 낙방하자 장사꾼이 되어 배를 타고 자유롭게 남방을 떠돌아다닌다. 전당에서 어릴 때 함께 놀던 배도라는 기생을 만나 사랑에 빠져 동거를 한다. 그러나 주생은 곧 승상의 딸 선화를 보고 한눈에 반한다. 주생은 밤을 틈타 선화와 관계를 맺은 후 매일 밤 밀회를 나눈다. 배도에게 사실이 발각되어 선화와 헤어진다. 배도가 죽자 주생은 호주(湖州)의 친척집에 의탁하는데 그들의 도움으로 선화와 혼약을 맺는다. 그러나 혼인날이 되기 직전 임진왜란의 구원병으로 징발되어 조선으로 온다. 주생은 선화에 대한 그리움으로 병이 들어 송경(松京)의 객관(客館)에 머물다가 작가를 만나 자신의 이야기를 술회한다.

9) 엄태식, 「애정전기소설의 창작배경과 양식적 특징」, 경원대 박사학위논문, 2011, 84~89쪽.
10) 정민, 『목릉문단과 석주 권필』, 태학사, 1999, 451~452쪽.
11) 박희병, 「傳奇小說의 문제」, 『한국전기소설의 미학』, 돌베개, 1997, 20~21쪽.

이 작품은 액자 형식을 취하고 있는데 주생과 선화, 배도의 애정담이 액자 안의 본 이야기이고 주생과 작가가 만난 이야기가 액자틀을 이룬다. 여기에서 액자를 구성하고 있는 주생과 작가의 만남은 작가와 창작시기의 문제를 푸는 데에 중요한 단서들을 제공한다.

이듬해 계사년 봄이었다. 명군은 왜적을 대파하여 경상도로 몰아붙였다. 주생은 밤낮으로 선화를 생각하여 마침내 병이 중해져서 종군해 남하하지 못하고 송경에 머물러 있었다.

이때 나는 때마침 일이 있어 송경에 갔다가 객관에서 주생을 만났다. 그러나 언어가 통하지 않아 필담으로 의사를 통했다. 주생은 내가 글을 안다고 후하게 대접해 주었다. 나는 주생에게 병든 내력을 물어보았으나 그는 근심어린 기색을 하며 대답하지 않았다.

이날 비가 내려 밖에 나갈 수 없었기 때문에 나는 주생과 함께 불을 밝히고 늦도록 이야기를 나누었다. 주생은 〈답사행(踏沙行)〉 한 수를 지어 보여 주었다.

짝 잃은 외로운 그림자 의지할 곳 없으니,
이별의 회한 말하기 어렵도다.
객창의 외로운 등불은 마음 설레게 하고,
황혼의 빗소리는 시름을 더하도다.
낭원은 구름에 싸였고 영주는 바다에 막혔으니,
임 있는 곳 예서 얼마인가.
외로운 발걸음 물 위를 떠다니는 부평초처럼,
하룻밤 흘러 가 오강(吳江)으로 가길 원하네.

나는 이 사(詞)의 뜻이 이상하여 간곡히 묻기를 그치지 않았다. 이에 주생은 위와 같이 처음부터 끝까지 자세히 말해주었다. 또 주머니 속에서 한 권의 시집을 꺼내 보여 주었는데 제목이 『화간집(花間集)』이었다. 주생은 선화, 배도와 함께 서로 주고받은 화답시가 100여 수였고 그 사를 읊은 것이 또한 10여 편이었다.

주생은 눈물을 흘리며 나에게 시를 써달라고 간청하기에 내가 마지못하여 원진(元稹)의 〈회진시(會眞詩)〉 30률운을 본떠서 주생의 책 끝장에 써주고나서 또 위로하여 말하였다. "대장부가 근심할 바는 공명을 이루지 못한 것뿐이라, 천하에 어찌 미인이 없으리오. 하물며 지금 조선을 침범한 왜적을 이미 평정하였으니 명나라 군대가 돌아간다면 길운은 그대에게 있을 것인즉 사랑하던 그 여인이 어찌 다른 곳으로 갔다고 염려하겠는가."

이튿날 아침에 눈물로 이별하는데 주생은 재삼 사례하면서 "웃음거리가 될 일이니 전하지는 마시오."라고 했다. 이 때 주생의 나이는 27세였는데, 이마의 눈매를 보면 안광이 밝게 빛나는 것이 바라보면 마치 그림 같았다.

계사년 오월에 무언자 권여장은 쓴다.

액자틀을 이루고 있는 이 이야기는 비교적 길이가 길고 자세하다. 작가는 송도(개성)의 객관에서 명나라 군사 주생을 만났고, 그 시기는 계사년(1593) 봄이라고 했다. 뒤에서 자세히 밝히겠지만, 실제 역사에서 1593년 봄 당시에 개성에 주둔하고 있던 명나라 군사는 남방 출신의 주인공 주생과 마찬가지로 남방에서 모집되어 온 남군들이었다는 점에서 이 내용은 역사적 사실과 정확히 부합한다. 또한 권필의 행적을 볼 때도 그 당시 그가 개성을 오갔을 정황이 드러나 있기 때문에 실제로 권필이 주생과 같은 인물을 만났을 개연성은 충분하다.

임진왜란 무렵에 권필이 명군과 교류한 사실은 이미 선행 연구를 통해 드러났으므로 여기서 다시 언급할 필요는 없을 것이다.[12] 다만 그동안 밝혀지지 않았던 한 가지 사실을 언급하고자 하는데 이것은 <주생전>의 창작시기와 관련하여 특별히 주목해야 할 사항이다. 기존에 일각에서는 권필이 명군과 교류한 시기를 그가 강화도에 거주하고 있을 때 명군 가운데 남군에 속한 오종도(吳宗道)의 수군(水軍) 부대가 강화도에 주둔하기 시작한 정유재란 이후로 보고, 이것을 <주생전>의 창작시기를 1600년 무렵으로 추정하는 근거로 삼기도 했다.[13] 그러나 사료를 면밀히 살펴보면 권필이 오종도를 비롯한 명군을 만난 시기를 1593년으로 소급하는 것이 논리적으로 타당함을 발견하게 된다.

1592년 임진왜란 발발 직후 권필은 김천일(金千鎰)의 의병에 합류하여 임환(林懽), 임전(任錪) 등과 함께 병사(兵事)를 의논하였다.[14] 그 가운데 임환(林懽, 1561~1608)은 권필의 막역한 친구 임탁(林悏)의 형으로 권필과도 친분이 두터웠다. 권필은 1593년에는 임환의 군영에 머물며 『악기탁약(握機橐籥)』이라는 병법서를 인간(印刊)하는 데 관여하기도 했다. 그것은 권필의 문집인 『석주집(石洲集)』에 실린 <각악기탁약서(刻握機橐籥序)>[15]와 <제악기탁약후(題握機橐籥後)>[16]를 통해 확인할 수 있다. 그런데 임환이 정유재란 때 오종도의 접반관이었다는 사실은 학계에 이미 알려져 있으나, 필자가 과문해서인지는 모르지만 그가 1593년에 오종도와 교유하기도 하고 함께 출병하기도 했던 사실은 아직 거론된 적이 없다.

그러나 이항복(李恒福)의 『백사집(白沙集)』에 실린 임환의 묘지명 <전문화현감임공묘지명前文化縣監林公墓誌銘>에는 다음과 같은 분명한 기록이 있다.

> 이에 앞서 임진년 난리에 창의사(倡義使) 김천일(金千鎰)이 군을 불러 종사관으로

12) 정민, 「임진왜란시기 문인지식층의 明軍 교유와 그 의미」, 『목릉문단과 석주 권필』, 태학사, 1999, 101~137쪽.
13) 위의 책, 455~461쪽.
14) 任錪, 『鳴皐集』 卷10, <鳴皐任先生行狀>.
15) 『石洲別集』 卷2.
16) 『石洲外集』 卷1.

삼고 강화에 군대를 주둔시켜 경성(京城)을 도모하면서 군사(軍事)를 모조리 군에게 맡겼는데, 군이 일을 잘 처리함으로써 일군(一軍)이 군에게 마음을 의탁하였다. (중략) 그 다음 해(1593)에는 왜구가 퇴각하자, 군이 으뜸으로 경성에 들어가서 학교를 건립하자는 의논을 맨 먼저 제창하고, 마침내 김천일과 함께 적의 뒤를 쫓아 남쪽으로 내려가니, 천장(天將) 오종도가 한번 보고는 공의 뛰어난 인품을 감탄하면서 공에게 함께 가기를 요청하므로, 함께 상주까지 갔다가 병 때문에 군사를 거느릴 수 없어 가마에 실려 집으로 돌아갔다.[17)]

왜군이 서울에서 퇴각한 것은 1593년 4월 18일이고 명나라 제독 이여송(李如松)이 서울에 입성한 것은 뒤늦은 4월 20일이었다. 임환은 가장 먼저 서울에 들어갔고 곧이어 적의 뒤를 쫓아 남하하였다. 그 과정에서 吳宗道와 함께 상주까지 내려갔던 것이다.

그에 앞서 임환은 명군의 좌협부총(左協副摠) 이방춘(李芳春)으로부터 『악기탁약』이라는 병법서를 입수한 바 있었다. 권필의 <각악기탁약서>에 따르면 임환은 명군의 좌협부총 이방춘이 1592년 겨울에 지니고 온 『악기탁약』을 입수하여 1593년에 인간하였다. 그 무렵 권필은 임환의 군영에 머물러 있다가 그의 부탁을 받고 이 글을 쓴다고 했다.[18)]

이러한 사실들을 통해 볼 때, 임환은 이미 1593년 초반부터 명나라 군사들과 교류하고 있었음이 확실하다. 그렇다면 그 당시 임환의 군영에 머물고 있던 권필 역시 임환을 통해서라도 명군과 교류할 수 있는 기회를 얻었을 것으로 보는데 무리가 없다.

그뿐만이 아니라 오종도와 함께 남방에서 군사를 조발하여 이끌고 조선에 와서 1593년 1월 23일에 선조를 알현했던 황응양(黃應陽)이 1593년에 강화도에 머물렀었다는 점은 더욱 흥미롭다.

상이 이르기를, "황응양(黃應陽)이 강화(江華)에 있을 때에 면사첩(免死帖)을 가져와 백성을 구제한 일이 많았으니 그 공로가 크다."[19)]

황응양이 강화도에 가서 면사첩을 배포한 것은 왜군이 서울을 점령하고 있을 때 죽음을 두려워한 백성들이 왜군에 부용하다가 탈출하여 강화도로 몰려들던 때이므로 1593년 4월

---

17) 李恒福, 『白沙集』 卷2, <前文化縣監林公墓誌銘>(『백사집』, 민족문화추진회, 1998, 223~224쪽).
18) 『石洲別集』 卷2, <刻握機橐籥序>. 去年冬, 左協副摠李公芳春, 承聖天子威命, 仗兵而東, 以是書自隨, 豈所謂能用之者耶. 昭義將林君懽, 見而悅之, 乃鳩工鋟梓, 三閱月而訖其功. 時余以客遊于林君, 一日君出是書, 且屬以序.
19) 『선조실록』 선조 26년 11월 2일(임오), 임금이 편전에 나아가 영의정 유성룡을 인견하여 정세를 논의하다 條.

18일 왜군의 서울 퇴각 이전에 이루어진 일임을 알 수 있다. 그렇다면 황응양이 강화도에 간 시기는 1593년 1월 23일에서 4월 18일 사이로 보아야 할 것이다. 그런데 바로 그 시기에 권필도 역시 강화도에 있었다. 권필은 그의 문집에서 그 해 여름에 강화도에서 서울로 돌아왔다고 밝혀놓았다.

> 집에 좋은 나무 일곱 그루가 있는데, (중략) 임진년 난리에 집을 버리고 떠나 구사일생으로 살아났다. 집이야 본래 가난했으므로 특별히 마음 쓸만한 것이 없었지만 유독 이 일곱 그루 나무만은 이따금씩 꿈속에 보이곤 했다. 계사년(1593) 여름에 서울이 수복되어 나는 강화도에서 돌아왔다. 여섯 그루는 모두 불에 타서 죽었는데 유독 해송만 별 탈 없이 예전처럼 푸르렀다. 내가 세 번을 맴돈 뒤에 떠났다. 가을에 덕수현에서 돌아오니 해송은 또 전과 같았으므로 내가 또 세 차례 맴돌고서 떠났다.[20]

권필이 강화도에 있었던 시기와 황응양이 강화도에 머물던 시기가 겹침을 알 수 있다. 황응양은 남방의 군사를 이끌고 온 장수였으므로 단신으로 강화도에 갔을 리 만무하다. 다수의 휘하 병사들을 동반했을 것이 분명하며, 당시 강화도의 전략적 중요성에 비추어보더라도 황응양을 위시한 일군의 명나라 군사들이 강화도에 머물고 있었다고 봄이 타당하다. 따라서 이러한 정황으로 미루어 볼 때, <주생전>이 창작된 1593년 5월 이전에, 권필이 명나라 군사들과 교류하거나 최소한 주생과의 만남과 같은 짧은 만남이라도 이루어졌을 가능성은 얼마든지 있다고 하겠다.

한편 명나라 군사 중에는 주생처럼 결혼을 앞두고 징집당하여 이별할 수밖에 없었던 안타까운 사연의 주인공들이 종종 있었던 것으로 확인된다. 윤계선(尹繼善, 1577~1604)이 임진왜란 때 조선에 온 명나라 장교에게 준 시는 갓 장가든 새신랑이 열다섯 살 신부와 헤어진 눈물겨운 사연을 담고 있다.

> 그대의 집은 이십사교 곁,
> 누상의 미인은 열다섯.
> 출정 나와 아직 돌아가지 못했는데 봄은 이미 와,
> 옥창 앞에 매화가 맞아 피었네.[21]

---

20) 『石洲別集』 卷1, <家有佳木七株…>. 家有佳木七株 … 壬辰之亂 棄家逃生 室本懸罄 無可顧戀 獨此七木時入夢想間也 癸巳夏 京城平 余自江都歸 六木皆火死 獨海松無恙 蒼翠依然 余繞之三匝而後去 秋自德水歸 海松又無恙 余又三匝而去.

21) 君家二十四橋邊 樓上佳人三五年 征客未歸春已到 梅花應發玉窓前.

이 시의 주인공은 양주(楊州) 사람인데 장가들자마자 작별하고 출정했다고 한다.[22] <주생전>은 임진년(1592) 9월로 혼인날을 정한 주생이 날짜를 앞당기려는 뜻을 담은 편지를 써 놓고는 부치지도 못한 채 징집되어 생이별을 하게 된 사연과 그로 인한 그리움 때문에 병이 들어 앓고 있는 애처로운 모습을 그리고 있다.

권필과 가장 절친했던 벗인 이안눌(李安訥, 1571~1637)이 절강 출신의 명나라 군사에게 준 두 수의 시는 고향을 그리는 명군의 애절함을 노래하고 있다. 그 중 <증절강인(贈浙江人)>이란 시의 내용은 다음과 같다.

> 아득한 고향산천 만리도 넘어,
> 금년에야 비로소 작년 편지를 받네.
> 편지에도 하늘끝 이별의 한 담겼으니,
> 다만 애초에 무술 배웠음을 한하네.[23]

이 시에는 임진년에 절강사람이 징집을 당하여 조선에 왔는데 그 다음해에야 비로소 고향집에서 보낸 편지를 받고 울었다고 하는 설명이 붙어 있다.[24] 이처럼 권필과 가까운 주변인들 중에도 주생과 유사한 사연을 지닌 명나라 군사들을 만나고, 그 사연을 글에 담아 세상에 남겨 전했던 인물들이 종종 있었음을 알 수 있다.

또한 『석주집』 가운데서 10수의 작품이 권필이 명군과 접촉했었음을 확증하는 근거가 되는데, 그 중에서도 <주생전>과 권필의 상관성을 시사하는 작품으로는 <송호수재경원종오도사남하(送胡秀才慶元從吳都司南下)>와 <송루봉명환항주전당현(送婁鳳鳴還杭州錢塘縣)>을 들 수 있다. 먼저 오종도를 따라 남하하는 호경원(胡慶元)을 전송하며 지은 시 <송호수재경원종오도사남하>의 일부를 보자.

> 누선장군은 바로 그의 지기이니,
> 이끌어 막객을 삼아 참모로 기용했네.
> 　　(중략)
> 하루 잠깐 만나 평생 지기 되었네.
> 　　(중략)

22) 洪萬宗, 『詩評補遺』(이종은·정민 편, 『韓國歷代詩話類編』, 아세아문화사, 1988, 104쪽). 將士卽楊州人新娶作別者也.
23) 一望家山萬里餘 今年始得去年書 書中有恨天涯別 只恨當年學劒初.
24) 洪萬宗, 『詩評補遺』(위의 책, 137쪽).

그대 이제 대장기 따라 남으로 떠나니,
장부의 그 다짐을 누가 알리요.
장차 바다 너머 큰 고래 베리니,
어찌 아녀자에 대한 슬픔에 연연하리요.[25]

호경원은 재주가 뛰어나고 시에도 능했는데 누선장군 吳宗道의 지기를 입어 참모로 기용되었다. 그가 강화도에 왔을 때 권필과 그는 한번 만나보고는 잠깐 사이에 평생의 지기처럼 흉금을 터놓았다. 이제 장군을 따라 남쪽으로 출정하려는 순간을 맞아, 대장부의 비장한 각오 아래 전쟁터로 나가니 오직 장차 큰 공을 세우는 데 뜻을 둘 것이요 아녀자에 대한 슬픔에 연연하지 말 것을 당부하고 있다.

명나라 군사의 적극적인 전쟁 참여와 입공을 권면하고 아녀자에 연연하는 것을 경계하는 태도는 곧바로 <주생전>에서 주생을 만난 작가가 주생을 위로하고 권계한 것과 일맥상통하는 것이다. 그 권계의 말을 다시 인용해 보자.

또 위로하며 말하였다. "대장부가 근심할 바는 공명을 이루지 못한 것뿐이라, 천하에 어찌 미인이 없으리오. 하물며 지금 조선을 침범한 왜적을 이미 평정하였으니 명나라 군대가 돌아간다면 길운은 그대에게 있을 것인즉 사랑하던 그 여인이 어찌 다른 곳으로 갔다고 염려하겠는가."

고향에 두고 온 사랑하는 여인에 대한 염려와 그리움에 연연한 나머지 병들어 있는 나약한 주생을 위로하는 한편 대장부가 근심할 것은 오직 공명을 이루지 못하는 것뿐이라고 깨우치고 있다. 그 의미는 곧 여인을 그리워하는 상사병을 핑계로 낙오병으로 뒤쳐져 있지만 말고 대장부답게 떨쳐 일어나 다른 군사들과 함께 남하하여 왜적을 쳐부수는 데 앞장서서 큰 공을 세우라는 뜻이다. 이처럼 <주생전> 말미의 액자에서 작가가 주생을 만나서 그에게 했던 위로와 권계는 <송호수재경원종오도사남하>의 후반부에 나타난 정조와 같다.

다른 한 작품 <송루봉명환항주전당현>은 항주(杭州) 전당현(錢塘縣)으로 돌아가는 누봉명(婁鳳鳴)을 전송하며 지은 시이다.

25) 『石洲集』 卷2, <送胡秀才慶元從吳都司南下>. 樓船將軍是知己, 引爲幕客資良籌. … 一日傾蓋如平生 … 君今南去逐旌麾, 丈夫所期誰得知. 方將跨海斬長鯨, 肯作屑屑兒女悲.

물은 오나라 넓은 하늘에 닿고,
산을 좇아 월나라 땅이 나뉘네.
구름과 노을에 싸인 영은사,
꽃과 달빛에 어린 용금문(湧金門).
빼어난 승경은 중원의 으뜸이고,
번화함은 외국까지 들리네.
평생에 애써 꿈에 그리는데,
그대를 보내려니 더욱 넋이 나가네.[26)]

루봉명의 고향인 항주 전당현의 빼어난 경치를 묘사하고 그와의 이별을 아쉬워하는 마음을 표현하고 있다. 아름답기로 유명한 전당의 풍광은 권필이 꿈에 그리는 곳이라고 밝힌다. 하지만 그동안 루봉명을 통해서 전당의 빼어난 풍경에 대해 들을 수나마 있었지만 이제 그가 떠나고 나면 위안거리마저 얻지 못하게 되니 넋이 나갈 지경이라는 심경을 토로하고 있다. 그런 루봉명과의 이별을 아쉬워한 나머지 권필은 그가 떠난 후 다시 <별후(別後)>라는 시를 지어 애틋한 마음을 토로하면서 허전함을 달래고 있는 것을 볼 수 있다.[27)]

그런데 영은사(靈隱寺), 용금문(湧金門)이 있는 전당은 <주생전>에서 주요 공간배경으로 설정된 곳이라는 점에 주목할 필요가 있다. 이미 일각에서는 주인공 주생의 실제 모델을 호경원이나 루봉명 등 권필과 교분을 나누었던 명군일 것으로 보고, 호경원이나 루봉명과의 교유를 바탕으로 <주생전>을 썼을 것이라는 주장을 제기하였는데 그것은 충분한 개연성과 일리가 있는 논리라고 하겠다.[28)] 나아가 필자의 소견으로는 단 한 번도 중국을 방문한 경험이 없었던 권필이 전당을 사건의 주요한 공간배경으로 삼아 <주생전>을 지은 것에는 <송루봉명환항주전당현>에 나와 있듯이 전당의 아름다운 풍광에 대한 묘사와 견문을 그에게 들려준 루봉명과 같은 인물의 영향이 적지 않게 작용했을 것으로 사료된다.

다음장에서 자세히 논의하겠지만, 중국 명나라(1368~1644)는 건국 초기부터 엄격한 해금정책(海禁政策)을 시행하였기 때문에 해로가 차단되어 있었고, 조선의 사절단도 정해진 북방 내륙루트(義州-遼陽-山海關-薊州-北京)를 결코 벗어날 수가 없었기 때문에 사신으로 중국에 간다 해도 남방을 직접 방문할 수 있는 기회는 전무했다. <주생전>은 실제적인 지명들을 사용하는 등 매우 사실적인 면이 있으면서도, 세부적인 면에 있어서 공간의 배치와 이동은

26) 『石洲集』 卷3, <送婁鳳鳴還杭州錢塘縣>. 水接吳天闊, 山從越地分. 雲霞靈隱寺, 花月湧金門. 形勝中原最, 繁華外國聞. 平生勞夢想, 送爾更消魂.

27) 『石洲集』 卷3, <別後>.

28) 정민, 앞의 책, 457쪽. 다만, 권필이 그들과 만난 시기가 정유재란 무렵이라는 정민의 추정은 시정되어야 한다. 앞에서 밝힌 대로 吳宗道와 임환의 만남이 1593년부터 시작된 것을 감안하여 소급해야만 할 것이다.

실제와는 상당한 차이를 드러내고 있다. 실제로 전당(錢塘)과 촉주(蜀州)에서 생활했고 직접 남방의 오초(吳楚) 땅을 왕래하며 장사를 하고 살았던 주생이, 더군다나 자신의 경험을 술회하면서 이렇게 이치에 맞지 않게 말하지는 않았을 것이 분명하다. 따라서 <주생전>에서 중국 공간에 관한 표현은 남방 출신의 주인공 주생으로부터 필담으로 전해들은 내용을 단순히 옮겨 적은 것이 아니라 작가가 가공한 것으로 봄이 타당할 것이다.

이처럼 <주생전>은 주생의 이야기에 작가의 허구적 상상력과 창의를 발휘하여 만든 이야기라 하겠는데, 강력한 해금정책에 의해 약 200년간 외국인의 출입이 통제돼왔던 당시의 상황을 감안한다면, 이 작품에 형상화된 중국 남방의 공간지리와 이미지는 작가가 접했던 문헌이나 문학작품, 혹은 주변인의 견문담을 통해, 그리고 거기에 그의 감성과 상상력이 작용하여 형성된 것이 확실하다. 그렇다면 권필이 꿈에 그리던 전당의 풍광에 대해 들려주던 루봉명과의 교류를 드러내고 있는 시 <송루봉명환항주전당현>을 통해서 우리는 권필이 루봉명과 같은 인물들과 교류하면서 획득한 정보와 이미지를 <주생전>의 창작에 창의적으로 활용했을 개연성을 확보할 수 있는 것이다.

참고로, 송시열(宋時烈, 1607~1689)의 <석주별집발(石洲別集跋)>에 의하면 『석주별집(石洲別集)』은 원집에서 빠진 시(詩) 6백여 수와 문(文) 약간 편 가운데 송시열이 1백여 수만을 가려뽑은 것인데 나머지 수록하지 않은 약 5백 편의 시문은 대개 젊은 시절에 지은 작품들이라고 했다. 뒤에서 논의하겠지만 젊은 시절에 권필은 병법서를 탐독했으며 임진왜란을 맞아 그동안 자신이 익힌 병법을 발휘하여 전공을 세우고자 하는 강한 의지를 품고 있었다. 그러나 송시열은 권필의 성리학적 면모를 강조하려는 의도에서 선별하였으니, 이로 보아 권필이 젊은 시절에 병법을 익혔던 것과 관련된 많은 시들이 선별을 거치면서 상당수 버려진 것으로 추정된다.

또한 권필이 임진왜란 당시 병법서의 인간에 참여할 정도로 병법에 지대한 관심을 갖고 있었고 김천일의 의병에 참여하여 강화도에서 병사를 의논하고 임환의 군영에 머물기도 할 정도로 참전 의지가 강했던 것을 감안할 때 그가 명나라 군사들과 교유하면서 창작한 작품도 현존하는 시 10수보다 훨씬 더 많았을 것이 확실시 되지만 그러한 작품들도 역시 선별과정에서 제외된 것으로 보인다. 그리고 허균이 지적했듯이 권필은 자신이 창작한 작품들을 모아놓는 데 게을렀던 것에도 원인이 있을 것이다.[29)]

따라서 권필과 <주생전>의 상관성을 시사하는 작품들은 본래 앞의 두 작품에만 국한될 수 없겠으나 아쉽게도 현전하지 않으므로 여기서는 다만 그 가능성만을 지적해두기로 한다. 하지만 그나마 남아 있는 10수 중에서 두 작품이나 되고 또 그 상관성도 강한 것을 볼 때

29) 許筠, <石洲小稿序>, 『(국역)성소부부고』 II, 민족문화추진회, 1989, 45쪽. "그러나 여장은 본래 게을러 지은 것을 모으지 않았는데 沈生이 전송되는 것 수백 편을 모아 『石洲小稿』라 제목을 붙이고 내게 보여주므로 ……."

권필이 <주생전>의 작가라는 사실을 방증하는 논거로 삼기에 충분하다고 하겠다.

다른 한편으로, <주생전>과의 상관성을 염두에 두고 권필의 <곽삭전(郭索傳)>, <주사장인전(酒肆丈人傳)> 그리고 그의 부친 권벽(權擘)의 <관성후전(管城侯傳)>을 포함하여 가까운 주변의 여러 인물들이 가전(假傳)을 비롯한 소설작품들을 창작한 정황을 살펴보면 그가 <주생전>의 작가임을 뒷받침하는 논리적 논거를 찾을 수 있을 것이다.

<곽삭전>은 게를 의인화한 가전(假傳)이다. '곽삭(郭索)'은 게의 별칭으로, 이 작품은 게의 생태적 속성과 사람의 특정한 성격에 대한 연상을 결합하여 전기형식으로 꾸민 것이다. 가전 양식은 한유(韓愈)의 <모영전(毛穎傳)>을 전범으로 삼는다. 고려시대에 많은 가전 작품들이 등장했는데 권필은 고려 가전을 두루 섭렵하여 <곽삭전> 창작에 원용한 것으로 추정되며, 김시습(金時習)의 <용궁부연록(龍宮赴宴錄)>에 나오는 곽개사(郭介士)에 대한 묘사에서 표현방식의 일부를 끌어왔음이 기존 논의에서 밝혀졌다.[30] 권필의 <곽삭전>은 고려 가전의 문체적 전통을 이어 후대로 이어준 사적 의의를 지닌 작품으로 평가받는다.[31]

<주사장인전>은 술집 노인(酒肆丈人)이라는 가상적 인물을 내세워 송대(宋代) 상수학(象數學)의 대가인 소옹(邵康節)을 통박하는 내용의 탁전(托傳)이다. 인물설정 방식과 대화중심의 구성이 매우 특이하여, 전(傳)으로 되어 있으나 형식은 전혀 전의 성격을 띠지 않은 작품이다.[32] 이 작품은 논변조의 소설적 단편으로서 조선시대 소설의 흐름에서 유례를 찾기 어렵다는 평가를 받는다.[33] 권필이 자신의 노장사상을 드러내기 위해 문체적 가능성을 모색하는 과정에서 작가의 주장을 비교적 자유스럽게 담을 수 있는 탁전의 성격에 착안한 것으로 보인다. <주사장인전>은 동양 전래의 수사양식인 『장자(莊子)』식 우언(寓言)과 그 수사적 효과를 최대한 높이면서도 기존의 문체적 전통에서 근본적으로 일탈하지 않기 위해 탁전을 적절히 활용함으로써 새로운 문체의 가능성을 모색한 권필의 뚜렷한 문체의식의 소산으로 평가된다.[34]

권필의 부친 권벽(權擘, 1520~1593)은 붓을 의인화한 <관성후전>을 지었고, 권벽의 스승 신광한(申光漢, 1484~1555)은 정원의 꽃과 나무를 의인화한 <안빙몽유록(安憑夢遊錄)>, 문방사우를 의인화한 <서재야회록(書齋夜會錄)>, 용궁 기행이라는 상상적 체험을 기록한 <최생우진기(崔生遇眞記)>, 영혼과의 사랑과 환생한 여인과의 재합이라는 애정류의 <하생기우전(何生奇遇傳)>을 포함한 전기소설 『기재기이(企齋記異)』를 창작했으며, 권필의 형 허봉(許篈, 1551~1588)의 벗이자 권필과 막역했던 임탁의 형인 임제(林悌, 1549~1587)는

30) 김창용, 「곽삭전연구」, 『동방학지』 37·38합병호, 1983, 149쪽.
31) 문범두, 『石洲權韠文學의 硏究』, 국학자료원, 1996, 207쪽.
32) 조수학, 『한국의 假傳과 托傳』, 영남대학교출판부, 1987, 74쪽.
33) 김창용, 「酒肆丈人傳에 나타난 邵康節 배격의 意義」, 『한성어문학』 2, 한성대국문과, 1983, 45~46쪽.
34) 문범두, 앞의 책, 184~185쪽.

<수성지(愁城誌)>[35], <화사(花史)>, <원생몽유록(元生夢遊錄)>을 창작했고, 권필의 일족 권율(權慄)의 사위인 이항복(李恒福, 1556~1618)은 <유연전(柳淵傳)>을 지었다. 권필을 둘러싼 이러한 문학적인 환경은 그가 <곽삭전>, <주사장인전>뿐 아니라 <주생전>도 지을 수 있는 충분한 여건을 구비하고 있었음을 보여준다.

특히 <유연전>은 1607년에 창작된 작품으로 이항복이 재판 과정에서 작성된 공초(供招)와 전해들은 이야기를 통해 알게 된 실제 일어났던 사건의 전말을 토대로 전기(傳記) 형식을 빌어서 허구적 상상력을 발휘하여 만든 이야기이다. 작가가 문제의 상황을 설득력 있게 그리기 위해서 상상력을 발휘함으로써 소설작품을 창작하였던 것이다. 이같은 사실(事實)의 소설화(小說化) 양상을 띤 이 작품은 우리 서사문학사의 전개과정에서 전환적 양상을 드러낸 작품으로 평가받는다.[36]

<유연전>과 마찬가지로 <주생전>은 명나라 군사 주생을 송경의 역관에서 만나 필담을 통해 전해들은 내력을 토대로 작가가 허구적 상상력을 발휘하여 소설화한 작품이다. 한 인물의 전기(傳記)에 작가가 창의를 발휘하여 허구화하는 구성방식이라는 점에서 <주생전>은 비슷한 시기에 출현한 <유연전>과 더불어 서사문학사에서 전환적 양상을 드러낸 작품이라고 하겠다. 즉 조선 중기를 전후하여 형성된 전기의 허구화 과정과 밀접한 관계가 있다는 것이다.[37] 또 그의 <주사장인전> 역시도 이러한 전기의 허구화 측면에서 볼 때 같은 맥락에 놓여 있다.

<주생전>은 사실을 소설화한 점에서 우리 서사문학사에 전환적 양상을 드러냈을 뿐 아니라, 문체적인 면에서 <앵앵전(鶯鶯傳)>, 『금오신화(金鰲新話)』 등 전기(傳奇)의 전통 맥락을 이으면서도, 남녀의 삼각관계 애정담을 도입함으로써 전기(傳奇) 양식이 견지해 오던 기존의 틀을 허물었고, 이를 통해 전기소설의 장르적 혁신을 이룩하면서 독자적인 경지를 열어 보임으로써 소설발달사에서 전환적 역할을 한 작품이다.[38] 문학양식이나 문체에 있어서 이러한 변화와 혁신은 끊임없이 시도되어 왔다. 일찍이 유협(劉勰, 465~552)은 『주역(周易)』 「계사전(繫辭傳)」의 "다하면 변하고, 변하면 통하고, 통하면 오래간다."(窮則變, 變則通, 通則久)는 말에서 '通變'의 개념을 가져와 문학이론으로 체계화하였다. 유협은 그 통변론을 통해서 문학의 계승과 혁신의 관계를 논하였는데, 전통을 계승함과 동시에 새로운 변화에 의한 창조가 필수적임을 밝혔다.[39]

---

35) 허균은 1593년에 지은 『鶴山樵談』에서 "이른바 <愁城志>라는 것은 문자가 생긴 이래로 특별한 글이니, 천지간에 절로 이런 문자가 없어서는 안 된다."고 하며 이 작품을 높이 평가했다.(『(국역)성소부부고』 Ⅲ, 민족문화추진회, 1989, 268쪽)

36) 이헌홍, 「事實의 小說化-柳淵傳을 중심으로」, 『한국고전소설의 조명』, 아세아문화사, 1990; 신상필, 「사실의 기록과 傳 양식의 새로운 가능성-柳淵傳을 중심으로」, 『동방한문학』 39, 동방한문학회, 2009, 121~141쪽. 권필도 <유연전>을 읽고나서 그 감상을 <題柳淵傳後>(『石洲集』 卷7)라는 시로 남겼다.

37) 문범두, 앞의 책, 210쪽.

38) 박희병, 『한국전기소설의 미학』, 돌베개, 1997, 91쪽.

39) 劉勰, 최동호 역편, 『문심조룡』, 민음사, 1994, 366~367쪽.

<곽삭전>과 <주사장인전>에는 문체의 계승과 혁신에 대한 권필의 통변적인 문학의식이 역력히 드러나 있다. 전통에 충실하면서도 변화와 혁신을 추구하며 새롭게 시도하는 의식을 엿볼 수 있다. 간단히 말해서 문체의 계승과 혁신이라는 측면에서 <곽삭전>과 <주사장인전>에 담긴 권필의 의식과 <주생전>에 담겨있는 의식은 일맥상통한다는 것이다.

이상에서 필자는 권필과 명군과의 교류 상황, 주인공 주생과 만남의 가능성, 권필의 서사 작품을 중심으로 권필과 <주생전>의 상관성을 살펴보았다. 역사적인 사실을 통해 볼 때 권필은 <주생전>이 창작된 1593년 5월 이전부터 명군과 교류했으며, 그 사이에 주생과 같은 인물을 만났을 가능성이 그의 시 작품을 위시하여 도처에서 포착된다. 또 서사문학사의 흐름, 문체에 대한 통변론적 의식과 변화 시도라는 관점에서 <주생전>과 권필의 서사작품은 같은 맥락에 놓여 있음을 볼 수 있다.

앞에서 언급했듯이 일각에서는 '무언자(無言子)'라는 호는 권필의 조카인 권칙(權侙, 1599~1667)이 지은 <강노전>(1630)에도 보이는 점 등을 들어 <주생전>의 작가가 권필이 아닐 가능성을 제기하고 있다. 그러나 간과해서는 안 될 것은 후지가 있는 다른 이본들에 명기된 시기가 모두 동일하다는 점이다.

癸巳仲夏 無言子權汝章記(『花夢集』)
癸巳仲夏 無言子傳(이헌홍본)
癸巳仲夏 無言子傳(임형택본)
癸巳仲夏 無言子傳(정경주본)
癸巳仲夏 無言子傳(『閒汨董』)
癸巳仲夏序(『先賢遺音』)
계ᄉᆞ 듕하의 무언ᄌᆞᄂᆞᆫ 뎐ᄒᆞ노라(멱남본)

다양한 이본들에 공통적으로 '계사중하(癸巳仲夏)'로 기록된 것으로 보아 그 시기는 계사년(癸巳年)이 확실하다고 하겠다. 그런데 만일 권칙이 지은 것이라면 계사년은 1653년인데 시기적으로나 사회적으로 명나라가 이미 멸망(1644)한 지도 한참이나 지난 상황인데다가 <강노전>의 주인공 강홍립처럼 유명한 장군도 아니고 일개 서기(書記)에 지나지 않았던 인물을, 더구나 그의 떳떳하지도 못한 삼각연애의 사랑과 이별의 이야기를 문자로 엮어 세상에 널리 전한다는 것은 납득하기가 어려운 것이다. 권칙이 아직 태어나지도 않았던 먼 시기의 일인데 마치 자신이 직접 주생을 만난 것처럼 작품 말미에 기록한다는 것도 당시의 문학적 관습에 비추어 볼 때 이해가 가지 않는 부분이다.

또한 선조 임금의 손자인 이건(李健, 1614-1662)이 <주생전>을 읽고 나서 그 감상과 비평을 한시 형식으로 기록한 제소설시 <제주생전(題朱生傳)>은 1644년에 지어진 것이다.

주생의 성이 周가 아니라 朱로 표기된 것이 다르지만 그 시에 적힌 작품의 내용은 분명 <주생전>과 일치한다. 그렇다면 <주생전>이란 작품은 이건이 읽은 1644년 이전에 이미 존재해 있던 것이므로 이 작품의 창작년대로 기록된 癸巳年은 결코 1653년일 수 없고 1644년 이전이어야만 한다.

따라서 이와 같은 정황들을 고려한다면 시기적으로 계사년은 1593년이어야 작품내용과 시대상황이 자연스럽게 연결된다고 할 수 있다. 그러므로 작가가 제3자로 명확히 밝혀지거나 또는 권필이 아니라는 결정적인 증거가 발견되지 않는 한 권필을 <주생전>의 작가로 인정하는 것은 논리적으로 타당하다. 다만 권필과 <주생전>과의 상관성을 더욱더 면밀하게 밝히는 작업이 남은 과제라고 할 수 있을 것이다.

2. 시대상황

후지에 나타난 대로 <주생전>이 권필에 의해 계사년 중하(1593년 5월)에 창작된 배경을 살피는 데는 우선적으로 작가 권필을 둘러싼 정세적인 측면, 특히 계사년 여름까지의 전황을 파악하는 것이 필요하다.

임진년(1592) 4월 13일 부산 상륙을 시작으로, 왜군은 침략 개시 20일 만인 5월 3일에 서울을 점령했다. 곧이어 임진강 방어선이 무너지자 선조(1567～1608)는 5월 11일 평양마저 버리고 의주로 향했다. 6월 15일 왜군은 평양성에 입성했다.[40)]

평양이 왜군의 수중에 들어가자 명나라에서 6월 중순 소수의 요동군을 수비를 목적으로 파병하였고 이어 7월 10일경에도 일부 요동군을 파병했다. 그러나 그들은 7월 17일 평양성 전투에서 대패하였다. 이에 원병을 다시 보내기로 결정했지만 정작 파병이 실행된 것은 그 후 5개월이 훨씬 지난 뒤였다.[41)] 그 사이 임해군(臨海君)과 순화군(順和君) 두 왕자가 7월 23일에 왜군의 포로가 되었다.[42)]

명나라는 조선 파병을 통해 전쟁을 자국 내로 확대시키지 않는 방안을 선택했다. 군사 4만 3천을 인솔하고 12월 25일 의주에 도착한 이여송은 안주를 거쳐 1593년 1월 9일 조선군과 합세하여 평양성을 탈환하였다. 하지만 왜군을 얕잡아 본 이여송은 포병의 지원 없이 1월 29일에 소수의 기마병만을 이끌고 벽제전투에 임하였다가 대패하였다. 이에 이여송은 파주로 돌아갔다가 이튿날 다시 임진강을 건너 동파로 퇴주하였다. 곧이어 개성으로 물러나 진군을 회피하다 남군의 장수 왕필적(王必迪)에게 개성을 맡긴 채 다시 평양으로 후퇴해 버렸다.[43)]

---

40) 조원래, 『새로운 觀點의 임진왜란사 研究』, 아세아문화사, 2005, 305쪽.
41) 한명기, 『임진왜란과 한중관계』, 역사비평사, 2001, 39쪽.
42) 위의 책, 71쪽

제독 이여송 예하의 북군이 평양으로 되돌아가고 남군들은 동파 주위에 남아 있었지만 총지휘관인 제독이 가버린 상태였기 때문에 적극적인 작전이 이루어지지 못했다.[44]

방어적 자세로 돌아선 명군의 작전태도는 3월에 들어서 마침내 적극적인 화의교섭으로 전환하였다. 조선측의 주전론(主戰論)을 묵살한 가운데 은밀히 진행된 명과 왜의 강화교섭은 우선 세 가지 전제조건에 합의하였다. 첫째 포로가 된 조선의 두 왕자와 신하를 송환할 것, 둘째 왜군은 한성부에서 부산포로 철병할 것, 셋째 개성에 주둔하고 있는 명군은 왜군의 한성부 철병과 동시에 본국으로 돌아갈 것 등이었다. 이에 따라 4월 18일에 왜군은 서울에서 철병하였다.[45] 그러나 이때 어처구니없는 상황이 벌어졌다.

> 제독 이여송은 일본군이 경성에서 철수하자마자 휘하 군사를 이끌고 도성에 입성한 직후 그의 아우 이여백으로 하여금 1만여 기를 인솔하여 적병을 추격케 하였다. 그러나 여백은 한강을 건너기도 전에 족질(足疾)을 핑계로 되돌아오고 말았다. 이것은 곧 적을 추격할 생각이 없는 이여송이 애써 그들의 책임을 다했다는 점을 조선측에 보여주기 위한 술책에 지나지 않았다. 뿐만 아니라 당시 명군측에서는 경략(經略)의 이름으로 패문(牌文)을 발하여 적병을 생포 또는 사살하지 말 것은 물론, 그들의 양초(糧草)도 노략질하지 말라는 등 강압적인 조치를 취하였다. 즉, 일본군을 해치는 어떠한 행위도 엄금하여 만일 이를 어길 경우에는 참형에 처할 것을 조선측에 경고하였다. 이때 조신들은 명이 일본측의 속임수에 빠질 가능성이 크다는 점을 들어 강화의 부당성을 백방으로 항변하였으나, 그들은 오히려 "왜이(倭夷)는 순종하는데 조선이 도리어 반역하려 한다."고 협박할 뿐이었다.[46]

이같은 상황에서 안전하게 남하한 왜군은 5월 중순까지 경상도 남해안 일대로 철수를 완료하고 진지를 구축하며 이미 2월에 내려진 풍신수길(豊臣秀吉)의 명령에 따라 진주성 공격을 서두르고 있었다.[47] 계사년 봄부터 중하(5월)까지 조선으로서는 도저히 납득할 수 없는 상황이 벌어지고 있었던 것이다.

부연하자면, 1593년 1월 이여송이 벽제전투에서 패하자 명군은 전투의욕을 상실했다. 이에 즉각 강화협상을 진행하고 명군의 철수 문제를 제기하였다. 명군의 목표는 압록강 이남의 조선 영토 안에서 왜군을 저지하는 것이었기 때문이다. 평양 전투에서 승리를 거두고 왜군이 남하하여 서울로 도주하는 상황이 전개된 것은 기대 이상의 성과였으므로 왜군에 대한 대응이

---

43) 유성룡, 이재호 역, 『(국역정본)懲毖錄』, 역사의아침, 2007, 211~234쪽.

44) 이성무 외 편, 『류성룡과 임진왜란』, 태학사, 2008, 189쪽.
한편, 李如松은 1593년 4월 7일에야 평양에서 개성으로 돌아왔다. 4월 18일 왜군이 서울에서 철수하자 李如松은 19일에 동파로 내려가 유숙하고, 20일에 서울로 입성하였다.(유성룡, 앞의 책, 243~248쪽)

45) 위의 책, 325쪽.

46) 조원래, 앞의 책, 326쪽.

47) 위의 책, 326쪽. 참고로, 왜군은 6월 22일에 진주성을 공격했다.

소극적이었던 것이다. 또 강화논의의 결과 4월에 일본군이 서울에서 물러나자 명은 조선이 거의 회복한 것으로 파악했다. 이에 5월 명나라의 대학사(大學士) 왕석작(王錫爵)은 조선이 회복되었다는 것을 들어 명군 철수 문제를 거론하였다.[48]

그러나 이여송이 벽제전투에서 패하여 개성으로 퇴군할 무렵 서울 일원에는 서울 탈환을 위해 조선군이 집결하고 있었다. 평양이 수복되자 명군과 합세하여 서울을 공격하기 위해서였다. 하지만 명군이 퇴각하자 조선군은 독자적으로 작전을 전개했다. 2월 12일 권율(1537~1599) 휘하의 호남군사들이 주축을 이룬 조선군이 행주산성에서 대승을 거두어 서울의 왜군에게 큰 타격을 주었다. 이에 유성룡(柳成龍)은 명나라 남군의 장수 왕필적에게 조명연합전선을 구축하여 서울을 탈환하자고 제의하였지만 북군 출신의 제독 이여송의 반대로 이루어지지 못했다.[49]

오히려 명군 지휘부의 경략(經略) 송응창(宋應昌)은 권율에게 패문(牌文)을 보내 왜군을 쳐죽인 것을 질책했다.[50] 명군은 왜군의 기세가 꺾이고 조선측의 적극적인 전의를 확인한 후에도 화의교섭을 추진했다. 이것은 조선의 주권을 묵살하고 조선의 의지에 반하는 행위였다. 조선의 입장에서는 이처럼 너무도 답답하고 억울한 상황이 계사년 봄부터 전개되고 있었던 것이다.

한편 여기서 한 가지 짚고 넘어가야 할 것은 명군 내부에 서로 다른 두 부류가 있었고, 또 그들 사이에 대립과 갈등이 존재하고 있었다는 사실이다.

명군은 출신지역이 다른 남군과 북군 사이에 대립과 갈등을 안고 있었다. 기병을 위주로 한 북군과 보병과 포병을 주축으로 한 남군은 작전방법, 임전태도 자체부터 차이를 보일 수밖에 없었다. 양군은 평양전투 때부터 작전방법과 논공서열에서 반목 대립의 양상을 띠고 있었는데 남군의 장령들은 북군 출신의 제독 이여송에 대한 불만을 노골화하였다. 특히 유격 왕필적의 경우는 이여송의 작전지휘에 대한 문제점을 지적하여 제장이 함께한 자리에서 정면으로 그를 공격한 예까지 있었다.[51]

---

48) 한명기, 앞의 책, 42~45쪽.
뒤이어, 1593년 6월에 侯慶遠은 '명이 왜와 원수가 될 까닭이 없다'는 것을 내세워 왜군을 추격하지 말 것과 명군 철수를 주장했다. 그는 특히 평양과 서울을 수복시켜준 것만으로도 명은 조선에 대해 할 만큼 했다고 평가하였다. 명의 신종은 후경원의 제안을 긍정하였고 명 조정은 명군이 철수하는 것을 기정사실로 받아들이고 있었다. 후경원은 7월에 劉綎, 吳惟忠, 駱尙志가 지휘하는 남병과 沈茂의 병력을 대구, 조령, 서울 등 요충지에 배치하고 요동에 정병 2천을 남겨두는 것 이외에 각 진의 병마는 모두 철수시키자고 청하였다.(같은 책, 46쪽) 8월에 李如松의 주력부대가 철수했다.(같은 책, 146쪽)

49) 조원래, 앞의 책, 323~324쪽.

50) 한명기, 앞의 책, 49쪽.

51) 조원래, 앞의 책, 322쪽.

유성룡도 『징비록(懲毖錄)』에서 그가 남군의 왕필적에게 조명연합전선을 구축하여 서울을 탈환하자고 제의하였을 때, "제독 이여송이 북방 장수라서 이번 전역(戰役)에서는 남방 군사를 매우 억제해왔으므로, 그들이 공을 세우는 것을 꺼려서 허락하지 않았다."[52]고 남군과 북군 사이의 갈등을 지적했다.[53]

남군과 북군은 조선에 대한 태도에 있어서도 차이가 컸다. 명군 지휘관들 가운데 남군의 유정(劉綎), 오유충(吳惟忠) 등은 휘하 군병에 대한 단속을 철저히 하여 민폐를 전혀 끼치지 않는다는 평가를 받기도 했다. 하지만 그것은 예외적인 경우였고 명군이 자행했던 민폐는 광범위했다.[54] 특히 민폐를 심하게 끼친 부류는 북군이었다. 다수를 점유하고 있던 북군 가운데는 '달자(獺子)'라고 불리는 여진족 출신 투항자들로 구성된 부류도 있었다. 북병들은 성질이 난폭하고 조선 백성들에 대한 횡포와 약탈이 극심하여 그들이 지나는 곳은 비어버린다고 할 지경이었다.[55]

또 남병과 북병 사이에는 알력이 있어서 쉽게 화합하지 못하였는데 실제 남병 계통의 황응양 등은 제독 이여송을 비난하여 그가 요동인이기 때문에 살육을 즐긴다고 매도할 정도였다. 북병 가운데서도 달자들은, 조선인을 만나면 목을 벤 뒤 머리털을 깎아 일본군의 수급인 양 가장한다고 할 정도로 악명이 높았다. 군량을 분급받을 때에도 남병은 군기를 유지하여 난잡하지 않았지만, 북병은 그렇지 못하여 폐단이 극심하다는 평가가 나오고 있었다. 또 당시 북병은 기마병이 대부분이므로 조선 조정의 입장에서는 군량 이외에 마초와 콩(豆)까지 공급해야 했기에 그 지공 과정에서 남병에 비해 훨씬 부담을 느꼈다. 이 때문에 조선 조정은, 북병을 민폐만 끼칠 뿐 실제 전투에는 아무런 도움이 되지 못하는 백해무익한 존재로 여기게 되었고 이후 명에 증원군을 요청할 때 주로 남병을 보내달라고 했던 것이다.[56]

그리하여 명군 가운데 남군에 대한 조선의 호감과 관심은 여기에 그치지 않았다. 1월 평양 전투 당시 명군이 각종 화포를 사용하여 일본군을 제압하고, 평양성을 탈환하는 장면을 직접 목도하면서 조선의 군신들은 명군의 화포를 상당히 경이롭게 생각하였다. 명군 지휘부도 자신들이 보유한 화포를 '신기(神器)'라고 부를 정도로 자부심을 갖고 있었다. 조선 조정은

---

52) 유성룡, 앞의 책, 240쪽.
53) 그에 앞서 평양 승전 직후, 전공을 보고하는 과정에서 표출된 남군과 북군의 갈등 및 李如松의 편파성에 대해 『연려실기술』은 다음과 같이 기록하고 있다. "그때 제독이 거느린 남군과 북군이 공을 다투는데 제독은 북군 편을 들어 우리나라로 하여금 '황제에게 올리는 글에 잘못이 없게 하라.'고 하였다. 임금이 이호민에게 명하여 글을 짓게 하였더니 호민이 밤에 글의 초를 잡았는데 양편을 모두 추켜 올려서 부족한 말이 없었으므로 남군·북군의 장수가 모두 좋아하였다."(『국역 연려실기술』 Ⅳ, 134쪽)
54) "명군이 조선 백성들에게 자행했던 민폐가 본격적으로 문제가 되기 시작했던 것은 1593년 1월 평양전투 이후부터였다."(한명기, 앞의 책, 127쪽)
55) 한명기, 앞의 책, 129~130쪽.
56) 위의 책, 130쪽.

명의 남군들이 검술과 화기술에 능하다는 것에 주목하고[57] 그 뒤 1594년 1월 남군 지휘관인 낙상지(駱尙志) 등에게 창검과 화기를 다루는 데 능한 병사들을 조선에 남겨두고 그들을 통해 기술을 전수해달다고 간청하기까지 했다.[58]

수많은 민간인들도 전란과 기근의 위협으로 인해 명군 진영으로 투탁하여 목숨을 연명했다. 명군의 보급상황은 비교적 좋았기 때문에 그들 진영으로 투탁할 경우 최악의 굶주림은 면할 수 있었다고 한다. 일예로 왜군이 서울에서 물러난 이후인 1593년 8월, 민정을 살피기 위해 서울에 왔던 김우옹(金宇顒, 1540~1603)에 의하면 당시 도성에 남아 있던 조선인 생존자들은 명군에게 의지하거나 구걸하여 목숨을 이어가는 형편이었다고 한다. 또 각지에 주둔하고 있던 명군 지휘관들 가운데는 진제장(賑濟場)을 설치하여 기민들을 구휼하는 경우도 있었기 때문에 명군의 주둔지 부근에는 자연히 조선 사람들이 몰려들고 있었다. 명군 진영 가운데서도 유달리 조선인 투탁자가 많았던 곳은 사천병(四川兵)을 이끌고 있었던 남군의 장수 유정(劉綎)의 진영이었다.[59]

무엇보다 계사년 봄 당시 개성에 주둔하고 있던 것이 '남군'이었다는 역사적 사실은 <주생전> 창작배경을 이해하는 데 특기할 만한 것이다. 그리고 남군이 주로 절강(江浙)의 병사로 구성되어 있었고 또한 사천(四川)의 병사들[60]도 있었던 것을 통해 볼 때, <주생전>의 주인공 주생이 전당 출신이었지만 아버지를 따라 촉주로 가서 사천지역에서 성장한 후 강남의 소항(蘇杭)지역에 머물다가 군사로 뽑혀 조선으로 향한다는 것도 단순히 작가의 상상에 의한 완전한 허구가 아님을 알 수 있다.

또한 참전 초기부터 명군 가운데 대오 이탈자, 도망자들이 속출했다는 사실도 주목할 만하다.

> 이미 조선 진입 초부터 송응창 등 명군 지휘부는 군병이나 가정들이 함부로 대오를 이탈하여 명으로 돌아가거나 사사로이 왕래하는 것 때문에 부심하고 있었다. 이에 공무 이외의 일로 왕래하는 것을 막기 위해 압록강 등지에서 검문을 강화하는 등의 조처를 취한 바 있었다. 그러나 도망병의 숫자는 줄어들지 않았던 것으로 보이는데 이후에는 진영을 이탈하여 조선 민간으로 잠적해버리는 병사들이 늘어났다.[61]

---

57) 평양전투에서 척계광의 전술을 쓰는 절강성의 남병이 주력으로 앞장서 왜군을 격퇴시켰다. 척계광은 조총이나 화포로 무장하면서 두터운 솜옷을 방탄복으로 개발하여 사상자를 줄이고 근접전에서 단병 무기를 제압할 수 있도록 방패와 낭선(狼筅)을 개발하고 새 편대를 도입하여 왜구를 제압하였다. 이 병법을 절강병법 또는 척계광병법이라고 일컬었다.(이성무 외 편, 앞의 책, 186쪽)

58) 한명기, 앞의 책, 174~176쪽.

59) 위의 책, 145~147쪽.

60) 유성룡은 『懲毖錄』에 四川總兵 劉綎이 福建·西蜀·南蠻 등지에서 모집한 군사 5천 명을 거느렸다고 적었다.(유성룡, 앞의 책, 260쪽)

<주생전>에서 주생이 병을 이유로 대오를 이탈하여 개성 역관에 남아 있었던 것은 당시의 이러한 상황과 부합하는 것이다. 주인공 주생은 남방 출신으로서 명군 가운데 남군에 속한 서기였다. 그는 안주를 거쳐 개성까지 내려왔다가 병으로 인해 더이상 남하하지 못하고 그곳에 잔류하고 있었다. 마침 작가는 1593년 봄 개성에 일이 있어 갔다가 역관에서 주생을 만나 하룻밤을 함께 지내며 필담을 나누었다. 주인공 주생에 대한 작품의 인물 설정은 위에서 살펴본 당시의 실제 전황을 통해 볼 때 대단히 사실적임을 알 수 있다.

그런데 당시 권필은 1592년 4월 임진왜란이 발발하자마자 한갓 포의의 젊은 선비에 지나지 않았음에도 불구하고 친구 구용(具容, 1569~1601)과 함께 즉각 주화론자(主和論者)의 처단을 요구하는 목숨을 건 상소를 올린 것을 확인할 수 있다.[62] 그는 전란의 책임을 물어 일본과의 강화를 주장했던 유성룡과 나랏일을 그르친 이산해를 참하여 백성에게 사죄케 할 것을 주장할 정도로 국가적인 차원에 뛰어들어 적극적으로 대응하였다.[63]

또 그해 여름에 그는 김천일의 의병에 합류하여 임환, 임전 등과 함께 병사(兵事)를 의논하였다.[64] 김천일과 함께 나주에서 거병한 임환(1561~1608)은 권필의 막역한 친구 임탁의 형으로 권필과도 친분이 두터웠는데, 그는 먼저 강화도로 건너가 수백 척의 배와 사공 오백여 명을 준비하여 김천일의 군대가 강화도로 이동할 수 있게 하였다.[65] 임전(1560~1611)은 1593년 1월 평양 탈환에 이어 명군이 개성에 이르렀을 때 서울 탈환작전을 미리 대비하여 지리 형세, 도로 상황, 왜군 진영의 대소 등을 그린 그림을 들고 강화도로부터 개성에 들어가 이여송에게 바치기도 했던 인물이다.[66] 당시 강화도는 서울 탈환과 항전의 전략적 거점이었기 때문에 수많은 의병과 관군이 집결했던 곳이다. 그렇기 때문에 김천일을 비롯한 의병

61) 한명기, 앞의 책, 152쪽.

62) 李肯翊, 『燃藜室記述』 卷15, <선조조고사본말> 임진왜란 임금의 행차가 서도로 파천가다 條. (1592년 4월) 27일에 생원(生員) 구 용(具容)·권 필(權韠)이 소를 올려, “유성룡의 강화(講和)와 이산해가 나라를 그르친 일은 실로 오늘의 진회(秦檜)와 국충이니, 청컨대 베어서 백성을 위안하소서.” 했으나 비답(批答)이 없었다 (『국역 연려실기술』 Ⅳ, 민족문화추진회, 1976, 38~39쪽).

63) 십만양병설을 주장했던 율곡 李珥의 추천을 받아 등용되기도 했던 부친 權擘, 그리고 스승 정철을 통한 학맥과 인맥에 의해 권필은 서인계에 속한 인물이었다는 사실과 연계하여 생각하면 이 상소 사건은 권필이 主戰論에 서 있었음을 시사한다 하겠다.

64) 任錪, 『鳴皐集』 卷10, <鳴皐任先生行狀>에 任錪이 임금이 계신 북으로 향하다가 적에 의해 길이 막혔을 때 마침 김천일의 의병이 호남으로부터 온다는 말을 듣고 연안에서 맞이하여 權韠, 林懽 등과 함께 兵事를 의논하였다는 기록이 있다.(奮然發行 行至牛峰 爲兵戈所阻計 不知所出聞 倡義使金公千鎰 自湖南來 即迎見於延安 與林公懽 金公象乾 李公光宙 權公韠 李公壽俊 李公蘋 兪公大儆 權公向 金公悰 閔公有慶 成公德英 議兵事)

65) 金千鎰, 『健齋集』附錄卷4. 又聞三江避亂船 多聚江都 可令幕士一人 開諭收募 公然其計 使從事林懽 (?)帖先往通諭 …… 從事林懽果得大小船舶數百隻 水手五百餘人回報 公遂移軍江華. 또한 권필의 <四懷詩>(『石洲集』 卷一) 4수 중 세번째 宋耉를 그리며 지은 시에도 “승냥이 호랑이 굴에서 몸을 빼어/ 강화도로 가는 닻줄 함께 매었네(脫身豺虎窟 共繫江都纜)”라는 구절이 있다. 이것은 임진왜란이 발발하자 의병에 참여하여 함께 강화도로 건너갔던 일을 가리킨다.

66) 任錪, 『鳴皐集』 卷10, <鳴皐任先生行狀>. 天將李都督如松到松京 公持一幅圖一卷書往獻 盖備載山川夷險道路遠近 及賊勢緩急虛實者也.

들과 관군들이 1592년 6월에 강화도를 전략적 거점으로 택하여 주둔하자[67] 권필도 그곳으로 가서 합류했던 것이다.[68]

그의 부친 권벽도 국가의 안위를 걱정하며 세자의 분조가 있는 이천 등지를 찾아다니다가 연말에 강화도로 들어갔고, 명군의 참전으로 평양을 탈환하고 전세가 역전되자 곧바로 왕을 배알하기 위해 의주 행재소로 달려가려 했으나 노환으로 가지 못하자 셋째아들 권온을 대신 행재소로 보내어 난국을 극복할 계책을 담은 시무책(時務策)을 올렸다. 이때 정철(鄭澈, 1536~1593)이 추천하여 권온은 의금부 도사(都事)가 되었다.

또한 이 시기에 스승 정철이 사면복권되어 다시 정계에서 활약했던 점도 눈여겨 볼 일이다. 선조는 서울을 버리고 북으로 피난하여 개성에 도착했던 1592년 5월 1일에 그곳 부로(父老)들의 요구에 따라 정철을 사면하고 복권시킨다.[69] 정철은 충청·호남의 도체찰사에 임명되어 그 해 9월 남쪽으로 내려가는 길에 강화도에 잠시 머물며,[70] 왜군에게 점령당한 서울에서 연이어 강화도로 피난해 오는 백성들로 인해 차마 그들을 쉽게 버리고 떠날 수 없음과 그 대책으로 강화도에 중신을 파견할 것을 건의하며 임금에게 보고했다.[71] 앞에서 살펴보았듯이 이때는 권필이 김천일의 의병에 합류하여 강화도에 머물면서 임전, 임환 등과 함께 병사를 의논하던 시기였다. 강화도에서 권필과 정철이 만났다는 기록은 아직 확인되지 않았으나[72] 스승 정철의 복권과 정치활동 재개는 권필의 입신(立身)과 진충보국(盡忠報國)의

67) 조원래, 『임진왜란과 湖南地方의 義兵抗爭』, 아세아문화사, 2003, 123쪽.

68) 김천일은 成渾, 鄭澈 등과 가까운 서인계의 인물이었다. 권벽도 李珥와 함께 서인에 속해 있었다. 당시 의병에 참가한 인사들은 주로 당색에 따라 따로 결집하여 독자적인 활동을 전개했다. 그들은 거리의 원근에 구애되지 않고 학연, 친인척관계를 근간으로 형성된 당색을 중심으로 결집했다. 서울 출신의 권필과 함께 兵事를 의논했던 호남 출신의 임환, 임전, 김상건 등은 정철, 성혼 등의 문인으로서 학연에 의해 모두 서인계에 속한 인물들이었다. 의병지도층의 성분에 관한 자세한 내용은 위의 조원래, 『임진왜란과 湖南地方의 義兵抗爭』을 참고할 수 있다.

69) 『선조수정실록』권25 선조 25년 임진 5월1일. 상이 개성 남문루(南門樓)에 나아가 백성들을 모아 위유하고 유지를 내려 각각 마음에 품은 바를 진술하도록 하였다. 부로(父老)들이 앞으로 나와 정 정승(鄭政丞)을 부르기를 바란다고 말하였는데, 정철(鄭澈)을 가리킨 것이었다. 상이 알았다 하고 즉시 정철을 석방하도록 명하면서 전지를 내리기를, "경(卿)의 충효 대절을 알고 있으니 속히 행재소(行在所)로 오라." 하였다.

70) 참고로, 정철의 작은 아들은 김천일의 사위였다. 즉 두 사람은 사돈 간이었다.

71) 정철이 장계한 내용과 그에 대한 조정의 논의가 『선조실록』에 다음과 같이 기록되어 있다. "두수가 아뢰기를, '정철(鄭澈)의 장계를 보니, 경성(京城)의 인심이 전일에 비할 바가 아니라고 합니다. 흉적에게 극도로 시달려 연이어 도망쳐 나오기 때문에 정철이 쉽게 버리고 떠날 수가 없다고 하였습니다. 다른 대신을 강화에 차송하는 것이 어떻겠습니까?'하니, …(중략)… 충간이 아뢰기를, '강화는 경성과 가까울 뿐만 아니라, 경성 사람들이 작은 거룻배를 타고 밤마다 강화로 나오고 있으니 반드시 중신(重臣)이 진압시킨 뒤라야만 인심을 안정시킬 수 있을 것입니다.' 하고, …(후략)."(『선조실록』권21 선조 25년 임진 10월11일)

72) 실록에는 정철이 강화도에서 손님과 술을 마시다가 김천일에게 책망받았다는 이야기가 있다. "정철이 체찰사가 되어 행조에서 강화부를 들렀을 때에 김천일이 적을 토벌할 계책을 자문 받으려고 방문했는데 정철은 때마침 찾아온 손님과 술을 마시고 있었다. 그러자 김천일이 목을 놓아 통곡하면서 '지금이 어느 때인데 감히 이렇게 하는가!' 하니…."(선조 27년 갑오 3월20일 무술) 평소에 술을 좋아한 것은 정철뿐 아니라 권필도 마찬가지였으므로 두 사람이 만났다면 함께 술을 마셨을 것으로 보인다. 그러나 나라의 운명이 풍전등화와 같던 당시 상황에서 벌어진 이와 같은 불미스런 사건은 정철뿐만 아니라 그와 자리를 같이 했던 사람들에게도 비난의 화살이 돌아갈 수 있는 것이었다. 실록에 기재된 이 사건도 그가 사망

의지에 자극제가 되었을 것이 분명하다.

이러한 사실들과 더불어 염두에 두어야 할 중요한 권필의 행적은 그가 일찍부터 병서를 두루 탐독하며 호기를 자랑했었다는 점이다.

> 五十家 병서를 독파하고
> 젊은 호기를 자랑했네[73)]

훗날인 1596~7년경(28~9세 무렵) 그가 "육도의 기략을 간직했으나 이렇게 늙어감을 어이하리"[74)]라고 하며 탄식한 것에서도 볼 수 있듯이 권필이 일찍이 병법을 통해 입신하려는 뜻을 품고 있었던 사실에 주목할 필요가 있다. 여기에서 '육도(六韜)'는 중국 주(周)나라 태공망(太公望: 본명은 呂尙이며, 姜太公으로 널리 알려짐)이 지은 병법서 『태공육도(太公六韜)』를 가리키는데, 권필은 다른 시에서 "소년 때 지기(志氣)가 장대하여 휘파람 길게 불며 이려(伊呂) 꿈꿨네"[75)]라고 읊은 바 탕(湯) 임금을 도와 걸(桀)을 축출하고 은(殷)나라의 명재상이 된 이윤(伊尹)과, 무왕(武王) 때 주(紂)를 치고 주(周)나라를 세운 공으로 제(齊)에 봉해진 태공망(太公望) 여상(呂尙) 같은 인물이 되기를 바랬던 것이다. 그리고 "성세(聖世)에 전쟁이 일어나서 … 검술은 마침내 믿을 것이 되지 못하고 시명(詩名)은 도리어 부질없음을 깨닫네"[76)] 라고 하면서 일찍이 병법은 익혔지만 전쟁에서 발휘할 기회를 얻지 못한 것을 탄식한 것도 그러한 사실을 뒷받침해 준다. 문범두는 권필의 병법 학습과 관련한 몇몇 시들을 가려 분석하면서 "병술가로서 입신하려 했던 의지의 좌절이 후년의 상실의식으로 표현된 것을 통해서 젊은 시절의 바램을 간접적으로 확인할 수 있다."고 지적했다.[77)]

임진왜란 초기 권필의 병법에 대한 관심과 관련하여 특기할 만한 것은 권필이 『악기탁약』이라는 병법서에 부친 序(<각악기탁약서>)[78)]와 題(<제악기탁약후>)[79)]의 내용이다. 특히 <각악기탁약서>에는 임진·계사 무렵, 병법을 통한 입신·입공(立身·立功)에 대한 권필의 관심이 잘 드러나 있다.

직후에 탄핵을 받아 관작이 삭탈되기 직전의 기록이다. 그 무렵 김천일은 진주성전투에서 사망(1593년 6월)한 후 충절의 인물로 평가받은 반면에 정철은 사망(1593년 12월) 직후인 1594년 6월에 탄핵을 받아 관작을 삭탈당했다가 1624년에야 복구되었다. 그리고 1691년에 다시 관작을 추탈당했다가 1694년에 복구되었다. 정철의 행적에 대한 평가가 사후에도 100년 동안이나 두고두고 정치적인 문제가 되었음을 보여준다. 따라서 정철과 함께 했던 사람들의 후손조차도 비난의 소지가 될 수 있는 강화도에서의 만남에 대한 기록을 남길 수는 없었을 것이다.

73) 『石洲集』 卷7, <病中聞夜雨有懷草堂因敍平生二十四首>其二十一. 讀破兵書五十家 少年豪氣向人誇.
74) 『石洲集』 卷8, <數詩 夜坐詠懷>. 六韜抱奇策, 奈此雙髮凋.
75) 『石洲集』 卷1, <述懷>. 少年志氣壯, 長嘯望伊呂.
76) 『石洲別集』 卷1, <送李子敏>. 聖世兵戈起 … 劍術終無賴, 詩名轉覺浮.
77) 文範斗, 『石洲權韠文學의 研究』, 國學資料院, 1996, 143~146쪽.
78) 『石洲別集』 卷2.
79) 『石洲外集』 卷1.

> 시안(始安) 사람 서제경(徐際卿)은 기걸찬 선비니, 비록 궁한 근심 속에 있으면서도 천하의 일로 자임하였다. 일찍이 왜노(倭奴)가 마구 날뛰어 왕사(王師)가 패배한 것을 분하게 여겨, 고금 병가(兵家)의 설을 다 모아서, 중간중간에 자기의 뜻으로 지어 한 권의 책을 만들어, 제목을 『악기탁약』이라고 했다. …… 나는 궁벽한 땅에 태어나, 제경과 더불어 눈썹을 날리고 기운을 토해내며 검을 말하고 병법을 말함을 얻지 못함을 안타까워 하였으므로, 이 책에 이름 싣는 것을 영광으로 여긴다.80)

여기에서 권필은 전쟁터에 뛰어들어 눈썹을 날리고 기운을 토해내며, 검술과 병법을 발휘할 기회를 얻지 못함을 한스럽게 여기고 있다. <각악기탁약서>에 따르면 『악기탁약』은 명군의 좌협부총 이방춘이 1592년 겨울에 지니고 온 것을 임환이 입수하여 1593년에 印刊한 병법서이다. 그 무렵 권필은 임환의 군영에 머물러 있다가 그의 부탁을 받고 이 글을 쓴다고 했다.81)

앞에서 언급했듯이 임환은 김천일의 의병에 가담하여 임진년 여름에는 권필과 함께 병사를 의논했던 인물이다. 김천일은 강화도 장기 주둔에 반대하는 여론과 선조의 교지 때문에 정병 수백을 뽑아 임환으로 하여금 전라관찰사 권율의 군진에 합세토록 했다.82) 이것은 1592년의 일이다. 실록에는 그 해 12월에,

> 경성의 적이 진을 나누어 군사를 출동시켜 왕래하면서 도전(挑戰)하였으나 권율은 성곽을 튼튼히 지키고 응하지 않으니 적이 군영을 태우고 퇴각하였다. 권율이 가끔 날랜 군사를 출동시켜 낙후한 적을 습격하자 기내(畿內)에 주둔했던 적이 모두 경성으로 들어갔다. 이로부터 서로(西路)에 행인이 다닐 수 있게 되어 여러 의병들이 차례로 경기 지역에 진출하여 주둔하면서 중국 군사를 기다렸다.

라는 기록이 보인다.83) 이로 미루어 보건대, 임환이 명군의 좌협부총 이방춘으로부터 이 병법서를 입수한 것은, 평양 탈환(1593년 1월)에 이은 벽제 패배로 인한 명군의 전의 상실이라는 대반전 직후에 조선군이 독자적으로 성취한 행주대첩(2월 12일)으로 권율이 명군에게 주목받던 시기에 그가 권율의 막하에 있던 때일 것으로 추정할 수 있다.84)

---

80) 始安徐際卿, 奇偉士也. 雖在窮愁中, 而以天下事自任. 嘗憤倭奴陸梁, 王師暴露, 於是悉取古今兵家者說, 間以己意, 作爲一書, 目曰握機槖籥. …… 余竊恨生也僻, 不得與際卿揚眉吐氣說劒譚兵, 而竊以載名是書爲榮.

81) 『石洲別集』 卷2, <刻握機槖籥序>. 去年冬, 左協副揔李公芳春, 承聖天子威命, 仗兵而東, 以是書自隨, 豈所謂能用之者耶. 昭義將林君懽, 見而悅之, 乃鳩工鋟梓, 三閱月而訖其功. 時余以客遊于林君, 一日君出是書, 且屬以序.

82) 『健齋集』, <年譜> 萬曆20年. 備邊司以京城未復 促先生出陸擊倭 又承有旨曰 江華非進取之地 斯速觀陸 先生郎抄精兵數百 使從事林懽 領赴全羅觀察使權慄陣 合勢進取.

83) 『선조수정실록』 권25 선조 25년 임진 12월1일.

권필이 임환의 군영에 머물며 지은 시에서도 병법을 통해 공을 세울 수 있는 기회가 주어지지 않음을 한탄하는 구절을 볼 수 있다.

화각 소리에 일만 부뚜막 밥 짓는 연기 일고
가로 펼친 雲鳥陣(『六韜三略』에 나오는 진법의 일종——인용자) 산천 눌렀네.
붉은 빛이 땅에 서림은 창이 해를 손짓해 부름이요
흰 기운이 허공에 가득함은 칼이 하늘로 향함 같네.
祖生의 채찍 잡기 전에 이 몸 이미 늙었고
班超의 붓 던지려 해도 그 뜻은 망연하네.
가련한 옥장에서의 가을 밤 꿈은
서강으로 뒤돌아 옛 낚싯배에 맴돌리라.[85)]

여기에서 '조생(祖生)의 채찍을 잡는다'는 것은 전쟁터에서 지휘관으로 나가는 것을 말하고, '반초(班超)의 붓을 던진다'는 것 역시 붓을 내던지고 변방으로 나가 입신하는 것을 가리킨다. 그러나 이 시에서 권필은 그러한 기회를 만나지 못한 채 세월만 허송하고 있음을 한탄하고 있다.

이와 같은 사실들은 권필이 최소한 전쟁 초기인 임진년과 계사년 무렵에는 병법을 통한 구국과 입신의 의지를 품고 있었다는 것을 보여준다. "대장부가 세상에 나매 공맹을 본받지 못하면 차라리 병법을 외워 대장인을 요하에 빗겨 차고 동정서벌하여 국가의 대공을 세우고 이름을 만대에 빛냄이 장부의 쾌사라."[86)]는 인식은 조선 사대부층의 공통된 인식이었다.[87)] 젊은 시절의 권필도 예외가 아니었다.

---

84) 李如松을 위시한 명의 주력부대가 철수한 것은 1593년 8월이므로 李如松과 함께 북군에 속해 있던 李芳春으로부터 임환이 이 책을 입수한 시기는 아무리 늦게 잡아도 북군이 철수한 8월 이전일 것이다. 따라서 이것을 근거로 하면 권필이 임환의 군영에 머물며 병법서 인간에 관여한 시기는 계사년(1593) 봄~여름 어간임을 짐작할 수 있다. 그런데 이 때는 바로 권필이 강화도와 개성을 오가던 무렵이고 <周生傳>을 창작한 시기이기도 하다. 이러한 정황은 <周生傳>의 창작이 현실과 괴리된 것이 아닐 가능성에 대한 확신을 더해주는데 다음 절에서 이를 구체적으로 논의할 것이다.

85) 『石洲集』 卷4, <題林子中陣中>. 畫角吹開萬竈煙 陣橫雲鳥壓山川 赤光在地戈麾日 白氣漫空劒倚天 未着祖鞭吾老矣 欲投班筆意茫然 可憐玉帳秋宵夢 還繞西江舊釣船.

86) <洪吉童傳>(京板24張本), 鄭夏英 編, 『韓國古代小說選讀』, 集文堂, 1992, 17쪽을 현대적 표기로 바꾼 것이다.

87) 허균을 가르치고 큰 영향을 준 것으로 알려진 형 許篈(1551~1588)은 18세에 生員試에 장원급제하고 22세 때인 선조5년(1572)에 丙科로 등재하였다. 그런데 『國朝榜目』에는 그가 이미 선조1년(1568)에 武科에도 급제했던 것으로 나와 있다.(윤남한, 「조천기 해제」, 『국역 연행록선집』 I, 민족문화추진회, 1976, 241쪽 참조)

> 아득한 남쪽 길 가는 그대 전송하노니
> 元帥의 군영은 땅 끝머리에 임해 있도다.
> 사나이는 반드시 천하를 위해 쓰여야 하는데
> 兵家는 모름지기 幕中의 계책에 기대는 법이로다.
> 시 짓는 野館에는 매화꽃 따사롭고
> 뿔나팔 소리 그친 수레문에는 바다 기운 가지런하도다.
> 儒冠을 벗어던지기도 전에 나는 이미 늙어
> 봄바람에 고개 돌려 庾公의 누각 회상하도다.[88]

통제사의 군영 막하로 가는 임자신(林子愼)을 전송하며 지은 이 시에서 권필은 사내대장부는 모름지기 천하를 위해 쓰임 받아야 하는데 그 중에서도 병법을 발휘함이 중요하다는 것과 그럼에도 불구하고 자신은 유자(孺子)의 관(冠)을 던져버리고 전장에 뛰어들어 병법을 발휘할 기회를 얻지 못한 채 늙어감을 한스럽게 여기고 있음을 볼 수 있다.

위와 같은 사실들을 통해 보건대, 권필은 학습기에 문장을 연마했을 뿐 아니라 병법도 두루 섭렵했음을 분명히 알 수 있다. 문범두는 "이미 석주가 이른 시기부터 병법에 관심을 가졌던 사실은 … 出仕에 대비하여 그릇을 키우려는 의도였을 것이다."라고 지적했다.[89]

임진왜란 당시 명나라 관인들은 풍전등화와 같은 조선의 현실을 상당히 의아하게 생각했다. 1593년 당시만 하더라도 명나라 관인들에게는 조선이 과거 고구려 시절 수당(隋唐)이 천하의 국력을 기울여 도모했음에도 끝내 굴복시키지 못할 만큼 강국이었다는 인식이 잔존해 있었기 때문이다.[90] 그리하여 참전 초기부터 명군 지휘부는 조선이 임진왜란에서와 같은 위기를 초래할 정도로 쇄약해진 원인을 찾으려고 노력하였다.

명나라 관인들이 조선의 약점으로 무엇보다 먼저 지적한 것은 '文弱'이었다.

> 당시 상당수의 명군 지휘관과 관인들은, 조선이 전란을 맞게 된 원인으로 시부(詩賦)만 숭상하고 무비(武備)를 방기했다는 것을 들었다. 평양전투 직후 선조를 만난 정문빈(鄭文彬), 여응종(呂應鐘) 등 명 관인들은 조선의 문약함을 지적한 뒤 전쟁을

---

88) 『石洲集』 卷4, <送林子愼赴統制幕>. 送君南去路悠悠 元帥營臨地盡頭 男子要爲天下用 兵家須仗幕中籌 詩成野館梅花暖 角罷轅門海氣收 未脫儒冠吾已老 春風回首庾公樓.

89) 文範斗, 앞의 책, 143쪽.

90) 談遷, 『國榷』 卷76 神宗萬曆 21년 1월 甲戌. 談遷日 隋唐傾天下之力以事高麗 始而銳 終而怯 闕功不揚. (한명기, 앞의 책, 157쪽 재인용)

끝내기 위해 강화론이 불가피하다고 역설하였다.(『선조실록』권36 선조26년 3월 을축) 이어 宋應昌은 선조에게 보낸 자문에서, 조선 관인들이 시나 읊조리고 기생을 끼고 앉아 국사를 팽개쳐두고 있다고 비난한 뒤 통렬히 각성할 것과 무비를 갖출 것을 종용한 바 있었다.(宋應昌, 『經略復國要編』 卷8 「移朝鮮國王咨」 4월4일)[91]

임진왜란 초기부터 명나라 관인들은 조선의 文弱을 비판하며 무비(武備)를 강조했던 것이다. 이에 선조는 1593년 4월, 과거(科擧)에서 문과(文科)의 시취를 잠정적으로 중단하고 무과(武科)만을 시취하라고 지시하였다.[92] 또한 임진왜란 당시 조선 조정은 항전을 독려하기 위해 무공을 세운 자에게 신분상승의 길을 활짝 열어놓은 상태였다.[93]

권필은 1587년 19세의 나이로 과거의 초시(初試)에서 장원으로 발해(發解)하였고, 복시(覆試에)서도 장원을 하였으나 한 글자를 잘못 쓴 것이 발견되어 출방된 뒤로 다른 길을 모색하고 있던 차에 임진왜란을 겪게 된 것이다. 조선에서는 왜란을 겪으면서 무비(武備), 무학(武學)에 대한 관심이 높아지고 상무(尙武)적인 분위기가 퍼져갔다. 그 당시 권필도 이 점을 간파하고 다음과 같이 시에 적었다.

조정이 文治를 숭상하여
병기를 오랫동안 여미지 않아
왕업이 돌연 조화를 잃고
생선 익히다 익힘이 지나쳐버렸네
(중략)
전쟁과 재난이 어느 시댄들 없을까마는
옛적에 비해 지금이 더욱 극심하도다[94]

---

91) 한명기, 앞의 책, 158쪽 재인용.
92) 위의 책, 172쪽.
93) "그때 전쟁이 일어난 지 1년 만에 나라의 비용이 모두 없어졌으므로 하는 수 없이 매관(賣官)하는 것을 허락하였는데, 곡식 백 석이면 3품 벼슬이 되고, 30석이면 5품 벼슬이 되고, 계사·갑오년에 와서는 1, 20석이면 가선(嘉善)·당상에까지 오를 수 있었으나 원하는 사람이 없었다. (중략) 계사년에 비국(備局)의 건의에 따라 철전(鐵箭)을 시험보였는데, 다섯 살[矢]에 한 번 맞히는 자는 그 뒤에 대오(隊伍)를 편성하고 영남에 가서 종군(從軍)하게 하며 왜적의 수급(首級) 하나를 베어오면 곧 과거를 허락하였으니, 이른 바 머리 벤 급제라는 것이다. 이 뒤로부터는 굶주린 백성 중에 그 머리를 보전하지 못한 자가 많았다. 모두 머리 털을 깎아서 <왜적의> 수급을 만들었으니 비록 진짜 왜적의 왼쪽 귀 벤 것을 바친 자라도 많이 다른 사람에게 사서 올렸던 것인데, 혹 값을 다투어서 서로 송사하면서도 1,2품의 관질(官秩)에 오른 자도 있었다."(『국역 연려실기술』 Ⅳ, 349~341쪽).
94) 『石洲集』 卷1, <四懷詩>其二. 聖朝尙文治 金革久不衽 調鼎忽違和 烹鮮俄失飪 … 喪亂何代無 比古今更甚.

또한 당시 조선 조정은 명군 지휘관들에게 조선 신료들을 한 사람씩 접반관 명목으로 붙여주었는데 이들은 명군의 위세를 배경으로 일정의 권력을 행사하였다.[95] 실제로 권필의 지인 중에서 임환은 남군의 장수 오종도의 접반관 직을 맡은 바 있다.[96] 전쟁은 불행이지만 그동안 병서를 두루 탐독하고 검술을 익혀 출사에 대비하고 있던 권필에게는 자신의 능력을 발휘하여 구국(救國)함으로써 효충보국(效忠報國)할 수 있는 기회이기도 했던 것이다.

오랑캐 막던 위엄 꺾이어
蜀으로 가 난리 피한 唐의 자취를 밟았네
報國의 충심 일생토록 품었으니
근심은 번데기가 실을 뽑듯 하여
그대와 함께 宮門에서 부르짖으니
목숨은 깃털처럼 가벼웠네[97]

이제껏 斬郅劍을 받들고
의기만 공연스레 늠름했네[98]

평소 익힌 兵法으로
임금의 원수를 대적하기 원했도다
(그러나) 원대한 계책 문득 수렁에 던져져
웅장한 뜻 분을 삭이며 속앓이만 하네[99]

---

95) 한명기, 앞의 책, 147쪽.

96) 임환이 吳宗道의 접반관이었던 것에 관하여 『湖南節義錄』과 『宣祖實錄』 등을 통해 정유재란 무렵의 접반 사실이 확인되었다. 吳宗道는 1593년 1월 23일에 조선에 와서 선조를 배알했다. 이항복의 『白沙集』에 따르면, 그해 4월 무렵에 吳宗道는 임환과 만나 함께 경상도로 향해 출정했다.

97) 『石洲集』 卷1, <四懷詩>其四. 防胡挫漢威 幸蜀蹋唐蹤 平生報國心 愁緖類抽蛹 與子叫天閽 性命輕一毫毛.

98) 『石洲集』 卷1, <四懷詩>其二. 平生斬郅劍 意氣空凜凜. 여기서 참질검은 오랑캐의 목을 베던 칼을 가리키는데, 이것은 杜甫의 시 <奉贈薛十二丈判官見贈>에서 "누가 참질검을 무겁다 하리, 임금께 바쳐도 듣지 않네.(雖重斬郅劍 致君君未聽)"에 나온다. 이 전고에 대한 풀이는 정민이 번역한 『석주집』(태학사, 2009) 62쪽의 각주에서 가져왔다.

99) 『石洲集』 卷1, <四懷詩>其一. 平生十三篇 願敵王所愾 長策歘差池 壯志懷憤悱. 여기서 十三篇은 『孫子兵法』이 열세 편으로 되어 있어 이른 말이므로 병법을 가리킨다.
그 외에, 본고에 언급되지 않은 병법과 관련된 권필의 시 <讀兵書有感>, <偶作>, <醉吟>, <贈高陽品官> 등이 『石洲別集』에 실려 있다. 宋時烈(1607~1689)의 <石洲別集跋>에 의하면, 『石洲別集』은 원집에서 빠진 詩 6백여 수와 文 약간 편 가운데 송시열이 1백여 수만을 가려뽑은 것인데, 나머지 수록하지 않은 약 5백 편의 시문은 대개 젊은 시절에 지은 작품들이라고 했다. 송시열은 권필의 성리학적 면모를 강조하려는 의도에서 선별하였으니, 이로 보아 권필이 젊은 시절에 병법을 익혔던 것과 관련된 시들은 훨씬 더 많았을 것이다.

이상에서 살펴본 대로 현재까지 확인된 자료에 의하면, 일찍이 병서를 두루 탐독했던 권필은 전쟁이 발발하자마자 주화론자의 처단을 요구하는 목숨을 건 상소를 올리는가 하면 의병에 참가하여 병사를 논하는 등 적극적으로 대응하였다. 그가 강화도에 머문 것도 단순히 피난생활을 위해서가 아니라 그곳이 임진왜란 당시 항전의 최대 거점이었고 의병이 집결된 곳이었기 때문에 의병활동에 참가하기 위해서였음이 분명하다.100) 또 그는 1593년에는 임환의 진영에 머물며 병법서의 인간에도 관여했다.

그렇다면 이러한 사실들을 통해 볼 때, 권필이 계사년(1593) 봄에 개성을 오갔던 것도 그곳이 평양 수복 이후 서울 탈환을 앞둔 상황에서 명군의 전진(前陣)이 주둔하고 있던 곳이기 때문이었다고 봄이 타당하다. 이 시기에 명군은 작전 방향을 전환하여 왜군에 대한 공격을 포기한 채 강화교섭을 진행하고 있었던 반면 조선의 관군과 의병은 행주대첩 등으로 사기가 진작되고 전의에 불타고 있어 왜군과의 전투를 주장하고 있었다. 앞에서 언급한 유성룡의 제의처럼 당시 조선은 명군의 소극적 태도에 불만을 품고 명군에게 연합작전을 펼칠 것을 강력하게 요구하던 때였다. 다시 말해서 <주생전>이 창작된 계사년 중하까지 권필이 강화도, 개성 등지를 오간 것은 단순히 난리를 피해 피난지를 전전하거나 가족들의 안위를 돌보기 위해서가 아니라 구국의 차원에서였을 가능성이 높다는 것이다. <주생전>의 계사년 중하 창작을 이해하는 데에는 바로 이 점이 중요하다.

그가 강화도와 개성을 오가며 구체적으로 어떤 활동을 펼쳤는지는 사료의 부족으로 인해 세밀히 고증하기는 어려운 상황이다.101) 하지만 분명한 것은 그의 이동경로가 모두 의병과

---

100) 임진왜란 초기 강화도의 군사지리적 중요성과 역할에 관하여는 조원래, 『새로운 觀點의 임진왜란사 硏究』에 자세한 논의가 있다. 1592년 4월 30일 선조가 서울을 버리자 5월 3일 왜군은 서울에 무혈입성하였다. 이에 서울사람들의 강화도 피난행렬이 줄을 이었다. 강화도는 바닷길이 사방으로 통하여 위급한 상황이 닥치더라도 곧장 다른 곳으로 옮겨갈 수 있다는 점에서 수도권에서는 피난의 최적지로 간주된 지역이었다. 뿐만 아니라 강화도는 서울 탈환의 전진기지로서 특히 중시된 군사적 요충이었다. 5월 16일 나주에서 기병한 김천일은 서울 수복을 목표로 6월 3일 북상하면서 여러 의병부대와 연합하여 대부대를 이룬 다음 7월부터 강화도에 주둔하였다. 강화도는 서울에서 가깝고, 아래로는 세 道에서 각종 물자들을 운반해 올 수 있고, 위로는 명나라의 도움을 얻을 수도 있는 위치에 있었다. 이러한 군사지리적 중요성 때문에 그 해 10월 윤두수, 이항복 등의 대신들은 의주의 행궁을 강화로 옮겨야 한다고 주장하기까지 했다. 무엇보다 중요한 사실은 "창의사 김천일군이 임진왜란 초 강화지역을 지키고 있었기에 충청·전라·평안·황해 4도가 행재소와 서로 통할 수 있었으며, 그 지역의 백성들을 안도시켜 국가의 맥을 유지할 수 있었다는 점이다."(조원래, 앞의 책, 106~116쪽)

101) 참고로, 김천일의 진중에 있던 李藎忠이란 사람은 자청하여 1593년 봄 당시 왜군 점령하에 있던 서울로 잠입해 들어가 적군의 정세를 탐지하고, 잡혀있던 두 왕자와 신하들을 만나보고 돌아와 왜군이 강화할 의사가 있다고 보고하였다. 이 내용은 다시 김천일을 통해 당시 동파에 머물고 있던 유성룡에게 보고되었다(유성룡, 앞의 책, 243쪽). 이는 앞서 김천일 진중의 任鋏이 서울 탈환을 대비하여 지도와 적군의 배치상황을 李如松에게 보고했던 일과 더불어 당시 김천일의 의병에 참여했던 인사들이 김천일의 진영이 있던 강화로부터 개성, 서울 등지를 오가며 활동했던 활약상을 보여주는 사례들이라 할 수 있다. 또한 계사년 당시 명나라 군사에게 支供하는 데 소용되는 양식과 반찬을 운반하는 과정에서 "생원·진사와 선비들을 감관(監官)·감공(監供)에 충수(充數)하였는데 다른 道도 모두 그러하였다."는 『연려실기술』 제17권(『국역 연려실기술』 Ⅳ, 341~342쪽)의 기록으로 보아 권필도 명군의 군량 조달을 감독하는 감관·감공에 충원되었을 가능성이 높다. 이러한 사례들을 통해 볼 때 당시 권필이 명군의 진영을 오가며 활약했을 가능성은 매우 높다고 하겠다.

명군의 전진배치된 핵심 거점들이었다는 점이다.[102] 이것은 그가 단순히 전란을 모면하기 위해 피난지를 전전했던 것이 아니라는 사실, 그리고 무엇보다 그가 결단코 현실에 무관심했던 것이 아니라는 사실을 방증하기에 충분하다. 더 나아가 권필과 함께 병사를 의논했던 임전이 1593년 봄에 강화도로부터 개성의 명군 진영에 이르러 李如松을 만나보고 서울 탈환을 대비한 지도를 바치면서 지역상황, 적정 등을 보고했던 사실은 시사하는 바가 크다. 권필이 임전과 동행했는지는 확인할 수 없다.[103] 그러나 이런 정황으로 미루어볼 때 <주생전> 말미에서 권필이 1593년 봄에 개성을 왕래했다는 것은 충분한 개연성을 확보한다. 나아가 작품 말미에 권필이 개성에 일이 있어 갔다가 '역관(驛館)에서'[104] 묵었다는 것은 사적인 일이 아니라 공적인 일이었음을 시사하는 것이다.

그렇다면 작가가 불의의 전란으로 풍전등화와 같이 위태로운 지경에 빠진 나라를 걱정하며 위험과 수고를 무릅쓰고 조선과 명군의 핵심적 군영을 오가던 그 시기에, 전란에 휘말려 앞날을 기약할 수 없는 그런 긴박한 상황에서 그가, 한가로이 명군의 애정사를 다루고 있는 이런 작품을 왜 지어야만 했는가라는 문제에 답을 해야 할 차례이다.

---

102) 당시 강화도와 개성은 전략적으로 긴밀한 관계에 있었기 때문에 왕래가 빈번했다. 비근한 예로, 군량조달을 들 수 있다. 명군의 조선 주둔에 최대 걸림돌이 된 것은 군량공급이었다. 1593년 봄, 당시 명군은 개성에 주둔한 채 군량공급의 문제를 들어 진군하지 않았고 심지어는 이것을 핑계로 철병을 주장했다. 그런데 그 당시 개성으로 공급된 군량은 강화도를 통해 확보·수송되고 있었다. 『징비록』에는 강화도를 통한 개성으로의 군량조달의 상황이 다음과 같이 기록되어 있다. "대군이 개성부에 도착한 지가 오래되어 군량이 이미 다 없어졌는데, 다만 수로로 조(粟)와 말먹이 풀을 강화도에서 구해왔고, 또 충청도·전라도의 조세로 바쳐진 양곡을 배로 운반했는데, 조금씩 조금씩 도착했으나 오는 대로 곧 떨어져서 형세가 더욱 급해졌다. (중략) 곧 잇달아 군량을 실은 배 수십 척이 강화에서 서강 뒤편에 닿아 가까스로 무사하게 되었다."(유성룡, 앞의 책, 232~233쪽)

103) 임전의 행장에는 평소에 임전과 권필 두 사람이 어디를 가든 함께 행동했다는 일화가 다음과 같이 소개되어 있다. "한번은 권귀가 잔치를 베푸는데 명고와 석주가 없으면 안 된다고 여겼다. 그러나 그들이 오지 않을 것을 두려워하여 속임수를 썼다. 그 아들을 먼저 석주에게 보내서 오기를 청하였는데 석주가 한참만에야 묻기를, 명고는 가는가 안 가는가 했다. 이미 허락했습니다라고 하자 석주는 명고가 가면 나도 갈 것이다라고 했다. 그 아들은 곧 명고에게로 갔는데 명고도 역시 한참만에야 묻기를, 석주는 가는가 안 가는가 했다. 이미 허락했습니다라고 하자 명고는 석주가 가면 나도 갈 것이다 했다. 그날 두 사람이 함께 가서 나란히 앉았을 때에야 속은 줄을 깨닫고는 즉시로 소매를 떨치며 일어나 버렸다(有一權貴設宴以爲不可無鳴皐石洲 而恐不來設詭 使其子先往請石洲 石洲良久日 鳴皐往否 日已諾 石洲日鳴皐往則吾亦往矣 其人轉就公 公亦良久日 石洲往否 日已諾 公日石洲往則吾亦往矣 其日二公共赴聯坐始覺其見欺 則拂袖而起)『鳴皐集』 卷10, <鳴皐任先生行狀>. 이처럼 평소에 두 사람이 의기투합하여 그림자처럼 함께 행동했던 사실에 비추어 본다면 임전의 개성행에 권필도 동행했을 가능성을 완전히 배제할 수는 없을 것이다.

104) 余適以事往松京 遇生於驛館中(박충록 편, 앞의 책, 原文 98쪽).

Ⅱ.

주생전의 이국적 낭만 취향, 진보적 사회의식

어떤 작품이든지 어떤 모양이든지 작가의 의도가 담겨 있기 마련이며, 의미와 지향점을 담고 있기 마련이다. 그렇다면 <주생전>이 담고 있는 의미와 지향점은 무엇일까? 본고에서는 작가 권필의 이국적 낭만 취향이 작품 속에서 어떻게 문학적으로 발현되었는지, 또 세계와의 관계 속에서 작가 권필이 체험한 16세기 사회와 그 체험 세계에 대한 의미론적 시도가 어떻게 작품 속에서 이루어졌는지를 구체적으로 살펴보겠다.

1. 이국적 낭만 취향

<주생전>의 발단부에서 주인공 주생은 어려서부터 총명하여 일찍이 18세에 태학생이 되었으나 과거에 거듭 낙방하자 좌절하고는 과거를 포기한 채 장삿길로 나선다.

> 주생은 어려서부터 총명하고 예지가 있어, 글을 잘 지어 나이 18세에 태학생(太學生)이 되었으니, 동배들의 추앙을 받았고 주생도 스스로 남에게 뒤지지 않는다고 자부했다. 태학에 다닌 지 여러 해 동안 과거에 응시했으나 번번이 낙방을 하자, 주생은 탄식했다. "사람이 이 세상을 살아가는 것이란, 마치 티끌이 연약한 풀잎에 깃들어 있는 것과 같을 뿐이다. 어찌 명예에 얽매여 더러운 속세에 빠져 내 생을 보낼까 보냐." 이때부터 주생은 과거에 대한 뜻을 포기하고 말았다.[1]

오금성의 연구에 의하면, 명나라에서는 관직에 오를 수 있는 길이 대체로 생원(生員), 감생(監生), 거인(擧人) 등 세 가지가 있었다. 생원은 동시(童試; 府·州·縣學의 입학시험)에 합격한

1) 生年少時 聰睿能詩 年十八 入太學 爲儕輩所推仰 生亦自負不淺 在太學數歲 連擧不第 乃喟然歎曰 人生在世間如微塵栖弱草耳 胡乃爲名韁所繫 汨汨塵土中 以終吾生乎 自是遂絶意科擧之業(박충록 편, 『림제 권필 작품집』, 민족출판사, 1987, 원문90쪽)

학생으로, 성적에 따라 국자감(國子監)에 진학할 수도 있고 향시(鄕試)에 응시할 수도 있었다. 그러므로 생원은 학교체계(生員→監生→官僚)와 과거체계(生員→擧人→進士→官僚, 혹은 生員→擧人→官僚)의 제1단계에 위치한 학위소지자였다. 생원은 이미 홍무(洪武)년간(1368~1398)부터 9품관에 준하는 특권을 국가로부터 부여받았다. 감생은 그 자격만 가지고도 입사(入仕)가 가능하였으므로, 명대 중·하급 관료의 과반수가 감생 출신이었다. 또 감생은 홍무 초부터 향시에 응할 수 있었으므로, 명대 진사(進士)의 과반수는 감생 출신이었다. 거인은 향시 합격자로서, 명초부터 그 자격만으로도 입사가 가능했으며 국자감에서의 학업도 가능했다. 이러한 제도로 말미암아 양산된 특권계층이 15세기 중기부터 급증함에 따라 관계진출에서 심각한 적체현상과 경쟁이 발생하기에 이른다.[2)]

15세기 전반까지는 생원의 총수가 6만여 명이었으나, 16세기에 들어 5배 정도로 증가하였다. 그리하여 만력(萬曆)년간(1573~1619)에 이르면, 인구가 조밀하고 경제·문화적으로 선진지대인 소·절(蘇·浙)지방에서는 심한 경우 생원의 수가 국초의 20여 배에 이른 곳도 있었다. 감생은 그 자격만 가지고도 입사(入仕)할 수 있었으므로 생원과는 달리 관직에 한층 접근되어 있었으나 명 중기 이후부터는 입학해서 입사하기까지 20여 년을 기다려야 할 만큼 감생도 옹체되어 있었다.[3)] 거인도 상황은 마찬가지였다. 거인의 회시(會試) 경쟁률은 15세기 중기에 12:1 정도였던 것이 16세기 초에는 15:1로 증가하였다. 15세기 후반부터는 4,000~5,000명 정도의 거인이 입사의 기회를 얻지 못하고 향촌에 정착되었다.[4)] 이상과 같이 미입사 거인, 감생, 생원의 수가 급격히 증가하고 사회에 옹체되어 가던 15세기 중엽을 고비로 하여, 관인을 배출한 가문이 계속해서 관인을 배출하는 경향이 많아졌다. 그 때문에 학위층의 계층상승은 더욱 어려워졌다. 15세기 후반 이후의 명조의 문관 수는 약 2만 5천여 명이었는데, 입사의 기회를 얻지 못하고 향리에 옹체되어 간 학위층은 15세기 전반기에 약 7만여 명이던 것이 16세기 초에는 32만~33만여 명으로 증가하였다.[5)]

주생은 태학생(太學生)이었으므로 감생에 해당하여 본래는 그 자격만으로도 관계로의 진출이 가능했지만 위에서 언급한 바와 같이 주생이 살았던 당시 만력 연간에는 태학, 즉 국자감에 입학하여 입사하기까지 20여 년을 기다려야 할 정도로 감생이 적체되어 있었다. 또한 15세기 중엽 이후에는 기득권을 가진 일부 가문에서 관직을 독점하였기 때문에 실력이 있어도 과거시험에서 합격하지 못하는 자들이 많았다.

---

2) 오금성, 「明·淸時代의 國家權力과 紳士」, 서울大學校東洋史學硏究室 編, 『講座 中國史 Ⅳ』, 지식산업사, 1998, 207~210쪽.
3) 오금성, 『中國近世社會經濟史硏究』, 一潮閣, 1986, 38~50쪽.
4) 오금성, 앞의 「明·淸時代의 國家權力과 紳士」, 210쪽.
5) 오금성, 앞의 『中國近世社會經濟史硏究』, 54쪽.

명·청 시대를 거치면서 우월한 경제력과 지적 환경에 의해 과거합격자를 다수 배출하는 종족이 고정되는 경향을 보이고 있었다. 결국 과거를 통해 사회엘리트를 재생산해내는 성공의 사다리 앞에서 대부분의 중국인이 그 첫 번째 계단에서부터 이미 배제되었던 것이다.[6)]

일부 가문에 의한 관직독점 현상은 조선도 마찬가지였다. 권필의 벗 허균은 <유재론(遺才論)>에서 신분차별과 관련한 관직독점 문제의 심각성을 성토하고 있다.

이조(李朝)에 들어와서는 인재 등용하는 길이 더욱 좁아져, 대대로 벼슬하던 명망 높은 집안이 아니면 높은 벼슬에는 오를 수 없었고, 암혈(巖穴)이나 띠집에 사는 선비라면 비록 기재(奇才)가 있더라도 억울하게 쓰이지 못했다. 과거 출신(科擧出身)이 아니면 높은 지위에 오를 수 없어, 비록 덕업(德業)이 매우 훌륭한 사람도 끝내 경상(卿相: 판서나 정승)에 오르지 못한다. 하늘이 재능을 부여함은 균등한데, 대대로 벼슬하던 집안과 과거 출신으로만 한정하고 있으니 항상 인재가 모자람을 애태움은 당연하리라.[7)]

이와 같은 당시의 明 사회는 주생의 욕망을 좌절시켰고, 당시의 조선 사회는 권필의 욕망을 좌절시켰던 것이다. 이로 인해 권필과 주생은 답답함, 즉 과밀감(過密感)을 느끼고는 광활함과 자유를 찾아 강호를 떠돈다. 작가는 작품 속에서 주생이 배를 타고 강호(江湖) 사이를 오가며 아침에는 오(吳)땅으로 저녁이면 초(楚)땅으로, 오직 마음 내키는 대로 돌아다니는 인물로 형상화해 놓았다. 고립되어 있으면 그 너머에 있는 광대한 공간은 동경의 대상이 된다고 한 이-푸 투안의 지적과 부합함을 볼 수 있다.[8)]

중국을 배경으로 그곳에서 벌어진 중국 사람들의 사랑이야기를 담고 있는 <주생전>은 전당, 촉주, 오, 초, 악양성(동정호), 용금문(서호), 수홍교, 호주 등 중국의 남방을 주요 공간으로 삼아 이야기가 전개된다. 이 광범위한 공간은 남방의 광활한 이미지를 생성하고 있다. 또한 그 광활한 지역이 사통팔달의 수로망으로 연결되어 있어 주인공이 자유롭게 이동하며 노니는 모습을 통해 그 공간은 자유분방한 이미지도 생성한다. 즉, 이 작품에서 남방은 '광활함'과 '자유'의 이미지로 형상화되어 있는 것이다.

뿐만 아니라 이러한 남방의 이미지는 진한 이국적 정서와 맞물려 낭만적 상상을 불러일으킨다. 이-푸 투안은 "해외로의 대탐험을 하면서 유럽인들은 세계의 구석구석에서 이민족

6) 오금성 외, 『명청시대 사회경제사』, 이산, 2008, 30쪽.
7) 許筠, 『(국역)성소부부고』 Ⅱ, 190~191쪽.
8) 이-푸 투안, 구동회·심승희 역, 『공간과 장소』, 대윤, 2005, 94쪽.

들과 이국적인 문화를 발견했을 때, 이민족들을 낭만적으로 묘사하고 그들을 시간의 짐과 부식을 초월한 사람들로 그리는 경향을 보였다."고 언급한 바 있다.[9] 즉, 이국적인 것이 곧 낭만적인 것으로 전이되는 경향을 지적한 것이다. 이것은 작가 권필의 남방에 대한 지리적 지식과 중국인들의 이야기가 낭만적 이미지로 형상화되고, 독자의 상상력을 강화시키는 심리적 과정을 방증한다.

그런데 지형적으로 보면 중국의 남방은 실제적으로는 구릉과 삼림이 많아 광활한 이미지와는 거리가 멀다. 그것은 중원을 중심으로 한 북방의 황토평원 지역이 상대적으로 더 광활하여 개방적인 형태를 띠고 있는 것과는 대비를 이룬다. 중국 북경대학 후자오량(胡兆量)은 남방과 북방의 차이를 열거하면서, 남방은 지형이 복잡하고 강우량이 충분하며 물산이 풍부하다는 자연 환경을 갖고 있어 중원을 벗어나 남방 지역으로 물러나 작은 정부를 세우는 데 만족하려는 심리의 기초가 되었고, 반면에 북방은 지역이 광활하여 대규모 군사 역량을 형성하기에 용이했다고 지적한 바 있다.[10] 따라서 광활함과 자유의 이미지라면 오히려 지평선을 그리며 끝없이 펼쳐진 평원이나 광대한 초원지대로 이루어진 북방이 더 어울릴 법하다.

그렇다면 어떤 경로를 통해서 삼림이 우거진 남방과 광활한 느낌이 연관지어진 것일까. 이에 대해 이-푸 투안은 다음과 같이 언급했다.

> 미국의 경험과는 대조적으로, 중국의 오래된 인구 중심지들은 반습윤하고 반건조한 북부의 비교적 개방된 지역에 위치했었다. 중국인들은 구릉과 삼림이 많은 남부로 이동했다. 중국인들은 삼림이 우거진 남부와 광활한 느낌을 연관지을 수 있었을까? 적어도 그들 중의 일부는 그러했다. 예를 들어 한대(漢代)의 시에는 남부의 황야가 경외롭게 묘사되어 있다. 즉 남부의 황야에서, 북부에서 이주해온 관리들은 안개에 싸인 산과 호수로 이루어진 광대하고 원시적인 세계를 마주했다. 그리하여 자연을 읊은 시와 산수화가 최고로 발전한 것은 바로 남조(South China) 때였다. 시와 회화를 통해 광활한 자연, 즉 변화무쌍한 빛과 무한 속으로 사라지는 첩첩산봉(疊疊山峰)의 세계를 폐쇄된, 형식적인 인간 세계와 대비시켰다.[11]

이-푸 투안에 따르면, "어떤 환경이 누군가에게 자유롭게 움직일 수 있도록 해준다면 그 환경은 광활하다."고 한다.[12] 이러한 환경과 감정의 관계에 대해 그는 두 가지 요인을 꼽는다. 첫째 광활한 느낌은 대조에 의해서 생기는 것이고, 둘째 문화와 경험이 환경의 해석에 큰 영향을 끼친다는 사실이다. 예를 들면, 19세기에 많은 유럽인들이 작은 농장, 밀집된

9) 위의 책, 199쪽.
10) 胡兆量, 김태성 역, 『중국의 문화지리를 읽는다』, 휴머니트스, 2005, 127쪽.
11) 이-푸 투안, 앞의 책, 99쪽.
12) 위의 책, 96쪽.

주거, 오염된 도시를 버리고 신세계의 처녀지로 떠난 것은 보다 자유롭고 보다 광활한 환경에서 기회를 찾으려는 욕망으로 해석할 수 있다. 또한 시골에서 대도시로의 인구이동 역시 신세계로의 이주처럼 과밀함을 피하려는 동기에서 비롯한 것임에 주의할 필요가 있다. 고향마을은 경제적으로 충분한 일자리가 제공되지 않고, 심리적으로 행동에 사회적 제약이 너무 많기 때문에 젊은이들은 고향마을이 혼잡하다고 생각했다. 경제적인 기회의 결핍과 사회적인 자유의 결핍으로 촌락 세계는 비좁고 한정된 것처럼 보였기 때문에 도시의 개방 공간을 향해 떠났던 것이다. 실질적으로는 도시가 고향마을보다 인구가 과밀함에도 불구하고 역설적이게도 기회가 줄고 있는 시골에 비해 도시가 덜 '혼잡하고' 덜 '막힌' 곳처럼 여겨졌다. 이를 통해 보건대, 세계가 우리의 욕망에 부응할 때 세계는 광활하고 친근한 느낌을 주지만, 세계가 우리의 욕망을 좌절시킬 때 세계는 답답한 느낌, 즉 과밀감 혹은 좌절감을 준다고 했다.[13] 이러한 과밀감과 좌절은 앞에서 살핀 바와 같이 <주생전> 내부에도 형상화되어 드러나 있다.

이와 같은 관점에서 본다면 <주생전>에 드러난 남방의 광활함과 자유의 이미지는 작가인 조선 지식인 권필이 느꼈던 과밀감과 좌절에 대조되어 생겨난 것이라고 할 수 있을 것이다. 권필은 1587년 19세(만18세[14])의 나이로 과거의 초시에서 장원으로 발해하였고, 복시에서도 장원을 하였으나 한 글자를 잘못 쓴 것이 발견되어 출방되었다. 또한 동서붕당의 와중에 세자책봉 문제와 관련된 신묘당사(辛卯黨事)로 스승 정철(1536~1593)이 이산해(李山海, 1539~1609)와 김공량(金公諒) 등의 책략에 말려 1591년 3월 좌의정에서 물러나 정치적으로 몰락한 후 그 해 7월에 모함을 받아 귀양을 가는데 이를 계기로 권필은 세상에 뜻을 잃고 일생토록 과거를 포기한 채 강호간(江湖間)을 떠돌며 시와 술로 세월을 보냈다.[15] 과거 실패와 동서붕당의 혼란한 정치로 인해 권필은 조선의 현실에서 과밀감과 좌절을 느꼈던 것이다.

낭만적 상상이 질곡의 현실에서 벗어나려는 꿈꾸기라고 할 때 권필의 일생을 통해 그가 겪어야 했던 엄청난 삶의 질곡은 그의 낭만성을 역설적으로 증폭시켰다고 할 수 있다. 초시와 복시에서 연속으로 장원급제를 했으나 뒤늦게 한 글자를 잘못 쓴 것이 밝혀지면서 자격을 박탈당하고 출세의 길이 막혀버린 충격, 피비린내 나는 당쟁으로 인한 스승 정철의 몰락 등으로 권필은 일찍이 좌절을 맛보았다. 게다가 설상가상으로 밀어닥친 전란(임진왜란)으로 인해 유리하는 중에 가족들이 참변을 당하는 불행을 겪는다.[16] 전쟁의 책임을 물어 유성룡과

13) 위의 책, 97~113쪽.

14) 주생이 태학생이 된 나이도 18세로 설정되어 있다.

15) 정민, 『목릉문단과 석주 권필』, 태학사, 1999, 591~623쪽의 「석주 권필 연보」 참조.

16) 1592년 4월 피난 중에 큰형 權韠의 아들과 딸을 잃었고, 8월 큰 매부 李晟이 둘째 아들 孝曾과 함께 왜적에게 해를 입었다. 1597년 8월 매부 尹軫이 남원성에서 왜적에 맞서 싸우다 순절하고 권필의 누이도 자결한다. 9월 큰처남 宋柁가 왜적에게 죽임을 당했고, 그 아우 宋橚은 일본으로 끌려갔다가 훗날 귀국한다(같은곳 참조).

이산해의 처형을 상소하는 등 현실정치의 무능을 비판하지만 파당과 외척의 횡포는 요지부동이었다. 훗날 결국 그는 문란한 정치를 풍자한 <궁류시(宮柳詩)>(원제는 <문임무숙삭과(聞任茂叔削科)>)[17] 한 수로 인해 비참한 죽음에 이른다.[18]

『연려실기술(練藜室記述)』에는 권필이 "자신도 뻣뻣하여 (세상에) 능히 구차스럽게 합하지 못할 것을 스스로 알았고, 더욱 철이 죽은 뒤에 죄명을 입은 것을 마음 아프게 여겨서 드디어 다시 과거 보지 아니하였다."[19]고 했다. 1587년(19세) 과거시험에서의 합격 취소뿐만 아니라 당시 혼란한 정치와 불의한 현실은 권필로 하여금 환멸과 공분을 쌓게 했던 것이다. 권필의 아버지 권벽은 서인에 속해 있었고 율곡 이이의 천거를 받기도 했다. 그러나 1584년 이이의 사망 이후 동인이 득세하면서 권필이 존경하던 조헌(趙憲)과 정철(鄭澈) 등이 축출되어 귀양가고, 동인의 영수인 이산해가 영의정에 오르는 등 정국이 혼란해짐에 따라 권필은 점차 정치권에 대한 분노와 환멸을 느낄 수밖에 없었다.

조선의 사대부층은 독서를 하면 사(士)로, 벼슬을 하면 대부(大夫)로 일컬어진, 중앙의 관료이면서 지방의 지주였다. 이러한 양면적 생활환경으로 인해 관료로서의 현달을 지향하는 관인형(官人型)과 강호에 묻혀 지내며 은둔을 지향하는 처사형(處士型) 등 삶의 자세에서 크게 두 가지 삶의 유형으로 나뉘는 것이 일반적이었다. 사대부들은 달(達)하면 나아가 취하고, 궁(窮)하면 물러나 안분지족하면서 나아가고 물러남[進退]을 알아 처세함을 미덕으로 여겼던 것이다. 하지만 그 외에도 관인으로 나아가는 것도 탐탁지 않게 여기고 처사적인 규범에 얽매이는 생활도 원치 않았던 방외형(方外型)의 독특한 인물들도 등장했다. 매월당(梅月堂) 김시습(1435~1493)의 경우가 대표적이라 할 수 있는데, 그러한 방외형은 부당한 사회현실에 굴종하거나 체념하지 않고 저항적인 자세를 취했다.[20] 방외인들은 집권층의 불의에 대한 저항과 백성들을 동정하고 옹호는 현실적 입장에서 현실고발과 풍자성이 강한 시문을 창작했다. 특히 김시습은 '방외인 문학'이라는 참신한 문학세계를 창출하여 우리나라 중세기 문학사에 큰 영향을 끼친 것으로 평가받고 있다.[21]

유형적으로 구분하자면 권필도 방외형의 삶을 살았다고 할 수 있다. 『연려실기술』에서도

---

17) 1611(광해3)년 봄 任叔英이 殿試 對策에서 외척의 교만 방자함과 后妃가 정사에 관여함을 공격하였는데 광해군이 이것을 보고 대노하여 삭과를 명하였다. 권필은 그 소식을 듣고 "궁중에 버들 푸르고 꽃이 어지러이 날리니/ 성에 가득한 벼슬아치들 봄볕에 아양떤다/ 조정은 온통 태평의 낙 하례하지만/ 누가 포의 입에서 위태로운 말 나게 했나(宮柳靑靑花亂飛, 滿城冠蓋媚春暉. 朝家共賀昇平樂, 誰遣危言出布衣)"라는 시를 지어 풍자하였다.

18) 1612(광해4)년 봄 대북파가 소북파를 제거하기 위해 일으킨 金直哉의 옥사 때, 연좌된 사람들 집을 수색하다가 趙守倫의 집에서 책 겉장에 <宮柳詩>가 적혀 있는 것을 발견하고 광해군이 권필을 친국하여 혹독한 형벌로 심문하였다. 이항복과 이덕형 등의 끈질긴 간쟁으로 권필은 사형은 면하고 귀양을 가게 됐으나 가혹한 매질로 인해 장독이 솟구쳐 떠나기도 전에 죽고 말았다.

19) 『練藜室記述』 卷19, 「權韠」(『(국역)연려실기술』 Ⅴ, 83쪽) .

20) 임형택, 『한국문학사의 시각』, 창작과비평사, 1984, 64~82쪽 참조.

21) 위의 책, 79쪽.

그 생애의 특징을 다음과 같이 기술하고 있다.

> 자신도 뻣뻣하여 (세상에) 능히 구차스럽게 합하지 못할 것을 스스로 알았고, 더욱 철이 죽은 뒤에 죄명을 입은 것을 마음 아프게 여겨서 드디어 다시 과거 보지 아니하였다. 본래 술을 좋아하였고 호애(湖海)에 방랑하여 놀면서 위태한 말과 과격한 논의를 좋아하였으며 그의 시에 당시 정사를 기동하고 풍자한 것이 많았는데 마침내 이것으로 죽었다.22)

그는 아버지가 사관(史官)을 지냈던 영향 때문인지 일찍부터 역사와 현실에 대한 비판적 인식이 남달랐다. 비근한 예로, 어릴 때의 작품으로는 유일하게 『석주집』에 실린 <구거아(驅車兒)>에도 그의 비판적 기질이 역력히 드러나 있다.

> 덜컹덜컹 터벅터벅 십여 년 세월에
> 아이는 자식 없고 소는 새끼 없네
> 하루아침에 소가 쓰러져 죽고 아이도 죽으면
> 관가는 어디에다 매질할까23)

어린 시절부터 현실의 모순을 직시할 줄 아는 이와 같은 문제의식과 비판적 시각은 장차 그로 하여금 부패한 현실에 아부하거나 안주하지도, 현실을 외면한 채 은둔하지도 못하게 함으로써 방외적 삶을 살 수밖에 없도록 만든 것으로 이해할 수 있다. 또한 권력투쟁의 정치 환경에 대한 환멸 때문이었겠지만, 뛰어난 능력을 갖추었음에도 불구하고 관직에 나아가기를 꺼리며 방외형의 삶을 살았던 그의 형들과 주변인들의 영향도 컸던 것으로 보인다. 권필은 <주사장인전>에서 주사장인을 도를 지녔으면서도 저자거리에 숨어 지내는 '방외에 노니는 자(遊方之外者)'라고 이상시하고 긍정하면서 당시 사회의 주류사상에 대한 자신의 비판을 우언적으로 전개했다.24)

방외형 인물들은 권력과 명예를 놓고 다투는 현실에서 과밀감을 느끼고 자유분방한 삶을

---

22) 『練藜室記述』 卷19, 「權韠」(『(국역)연려실기술』 V, 83~84쪽).

23) 『石洲集』 卷2, <驅車兒(兒時作)>. 驅車兒 三十四十猶總角 有廬不居田不耕 年年伐木在山谷 借問伐木何所用 長安城中起樓閣 樓閣連雲山木盡 官家催促無虛日 城南昨夜飛雨滑 陌上春泥深沒膝 竟日十步五步間 牛飢無草兒不食 兒不食尙可 牛飢恐失足 驅車兒 兒有辭 傍人問之亦悽惻 兒驅牛 牛駕車 牛蹄趵趵車轆轆 轆轆蹄趵十餘歲 兒身無子牛無犢 一朝牛斃兒亦死 官家何處施鞭朴 願將此意叫天閽 及時下令除苦役 兒但與牛相對眠 日長村巷桑麻綠.

24) 『石洲外集』 卷1, <酒肆丈人傳>.

추구했다. 특히 권필이 교류했던 인물 가운데 절친했던 친구 임탁의 형인 백호 임제(1549~1587)는 방외적 삶을 산 인물로 유명하다. 그가 30세가 된 무렵에 문사(文詞)로 이미 세상에 이름이 날로 높아갔는데 그 당시 동서 붕당의 의론이 일어나 선비들은 명예로 다투며 서로 추켜세우고 끌어들이고 하였다. 그러나 그는 자유분방하여 무리에서 초탈한데다 굽혀서 남을 섬기기를 좋아하지 않은 까닭으로 벼슬이 현달하질 못했다고 한다.[25] 그리고 그는 조선땅을 매우 좁게 여겼다.

임백호는 기상이 호방하여 검속당하기를 싫어했다. 병으로 죽음에 당해서 여러 아들들이 슬피 부르짖자 그는 "사해의 여러 나라가 稱帝를 하지 않은 자가 없거늘 유독 우리나라는 영원히 해보지 못했다. 이런 좁은 나라에서 살다 가는데 그 죽음이 어찌 족히 아까울 것이 있겠느냐?"라 말하고 곡을 하지 말도록 명했다. 또한 항상 우스갯소리로 "만약 나로 하여금 五代나 六朝의 때에 태어나도록 했다면 응당 돌림천자(輪遞天子)쯤은 되었을 것이다."고 말했다 한다.[26]

임제는 자신이 만약 중국에 태어났더라면 천자까지도 되었을 것이라면서 자신의 기개를 마음껏 펼치기에는 조선이 비좁아 큰 인물이 되지 못함을 답답하게 여기며 안타까워했던 것이다. 이러한 과밀감은 광활함과 자유를 찾게 만들어 자연스럽게 임제의 시선을 광활한 대륙으로 향하게 했다. 고립되어 있던 그에게 그 너머에 있던 중국이라는 광대한 공간이 동경의 대상이었던 것이다.

조위한도 "우리들이 중국에 태어나지 못한 것이 불행이라 하겠는데, 하물며 행로의 수고로움으로 위대하고 장려한 구경을 폐할 것인가? 이는 우물안 개구리의 소견과 무엇이 다르겠는가."라고 하며 광활함에 대한 강한 동경을 품고 있었다. 중국 행로의 고초를 마다않고 오히려 그것을 놓칠 수 없는 '만리의 장한 구경'이라고 했다. 이에 대해 허균은 "持世(조위한)의 남다른 재주와 아름다운 문장으로는 가영(佳境)을 만나면 붓을 당겨 부(賦)를 지어 빛나는 주옥이 날마다 비단주머니에 가득할 것이니, 어찌 사문(斯文)을 위하여 일대 쾌사가 아니랴."라고 하면서 사신으로 중국에 가는 그를 부러워하며 전송하였다.[27]

허균은 중국 사신을 접빈하는 자리에서 사신이 허균의 시문능력이 훌륭함에도 불구하고 경력과 관직이 한미함에 놀라면서 "아니, 이 사람이 중국에 태어났다면 당연히 承明之廬(승정원)나 金馬之門(홍문관)에 오래 있을 것인데 죄를 짓지 않고서야 어째서 낭서(郎署)나

25) 許穆, <林正郎墓碣文>, 『白湖全集』(林悌, 신호열·임형택 공역, 『(역주)白湖全集』, 창작과비평사, 1997, 946쪽).
26) 林悌, 「遺事」, 『(역주)白湖全集』, 955쪽.
27) 許筠, 『(국역)성소부부고』 Ⅱ, 67~69쪽.

외군(外郡) 사이에서 오가겠는가?"라고 하며 안타까워 한 것을 기록했다. 또한 "요즘 귀국 사대부를 보면 예절이 한아하고 문장이 빼어나니 이들을 중국에 가서 벼슬하게 한다면 어떻게 우리들보다 못할 수 있겠습니까?"라고 한 중국 사신의 말도 빼놓지 않았다.[28] 그리고 조선을 벗어나 중국의 빈공과(賓貢科)에 참여하여 중국 조정의 관리가 되어 자신의 포부를 펼치고 싶은 열망을 다음과 같이 토로했다.

> 우리나라의 공사(貢士)가 중국 조정에서 시행하는 과거에 응시하지 못하게 된 이유는 고려조에서 홍윤(洪倫)이 임금을 시해하고, 김의(金義)가 중국 사신을 죽였기 때문이지, 우리 조선조와는 관련이 없는 것이다. 그러니 이러한 사실을 들어 중국에 요청한다면 중국에서도 들어주지 않을 리가 없는데도, 우리나라 사람들은 옹졸하고 기발한 절조가 없는데다 멀리 나가기를 좋아하기 않기 때문에 지금까지 이런 나쁜 평판을 뒤집어 쓴 채 빈공과(賓貢科)에 참여하지 못하니 매우 유감스러운 일이다. 내가 한번은 낭중(郎中) 가유약(賈維鑰)에게 물었더니, "안남(安南)과 유구(琉球)는 모두 빈공과에 응시한다. 안남 출신 진유(陳儒)는 정덕(正德: 明 武宗의 연호 1506~1521) 연간에 과거에 급제해서 우도어사(右都御史)를 지냈고, 완악(玩鶚)은 가정(嘉靖: 明 世宗의 연호 1522~1566) 연간에 급제해서 공부우시랑(工部右侍郞)이 되었으며, 손응오(孫應鰲)는 본국에서 도망하여 광서(廣西)지방에 살다가 역시 과거에 합격하여 예부시랑(禮部侍郞)이 되었다. 현재에도 거인(擧人)이나 공사(貢士) 출신으로서 주현(州縣)의 관리로 있는 자가 다섯 사람이 있다." 하였다. 이 말을 들으니, 힘이 솟구치는 것 같은 기분이다.[29]

이것은 허균이 그만큼 조선의 현실에서 강한 과밀감을 느끼고 있었음을 웅변하는 것이고, 그와 대조적으로 중국을 기회와 자유의 광활한 공간으로 인식하고 있었음을 적시하는 것이다.

또 허균은 중국 사신 주지번(朱之蕃)이 오망천(吳輞川)을 시켜 중국의 명승을 이십 폭으로 그린 '천고최성(千古最盛)'을 베낀 그림 뒤에 다음과 같이 적었다.

> 도화원(桃花源), 시상(柴桑), 산양(山陽), 산음(山陰), 학림장(鶴林庄), 토원(兎園), 업원(鄴園), 죽루(竹樓), 자릉대(子陵臺), 등왕각(滕王閣), 악양루(岳陽樓), 기부성(夔府城), 촉도(蜀道), 풍락(豊樂), 취옹정(醉翁亭), 적벽(赤壁), 희우정(喜雨亭), 여산(廬山) 등 각처가 모두 그 가운데 있으므로, 대체로 내가 놀아보고 싶었던 것들을 눈을 들어 한번에 다 볼 수가 있으니, 어찌 인간의 일대 유쾌한 일이 아닌가. 내 심히 기뻐서 감상하여 마지않았다. 나는 세상과 뜻이 맞지 않아서 평소, 옷을 훌훌 털고 나와 귀거래사를

---

28) 許筠, 『(국역)성소부부고』 Ⅲ, 30~31쪽.
29) 위의 책, 137쪽.

> 지으려 한 지 이미 오래다. 만일 내 몸이 떠날 수만 있다면 화폭 속의 승사(勝事)를 나도 세속 밖에서 실천할 수 있을 것이니, 내가 어찌 고인(古人)을 부러워하겠는가. 내가 노닐 감호(鑑湖)가 어찌 조대(釣臺)와 난정(蘭亭)보다 못하겠는가. 다만 내 인물이 조대·난정에서 노닐던 몇 사람에게 미치지 못할까 염려될 뿐이다.[30]

허균이 평소에 가보고 싶었던 곳이라 했는데 악양루를 비롯하여 기부성, 촉도 등 그 대부분이 중국 남방에 위치한 명승지들이다. 그는 그러한 명소들을 그림으로 보는 것만으로도 큰 기쁨을 삼았고, 현실에서 벗어나 떠날 수만 있다면 그림 속의 명소들을 직접 찾아가보고 싶다는 강한 열망을 드러냈다. 그렇게만 할 수 있다면 남부러울 것이 없을 거라고 여기며, 자신이 직접 강남지역에 있는 감호(鑑湖)에서 노니는 모습을 상상하고 있음을 드러내고 있다.[31]

임제, 조위한, 허균 등이 지니고 있던 이와 같은 조선 현실에 대한 과밀감과 중국에 대한 선망 및 관심은 그들과 가까이 교유했던 권필에게 있어서도 마찬가지였다. 권필의 방외적 기질은 조선이라는 현실에서 느낀 과밀감에서 촉발된 것이고, 광활함에 대한 동경을 유발하여 중국 대륙에 대한 선망을 조장했다. 그리고 그러한 성향은 <주생전>의 창작에서 이국적 낭만성으로 표출되었다고 할 수 있다.

허균은 『성수시화(惺叟詩話)』에서 명나라 고황제의 미움을 사 대리(大理: 중국 雲南省의 한 지역)로 귀양을 가서 죽은 조선 초의 문인 김구용(金九容, 1338~1384)과 금치(金齒: 오늘날 중국 雲南省 永昌)에 유배당했다가 수년 만에 돌아온 조서(曺庶)의 시를 언급하면서 오히려 그들을 부러워하며 다음과 같이 적고 있다.

> 나는 장부의 몸으로 좁은 땅에 태어나 천하를 유람하지 못함을 한스럽게 여겨왔었는데 두 공(公)은 비록 이방(異方)에 유배되었으나 그래도 오초(吳楚)의 산천을 다 보았으니 참으로 인간의 쾌사라 할 수 있겠다.[32]

30) 許筠, 『(국역)성소부부고』 Ⅱ, 236쪽.

31) 鑑湖는 『剪燈新話』에 나오는 <鑑湖夜泛記>의 배경이기도 하다. 재야에 묻혀 사는 成令言이라는 처사는 명예와 영달에 대한 뜻을 버리고 감호 가에 살았다. 그는 언제나 노도 없고 돛대도 없는 작은 배를 타고 바람 따라 물결 따라 노닐었는데 어느날 바람과 물결에 밀려 팔만 리 밖의 선녀를 만나고 돌아온다. 그 후 그는 오래도록 유람을 하며 종적을 감추었는데 모습이 마치 신선 같았다. 이 <鑑湖夜泛記>는 신선에 관한 이야기로서 허균이 <南宮先生傳>, <張山人傳>, <張生傳> 등 신선전을 국문학사상 처음으로 입전했던 사실에 비추어볼 때 도선사상에 대한 남다른 관심이 그로 하여금 다른 어떤 명승지보다도 '鑑湖'를 선망하고 상상하게 만들었던 것으로 이해된다.

32) 許筠, 『(국역)성소부부고』 Ⅲ, 200~201쪽.

오초(吳楚)의 산천을 둘러보고 싶은 마음이 얼마나 강렬했으면 이처럼 유배 가서 죽은 것마저도 부러워할 일이 되겠는가. 가서 죽어도 좋으니 한번만이라도 가보고 싶다는 의미이다. 이는 당시 조선 지식인들의 중국공간에 대한 의식의 단면을 드러내는 것이기도 하지만 중국 남방에 대한 허균의 열망을 극명하게 보여주는 대목이기도 하다.

이러한 허균 못지않게 권필 역시 중국공간에 대한 강한 열망을 품고 있었다. 강화도에 살던 시절 자신에게 글을 배우고 있던 송희갑(宋希甲)에게 불법적인 월경을 해서라도 중국에 들어가 천하를 두루 둘러볼 것을 권하기까지 하였다. 그 말을 곧이들은 송희갑은 날마다 바다에 들어가 수영연습을 하다가 짠 기운에 몸이 상하여 요절하고 마는 안타까운 사건까지도 벌어졌다.[33]

권필과 허균이 공통적으로 지녔던 중국공간에 대한 이러한 강렬한 의식을 배경으로 <주생전>을 바라볼 때 눈에 띄는 것은 바로 광활한 남방공간과 그곳을 거침없이 활보하며 자유롭게 살아가는 삶에 대한 형상화이다. 아침에는 오 땅, 저녁에는 초 땅으로 마음 내키는 대로 돌아다녔다는 대목, 배를 타고 바람부는 대로 맡겨두면 쏜살같이 내리달아 악양루(동정호)에서 저절로 전당에 이르는 장면 등은 그야말로 꿈에 그리던 이상적인 공간에서의 생활에 대한 장쾌한 묘사가 아닐 수 없다. 광활한 오초의 산천을 자유롭게 넘나드는 장면묘사는 귀양을 가서 죽는 한이 있더라도 한번 가보고 싶어했던 허균과 마찬가지로 제자에게 목숨을 내건 월경을 권유하는 것도 마다하지 않았던 권필의 강렬한 열망을 반영하여 이를 문학적 가상으로 실현하는 표현방식이라 할 수 있다.

한편 <주생전>의 시작을 보면,

> 주생의 이름은 회(檜)이고, 자는 직경(直卿)이며, 호는 매천(梅川)이다. 대대로 전당에서 살았는데, 아버지가 촉주의 별가(別駕)란 벼슬살이를 하면서 촉주에서 살게 되었다.[34]

여기에서 촉주를 비롯한 촉(蜀)지역이 언급된다. 촉지역은 중원과는 이질적인 문화적 토양을 갖고 있었고, 또 한편으로는 비록 양자강 상류에 위치해 있으면서도 높은 산악으로 둘러싸여 지리적으로 중원과 멀리 떨어져 있었기 때문에 중원문화와의 접촉이 이루어진 후에도 일거에 중원문화에 동화되지 않았다. 역대 중원(中原) 왕조들의 통치를 받는 기간에도 상대적으로 예교(禮敎) 문화의 영향을 덜 받아 자유분방한 기질을 갖고 있었다.

---

33) 宋時烈, <與南雲卿>, 『宋子大全』 卷76(정민, 앞의 「석주 관련 1차 자료 모음」, 656~657쪽 참조).
34) 生名檜 字直卿 號梅川 世居錢塘 父爲蜀州別駕 仍家於蜀(박충록 편, 앞의 책, 원문 90쪽).

이와 같은 촉문화의 폐쇄성과 독자성은 풍부한 상상력을 배양시켜 당대의 이태백, 송대의 소동파를 비롯해 역대 수많은 대문호들을 낳았다. 중국문학의 대표적 시인이요 위대한 낭만 시인으로 추앙받는 시선(詩仙) 이백(李白)이 촉땅에서 성장한 것 외에도 타지인이지만 촉땅에 들어가 영감을 받아 훌륭한 시편을 남긴 문호들도 많았다. 대표적인 예가 시성(詩聖) 두보(杜甫)와 만당오대(晩唐五代) 시기의 '화간파(花間派)' 시인들이다.

촉문화와 중국문학 사이의 관계에 있어서 중국문학사에 특기할 만한 기념비적인 사건이 있는데 그것은 바로 중국 최초의 사집(詞集)인 『화간집(花間集)』의 출현이다. 통일과 영토 확장, 그리고 대외개방정책과 문화발전에 큰 성과를 거두었던 당의 멸망(907) 후 편찬된 『화간집』(940)에는 당대의 온정균(溫庭筠), 위장(韋莊) 등을 포함하여 당과 오대 시기에 촉지역에서 관리를 지냈거나 촉과 관계있는 사인 16인의 사 500수가 실려 있다. 그 시인들은 '화간사인(花間詞人)' 혹은 '서촉사인(西蜀詞人)'으로 불리기도 한다. 그들은 여성과 술(酒)에서 개인적 심령의 안위와 만족을 추구하면서 방랑생활을 즐겼다. 『화간집』에 실린 사는 대부분 남녀의 염정(艶情)이나 이별의 슬픔과 원망을 중심적인 제재로 삼고 있다. 서촉사인들은 남녀의 애정를 묘사할 때 대담하고 노골적이었다.[35] 아래 작품은 그 대표적인 예이다.

> (정사로) 땀방울에 젖어 미소짓는 고운 얼굴 갓 핀 붉은 연꽃 같고
> 애교 띤 눈빛 내 맘 사로잡네
> (격렬한 사랑에) 헝클어진 옥비녀
> 석류처럼 붉게 물든 얇은 치마 (미처 벗을 경황없이) 걷어올려
> 드러난 아름다운 자태
>
> 푸른 물결 넘실대는 연못 그윽한 곳에서 남몰래
> 함께 누워 운우의 정을 나누었지
> 팔에 남은 그대 입술의 붉은 연지 자국과 깨문 자국 아직도 향기로운데
> 깊은 가을 잠 못 이룬 채 종소리 들으며
> 애오라지 그 순간을 회상하네[36][37]

<주생전> 말미에 주생이 작가에게 주머니에서 꺼내 보여준 것이 바로 그 『화간집』이다.

---

35) 章培恒·駱玉明 編, 『中國文學史(中)』, 復旦大學出版社, 2001, 277쪽. 『花間集』… 題材大抵以男女艶情或離愁別恨爲中心, … 西蜀詞人在描寫男女情愛時, 其大膽露骨的程度要遠超過溫庭筠.

36) 閻選, <虞美人(二首)>其一. 粉融紅膩蓮房綻, 臉動雙波慢. 小魚銜玉鬢釵橫, 石榴裙染象紗輕, 轉娉婷. // 偸期錦浪荷深處, 一夢雲兼雨. 臂留檀印齒痕香, 深秋不寢漏初長, 盡思量.

37) 번역은 趙逸之의 『花間詞品論』(齊魯書社, 2008, 269쪽)과 『花間集全譯』(房開江 注, 崔黎民 譯, 貴州人民出版社, 2008, 528쪽)의 해설과 주를 참고하였다.

내가 이 사(詞)를 보고 수상쩍어 간절하게 묻는 것을 그치지 않았더니, 주생이 그 일의 처음부터 끝까지를 이와 같이 자세하게 말해주었다. 또 주머니 속에서 한 권의 시집을 꺼내어 보여 주었는데, 제목이 『화간집(花間集)』이었다. 주생은 선화, 배도와 함께 서로 주고받은 화답시가 100여 수였고, 그 사를 읊은 것이 또한 10여 편이었다.[38)]

대담하고 노골적으로 남녀의 염정과 이별의 슬픔을 노래한 『화간집』을 생사를 넘나드는 전쟁터에까지 가져가 품고 다니면서 본다는 것은 그만큼 주생의 낭만성을 강하게 드러내는 것이며 넓게는 작가의 낭만적 상상력을 잘 보여주는 것이라 하겠다. 동시에 그것은 주생의 선화에 대한 사랑의 깊이와 절실한 그리움을 드러내는 효과를 지니기도 한다.

또한 『화간집』의 존재는 작품 초두에 제시된, 주생이 촉에서 성장했다는 사실을 상기시켜 주면서 주생의 여성에 대한 애착에 강한 개연성을 부여하는 효과를 낳는다. 그리고 작품 전체에는 수미쌍관(首尾雙關)의 안정성과 개연성을 부여한다. 사(詞)는 조선의 내로라는 문인들조차도 아무나 할 수 있는 것이 아니었는데, 무엇보다 우리가 눈여겨보아야 할 것은 작품의 마지막 부분, 즉 위의 인용문에서 보듯이 주생이 읊은 것은 '시(詩)'가 아니라 바로 '사(詞)'였다는 사실이다. 그리고 그것이 단서가 되어 작가는 주생에게 사연을 캐묻게 되고, 결국 그와 같은 이야기의 전말을 듣는다. 여기에서 우리는 권필이 작품 초두에 굳이 주생의 성장배경을 '촉주'로 설정한 것이 의도적이었음을 알 수 있다. 즉, 치밀히 계획된 문학적 장치였던 것이다. 유협은 『문심조룡(文心雕龍)』 「부회(附會)」편에서 "한 작품의 시작과 끝이 완전히 상보적일 수 있다면 부회의 기술에 관해 더 이상 요구할 것이 없다."고 하면서 '수미상원(首尾相援)'을 문장 구성의 최고 수준이라고 했다.[39)]

전체적인 면에서 볼 때, <주생전> 초두의 촉주와 말미의 『화간집』에 대한 언급은 자유분방한 촉문화와 촉땅을 포함한 남방에 대한 동경과 이국적 정서를 자극하면서 낭만적 상상력을 더욱 풍부하게 한다. 또한 吳楚의 산천으로 대표되는 광활한 남방을 자유롭게 노니는 장면묘사는 귀양을 가서 죽는 한이 있더라도 그곳에 한번 가보고 싶어했던 허균과 마찬가지로 목숨을 내건 불법적인 월경을 해서라도 그곳에 가볼만한 충분한 가치가 있다고 여겼던 권필의 강렬한 열망과 낭만적 상상을 반영한 것이라 할 수 있다. 즉, 그것은 작가 권필의 이국적 낭만 취향이 문학적으로 발현되어 작품에 담겨진 것이라고 하겠다.

---

38) 異其詞意 懇問不已 生乃自敍首尾如此 又自囊中出示一卷 名曰 花間集 生與仙花裵桃唱和詩百餘首 儕輩詠其詞者又十餘篇(박충록 편, 앞의 책, 원문 98쪽).

39) 劉勰, 최동호 역편, 『문심조룡』, 민음사, 1994, 495~502쪽. 惟首尾相援, 則附會之體, 固亦無以加於此矣.

2. 진보적 사회의식

<주생전>에는 단순히 이국적 낭만 취향만이 담겨 있는 것은 아니다. 이 작품에는 작가 권필이 체험한 16세기 사회와 그 체험 세계에 대한 의미론적 시도 또한 담겨져 있다. 일찍이 이성호는 "문학텍스트는 작가가 실사회의 구조 중에서 선택하여 이를 재구성해놓은 산물이다. 물론 이 때에 작가의 상상적 요소들이 크게 끼어든 것은 사실이나, 이렇게 창작자가 구성한 문학텍스트에는 작가의 세계관 또는 인생관이 두드러지게 나타나든 아니면 넌지시 드러나든 묘한 구성체로 나타난다."[40]고 주장했다. 문학은 "인간의 사회적 세계와 그에 대한 인간의 적응, 그리고 그러한 사회를 변화시키려는 인간의 욕구 등과 관련"[41] 되어 있음을 인식할 필요가 있으며, 이 작품의 낭만적 요소들도 이러한 관점에서 바라볼 필요가 있다.

앨런 스윈지우드는 다음과 같이 언급한 바 있다.

> 위대한 작가들은 사회를 묘사하는 데 있어, 단순히 묘사적 방식으로 출발하지는 않는다. 작가는 좀더 비판적인 과제를 가지고 있다고 할 수 있다. 즉 작가는 자신의 주인공들이 작가가 인위적으로 설정한 상황 속에서 움직여나가도록 하여, 그들이 자신의 개인적 '운명'을 맞이하고 그 사회 속에서 의미와 가치를 발견하도록 한다.[42]

그러므로 문학은 "작가 자신의 의도라는 의미에서 가치를 반영"하며, 그런 의미에서 문학은 "사회학적 자료를 보강하고 설명"한다.[43]

이러한 관점을 가지고 <주생전>을 살펴볼 때, 우선 작품의 서두에 태학에서 공부하던 주생이 과거시험에 거듭 낙방을 하자 과거에 뜻을 버리고 배를 사서 장삿길로 나서는 장면을 주목하지 않을 수 없다.

> 주생은 어려서부터 총명하고 예지가 있어, 글을 잘 지어 나이 18세에 太學生이 되었으니, 동배들의 추앙을 받았고 주생도 스스로 남에게 뒤지지 않는다고 자부했다. 태학에 다닌 지 여러 해 동안 과거에 응시했으나 번번이 낙방을 하자, 주생은 탄식했다. "사람이 이 세상을 살아가는 것이란, 마치 티끌이 연약한 풀잎에 깃들어 있는 것과 같을 뿐이다. 어찌 명예에 얽매여 더러운 속세에 빠져 내 생을 보낼까 보냐." 이때부터 주생은 과거에

40) 이성호, 「영향과 수용의 상호소통」, 『수용미학』, 고려원, 1992, 151쪽.
41) 앨런 스윈지우드, 정혜선 역, 『문학의 사회학』, 한길사, 1984, 10~11쪽.
42) 위의 책, 14쪽.
43) 같은 곳.

> 대한 뜻을 포기하고 말았다. 주생이 돈궤 속을 보니 거의 천 냥이나 되어 그 중 반으로는 배를 구입하여 江湖 사이를 오가며 남은 돈으로 잡화 장사를 시작하였는데, 이 때에 잇속이 남아 스스로 생활을 꾸려갈 수 있었다. 아침에는 吳땅으로 저녁이면 楚땅으로, 오직 마음 내키는 대로 돌아다녔다.44)

작품에 나와 있는 대로 <주생전>의 시간적 배경은 임진왜란(1592~1593, 정유재란 제외) 발발 직후까지인 16세기 말이다. 중국 명나라의 만력(1573~1620)에 해당하는 시기이다. 작품 말미에 주생의 당시 나이는 27세로 나와 있는데 그 해는 癸巳年(1593)이다.

그런데 16세기는 중국 사회사와 사상사에 큰 변화가 일어나기 시작한 시기이다. 즉, 16세기에서 18세기에 이르는 동안 중국에서는 상인의 사회적 지위가 크게 향상되었다. 상인과 상업에 대한 사대부들의 인식과 태도가 크게 변화된 것은 물론이다. 16세기 이후 유명한 문사(文士)와 학자들의 문집 속에 수많은 상인(商人)들의 묘지명(墓誌銘), 전기(傳記) 등이 등장한다.45)

명대 후칠자(後七子) 중 하나인 왕세정(王世貞, 1526~1590)은 이반룡(李攀龍)과 더불어 문단을 이끌다가 이반룡 사후 20년간 홀로 문병을 잡고 좌지우지했던 인물이었다. 그런데 왕세정은 명대 중후기에 직간접적으로 상인의 영향을 가장 많이 받은 문사였다.46) 그것은 그가 상인을 위해 묘지명과 전기를 가장 많이 쓴 문인이었다는 데서 단적으로 드러난다.47)

> 명대 중후기, 오(吳) 지역의 동정상방(洞庭商幇), 월(越) 지역의 영파상방(寧波商幇)과 용유상방(龍游商幇)이 매우 활발했다. 이 세 개의 상방과 산서상방(山西商幇), 섬서상방(陝西商幇), 산동상방(山東商幇), 광동상방(廣東商幇), 복건상방(福建商幇), 강우상방(江右商幇), 휘주상방(徽州商幇) 등을 십대(十大) 지역상방이라고 일컬었다. 왕세정은

---

44) 生年少時 聰睿能詩 年十八 入太學 爲儕輩所推仰 生亦自負不淺 在太學數歲 連擧不第 乃喟然歎日 人生在世間如微塵栖弱草耳 胡乃爲名韁所繫 汩汩塵土中 以終吾生乎 自是遂絶意科擧之業 倒篋中有錢百千 以其半買舟 往來江湖間 以其半市雜貨 時取贏以自給 朝吳暮楚 唯意所適(박충록 편, 앞의 책, 원문 90쪽)

45) 余英時, 『士與中國文化』, 上海人民出版社, 2003, 492쪽.

46) 陳書錄, 「明代文學思想轉型期徐渭與王世貞之比較」, 朱萬曙·徐道彬 編, 『明代文學與地域文化研究』, 黃山書社, 2005, 304쪽.

47) 박경남은 王世貞의 문집 『弇州四部稿』에 수록된 총 85편의 碑誌文 중 13편, 『弇州續稿』의 총 241편의 碑誌文 중 35편이 商人(商婦)을 대상으로 하는 비지문이어서 碑誌文만을 대상으로 하면 왕세정은 총 326편의 碑誌 작품 중 48편의 상인 비지문을 제작하여 7편당 1편꼴(1/7)로 상인지문을 썼다고 밝혔다. (박경남, 「金昌協의 비판을 통해 본 王世貞 散文의 진면목-商販 碑誌文을 중심으로」, 『한국한문학연구』 46, 한국한문학회, 2010, 182쪽) 이 논문에서 顧翁이라는 無錫 商人을 대상으로 쓴 <處士南野顧翁墓誌銘>에 대한 자세한 분석은 왕세정의 묘지명을 이해하는 데 참고할만하다.

그 대부분의 지역 상인들과 많든 적든 접촉이 있었다. 그것은 그가 쓴 다량의 묘지명과 전기들 속에서 엿볼 수 있는 사실이다. 진건화(陳建華)의 『중국 절강(江浙) 지역 14~17세기 사회의식과 문학』(學林出版社, 1992) 통계에 따르면 왕세정의 『엄주산인사부고(弇州山人四部稿)』에는 묘지명(묘표, 신도비, 묘지명, 묘비, 행장 포함) 총 90편이 있는데 그 중 상인을 위해 쓴 것이 15편으로 약 16.6%를 차지한다. 그리고 『엄주산인속고(弇州山人續稿)』에는 묘지명(종류는 위와 같음)이 총 250편이 있는데 그 중 상인을 위해 쓴 것이 44편으로 약 17.6%를 차지한다. 또한 『엄주산인사부고』와 『엄주산인속고』에는 상인을 위해 지은 전기들도 있다. 예를 들면, 〈허장공소전(許長公小傳)〉(『弇州山人四部稿』 卷82), 〈손의경전(孫義卿傳)〉(同上, 卷84), 〈장은군소전(張隱君小傳)〉(同上, 卷84), 〈장은군전(張隱君傳)〉(『弇州山人續稿』 卷70), 〈정모전(程母傳)〉(同上, 卷72), 〈동자명전(童子鳴傳)〉(同上, 卷72), 〈허본중전(許本中傳)〉(同上, 卷73) 등이다.[48]

명말의 대문장가였던 원굉도(袁宏道, 1598~1610)가 "明代 第一의 詩人"[49]으로 평가했던 서위(徐渭, 1521~1593)는 동향인 왕수인(王守仁, 1472~1529)의 양명학(陽明學) 사상에 깊은 영향을 받은 인물이며, 대대로 이어진 상인 가문 출신이었다. 그의 두 명의 형들 중 큰형 서회(徐淮)는 일찍이 외지로 나가 상업에 종사했고, 서위 자신도 큰아들 서매(徐枚)와 함께 북경에 가서 장사를 한 경험이 있었다. 그리하여 그가 교유한 사람들 중에는 수많은 상인 가문 출신자들이 있었다. 서위 역시 상인을 위한 묘지명을 지었을 뿐 아니라 상인과 관련된 시들도 많이 지었다.[50]

---

48) 陳書錄, 앞의 책, 302~303쪽. 明代中後期，吳地的洞庭商幇、越地的寧波商幇和龍游商幇十分活跃。這三個商幇與山西商幇、陝西商幇、山東商幇、廣東商幇、福建商幇、江右商幇、安徽商幇等稱爲十大區域商幇。王世貞或多或少地解除了其中大部分區的商贾，這從他所撰寫的大量的墓志銘和傳記中可以看出來，据陳建華『中國江浙地區十四至十七世紀社會意識與文學』（學林出版社，1992年版）中統計："王世貞『弇州山人四部稿』中墓誌銘（包括墓表、神道碑、墓誌銘、墓碑、行狀）總數90篇，爲商人所作15篇，約占16.6%。而『弇州山人續稿』中墓誌銘（種類同上）總數250篇，爲商人所作44篇，約占總數17.6%。"其實，還有『弇州山人四部稿』和『續稿』中爲商人所作的傳記等，如<許長公小傳>（『弇州山人四部稿』 卷82）、<孙義卿傳>（同上，卷84）、<张隐君小傳>（同上，卷84）、<张隐君傳>（『弇州山人續稿』 卷70）、<程母傳>（同上，卷72）、<童子鳴傳>（同上，卷72）、<許本中傳>（同上，卷73）等。

49) 위의 책, 311쪽 재인용. "我朝第一詩人"(袁宏道, <吳敦之>, 『解脫集』 卷4).

50) 위의 책, 303쪽. 徐渭가 상인을 위해 쓴 묘지명에는 <高君墓誌銘>, <伯兄墓誌銘>(『徐文長三集』 卷26) 등이 있다. 또한 <壽王翁五十序>, <贈某叟序>(同上, 卷15) 등 상인에게 증여한 글도 있다. 상인과 관련된 시들도 여러 편 지었다. 예를 들면, <賦得賈客船隨返照來二首>(同上, 卷7), <胡市>(同上, 卷11), <集胡賈館請作樂山詩>(『徐文長逸稿』 卷3) 등이다.(徐渭有爲商贾所作的墓誌铭如<高君墓誌铭>、<伯兄墓誌铭>（『徐文長三集』 卷26等，也有给商贾的贈序如<壽王翁五十序>、<贈某叟序>（同上，卷15）等，也有多首寫商贾的詩歌如<赋得贾客船隨反照來二首>（同上，卷7）、<胡市>（同上，卷11）、<集胡贾館請作樂山詩>（『徐文長逸稿』 卷3）等.

당송원(唐宋元) 시대의 문집에 비교해 볼 때 명청(明淸) 시기의 문집의 이러한 차이는 대단히 두드러진다. 그것은 장기간에 걸친 '사대부(士大夫)와 상인(商人)의 혼합(士商相雜)'의 결과이다. 이몽양(李夢陽) 등을 비롯하여 청대에 이르면 수많은 작가들이 상인 가문 출신이거나, 상인과 혼인관계를 맺거나, 상인들과 교류했다. …… 보다 언급할 만한 가치가 있는 것은 '사상상잡(士商相雜)'으로 말미암아 일부 사대부들(특히 汪道昆)은 상인의 관점에서 세계를 바라보는 근본적 변화도 나타났다는 사실이다.[51]

세계사적으로 볼 때, 근대 이전에 한중일(韓中日) 등 아시아가 세계와는 담을 쌓고 살았다고 하는 통념은 잘못이다. 안드레 군더 프랑크는 『리오리엔트』에서 이 점을 중점적으로, 명확히 논증하고 있다. 그는 19세기 이전, 즉 유럽이 19세기에 '유럽중심적 세계관'을 발명하여 전파하기 전까지 유럽은 아시아에 의존하고 있었음을 밝혔다.

이들에 따르면 가령 "16세기 유럽인은 중국과 일본을 미래의 위대한 희망으로 여겼다." 17세기 말이 되면 "(아시아의 이미지에) 전혀 영향 받지 않은 유럽의 식자층은 찾아보기 어려웠고, 당시의 문학·미술·학문·문화에도 이것은 뚜렷한 족적을 남겼다고 보아야 한다." 그 증거로서 라크와 반 클레이는 이 두 세기 동안 유럽의 선교사·상인·선장·의사·선원·병사·여행자에 의해 수백 권의 아시아 관련서가 유럽의 주요 언어로 집필되고 번역되어 널리 읽혔다는 사실을 든다.[52]

사회경제사적으로 밝혀진 바대로 명 중기인 16세기는 자본주의 맹아[53]가 싹튼 시기이다. 게다가 명대는 국제무역이 왕성했던 시기이기도 하다. 안드레 군더 프랑크는 11세기와 12세기 송대의 중국은 의심할 나위 없이 세계 최고의 경제선진국이었다고 주장한다. 그리고 몽골족에 의해 건설된 元나라, 즉 유라시아대륙에 걸친 세계대제국은 말할 것도 없거니와 최소한 1400년부터 1800년까지 명청대 중국 경제가 세계경제를 좌지우지했음을 자세히 논증하였다. 주지하는 바와 같이 역사적으로 明은 1403년부터 정화(鄭和)의 주도 아래 의욕적인 해외 팽창정책을 추진했다. 1411년 대운하의 개통으로 양자강 유역의 곡창지대에서 생산된 쌀을 베이징까지 운반할 수 있게 되어 국내 상업이 활성화 되었다. 한편 포르투갈은

51) 余英時, 앞의 책, 493쪽. 十六世紀以後著名文士學人的文集中充滿了商人的墓誌銘、傳記、壽序。以明、淸與唐、宋、元的文集、筆記等相比較，這個差異是極其顯著的，這是長期的'士商相雜'的結果。本篇所引的李夢陽、康海、汪道昆以迄淸代的許多作者，或出身商賈之家，或與商賈有姻親，或與之相交遊。……更値得指出的是: 由于'士商相雜'，有些士大夫(特別如汪道昆)根本已改從商人的觀點來看世界了。

52) 안드레 군더 프랑크, 이희재 역, 『리오리엔트』, 이산, 2003, 68쪽.

53) 중국의 16세기 자본주의 맹아에 관한 역사적 연구들을 정리한 것으로는 오금성의 「明末·淸初 商品經濟의 發展과 '資本主義 萌芽'論」(오금성 외, 『明末·淸初社會의 照明』, 한울아카데미, 1990, 125~163쪽)이 있다.

1553년 대 중국 무역권을 획득하는 것과 동시에 마카오의 실질적인 사용권을 인정받고 廣東의 중국 官吏로부터 마카오에서의 도시건설허가를 얻었다. 이로 인해 중국 동남부 연안을 통한 국제무역은 더욱 활기를 띨 수밖에 없었다. 이러한 국내외적인 요인으로 인해 명대 중기 이후에는 자본주의의 맹아가 싹텄고, 국제적으로 중국을 축으로 한 은(銀) 본위의 '백은 경제 세계체제 시대(白銀經濟 世界體制 時代)'를 형성하기에 이르렀다.

안드레 군더 프랑크에 따르면, 활발한 대외 무역이 전개되던 중국 동남부 연안 지역에서의 무역은 주기적으로 작은 호황을 누렸는데, 적어도 1570년부터 1630년까지 이러한 무역은 활기를 띠며 번창했다고 한다.[54] 그런데 이 시기는 바로 <주생전>과 <최척전>의 시대적 배경이었다는 것이 문학사회학적으로 우리에게 시사하는 바가 매우 크다. 이 두 작품에는 이러한 시대적 현실을 그대로 반영하였다. 작품을 통해 드러나 있는 창작시기로 보면 <주생전>은 1593년으로 1621년의 <최척전>보다 약 30년 정도 앞서 있는데 <주생전>에는 중국 국내 상업의 발달과 사회변화를 반영하고 있고, <최척전>에는 그것을 포함하여 활발한 국제 무역의 상황도 여실히 반영되어 있다. 예를 들자면, <최척전>에서는 중국에서 의지할 곳이 없어진 崔陟이 촉땅의 청성산(靑城山)에 들어가 신선술을 익히려고 하자 朱佑가 만류하며 함께 장삿길로 나서 오늘날의 베트남에 해당하는 安南을 왕래하는 장면에서 볼 수 있다.

> 그때 마침 주우(朱佑)라는 인물을 만났다. 호를 착천(鶴川)이라 하는 사람으로 집이 항주(杭州)의 용금문(湧金門) 안에 있었다. 그는 경사에 두루 통하여 공명을 초개처럼 여겼으며 저서로 생애를 보냈다. 남에게 베풀기를 좋아하는 의기 있는 인물이었다. 주우는 최척을 지기로 허락하였다. 그런데 최척이 촉땅으로 들어가려 한다는 소문을 듣자 그는 술을 싣고 찾아가 잔을 들고 최척의 자를 부르며 다정하게 말했다. "백승(伯昇)! 사람이 이 세상에 살면서 누군들 장생불사하고 싶지 않겠습니까? 하지만 고금 천하에 어찌 그런 이치가 있을 리 있겠소? 또 여생이 얼마나 된다고 약을 먹고 굶주림을 참으며 스스로 사서 고생하면서 산귀신과 더불어 살려고 한단 말이오? 그대는 모름지기 나와 함께 돌아갑시다. 일엽편주에 몸을 싣고 오월(吳越) 지방으로 다니며 비단이나 차를 팔면서 남은 생을 즐겨 봅시다. 그 또한 달인의 삶이 아니겠습니까?" 최척은 황연히 깨닫고 마침내 그와 함께 돌아갔다. 경자년 봄 최척은 주우를 따라 같은 마을 상선들과 함께 안남(安南)을 왕래하곤 하였다.[55]

54) 위의 책, 203쪽.

55) 適有朱佑者, 號鶴川, 家在杭州湧金門內, 博通經史, 不屑功名, 以著書爲業, 喜施與, 有義氣, 與陟許以知己. 聞其入蜀, 載酒而來, 飮中擧觴, 字陟而謂曰, "伯昇! 人生斯世, 孰不欲長生而久視? 古今天下, 寧有是理? 餘生幾何, 而何乃服藥忍飢, 自苦如此, 而與山鬼爲隣乎? 子須從我而歸, 浮扁舟, 適吳越, 販繒賣茶, 以娛餘年, 不亦達人之事乎?" 陟洒然而悟, 遂與同歸. 歲庚子春, 陟隨佑, 與同里商船, 往來於安南.(閔泳大, 『趙緯韓과 崔陟傳』附錄 <崔陟傳>原文, 亞細亞文化社, 1993, 359쪽)

뿐만 아니라 포로로 끌려간 옥영은 남장을 한 상태로 강절(江浙), 복건(福建), 안남(安南), 유구(琉球) 등지로 두루 다니며 무역을 하는 일본 상선을 타고 생활한 것으로 그려져 있다. 그리고 최척과 옥영은 안남(安南)에서 재회한다. 이러한 작품 내용들은 모두 역사연구의 성과들에 의해 그 당시 사회의 실제 모습과 일치하는 것으로 드러난다.

> 명초 북방경계선의 강화와 동남 연해안의 해금정책이 실시되었다. (중략) 동남연해에서는 해금정책이 강력하게 시행되었다. 조정은 수차례 "임의로 오랑캐들과 호시를 여는 자는 중죄로 엄히 다스리겠다"고 했지만 복건성 등 연해 일대 주민들은 토지가 부족하고 척박하여 "가까운 이들끼리 무리를 이루어 바다로 나가 무역을 하는" 이른바 주사무역(走私貿易)이 성행했다. 이들에게 주사무역은 "바다가 바로 논밭이다"라고 할 정도로 주된 수입원이었다. 정통14년(1500), 복건 순해첨사(巡海僉事)의 상주에 의하면 조정의 금령에도 불구하고 연해지역의 주사무역은 날로 번성했고 이 무역이 주는 엄청난 이윤으로 어민은 물론 농민들까지 나섰으며 성화·홍치연간에 들어서 강남 경제의 발전으로 큰돈을 번 대상들까지 배를 건조하여 무역에 나섰다고 했다. 절강연해의 열항·주산·보타산·양산과 복건연해의 무이산·안평, 광동연해의 오문·남오 등, 동남 연해의 항구들은 이렇게 성장한 중외무역의 거점이었다. 특히 월항은 복건성과 광동성의 요지인 장주평원을 배후지로 하여 이곳에서 생산된 사탕수수, 차 등 경세작물과 사견(紗絹), 湖州의 사면(絲綿) 등 수공업품을 수출하는 주된 통로였다. 부근 해역에는 동남풍이 부는 여름에 <u>동서양의 40여 개국에서 온 수백 척의 배들이 내려놓은 백은, 향료, 장식품, 해산물 등이 광동은 물론 복건과 강서의 요충지인 정주(汀州)까지 연결됨으로써 "작은 소항주"라고 불리기도 했다.</u>[56]
>
> 상인들은 한편으로는 외지에서의 어려움을 해결하고 또 한편으로는 경쟁력을 높여 원활하게 상업활동을 하기 위해 부자, 형제, 혹은 사촌 등 가장 가까운 사람들끼리 뭉쳐서 장사에 나서는 경우가 많았다. 그러다가 점차 사업규모가 커지면 이런 친족관계를 넘어서 <u>마을이나 동향 등 지역을 단위로 사람들끼리 단합하는 움직임이 나타났다.</u>[57]

이러한 사실들은 권필과 조위한이 당시 사회의 시대상을 사실적으로 반영하여 형상화한 것임을 보여 주는 것들이다. 젊은 시절부터 의기투합하여 친분이 두터웠던 그들의 관계를 볼 때 그들의 작품인 <주생전>과 <최척전>에 드러난 이러한 공통성은 어쩌면 새삼스러울 것도 없는 것이지만 문학사회학의 관점에서는 그 문학사적 의의가 매우 특별한 것이 아닐 수 없다.

56) 오금성 외, 『명청시대 사회경제사』, 이산, 2008, 559~560쪽.
57) 위의 책, 564쪽.

한편 이러한 경제적 변화 속에서 특히 사상(士商)의 등장은 사회변화를 가속화했다. 거기에는 무엇보다 사대부들의 의식 변화가 큰 역할을 했다.[58] 말하자면 주생, 주우, 최척과 같이 과업(科業)을 과감히 내던지고 상업(商業)에 뛰어드는 사(士)가 속출한 것이다.

> 둘째, 명 중엽부터 상품경제가 발달하고 상공업 및 도시가 발달하면서, 사농공상의 엄격한 신분관념이 훨씬 완화되었다. 그 계기는, ①사인이 학업을 버리고 상업을 하는 사례(棄儒就商)가 늘어나고, ②상인 혹은 그 자제가 연납을 통하여 공명을 얻어 신사의 대열에 참여하는 사례가 격증하면서, 상업은 말업이라는 의식이 많이 후퇴하게 된 것이다. 더구나 ③관료나 향신들도 암암리에 상업을 경영했고, 알게 모르게 상인과 아행의 뒤를 봐주는 경우도 많았다. 또한 ④강남에 진출한 상인들은 명말부터 그곳에서 상적(商籍)을 부여받아 유학에 입학할 기회를 얻었고, 시대가 지나면서 상인가문 출신이 학교·과거·연납제 등을 통하여 신사로 상승하는 경우가 많았다. ⑤서민 대부분이 문맹인 중국사회에서 대상인은 대개 식자층이었으므로, 자신들은 "상업을 하지만 학문도 즐기는"(賈而好儒) 유상(儒商)으로서의 자부심을 가졌고, ⑥아들이 여럿일 경우, 능력에 따라 사·농·상을 안배하는 경우도 많았다. ⑦명말부터, 특히 청대에 전국의 대도시뿐 아니라 시진(市鎭)과 같은 중소도시에까지 수없이 나타난 회관·공소(會館公所)는 대개 동향의 상인 혹은 신사와 상인이 공동으로 건립하고, 신사를 대표(會首나 董事)로 초빙하는 경우가 많았다. 이런 여건들이 복합적으로 작용하여, 세월이 흐르면서 신사와 상인의 교제와 협조가 자연스럽게 증가해 갔고, 결과적으로 상인의 사회적 위상 제고에 일조했다.[59]

사대부 가운데 과거시험을 위한 학업을 버리고 상업을 하는 사례가 늘어났고, 그들은 상업을 하면서도 학문을 즐기는 사상(士商)으로서의 자부심을 지니고 있었다는 것이다.

그러한 사상(士商)들은 경제적 이익에만 눈이 먼 장사치들이 아니었다. 장사에만 얽매여 사는 것이 아니라 '오직 마음 내키는 대로 돌아다닌' 주생처럼 과업의 속박과 굴레를 벗고 자유로운 삶을 영위하기 위한 방편으로써 상업을 택한 것이다. 그들은 위의 인용문에도 보이듯

58) "만력 연간에 이르러 직업을 선택할 때 상업을 매우 중요하게 고려해야 한다는 사회변화는 종족(宗族) 내의 자제교육에서 구체적으로 나타났다. 만약 과거가 어렵다면 충분히 다른 일을 고려해볼 수도 있다는 쪽으로 변화해 간 사실을 여러 종족의 족보에서 확인할 수 있는데, '9세에서 15세까지 공부를 시켜보고 가능성이 있으면 전폭 지원을 하되 만약 그렇지 못하다면 다른 일을 시키도록 하라. 상업은 항구적인 직업으로 생활에는 문제가 없다.'라는 등의 기록이 있다. 송대에 유행하던 '장사는 가문의 수치이니 자손들이 절대 접하지 못하게 하라'든가 혹은 '출사하지 못하면 농사를 짓는 한이 있어도 절대 생활에 쫓겨 시정의 소인배들이나 하는 장사에 뛰어들어서는 안 된다'라는 등의 생각보다는 '사민은 단지 직업이 다를 뿐 모두 같은 도를 추구한다'라는 말에서 시작하여 '농업과 상업이 모두 나라의 근본이요 백성들의 생명'이며 '중본억말이 틀리다 할 수 없으나 본업이 중요한 만큼 말업도 경시해서는 안 된다. 천하에 농부만 있고 상인이 없다면 어찌 나라를 유지할 수 있겠는가'라는 말로 상업에 대한 인식은 확연히 달라져가고 있었다."(위의 책, 561~562쪽)

59) 위의 책, 359~360쪽.

'상업을 하지만 학문도 즐기는 유상(儒商)으로서의 자부심을 가진' 존재들이었다. 이러한 사상은 새로운 삶의 방식이라는 측면에서 큰 의의를 갖는다. 그것은 士에게 있어서 새로운 출로(出路)였다. 과업에만 매달려 아까운 인생을 허비하느니보다 천하를 주유하며 자유분방한 삶을 영위할 수 있었다. 먹고 사는 문제에 구애받지 않고 소박하지만 마음껏 즐기며 삶을 향유할 수 있는 길이었다. 그것은 어떤 면에서 일종의 낭만적 삶의 방식이었다.

천금도 아끼지 않고 명쟁을 사고
만 가마 생선 소금 싣고 물위를 다니네
안개 자욱해 해 저무는 것 근심하다
도중에 풍경이 하늘 좇아 맑았네
서쪽 교외엔 황새 구름 속으로 갈마들고
동쪽 수로엔 작은 배 저녁상 들이네
웃으며 가리킨 붉은 놀 일부러인 듯
하늘 옷에 말은 탄 광릉성[60]

상인 가문 출신으로 몸소 상업에 종사했으면서도 '明代 第一의 詩人'으로 평가받은 서위(徐渭)가 지은 이 시는 행상의 여정과 상인의 풍모를 잘 드러내고 있다. 천금(千金)조차 아끼지 않고 쟁(箏)이라는 악기를 사서 배에 싣고 다니는 풍류, 도중의 풍경과 황혼에 물들어가는 저녁놀을 감상하는 여유있는 모습을 볼 수 있다. 왕세정은 오지역 상인들의 특징 중의 하나로 "속박에서 벗어나 마음껏 삶을 향유하고, 뜻을 한껏 펼치며 유유자적"하는 것을 꼽고 있다.[61]

당파와 외척의 횡포로 부패한 정치현실, 그로 인해 왜곡되고 좁아진 입신출세의 길, 그럼에도 불구하고 다른 어떤 출로가 없었던 조선 지식인의 상황에서 중국 사상의 삶은 새로운 희망을 던져주는 신선한 충격일 수 있었다. 권필은 중국의 士商에서 한 줄기 빛을 발견했는지 모른다. 이런 점에서 그의 선구적 안목과 인식을 엿볼 수 있다.

<주생전>에서 주생을 통해 보여준 '사상(士商)'이라는 삶의 방식은 당시 중국의 현실을 반영한 것이긴 하지만 무엇보다 작품 속에서 사상으로서의 주생의 생활은 자유를 표상하면서 이야기의 낭만성을 이끌어가고 있다는 데 의의가 있다. '남선(南船)', 즉 수많은 강과 호수들이 연결되어 사통팔달의 수로망을 통해 배를 타고 어디든 자유롭게 세상을 노닐 수 있는 남방에서 낭만적 삶을 영위하는 사상의 삶은 이상적 삶의 방식으로 형상화 되어 있는 것이다.

60) 徐渭, <賦得賈客船隨返照來二首>其二(朱萬曙·徐道彬 編, 앞의 책, 303쪽 재인용). 千金不惜買鳴箏, 萬斛魚鹽水上行. 幾度煙波愁日暮, 半程風物趁天晴. 西郊鸛鶴摩雲入, 東道舲舠晚飯迎. 笑指紅霞如有意, 乾衣騎馬廣陵城.

61) 위의 책, 304쪽. 掙脫束縛, 縱情享受, 暢舒心志, 逍遙自在.

또 한편으로 그것은 <주생전>이 독자(특히 조선 지식인)에게 일종의 사회적 대안으로 읽혀질 수 있게 하는 요소가 된다. 독자들은 소설을 통해서 외국 사회에 관한 주요한 인상을 얻기 때문이다.[62] 뢰벤탈에 의하면, 문학 속에 형상화된 인물들의 내적 생활의 사회적 의미는 사회변동의 문제와 관련 있는데, 문학은 서로 다른 사회에서 발생하는 변화의 정도를 지적해줄 뿐만 아니라 개인들이 어떤 방식으로 사회화되면서 사회구조에 편입되며 또 그러한 경험에 대해서 그들이 어떻게 반응하는가를 보여준다. 우리는 사회와 그 사회를 경험하는 방식을 단지 자신의 현실에서뿐 아니라 그러한 현실에 대한 자신들의 희망과 소망, 꿈과 환상을 기록하고 관찰하는 가공의 인물들(문학)을 통해서 배운다.[63] 특히 "청년은 노인들보다 그들이 읽는 것에 의하여 직접 또는 강력하게 영향을 받는다는 것"[64]을 감안할 때 조선 사회의 현실에서 과밀감을 느끼고 있던 조선 지식인들에게 사상은 일종의 사회적 대안으로 읽혀질 수 있는 것이다.

실제로 권필 생시를 전후한 이이, 이지함, 곽재우, 이항복 등 일부 선각적인 지식인들은 몸소 상업에 손을 대거나 선비가 상업에 종사하는 일의 정당성을 설파하였다. 이이(李珥, 1536~1584)는 해주(海州)에서 살 때 대장간을 세워 호미를 만들어 팔아서 스스로 생활을 영위했다.[65] 또 이이와 교유했던 이지함(李之菡, 1517~1578)은 맨손으로 생업을 경영하여 수 년만에 수만의 양곡을 축적하였으며, 섬에 들어가 박을 심어서 바가지를 만들어 팔아서 수천 석의 양곡을 사들인 후 빈민을 구제하였다. 또한 큰 집을 지어 떠돌아다니는 유민을 수용하고 수공업을 가르쳐 의식을 자급하게 하였는데 그 중 가장 무능한 자에게 짚신을 만들어 팔게 하니 하루 수입이 쌀 한 말이나 되어 먹고 남는 것으로 의복을 해 입었다고 한다.[66] 곽재우(郭再祐, 1552~1617)는 정유재란 시에 남원성 함락 등 지휘부의 무능과 독단에 실의하여 물러나 자식과 조카들과 더불어 패랭이를 만들어 팔아서 생계를 이었다.[67] 이항복(李恒福, 1556~1618)은 권필의 일족 권율(權慄, 1537~1599)의 사위이자 권필의 조카 권칙(權侙, 1599~1667)의 장인으로, 일명 '궁류시 사건'에서 권필의 구명을 위해 광해군에게 적극적으로 간쟁할 정도로 권필과 매우 가까운 인물이었다. 그는 은퇴 후 말년에 낙향하여, 땅에 쪽을 심어 채취한 염료를 팔아서 생계를 이으려 했는데 어떤 사람이 천히 여기며 반대하자 성현들의 가르침을 근거로 삼아 상업을 천시하는 당시 조선사회의 풍조를 강력하게 비판하기도 했다.[68]

---

62) 르네 웰렉·오스틴 워렌, 김병철 역, 『문학의 이론』, 을유문화사, 1986, 154쪽.
63) 앨런 스윈지우드, 앞의 책, 15쪽.
64) 르네 웰렉·오스틴 워렌, 앞의 책, 152~153쪽.
65) 李恒福, 『白沙集』 卷2(『백사집』 1, 민족문화추진회, 1998, 183쪽).
66) 『練藜室記述』 卷18, 「李之菡」(『(국역) 연려실기술』 Ⅳ, 564~566쪽).
67) 『練藜室記述』 卷16, 「郭再祐」(위의 책, 166쪽).
68) 李恒福, 『白沙集』 卷2(『백사집』 1, 180~185쪽).

르네 웰렉과 오스틴 워렌이 지적했듯이 확실히 작가는 단지 사회의 영향을 받는 것만이 아니라 사회에 영향을 주기도 하며, 예술은 인생을 재현할 뿐만 아니라 인생을 형성하기도 한다.[69] 이러한 관점에서 볼 때 권필이 <주생전>을 통해 묘사한 사상의 삶은 작가의 합리적이고 진보적인 시대정신의 일면을 드러내는 역할을 담당한다고 할 수 있다.

3. 결론

이상에서 살펴본 바와 같이, <주생전>의 주요 공간인 중국의 남방은 광활함과 자유의 이미지를 띠면서 진한 이국적 정서와 맞물려 낭만적 상상을 불러일으키고 있는데 이것들은 권필이 조선 사회에서 느꼈던 과밀감에 대조되어 생성된 것으로 볼 수 있다. 작품 초두의 촉주와 말미의 『화간집』에 대한 언급은 수미쌍관으로 배치되어 작품 전체의 기조를 주관하는 고도의 문학적 장치인데, 자유분방한 촉문화와 촉땅을 포함한 남방에 대한 동경과 이국적 정서를 자극하면서 낭만적 상상력을 더욱 풍부하게 한다. 또한 오초의 산천으로 대표되는 광활한 남방을 자유롭게 노니는 장면묘사는 권필의 강렬한 열망과 낭만적 상상을 반영한 것으로, 작가 권필의 이국적 낭만 취향이 문학적으로 발현되어 작품에 담겨진 것이라고 할 수 있다.

또한, 수많은 강과 호수들로 연결된 남방에서 자유롭고 낭만적인 삶을 영위하는 사상의 삶은 이상적 삶의 방식으로 형상화된 것이다. 이러한 사상의 삶에 대한 묘사는 권필의 세계 읽기의 양상을 드러내는 것이며, 사상은 조선사회의 한계에 대한 사회적 대안으로서의 의미를 띠면서 권필의 선각적, 진보적인 사회의식을 드러내고 있다.

69) 위의 책, 152쪽.

5장 독자사회학

Ⅰ. 여성 인물형상을 통해 본 최척전의 창작의도

Ⅱ. 주생전의 독자와 창작의도

Ⅲ. 주생전의 독자사회학

5장에서는 독자주생전 국문본 독자층의 문화 분석에서는 궁중과 민간이라고 하는 상이한 독자층의 문화를 전제하고 있는 2종의 국역본의 독자들에 초점을 맞추어 각 이본의 독자 및 그들을 둘러싼 사회와의 관계 속에서 이 작품의 특징을 밝혔다. 또한 과거의 독자와 현대의 독자가 처한 사회문화적 상황에 따라 작품의 해석이 크게 달라진 현상을 조명하였다. 사회학 연구를 소개하였다. 모든 작품은 독자를 위해 씌어지고 또 독자마다 작품 해석이 다를 수 있다는 점에 기초하여 〈최척전〉의 예상독자와 창작의도, 〈주생전〉의 일차독자와 창작의도, 〈주생전〉 국문본 독자층의 문화를 분석하였다. 최척전의 예상독자와 창작의도에서는 이 작품을 창작하면서 작가 조위한은 누구를 위해, 그리고 어떤 의도로 작품을 썼는지를 창작 당시 그가 처한 시대적 상황과 작품의 주동적 인물 옥영의 형상화 사이의 관계성을 실마리로 삼아 작가가 염두에 두고 있던 예상독자와 창작의도를 추론하였다. 주생전의 일차독자와 창작의도에서는 작가 권필은 왜 당시 조선의 상황과는 매우 동떨어진 내용을 담고 있는 이 작품을 지었는가라고 하는 난제를, 그렇다면 작가가 일차적으로 누구를 독자로 설정하고 이 작품을 지었을까라고 하는 독자 문제를 실마리로 삼아 풀어냈다.

독자사회학은 독자와 그들을 둘러싼 세계와의 관계 속에서 작품을 연구하는 방법론이다. 앞서 소개한 작품사회학, 작가사회학과 함께 문학사회학의 한 영역을 차지한다. 모든 작품은 누군가를 위해 씌어진다. 항상 독자가 전제되며 어떤 독자를 대상으로 삼느냐에 따라 작품은 달라지게 마련이다. 또한 독자를 둘러싼 사회적 환경과 배경지식에 따라 독자마다 작품 해석이 다양해진다. 독자사회학은 바로 이러한 점들에 주목한다.

르네 웰렉과 오스틴 워렌은 문학사회학을 작가의 사회학, 작품의 사회학, 독자의 사회학으로 구분한다. 본서가 사용한 '독자사회학'이란 용어는 여기에 기댄 것이다. 그러나 르네 웰렉과 오스틴 워렌이 '독자와 문학의 실제적인 사회적 영향'을 문제삼는 것을 '독자의 사회학'이라고 함으로써 일방향적인 것으로 간주한 것과는 달리, 본서는 상호적 영향관계로 규정한다. 다시 말해서 독자사회학은 독자 및 그들을 둘러싼 사회와 작품과의 상호관계에 중점을 두고 작품의 의의를 탐구하는 연구방법론이다.

Ⅰ.

여성 인물형상을 통해 본 최척전의 창작의도

1. 들어가는 말

<최척전>(1621)은 인물간의 갈등에 의해서라기보다는 전쟁에 의해서 위기와 시련을 겪고 만남과 헤어짐을 반복한다. 이 작품에서 전란으로 인한 가족의 이별과 재합이 주요사건이며, 갈등의 근원은 전쟁이고 전쟁이 비극을 만들어낸다. 그러나 개인으로서는 어쩔 수 없는, 불가항력적인 전쟁조차도 인간을 파멸시킬 수 없다는 것을 보여주려는 듯, 거듭되는 절망적 상황과 이별, 고난을 겪으면서도 끝내는 역경을 극복하고 가족들이 한자리에 다시 모이는 진기한 이야기가 펼쳐진다.

그런데 이 작품의 실질적인 주인공은 옥영이라고 할 수 있을 정도로 서사 전반에서 주도적으로 활약하는 인물은 *婦女* 옥영이다. <최척전>은 전란의 상황 속에서 겪게 되는 결혼, 정절, 포로, 가족 이산과 재합 등의 제 문제를 부녀의 대응방식에 중점을 두고 묘사한 작품이라고 해도 과언이 아니다. 그만큼 여주인공 옥영이 주동적인 인물이고, 작가가 옥영을 형상화하는 데에 비중을 두었다고 할 수 있다.

그렇다면 작가가 옥영이라는 여성인물의 형상화를 통해서 무엇을 말하려고 했으며, 왜 그러한 여성인물을 창조하여 형상화했는가를 천착해볼 필요가 있다. 이러한 문제의식을 가지고 작품에 접근한다면 창작 당시 작가 조위한(趙緯韓, 1567-1649)이 염두에 두고 있던 예상독자와 창작의도를 파악할 수 있을 것이기 때문이다. 이에 본고는 먼저 여주인공 옥영의 인물형상화 양상을 살펴보고, 이를 토대로 <최척전> 창작 당시의 예상독자와 창작의도를 밝혀보고자 한다.

2. 옥영의 전란 대응양상과 지성스런 삶의 자세

소설에서 등장인물의 성격은 행동에 의해서 규정돼 나간다.[1)] 즉, 등장인물의 행위 묘사를 통해 인물형상화가 이루어지는 것을 말한다. 그렇다면 세 차례의 전쟁이 사건의 전환적 국면을 불러일으킴에 따라 주인공들의 삶에 커다란 굴곡을 만들면서 이야기가 전개되는 <최척전>에서는, 여성 주인공 옥영이라는 인물이 전란에 대응해나가는 행위를 통해서 그녀의 인물 성격이 어떻게 창조되었는지를 살펴볼 수 있을 것이다. 우선 논의에 앞서 전란의 전개에 따른 옥영의 대응양상을 중심으로 작품의 경개를 정리하면 다음과 같다.

옥영은 ① 임진왜란이 발발하자 홀어머니 심씨와 함께 강화도로 피난했다가 나주를 거쳐 남원의 친척 정 상사의 집에 의탁하여 산다. ② 딸에게 의탁하기 위해 돈 많은 사위를 구하는 모친과는 달리 충후하고 믿음직스러운 최척을 배필로 삼기를 스스로 결정하여 모친을 설득한다. ③ 최척과 결혼하기로 약속했으나 최척이 의병에 징집되어 출정한 후, 돌아오지 못하고 결혼하기로 기약한 날짜를 넘기는 바람에 시련이 닥친다. 부자 양씨가 뇌물을 써서 정 상사 부부를 통해 심씨를 회유하여 모친이 양씨 자제와의 혼사를 결정해버림으로써 위기에 직면하자 전쟁 중이라 마음대로 대오를 벗어날 수 없는 최척의 특수한 입장을 변호하며 모친을 설득한다. 그러나 모친의 완고한 태도로 인해 신의를 지키기 위해 자살을 시도하여 결국 혼사장애를 극복하고 최척과 결혼하여 단란한 가정을 이룬다.

아들을 낳고 행복하게 살아가던 중, ④ 정유재란이 일어나 남원성이 함락되자 男服을 착용하고 피란한다. ⑤ 하지만 왜적의 습격을 받아 가족이 이산하고 옥영은 포로가 된다. 계속 남자로 행세하면서 무역선 타기를 자원하여 중국과 안남을 왕래하다가 결국 4년만에 남편과 다시 만난다. 항주에 정착하여 아들을 낳아 길러 중국 처녀를 며느리로 맞아들여 함께 행복하게 살아간다.

⑥ 후금의 침입으로 인해 최척이 대후금전투에 징집되자 이별의 고통을 잊고자 자결을 결심했다가 돌이켜 아들 부부를 건사하며 기다린다. 그러나 뜻밖에도 ⑦ 대후금전투에서의 패전과 병사들의 전멸 소식이 전해오자 남편이 전사한 줄 알고 죽을 결심으로 단식하다가 장육불의 계시로 다시 희망을 품게 된다. 얼마 후 ⑧ 조선 병사의 생환 소식을 전해 듣고는 남편이 고향으로 돌아갔을 것으로 판단하고 가족을 이끌고 고향으로 돌아갈 것을 결심한다. 배를 장만하고, 아들 부부에게 조선말과 일본말을 가르치고, 세 나라 옷을 각각 만드는 등 만반의 준비를 하고서 직접 배를 항해하여 조선으로 출발한다. 폭풍과 해적을 만나는 등 우여곡절을 겪은 끝에 귀환에 성공하여 남편 및 가족들과 다시 만나 행복한 가정을 되찾는다.

---

1) 鄭漢淑, 『小說技術論』, 고려대학교출판부, 1992, 85쪽.

전란의 전개에 따른 옥영의 대응양상은 아래 표와 같이 요약할 수 있다.

	전란 영향 하의 주요사건	옥영의 대응 양상
①	임진왜란 발발	편모 모시고 강화도-나주를 거쳐 남원 친척집에 의탁
②	배우자 선택	전쟁에서의 안전 고려하고, 돈 아닌 인품 기준으로 선택
③	혼사장애	전시의 특수상황임을 역설하며 모친을 설득하고, 신의를 지키려 자결을 시도하여 극복
④	정유재란과 남원성 함락	남복(男服)하고 피란
⑤	가족이산과 포로	남자로 행세하며 자원하여 무역선을 타고 다니다 4년만에 남편과 다시 만남
⑥	대후금전투	이별의 고통을 잊고자 자결을 결심했다가 돌이켜 아들 부부를 건사하며 기다림
⑦	패전과 전멸 소식	죽음을 결심하고 단식하다가 장육불의 계시로 희망을 품게 됨
⑧	귀환	조선 병사의 생환 소식에 가족을 이끌고 고향으로 돌아갈 것을 결심, 만반의 준비를 하고 배를 항해하여 귀환에 성공함

이 작품은 전란을 배경으로 한 남녀의 결연과 가족의 이합을 다루고 있는데 위의 ①~③은 남녀의 결연, ④~⑧은 가족의 이합에 해당한다. 이러한 구성과 맞물려 작품에 묘사된 옥영이라는 인물에 대해 인물형상화의 측면에서 눈여겨 볼만한 몇 가지 특징이 발견된다. 첫째, 전란을 배경으로 한 남녀의 결연에서 옥영의 주도적 구혼(求婚)과 결혼(結婚), 둘째, 전란을 배경으로 한 가족의 이합에서 여성으로서는 보기 드문 옥영의 기이한 해외편력, 셋째, 전편에 걸쳐 전란으로 인한 온갖 시련에도 불구하고 변함없이 견지한 옥영의 지성(至誠)스런 삶의 자세 등이다.

이 세 가지 측면에서 옥영의 형상화 양상을 좀더 살펴보자. 첫째로, 옥영의 적극적인 구혼과 결혼이다. 참혹한 대전란 속에서 집안에 남자나 형제도 하나 없이 처녀가 홀어머니를 모시고 피란생활을 하면서 이곳저곳을 전전하며 생을 꾸려간다는 것은 너무나 어렵고 막막한 처지가 아닐 수 없다. 그러한 전란의 현실에 대응해나가는 옥영의 적극적이고 주도적인 구혼과 결혼 과정은 그녀의 인물형상화에 중요한 역할을 담당한다. 지혜롭게 상황을 판단하고 믿음직한 배필감을 찾아 적극적이고 주도적으로 결연을 이루어나가는 한편 예와 이치로써 어머니를 설득하고, 죽음도 불사한 정성으로 신의를 지켜 혼약의 맹세를 성취한다. 옥영은 혼인이라는 백년대계를 지혜롭게 도모하여 안정과 홀어머니 봉양이라는 난제들을 일거에 해결한다. 효

(孝)와 정절(貞節)이 서로 충돌하는 상황에서 보여준 옥영의 행동들은 정절과 진정한 효를 동시에 쟁취해나가는 지혜로운 처녀/딸의 형상이다. 또한 결혼 후 부지런히 집안일을 하며 효로써 어른을 섬기고 남편을 내조하여 집안을 일으키는 일련의 행동을 통해 옥영을 현모양처(賢母良妻)로 형상화하고 있음을 볼 수 있다.

둘째로, 옥영의 기이한 해외편력이다. <최척전>의 후반부는 전란으로 인한 가족의 이합을 다루고 있는데 남녀 주인공의 기이한 해외편력이 이야기의 주요 내용이다. 이 작품에서 옥영의 인물형상을 규정해나가는 행위 가운데 가장 눈에 띄는 것도 바로 그녀의 해외편력이다. 정유재란 때 왜적의 포로가 된 옥영은 일본으로 끌려갔다가 4년 동안 무역선을 타고 중국, 유구, 안남 등지를 오가던 중 안남에서 최척을 만나 재합하여 항주에서 십여 년을 살다가 대후금 전쟁으로 말미암아 또다시 최척과 이별한 후 아들 내외를 이끌고 직접 항해하여 남원 옛집으로 귀환함으로써 온 가족들과 다시 만난다. 전란의 소용돌이 속에서 옥영이 동아시아 세계를 두루 떠돌며 현실을 열어가는 행위 방식을 통해서 작가는 매우 개성적인 인물형상을 창조해내고 있다.

작가는 전란의 소용돌이 속에서 옥영이 동아시아세계를 돌며 새로운 환경에 적절히 대처하면서 의연히 현실을 열어가는 행위 방식을 통해서 자립적이고 의지적인 여성 인물형상을 창조해내었다.

셋째로, 옥영의 지성스런 삶의 자세이다. 옥영은 전란으로 인한 온갖 시련에도 불구하고 시종일관 지극한 정성을 다하는 삶을 견지한다. 옥영은 이같이 지성스런 삶의 자세로 전란에 대응함으로써 난관을 극복하고 궁극적으로 행복을 쟁취한다. 그리하여 옥영은 행복하고 든든한 가정을 세우는 효녀이면서 현모양처이고, 절부(節婦)이면서 강인한 어머니가 된다.

옥영을 이와 같이 형상화함으로써 작가는 '지성(至誠)'을 전란 극복의 대응양식으로 제시하고 있다고 할 수 있다.

> (전략) 이것을 어찌 인력의 소치라 하겠는가? 필시 황천후토(皇天后土)가 지성(至誠)에 감동하여 이런 기특한 일을 이룬 것이다. 필부(匹婦)도 성(誠)을 다한다면 하늘도 어기지 않는 법이다. 성(誠)을 가릴 수 없음이 이와 같도다![2]

이처럼 작품 종결부의 논평에서 조위한이 여주인공의 행위를 지성(至誠)으로 요약하고 그 중요성을 강조한 것은 바로 이 점을 언표화한 것이라 하겠다.

---

2) 趙緯韓, <崔陟傳>(민영대, 『趙緯韓과 崔陟傳』 부록 원문, 아세아문화사, 1993, 367쪽) 此豈人力之所致? 皇天后土, 必感於至誠, 能致此奇特之事也. 匹婦有誠, 天且不違, 誠之不可掩, 如是夫!

3. 예상독자와 창작의도

어떤 작품이든지 항상 누군가를 위해 씌어지게 마련이고, 내가 어떤 독자를 상대로 글을 써야겠다라고 생각하는 작가의 의도가 작품의 제작에 상당한 영향을 미치는 것이 사실이다.[3] 작품에는 어떤 모양으로든 작가의 의도가 담겨 있으며, 어떤 작품이든지 의미와 지향점을 담고 있다. '작품이란 작가 자신이 그가 처한 시대적 상황과의 이상적 관계를 추구해 보려는 과정에서 창출된 것'[4]이기 때문이다. 그렇다면 <최척전>을 창작하면서 조위한은 누구를 위해, 그리고 어떤 의도로 작품을 썼을까? 창작 당시 조위한이 처한 시대적 상황과 작품의 주동적 인물 옥영의 형상화 사이의 관계성을 실마리로 삼아 살핀다면 그가 염두에 두고 있던 예상독자와 창작의도를 추론해 볼 수 있을 것이다.

<최척전>의 창작과 관련하여 기존에는 조위한이 전쟁을 겪던 중 어린 딸과 부인, 제수 등과 사별한 사실 등 과거의 불행한 가족력에 초점을 맞추어 과거 상처에 대한 개인적·사회적 치유와 보상으로서의 창작과 인물형상화로 이해하는 것이 일반적이었다. 그러나 그동안 간과되었던 중요한 사실 하나는, 이 작품을 창작할 당시 조위한에게는 17세의 큰딸(1605년생)과 13세의 둘째딸(1609년생), 그리고 12세와 7세의 아들 둘이 있었고, 큰딸과 작은딸이 각각 1623년과 1625년에 시집갔는데[5] 당시 여성은 14세에 관례를 치르는 것이 일반적이었고, 작은딸도 17세에 결혼했으므로 1621년에 17세이던 큰딸은 이미 과년한 처녀라 할 수 있어, 이로 보건대 <최척전>을 창작한 1621년 무렵은 그가 딸을 시집보내는 문제에 관심을 가졌을 시기였다는 점이다. 따라서 작가 조위한의 이러한 개인적 상황을 고려한다면, 이 작품의 창작 배경에 대해 기존과 달리 현실적 혹은 미래지향적 관점에서 파악하는 새로운 시각 전환도 가능할 것이다.

당시 조선은 대외적으로 임진왜란과 정유재란을 일으켰던 왜의 재도발 가능성을 예의주시하고 있었고, 1619년 대후금전투 패배 이후 후금의 팽창과 위협 등으로 인해 주변국들에 대한 경계를 늦추지 못하고 있던 상황이었다. 당시 동아시아는 국제질서의 재편으로 진통을 겪고 있던 시기였기에 크고 작은 전쟁이 쉬지 않고 이어지는 격동의 시대를 보내고 있었다. 명의 쇠퇴로 인한 세력 균형의 상실과 대전란 이후 쇠약해진 국력, 왜와 후금 등 주변국의 도발 위협 등 갖가지 위험요소들이 도사리고 있는 상태였기 때문에 불투명한 미래 속에 언제라도 닥칠지 모르는 전란에 대비해야만 했었다.

게다가 대내적으로 조선 사회는 전쟁의 위협에 직면한 여성들에게 '죽음'을 강요하고 있었다. 조선 사회는 가부장제 확립을 위해 1592년 임진왜란이 일어나기까지 1세기 반이 넘는

---

3) 김현, 『한국문학의 위상/ 문학사회학』, 문학과지성사, 1992, 308-309쪽.
4) 金采洙, 『동아시아문학 기본구도 I』, 박이정, 1995, 93~94쪽.
5) 민영대, 『趙緯韓의 삶과 문학』, 103-107쪽의 年譜 참조.

기간 동안 『삼강행실열녀도(三綱行實烈女圖)』의 보급·학습을 통해 열녀(烈女)와 열행(烈行)의 문법을 여성의 머릿속에 주입해왔다. 자기 가학적 신체 훼손, 자살 등 가혹하고 극단적인 방식을 택하도록 내몰며 의식화시켰다. 그 결과 임진왜란을 당하자 수많은 부녀자들이 죽음을 선택했다. 격렬히 저항하여 타살되거나 아예 스스로 목숨을 끊었다. 심지어는 적이 나타나기도 전에 스스로 물에 뛰어들거나 자결하는 등 목숨을 초개처럼 버렸다. 임진왜란은 죽음으로써 저항하는 여성의 이미지를 창출해냈고, 그러한 열녀의식은 이 전쟁을 계기로 조선 사회 전체에 퍼졌다. 임진왜란을 전후하여 조선 사회는 여성들에게 모두 '죽음'이라는 가장 잔혹한 방법으로 '열녀'가 되라고 강요하고 있었다고 해도 과언이 아니다.[6)]

임진왜란 7년 동안 대전란의 참담함을 겪었고 그 후유증을 경험하고 있는 전쟁세대로서, 게다가 이러한 시대적 상황 하에서 곧 결혼해야 할 적령기의 딸을 둔 부모로서 무엇인가 자녀에게 삶의 지혜가 담긴 교훈을 제시해주어야겠다는 생각을 품는 것은 자연스런 현상이다. 조위한이 <최척전>을 창작한 배경을 바로 이러한 시각에서 바라볼 수 있다. 즉, '부녀 교훈(婦女 敎訓)'이라는 현실적 필요가 이 작품의 창작에 작용한 것으로 볼 수 있다는 것이다.

역사적으로 '열녀'는 고려 말까지 존재하지 않았고 여말선초 사대부들에 의해 발명되어 『삼강행실열녀도』를 비롯한 여성 의식화 텍스트를 통한 교화기를 거친 후 임진왜란을 계기로 17세기에 비로소 만들어진 것으로 알려져 있다. 그 이전까지는 '절부(節婦)'가 존재했는데, 절부는 남편의 부재(주로 사망) 시에 다시 결혼하지 않는 여성을 지칭하는 것으로 아내 부재 시에 다시 결혼하지 않는 남성인 의부(義夫)와 짝을 이루고 있었다. 그러나 임진왜란 이후 조선 사회는 열녀 담론을 통해서 전쟁으로 폭로된 국가-남성의 모순과 무능을 은폐했고, '열녀'의 생산을 위해 『삼강행실열녀도』를 비롯한 각종 텍스트들을 생성·전파하면서 여성들에게 '잔혹성을 띤 열행을 강제'하고 있었던 것으로 밝혀졌다.[7)] 이러한 사회적 조류 속에서 조위한은 <최척전>에서 옥영이라는 여성인물의 형상화를 통해, 죽음을 향해 질주하는 열녀 담론을 비판적으로 성찰하고 있다.

먼저 여주인공의 이름을 옥영이라고 한 것에서부터 시작한다. 玉英이라는 이름은 당시 운학(韻學)에 밝았던 사람들이 선호하던 이름자였던 것으로 보인다. 조위한과 동시대의 인물인 유몽인은 친족 가운데 손녀뻘 아이의 이름인 운영(雲英)이 소리가 낮은 것을 꺼려하여 옥영(玉英)으로 고치도록 했다.[8)] 그러나 무엇보다도 옥영(玉英)이라는 이름은 조선 정부의 대대적인 보급·강습 사업으로 널리 알려진 『삼강행실도』를 통해 익숙해진 인명이었다는 점에 주목할 필요가 있다.

6) 강명관, 『열녀의 탄생』, 돌베개, 2009, 315-330쪽.
7) 위의 책, 16-23쪽; 46-47쪽; 331쪽.
8) 柳夢寅, 신익철·이형대·조융희·노영미 역, 『於于野譚』, 돌베개, 2009, 518-519쪽.

『삼강행실도』는 세종 14년(1431)에 처음 편찬되어 세종 16년(1433)부터 전국에 보급되기 시작한 국민 교육서였다. 단종 원년(1453)에 재인되었고, 특히 성종 12년(1481)에는 언문으로 된 『언문삼강행실열녀도』가 인쇄, 배포되었다. 성종 21년(1490)에는 효자·충신·열녀 각 35인씩을 뽑아 총 105장으로 축약하여 1책으로 개찬한 산정언해본이 간행되었고, 이듬해에 "우부우부(愚夫愚婦)까지 두루 알지 못함이 없게 하라."는 명령과 함께 서울과 팔도 군현에 내려졌다. 그 후에도 중종 5년(1510)에도 팔도에 반포되었으며, 이듬해(1511)에는 2천940질이 반포되는 등 중종 연간에만도 세 차례나 『삼강행실도』가 인출, 반포되었다. 그 후 명종 9년(1553)과 선조 39년(1605)에도 반포되는 등 조선 후기 철종 10년(1858)까지 총 17차례나 간행·반포되면서 대대적으로 보급된 서적이다.[9)]

조선은 『삼강행실도』의 보급과 더불어 교육에도 각별한 노력을 기울였다. 예를 들자면, 성종 2년에는 "『삼강행실』을 여러 고을의 교생(校生)으로 하여금 강습하게 하되, 제때에 아울러 강(講)하게 하여 풍속을 권장하도록 하라."고 명했으며, 성종 12년 3월에는 "『언문삼강행실열녀도』를 경중(京中) 오부(五部)와 제도(諸道)에 반사(頒賜)하여, 촌부항녀(村婦巷女)에게 강습하게 하라."고 명했다. 같은 해 4월에는 『삼강행실열녀도』를 경성 오부와 팔도 군현에 나누어 우부우부(愚夫愚婦)들도 모조리 알도록 두루 강습시킬 절목(節目)을 마련하라는 어명이 있었고, 이에 따라, '경중(京中)에서는 가장(家長)에게, 외방에서는 촌로(村老) 중 명망 있는 자를 골라 가르치게 할 것'을 제안하였다.[10)]

『삼강행실열녀도』는 조정에서 전국적으로 펼친 대대적이고 지속적인 보급과 강습 사업으로 말미암아 시골의 부녀까지도 학습해야 했던 가장 보편적인 여성 교양 교육서였다. 그 책에 '옥영이 바다에 빠지다(玉英沈海)'라는 당나라 때 열녀 이야기가 있는데 그 여주인공의 字가 옥영이다. 그녀는 배를 타고 가다가 도적을 만나 남편이 죽임을 당하고 겁탈을 당할 위기에 처하자 기지를 발휘한다. 거짓으로 응낙하며 옷을 갈아입겠다고 함으로써 틈을 얻어 겁탈의 순간을 모면한다. 옷을 갈아입고 나서는 도적을 꾸짖고 바다에 몸을 던져 정절을 지킨다.[11)]

옥영이라는 인물이 도적을 만나 겁탈의 위기에 처했을 때 기지를 발휘하여 모면하고 옷을 갈아입는 등의 위기대처, 배를 타고 바다를 항해하거나 열절(烈節)을 위해 바다에 투신하는 등의 묘사는 인물형상의 측면에서 『삼강행실열녀도』와 <최척전>이 매우 흡사하다. 이와 같은 인물형상 및 사건의 유사성은, <최척전>의 여성 주인공을 '옥영'이라고 명명하는 순간부터 '전경화(forgrounding)'[12)] 된다. 즉, 고전시학에서 용사(用事)와 같은 효과가 발생하는

9) 김원용, 「삼강행실도(三綱行實圖)에 대하여」, 『삼강행실도 열녀편』, 세종대왕기념사업회, 1982, 3-18쪽; 류탁일, 「초간 삼강행실도(한문본)에 대하여」, 『한국문헌학연구』, 아세아문화사 1989, 394-395쪽.

10) 『성종실록』 성종 2년 3월 28일(신축); 성종 12년 3월 24일(무술); 성종 12년 4월 1일(계미); 성종 12년 4월 21일(을축).

11) 『삼강행실도 열녀편』, 76쪽.

것이다. 전고(典故)의 역할과 마찬가지로 『삼강행실열녀도』의 옥영에 대한 '당대인의 무의식적인 인식이 작중 인물을 통해 투영'[13]되는 것이다.

〈『삼강행실열녀도』의 옥영침해(玉英沈海)〉

1431년에 『삼강행실도』 열녀편이 제작·보급된 이래 1592년 임진왜란이 일어나기까지 1세기 반이 넘는 기간 동안 『삼강행실열녀도』의 열녀와 열행의 문법이 여성의 머릿속에 주입되어 왔기 때문에 임진왜란을 당하자 수많은 부녀자들이 스스로 물에 뛰어들거나 자결

12) 전경화에 대하여 정끝별은 무카르죠프스키의 용어를 차용하여, '독자들의 주의를 환기시키기 위하여 전체 문맥에서 그 부분이 앞으로 돌출되어 있음을 의미'하는 것으로 정의한다.(정끝별, 『패러디의 시학』, 문학세계사, 1997, 60쪽)

13) 최기숙, 『17세기 장편소설 연구』, 월인, 1999, 242쪽.

하는 등 목숨을 초개처럼 버렸다.14) 그만큼 옥영의 서사와 인물형상을 포함한 『삼강행실열녀도』는 원텍스트로서 이미 문화적 동질성과 사회적 지위를 확보하고 있었던 것이다. 따라서 옥영이라는 '고유명사 하나만으로도 그 자체로 가시적인 전경화 장치가 될 수 있으며 일반 독자도 원텍스트를 쉽게 소급'15)할 수 있었다.

『어우야담』에 실린 <홍도 이야기>는 <최척전>의 옥영이라는 이름이 가시적인 전경화의 장치임을 방증한다. <홍도 이야기>는 <최척전>과 동일한 사건을 다룬 작품이지만 여주인공의 이름이 '홍도(紅桃)'이다. <최척전>에서 명나라 사람 진위경의 딸이자 최척·옥영 부부의 둘째 며느리의 이름이 '홍도'인 것과는 다르다.

이 두 작품의 상관성에 대하여 학계에서는, 당시 항간에 널리 퍼졌을 같은 내용의 사건이 거의 같은 시기인 1621년 무렵에 하나는 사실 중심의 보고적 기술인 <홍도 이야기>로, 하나는 사실을 바탕으로 허구화한 플롯 중심의 <최척전>으로 나타난 것으로 보는 것이 일반적이다. 유몽인은 그 기이한 사건을 후대에 남기기 위해 사실을 중심으로 간략하게 기술한 반면, 조위한은 최척에게서 들은 이야기에다가 자신의 체험을 허구화하고, 독자들이 좀더 사실적으로 인식할 수 있도록 작가적 기량을 발휘하여 창작한 작품으로 보고 있다.16) 물론 조위한이 작품의 남주인공인 최척에게서 직접 이야기를 들었다는 것을 전제로, 옥영이라는 여주인공의 이름이 본래부터 그 이름이었기에 있는 그대로 사용한 것일 뿐 작가의 '서사적 장치'가 아니라고 할 수도 있겠다. 그러나 이미 선행연구자에 의해 밝혀졌듯이, '최척'은 실존인물이기는 하지만 그의 실제 행적은 작품 내용과는 확연히 다르기에 <최척전>은 최척 개인의 체험담으로 볼 수 없으며 오히려 작가 조위한의 체험과 긴밀한 상관성을 지니면서 거의 모든 내용이 작가에 의해 치밀하게 고안된 것17)임을 고려한다면 여주인공의 이름이 홍도 혹은 다른 이름이

---

14) 강명관, 앞의 책, 291-331쪽.

15) 정끝별, 앞의 책, 217-218쪽.

16) 민영대, 『趙緯韓의 삶과 문학』, 국학자료원, 2000, 416-418쪽.
한편, 엄태식은 <최척전>과 유몽인의 『어우야담』 소재 <홍도>의 상관성에 관한 기존의 견해를 ① <홍도> 선행설, ② <홍도>와 <최척전> 무관설, ③ <최척전> 선행설 등 세 가지로 정리하고, ①을 지지하는 입장에서 조위한이 <홍도>를 의도적으로 변개하여 <최척전>을 창작한 것으로 보았다. 그는 "<최적전>의 서사가 완전한 허구라면 작품 말미의 기록도 허구일 가능성이 충분하다."고 하면서 이 작품의 창작 시기인 1621년 윤2월이라는 후지의 기록을 부정하고, 이민성의 <題崔陟傳>의 註에 실린 '商山士人'이란 언급을 근거로 조위한이 商山에 기거한 것으로 추정되는 1622년에서 1623년 사이에 창작된 것이라고 주장한다. 그러나 그의 논증은 증명되지 않은 가설을 다른 주장의 근거로 삼아 가설에서 가설로 이어짐으로써 비약이 매우 심하고 논리적 타당성이 희박하다. 작품 말미의 기록이 허구일 가능성에 대한 근거로 그가 제시한 <주생전>의 후지 기록과 실제 창작시기 및 작가 사이의 상관성 문제만 하더라도 무리한 추론을 근거로 이견을 제시했던 자신의 다른 논문을 논거로 제시하고 있다.(엄태식, 「최척전의 창작 배경과 열녀 담론」, 『한국고전여성문학연구』 24, 한국고전여성문학회, 2012, 81-124쪽) 그러나 실상은 그의 주장과 달리 <주생전>이나 <최척전>의 후지를 부정할 만한 명확한 근거가 없으며, 따라서 그가 <최척전>의 창작시기를 늦추어 잡는 것은 '<홍도>를 변개하여 창작한 것'이라는 자신의 가설을 관철시키기 위해 견강부회한 것이라 하겠다.

17) 양승민, 「崔陟傳의 창작동인과 소통과정」, 『고소설연구』 9, 한국고소설학회, 2000, 88-89쪽.

아니고 '옥영'인 것은 작가의 계산된 서사적 장치로 봄이 타당할 것이다. 작가는 『삼강행실열녀도』의 열녀 이름을 끌어와 여주인공에게 부여함으로써 옥영을 형상화하는 데에 모종의 효과를 거두려 했다고 할 수 있다.

따라서 여주인공의 이름 옥영은 『삼강행실열녀도』의 열녀에서 가져와 전경화하는 서사 장치로 볼 수 있다. 열녀 옥영에 대한 독자의 무의식적 인식이 여주인공 옥영을 통해 투영되게 하는 전략을 통해 옥영을 형상화한 것으로 해석된다. 그러나 조위한은 <최척전>의 옥영에게 끝끝내 자살을 승인하지 않는 형상화 방식을 통해서, 『삼강행실열녀도』를 매개로 임진왜란 이후 조선 사회에 팽배해진 살인적인 열녀담론을 비껴가며 탈주선을 그린다.

<최척전>에서 여주인공 옥영은 위기가 닥칠 때마다 수없이 자살을 시도한다. 결혼을 앞둔 상황에서 최척이 의병에 징집된 후 혼인 날짜를 넘기도록 돌아오지 않자 심씨가 억지로 부잣집에 시집보내려고 해서 옥영은 수건으로 목을 맨다. 왜적에게 붙잡혀 포로로 일본에 끌려가자 여러 차례나 물에 빠져 죽으려고 시도한다. 최척이 대후금전투에 징집됨에 따라 재차 이별하게 되자 칼을 뽑아 목을 찌르려고 한다. 대후금전투에서 군대가 전멸했다는 소식을 듣고 최척도 전사했을 것이라 여기고는 밤낮 통곡하며 죽을 작정으로 단식한다. 고향으로 돌아가기 위해 몽선과 홍도를 데리고 항해하다가 폭풍과 도적을 만나 결국 배를 빼앗겨 양식도 없이 무인도에 고립되자 옥영은 높은 절벽으로 올라가 몸을 던지려 한다. 그러나 작가 조위한은 옥영의 서사에서 끝끝내 자살을 승인하지 않는다. 오히려 그는 옥영의 행위 묘사를 통해 여성들의 각양각색의 자살 이유와 자살 방법을 보여주면서 그 어떠한 경우라도 여성의 자살을 용인해서는 안 됨을 역설하고 있다. 그는 '진인사(盡人事)'의 정신으로 끝까지 삶을 포기하지 않고 살아서 가족들과 다시 만나기 위해 '정성을 다해야함(至誠)'을 주장하면서[18] 당시 조선 사회에 만연된 열녀 담론을 비판적으로 재구성하고 있는 것이다.

조위한은 조선의 경직된 성리학적 담론의 한계와 사회적 모순을 절감한 비판적 지식인이었고, 특히 『장자(莊子)』에 심취한 인물이었다.[19] 『장자』를 위시한 도가사상은 생명을 보존하고 상해를 피하는 '경물중생(輕物重生)'의 사상을 근간으로 한다.[20] 장자는 생명을 해쳐도 될 만큼 중요한 것은 없다고 단언한다.[21] 사람들이 성인과 현자로 추앙하는 사람들을, 이름에 얽매여 죽음을 가벼이 여기고 근본이 되는 목숨을 소중히 하지 못한 사람들이라고 비판한다.[22] 그리고 그들의 행위를 모방·재생산하는 것도 어리석은 짓임을 역설한다.

---

18) 신태수, 「자기치유 관점에서 본 崔陟傳」, 『한국언어문학』 85, 한국언어문학회, 2013, 235-236쪽.
19) 申欽, 「玄谷集敍」, 『국역 상촌집』 Ⅲ, 민족문화추진회, 1994, 328쪽. "조자는 … 서책이라면 보지 않은 서책이 없었지만 그 중에서도 장주(莊周)를 더욱 좋아하였다."
20) 馮友蘭, 정인재 역, 『中國哲學史』, 형설출판사, 1987, 96-103쪽.
21) 『莊子』 雜篇 讓王 第二十八.(宋志英 역해, 동서문화사, 1978, 365쪽)
22) 『莊子』 雜篇 盜跖 第二十九.(위의 책, 387-389쪽)

> 송(宋)나라 연문 근처에 부모상을 입은 사람이 있었다. 그는 상례를 잘하여 몸이 여위었다. 나라에서 벼슬을 주어 표창했다. 그를 흉내낸 무리들이 여위거나 반이 죽었다. 요(堯)가 허유(許由)에게 천하를 주자 허유는 도망했다. 탕(湯)이 무광(務光)에게 천하를 주려 하자 무광은 화를 냈다. 기타(紀他)는 이를 듣고 제자를 이끈 채 관수 물가에 주저앉아 물에 빠져죽겠다고 하니 제후들이 위문했다. 3년 후 신도적(申徒狄)은 누가 그에게 천하를 주고자 하지도 않았는데 황하에 뛰어들어 죽었다.[23)]

그러나 조선 사회는 열녀를 발굴하여 표창하고 열녀서사를 만들어 유포시킴으로써 열녀 재생산에 노력을 기울였다. 임진왜란 이후에는, 지속적인 사례 발굴 사업을 거친 『동국신속삼강행실도(東國新俗三綱行實圖)』(1615)의 간행을 통해 전쟁을 초래한 체제의 무능과 위기를 피지배층에 대한 윤리적 의식화를 강화함으로써 돌파하려고 했다. 그 책에 수록된 열녀들 가운데 임진왜란을 배경으로 한 열녀는 모두 죽음이라는 잔혹한 방법으로 열녀가 된 여성들이라는 것이 특징적이다. 열행을 위한 수많은 여성들의 죽음은 의식화의 산물이었는데, 조선 사회는 임진왜란으로 발생한 열녀들에 대한 표창과 찬미를 통해 열녀의식을 더욱 강화해 나가고 있었다. 이러한 사회 분위기는 여성들을 옭죄어 열녀 이데올로기에서 벗어날 수 없게 만들었고, 점차 여성 스스로 열녀의식을 실천·강화하도록 유도하고 있었다.[24)]

죽음을 선택한 여성만을 열녀로 표창하고 찬미함으로써 여성들에게 자살을 강요하는 이러한 사회 조류 속에서 조위한은 옥영의 형상화를 통해 열녀담론의 핵심인 자살을 거부함으로써 열녀담론에 저항했다고 할 수 있다.[25)] 그는 어떠한 역경 가운데서도 스스로 삶을 포기하지 말고 지성스런 삶의 자세로 진인사대천명(盡人事待天命)할 것을 주장한다. '필부(匹婦)도 성(誠)을 다한다면 하늘도 어기지 않는 법'이므로 희망을 품고 끝까지 정성을 다하며 살아야 한다는 것이다.

조위한은 1612년에 탄핵을 받아 파직된 데 이어 정치적인 음해를 받아 1613년 계축옥사에 억울한 누명을 쓰고 투옥되자 자신은 이제 죽을 수밖에 없는 운명이라 여기고 자살하려다가, 죽지 말고 최선을 다해 자신의 결백을 주장하라는 형의 권고를 듣고 심문에 임하여 다행히 3일만에 석방되었다. 그는 투옥되기 직전 집에 들러 아내에게 이렇게 말한다.

---

23) 『莊子』 雜篇 外物 第二十六.(위의 책, 358-359쪽)

24) 강명관, 앞의 책, 301-332쪽.

25) 장경남은 작가 조위한이 이 작품에서 옥영이 자살하려는 순간마다 장육불의 현몽을 통해 죽음에서 삶으로 전환시킨 것은 "열녀의 절사에 대한 문제 제기"이며, "살생을 금하고 있는 불교적 입장을 끌어들임으로써 유교적 질서를 위해 죽음까지도 찬양해야 되는 당대의 열녀 이데올로기에 정면으로 대응한 것"으로 보았다.(장경남, 「17세기 열녀담론과 소설적 대응」, 『민족문학사연구』 47, 민족문학사학회, 2011, 122-123쪽)

> 너는 바야흐로 잠들어서 내가 어루만지면서 너의 어머니에게 말하기를 "비록 내가 죽더라도 만약 이 아이가 산다면 어떻게든 가성(家聲)이 떨어지지는 않을 것이니 이 아이를 잘 기르고, 내가 죽는다고 (당신의) 생명을 해쳐서는 안 되오."라고 하였다.[26]

조위한은 남편이 죽으면 아내는 남편을 따라 자살해야 한다는 당시의 보편화된 열녀관념 때문에 자신의 아내가 자살할 것임을 알고 있었다.[27] 그는 그것을 인지하고 염려하여, 미리 아내에게 자살하지 말 것을 유언으로서 명령한 것이다. 그는 비록 자신이 죽더라도 자기 아내가 따라서 자살하는 것을 결코 원치 않았다. 자녀들을 양육하며 최선을 다해 삶을 살아가기를 바랐다.

사랑하는 자신의 아내가 자살하기를 바라는 남편은 없을 것이다. 사랑하는 자신의 딸이 자살하는 것을 달가워할 부모는 더더욱 없을 것이다. 아무리 세상 사람들에게 열녀로 높이 추앙받으며 정려(旌閭)됨으로써 가문에 영광이 주어진다 해도 목숨을 잃으면 그 모두가 헛된 것임을 조위한은 동생 조찬한의 부인 고흥 유씨의 절사(節死)를 통해 뼈저리게 느꼈을 것이다.[28] 가족 구성원의 죽음은 무엇으로도 그 부재를 대신할 수 없기에 단란한 가정의 회복에 치명적이며 깊은 정신적 상처로 남을 수밖에 없다. 또한 유가적 윤리로만 보아도 자살은 孝를 위반하는 반인륜적 행위이다. 부모로부터 받은 신체를 훼손하지 않는 것이 孝의 시작이기 때문이다. 따라서 그러한 기형적이고 살인적인 열녀담론에 동조할 수 없었고, 자신의 딸들이 그 희생물이 되도록 방관할 수 없었을 것이다.

조위한은 <최척전> 옥영의 형상화를 통해서, 죽어야만 되는 '열녀'가 아니라 살아있는 '절부(節婦)'를 대안으로 제시하고 있다. 그는 끈질기게 옥영의 자살을 용인하지 않음으로써 열녀가 아닌 절부로 형상화한다. 죽지 말고 살아서 지성스런 삶의 자세로 역경을 뚫고 나가야만 비로소 진정한 효녀, 절부, 현모양처, 강인한 어머니가 될 수 있음을 보여준다.

결국 작가 조위한은 옥영이라는 이상적 여성인물을 형상화하여 제시함으로써 자신의 딸들이 믿음직한 배우자를 만나 정절과 진정한 효를 동시에 쟁취해나가는 지혜로운 처녀/딸로, 또한 근면하며 효로서 어른을 섬기고 남편을 내조하여 집안을 일으키는 현모양처로, 전란의 소용돌이 속에서도 꿋꿋이 현실을 열어가는 자립적이고 의지적인 부녀로, 지성스런 삶의

---

26) 趙緯韓, 「祭亡子倚文」, 『玄谷集』 卷13(한국역대문집총서 1790, 한국문집편찬위원회, 1999). 汝方牢睡 余撫摩 而語汝母曰 我雖死 此兒若生 則庶不墜家聲 善養此兒 勿以我死爲傷生也

27) 강명관은 『동국신속삼강행실도』(1615)의 열녀를 분석하면서, "여성이 열녀 이데올로기에 감염되는 정도가 선조조에 와서 매우 심화" 되었으며, "실제 자살을 선택한 여성들은 남편을 따라 자살하는 것을 의심할 바 없는 윤리로 수용하고 있었다. … 남편의 죽음에 아내가 즉각 자살을 떠올리는 것은 특별한 일이 아니라 매우 자연스러운 일이 되었다."고 지적했다.(강명관, 앞의 책, 309쪽)

28) 고흥 유씨의 절사로 말미암은 조찬한의 심리적 고통이 『玄洲集』(한국문집총간 79, 민족문화추진회, 1999)의 <欲哭>(卷1)과 <祭亡室文>(卷14)에 절절히 표현되어 있다.

자세로 난관을 극복하고 행복을 쟁취하는 진정한 효녀이자 현모양처요 절부이자 강인한 어머니로 살아가기를 기대하는 자신의 소망을 담아낸 것으로 볼 수 있다. 전란으로 파괴된 수많은 가정들을 목도하고 또 몸소 아내와 딸의 죽음과 제수의 절사(節死)를 겪으면서 가정의 행복에 부녀의 역할이 절실함을 인식한 그는 <최척전>을 통해, 전쟁의 위협이 도사리고 있는 격동의 시대 속에서 행복하고 든든한 가정의 건설과 회복에 필요한 것은 열녀가 아니라 옥영과 같은 여성임을 보여주며 딸들을 교훈한 것이라 하겠다.

4. 맺는 말

<최척전>의 서사 전반을 주도하는 실질적인 주인공은 옥영이라는 여성인물이다. 그리고 전란의 상황 속에서 겪게 되는 결혼, 정절, 포로, 가족 이산과 재합 등의 제 문제를 옥영의 대응방식에 중점을 두고 묘사한 작품이라고 할 수 있을 만큼 작가는 옥영을 형상화하는 데에 비중을 두고 있다. 이에 본고는 작가가 옥영이라는 여성인물의 형상화를 통해서 무엇을 말하려고 했으며, 왜 그러한 여성인물을 창조했는가라는 문제의식 아래 창작 당시 작가 조위한이 염두에 두고 있던 예상독자와 창작의도를 천착했다.

본고는 우선 이 작품에서 세 차례의 전쟁이 사건의 전환적 국면을 불러일으킴에 따라 주인공들의 삶에 커다란 굴곡을 만들며 이야기가 전개된 것을 감안하여, 전란의 전개에 따른 옥영의 대응양상을 중심으로 인물성격이 어떻게 창조되었는지를 살펴보았다. 첫째, 전란을 배경으로 한 남녀의 결연 과정에서 옥영은 적극적이고 주도적으로 결연을 이루어나간다. 정절과 진정한 효를 동시에 쟁취해나가는 지혜로운 처녀/딸로 형상화되었다. 둘째, 전란을 배경으로 한 가족의 이합과정에서 옥영은 여성으로서는 보기 드물고 기이한 해외편력을 한다. 동아시아세계를 돌며 새로운 환경에 적절히 대처하면서 의연히 현실을 열어가는 자립적이고 의지적인 여성으로 형상화되었다. 셋째, 전편에 걸쳐 전란으로 인한 온갖 시련에도 불구하고 옥영은 변함없이 지성스런 삶의 자세를 견지한다. 지성스런 삶의 자세로 난관을 극복하고 행복을 쟁취하여 행복하고 든든한 가정을 세우는 효녀이자 현모양처요 절부이자 강인한 어머니로 형상화되었다.

또한 본고는 작가가 이렇게 옥영이라는 여성인물을 형상화한 방식과 작가 자신이 처한 시대적 상황과의 관계를 실마리로 삼아 창작 당시 조위한이 염두에 두고 있던 예상독자와 창작의도를 천착했다. 1621년 <최척전>을 창작할 무렵은 조위한이 과년한 딸을 시집보내는 문제에 관심을 가졌을 시기였는데, 당시는 전쟁의 위협이 도사리고 있는 격동의 시대였고 조선 사회는 살인적인 열녀담론으로 여성에게 자살을 강요하는 조류에 휩싸여 있었던 사실에 착안하여 부녀 교훈을 창작의도로, 그의 딸들을 예상독자로 파악했다.

작가는 여주인공의 이름 옥영을 『삼강행실열녀도』의 열녀에서 가져와 전경화하는 서사 장치로 사용하여 열녀 옥영에 대한 독자의 무의식적 인식이 여주인공 옥영에 투영되게 하는 전략을 사용하였다. 그러나 조위한은 <최척전>의 옥영에게 끝끝내 자살을 승인하지 않는 형상화 방식을 통해서, 『삼강행실열녀도』를 매개로 임진왜란 이후 조선 사회에 팽배해진 살인적인 열녀담론을 비판적으로 재구성하였다.

조위한은 옥영의 형상화를 통해 죽지 말고 살아서 지성스런 삶의 자세로 역경을 뚫고 나가야만 비로소 진정한 효녀, 절부, 현모양처, 강인한 어머니가 될 수 있음을 보여주었다. 옥영이라는 이상적 여성인물을 형상화하여 제시함으로써 딸들에 대한 자신의 소망을 담아내었다. 결국 조위한은 <최척전>을 통해, 전쟁의 위협이 도사리고 있는 격동의 시대 속에서 행복하고 든든한 가정의 건설과 회복에 필요한 것은 열녀가 아니라 옥영과 같은 여성임을 보여주며 딸들을 교훈한 것이라 할 수 있다.

Ⅱ.

주생전의 독자와 창작의도

권필은 왜 <주생전>을 지었는가라고 하는 문제는 작품 이해의 열쇠가 된다. 하지만 작품 내용의 독특성과 파격성, 그리고 작품에 대한 역사적 고찰의 미흡으로 인해 그동안 제대로 파악할 수 없었다. 그도 그럴 것이 이 작품은 당시 조선의 상황과는 매우 동떨어진 내용을 담고 있기 때문이다. 권필이 살았던 16세기는 이황(李滉, 1501~1570)과 이이(李珥, 1536~1584) 등의 석학들이 조선성리학을 집대성하면서 정점을 이룬 시기였다. 아무리 그 당시 16세기가 도학(道學)적 문학에 대한 회의와 반성이 일어나 조선 시단(詩壇)에 남녀 간의 사랑과 이별, 원망을 비롯한 염정적·낭만적 시를 통해 인간의 진솔한 감정 표현에 힘쓴 학당풍(學唐風)이 새롭게 등장한 시대[1]였다고는 하지만 의리를 중히 여겨야 할 선비가 사랑하던 여인을 배신한다거나, 불륜이라고 할 만한 삼각관계의 애정행각을 벌인다거나, 남녀의 정사 장면을 유별나게 세밀히 묘사하는 등의 파격은 조선 사대부들의 정서와는 거리가 먼 것이 분명하다. 게다가 전란에 휘말려 앞날을 기약할 수 없는 그런 긴박한 상황에서 권필이 굳이 명군의 애정사를 다룬 이런 작품을 지은 것도 쉽게 납득할 수 있는 것이 아니기 때문이다.

<주생전>에서 다루고 있는 내용이 당시 조선의 긴박했던 전황과 너무도 동떨어져 있고, 한문(漢文) 전기(傳奇)의 주요 독자였던 조선 사대부들의 정서에 어긋나는 것이기에, 현실과의 그러한 괴리를 논리적으로 설명하기 위해 혹자는 작가 권필의 역사의식의 결여나 전쟁의 사회사적 의미에 대한 작가의 몰자각을, 혹자는 비현실적 낭만성 획득을 위한 의도적 무관심을 제시했던 것이다. 그러나 앞에서 고찰한 바에 의하면 작가 권필은 결코 현실에 무관심하지 않았다. 목숨을 건 상소를 올리고, 의병에 참가하여 병사를 논하고, 군영에 머물며 병법서의 출간에도 참여하는 등 전쟁에 적극적으로 대응하였다.

그렇다면 <주생전>의 내용과 이 작품을 창작한 계사년 봄부터 중하까지의 현실과의 관계를 타당하게 설명할 수 있는 논리는 무엇인가? 여기에서 우리는 다시 작품으로 돌아가 그 자체를 면밀히 재검토할 필요가 있다. 또 그 과정에서 작가 권필이 일차적으로 누구를 독자로 설정

---

1) 16·17세기 唐詩風의 출현과 그 성격에 관하여는 정민, 앞의 책, 27~100쪽을 참고할 수 있다.

하고 이 작품을 지었을까를 염두에 둘 필요가 있다. 독자 문제는 창작동기 및 주제 등 작품 전반을 이해하는 데 방향키의 역할을 하는 핵심 사안이기 때문이다. 즉, 지금까지와는 다른 시각과 의식의 전환이 필요한 것이다.

무엇보다 우선 이 작품의 구조를 살펴보는 것이 중요하다. 비교문학적 연구를 시도한 소재영, 김현룡, 왕숙의, 정민 등에 의해 <주생전>은 중국소설 <곽소옥전(霍小玉傳)>, <앵앵전(鶯鶯傳)>, <가운화환혼기(賈雲華還魂記)> 등을 교묘하게 교직하여 창작한 작품으로 알려져 있다.[2] 그 가운데서도 <주생전>의 전체적인 구성은 <앵앵전>의 구성에 가깝다. 특히 작품 말미에 작가가 등장하여 이야기를 서술하게 된 경위와 그에 대한 자신의 견해를 밝히고, 시를 적어주는 등의 결말방식은 <앵앵전>을 그대로 계승하고 있다. 또한 본 이야기 내용에서 곡진하게 애정사를 다루다가 서사경험자와 서술자가 만나는 액자에서는 돌연 이제까지의 이야기를 비판적 시각으로 평가하고, 이러한 일을 경계해야 한다는 작가의 입장을 드러내고 있는 점도 동일하다.

> 하지만 장생은 최씨 낭자에 대하여 냉담했다. 장생과 특별히 친분이 두터운 원진(元稹)이 그 이유를 물으니 장생이 대답했다. "무릇 하늘이 이 세상에 아주 특이한 물건을 만들어 내놓은 것은 그 자신의 몸을 요망하게 하지 않으면 반드시 다른 사람을 요망하게 만든다. 최씨 낭자로 하여금 부귀의 몸이 되게 하여 귀한 사람의 총애를 받게 한다면, 구름이나 비로 변하거나 교룡과 이무기로 되지 않았을지 내 그 변화를 알지 못하노라. … 나의 덕은 요얼들을 다스려 이기는 데는 부족해서, 이 때문에 내가 관계를 끊은 것이다." (중략) 그리고는 사이가 끊어져 다시는 소식을 알지 못하게 되었다. 그 당시 사람들은 장생을 자기 자신이 저질러 놓은 잘못을 잘 수습한 사람으로 인정하는 자가 많았다. 내가 항상 친구들과 어울리게 되면 때때로 이러한 주의(主意)에 대해서 이야기 하는데, 그것은 무릇 이러한 사실을 알아차린 사람은 그러한 행위를 하지 말 것이며, 이미 그러한 행위를 한 사람은 그 이상 미혹되지 않게 하기 위해서인 것이다.(〈鶯鶯傳〉)[3]
>
> 주생은 눈물을 흘리며 나에게 시를 써달라고 간청하기에 내가 마지못하여 원진(元稹)의 진률시 30률운을 본따서 주생의 책 끝장에 써주고나서 또 위로하여 말하였다. "대장부가 근심할 바는 공명을 이루지 못한 것뿐이라, 천하에 어찌 미인이 없으리오. 하물며 지금 조선을 침범한 왜적을 이미 평정하였으니 명나라 군대가 돌아간다면 길운은 그대에게 있을 것인즉 사랑하던 그 여인이 어찌 다른 곳으로 갔다고 염려하겠는가." 이튿날 아침에 눈물로 이별하는데 주생은 재삼 사례하면서 "웃음거리가 될 일이니 전하지는 마시오." 라고 했다.(〈周生傳〉)[4]

2) 정민, 앞의 책, 461~480쪽. 그러나 본고는 비록 이러한 논의를 부분적으로는 수용하지만, 엄밀한 의미에서 본고는 <周生傳>이 중국 전기소설들을 단순히 '짜깁기' 하여 이루어진 것으로는 보지 않는다. 또한 영향론적 비교문학 연구방법에 대해서도 비판적 입장을 갖고 있음을 밝혀둔다. <周生傳>과 중국 소설작품과의 상관성에 관하여는 뒤의 Ⅳ장 문체의 비교문학적 고찰에서 자세히 논의할 것이다.

<앵앵전> 말미에서 작가 원진은 장생과 앵앵의 이야기를 하는 이유에 대해 사람들이 장생과 같은 잘못을 범하지 않도록 경계를 하기 위해서라고 했다. <주생전> 말미에서도 작가 권필은 장부가 근심할 것은 공명을 이루지 못한 것뿐이니 부질없이 아녀자의 일에만 신경 쓰지 말라고 권계(勸戒)하고 있다. 즉, 애정사에 관한 이야기를 전하는 것만이 작가의 의도가 아니라 '권계'를 목적으로 그런 이야기를 한 것이다. 이것은 전기(傳奇)라고 하는 문체 본연의 특성과 맞물려 있다. 단순히 奇(기이한 이야기)를 전하는 데 그치는 것이 아니라 그것에 기대어 작가 나름의 사상을 담아내는 것이 전기(傳奇)가 담당해왔던 역할이었다.

기원적으로, 소설은 역사와 문학의 이중적 주변에서 생장한 문학양식이다. 강중탁에 따르면, 그 발전과정에 나타났던 전기(傳奇)는 기인한 것을 전(傳)의 형식을 빌어 서술한 것을 중심 내용으로 하고 있는 문학형태이다. 당인전기의 저작 목적은 주로 현실사회를 풍자비판하는 내용으로 작품 끝에 권징(勸懲)하는 듯한 사족을 덧붙이는 것이 특색이다. 권선징악적인 것이 전기의 주제로 된 근본적인 원인은 유교적 도덕관념과 아울러 전기 제작의 도가 마치 편사(編史, 즉 小傳)를 쓰는 것과 같은 태도를 취했기 때문이었다. 그렇기 때문에 인물에 대한 칭찬이나 비난이 있을 수밖에 없었는데 이러한 사필(史筆)적 비평은 평결부에 나타난다.[5)] <주생전>의 말미의 내용은 바로 이런 역할을 하고 있는 것이다.

당시 조선사회의 소설관념에 입각할 때, 특히 '권계'는 '문장학습'과 더불어 전기(傳奇) 창작의 목적과 작품 수용에 정당성을 부여했던 주요한 명분이었다. 따라서 전기소설(傳奇小說)의 창작과 유통에 정당성을 부여했던 권계의 효능이라는 시각에서 <주생전>을 바라보게 되면 창작 당시 작가 권필이 일차적으로 염두에 두었던 독자층을 파악할 수 있게 된다.

당시는 평양전투의 승리를 계기로 역전된 전세와 서울 탈환을 향한 조선인의 열망에도 불구하고 조선 의병은 명군의 금령에 의해 응전조차 하지 못하고 있는 어처구니없는 상황이 전개되고 있었다.[6)] 그저 하루속히 고국의 처자에게로 돌아가고자 하는 명군의 나약하고

---

3) 然而張志亦絶矣 稹特與張厚 因徵其詞. 張日大凡天之所命尤物也 不妖其身 必妖於人. 使崔氏子遇合富貴 秉寵嬌 不爲雲 不爲雨 爲蛟爲螭 吾不知其所變化. … 予之德不足以勝妖孽 是用忍情. (중략) 自是絶不復知矣. 時人多許張爲善補過者. 予常於朋會之中 往往及此意者. 夫使知者不爲 爲之者不惑.(원문은 김종군 편역, 『중국전기소설선』, 박이정, 2005, 340쪽을 따랐다.)

4) 生爲余墮淚 求余詩甚切 余效元稹眞律詩三十律韻 題其卷端以贈之 又從而慰之日 丈夫所憂者 功名未就耳 天下豈無美婦人乎 況今三韓已定 六師將還 東風已與周郎便矣 莫慮喬氏之鎖於他人之院也 明早泣別 生再三稱謝日可笑之事不必傳之也(박충록 편, 앞의 책, 原文 98쪽).

5) 강중탁, 「韓中 傳奇小說의 內容的 特性에 關한 硏究」, 『새국어교육』52, 한국국어교육학회, 1996, 403~424쪽. 이 논문에 따르면, 唐人傳奇가 六朝志怪와 체재나 소재면에서 별 차이점이 없지만 처리의 방법, 즉 編史를 쓰는 듯한 史筆的인 태도는 당인전기에 와서 새로 도입된 방법이었으며, 이로 말미암아 당인전기가 소설일 수 있는 위치를 확보하게 되었고, 아울러 육조의 지괴와의 구별을 뚜렷이 하는 특성이기도 하다.

6) 비근한 예로, 곧 이어진 1593년 6월 진주성 전투에서 창의사 김천일을 포함한 수많은 의병들이 희생되며 패배하게 된 참화의 주요 원인 중 하나는 명군이 강화교섭을 펼치면서 조선군에게 禁殺牌文을 발하여 왜군에 대한 공격을 금지했기 때문이었다.(조원래, 『새로운 觀點의 임진왜란사 硏究』, 327쪽)

안일한 태도[7] 속에 강화교섭이 진행되고 있었던 것이다. 1593년 5월 풍신수길이 제시한 7개조의 화의조건에는 조선의 남부 4도를 일본에 할양하고, 조선의 왕자 한 명을 인질로 일본에 보낼 것이며, 조선의 대신은 앞으로 영원히 일본에 위배치 않을 것을 서약하라는 내용을 포함하고 있었다.[8] 이러한 강화교섭이 조선이 배제된 채 명군에 의해 진행되고 있었으니 명군에 절대적으로 의존할 수밖에 없었던 당시 조선으로서는 그야말로 절체절명의 긴박한 상황이 아닐 수 없었던 것이다.

그러나 당시 조선은 명군에게 직접적으로 항의할 수 있는 처지가 못 되었다. 1593년 1월 29일 벽제 패전 이후 명군의 부총병 장세작(張世爵)이 이여송(李如松)에게 강력하게 퇴군을 권하자 그들의 퇴군을 만류하던 순변사 이빈은 장세작에게 발길로 차이고 물러가라는 꾸짖음을 당했다.[9] 명군이 대신들에게 곤장을 친 일은 가벼운 경우이며, 병부원외랑(兵部員外郞) 유황상(劉黃裳)은 국왕인 선조조차 부하처럼 대했고, 이여송은 국왕의 말[馬]까지 요구할 정도였다. 4월에도 조신들이 강화의 부당성을 백방으로 항변하였으나 명군은 오히려 "왜이(倭夷)는 순종하는데 조선이 도리어 반역하려 한다."고 협박했다.[10] 이런 자들에게 적극적인 전투를 주장하는 것은 오히려 반감만 키우는 부작용이 있을 뿐이었다. 게다가 춘궁기를 맞아 조선인은 고사하고 명군의 군량을 조달하는 것조차 어려웠기 때문에 명군은 이것을 핑계로 움직이지 않은 채 퇴군을 주장하는 심각한 위기에 봉착해 있었다.

당시 이러한 긴박한 상황 속에서 조선의병의 전략요충인 강화도와 명군의 전진(前陣)이 주둔하고 있던 개성을 오가던 권필은 무슨 생각으로 <주생전>을 지었을까? 바꿔 말하자면, <주생전>을 통해서 작가 권필이 말하고자 했던 것은 무엇일까?

작가가 말하고자 한 것, 즉 작품의 "주제는 작가의 인간적 의지와 그의 시대적 상황과의 관계 파악을 통해 이해될 수 있고, 또한 작가의 인간적 욕망과 그의 현실 세계와의 모순의 근원이 규명됨으로써 파악될 수 있다. 왜냐하면 작품이란 작가 자신이 그가 처한 시대적 상황과의 이상적 관계를 추구해 보려는 과정에서 창출된 것이기 때문이다."[11] 그렇다면 <주생전>은 권필의 역사인식의 결여나 암담한 현실에 대한 의도적 무관심에서 비롯된 것은 결코 아니다. 오히려 문필보국(文筆輔國)의 일념으로 이 글을 지었다고 보아야 타당하다. 덕·공·언어(德·功·言語)는 영원히 썩지 않는다는 유자(孺子)의 전통적인 삼불후(三不朽)

---

7) 1593년 3월 강화교섭의 소식이 전해지자 명군 진영에서 환호성이 울려 퍼졌고, 제독 李如松 진영의 병사들이 <山坡羊>이라는 노래를 부르며 귀향을 열망했다는 기록이 『선조실록』권36 선조 26년 3월 무인조에 있는 것으로 보아 당시 명군 사이에 퍼져 있던 厭戰意識을 역력히 알 수 있다.(한명기, 앞의 책, 45쪽 참조)
8) 조원래, 앞의 책 『새로운 觀點의 임진왜란사 硏究』, 328쪽.
9) 유성룡, 앞의 책, 231쪽.
10) 조원래, 앞의 책 『새로운 觀點의 임진왜란사 硏究』, 320~326쪽.
11) 金采洙, 『동아시아문학 기본구도 I』, 박이정, 1995, 93~94쪽.

관념[12] 속에서 문장을 갈고닦았던 권필은 문장을 통해 명군을 우회적으로 권계하여 분발시키려 했던 것이다.

다시 말해서 일찍부터 각종 병서들을 두루 섭렵하고 있었던 권필은 병법 가운데 격장법(激將法)을 채택한 것이다. 격장법은 상대방을 자극하여 분발하게 하는 방법이다. '장군을 파견하는 것보다 장군을 격하게 하여 분발시키는 편이 낫다'(遣將不如激將)는 말이 있듯이 격장법은 명령에 의해 파견된 장군은 소극적이지만 격분시킨 장군은 자발적으로 하기 때문에 생긴 병술 용어이다. 당시 명군과 조선의 관계, 그리고 전황 등을 고려할 때 명군의 사기를 진작시켜 전투에 적극적으로 끌어들일 수 있는 최상의 방법은 그들을 자극하여 분발시켜 자발적으로 참전하도록 하는 것이었다.

이수광(李睟光, 1563~1628)은 당시 이여송이 왜와 화친하려 하자 그의 접반사로 있던 이덕형(李德馨)이 직설적으로 반대하는 말을 못하고 시를 지어 풍간함으로써 우회적으로 깨우쳐서 전쟁에 적극적으로 나서도록 자극하려고 시도했던 사건을 다음과 같이 소개하고 있다.

> 이덕형이 이여송의 접반사가 되었을 때였다. 이여송은 왜적이 거짓으로 화친하자는 말을 듣고, 머뭇거리다가 일을 그르치게 되었다. 하루는 제독이 적벽도(赤壁圖)를 보이니, 이덕형이 이런 시를 지었다.
>
> 승패는 분명히 한판의 바둑판 같은 것
> 병가에서 가장 꺼리는 건 주저하는 일
> 적벽 싸움에서 전에 없이 공을 이룬 것은
> 장군이 창으로 책상을 칠 때 이루어졌다네.
>
> 말에 풍간(諷諫)하는 뜻이 있으므로 이여송이 고개를 끄덕였다.[13]

<주생전>의 말미에 제시된 권계는 바로 이런 시각에서 바라보아야 한다. 표면적으로 이 작품의 내용 대부분이 명군의 애정사를 다루고 있는 것은 사실이지만 그렇다고 해서 <주생전> 자체가 한낱 '한가로운 이야기'에 불과한 것은 아니다. 즉, 이 작품은 처자와 고향을

12) 李廷龜(1564~1635)는 <石洲集序>에서 "석주의 뼈는 이미 썩었지만 오직 그 썩지 않을 큰 사업이 아직 약간 편 남아 있으니 이마저 썩힐 수가 있겠습니까?(石洲骨已朽矣. 唯其不朽之大業, 尙有若干篇, 其又可朽耶)"라고 한 沈器遠(? ~1644)의 말을 인용하고 있다. 詩文을 不朽의 大業으로 인식하고 있음을 확인할 수 있다.

13) 洪萬宗, 許捲洙·尹浩鎭 역주, 『詩話叢林』下, 까치, 1993, 38쪽.

그리워하는 명군을 위무하는 역할에 그치지 않고, 궁극적으로는 안일하고 약해빠진 명군[14]을 각성시키려는 의도도 갖고 있었던 것이다. 다시 말해서 창작 당시 권필이 일차적으로 염두에 두고 있던 독자는 바로 '명군'이었다.

권필은 명군의 분발을 기대하고 있었다. 아니 권필뿐 아니라 당시는 임금으로부터 조정 신료, 의병, 백성들에 이르기까지 전 민족이 온통 명군의 분발을 열망하고 있던 때였다.

> 선조는 평양전투 직후부터 이미 왜군에 대한 추격을 소홀히 하는 명군 지휘부에 대해 불만을 토로했다. 조선 조야는 일본군을 추격하여 섬멸해줄 것을 명군에게 고대했지만 벽제전투 패전 이후 이여송 등은 요지부동이었다. 일본군을 추격하여 섬멸한 만한 군사력을 갖지 못했던 조선의 입장에서는 명군 지휘부에게 그들을 섬멸해 물리쳐달라고 호소하는 것 이상의 대책이 없었다.(『선조실록』권36 선조 26년 3월 경진)[15]
>
> 무릇 오늘날 병력이 부족하지 않음에도 명군 장수들은 구차하게 무사한 것만을 좋은 계책으로 여겨 한갓 이루어질 수 없는 화의만을 믿고 있습니다. 남겨둔 병력을 전혀 내려보내지 않으며 이미 뽑아놓은 병력도 적과 싸우지 않아 외로운 성이 위급해도 구원하지 않고 흉적(凶賊)은 약탈에 열중하여 움직이지 않고 있습니다. 가만히 앉아 군량만 허비하니 생민(生民)과 국세(國勢)는 드디어 어찌할 수 없는 지경에 이르고야 말 것입니다. 오늘의 계책은 오로지 지성으로 경략과 제독의 마음을 움직여 우리와 협동하여 힘을 다해 나아가 싸움으로써 이 적을 물러가도록 하는 것입니다.(『선조실록』권40 선조 26년 7월 정묘)[16]

당시의 급선무는 오로지 명군을 자극하여 분발시키는 것뿐이었다. 조선과 명군의 핵심적 전략거점인 강화도와 개성을 오가며 전황을 파악하고 있던 권필은 주생과 같은 명나라 군사들을 만나면서 명군의 심리와 문제의 핵심을 꿰뚫었던 것이다. 그리하여 그는 그 긴박한 상황 하에서 이미 인구에 회자되며 널리 알려져 있던 중국의 여러 전기(傳奇) 작품들을 참조하여 '서둘러' <주생전>을 지었던 것이다.[17]

---

14) 유성룡, 앞의 책, 259~260쪽. 5월, 이 제독이 적병을 추격하여 문경까지 갔으나 돌아왔다. 송시랑(宋應昌)이 비로소 제독에게 패문(牌文)을 보내 적군을 추격하도록 했으나, 이때는 적군이 떠나간 지 벌써 수십 일이 되었다. 송시랑은 사람들이 적군을 놓아 보내고 추격하지 않았다고 나무랄까 겁이 나서 이와 같은 행동을 일부러 꾸며 보인 것이고, 실상은 적군을 두려워해서 감히 진격도 못하고 되돌아왔다.

15) 한명기, 앞의 책, 51쪽.

16) 같은 곳, 재인용.

17) 신재홍은 「주생전 연구사」에서 이 작품이 "작가가 주생을 봄에 만나 들은 이야기를, 어수선한 전란의 와중인데다 소재를 성숙시킬 시간적 여유를 갖지 못한 채, 한여름[中夏]에 쓴 데에서 이러한 범작(凡作)이 나오지 않았나 싶다."고 지적했다(앞의 논문, 119~120쪽). 이는 문제의식과 주제화라고 하는 측면에서 접근하여 도달한 결론으로서, 비록 본고의 논점과는 다른 것이긴 하지만 그가 후지를 인정하는 입장에서 이 작품이 시간적 여유 없이 '서둘러' 지어졌음을 지적한 것은 의의가 있다.

<주생전>이 다루고 있는 명군의 애정사는 당시 사랑하는 처자를 두고 머나먼 조선땅에 와 있던 명군에게 공감과 향수를 불러일으키면서 그들을 흡인하기에 충분하다. 중국에서 벌어진 중국 청춘남녀의 사랑이야기는 친근감과 함께 다가와 외로운 그들에게 대리만족을 안겨주면서 그들의 마음에 위로가 되었을 것이다. 작품 속에 교직되어 스며있는 기존 전기(傳奇) 작품들의 편린들과 또 그와 유사한 내용 및 화소들이 그들의 배경지식을 끌어들이는 용사(用事)의 역할을 하면서 풍부한 상상력을 제공하며 깊이를 더하는 구실을 한다. 뿐만 아니라 자신들이 기존에 알고 있는 이야기와 유사하면서도 한편으로는 다르게 전개되는 이야기가 색다른 흥미를 유발했을 것이다. 특히 비극적인 파국으로 끝난 기존 이야기들과는 달리 재회에 대한 여운을 남기며 끝나는 <주생전>은 사랑하는 사람을 두고 떠나온 그들의 처지와 마음속 간절한 희구와도 꼭 들어맞는 것이었다. 그리하여 이야기가 끝난 뒤에도 긴 여운을 남기며 오래도록 그들의 심금이 울리고, 그 여운을 음미하는 가운데 마지막으로 덧붙여진 '대장부가 근심할 바는 공명을 이루지 못한 것뿐'이라는 작가의 권계를 통해서 그들은 새로운 각성과 다짐이 일어 분발하게 되는 것이다. 이를 통해 결국 명군으로 하여금 공을 세우기 위해서 떨쳐 일어나 자발적이고도 적극적으로 왜군과 전투를 벌이도록 하는 것이 바로 이 작품을 창작한 작가의 궁극적인 의도라고 할 수 있다.[18)]

『전등여화(剪燈餘話)』의 작가 창기(昌祺) 이정(李禎, 1376~1452)은 그 서문에서 "비록 <고당부(高唐賦)>나 <낙신부(洛神賦)>라고 해도 그 뜻은 언외(言外)에 있다."고 하면서 '언외지의(言外之意)'를 주장했다.[19)] 송옥(宋玉, BC 3세기 무렵)의 <고당부>는 초(楚)나라 왕과 무산(巫山) 고당(高唐)의 신녀(神女)와의 기이한 만남과 사랑을 이야기한 작품이다. 이 작품에 나오는 '고당(高唐)', '운우(雲雨)', '무산(巫山)', '양대(陽臺)' 등은 남녀의 로맨스나 성교를 우회적으로 표현하는 용어로 전이되어 널리 알려졌다. <낙신부(洛神賦)>는 조식(曹植, 129-232) 자신이 낙수(洛水)에서 신녀(神女)를 만난 허구적 이야기를 담은 작품이다. 신녀의 고상하고 아름다운 용모, 표정, 태도 등에 대한 묘사가 매우 세밀하고 생동감 있게 표현되어 있다. 이처럼 <고당부>와 <낙신부>는 내용이 남녀의 사랑이야기로 가득한 작품임에도 불구하고 이정은 그 작품들의 의미는 언외(言外)에 있음을 주장했다.

마찬가지로 <주생전> 역시 표면적으로는 내용 대부분이 명군의 애정사를 다루고는 있지만 그렇다고 해서 한낱 한가로운 사랑이야기에 불과한 것이 아니라 명군 위무와 동시에 더 나아가 궁극적으로 명군의 안일을 지적하고 분발을 촉구하는 언외지의를 담고 있다고 볼 수 있다.

---

18) 작품에 직접 작가 자신의 신분과 창작시기를 밝혀놓은 것은 우리 고소설 작품 중에서 매우 보기 드문 경우인데 이는 그만큼 권필이 그럴만한 명분과 자부심이 있었기 때문으로 보아야 한다.

19) 李禎, 『剪燈餘話』, <剪燈餘話序>(瞿佑·李禎·邵景詹, 최용철 역, 『剪燈三種』 下, 소명출판, 2007, 41쪽). "비록 <高唐賦>나 <洛神賦>라고 해도 그 뜻은 言外에 있다. 모두 여가에 지은 것이니 그 일을 상고함이 주도면밀하고 수사가 화려하여 천년 이래로 사람들의 입에 회자되었다."(雖然高堂洛神, 意在言外, 皆閑暇時作 宜其考事精詳 修辭縟麗 千載之下 膾炙人口)

이 작품과 직접 관련지어 논할 수는 없지만 참고삼아 실제로 전개된 역사를 살펴보면, 왜군이 동남 해안지역으로 철수하면서 이에 대비하여 남군 출신의 명장 유정(劉綎), 오유충(吳惟忠) 등이 거느린 병력 2만 명가량이 1593년 6월에 영남지역으로 남하하였다. 그 가운데 유정은 이여송의 주력부대가 철수했던 1593년 8월 이후에도 사천병(四川兵)을 이끌고 경상도 지역에 남아 있다가 1594년 8월에 철수했고, 이어 정유재란 직전 다시 출전하여 왜란이 끝날 때까지 주둔하는 등 다른 명군 지휘관들에 비해 상대적으로 오랫동안 조선에 남아 있었다.[20]

명군 가운데서도 특히 권필이 구체적으로 염두에 두었던 독자는 남군이었다. 주인공 주생이 남군 소속인 것을 비롯해서 주요 인물들이 모두 남방 출신이고, 지리적으로도 남방의 관문이라고 할 수 있는 동쪽 끝의 전당(錢塘)에서부터 서쪽 끝의 촉주(蜀州)에 이르기까지가 총망라되어 있는 것이 이를 웅변한다. 그것은 당시 권필이 개성을 오갔을 때 그곳에 주둔해 있던 명군이 남군이었기 때문이다. 남군은 그 당시에 서울 탈환이라고 하는 운명적인 전투를 앞두고 가장 전진배치된 부대였다는 중요성을 띠고 있었다. 그리고 앞에서도 인용했듯이 조선 조정과 백성들은 남군에게 호감을 갖고 선호하였던 반면 북군은 백해무익하다고 혐오하였다.

이상에서와 같이 역사적인 상황에 의거하여 작가의 창작의도가 규명되고 나면 그동안 쟁점화되었던 문제들도 일관성 있게 설명된다. 예를 들면, <주생전>이 주생이라고 하는 남방 출신의 군인, 남방의 대명사인 소항(蘇杭)의 처녀 선화와 기생 배도를 주요 인물로 삼아 사건을 전개하고, 지리적으로는 남방의 주요 공간들이 망라된 것에 대해서도 현실적인 적절한 이유를 제시할 수 있게 되었다. 또 그와 더불어 그러한 작중 설정이 단순히 현실을 외면한 작가의 온전한 상상에서 비롯된 것이 아님도 밝혀지게 된다. 이렇듯 왜 중국 남방인가라고 하는 문제를 비롯하여, 왜 이 작품을 지었는가, 왜 계사년 중하에 창작했는가, 왜 명군의 애정사를 다루었는가 등 작품 해석의 핵심적인 사항들에 대해 논리적 토대 위에서의 일관된 설명이 가능하게 된 것이다.

20) 한명기, 앞의 책, 135~146쪽.

III. 주생전의 독자사회학

1. 서론

「주생전」은 1593년에 권필(權韠 1569-1612)이 지은 전기소설이다. 1961년 문선규에 의해 김구경본을 저본으로 한 번역문과 원문이 공개된 이래 적지 않은 연구가 이루어졌다. 그동안 작가와의 관련성 속에서 작품을 살핀 연구, 시대와의 관련성 속에서 작품의 의미를 밝힌 연구, 새로운 한문본과 국문본의 발견에 따른 이본연구, 작품 자체가 지닌 미학을 탐구한 연구 등 다양하게 진행되었다. 하지만 고소설 연구의 일반이 그러하듯 이 작품도 독자와 관련한 논의는 소략하다.

이 작품의 독자에 대한 논의는 선조 임금의 손자인 이건(李健 1614-1662)이 남긴 제소설시에 대한 연구[1])가 선편을 잡았다. 그의 제소설시들은 1644년에 지어진 것으로, 「제주생전(題朱生傳)」을 포함한 7편이 모두 남녀간의 사랑을 그린 애정소설들인 것은 개인의 취향을 넘어 17세기 중반까지 낭만적인 한문전기소설류가 유행했음을 보여준다고 하였다.[2]) 독자 연구의 공백을 메운 의의가 있으나 개별 작품 연구가 아닌 관계로 「주생전」 관련 논의가 소략한 것이 아쉽다.[3])

---

1) 김남기, 「이건의 생애와 '제소설시'에 나타난 소설관 고찰」, 『한국한시연구』 4, 한국한시학회, 1996, 323-348쪽.

2) 한편 「제주생전」이 창작된 무렵, 비슷한 부류의 홍주원(洪柱元 1606-1672)도 국문으로 된 「소생전」이라는 소설을 읽고 「戲書諺書蘇生傳」라는 제소설시를 남겼다. 홍주원은 선조 임금의 딸 정명공주(貞明公主)의 남편이다. 이 시의 대상이 된 「소생전」은 현전하지 않는 작품이지만 이 시를 통해서 그 내용이 청춘남녀의 애정을 다룬 것임을 알 수 있다. 홍주원의 문집 『무하당유고』의 체재는 창작 연대 순으로 배열되어 있는 데 (장진엽, 「무하당유고 이본의 비교 검토」, 『열상고전연구』 60, 열상고전연구회, 2017, 43쪽.) 1639년에 지은 「己卯十月十六日」라는 시 앞쪽에 있는 것으로 보아 홍주원이 이 시를 쓴 것은 1639년 이전이라 할 수 있다. 이건은 선조의 손자이고, 홍주원은 선조의 부마이다. 왕가의 종친과 사위인 두 인물이 비슷한 시기에 공통적으로 애정소설을 읽었고, 또한 제소설시를 지었으며, 그것이 문집에까지 실려 전한다는 것이 주목된다. 뒤에서 살펴보겠지만 「주생전」이 17세기에 궁중에서 국문으로 번역 유통되었던 사실까지를 염두에 둔다면 그 당시 왕가를 중심으로 한문본과 국문본의 애정소설이 애독되고 있었음을 확인할 수 있다. 17세기에 애정소설이 왕가를 중심으로 유행했던 사실과 그 당시 독자들의 취향을 실증적으로 보여주는 자료들이라 하겠다.

「주생전」의 독자에 대한 다른 논의는 이 작품의 창작배경을 밝히는 과정에서 이루어졌다.[4] 작가 권필이 이 작품을 창작하면서 염두에 두고 있던 일차적인 독자는 바로 당시 개성에 주둔하고 있던 명나라 남군이었음을 밝혔다. 또 그 외에 국역본 「주생전」과 「위생전」 연철본의 표기적 특징을 살피는 가운데 이 작품들은 “17-18세기의 소설적 영토가 ‘궁중’과 ‘여인’에게까지” 넓혀진 것을 확인할 수 있는 자료라고 하면서 간단히 대상 독자층만을 지적한 연구[5]도 있었다.

이미 학계에 소개된 대로, 「주생전」은 한문본과 국역본이 현전한다. 한문본과 국역본의 존재는 기본적으로 각각의 주요 독자층이 달랐음을 시사한다. 그러나 한문본 사이에는 자구의 출입만 보일 뿐이고, 또 전체 이본들 사이에서도 서사적인 면에서 차이가 없다는[6] 사실로 인해서인지 이본에 따른 상이한 독자층의 특징을 천착한 연구는 이루어지지 않았다.[7]

그러나 이 작품의 독자와 관련하여 가장 주목할 만한 점은 바로 ‘국역’ 즉, 우리말로의 번역이고, 번역상의 차이이다. 번역은 결코 단순히 단어의 일대일 교환일 수 없다. 소설 번역은 문화 번역을 동반하고 독자층의 세계관과 취향이 고려될 수밖에 없으며, 게다가 「주생전」의 국역본 2종은 각각 궁중과 민간이라고 하는 상이한 독자층의 문화를 전제하고 있음에 유의할 필요가 있다.

현전 국역본 2종 중 하나인 김일근본은 필사연대가 17세기 후반에서 18세기 중반으로서, 궁중에서 번역 및 소장되어 오던 이본으로 알려져 있다.[8] 이에 비해 묵재일기본은 사대부인 묵재(默齋) 이문건(李文楗 1494-1567)이 쓴 『묵재일기』 제3책(1545-1546년분)의 이면에서

---

3) 한 가지 생각해보아야 할 것은 이건이 읽은 「주생전」이 과연 한문본일까라는 점이다. 이건이 쓴 제소설시의 제목은 「題朱生傳」이다. 시의 내용을 보면 「周生傳」이 분명한데 왜 周生이 아니라 朱生이라고 제목을 달았을까? 그가 읽은 한문본 이본 자체의 표기에 기인한 것일 수 있으나 작품 중간에도 周生과 周郞이라는 호칭이 나오기 때문에 그럴 가능성은 낮아 보인다. 혹 문집간행 시의 단순한 표기상의 오류일 수도 있을 것이다. 그러나 ‘쥬싱젼’(김일근본), ‘쥬싱뎐’(묵재일기본)에서와 같이 국문본 주생전을 읽고 나서 감상을 한시로 지을 때 우리말 한자음의 동음이의 현상에 의해, 그리고 주생이 명나라 사람이므로 명나라 왕가의 성씨인 朱씨로 인식했을 가능성도 배제해서는 안 될 것이다.

4) 신태수, 「주생전의 창작 배경」, 『한국언어문학』 76, 한국언어문학회, 2011, 109-150쪽.

5) 간호윤, 「『국역본 「쥬생뎐」·「위생뎐」』 고찰-표기적 특징과 이본적 성격을 중심으로」, 『고전문학과 교육』 15, 한국고전문학교육학회, 2008, 355-388쪽.

6) 소인호, 「주생전 이본의 존재 양태와 소설사적 의미」, 『고소설연구』 11, 한국고소설학회, 2001, 197쪽.

7) 권혁래는 조선시대를 시기별로 나누어 한문소설 국역본의 존재 양상을 살펴보는 가운데 국역본 「주생전」 이본인 묵재일기본이 “한문소설 원작의 내용을 전적으로 수용하고 글자 하나 빼놓지 않고 직역”했는데 그것은 “번역자가 아예 개입하지 않거나 개입을 최소화하면서 원작의 내용을 최대한 살리려는 의도”를 지녔기 때문이라고 했다.(권혁래, 「조선조 한문소설 국역본의 존재 양상과 번역문학적 성격에 대한 시론」, 『동양학』 36, 단국대학교 동양학연구소, 2004, 16쪽.) 정출헌의 경우는 표기문자의 전환에 따른 고전소설 미학의 변이양상을 논의하면서 “「주생전」의 국문번역은 우리나라에서 창작된 전기소설로서 순전히 소설적 흥미를 목적으로 삼고 있다”는 점이 “이념적 교화를 위해 국문으로 번역되던 이전의 양상과 뚜렷이 구분”됨을 간단히 언급하였다.(정출헌, 「표기문자의 전환에 따른 고전소설 미학의 변이양상 연구」, 『민족사학연구』 23, 민족문학사학회·민족문학사연구소, 2003, 185-186쪽.)

8) 간호윤, 『새로 발굴한 주생전·위생전의 자료와 해석』, 박이정, 2008, 17쪽.

발견된 것인데 17세기 전반기의 표기법으로[9] 필사되어 있다. 김일근본은 궁중에서, 묵재일기본은 사족가문에서 유통되던 이본들로서 각자 독자층이 확연히 달랐을 뿐만 아니라 두 이본 사이에는 문장표현상의 커다란 차이가 존재한다. 이러한 차이는 대상 독자층의 상이한 문화적 상황을 알 수 있는 지표이자 통로들로서, 이 작품의 독자와 관련한 보다 구체적인 분석 연구가 요청되는 지점이다.

이에 본고는 2종의 국역본 「주생전」의 독자들에 초점을 맞추어 논의를 진행하고자 한다. 각 이본의 독자 및 그들을 둘러싼 사회와의 관계 속에서 이 작품의 특징을 분석해보려는 것이다.[10] 본고는 우선 서로 다른 두 가지 국역본 이본을 통해서 드러나는 각기 다른 독자층의 성향과 문화를 파악할 것이다. 또 나아가 「주생전」이 산생·유통되던 시대의 독자가 처해 있던 사회문화적 현실에 입각하여 이 작품의 특징으로 꼽히는 삼각관계 연애와 주생의 신분상승 욕망에 대해 살펴봄으로써 이 작품에 대한 기존의 시각을 비판적으로 검토해보겠다.

2. 김일근본의 궁중 독자

2.1. 번역자의 검열

한문으로 된 문언전기소설이 궁중에서 국문으로 번역 유통되었다는 것은 그 주요한 독자가 궁중의 여성이었음을 시사한다. 남성 사대부들의 독서물이던 것이 궁중 여성을 대상으로 삼아 번역되는 과정에서 모종의 변화가 이루어졌음을 포착할 수 있다. 특히 정사장면 등 남녀관계에 있어 민감한 부분에서 두드러진다.

> (한문본) 仙花稚年弱質 未堪情事 <u>微雲濕雨 柳態花嬌 芳啼軟語</u> 淺笑輕嚬[11]
> (선화는 나이가 어린 데다 약질이어서 정사를 견뎌내지 못했다. <u>엷은 구름 속에서 내리는 가랑비 같았으며, 버들처럼 하늘거리고 꽃처럼 교태부리며, 아름답게 울다가는 부드럽게 속삭였고,</u> 살며시 웃음을 짓다가는 가볍게 찡그리기도 했다.)

9) 이복규, 『새로 발굴한 초기 국문·국문본소설』, 박이정, 1998, 22쪽.

10) 문학사회학은 문학과 사회의 상호적 관계에 주목한다. 르네 웰렉과 오스틴 워렌은 문학사회학을 작가의 사회학, 작품의 사회학, 독자의 사회학으로 구분한다.(르네 웰렉·오스틴 워렌, 김병철 역, 『문학의 이론』, 을유문화사, 1986, 142쪽.) 본고가 사용한 '독자사회학'이란 용어는 여기에 기댄 것이다. 그러나 르네 웰렉과 오스틴 워렌이 '독자와 문학의 실제적인 사회적 영향'을 문제삼는 것을 '독자의 사회학'이라고 함으로써 일방향적인 것으로 간주한 것과는 달리, 본고는 상호적 영향관계로 규정한다. 따라서 본고에서 독자사회학은 독자 및 그들을 둘러싼 사회와 작품과의 상호관계에 중점을 두고 작품의 의의를 탐구하는 것을 가리킨다.

11) 박충록편, 『림제권필작품집』, 민족출판사, 1987, 부록 원문 94쪽.

(국역본) 선홰 나히 졈고 질약ᄒᆞᆫ디라. 운우의 졍을 이긔디 못ᄒᆞ야 여튼 우음과 가ᄇᆡ야이 ᄲᅵᆼ그ᄂᆞᆫ 톄긔 더욱 형언티 못ᄒᆞ리러라.[12]

국역본은 한문본의 밑줄 친 섬세한 표현들을 생략하고는 '더욱 형언티 못ᄒᆞ리러라'고 뭉뚱그려 표현하였음을 볼 수 있다. 이처럼 국역본에서는 주생과 선화의 정사장면을 대폭 축약하여 서술하였다. 뿐만 아니라 주생과 배도의 결연에 있어서도 국역본은 주생이 배도를 몰래 엿보는 행동을 생략했으며,[13] 운우지락(雲雨之樂), 즉 남녀간의 육체적 사랑을 표상하는 「고당부(高堂賦)」를 두 사람이 함께 부른 사건도 생략하였다.[14]

김일근본 국역에 나타난 이러한 차이점들은 여성독자의 취향을 반영한 것으로 보기 어렵고, 오히려 번역자인 남성 식자층의 검열의식이 작용한 결과로 보아야 타당할 것이다. 남성 번역자는 정사장면에서 여성의 세밀한 감정과 성적 표현을 핍진하게 표현하는 것에 불편을 느껴 간략하고 모호하게 기술한 것으로 보인다. 또한 주생이 기생에게 미혹되어 여인의 방을 몰래 엿보는 것이 사대부의 체면을 잃는 행동으로 판단하여 생략한 것으로 보인다.

2.2. 시문의 독음 병기와 시각적 구별

김일근본 국역의 특징 중 다른 하나는 사건 서술 이외의 모든 운문, 제문, 서간문 등의 시문의 독음을 병기하였다는 점이다. 그 시문들의 독음 및 번역문은 본문에서 줄을 바꾸고 첫 칸을 띄움으로써 시각적으로 즉각 구별할 수 있도록 배려한 것도 주목할 만하다.

(시) 악양셩외의란장일야풍취입취향두우수셩츈월효홀경신이ᄌᆡ젼당
악양셩밧씌비ᄅᆞᆯ지혓더니 (후략)[15]

(사) 옥창화란일디ᄉᆞᄒᆞ니원졍념슈ㅣ라 (후략) (이하 밑줄은 인용자)
옥으로 ᄒᆞᆫ창과그림그린난간의ᄒᆡ더ᄃᆡ고더ᄃᆡ니집이괴요ᄒᆞ고발을거덧도다[16]

(맹약서) 청산블로ㅣ오녹슈당죠이라ᄌᆞ블아신인대명월ᄌᆡ텬이라
프른회히늙디아니하고프른믈이ᄆᆡ양잇ᄂᆞ니라그ᄃᆡ날을밋디아닐딘대ᄇᆞᆯ근ᄃᆞᆯ이하ᄂᆞᆯ히잇ᄂᆞ니라[17]

---

12) 간호윤, 앞의 책, 134쪽.
13) (한문본) 紗窓影裡 紅燭熒煌 生潛往窺見 桃獨坐舒綵雲牋 (91쪽)
(국역본) 사창 소긔 홍쵹을 놉피 혀고 되 혼자 안자셔 차운젼을 펴노코 (124쪽)
14) (한문본) 是夜賦高唐二人相得之好 雖金生之於翠翠 (91쪽)
(국역본) 이날 밤의 두 사ᄅᆞᆷ이 즐겨호미 김ᄉᆡᆼ의 취취와 (126쪽)

(제문) 유년월일**의**[18] ᄆᆡ쳔거ᄉᆞ ᄂᆞᆫ이쵸황녀단지뎐<u>으로</u>졔우ᄇᆡ랑지령<u>ᄒᆞ노니</u> (후략)
모월모일의ᄆᆡ쳔거ᄉᆞ ᄂᆞᆫ쵸황과녀단의뎐믈로ᄡᅥ ᄇᆡ랑의신령의졔 ᄒᆞ노니[19]

(서간문) 박명쳡션화ᄂᆞᆫ목발청ᄌᆡᆨ ᄒᆞ야샹셔쥬랑족하 ᄒᆞ노니 (후략)
박명쳡션화ᄂᆞᆫ목욕청ᄌᆡᆨ ᄒᆞ야글월을 쥬랑족하의게올리노니[20]

위의 인용문 중 밑줄 친, 작은 글씨체로 표기된 단어는 한문을 읽을 때 끼워넣는 현토이다. 국역본에서는 한문 문장이 없어도 의미가 통하는데도 굳이 한문의 독음과 현토까지 달아 써놓은 것이 눈에 뜨인다. 제문이나 서간문의 경우는 길기 때문에 상당한 분량을 차지하는 데도 불구하고 지면을 할애하여 전문의 독음과 현토를 표기한 후, 이어서 국문 번역문을 처음부터 다시 기술하였다. 이처럼 시문의 독음 및 현토까지를 꼼꼼하게 복기한 것은 각별한 뜻이 있는 것으로 보인다.

이렇게 한문으로 된 시문들의 독음을 병기한 것은 한문 원텍스트의 운치를 살리고, 다른 한편으로 독자의 한문 문장에 대한 이해와 접근을 용이하게 하는 효과를 거둘 수 있다. 뒤에서 논의하겠지만 김일근본은 한자어구가 많아 일정 수준의 한문 소양이 요구된다. 따라서 만일 궁중 여성들이 시문의 독음과 번역문을 동시에 암송하여 학습한다면 유사 식자층으로서의 위상을 갖게 됨으로써 스스로 대리만족은 물론이고 주변인의 인정까지도 얻게 된다. 사회언어학적으로 현대 여성들이 표준어의 구사, 외국어의 사용 등을 통해 보다 우월한 사회적 지위를 획득해나간 것에 견주어볼 수 있다. 한문의 독음은 당시 '진서(眞書)'로서 사회적 위상이 높았던 한문에 접근할 수 있도록 궁중 여성들에게 디딤돌 역할을 했을 것으로 여겨진다.

2.3. 해학적 흥미소의 추가

오늘날 국문학계에서는 일반적으로 「주생전」을 비극적 사랑을 그리고 있는 작품으로 보고 있다. "인간의 힘으로는 어찌할 수 없는 운명의 경이와 삶의 비극적 과정을 총체적 의미로 구현"[21]하고 있는 작품이라는 데 대체로 동의하고 있는 듯하다. 그러나 이러한 시각을 잠시

15) 위의 책, 원본영인 한글본 45쪽.
16) 위의 책, 원본영인 한글본 62쪽.
17) 위의 책, 원본영인 한글본 53쪽.
18) 이하 인용자가 굵게 표기한 글자는 본래 현토로서 작은 글씨체로 써야 하지만 사본에는 큰 글씨로 표기되어 있다. 번역자 혹은 필사자가 습관에 따라 무의식적으로 구분지어 쓰지 못한 것으로 보인다.
19) 간호윤, 앞의 책, 원본영인 한글본 81쪽.
20) 위의 책, 원본영인 한글본 89-91쪽.
21) 김일렬, 「주생전 소고」, 『어문론총』 11, 한국문학언어학회, 1977, 10쪽.

뒤로 하고 작품을 다시 살펴보면 세부적인 사건들 속에서 오락성을 띤 흥미소로 읽힐 만한 것들이 여러 곳에서 발견된다. 이를 서사진행의 순서에 따라 열거하면 다음과 같다.

(ㄱ) 배도가 밤에 찾아온 주생에게 화난 척하며 미친 손님이라고 하자 주생은 주인이 손님을 미치게 한 것이라며 농담을 주고받는다.

(ㄴ) 주생이 선화의 집에 숨어들어 선화의 아름다움에 홀딱 반한 나머지 넋이 나가서 갑자기 소리지르며 들이닥치려고 한다.

(ㄷ) 주생이 배도보다 먼저 집으로 달려가 이불을 덮고 잠자는 척하다가 깨어나 꿈속에서 선녀를 보았는데 바로 배도라는 거짓말을 하고 배도는 좋아하면서 서로 선랑 선아라는 애칭을 사용한다.

(ㄹ) 첫날밤을 보낸 주생이 날이 밝은 것에 놀라 정신없이 도망가다가 선화의 거짓 절교선언에 놀라 애걸하자 선화가 농담이라고 한다.

(ㅁ) 주생이 담을 넘다 인기척에 놀라 도망가려다가 누군가 매실을 던져 자신을 맞추자 수풀에 엎드린 채 벌벌 떠는데 알고보니 선화가 장난을 친 것이었다.

(ㅂ) 선화가 주생의 상자 속에서 배도의 글을 보고는 새카맣게 먹칠해버린 후 사내를 원망하는 시를 비단에 써서 넣어두고는 시치미를 뗀다.

(ㅅ) 배도가 선화와의 관계를 승상부인에게 일러바치겠다고 협박하자 주생은 이실직고하며 매달려 사정하고는 꼼짝 못하고 배도의 집으로 끌려간다.

위의 사례들은 모두 한문본에도 있는 것들이다. 그런데 그 가운데서도 (ㄹ)에는 완역 국문본인 김일근본에만 보이는 독특한 장면이 추가되어 있는데 대단히 해학적인 장면이기 때문에 특별히 주목할 만한 가치가 있다.

> 션홰 나와 ᄉᆡᆼ을 보내며 문을 닷고 닐오ᄃᆡ, "이 후란 다시 오디 말라 이런 일이 ᄒᆞᆫ 번 패루ᄒᆞ면 ᄉᆞᄉᆡᆼ의 간련호미라." ᄉᆡᆼ이 이 말을 듯고 가ᄉᆞᆷ의 ᄂᆡ ᄊᆡ이고 목이 몌여 오ᄉᆞᆯ 들고 ᄃᆞ라 와 닐오ᄃᆡ, "됴흔 인연을 거의 이ᄃᆞ시 되야셔 엇디 사ᄅᆞᆷ을 이대ᄃᆞ록 박히 ᄃᆡ졉ᄒᆞᄂᆞ뇨?" 션홰 웃고 닐오되, "앗가 말은 희롱읫 말이니 낭군은 노ᄒᆞ야 말고 나죄 보기ᄅᆞᆯ 긔약ᄒᆞ노라."[22)]

선비가 밤에 담을 넘어 여인을 찾아가 야합하다 날이 새는 줄도 모르고 있다가 문득 깨어나 정신을 못 차리고 주섬주섬 옷을 잔뜩 끌어안은 채 남들의 눈을 피해 허겁지겁 달아나던 중에, 뒤에서 갑자기 마음이 돌변한 여인의 쌀쌀맞은 이별통보에 놀라 안절부절 못하고 옷을 끌어안은 채로 도로 달려와 애걸하는 모습이란 상상만 해도 우스꽝스럽기 짝이 없다.

22) 간호윤, 앞의 책, 134쪽.

이러한 장면은 훼절담을 다룬 세태풍자소설과 판소리에나 나올 법한 묘사이다.

낭송을 위주로 하던 전통시대의 소설향유의 관습을 전제로 할 때, 한문과는 달리 우리말로 풀어쓴 이러한 장면을 감정을 살려 낭송하거나 실감나게 몸짓을 섞어가며 읽어나가면 그 흥미가 배가되었을 것임은 두말할 나위가 없다. 국문체와 낭송문화가 어우러지면서 독자들에게 「주생전」의 오락적 측면이 도드라지게 드러났을 것으로 보이며, 그러한 분위기에 편승하여 새로운 흥미소를 추가하는 데까지 나아간 것으로 해석된다. 저본인 현전하지 않는 한문본에 이미 존재하던 것이거나 번역자가 추가한 것이라기보다는 국문본의 유전과정에서 필사자가 추가적으로 삽입한 것으로 봄이 더 타당할 것이다. 이렇게 본다면 최소한 국문본 「주생전」만큼은 비극적인 분위기로만 일관되지 않고, 오락성과 함께 희비가 섞이면서 상승과 하강의 오르내림이 적절하게 배합되어 있는 작품으로 향유되고 있었다고 보아야 할 것이다.

3. 묵재일기본의 사족가문 독자

묵재일기본은 전체적으로는 김일근본처럼 직역의 방식으로 번역되기는 했지만 김일근본과는 다른 면모들을 드러내고 있다. 그것의 주된 원인은 아무래도 대상 독자층이 달랐던 데서 기인한 것으로 판단된다. 여기서는 그 해당 독자층과의 상관성 속에서 묵재일기본의 특징을 살펴보겠다.

3.1. 주석과 풀어쓰기

앞에서 살펴본 김일근본과는 달리 묵재일기본에는 한문의 독음이 보이지 않는다. 반면에 주석을 본문 중간에 작은 글씨로 적어 넣었으며, 또 한편으로는 한자어를 우리말로 풀어쓰고자 노력한 것을 볼 수 있다.

우선, 주석을 끼워넣은 경우를 살펴보자.

> 별가ᄂᆞᆫ 원이라
> 취향은 번화ᄒᆞᆫ ᄡᅡ히라
> (두츄) 녜 명창이라
> 셩가ᄂᆞᆫ ᄌᆡ명이라
> 차환은 아ᄒᆡ종
> 번쳔은 녜 보던 계집 ᄎᆞ잔 사ᄅᆞᆷ이라[23]

묵재일기본은 작품의 앞부분 일부만 남아있는데 만일 작품 전체가 전한다면 더 많은 주석이 있었을 것이다. 주석을 끼워넣은 단어는 별가, 취향, 두추, 성가, 차환, 번천으로 각각의 한자는 別駕, 醉鄕, 杜秋, 聲價, 叉鬟, 樊川이다.

단어에 대한 주석이 거칠고 부정확한 것으로 보아[24] 번역자가 써넣은 것이라기보다는 필사자가 필사과정에서 추가한 것으로 보인다. 한문을 모르는 독자를 위해 번역자가 최대한 우리말로 풀어서 번역해놓은 것을 필사하다가 그중에 남아있는, 이해하기 어려운 고유명사나 한자어들에 대해 주석을 달아놓은 것으로 보인다. 이러한 주석 행위는 다른 독자를 위한 배려인데 그 예상독자는 식견이 높지 않고 순우리말 소설을 향유하는 부류임이 분명하다.

다음으로, 한자어를 우리말로 풀어쓴 경우를 살펴보자.

한문본(북한본)	김일근본	묵재일기본
喟然歎日	**위연 탄 왈**	위연히 탄식ᄒᆞ여 닐오ᄃᆡ
但見兩岸碧樹葱蘢	다만 두녁 언덕의 **벽쉬촉농**하야	다ᄆᆞᆫ 보니 두 두더의 프ᄅᆞᆫ 남기 어ᄅᆞᆫ々々ᄒᆞ고
以才色獨步於錢塘	얼굴과 ᄌᆡ죄 젼당의 **독보**ᄒᆞ므로	제 ᄌᆡ죄며 ᄉᆡᆨ이 젼당 ᄯᅡ 읏듬이라
一何泛梗飄蓬若此哉	**범경표봉**ᄒᆞ기ᄅᆞᆯ 이러ᄐᆞ시ᄒᆞᄂᆞ뇨	엇디 ᄌᆞᄆᆞᆺ 믈의 ᄠᅳᆫ 남기며 ᄇᆞ람이 부치ᄂᆞᆫ ᄡᅡᆨᄀᆞ티 ᄃᆞ니시□□ᄒᆞ고

상기 인용문은 일부의 사례들만 열거한 것으로 기타 수많은 사례들이 존재한다. 앞서 살펴보았듯이 김일근본은 비록 국문으로 번역되었지만 한문구를 그대로 독음만 우리말로 바꾸어 놓은 것들이 상당히 많다. 사실상 일정 수준의 한문 소양을 갖추지 않은 사람은 해독할 수 없는 문장이다. 이에 비해 묵재일기본은 가능한 한 순우리말식 문장으로 바꾸어 표현하고자 노력하였다. 그만큼 여성과 비식자층의 접근을 용이하게 하기 위해 신경을 썼다는 증거이다. 이로 인해 본래 식자층에 한정되었던 한문 문언전기소설 「주생전」이 순우리말로 풀어 번역된 묵재일기본에 이르러 독자층의 폭이 훨씬 더 하위계층으로까지 넓어지고, 유통과 향유가 원활해지는 데 기여했을 것임을 알 수 있다.

23) 원문 인용은 이복규, 앞의 책, 120-122쪽에 따름.
24) 일예로, 취향(醉鄕)은 '술에 취해 느끼는 즐거운 경지'를 가리키는 말이다.

3.2. 낭송문화의 개입

우리 선조들은 오랜 옛날부터 독서를 할 때 낭송을 위주로 하였다. 그것은 한문과 국문 모두 마찬가지였다. 선행연구에 따르면, 국문의 경우 한글창제 직후인 조선초에 이미 낭송에 적합한 문체가 확립되었으며 낭송에 적합한 문체의 특징으로는 종결어미를 쓰지 않고 연결어미를 사용한 만연체가 꼽힌다.[25)]

묵재일기본은 문장의 표현에 있어서 최대한 순우리말로 풀어쓰려고 노력했을 뿐 아니라 문체에 있어서도 낭송에 적합한 만연체 문장을 사용하였다는 특징을 지니고 있다.

> ᄉᆡᆼ이 이믜 그 양ᄌᆞᄅᆞᆯ 깃거ᄒᆞ고 ᄯᅩ 글을 보니 ᄆᆞ음의 혹ᄒᆞ야 ᄇᆡ도의 ᄠᅳᄃᆞᆯ 시험ᄒᆞ야 보고져 읍다가 ᄆᆞᄎᆞᆷ내 짓디 못ᄒᆞ야셔 밤이 기퍼디니 (/)[26)] ᄃᆞᆯ비치 싸히 ᄀᆞ득ᄒᆞ고 그림재 어ᄅᆞᆫ〻〻ᄒᆞᆫ ᄀᆞ의 두ᄅᆞ것다가 ᄆᆞᆫ득 문밧긔 ᄆᆞᆯ쇼ᄅᆡ 쪄 사ᄅᆞᆷ의 말소ᄅᆡ 잇더니 이ᄋᆞᆨ고 괴요ᄌᆞ녹ᄒᆞ니 ᄉᆡᆼ이 ᄆᆞ음 의심되여 그 연고ᄅᆞᆯ 아디 몯ᄒᆞ여 ᄇᆡ도의 인ᄂᆞᆫ 방을 보니 심히 머디 아니ᄒᆞ니 (/) 사창 속의 블근 쵸브리 어ᄅᆞᆫ〻〻ᄒᆞ거ᄂᆞᆯ ᄉᆡᆼ이 ᄀᆞ마니 가여어 보니 ᄇᆡ되 혼자 안자셔 ᄎᆡ운젼이란 죠희 펴고 뎜년홰란 글을 초자바 이믜 ᄉᆞᆲ픠ᄅᆞᆯ 일워시되 ᄆᆞᄌᆞ막 귀ᄅᆞᆯ 일우디 못ᄒᆞ엿거ᄂᆞᆯ ᄉᆡᆼ이 ᄆᆞᆫ득 창을 열티고 ᄃᆞᆯ오듸 (후략)[27)]

이처럼 종결어미를 쓰지 않고 연결어미를 통해 문장을 매우 길게 이어나간 것을 볼 수 있다. 같은 부분에서 김일근본이 위 인용문에 빗금친 곳에서 종결어미를 사용하여 문장을 끝맺고 있는 것과는 대조적이다.

김일근본 역시도 현대국어 문장에 비하면 상대적으로 긴 만연체인데도 거기서 더 나아가 묵재일기본은 훨씬 더 긴 호흡으로 문장을 이어나갔다. 묵재일기본의 이러한 현상은 순우리말 표현으로 인해 독해가 빨라짐으로써 낭송이 한결 매끄러워질 수 있는 토대가 마련된 것과 서로 맞물려 나타난 것이라 할 수 있을 것이다. 바꿔 말하자면, 고소설을 둘러싸고 있던 이왕의 낭송문화가 「주생전」의 번역과 유통에 개입되면서 낭송에 적합한 문장표현 방식과 문체로의 번역 및 필사를 견인한 것이라 하겠다. 독자의 향유방식상의 취향이라고 할 수 있는 낭송이 작품에 영향을 주어 순우리말 표현의 번역과 낭송체의 문체로 변모시킨 자취를 묵재일기본을 통해 확인할 수 있다.

---

25) 김진영, 「고소설의 낭송과 유통에 대하여」, 『고소설연구』 1, 한국고소설학회, 1995, 72쪽.
26) 이하 빗금은 인용자.
27) 이복규, 앞의 책, 121-122쪽.

4. 옛 독자의 시각으로 「주생전」 다시 읽기

삼각관계 연애는 「주생전」의 특징을 운위할 때 그림자처럼 따라붙는 수식어이다. 이 작품은 한 쌍의 남녀주인공의 사랑을 그리던 기존의 여타 애정전기소설들과는 달리 남주인공이 두 명의 여성과 애정행각을 벌이고, 두 여성은 서로 질투하는 이야기가 나와 애정전기소설의 전통적인 서사문법에서 벗어나는 독특함을 보이고 있기 때문이라는 것이다. 연구 초기단계부터 굳어진 이러한 인식은 흡사 정설로 받아들여지고 있으며 이 작품을 읽는 현대의 독자들에게 일종의 프레임으로 작용하고 있다.[28]

그러나 이러한 인식과 독법은 처첩제와 신분적 계급이 사라진 현대인들에게는 자연스럽게 수용될 수 있는 논리이지만 그것이 과연 철저한 신분제 사회를 살아가던 전통시대 독자들에게도 같은 방식으로 읽혀졌을지에 대해서는 회의적이다. 현전하는 한문본과 국문본 「주생전」이 산생·유통되던 전통사회를 살아가던 독자들이 처한 사회적 상황과 관념을 고려하면서 그들의 입장에서 그들의 안목으로 작품을 바라본다면 이 작품에 대한 새로운 시각이 주어질 것으로 사료된다. 여기서는 이 작품의 가장 큰 특징으로 꼽히는 삼각관계 연애와 주생의 신분상승 욕망에 대해 검토해보고자 한다.

4.1. 삼각관계 연애 아닌 처첩갈등

주생, 선화, 배도, 세 사람의 애증관계를 현대인의 시각에서 바라보면 당연히 삼각관계 연애가 될 것이다. 하지만 전통사회의 철저한 신분제에 갇혀있던 옛 사람들에게도 그렇게 인식된 것은 아니다. 관건은 배도의 위상을 어떻게 설정 혹은 바라보느냐에 달려있다. 삼각관계 연애라는 인식은 배도를 주생·선화와 동등한 위상으로 간주할 때 성립한다. 그러나 단도직입적으로 말해서, 과거 신분제사회에서 천민인 기생 신분의 배도가 사대부가문의 주생과 승상의 딸인 선화와 동등하게 취급되는 일은 불가능하다.

---

28) 예를 들면, 일반인들의 경우는 대개 중등교육과정과 대학입시를 위한 문학 교과를 통해서 학습한 내용에 의거하여 작품을 이해하는 것이 일반적인데 현재 고등학교 교육에 있어 전국적인 영향력을 발휘하고 있는 EBS 수능특강 문학 교재가 이 작품을 해설한 내용을 간략히 정리해보면, 「주생전」은 "운명에 대한 인간의 나약성과 비극적인 사랑"을 주제로 하며, "삼각관계에 얽힌 인물들의 갈등을 표현"하고 있는 것이 특징이며,(『2021 EBS 수능특강 문학』) "삼각관계를 중심으로 한 남성의 탐욕과 이기적인 언행, 여성의 본능적인 애욕과 질투심을 그리고 있다."(『2019 EBS 수능특강 문학』)고 제시되어 있다. 「주생전」에 대한 이러한 시각은 각종 학원과 강사들을 통해서도 학습되고 있을 뿐만 아니라 수많은 인터넷사이트에도 게시되어 있다. 말하자면 대한민국의 대다수 학생들은 이렇게 교육받은 방향에 따라 이 작품을 읽고 있다고 해도 과언이 아니다. 그런데 위 EBS 문학 교재의 「주생전」 해설 내용은 1961년 출간된 문선규본에 실린, "이 작품은 주생과 배도 그리고 선화 三人間의 三角戀愛를 묘사한 것으로 男子의 貪欲과 利己的인 思惟 그리고 女性의 天性的인 愛欲과 嫉妬心을 如實하게 나타내고…"(21쪽)라는 해설을 그대로 답습하고 있는 것이다.

「심생전」에서 사대부가의 자제인 심생과 중인의 딸인 여주인공의 결연이 비극적 파국에 이르른 근본적 원인 역시 넘을 수 없는 신분적 한계 때문이었다. 중인 신분의 여성에게도 그토록 가혹했던 신분의 굴레가 강고하게 자리잡고 있던 신분제 사회에서 하물며 가장 천한 신분에 속한 기생 배도에게만 예외적으로 관대했을 리는 만무하다. 기생이 사대부 남성과 인연을 맺어 법적·사회적으로 인정받는 '정처(正妻)'가 되는 것은 임금이 허락해야만 비로소 가능한 기적이었다.

기생은 단지 사대부의 첩이 될 수 있을 뿐이었다. 그리고 사대부는 기생을 먼저 첩으로 맞이한 후에라도 사대부가의 여성과 공식적으로 결혼을 하여 처로 맞아들였다. 「소설인규옥소선」에서 볼 수 있듯이, 본래 평양감사는 옥소선에 대한 아들의 미련을 걱정하여 비록 앞길에 방해가 됨을 감수하더라도 타 가문의 여성과 정식으로 결혼하기 전에 먼저 옥소선을 첩으로 맞아들이는 것을 허락한 바 있다.

「주생전」에서 주생과 배도의 관계는 주생과 선화의 관계와 대등할 수 없다. 배도는 첩이고 선화는 '처'가 될 상대이다. 이것은 선화도 배도 자신도 분명하고도 당연하게 인식하고 있는 엄연한 사실이었다.

선화는 이미 배도와의 관계를 알면서도 주생을 결혼 상대자로 받아들이는 데 있어서 전혀 배도의 존재를 의식하지 않는다. 그것은 당시 신분제 사회에서는 문제가 되거나 고려할 대상이 아니었기 때문이다. 또한 선화와 주생에 대한 배도의 인식도 시종일관 명확했다. 배도는 선화가 주생의 처가 될 상대임을 인정했고, 단지 그녀는 주생의 도움으로 기생 신분에서 벗어나고자 했을 뿐이다. 이를 위해서는 주생이 입신출세를 해야 했고, 그러기 위해서는 주생이 과거 공부에 몰입해야 했기에 배도는 주생의 공부를 후원해야만 했다. 선화는 배도를 연적으로서 질투했지만 배도는 그렇지 않았다. 자신의 소망을 이루어주겠다는 맹세를 조건으로 주생과 인연을 맺고서 과거 공부를 후원하고 있었는데 실상은 주생이 공부는 뒷전인 채 선화와의 불장난 같은 사랑놀음에 빠져 자신과의 약속을 저버리고 있는 데 대해 분노를 품은 것이다. 주생에 대한 배신감과 그리고 궁극적으로는 자신의 소원을 이루기 위해서는 주생이 과거에 합격해야 했고 이를 위해서 주생을 공부시켜야 했기 때문이지 부인자리를 놓고 선화에 대한 질투 때문에 주생을 선화로부터 떼어놓은 것은 아니다.

따라서 전통시대의 독자들에게 주생, 선화, 배도의 애증관계는 현대인의 관념과 같은 삼각관계 연애로 인식될 수는 없었다. 특히 선화와 배도의 관계는 과거의 독자에게 처첩 간의 갈등으로 읽혀졌다고 봄이 타당하다.

4.2. '주생의 신분상승 욕망' 논의의 허상

「주생전」의 오랜 논쟁거리 중 하나는 주생이 선화와의 결연을 신분상승의 수단으로 삼으려 했는가 하는 문제이다. 수십년 간 연구자들의 의견이 나뉘어 여전히 분분하다. 그러나 사실 이 문제는 작품 이본의 공개 순서가 발단이 된 것이라 해도 과언이 아니다. 1961년 최초 공개된 문선규본이 수십년 간 유일본으로서 독점적 위치를 차지했었고, 그 상태에서 그 이본을 토대로 「주생전」 연구의 기본적 틀이 다져졌기 때문에 발생한 논란이었다. 논란의 불씨가 된 것은 아래의 구절이다.

> 事成爲貴 不成則烹 可也
> 이 일이 성공하면 귀(貴)히 될 것이고 실패를 한다면 죽어도 좋다[29]

주생이 담을 넘어 선화의 방으로 가고자 결단하면서 마음 속으로 되뇌인 말이다. 현대의 연구자들은 "일이 성공하면 '귀(貴)'히 될 것"이라는 말이 바로 주생의 신분상승 욕망의 표현이라고 본 것이다. 이러한 해석은 일종의 프레임으로 작동하면서 이후 수십년 동안 지속되어 오고 있다.[30] 그러나 이 구절은 본래 『사기(史記)』 「오자서열전(伍子胥列傳)」에 나오는 '사성위경 불성즉형(事成爲卿 不成而亨)'에 바탕을 둔 표현이다.[31] 석걸(石乞)이 백공(白公)의 시신 있는 곳을 발설하지 않고 죽음을 택하며 외친 말인데, 죽어도 발설하지 않겠다는 의지의 표현으로 한 말이다. 따라서 주생은 가만히 앉아서 허송세월할 것이 아니라 죽더라도 담을 넘어가 선화를 만나보고야 말겠다는 결단의 뜻으로 이 구절을 가져다가 관용적으로 한 말이었다.

반면, 2008년 공개된 국역본인 김일근본에서는 주생의 의도를 제대로 살려내어 직접적으로 표현해낸 것을 볼 수 있다.

> 어두운 밤의 당돌히 드러가 일곳 일오면 방경을 보고 이디 못ᄒᆞ면 숣겨 주금만 ᄀᆞᆺ디 못ᄒᆞ다 ᄒᆞ고[32]

29) 문선규 역, 『花史·周生傳·鼠大州傳』, 통문관, 1961, 68쪽.
30) 다른 이본에는 卿(선현유음본), 慶(북한본), 幸(간호윤본) 등으로 표기되어 있으나 기존 견해의 자장 안에 갇혀 별다른 영향을 주지는 못했다.
31) 박희병, 『韓國漢文小說 校合句解』, 소명출판, 2007, 263쪽 각주 127.
32) 간호윤, 앞의 책, 133쪽.

여기서는 일이 이루어지면 '방경을 본다'고 되어 있는데, 방경은 다름아닌 선화의 자(字)이다. 담을 넘어가서 일이 성공하면 선화를 만날 것이라는 뜻이다. 즉, 목숨을 걸고서라도 담을 넘어가 선화를 기필코 만나보고야 말겠다는 결연한 의지의 표현인 것이다. 전고가 있는 구절을 문자 그대로 번역하면 자칫 오해를 불러일으키거나 번잡한 해설을 늘어놓아야 하기에 그것을 피하고 곧바로 말의 본의를 살려 번역한 것임을 짐작할 수 있다. 그렇기 때문에 국역본인 김일근본의 독자는 주생의 '선화를 통한 신분상승 욕망'을 전혀 읽을 수 없고 다만 선화에 대한 순수한 애정만 읽을 뿐이다.

문선규본을 포함한 한문본들의 경우도 과거의 독자가 이 구절을 주생의 신분상승 욕망으로 읽어낼 가능성은 그 구절이 전고에 바탕을 둔 관용적 표현임을 알지 못했을 때만 발생했을 터인데, 그러나 이런 상황이 한글 시대를 사는 현대의 독자에 이르러 심각해졌다는 게 문제였다. 게다가 현대의 독자들에게는 조선 후기 사회의 신분제 변동이라는 역사지식이 일종의 프레임으로 작동하여 작품 해석에 영향을 끼쳐왔다.

결국 과거의 독자들에게 있어서는 주생이 선화와의 결연을 신분상승의 수단으로 삼으려 한 것인지는 한문본의 독자에게만, 그중에서도 일부 특수한 독자에게만 한정된 문제였던 것이다. 그런데 현대에 이르러 공교롭게도 문선규본이 연구 초기부터 긴 세월 동안 유일본의 자리에 있었고, 거기에 현대 독자의 한문 해독능력 및 역사지식의 간섭이라는 문제가 겹쳐 있었기 때문에 주생의 신분상승 욕망이 과도하게 쟁점화되었던 것임을 알 수 있다.

5. 결론

전통시대의 소설 독자는 현대의 독자와 차이점이 많았다. 그들은 단순한 독자가 아니라 독자이자 개작자요, 필사자이자 제책업자요 유통업자였으며, 낭송을 통한 향유자이자 공연예술가 등의 다양한 역할을 겸하고 있었다. 그리하여 과거의 독자는 소설의 향유뿐 아니라 창작과 유통에도 깊이 관여하고 있었다는 것은 주지의 사실이다. 따라서 고전소설 작품에는 전통시대 독자들의 모습과 그들과의 영향관계가 유형 무형으로 남아 있으며, 「주생전」의 경우도 마찬가지다.

이러한 사실에 유념하면서 본고는 2종의 국역본 「주생전」의 독자 및 그들을 둘러싼 사회와의 상호관계에 초점을 두고 이 작품을 살펴보았다. 먼저, 궁중에서 번역 유통되던 김일근본에서는 번역자의 검열의식이 작용하여 정사장면 등 남녀관계의 민감한 부분이 삭제된 점, 시문의 독음과 현토를 병기함으로써 주요 독자인 궁중 여성들로 하여금 한문에 접근할 수 있는 디딤돌을 제공한 점, 낭송의 소설향유 관습이 작용하여 해학적 흥미소가 추가된 점을 밝혔다.

다음으로, 사족가문에서 유통되던 묵재일기본에서는 다른 독자를 위한 배려로서의 주석을 통해서 그 예상독자가 식견이 높지 않고 순우리말 소설을 향유하는 부류였다는 점, 순우리말식 문장표현으로 된 묵재일기본은 식자층에 한정되던 한문 문언전기소설 「주생전」의 독자층이 하위계층으로까지 확대되고 유통과 향유가 원활해지는 데 기여했다는 점, 독자의 낭송문화가 작품에 영향을 주어 낭송에 적합한 문체로 변모시켰다는 점을 밝혔다.

마지막으로, 본고는 현대 독자의 시각이 아닌 전통시대 독자가 처해 있던 사회적 현실에 입각하여 과거 독자의 시각으로 「주생전」 다시 읽기를 시도하였다. 먼저는 이 작품의 가장 큰 특징으로 운위되는 삼각관계 연애가 현대 독자에게는 당연하게 보이지만 철저한 신분제에 매여 있던 전통시대 독자들에게는 그와 달리 처첩갈등으로 읽혀졌음을 밝혔다. 또한 이 작품의 오랜 쟁점인 선화를 통한 주생의 신분상승 욕망은 사실 과거의 독자들에게는 제기될 수 없었던 문제였으나 현대에 이르러 문선규본의 공개 시기 및 현대 독자의 한문 해독능력과 조선 후기의 신분제 변동이라는 역사지식의 간섭이 공교롭게 겹치면서 과도하게 쟁점화된 것임을 밝혔다.

필자가 이렇게 과거의 독자 및 그 사회에 초점을 맞추었다고 해서 현대의 수용미학이나 독자반응비평을 부정하는 것은 결코 아니다. 「주생전」이 현대 독자의 다양한 해석행위에 의해 지속적으로 새로운 생명력을 획득해나가는 것은 바람직한 일이다. 그러나 앞에서 언급했던 EBS 교재의 경우처럼 6, 70년대의 프레임에 갇혀 있거나, 혹은 지나치게 새롭고 현대적인 관점만을 추구하기보다는 작품이 산생·유통되던 당시 독자의 눈을 통해서 작품을 읽어내는 작업도 필요함을 지적하고 싶다. 온고지신이란 말이 설파하듯 새로움은 단지 현대적이거나 미래적인 것에만 있는 것이 아니기 때문이다. 「주생전」을 포함한 고전소설의 옛 독자에 대한 논의는 현대 독자들에게 작품 및 그 시대에 대한 또다른 안목과 거울을 제공해주는 의미있는 작업이 될 것으로 확신하며 활발한 후속 연구를 기대해본다.

6장 문학지리학

Ⅰ. 주생전의 중국 남방공간과 심상지리

Ⅱ. 17세기 소설의 문학지리

6장에서는 문학지리학 연구를 소개하였다. 〈주생전〉의 심상지리를 분석하고, 17세기 소설의 문학지리를 조감하였다. 주생전의 심상지리에서는 이 작품의 주요 공간적 배경인 중국 남방공간과 관련한 작가 권필의 심상지리가 어떠하며, 그것들이 어떤 경로로 형성된 것이고, 어떤 양상으로 작품화되었는지를 밝혀서 이를 통해 고전소설 작품의 형성원리를 탐구하였다. 17세기 소설의 문학지리에서는 조선땅을 넘어 동아시아를 무대로 삼은 17세기 작품인 〈주생전〉, 〈조완벽전〉, 〈최척전〉, 〈김영철전〉에 그려진 지리적 공간을 통해 동아시아세계에 대한 새로운 발견과 공간인식이 확장되어나간 흐름을 짚어보았다. 임진왜란과 대후금전쟁은 동아시아세계 국제질서의 개편을 초래하였고 이러한 정황은 조선 지식인의 대외인식과 공간인식에 변화를 야기하여 그들의 의식 속에 보다 더 큰 하나의 단위로서의 동아시아세계라는 개념적 공간이 형성된 것임을 밝혔다.

문학지리학은 문학을 지리와의 관계 속에서 연구하는 방법론이다. 문학지리학은 장소성·장소감, 심상지도, 심상지리, 공간 표상 등을 하위범주로 포함한다. 장소성이란 각각의 장소가 가지는 독특한 성격을, 장소감이란 개인의 의식에 의해 형성된 어떤 장소에 대한 감정을 가리킨다. 공간 표상이란 어떤 공간에 대해 마음에 떠올려지는 이미지나 묘사를 가리킨다. 심상지도란 주체적으로 파악된 공간으로서 머릿속의 지도를 가리킨다. 다시 말하자면, 소설 작품에 설정된 공간의 지도를 의미한다. 심상지리란 주체가 인식하고 상상하는 어떤 공간에 대한 지리적 인식을 말하며, 심상지도와 유사한 개념이다. 작품 속에 투영된 작가의, 공간적 배경에 대한 지리적 인식을 가리킨다.

고전소설은 상당수의 작품이 중국을 비롯한 외국공간을 지리적 배경으로 삼고 있다. 작품 속에 묘사된 공간의 배치와 이동이 실제의 지리적 정보와는 상당한 차이를 드러내는 경우가 대부분이다. 문학연구에 있어서 외국 이미지는 모두 타자에 대한 묘사이며, 상상의 표현으로 간주된다. 또 그것은 작가의 감정과 사상이 강하게 작용한 주관적 혼합물이기도 하다. 타자의 이미지는 응시자인 나의 자아의식을 통한 여과를 거쳐 생산된 것이고, 그 여과 과정은 곧 일종의 변이 과정이다. 즉, 작가의 감성과 상상력이 작용하여 형성된 심리적 결과물이라는 것이다. 따라서 고전소설 연구에 있어서 문학지리학은 유용하고 흥미로운 방법론 중의 하나라고 할 수 있다.

최근 문학연구에서 공간 논의가 활발하게 진행되어 왔지만 학계에서는 아직 통일된 용어와 범주가 합의되지 못한 상태이다. 문학지리학의 이론체계를 수립하는 일은 별도의 논의가 필요한 학술적 과제이다.

Ⅰ.

주생전의 중국 남방공간과 심상지리

<주생전>은 실제적인 지명들을 사용하는 등 매우 사실적인 면이 있으면서도, 세부적인 면에 있어서 공간의 배치와 이동은 실제와는 동떨어져 상당한 차이를 드러내고 있다. 작가가 단순히 주생과 필담으로 주고받은 이야기를 옮겨 적은 것이라면, 중국의 실제 지리와 교통로를 고려할 때 중국인인 주생이 악양성(岳陽城) 밖, 즉 동정호(洞庭湖)에서 술에 취해 잠든 사이에 물줄기가 전혀 다른 곳에 있는데도 불구하고 배가 저절로 흘러 가 1,000여 ㎞나 떨어진 전당(錢塘)까지 하룻밤만에 간다거나 주생이 용금문(湧金門)에서 100여 ㎞나 떨어진 수홍교(垂虹橋)를 마치 한 동네인양 한달음에 내달려 반나절만에 왕복한다거나 수홍교에 사는 국영이 100여 ㎞나 떨어져 있는 배도의 집으로 주생에게 글을 배우러 다닌다는 등의 현실에서는 도저히 불가능하고 비상식적인 말을 하지는 않았을 것이다. 실제로 전당(錢塘)과 촉주(蜀州)에서 생활했고 직접 남방의 오초(吳楚) 땅을 왕래하며 장사를 하고 살았던 주생이, 더군다나 자신의 경험을 술회하면서 그렇게 이치에 맞지 않게 말하지는 않았을 것이 분명하다. 이야기에 나와 있는 중국공간에 관한 표현은 남방 출신의 주인공 주생으로부터 필담으로 전해들은 내용을 단순히 옮겨 적은 것이 아니라 현실을 기반으로 작가가 허구화하여 설정한 것임을 알 수 있다. 따라서 <주생전>은 작가의 손에 의해 가공된, 바꿔 말하자면 주생의 이야기에 작가의 허구적 상상력과 창의를 발휘하여 만든 작품으로 볼 수 있다.

16·17세기 임병양란(壬丙兩亂)은 조선 문인들의 세계 인식에 새로운 변화를 가져다 주었다. 소설문학에서는 <주생전>을 필두로 <홍길동전>, <최척전>, <김영철전(金英哲傳)> 등 일군의 작품들이 공간 배경을 동아시아로까지 확장하면서 새로운 경향을 보여주었다. 그런데 그 가운데 <주생전>의 작가 권필은 조위한(趙緯韓, 1567~1649), 허균(許筠, 1569~1618)과 함께 같은 문인집단에 속해 있었으면서도 그들과는 달리 중국을 방문한 경험이 전혀 없었음에도 불구하고, 그리고 그들 가운데서 가장 먼저, 명과 조선의 개국 이래로 왕래가 불가능했던 중국 남방을 공간 배경으로 삼아 소설을 창작한 인물이었다는 점이 독특하다.

권필의 <주생전>은 소설사에 있어서 임병양란을 계기로 동아시아에 대한 16·17세기 조선

문인의 공간인식의 변화를 드러낸 선구적 작품이라는 시각에서 새롭게 조명해야 할 필요가 있다. 이 작품을 통해서 권필이 외국공간을 인지하고 형상화한 방식은 <최척전>을 통해 드러낸 조위한의 외국공간 인식 및 형상화 방식과 더불어 우리 소설사 이해에 새로운 시각을 제공하기 때문이다. 임병양란을 전후로 변화한 외국공간에 대한 인식과 형상화 방식에 대한 규명은 고소설 연구에서 의미있는 과제가 될 것이다.

문학연구에 있어서 외국 이미지는 모두 타자에 대한 묘사이며, 상상의 표현으로 간주된다. 또 그것은 작가의 감정과 사상이 강하게 작용한 주관적 혼합물이기도 하다. 타자의 이미지는 응시자인 나의 자아의식을 통한 여과를 거쳐 생산된 것이고, 그 여과과정은 곧 일종의 변이 과정이다.[1] 권필의 <주생전>은 전당, 촉주, 오, 초, 악양루(동정호), 용금문(서호), 수홍교, 호주 등 중국 남방의 실제적인 지명들을 사용하는 등 매우 사실적인 면이 있으면서도, 세부적으로는 공간의 배치와 이동이 실제와는 상당한 차이를 드러내고 있다. 실제 지리적 공간과 작품 속에 표현하고 있는 공간을 직접 비교해보면 그 차이가 분명하게 드러난다.

권필은 단 한번도 중국을 방문한 경험이 없는 인물이므로 그가 <주생전>에 형상화한 중국 남방의 공간지리와 이미지는 그가 접했던 문인들의 문헌과 견문담을 통해, 그리고 거기에 그의 감성과 상상력이 작용하여 형성된 심상지도임이 분명하다. 주지하는 바와 같이, 심상지도란 절대적 공간에 근거한 객관적 공간이 아니라 주체적으로 파악된 공간으로서 머릿속의 지도를 가리킨다.[2] 그런데 중국 명나라(1368~1644)는 건국 초기부터 엄격한 해금정책을 시행하였기 때문에 해로를 차단했었고, 조선의 사절단도 정해진 북방 내륙루트(의주-요양-산해관-계주-북경)를 결코 벗어날 수가 없었기 때문에 사신으로 중국에 간다 해도 남방을 직접 방문할 수 있는 기회는 전무했다. 그렇다면 중국의 북방 땅조차도 밟아 볼 기회마저 전혀 없었음에도 불구하고 중국공간 중에서도 유독 남방만을 공간배경으로 삼은 작품 <주생전>을 쓴 권필은 구체적으로 과연 무엇을 통해 그렇게 풍부한 남방에 대한 공간지식과 이미지를 형성한 것일까? 또 그것들은 실제 지리와 얼마나 근사하며, 궁극적으로 이 작품과는 얼마만큼 같고 다른가?

본장에서는 <주생전>의 공간 배경인 중국 남방공간과 관련한 작가 권필의 심상지리와 작품화를 살펴보고자 한다. 즉, 이 작품에 나타난 권필의 중국 남방에 대한 공간지식과 심상지도가 어떠하며, 그것들이 어떤 경로로 이루어진 것이고, 어떤 양상으로 작품화했는지를 살펴보려는 것이다.

---

1) 曺順慶 主編, 『比較文學學』, 四川大學出版社, 2005, 206~207쪽.
2) 미즈우치 도시오 편, 심정보 역, 『공간의 정치지리』, 푸른길, 2010, 218~219쪽.

1. 중국공간 표현의 문제

<주생전>은 중국공간 중에서도 남방을 배경으로 이야기를 전개하고 있다. 작품 속에서 중국공간을 표현하고 있는 구체적인 대목들을 차례대로 살펴보면 다음과 같다.

① 주생의 이름은 회이고 자는 직경이며 호는 매천이다. 대대로 전당(錢塘)에서 살았으나 그의 아버지가 촉주(蜀州)별가가 되매 인하여 집이 촉주(蜀州)로 이사했다.[3)]

② 이로부터 과거 볼 생각을 버렸다. 돈궤를 털어보니 십만 냥의 돈이 있어 그 절반으로 배를 사서 강호를 왕래하고 또 절반으로는 잡화를 매매하였다. 때때로 이익을 보아 자급하며 아침에는 오(吳) 땅, 저녁에는 초(楚) 땅으로 마음 내키는 대로 돌아다녔다.[4)]

③ 하루는 악양루(岳陽樓) 밖에 배를 매어두고 성 안으로 들어가 절친한 나생을 방문했다. … 배로 돌아와 … 배를 띄워놓고 돛대에 기댄 채, 어느새 곤하게 잠이 들어버렸다. 배는 바람에 의해 저절로 쏜살같이 흘러갔다. 잠에서 깨어보니 연사(煙寺)에서 울리는 종소리가 은은히 들려왔고 달은 서쪽 하늘에 있었다. 단지 강 양쪽 언덕에 푸르게 우거진 나무들만 보였다. 나무 그늘 사이로 초롱불빛이 붉은 난간의 푸른 주렴 사이로 은은히 새나오고 있었다. 어딘가고 물으니, 전당(錢塘)이라고 했다.[5)]

④ "첩의 조상은 대대로 호족이었습니다. 조부께서 천주(泉州) 시박사에 추천되었으나 나라에 죄를 입고 해임되어 서인이 됐습니다."[6)]

⑤ "이곳에서 한 마장쯤 떨어진 곳에 붉은 대문이 물가를 마주한 집이 있는데 돌아가신 노 승상 댁입니다." … 주생은 마음을 주체할 수 없어 곧 뒤따라 달려 용금문(湧金門)을 나서서 왼쪽으로 돌아 수홍교(垂虹橋)에 이르렀다. 과연 큰 저택이 구름에 닿을 듯 서 있는데 일러준 바로 그 물가를 맞댄 붉은 대문 집이었다. … 주생은 재빨리 빠져나와 먼저 배도의 집에 이르렀다.[7)]

⑥ 국영은 감히 명을 어길 수 없어 그날로 책을 끼고 주생에게 배우러 갔다.[8)]

---

3) 生名檜 字直卿 號梅川 世居錢塘 父爲蜀州別駕 仍家於蜀(박충록 편, 『림제 권필 작품집』, 원문 90쪽. 이하 쪽수만 표기한다)

4) 自是遂絶意科擧之業 倒篋中有錢百千 以其半買舟 往來江湖間 以其半市雜貨 時取贏以自給 朝吳暮楚 唯意所適(90쪽)

5) 一日繫舟岳陽樓外 步入城中 訪所善羅生 … 還舟 … 放舟中流倚困睡 舟自爲風力所送 其往如箭 及覺則鐘鳴烟寺 月在西矣 但見兩岸 碧水葱蘢 滄茫樹陰中 時有紗 籠銀燈隱映於朱欄翠箔之間 問之乃錢塘也(90쪽)

6) 日妾之先世乃豪族也 祖某提擧泉州市舶司 國有罪 免爲庶人(91쪽)

7) 此去里許 有朱門面水家 乃故丞相某宅也 … 生不能定情 隨後赶去 出湧金門 左轉而至垂虹橋 果見甲第連雲 眞所謂面水朱門也 … 生趨出先至桃家(91~92쪽)

8) 國英不敢違命 即日挾冊就學(93쪽)

⑦ 주생은 그들을 재삼 위로한 후 눈물을 뿌리며 배에 올랐으나 차마 노를 저어 떠날 수가 없었다. 이날 밤 수홍교 밑에서 묵으며 멀리 선화의 집을 바라보니 은빛 붉은빛 촛불만이 마을 안에서 가물거렸다.9)

⑧ 주생의 외척 장 노인은 호주(湖州)의 거부였다. … 이튿날 장 노인은 처를 시켜 편지를 써서 종을 전당으로 보내 혼사를 의논하게 하였다. … 주생은 날마다 포구로 나가서 종이 돌아오기를 애타게 기다렸다. 열흘이 못 되어 종이 돌아왔다. … "구름 같은 산 천리 길이니 편지조차 전하기 어렵습니다. … 호주 땅은 구석진 곳이라 장기가 침습하니 힘써 몸을 아끼어 부디 몸조심하십시오."10)

⑨ "서로 멀리 떨어져 산천이 길게 가로막혔으니 필마로써 하늘가로 다니는 길에 슬퍼하고 낙담함이 셀 수 없었습니다. 기러기는 오(吳) 땅의 구름 속에서 울고 원숭이는 초(楚) 땅의 산바위 틈에서 우니 여관에서 홀로 자는 잠은 외롭고 쓸쓸했습니다."11)

⑩ "북방 사람은 오랑캐를 잘 막아내고 남방 사람은 왜적을 잘 막아냅니다. 오늘의 전쟁은 남방의 병사가 아니면 안 되옵니다." 이에 절강(浙江)과 호광(湖廣) 각 군의 군사 뽑기를 매우 급히 하였다.12)

이상에서와 같이 이 작품에는 전당, 촉주, 오, 초, 악양루(동정호), 천주, 용금문(서호), 수홍교, 호주, 절강, 호광 등 중국 남방 각지의 대표적이고 유명한 여러 지명들을 배경으로 설정하였다. 이는 長江을 축으로 한 동단에서 서단까지의 지역인데 배로 닿을 수 있는 남방 지역이 망라되었다고 할 수 있다. 다만, ④에서 배도의 조부가 시박사로 있다가 쫓겨났다고 한 천주(泉州)는 장강(長江)에서 멀리 떨어진 곳이긴 하지만 뱃길이 연결되어 장강으로의 물류가 왕성했던 중국의 대표적인 대외무역항으로서 전당(항주)과 더불어 남방의 대명사로 불린 곳으로서의 상징적인 의미만을 가질 뿐 등장인물들의 직접적인 활동무대가 아니므로 문제되지 않는다.

전체적으로 볼 때, 이 광범위한 공간은 광활한 이미지를 생성하고 있다. 또한 그 광활한 지역이 사통팔달의 수로망으로 연결되어 있어 주인공이 자유롭게 이동하며 노니는 모습을 통해 그 공간은 자유분방한 이미지도 생성한다. 즉, 이 작품에서 수많은 강과 호수들이 연결된 사통팔달의 수로망을 통해 배를 타고 어디든 자유롭게 세상을 노닐 수 있는 남방은 광활함과 자유의 이미지로 형상화 되어 있는 것이다.13)

9) 生再三慰撫 揮淚登舟 不忍發棹 是夕宿千垂虹橋 望見仙花之院 銀燭絳燭 明滅村裏(96쪽)
10) 生之母族 有張老者 湖州巨富也 … 明日張老令妻修書 送蒼頭專往錢塘 議王謝之親 … 生日往浦口 帳望蒼頭之還 未及一旬 蒼頭已還 … 雲山千里 信旣難憑 … 湖州地偏 瘴氣侵入 努力自愛 千萬珍重(96~97쪽)
11) 相距敻絶山川脩阻 匹馬天涯 幾番惆悵 雁叫吳雲 猿啼楚峀 旅館獨眠 孤獨悄悄(97쪽)
12) 日北方之人 善禦虜 南方之人善禦倭 今日之役 非南兵則不可 於是浙湖諸郡發兵甚急(97쪽)

그런데 이 작품의 공간배치와 공간이동을 자세히 살펴보면 실제 지리와 이동경로와는 다른 양상들을 발견할 수 있다. 대표적인 예가 주생이 악양에서 전당으로 이동하는 ③과, 용금문과 수홍교 사이를 왕복하는 ⑤·⑥이다. 이 내용을 중국의 실제 지리와 교통로에 의거해서 현실적으로 다시 풀어보면, 주생이 악양루 밖(동정호)에서 술에 취해 잠든 사이에 물줄기가 전혀 다른 곳에 있는데도 불구하고 배가 저절로 흘러가서 하룻밤만에 천 수백 킬로미터나 떨어진 전당까지 간 것이다. 그리고 주생이 전당, 즉 항주(杭州)의 용금문에서 백오십 킬로미터나 떨어진 오강(吳江)의 수홍교를 마치 한 동네인 양 한달음에 내달려 왕복하는 것으로 기술하고 있다. 반대로 국영은 수홍교 근처에 살면서 날마다 백오십 킬로미터나 떨어져 있는 배도의 집(용금문 안)을 왕복하며 주생에게 글을 배우러 다닌다는 것이다. 이렇듯 현실에서는 거의 불가능한, 실제와는 상당한 차이를 지닌 표현들임을 확인할 수 있다.

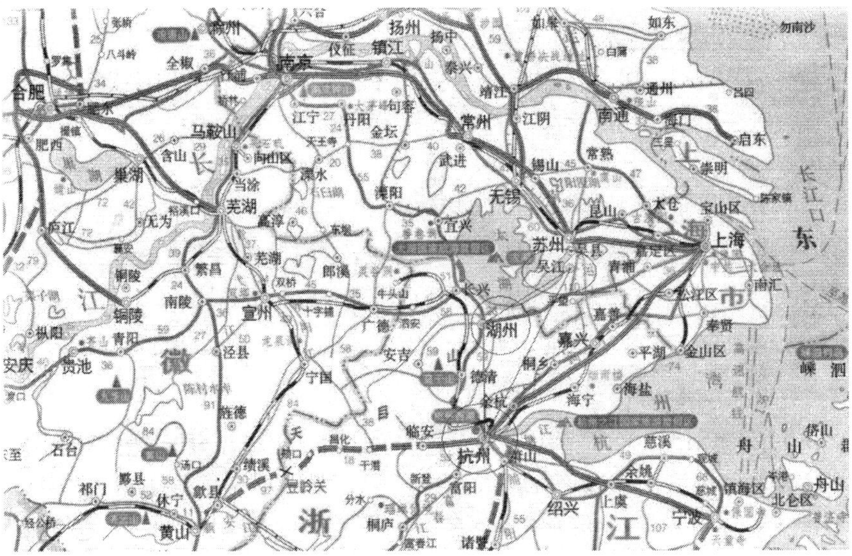

〈지도 1〉 강소·절강·안휘 지역의 교통지도

⑧은 주생이 선화와 헤어진 후 호주의 친척집에 의탁하여 지내던 중 친척이 혼인을 주선하는 편지를 선화의 집에 보낸 대목이다. 이때 심부름꾼이 갔다가 돌아오는 시간을 열흘 가까이 걸린 것으로 기술하였다. 하지만 주생이 머물고 있던 호주와 선화의 집이 있던 수홍교는 실제상으로는 육로로 7·80㎞밖에 떨어져 있지 않고 수로를 이용하면 질러가기 때문에 더 가깝다. 육로라 할지라도 전당과 수홍교 간 거리의 절반밖에 안 되는 거리이다. 바꿔 말하면, 주생과 국영이 도보로 반나절만에 왕복할 수 있었던 거리의 절반밖에 되지

13) 졸고, 「周生傳의 浪漫性에 대한 文學社會學的 讀解」, 『어문연구』 66, 어문연구학회, 2010, 149~177쪽.

않는 거리를 배를 타고서도 열흘씩이나 걸렸다는 것이다. 따라서 현실에 입각할 때 이러한 진술은 납득하기 어렵다.

더구나 ⑧을 자세히 들여다보면, 호주에서 심부름꾼을 시켜 혼사를 의논하는 편지를 선화의 집으로 보내는 장면에서 선화의 집을 '전당'에 있는 것으로 표현하고 있음을 볼 수 있다. 앞에서 언급했지만 전당과 수홍교는 실제로 150㎞가 떨어져 있다. 수홍교는 오강에 있는 다리이고, 용금문이 있는 전당은 항주의 옛 이름이므로 이 둘은 150㎞나 떨어진 전혀 다른 각각의 도시에 있는 것이다. 그러나 작품 속에서 작가는 ⑤~⑧에서 일관되게 수홍교가 마치 전당 근처에 있는 다리인 것으로 표현하고 있다.

또한 심부름꾼이 들고 온 선화의 편지 속에 "호주 땅은 구석진 곳이라 장기가 침습하니(湖州地偏瘴氣侵人)"라는 내용도 실제와는 매우 동떨어진 표현이다. 태호(太湖) 남부에 위치한 호주는 당시 남방의 큰 상업도시 중 하나였으므로 결코 '구석진 곳'이 아니다. 게다가 장기는 남방의 습하고 더운 땅에서 생기는 독기를 가리키는데 호주는 전당에서 남쪽이 아니라 오히려 북쪽으로 90㎞ 올라가 있다. 또한 수홍교 역시 그리 멀지 않은 곳, 즉 호주와 마찬가지로 태호 주변(동부)에 위치해 있는데다가 호주와 별 차이 없이 물도 많고 더운 지역이므로 여기서 새삼스럽게 유독 호주를 머나먼 남방에 위치한 지역처럼 표현한 것은 이치에 맞지 않는다. 그러나 작품에서는 ⑧에서와 같이 "구름 같은 산 천리 길이니 편지조차 전하기 어렵습니다."라고 하면서 주생이 있는 호주와 선화가 있는 전당(혹은 수홍교) 사이의 거리가 머나먼 천리 길이나 되는 양 표현하고 있다.[14)]

이처럼 <주생전>은 실제적인 지명들을 사용하는 등 매우 사실적인 면이 있으면서도, 세부적인 면에 있어서 공간의 배치와 이동은 실제와는 상당한 차이를 드러내고 있다. 작품의 말미에는 조선으로 온 주생이 개성의 한 역관에서 만난 작가에게 자신의 이야기를 필담을 통해 들려준 것으로 기술하고 있다. 그러나 전당과 촉주에서 생활했고 직접 남방의 오초 땅을 왕래하며 장사를 하고 살았던 주생이, 더군다나 자신의 경험을 술회하면서 이렇게 이치에 맞지 않게 말하지는 않았을 것이 분명하다. 그렇다면 <주생전>은 중국 남방 출신인 주생과 필담으로 주고받은 이야기를 권필이 단순히 옮겨 적은 것이 아니라는 사실이 분명하게 드러난다. 즉, 그 이야기에 대한 작가의 창작적·가공적 손길이 감지된다는 뜻이다.

하지만 설령 그렇다 하더라도 권필이 만일 중국공간에 대한 정확한 지식을 가지고 있었고 또 창작과정에서도 이를 가공하지 않은 채 그대로 적용했다고 한다면 공간배치와 공간이동의 표현에서 위와 같은 문제가 발생하지는 않았을 것이다. 따라서 이 작품에서 보이는 공간 표현상의 문제가 작가의 부정확한 공간지식 때문인지 아니면 창작과정에서의 가공에 의한

14) 辛泰洙는 선화의 錢塘과 주생의 湖州가 '천리길'로 표현된 것은 정감의 거리라고 보고, "연인의 사랑이 뜨거울수록 정감의 거리는 실제의 거리보다 더 멀어질 가능성도 있다."고 했다.(辛泰洙, 『한국고소설의 창작방법연구』, 푸른사상사, 2006, 117~118쪽)

것인지는 좀더 면밀한 검토가 필요한데 이를 규명하기 위해서는 먼저 중국 방문 경험이 전혀 없었던 권필의 중국 남방에 대한 공간지식과 심상지도에 대한 이해가 이루어져야 한다.

2. 권필의 공간지식과 심상지도(心象地圖)의 형성배경

이-푸 투안은 "인생에서 사건들의 중요성은 광범위함(extensity)보다는 강렬함(intensity)에 정비례한다. 어떤 사람이 전세계를 여행하는 데 일 년의 시간이 소요될 수 있지만, 그에게 아무런 인상이 남지 않을 수도 있다. 그리고 그가 어떤 여자를 보는 데는 단 일 초밖에 걸리지 않을 수 있으나, 그것이 그의 미래를 바꾸어 놓는다."는 철학자 파이블만(James K. Feibleman)의 말을 인용하면서 어떤 남자가 어떤 여자에게 첫눈에 반해버릴 수 있는 것처럼 장소도 첫눈에 사랑할 수 있다고 역설하였다.[15] 나아가 그는 그곳에 직접 가보지 않았다 하더라도 그 장소에 대한 강렬한 인상이 문학을 통해서만도 충분히 주어질 수 있고, 성인보다는 아이가 더 감각적으로 세계를 체험한다고 지적했다.

> 짧지만 강렬한 경험은 과거를 무효화시킬 수 있다. 그래서 우리는 기꺼이 약속의 땅을 위해 집을 버릴 수 있다. 더욱 놀라운 것은 사람들이 직접 혜택을 입지 않아도 어떤 유형의 환경에 대한 열정을 가질 수 있다는 사실이다. 책에 있는 이야기, 묘사구나 그림만으로도 충분하다. (중략)
>
> 명심해야 할 것이 또 하나 있다. 시간의 경과를 장소의 경험과 관련시킬 때, 인간의 생애주기를 반드시 고려해야 한다. 어린 시절의 십 년은 청년 시절이나 성인 시절의 십 년과 다르다. 아이는 성인보다 더 감각적으로 세계를 경험한다.[16]

이러한 청소년기의 감각적 세계경험과 그 강렬함을 고려할 때, 나이 25세(1593년)의 젊은 시절에 창작한 <주생전>에 나타난 권필의 중국 남방에 대한 심상지리를 형성한 공간지식과 이미지의 습득 경위를 밝히기 위해서는 그의 문학적 바탕과 성향이 결정되던 성장기와 학습기에 그가 접했던 문학작품과 주변인물 등을 중심으로 추적하는 것이 가장 적절하리라 판단한다. 중국 방문의 경험이 없었던 권필이 <주생전>을 통해 형상화한 중국 남방의 공간지리와 이미지는 문학작품을 포함한 문헌자료와 다른 사람들의 견문담을 통해, 그리고 거기에 그의 감성과 상상력이 작용하여 이루어진 심상지도이기 때문이다.

---

15) 이-푸 투안, 구동회·심승희 역, 『공간과 장소』, 대윤, 2005, 294쪽.
16) 위의 책, 294~295쪽.

『조선왕조실록』은 권필에 대해 "필의 아비 벽이 신광한을 사사하고부터 시를 가지고 이름을 떨쳤는데, 필이 그 실마리를 이어 힘을 오로지 하여 시를 하였다. 여러 사람의 특장을 모두 모아 스스로 일가를 이루었으니, 논하는 자들이 추존하여 국조의 정종으로 삼았다."[17]고 했다. 이러한 평가에서 알 수 있듯이 그는 역대 문인들의 장점을 두루 섭렵했다. 거기에는 杜甫, 李白 등 중국 문인뿐 아니라 이제현 등 우리나라 대가들도 포함하고 있다.

고려 문인들은 송나라 소식(蘇軾, 1036~1101)의 문장을 모범으로 삼았다. 소식(蘇軾)과 소철(蘇轍) 형제의 이름을 따서 김부식, 김부철로 지은 경우도 있었다. 그 김부식 이래로 고려의 시문학은 소식에 치우쳤다.[18] 조선이 송대에 발전한 주자성리학을 국가이념으로 채택한 까닭으로 송시풍은 조선초기에도 문단을 풍미하였다. 송시 가운데서도 소식과 황정견(黃庭堅)을 중심으로 한 강서시파(江西詩派)의 문풍이 주류를 이루었다. 그리하여 서거정(徐居正, 1420~1488)은 "고려의 문사들은 오로지 동파의 문체만을 숭상하여, 매양 급제자 방문이 나붙을 때면, 사람들은 '33인의 동파가 나왔다'고 말했다."고 지적했다.[19] 이수광(李睟光, 1563~1628)도 "우리나라의 시인은 소식과 황정견을 숭상하여 2백년간 하나같이 한 모양이었다. 근세의 최경창, 백광훈에 이르러 당을 배우기 시작했다."고 했다.[20]

그러나 세종~성종 대에 걸쳐 두시(杜詩)의 번역이 이루어져 1481년(성종 12)에는 『불류두공부시언해(分類杜工部詩諺解)』의 초간본 간행이 이루어졌다. 이와 더불어 점차 문학의 풍조도 소식에서 두보로 전환하는 경향이 두드러졌다. 선조조(1567~1608 재위)의 목릉성세(穆陵盛世)에 이르러서는 위에 인용한 이수광의 언급처럼 당시풍(唐詩風)이 새로운 시풍으로 정착하였다. 권필은 조선 중기의 학당시인(學唐詩人)들 가운데서도 삼당시인(三唐詩人: 최경창, 백광훈, 이달)을 능가한 인물로 평가받았다.[21] 또 양경우(梁慶遇, 1568~?)는 권필의 시는 두보를 으뜸으로 삼았다.[22]고 하며 그 학시(學詩)의 연원을 밝혀놓았다. 뿐만 아니라 권필 자신도 杜甫의 시를 읽고 나서 "두보의 문장이 세상의 으뜸일세(杜甫文章世所宗)"[23]라고 칭송하는 시를 지었다.

또한 권필은 종종 이안눌(李安訥, 1571~1637)과 병칭되어 각각 이백과 두보에 비의되곤 하였다. 남용익(南龍翼, 1628~1692)은 "우리나라에 권필과 이안눌이 있음은 당에 이백과

---

17) 『조선왕조실록』 광해 4년 임자 4월. 自韠父擘師申光漢, 以詩擅名, 韠承其緖, 專力爲詩, 盡集諸子之長, 而自成一家, 論者推爲國朝正宗.
18) 李丙疇, 『杜甫 : 시와 삶』, 민음사, 1993, 26쪽.
19) 徐居正, 박성규 역주, 『東人詩話』, 집문당, 1998, 104쪽. 高麗文士專尙東坡, 每及第榜出, 則人日 三十三東坡出矣.
20) 李睟光, 『芝峰類說』 卷九, 景仁文化社, 1970, 157쪽. 我東人詩, 多尙蘇黃, 二百年間皆襲一套. 至近世崔慶昌白光勳始學唐.
21) 金萬重, 홍인표 역주, 『西浦漫筆』, 一志社, 1990, 337~338쪽.
22) 梁慶遇, 『霽湖詩話』(洪萬宗, 허권수·윤호진 역, 『詩話叢林』 下, 까치, 1993, 175쪽).
23) 權韠, 『石洲集』 卷四, <讀杜詩偶題>.

두보가 있음이나, 명에 이반룡과 왕세정이 있음과 같다."고 평가했다.[24] 이 말은 김만중(金萬重, 1637 ~1692)의 『서포만필(西浦漫筆)』과 홍만종(洪萬宗, 1643~1725)의 『시화총림(詩話叢林)』에도 다시 인용되었다.[25] 정민은 권필과 이안눌의 시세계를 대비하면서 "두 시인은 시성(詩聲)만이 아니라 시의 특성까지도 흔히 이·두(李·杜)에 비의되었다. 이백의 천재에 바탕을 둔 호쾌함과 두보의 면려에 근거한 묵직함은, 바로 각각 석주와 동악의 시세계를 특징짓는 말이기도 하다."[26]고 제시했다.

이와 같은 조선문단의 상황과 제가의 권필에 대한 평가는 그가 두보, 이백, 소식을 중심으로 역대 여러 문인들의 장점을 섭렵하여 일가를 이룬 대문호로 인정받았음을 보여준다. 그 가운데 이백은 세 번에 걸쳐 장강을 따라 여행하였고 그 과정에서 남방 각지를 편력하며 수많은 시를 지었다. 두보는 난리를 피해 촉(蜀) 땅으로 들어가 10년을 지내는 동안 900여 편의 시를 지었는데 그것은 그가 일생 동안 지은 작품의 약 2/3에 해당한다.[27] 특히 "서남(西南) 일대의 풍경은 대부분 두보의 시재(詩才)를 통해서 비로소 세상에 알려지기 시작했다."[28]는 사실이 주목된다. 촉땅 출신의 소식은 항주(杭州), 양주(揚州) 등 강남의 여러 지역의 지방관을 역임했는데 특히 항주(전당)에서는 용금문이 있는 서호(西湖)에 제방을 쌓고 그곳의 뛰어난 경관을 읊은 시를 많이 남겼다.

우리나라 역대 문인 중에서는 중국 남방을 직접 방문하여 그 지역의 경관과 풍물을 시문으로 남긴 인물이 많지 않은데 그 가운데 가장 풍부한 기록을 남긴 것으로는 이제현(李齊賢, 1287~1367)을 꼽을 수 있다. 이제현은 강남의 여러 지역을 두루 돌아보았을 뿐 아니라 蜀땅까지도 다녀왔는데 이르는 곳마다 시를 지어 『익재난고(益齋亂藁)』 등에 남겼다. 이같은 여행경험은 역대 우리 문인 중에서는 매우 희소한 것이었다. 더구나 그의 시문은 서거정이 "이규보, 최해, 이색 등이 모두 큰 문인이었으나 아직 다 미치지 못함이 있다. 오직 이제현만이 중체(衆體)를 갖추니, 그 법도는 삼엄하다."[29]고 할 정도로 높이 평가되면서 조선 문인들 사이에 회자되었다.[30] 남용익(南龍翼)이 권필을 이제현에 빗대어 일컬었는데 이는 권필과 이제현의 상관성을 적시한 것이다.[31]

24) 南龍翼, 『壺谷詩話』. 我朝之有權李, 如唐之李杜, 明之滄弇.(洪萬宗, 앞의 책, 238쪽)
25) 金萬重, 앞의 책, 364쪽; 洪萬宗, 앞의 책, 238쪽.
26) 정민, 『목릉문단과 석주 권필』, 태학사, 1999, 198쪽.
27) 汪洪亮·劉周遠 編著, 『最應了解的四川歷史』, 四川人民出版社, 2010, 60쪽.
28) 章培恒·駱玉明 編, 『中國文學史(中)』, 復旦大學出版社, 2001, 115쪽.
29) 徐居正, 『東人詩話』(장덕순, 「익재집 해제」, 『(국역)익재집』Ⅰ, 민족문화추진회, 1984, 9쪽 재인용).
30) 일례로, 許筠의 『惺所覆瓿藁』에 익재 이제현의 시문에 대한 언급이 여러 번 보인다.(許筠, 『(국역)성소부부고』, 민족문화추진회, 1989, Ⅰ-155쪽, Ⅱ-177쪽, Ⅲ-196쪽) 권필의 문집에서는 직접적인 언급이 없으나 역대 여러 문인들의 장점을 섭렵했다는 평가를 비롯한 당시의 정황으로 볼 때 권필도 이제현의 문집을 본 것은 확실시 된다.
31) 南龍翼, 『壺谷詩話』. "나는 신광한을 정지상의 짝으로 삼고, 권필을 이제현의 짝으로 삼고, 정두경을 이규보의 짝으로 삼고자 하는데, 안목을 갖춘 사람은 어떻게 생각할는지."(洪萬宗, 앞의 책, 226쪽)

특히 권근(權近, 1352~1409)의 지도인 '혼일강리역대국도지도(混一疆理歷代國都之圖)', 최부(崔溥, ?~1504)의 『표해록(漂海錄)』 등은 권필이 중국 남방공간에 대한 지식과 이미지, 심상지도를 형성하는 데 크게 작용한 것으로 보인다. 우선 후자인 『표해록』은 최부가 태풍을 만나 표류하는 바람에 중국 남방의 절강 태주부(台州府)에 표착했다가 귀국하는 길에 절강·강소의 강남지역을 두루 거치면서 보고 들은 풍물을 기록한 것이다.[32] 1569년과 1573년 두 차례에 걸쳐 『표해록』을 간행한 유희춘(柳希春, 1513~1577)은 허균의 두 형 허성과 허봉의 스승이기도 했다.[33] 허균과 권필은 동갑내기였을 뿐 아니라 아버지 대로부터 이어진 두 집안 사이의 두터운 교분과 왕래[34]로 인해 매우 절친한 사이였다. 권필의 아버지 습재(習齋) 권벽(權擘, 1520~1593)은 승문원 재직 시절인 1544년에 최부의 『표해록』을 읽고 <제최부표해록후(題崔溥漂海錄後)>[35]라는 시를 지은 바 있다. 그 시에서 "강남 땅의 장관을 다 보았으니, 사마천의 노님과 흡사하도다(江南窮壯觀, 正似子長遊)"라고 하며 권벽은 남방에 대한 선망을 드러내고 있다. 최부의 외손 유희춘이 1569년판 『표해록』의 발문에 "많이 듣고 널리 읽기를 원하는 이들 가운데 이를 보고자 하는 사람이 많았다."[36]라고 한 것으로 보아 당시 지식인들이 애독하였고, 그렇게 " 『표해록』을 애독한 배경에는 이 책에 누구도 가보지 못한 중국 강남 땅의 풍물이 자세히 적혀 있었던 점도 크게 작용"[37]하고 있었던 것으로 보인다.

또한 전자인 '혼일강리역대국도지도'(1402)는 권필의 6대조 권근이 발문을 써넣은, 현존

---

32) 최부는 1488년 사공과 하인 등 43명과 함께 배를 타고 제주도로부터 육지로 돌아오다가 태풍을 만나 표류하는 바람에 중국 남방의 절강 台州府에 표착하였다. 왜구로 오인되어 桃渚所에서 심문을 받은 후 조선의 관원임이 확인되어 귀국길에 오르게 되었다. 그는 해로를 통해 健跳所에 상륙한 후 육로로 寧海에 도착했고, 寧波에서부터는 운하를 이용하여 북상했는데, 紹興을 거쳐 錢塘(杭州)에 도착한 후 거기서 8일간 머물렀다가 다시 嘉興을 거쳐 吳江의 垂虹橋를 지나서 太湖의 방죽을 따라 蘇州에 도착했다. 이어 常州와 鎭江을 지나고 揚子江을 거쳐 廣陵-揚州(6년전 李暹이 표류하다가 표착한 곳)-孟城-高郵-淮陰-淮安-宿遷-徐州(초패왕 항우가 도읍한 곳)-沛縣(한고조의 고향) 등 절강·강소의 강남지역을 두루 거쳤다. 그리고 계속 북상하여 天津을 지나 북경의 玉河館에 도착했다. 거기에서 명나라 황제로부터 상을 하사받은 후 산해관을 경유하는 육로를 통해 귀국했다. 성종(1469~94 재위)이 최부로 하여금 행록을 바치도록 명하매 최부는 행로에서 보고 들은 중국의 풍물을 자세히 기록하여 『표해록』을 바쳤다. 성종은 이를 읽어 보고는 훌륭하다 여겨 그것을 승문원에 보관하게 하였다.(崔溥, 박원호 역, 『崔溥 漂海錄 譯註』, 고려대학교출판부, 2006, 1~348쪽)

33) 허균, 『(국역)성소부부고』 Ⅲ, 152쪽. 그 가운데 허봉은 중국 남방의 吳 지역 출신인 명나라 사신 滕季達과 각별한 사이였는데 그와 중국에서 만나고 귀국한 이후에도 서로 편지를 왕래하며 교류하였다. 또한 권필의 아버지 권벽도 일찍이 滕季達이 사신으로 조선에 왔을 때 함께 시문을 주고받으며 교류했다.

34) 권필의 아버지 권벽은 허성과 허봉 두 형제가 시와 문장이 뛰어나 쌍벽을 이루며 이름을 드날린 것(1568년 두 형제가 함께 과거에 급제한 사실을 가리킨 것으로 보인다)을 찬양하고 장차 큰 인물들이 될 것이라는 내용의 시를 지은 바 있다.(權擘, 『習齋集』 卷之十六, <示許秀才筬篈兄弟>, 민창문화사, 1995, 530쪽)

35) 위의 책, 569쪽.

36) 崔溥, 앞의 책, 347쪽.

37) 정민, 앞의 책, 128쪽; 정민, 「16·7세기 조선 문인지식인층의 江南熱과 西湖圖」, 『고전문학연구』 22, 한국고전문학회, 2002, 295쪽.

세계 최고(最古)의 아프리카·유라시아 전도이다. 채색지도인 이 지도는 당시의 모든 지도가 그렇듯 실측에 의해 만든 지도가 아니라 당시의 지리 지식과 정보를 모두 취합해 만든 합성 지도로서 이 지도는 당시인들의 지리적 사고를 보여준다. 이 지도에는 조선이 일본보다 4배 정도 크게 그려져 있으며, 심지어 아프리카 대륙보다도 더 크게 그려져 있다. 또한 조선과 중국과의 거리는 매우 가깝게 그린 반면, 일본과의 거리는 매우 멀게 표현했다. 즉, 조선에게 중요하고 조선이 지향했던 중국대륙은 크고 가깝게 그린 것이고, 중요하지 않고 관심도 적었던 일본은 작고 멀게 나타낸 것이다. 이 지도는 15세기 조선이 갖고 있던 의식과 넓은 시야를 웅변한다고 할 수 있다. 지도 아래 적혀 있는 권근의 발문에 따르면, 원나라 때의 '성교광피도(聲教廣被圖)'와 '혼일강리도(混一疆理圖)'에다가 한반도 지도인 '팔도지도(八道地圖)'와 일본 지도인 '행기도(行基圖)'를 합성해 만든 것임을 알 수 있다.[38] 즉, 이것은 조선의 눈으로 세계를 담아낸 것, 다시 말해서 당시 조선의 세계인식과 사상이 반영된, '편성된 공간'인 것이다.

당시 지도제작은 국가적인 사업이었으나 특별한 지위에 있었던 권근은 그 지도를 복사하여 개인적으로도 소장했다.[39] 권필은 1611년에 자신의 집에서 권근의 제사를 지냈는데 이때 권근의 여러 후손들이 참석했다. 제사를 마친 후 그들은 종계(宗契)를 만들어 봄가을로 모임을 갖기로 약속했고, 권필은 친척들을 대표하여 종계의 취지를 밝힌 <宗契序>를 지었다.[40] 또 그는 9세조인 고려시중 문정공의 제문 <제구세조고려시중문정공문(祭九世祖高麗侍中文正公文)>을 짓기도 했다.[41] 이는 권필이 권근의 후손들 가운데서 차지했던 위상을 웅변하는 것으로, 그가 권근의 가장본 세계지도를 열람했을 개연성을 뒷받침해준다.

권근의 이 지도는 임진왜란을 전후한 시기까지 여러 종류의 사본으로 전사, 유포된 것으로 보이며, 널리 일본으로까지 전래되었는데 그 가운데서 현재까지 4종이 발굴·보존되어 있다.[42] 일찍이 최부도 『표해록(漂海錄)』에서 자신이 보았던 세계지도를 언급[43]하고 있는데 이것은 권근이 발문을 쓴 '혼일강리역대국도지도'의 정보와 그대로 일치한다.[44] 또 임진왜란 당시

---

38) 미야 노리코, 김유영 역, 『조선이 그린 세계지도』, 소와당, 2010, 43~47쪽.
39) 위의 책, 1~45쪽.
40) 權韠, 『石洲別集』 卷2, <宗契序>.
41) 위의 책, <祭九世祖高麗侍中文正公文>.
42) 미야 노리코, 앞의 책, 1~366쪽.
43) "내가 일찍이 지도를 훑어보니 우리나라 흑산도에서 동북쪽으로 향해 가면 곧 우리 충청도와 황해도의 경계이며, 정북방은 곧 평안도와 중국의 遼東 등지요, 서북방은 곧 <禹貢>에 나오는 靑州와 兗州 지역이며, 정서방은 徐州와 揚州 지역이다. 宋나라 때 고려와 교통할 적에 明州에서 바다를 건너왔으니, 명주는 곧 大江 이남의 땅이며, 그 서남방은 곧 옛날의 閩 지방으로서 지금의 福建路요, 서남방을 향하여 조금 남쪽으로 가다가 서쪽으로 가면 곧 暹羅·占城·滿剌加 등의 나라요, 정남방은 곧 大琉球國, 小琉球國이요, 정남방으로 가다가 동쪽으로 가면 곧 女人國과 一岐島요, 정동방은 곧 일본국과 對馬州다."(崔溥, 앞의 책, 45 ~46쪽)
44) 미야 노리코, 앞의 책, 324쪽.

조선인 한격(韓格)은 왜군에 투항하면서 이 지도와 같은 계열의 사본을 필사하여 바쳤다.[45] 권근, 최부, 한격 등 조선지식인들이 그랬던 것처럼 권필도 그 세계지도를 보면서 그 공간을 상상하며 머릿속에 심상지도를 그렸을 것으로 보이는데, 이를 <주생전>을 통해 검증해 볼 수 있다.

그 외에 중국소설 독서경험도 권필이 중국에 대한 공간지식과 심상지리를 형성하는 데 작용한 것으로 보인다. 당나라 전기 작품들과 명나라 『전등신화(剪燈新話)』, 『전등여화(剪燈餘話)』 등은 조선 문인들이 두루 읽었으며 『금오신화(金鰲新話)』를 비롯한 고소설 창작에 널리 수용했던 것이 사실이다. 당(唐) 전기(傳奇) <앵앵전>, <곽소옥전>과 『전등여화』 소재 <가운화환혼기(賈雲華還魂記)> 등이 <주생전> 창작에 영향을 미쳤던 것으로 밝혀졌고,[46] <등목취유취경원기(滕穆醉遊聚景園記)>를 비롯한 『전등신화』 소재 작품들과의 상관성이 언급된 바 있다.[47] 특히 『전등신화』와 『전등여화』는 작가가 강남 사람들이기에 당연한 것이겠지만 대부분의 작품에서 강남의 여러 명소들이 무대 배경으로 나타난다.

인간에게 있어 공간은 기억이 내재된 곳이고, 문학에서 "공간은 작가가 습득했던 삶의 인식과 감수성이 발현되는 주요 소재"[48]이다. 또 문학작품이 특정한 장소에 대한 이미지를 형성하는 데에 결정적인 요소가 된 경우도 있기 때문에 독자는 문학작품에 나타나는 장소의 의미를 통해서 어떤 장소에 대한 작가의 마음속에 스며있는 특정한 의미를 얻게 된다.[49] 따라서 한 독자로서의 작가가 어떤 장소를 채택하여 공간배경으로 설정하느냐도 중요하다. 하지만 그렇다고 단순히 같은 지명을 배경으로 사용했다고 해서 공간지식과 심상지리 형성에 직접적인 영향을 준 것이라고 할 수 있는 것은 아닐 것이다.[50] 그럼에도 불구하고 중국소설 독서경험이 <주생전> 창작에 깊이 작용할 정도로 청년 권필에게 강렬한 경험이 되었던 것만큼은 확실시 되므로 그것이 권필의 중국 남방공간에 대한 공간지식과 심상지리 형성에도 배경으로서 작용했으리라고 예상된다.

---

45) 이 사건은 『선조실록』 1593년 5월의 기사에 기술되어 있으며, 이 사본은 현재 일본 본광사에 소장된 지도로 추정된다.(위의 책, 324~7쪽)

46) 소재영, 김현룡, 왕숙의, 정민 등이 영향론의 관점에서 비교연구를 수행하였는데 이에 대한 종합적인 내용은 정민의 앞의 책(461~480쪽)에 나와 있다. 그러나 필자는 영향론적 비교문학 연구방법에 대해서는 비판적 입장을 갖고 있다. 오히려 수용론의 관점에서 권필의 작가적 창작역량을 규명해야 한다고 본다.

47) 정민, 앞의 논문, 296쪽.

48) 권혁래, 「문학지리학의 관점에서 본 등주(登州)」, 『국어국문학』 154, 국어국문학회, 2010, 93쪽.

49) 이은숙, 「문학지리학 서설」, 『문화역사지리』 4, 한국문화역사지리학회, 1992, 148 ~157쪽.

50) 본고가 <周生傳>의 작품화와 관련하여 권필의 공간지식과 심상지리를 파악함에 있어 관건이 되는 것은 '공간 배치와 이동'인데, 이에 관한 한 적어도 위에 언급된 중국 소설작품들에서는 『剪燈新話』 소재 <翠翠傳>, <鑑湖夜泛記> 등 몇몇 외에는 이렇다 할 만한 상관성을 찾아보기가 어려웠다. 더 많은 중국소설에 대한 폭넓고 면밀한 검토가 필요하리라고 본다.

3. 작품화의 양상

이제 권필의 심상지도와 작품화를 중심으로, 남방공간과 관련된 <주생전>의 내용과 위에 언급한 문인들의 작품 및 문헌과의 상관성을 구체적으로 살펴보기로 하겠다.

첫째, 앞장의 인용 ③에서 악양(동정호)에서 배가 저절로 흘러가서 하룻밤만에 전당에 도착하는 장면이다. 앞에서도 지적했듯이 이것은 실제에서는 도저히 불가능하다. 그러나 李白의 시를 보면 배가 날아가듯 하루만에 천리를 갔다는 표현이 있다. "아침에 백제성 구름 사이를 떠나, 강릉 천리 길을 하루에 돌아왔다. 강기슭엔 원숭이 울음소리 그침 없는데, 가벼운 배는 날듯이 이미 만 겹 산을 지나쳤다.(朝辭白帝彩雲間, 千里江陵一日還. 兩岸猿聲啼不住, 輕舟已過萬重山)"라는 내용의 시 <조발백제성(朝發白帝城)>이 바로 그것이다. 이러한 표현은 장강의 빠른 물살의 이미지를 제공함으로써 주생이 악양에서 하룻밤만에 전당에 이르렀다고 한 권필의 묘사방식의 원형을 이룬다고 할 수 있다. 이백은 실제로 세 번에 걸쳐 장강을 따라 여행하면서 시를 지었다. 따라서 이백의 시에서 이와 같은 표현을 채취할 때 권필은 별다른 문제의식을 느끼지 않았을 것이다.[51]

> 파릉성 밖 한밤중에 달이 뜨고,
> 오도산 가로 밀물과 썰물의 바람 분다.
> 책 주머니 편히 베고 배 안에서 잠을 자느라,
> 몸이 급류 중에 있는 줄 몰랐구나.[52]

이 시는 권필의 <주행(舟行)>이다. 여기에서 '파릉성 밖'은 악양성 밖, 즉 동정호를 가리킨다. '오도산(烏島山)'은 중국에는 없는 지명인데, 경기도 파주의 오도산을 가리킨다. 임진강과 한강이 합수되면서 서해와 만나는 지점에 오두산성(鰲頭山城)이 위치한 현재의 오도산은 오랜 옛날에는 섬이었으나 퇴적작용으로 인해 육계사주가 발달하여 육지와 연결된 육계도(陸繫島)로서 본래 옛 이름은 바로 까마귀섬을 뜻하는 오도산(烏島山)이었다.

동정호에서 장강을 따라 곧장 흘러가면 우리나라 서해에 이른다는 것은 주지의 사실이다. 그러나 무엇보다 주목해야 하는 바는 배 안에서 잠을 자느라 급류 중에 있는 줄을 몰랐다는

51) "권필이 가장 좋아했다."(金萬重, 앞의 책, 339쪽. 國朝權汝章最喜許渾勞歌一曲解行舟之詩)고 하는 唐代 許渾의 시 "勞歌一曲解行舟, 紅葉青山水急流. 日暮酒醒人已遠, 滿天風雨下西樓."도 급류에 배가 빠르게 흘러가는 이미지와 관계 있다. 또한『剪燈新話』중의 <鑑湖夜泛記>에 "갑자기 배가 저절로 움직이더니 속도가 점점 빨라졌다. 바람과 물결이 함께 밀어 순식간에 천리를 달려갔다.(舟忽自動, 其行甚速, 風水俱駛, 一瞬千里)"는 표현도 참고가 되었을 것이다.

52)『石洲集』卷7, <舟行>. 巴陵城外中宵月, 烏島山邊半日風. 穩枕書囊篷底睡, 不知身在急流中.

것이 주생이 악양성 밖의 동정호에서 술에 취해 잠든 사이에 배가 급류를 타고 흘러가는 것을 몰랐다는 표현과 흡사하다는 점이다. 또 동정호에서 출발한 것과 장강의 빠른 물살 이미지를 사용한 것도 공통적이다.

하지만 그렇다 하더라도 실제 지리상으로는 동정호와 전당은 물길이 다르기 때문에 배가 흘러가 저절로 도달할 수 있는 곳이 결코 아니다. 그렇다면 배가 저절로 흘러가서 전당에 도달했다고 한 표현은 어디에 근거한 것일까? 그 실마리는 권근의 '혼일강리역대국도지도'에서 찾을 수 있을 듯하다. 이 지도에는 항주, 소주 등을 포함한 강소·절강·안휘(江蘇·浙江·安徽) 일대의 각 지역들을 거대한 강줄기에 휩싸인 내륙 섬들로 표기하였고, 이에 물길은 악양의 동정호와 직접 통하는 것으로 그려져 있기 때문이다. 이 지도를 근거로 하면 동정호에서 배가 저절로 흘러가 전당에 도달했다는 표현은 오히려 사실성을 갖는다고 볼 수 있다.

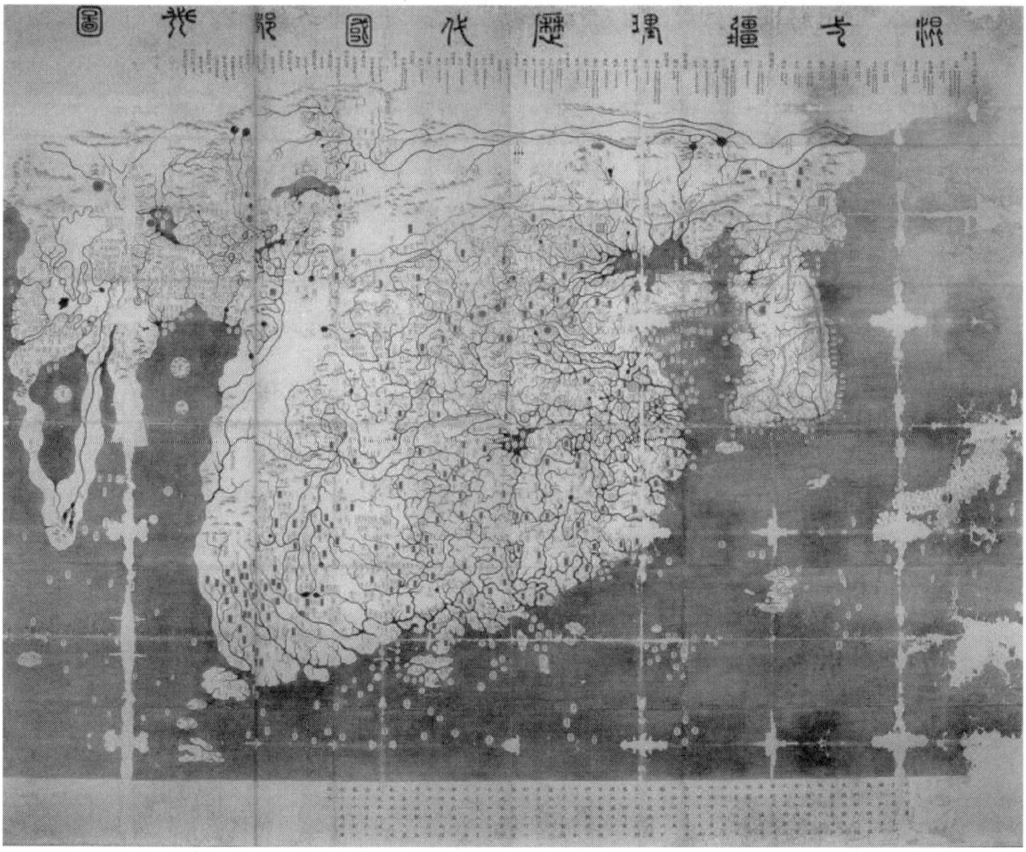

〈지도 2〉 혼일강리역대국도지도

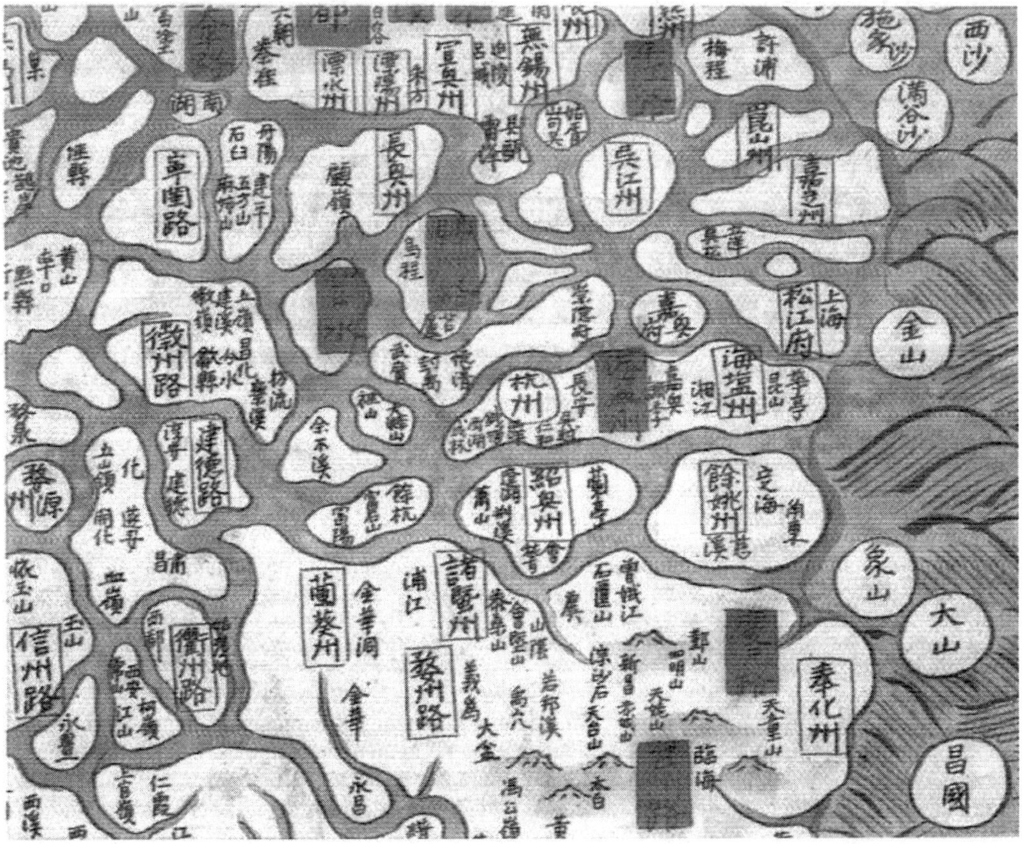

〈지도 3〉 혼일강리역대국도지도의 강소, 절강, 안휘 부분 확대도

이처럼 지도나 그림을 통해 중국 공간지식을 습득하는 것은 당시 조선 문인들에게 일반적인 현상이었다.[53] '항주서호도(杭州西湖圖)'와 관련한 명종 대의 문인 정사룡(鄭士龍)의 일화는 이것을 잘 보여준다.

> 명종이 일찍이 그림 하나를 얻었는데, 여러 신하들에게 보여주었으나, 모두 그것이 무슨 그림인지를 알지 못했다. 호음 정사룡이 아뢰기를, "이것은 서호(西湖)의 지도입니다"라고 하였다. 드디어 그는 손으로 가리키면서 말하기를, "이곳은 영은사(靈隱寺)

53) 최부는 紹興府에서 그곳 관리들의 선물에 대한 사례로 지어주었던 시에 관하여 다음과 같이 적었다. "또 신에게 말하기를 '당신의 사례하는 시를 보건대 이 지방 산천을 어찌 그리도 자세히 알고 있소? 이는 필시 이곳 사람이 말해 준 것이겠지요?'라고 하였습니다. '사방을 돌아봐도 친한 사람이라곤 도무지 없고 말도 통하지 않는데 누구와 얘기하겠습니까? 내가 일찍이 중국의 지도를 훑어보았기 때문에 이곳에 도착하여 기억나는 대로 적었을 뿐입니다.'"(崔溥, 앞의 책, 129쪽) 최부는 중국에 가기 전에 이미 지도를 통해서 상당한 수준의 공간지식을 습득한 상태였던 것이다.

> 입니다. 이곳은 용금문(湧金門)입니다. 이곳은 동파(東坡)가 쌓은 둑입니다. 이곳은 전류(錢鏐)의 집터입니다. 이곳은 조하(趙嘏)의 집입니다. 이곳은 임처사(林處士)가 살던 곳입니다"라고 하였다. 아주 자세하게 마치 직접 눈으로 본 것처럼 말하였다. 명종이 안장을 말에 얹어 정원에 세워두고는 신하들에게 명하여 시를 짓게 하면서 말하기를, "장원한 사람에게 이 말을 주겠다!"라고 하였다. 호음이 드디어 바로 시 한 수를 지어 올렸다. (중략) 허균이 그 시를 평하여 말하기를, "조용하면서도 기발하고 무게 있어 쉰여섯 자 속에 서호지(西湖志) 한 권이 다 들어 있다"라고 하였다.[54)]

또 여기서 허균이 정사룡의 <항주도시(杭州圖詩)>를 '서호지(西湖志)'에 비유한 것에서 알 수 있듯이 조선 문인들은 절경을 화폭에 담은 그림뿐 아니라 그 그림을 보고 그 공간을 묘사한 시 역시도 마치 공간에 관한 지식들을 기록한 '志'와 같은 것으로 인식했다.[55)] 16세기를 전후한 시기에 "항주 지역의 명승을 한 폭의 그림으로 그린 항주도나 서호도를 벽에 걸어두는 것이 상당히 유행"[56)]했던 것으로 보이는데 이러한 도록(圖錄)의 유행은 '도시(圖詩)'의 창작을 유발했다.[57)] 제작의 어려움과 유통상의 문제를 고려할 때, 현실적으로 도록보다는 도시가 더 널리 전해지면서 문인들의 중국 공간지식 획득에 도움을 주었으리라 본다.

따라서 ③에서 동정호에 있던 배가 저절로 흘러가서 하룻밤만에 전당에 도착했다는 표현은 권필이 이백 등 문인들의 문학작품 속에서 얻은 장강의 빠른 물살 이미지와 권근의 '혼일강리역대국도지도'를 비롯한 지도, 도시 등을 통해 얻은 공간지식을 결합, 가공하여 만들어 낸 것이라 할 수 있다.

둘째, ⑧에서 호주의 위치 문제이다. 앞에서 언급한 바와 같이, 실제 지리상으로 호주는 태호 남부에 위치한 성읍으로서 전당과 오강의 중간쯤에 있다. 작품 속에서 전당과 수홍교가 서로 멀지 않은 것으로 일관하면서도 유독 호주는 아주 멀리 떨어져 있는 곳으로 설정해 놓은 것은 모순이다. 그렇다면 작가 권필은 왜 호주를 이렇게 배치한 것일까? 이 문제에 대해서는 '혼일강리역대국도지도'와 <취취전(翠翠傳)>에서 실마리가 될 만한 것을 찾아볼 수

---

54) 金得臣, 『終南叢誌』(洪萬宗, 앞의 책, 188쪽).

55) 허균은 1591년 당시 23세의 젊은 나이임에도 불구하고 표류해 온 중국인들을 일부러 찾아가 만나서 중국 남방의 상황에 대한 세밀한 대화를 나누었는데 그들이 탄복할 정도였다(許筠, 『(국역)성소부부고』 Ⅲ, 284쪽).

56) 정민, 앞의 책, 125쪽. 또한 16·17세기 조선 문인사회의 西湖圖 성행과 강남 공간에의 관심에 대하여는 정민의 앞의 논문을 참고할 수 있다.

57) 예를 들면, 李濟臣(1536~1584)의 『淸江詩話』에는 강태공이 낚시하는 그림에 대한 김시습과 정인인 모친의 시를 소개하고 있다.(洪萬宗, 『詩話叢林』 上, 315쪽) 홍만종의 『詩話叢林』에만도 다수가 보인다. 그 외에 '서호도'와 관련된 16·17세기 문인들의 도시에 대하여는 정민의 앞의 논문(287~294쪽)을 참고할 수 있다.

있다. 이 지도상에는 호주가 있어야 할 그 자리에 '호주가 없다'는 것, <취취전>에서 호주의 위치를 모호하게 표현했던 것과 상관성이 있는 것으로 보인다.

명대의 상업발달, 특히 강남지역 상권의 부상과 더불어 조선에 알려졌을 호주라는 지명을 권필이 어떤 경로인가를 통해 접했기 때문에 '거부(巨富)' 장 노인이 사는 곳으로 설정했든지 아니면 주생에게서 실제로 들은 것일 수도 있다. 그러나 권필은 호주가 지도에 표기되어 있지 않은 관계로 인해 그 정확한 위치를 파악하지는 못하고 있었던 듯하다. 여기서 우리는 이 지도가 대원제국시대인 14세기 초까지의 정보를 기초로 하여 제작되었고 조선 이외의 지역에 관하여는 그 후의 새로운 정보가 반영되지 않았다[58]는 사실을 상기해야 한다.

또한 『전등신화』와 『전등여화』 가운데 호주라는 지명이 등장하는 것은 『전등신화』에 실린 <취취전>뿐이다. 다른 작품들과는 달리 장소의 이동 경로가 비교적 자세하게 나와 있는 것도 특징이다. 이 작품의 주요 배경인 湖州는 취취의 집 하인이 장사하러 다닌 곳이고, 그에 앞서 취취가 이장군에게 잡혀가 살다가 남편인 김생과 만나지만 재합하지 못하자 둘 다 한을 품고 죽어서 함께 묻힌 곳이다. 그러나 여기서 호주는 소흥(紹興: 절강성 항주 남쪽의 성읍)과 회안(淮安: 강소성 남경 북쪽의 성읍) 사이의 한 지역으로만 되어 있는데다가 작품 말미에 가서는 그들이 묻힌 곳(道場山)이 오흥(吳興)에 있는 것으로 되어 있다.[59] 호주와 오흥이 같은 지역인지 의문을 품게 하는데, 어찌된 일인지 '혼일강리역대국도지도'에는 오흥도 나와 있지가 않다.[60] 따라서 이러한 사실로 미루어 볼 때 권필은 호주가 강남지역의 어느 곳인가에 위치하고 있다는 막연한 의식 아래서 호주를 작품 속에 이렇게 배치해 놓은 것으로 보인다.

또 여기에서 작가가 호주에 대해 '장기(瘴氣)가 있는 땅'이라고 한 대목에도 주의할 필요가 있다. 장기는 덥고 습한 남방지역 특유의 독기를 가리키는데 이것이 어떻게 호주에 대한 이미지로 결합된 것일까? 이에 대해서는 권필이 학시(學詩)의 기준으로 삼았던 두보(杜甫)의 시에서 그 단서가 될 만한 구절을 찾아볼 수가 있다. 두보의 시 <몽이백이수(夢李白二首)>(其一)에는 "강남은 장려의 땅(江南瘴癘地)"이라는 구절이 있다. 여기서 '장려(瘴癘)'는 장기로 인해 걸리는 풍토병을 가리킨다.

58) 미야 노리코, 앞의 책, 29~42쪽.
59) 瞿佑, <翠翠傳>, 『剪燈新話』(구우·이정·소경첨, 최용철 역, 『전등삼종(상)』, 소명출판, 2007, 241~262쪽).
60) 이제현이 강남을 여행하다가 도장산에 이르러 지은 시 <도장산에서 일재를 모시고 놀면서 소동파의 운에 따라 짓다(遊道場山陪一齋用東坡韻)>에서도 도장산이 '吳興'에 있는 것으로 나와 있다. "… 吳興 들 넓은 전지 바다처럼 아득하건만/ 다만 이 산만은 용이 서린 듯하다/ 산중에 道場 이름 복호라 하는데 …."(李齊賢, 『(국역)익재집』 I, 56쪽)

사별은 울음조차 삼키게 하고,
생이별은 언제나 서럽고 서럽네.
강남은 장려의 땅인데,
쫓겨간 그대는 소식조차 없도다.
(중략)
물 깊고 물결 거칠게 일고 있으니,
부디 이무기에게 잡혀 먹히지 마소서.[61]

이 시는 강남으로 귀양 간 이백을 그리워하며 지은 것인데 이별의 슬픔과 소식조차 전하지 못하는 안타까움, 그리고 부디 몸조심할 것을 바라는 마음이 나타나 있다. 이러한 내용은 ⑧에서 선화가 주생에게 보낸 편지의 대체적인 내용 및 정서와 같은 맥락의 것이라는 점도 흥미롭다. 그 상관성에 대한 방증의 자료로 삼을 수 있다.

그런데 여기에 쓰인 '강남(江南)'은 양자강 이남의 광범한 지역을 포괄적으로 지칭하는 것으로서 어떤 면에서는 모호하다고 할 수 있는 지역명칭이다. '강남'은 역사적으로 각 시대마다 그 함의가 달랐다. 춘추전국(春秋戰國)과 진한(秦漢) 시대에는 장강(長江) 이남과 오늘날의 호남성(湖南省), 강서성(江西省) 등을 모두 강남의 범위에 포함하였다. 특히 당나라 때에는 행정구역 명칭으로 사용하여 '강남도(江南道)'라고 했는데 오늘날의 절강성, 복건성, 강서성, 호남성, 안휘성 등의 장강 이남 지역뿐 아니라 호북성, 사천성, 중경, 귀주성 일대도 포함하는 용어였다.[62]

당나라 시인 이백의 유배지 야랑(夜郎)[63]은 오늘날 귀주성의 서쪽 변두리에 있었던 곳인데, 주지하는 바와 같이 강남이라 하더라도 귀주성은 산악지대이다. 이와 관련하여 이제현이 촉땅에 있는 성도(成都)에서 아미산(蛾眉山)으로 가는 도중에 여관에서 지은 시 가운데서도 장기를 언급하고 있다는 사실도 참고할 만하다.

---

61) 黃堅 편, 이장우·우재호·장세후 역, 『古文眞寶』(前集), 을유문화사, 156~158쪽. 死別已呑聲 生別常惻惻 江南瘴癘地 逐客無消息 … 水深波浪闊 無使蛟龍得.
62) 曺正文, 『江南符號』, 東方出版中心, 2009, 2쪽.
63) 唐代의 江南道 沅州(지금의 貴州省 서쪽 변두리)에 있었던 현 이름이다. 夜郎은 漢代의 서남 이민족 가운데 가장 우세했던 나라였다. 夜郎侯가 한나라 사신에게 자기 나라와 한나라의 우열을 물었다는 고사에서 나온 夜郎自大라는 한자성어로 널리 알려져 있다.

> 골짜이 구름 솟아올라 가을비 계속 뿌려대니,
> 저물 무렵 여관이 더욱 쓸쓸하다.
> 창에 울리는 여울물 소리 듣기 싫은데
> 옷과 이불 속에 파고드는 장기 더욱 견딜 수 없네.[64)]

또한 최부는 『표해록』에서 "태주(台州)는 옛날 동구국(東甌國)의 땅으로서 민(閩)지방의 동쪽과 월(越)지방의 남쪽에 있고, 우두(牛頭) 앞 바다 등지는 임해현(臨海縣) 관할이며 또 태주 동남방으로 가장 먼 변방에 위치하여 기후가 따뜻하고 늘 비가 와서 햇볕은 적었으니 실로 염황장려(炎荒瘴癘)의 땅이었습니다."[65)]라고 적었다. 이로 보건대, ⑧에서 호주의 장기를 운운한 대목은 권필이 두보, 이제현, 최부 등의 시문에서 얻은 강남의 공간 이미지를 가져다가 사용한 것으로 볼 수 있다.

그렇다면 위의 내용들을 종합해볼 때, 권필은 호주의 정확한 위치를 파악하지 못한 상태에서 호주를 막연히 강남의 어느 한 곳으로 규정하고, 한편으로는 문인들의 시문에 나오는, 강남지역의 나쁜 풍토병의 대표적 상징인 장기의 이미지를 가져다가 호주와 결부시킨 것으로 해석할 수 있다.

셋째, ⑤~⑧에서 수홍교가 마치 전당 근처에 있는 다리인 것으로 일관한 표현인데 이것도 지도와 관련이 있는 것으로 보인다. '혼일강리역대국도지도'는 수홍교가 본래 소재한 오강(吳江)과 용금문이 소재한 전당 두 지역이 모두 물로 둘러싸인 내륙 섬처럼 표기하였다. 그런데다가 서로 인접해 있는 것으로 그렸다. 따라서 전당과 오강 두 지역은 단 하나의 물줄기를 사이에 두고 있다는 착각을 불러일으킨다. 그런데 마침 그곳을 직접 방문하고 돌아온 최부는 수홍교가 400여 개의 홍문으로 되어 있다고 『표해록』에 기록해 놓았다.[66)] 화물선이 넉넉히 지나다닐 수 있는 홍문이 무려 400여 개나 되는 다리라면 과연 얼마나 긴 것이겠는가. 만일 그 지도에다가 그 길이가 대단히 길기로 유명했던 수홍교의 이미지[67)]를 결합시킨다면 이 작품에서와 같은 표현도 불가능한 것은 아니다.

---

64) 李齊賢, <阻友符文鎭>, 앞의 책, 39쪽. 峽雲蓬勃送秋霖 野店荒涼生暮陰 剛厭灘聲戰窓牖 更堪山瘴襲衣衾.
65) 崔溥, 앞의 책, 97쪽.
66) 최부는 "50여 리쯤 가니 곧 垂虹橋였는데 홍문이 무려 400여 개로서 구멍이 촘촘히 서로 잇따라 있었습니다. 그 큰 것으로는 木莊橋, 萬頃橋 등과 같은 다리가 있었습니다."라고 기록해 놓았다.(崔溥, 앞의 책, 171쪽) 그러나 실제로 垂虹橋는 그 당시 홍문이 72개 있었다.
67) 元나라 시인 薩都剌는 垂虹橋를 가리켜 "강북과 강남의 지맥을 이으니/ 사람들이 오가며 은하수를 건너네"라고 읊었다.(插天帶東勢嵯峨, 截斷吳江一幅羅. 江北江南連地脈, 人來人往渡天河. 龍腰撐雲漁舟去, 鼇背高馳駟馬過. 橋上青山橋下水, 世人曾見幾風波.) 垂虹橋는 강남에서 제일 긴 다리로 세상에 이름이 널리 알려졌고 속칭 '長橋'라고 불렸다. 北宋의 王安石을 비롯한 수많은 시인묵객들이 시를 남겼다. (http://www.hudong.com)

권필은 '혼일강리역대국도지도'와 『표해록』 등을 통해 획득한 각각의 공간지식과 이미지들을 머릿속에서 조합하여 자신의 머릿속 지도에 그려넣었다고 하겠는데, 전당과 수홍교가 결합적으로 배치된 이와 같은 공간은 절대적 공간에 근거한 객관적 공간이 아니라 주체적으로 파악된 공간이다. 사람의 지각을 통해서 파악된 공간인 지각된 공간은 머릿속의 지도, 즉 심상지도로 지도화 된다.[68] 수홍교와 전당의 결합적 배치는 바로 권필의 심상지도에 의한 것이라 할 수 있다.

그런데 한 가지 문제는 작품의 말미에 주생이 조선 송경(개성)의 객관(客館)에서 작가에게 지어 보여준 <답사행(踏沙行)>이라는 사(詞)의 마지막 부분이다.

> 짝 잃은 외로운 그림자 의지할 곳 없으니,
> 이별의 회한 말하기 어렵도다.
> (중략)
> 외로운 발걸음 물 위를 떠다니는 부평초처럼,
> 하룻밤 흘러 가 吳江으로 가길 원하네.[69]

여기에서 '오강(吳江)'으로 가고 싶다는 것은 그리움의 대상이 오강에 있음을 암시한다. 즉, 주생이 병이 들도록 사무치게 그리워하는 대상인 선화가 있는 곳이 바로 '오강'임을 뜻하는 것이다. 수홍교 근처에 있는 선화의 집이 오강에 있다는 것이므로 실제 지리와는 부합된다. 그러나 앞의 내용에서 일관되게 수홍교가 전당 근처에 있는 것처럼 묘사한 것과 특히 ⑧에서 선화의 집안과 혼사를 상의하기 위해 종을 파견한 곳을 '전당'으로 명시했음을 생각한다면 여기에서도 오강이 아니라 전당이라 해야 어울릴 듯한데 그렇게 하지 않았다. 바로 여기에서 우리는 작품화의 표지라고 할 수 있는 '액자'를 인식하게 된다.

<주생전>은 액자와 액자 안의 서사로 구분되는 이중구조로 되어 있다. 소설의 서술형태에서 액자를 통한 이중구조는 비일상적인 이야기에 대하여 현실감을 불어넣어 주기도 하고, 다른 한편으로 서사경험자와 서술자를 거리화 하는 역할을 한다. 또한 이중구조는 서사경험자와 서술자의 조우를 통하여 이야기의 사실성을 가시화한다.[70] 이처럼 액자의 역할이 '현실감', '거리화', '사실성'과 관련한 것이라고 할 때 액자를 구성하고 있는 주생과 작가와의

---

68) 미즈우치 도시오 편, 앞의 책, 218~219쪽.
69) 隻影無憑 離懷難吐 … 孤蹤願依水上萍 一夜流向吳江去(98쪽)
70) 김구중, 「중층구조에 나타나는 허구성의 의미읽기-고소설 <周生傳>, <崔陟傳>을 중심으로」, 『한남어문학』 19, 한남어문학회, 1993, 167쪽.

만남은 독자가 사실적으로 받아들일 수 있는 내용이어야만 한다. 따라서 주생이 작가에게 준 사에서까지 수홍교를 전당과 결부시킬 수는 없었던 것으로 이해할 수 있다. 수홍교가 오강에 있는 다리라는 것은 현실속의 독자들에게는 주지의 객관적 사실이었기 때문이다.[71)]

이러한 액자를 통해서 우리는 작가 권필이 수홍교가 오강에 있는 다리라는 정확한 공간 지식을 갖고 있었음을 알 수 있다. 그럼에도 불구하고 그는 액자 안의 본 서사를 전개하면서는 수홍교 근처에 있는 선화의 집을 오히려 전당과 연계시키면서 전당에서 그리 멀지 않은, 혹은 광역적 개념의 전당으로 표현했다. 이는 그가 서사 전개상에서 자신이 의도한 모종의 효과를 거두기 위해 사용한 소설적 변용이라고 할 수 있다. 다시 말해서 이와 같은 공간표현은 창작과정에서 작가가 의도적으로 만들어낸 것으로서, 우리가 <주생전>에서 작품화를 인지할 수 있는 또 하나의 표지라고 하겠다.

---

71) 이제현은 직접 吳江에 가서 垂虹橋를 돌아 본 후 다음과 같은 시를 남겼다. "… 뛰어난 吳江 경치 천하에 드물다는 말은/ 내가 처음 조송설에게 들었었네/ (중략) 垂虹橋 밑에는 백구가 나는데/ 흰 물결 하늘에 닿고 하늘은 물과 닿았네/ 술잔을 멈추고 달 뜨기를 기다리면서/ 배가 가는 대로 밤새도록 즐길 수 있네/ …."(李齊賢, <吳江又陪一齋用東坡韻作>, 앞의 책, 54쪽)

Ⅱ.
17세기 소설의 문학지리

<주생전>은 임병양란을 계기로 동아시아에 대한 16·17세기 조선 문인의 공간인식의 변화를 선구적으로 드러낸 작품이다. 임진왜란은 조선·명·왜, 삼국이 참여한 국제전으로서 동아시아 중세질서 붕괴와 국제질서 재편의 계기가 되었으며, 7년이라는 긴 세월 동안 국가 간의 활발한 접촉이 이루어짐으로써 조선인의 세계관이 크게 변화하는 계기가 되었다. 특히 서사문학에 있어서는 동아시아세계를 무대로 한 작품들이 속출하여 공간의식의 확대를 뚜렷이 보여주고 있다.

현재까지 연구된 바로는, 이 시기에 국가의 경계를 넘어 동아시아를 무대로 삼은 서사문학으로는 <조완벽전>, <최척전>, <김영철전> 등이 대표적 작품으로 꼽힌다. 그 가운데서 시기적으로 가장 앞선 것은 <조완벽전>으로 알려져 있다.

<조완벽전>은 진주에 살던 선비 조완벽(趙完璧)이 정유재란(1597년) 때 일본에 포로로 잡혀가서 무역선을 타고 안남을 3차례나 왕래하다가 1607년 조선 사신 여우길(呂佑吉, 1567~?)을 따라 일본으로부터 조선으로 귀환하기까지 약 10년간의 체험을 그린 작품이다. 조선인으로서는 최초로 안남을 다녀온 체험이었기 때문에 당시 조선 지식인들 사이에 큰 반향을 일으켜 여러 문인들의 문집에 기록되었다. 그 가운데 이수광의 <조완벽전>이 가장 풍부한 내용을 담고 있는 것으로 평가되고 있다. 이수광의 <조완벽전>은 1611~1614년 사이에 입전된 것으로 알려져 있다.[1] <조완벽전>은 안남의 풍속과 물산을 자세히 소개하고 있을 뿐 아니라 유구국(琉球國), 여송국(呂松國: 필리핀 루손섬)을 다녀온 이야기도 소개하고 있다. 항해 여정과 해양 체험을 생생하게 묘사하였다. 항해를 통해 발견한 안남 및 동아시아 세계와 이국 체험을 흥미롭게 소개하고 있는데 동아시아세계에 대한 새로운 발견과 확장된 공간인식을 드러내고 있는 것으로 평가된다.[2]

---

1) 권혁래, 「조완벽전의 텍스트와 문학적 의미 연구」, 『어문학』 100, 한국어문학회, 2008, 205~234쪽.
2) 최원오, 「17세기 서사문학에 나타난 越境의 양상과 超國的 공간의 출현」, 『고전문학연구』 36, 한국고전문학회, 2009, 206쪽.

<조완벽전>은 조위한의 상상을 자극하여 <최척전>(1621)의 창작에 직간접적인 영향을 끼친 것으로 알려져 있다.[3] <최척전>은 남원에 살던 최척과 옥영 일가족이 전란으로 인해 뿔뿔이 흩어져 각각 중국, 일본, 안남, 후금 등지를 떠돌다가 결국에는 고향에서 온 가족이 재회하는 이야기를 담고 있다. 최척과 옥영이 재회한 안남과 그들이 19년간 정착했던 杭州는 초국적 세계관이 집중적으로 발현된 초국적 공간으로서의 의미를 갖는 것으로도 거론된다.[4] 최원오는 <조완벽전>, <최척전>, <김영철전>이 동아시아의 특정 국가가 아니라 동아시아를 총체적으로 인식하고 있다는 점에서 17세기 서사문학에 그려진 동아시아 인식은 적어도 소위 동아시아 대전쟁이 발발하기 이전과는 확연히 다르다고 지적했다.[5]

그러나 임진왜란 초기인 1593년 5월에 창작된 <주생전>은 그 작품들보다 훨씬 앞서서 조선을 넘어 중국으로 공간을 확장함으로써 임병양란을 매개로 공간인식이 동아시아세계로 확장되는 흐름을 선도했다는 사실을 인정해야 할 것이다. 주인공 주생은 중국의 전당(항주)에서 蜀땅으로 이주하여 지내다가, 배를 타고 떠나 오초(吳楚) 땅을 돌아다녔고, 다시 전당에 이르러 배도와 선화를 만나 사랑을 하게 되지만, 부득이 헤어져 호주로 가서 지내다가, 차출되어 조선으로 와서 안주와 백상루를 거쳐 개성에 이르러 병을 얻어 머물다가 작가를 만나 하룻밤을 같이 지내며 이야기를 나눈다. 이 작품에는 전당, 촉주, 오, 초, 악양루(동정호), 천주, 용금문(서호), 수홍교, 호주, 절강, 호광 등 중국 남방 각지의 대표적이고 유명한 여러 지명들이 등장하는데 이는 장강을 축으로 한 동단에서 서단까지의 지역으로서 배로 닿을 수 있는 남방 지역이 망라되었다고 할 수 있다. 이것은 다름 아니라 작가 권필의 확대된 공간인식의 소산인 것이다.

제자에게 목숨을 건 불법적인 월경을 해서라도 중국에 들어가 광활한 공간을 두루 돌아다니며 견문을 넓힐 것을 권했던 사실을 통해서, 그 이면에 권필은 상대적으로 자신이 처해 있는 조선을 비좁고 구석진 곳이라고 여겼음을 알 수 있다. '혼일강리역대국도지도'를 보더라도 남방은 세계의 중심에 위치해 있으면서 육로로는 북방과 이어졌고, 거미줄 같은 수로망으로 남방 각지가 통할 뿐 아니라 항주, 천주와 같은 대외무역항을 통한 세계로의 해로와 연결되어 있었다. 오초(吳楚)로 대표되는 이 광활한 남방 지역을 주생이 배를 타고 자유롭게 넘나들며 활보하는 장쾌한 모습으로 형상화시킴으로써 권필은 자신의 공간의식을 투사하고 있다.

거기에서 배는 공간과 광활함에 대한 감각을 확대시키는 도구이다. "도구나 기계는 인간의 세계를 넓힌다. 즉 도구나 기계가 육체적 능력의 확장이라고 느낄 때 인간의 세계는 넓어

3) 권혁래, 앞의 논문, 226~229쪽.
4) 최원오, 앞의 논문, 203쪽.
5) 위의 논문, 218~219쪽.

진다."[6] 권필은 배를 통해서 보다 넓은 세계, 보다 확장된 공간인식을 획득했다고 할 수 있다. 배는 "인간이 자연과 보다 친밀해질 수 있도록 해줄 뿐만 아니라 인간의 자유와 인간의 공간을 확장시켜 줄 수 있다."[7] 남방은 바다로 열려 있는데다가 사통팔달의 수로망으로 연결되어 있어 접근이 편리하다는 점이 권필에게 친밀감을 일으키면서 그의 세계를 넓혀주었다고 할 수 있다.

고려시대까지만 하더라도 남방은 활발한 교역의 중심지요 중국 대륙으로 향하는 정문이었다. 고려와 일본 사신들은 항주와 명주(明州: 현 寧波) 등지를 통해서만 중국 조정에 들어오도록 규정되어 있었다. 특히 대운하의 출발지인 항주는 고려사(高麗寺)라는 고려인들의 사찰이 서호 근처에 세워져 있을 정도로 출입이 잦은 곳이었다. 따라서 조선인들에게는 역사적으로 항주가 중국 대륙의 정문이라는 인식이 잔존해 있었다.

> 아마도 대부분의 미국인들은 동부해안지대를 국가의 전방으로 간주할 것이다. 그들은 미국의 역사가 여기에서 시작된 것으로 생각한다. 특히 뉴욕은 정문을 의미하게 되었다. … 뉴욕이 관문의 이미지를 가지고 있는 것은 굉장히 많은 이주민들이 그 곳을 통하여 약속의 땅으로 이주해왔다는 사실 때문이다. 이것이 규모나 사업 능력보다 더 중요하다.[8]

역사와 문학을 아는 조선지식인들의 의식 속에 잔존하던 전당(항주)과 용금문의 기념비적 이미지는 임진왜란을 계기로 파병된 남군들과의 만남을 통해서 다시금 '정문'의 이미지로 부활한 것으로 보인다. 권필은 <주생전>에서 항주를 정문으로, 장강의 상류 깊숙이 위치한 촉주를 후방으로 인식하면서 長江을 축으로 한 남방 각지를 넘나들고 있다. 조위한도 <최척전>에서 杭州를 최척이 거주하며 국제무역에 종사하던 곳, 옥영이 배를 타고 조선으로 향해 출발한 곳으로 묘사했다.

왜가 '정명가도(征明假道)'를 내세워 도발한 임진왜란은 조선과 명이 하나로 묶이는 계기가 되었다. 명과의 대의를 지킴으로 인해 피해를 당해 절체절명의 위기에 빠진 조선은 구원병 파견과 물적 지원, 그리고 왜에게 외교적 압박을 가하며 참전한 명에 대하여, 왜라는 외부적 위협[外]에 공동 대응하는 우리[內]라는 모종의 일체감을 갖게 되었다. 조선과 명은 하나의 공동운명체라는 인식이 조선인들 사이에 형성되면서 조선지식인들에게 보다 큰 장소의식이 생겨났다. 특히 조선인들이 호감을 갖고 있던 남군들의 출신지인 남방은 조선과 마찬가지로

---

6) 이-푸 투안, 앞의 책, 92쪽.
7) 같은 곳.
8) 위의 책, 75쪽.

역사적으로 왜구에 시달려온 지역이었다. 남군은 왜구 퇴치의 축적된 경험 때문에 조선에 파견된 것이고, 백해무익한 북군과는 달리 전쟁에서 실질적인 공을 세웠으며 조선인에게도 우호적이었다. 따라서 왜구의 침입이라는 위협 앞에서 조선인의 '우리'에 대한 따뜻한 정서가 넓어져 남방까지를 물들임으로써 보다 큰 하나의 단위의 '개념적 장소'[9]를 형성하게 된 것이다. 주생은 전당(항주) 출신이고 촉주에서 성장한 후 배를 타고 광활한 남방을 종횡하다가 조선으로 와서 안주, 백상루를 거쳐 개성에까지 이른다. 임진왜란은 권필에게 남방을 포함하는 개념적 장소로서의 보다 큰 공간의식을 형성하게 했던 것이다.

<주생전>이 남방으로까지 확대된 권필의 공간인식을 보여준다면 <최척전>은 남방뿐 아니라 왜(倭: 일본), 안남(安南), 후금(後金)까지로 확대된 공간인식을 드러낸다. <최척전>에는 1607년 일본과의 교린체제(交隣體制) 회복, 조완벽 등 포로들의 귀환, 1619년 명의 참전 강요에 의한 후금과의 심하전투(深河戰鬪) 등을 겪으면서 또다시 변화 확장된 조위한의 공간인식이 반영되었기 때문이다.

왜는 임진왜란이라는 공전의 대재앙의 근원이었지만 조선으로서는 재도발에 따른 또 다른 재앙을 막기 위해서라도 내정 탐색이 필요했고, 전쟁 당시 끌려갔던 수많은 포로들을 쇄환시켜 국가를 재건하는 것이 절실했던 조선의 입장으로서는 왜와의 관계를 완전히 단절할 수는 없었다. 그리하여 종전 후 10년밖에 지나지 않은 1607년에 국교를 맺고 답신쇄환사를 파견하여 포로 송환에 힘썼다. 이 때 조완벽 같은 사람들이 귀환했으며, 그 이전부터도 강항(姜沆, 1567~1618)을 비롯한 많은 사람들이 탈출에 성공하여 조선으로 돌아왔는데 그들이 일본, 안남 등지에서 겪은 외국 체험담이 항간에 널리 유포되었다. 또한 심하전투를 계기로 명의 국운이 기울고 여진족의 후금이 급부상하며 국제정세가 급변함에 따라 북방 지역을 예의주시하게 되었다.

이러한 정황은 조선 지식인의 대외인식과 공간인식에 변화를 야기했는데 <최척전>에는 그것이 여실히 반영되어 있다. 조위한은 家를 기본단위로 한 국가(國家)와 천하일가(天下一家)라는 전통적인 대동(大同)의 관점에서 최척·옥영 일가의 이합 과정을 묘사함으로써 이를 통해 난국 수습방안과 사회에 대한 전망적 대안을 제시했다고 하겠는데 거기에서 핵심은 지성(至誠)이지만, 조위한의 왜인과 후금인에 대한 인간적 시각도 돋보이며 특히 조선을

---

9) 개념적 장소란 내가 막연하게 인접지역과는 다르다고 알고 있는 물리적·사회적 단위이다. 이-푸 투안은 개념적 장소의 형성에 대해 다음과 같이 언급했다. "근린이 경쟁상대를 가지고 있고 (실제든 상상이든) 어떤 방식으로든 위협받고 있다고 인식될 때 감정이 전체 근린을 물들이기 시작한다. 그 때 어떤 길모퉁이에 대해 가지고 있는 따뜻한 정서는 넓어져서 보다 큰 지역을 포괄하게 된다. (도시재개발과 같은) 외적인 사건으로 인해 사람들은 보다 큰 단위를 볼 수 있지만, 이러한 인식은 생생한 현실이 된다. 사실상 그 단위가 강한 지역적 향취, 시각적 특성, 그리고 명확한 경계를 가지고 있다면 말이다."(이-푸 투안, 앞의 책, 274-275쪽)

넘어서 중국, 일본, 만주, 안남까지를 아우르는 넓은 시야와 공간인식은 특기할 만한 것이다. 임진왜란·포로생활·심하전투라고 하는 외적인 사건에 직면하면서 조위한의 공간인식이 확대되어 그의 의식 속에 보다 큰 하나의 단위로서의 동아시아세계라는 개념적 공간이 형성된 것이라고 할 수 있다.

<최척전>을 통해 담아낸 넓은 공간은 <주생전>과 <조완벽전>의 공간을 포함하며 확장된 동심원의 외곽을 그리고 있는데 그 동심원의 중심 쪽에 <주생전>이 있다. 그리고 그 공간은 더이상 『금오신화』, 『기재기이』 등 이전 작품들에서와 같은 수궁(水宮), 무덤속, 명계(冥界), 선계(仙界) 등 환상적·초현실적 공간이 아니라 현실적 공간이다. 이것은 바로 <주생전>이 문학사에서 차지하고 있는 위치를 말하는 것이다. 즉, 고소설사에 있어서 <주생전>은 임진왜란을 계기로 동아시아로 확장된 현실적 공간인식을 선구적으로 드러낸 작품이라는 의의를 지닌다.

7장 문학치료학

7장에서는 문학치료학 연구를 소개하였다. 〈최척전〉을 자기치유 관점과 사회치유 관점에서 각각 분석해보았다. 자기치유 관점에서 본 최척전에서는 이 작품을 창작할 무렵 작가 조위한의 자기서사에서 발견되는 심리적 장애를 진단하고, 그의 자기서사가 이 작품에 어떤 양상으로 발현 또는 변형되면서 심리적 장애를 치유하는 데로 작용했는지를 밝혔다. 사회치유 관점에서 본 최척전에서는 이 작품의 사회치유적 의의를 조명하였다. 임진왜란 이후의 역사적 트라우마에 오염된 사회서사와 조선의 주류적인 사회서사로서 강력한 힘을 발휘하던 예학이데올로기가 드러낸 심각한 병리현상들을 어떻게 대응하면서 조정하고 치유를 시도하였는지를 고찰하였다.

문학치료학의 사전적 정의는 문학 작품에 대한 감상이나 토론, 창작 따위의 활동을 통해 정신적·신체적인 문제를 예방하거나 치료하는 학문이다. 문학치료학은 다양한 이론적 혹은 역사적 문학 장르들을 매개로 삼을 수 있다. 그 가운데서 고전소설에 대한 문학치료학적 연구는 자기서사, 작품서사 등 서사이론에 기초하여 트라우마(trauma), 외상 후 스트레스 장애(PTSD, Post-traumatic stress disorder)를 극복하는 과정을 조명하는 데 주안점을 두고 진행되어 왔다.

문학치료학의 관점에서 자기서사란 자신의 삶을 구조화하여 운영하는 서사를 가리킨다. 작가는 자신의 경험을 바탕으로 사물과 사건을 인식함으로써 의식·무의식적으로 자신의 사상, 감정, 희망 등을 투사하여 자신의 인식을 통해 그것들을 재구성하여 작품을 창작한다. 다시 말해서 작가 자신의 자기서사를 통해 사건과 사물을 재해석하고 재구성하여 작품을 창작하는 것이다. 또한 작품을 대하면서 독자는 그것이 자신의 자기서사와 유사할 때 공감하고, 상이할 때 비판적 태도를 드러낸다. 독자는 작품 내용에 공감할 때 작품이 잘 읽혀지고 심리적인 위안을 받는 반면 작품 내용이 자기서사와 일치하지 않을수록 통찰의 기회가 많아지고 자기서사의 변화가능성이 높아진다. 문학치료는 작품과 자기서사와의 이러한 연관성을 전제로 한다.

그러나 문학치료학 연구가 자기서사와 자기치유에만 초점을 두고 진행되면서 한계점들을 드러내기도 하였다. 그중 하나는 문학치료학에는 사회적 시각이 결여되어 있기 때문에 사회구조적 차원의 문제를 개인 차원으로 환원시킴으로써 사회의 실패를 개인의 탓으로 전가할 위험성이 있다는 점이다. 다른 하나는 모든 사람을 트라우마를 지닌 환자로 인식한다는 점이다. 기존 문학치료학이 지닌 이러한 한계점들을 극복하기 위해서는 우선 사회서사에 대한 인식과 사회치유적 접근이 요구되며, 또한 트라우마와 외상 후 스트레서 장애에 대한 변별적 인식 및 외상 후 성장(PTG, Post-Traumatic Growth)에 대한 새로운 인식이 요구된다.

고전소설 작품에 대한 문학치료학적 연구 역시도 위에 지적한 문제에 빠지지 않도록 유의할 필요가 있다. 특히 임진왜란이나 병자호란 등의 역사적 재난, 정절이나 효 등의 유교적 이념과 관련된 고전소설이 대단히 많기 때문에 그러한 작품들에 대해서는 자기서사와 자기치유의 시각에 머무르지 않고 역사적 트라우마와 같은 사회서사와 사회치유의 시각에서 접근하려는 노력이 필요하다.

I.

자기치유 관점에서 본 최척전

1. 서언

심리적인 갈등이 창작으로 이어진다는 관점은 고전시학의 발분저작설(發憤著作說)과 오늘날의 문학치료학이 지닌 공통점이다. 본고는 그 중에서 문학치료학의 관점으로 조위한(趙緯韓, 1567-1649)의 삶과 「최척전」의 상관성을 살펴보고자 한다. 문학치료학적 관점이란 문학의 본질적인 기능이 심리적인 장애를 치료하는 것이라고 보는 관점을 말한다.[1] 이러한 관점에서 연암 박지원의 『방경각외전』에 실린 「민옹전」, 「광문자전」 등 아홉 개의 전(傳) 작품이 작가 스스로가 우울증이라는 자신의 심리적 장애를 극복하기 위한 수단으로 창작했음을 밝힌 선행연구도 있다.[2]

작가는 자신의 경험을 바탕으로 사물과 사건을 인식함으로써 의식·무의식적으로 자신의 사상, 감정, 희망 등을 투사하여 자신의 인식을 통해 그것들을 재구성하여 작품을 창작한다. 다시 말해서 작가 자신의 자기서사[3]를 통해 사건과 사물을 재해석하고 재구성하여 작품을 창작하는 것이다. 기존의 이야기를 활용한 창작의 경우에도 종종 서사의 변형과 의미의 변화가 이루어진다. 기존 작품을 대하면서 독자/작가는 그것이 자신의 자기서사와 유사할 때 공감하고, 상이할 때 비판적 태도를 드러낸다. 작품은 대체로 정서적 동일시(공감)에 의해 읽혀지므로 작품 내용이 독자/작가의 고유한 상황 및 관심사와 일치할 때 작품이 잘 읽혀지고 심리적인 위안을 받는다. 반면 작품 내용이 자기서사와 일치하지 않을수록 통찰의 기회가 많아지고 자기서사의 변화가능성이 높아진다. 그러나 두 경우 모두 독자/작가의 생각을 드러내게 마련이며, 문학치료는 이러한 작품과 자기서사와의 연관성을 전제로 한다.[4]

---

1) 정운채, 「고전문학교육과 문학치료」, 『국어교육』 113, 한국어교육학회, 2004, 110- 111쪽.
2) 박기석, 「문학치료학 연구 서설」, 『문학치료연구』 1, 한국문학치료학회, 2004, 3-9쪽.
3) 문학치료학에서 자기서사란 '우리들의 삶을 구조화하여 운영하는 서사'를 가리킨다.(정운채, 「서사의 힘과 문학치료방법론의 밑그림」, 『고전문학과 교육』 8, 한국고전문학교육학회, 2004, 159-176쪽.)
4) 서은아, 『고전문학, 문학치료와 만나다』, 박문사, 2010, 305쪽.

최척이 조위한을 찾아와 들려주었다는 이야기의 실상이 어떤 것인지는 알 수 없다. 그러나 실존했던 최척의 실제 행적이 「최척전」에 묘사된 최척의 행적과 일치하지는 않고 오히려 조위한 자신의 경험과 세계관에 입각하여 창안한 소설이라는 연구보고가 나옴에 따라[5] 「최척전」은 최척이 들려준 이야기를 토대로 작가 조위한이 자신의 체험을 덧붙이고 거기에 작가정신을 발휘하여 완성한 작품이라는 창작경위에 대한 주장[6]이 더욱 설득력을 얻었다. 이는 최척의 이야기를 토대로 작가 조위한이 자기서사에 의해 변형하여 창작한 것임을 시사한다.

「최척전」에는 조위한의 체험이 반영되거나 사실을 근간으로 허구화된 요소들이 작품 전편에 녹아있다.[7] 하지만 문학'치료'에서 주목하는 바는 조위한의 심리적 외상의 병적 징후와 관련한 자기서사 및 작품의 서사이다. 이에 본고는 「최척전」을 창작할 무렵 작가 조위한의 자기서사에서 발견되는 심리적 장애를 진단하고, 그의 자기서사가 이 작품에 어떤 양상으로 발현 또는 변형되면서 심리적 장애를 치유하는 데로 작용했는지 살펴보고자 한다.

2. 조위한의 자기서사와 심리적 외상

작품을 읽는 과정에 독자의 경험이 관여하듯이 작품을 창작하는 과정에는 작가의 경험이 관여하기 마련이다. 이렇게 독서 또는 창작에 개입하는 경험적 요소를 문학치료학에서는 독자 또는 작가의 자기서사라고 한다. 「최척전」을 창작한 1621년 무렵의 조위한의 자기서사는 「제망자의문(祭亡子倚文)」, 「차귀거래사(次歸去來辭)」, 「제욕천수창권후(題浴川酬唱卷後)」 등 그의 시문 속에서 살펴볼 수가 있다. 「제망자의문」에는 1626년까지의 삶에 대한 회고가 담겨 있고, 「차귀거래사」에는 1618년 은거생활을 시작할 즈음의 정황과 마음가짐이 드러나 있으며, 1618년 7월에 지은 「제욕천수창권후」에는 남원에서의 은거생활 초엽의 처지와 심경이 잘 드러나 있다.

먼저 「제망자의문」은 망자의 명복을 비는 단순한 제문이 아니라 아들의 죽음을 통해 자신의 생을 반성한 회고록과도 같은 글이다.[8] 아들을 땅에 묻어야만 하는 슬픈 현실 앞에서 기억조차 고통스러워 차마 말할 수 없었던 과거의 상처들을 떠올리며 술회한 것이다. 1626년(인조4) 2월에 쓴 것이지만 「최척전」을 창작한 때와 시기적으로 근접해 있으면서

5) 양승민, 「崔陟傳의 창작동인과 소통과정」, 『고소설연구』 9, 2000, 67-113쪽.
6) 민영대, 『趙緯韓의 삶과 문학』, 국학자료원, 2000, 148-174쪽.
7) 이러한 시각은 민영대에 의해 꾸준히 그 실상이 밝혀지면서 논의가 확장되었고, 최척이 실존인물임을 밝힌 양승민의 논의에 의해 더욱 뒷받침됨으로써 이 작품에 대한 학계의 일반적 견해로 자리잡았다.
8) 민영대, 「崔陟傳 작가, 趙緯韓의 문학에 대한 관심」, 『한국언어문학』 84, 한국언어문학회, 2013, 214-215쪽.

그 시기를 포함한 그동안의 삶을 회고하고 있기 때문에 그의 자기서사를 파악하는 데 중요한 자료가 된다. 이 글에서 조위한은 다음과 같이 자신의 과거를 회고한다.

> 어찌 차마 말을 하리오마는 내가 기축년(己丑年)에 처음으로 딸을 낳았으나 임진왜란을 만나서 도망하여 산 속에 숨었다가 추위와 굶주림에 죽어서 길가에 묻어주고, 정유년(丁酉年)에 또 아내를 잃고 홀로 용산(龍山)에 떠돌아 다니다가 이미 처자와 부모가 없음에 인세에 즐거움을 느끼지 못하여 장차 세상을 떠나 멀리 유랑할 뜻을 두었더니 마침 명나라 수병이 강상에 정박함을 만나 절인(浙人)과 함께 동오(東吳)에 들어가 소항(蘇杭)의 사이에 낭적(浪迹)하기를 약속하였다. 그러나 형님이 울며 만류하기에 소원을 이루지 못하였다. 경자년(庚子年)에 너의 모를 계취(繼娶)하여 신축(辛丑)년에 또 여자(女子)를 낳았다. 그러나 내가 돌아오기를 대문 앞에서 기다리고 겨우 말하며 웃을 수 있는 네 살이 되어 죽었다.[9]

조위한은 23세 되던 기축년(1589)에 첫딸을 낳았으나 임진년(1592) 피난 도중 추위와 굶주림으로 딸을 잃는다. 31세 되던 정유년(1597)에는 아내마저 잃고 만다. 이러한 가족들과의 사별로 인한 충격으로 말미암아 삶의 즐거움이 사라져 급기야 그는 갑갑한 현실을 벗어나 중국으로 망명하여 유랑할 결심을 한다. 사랑하는 가족들과의 사별에 그는 깊은 정신적 외상(trauma)을 입은 것으로 보인다. 그러나 그는 형의 만류에 못 이겨 떠나지는 못한다. 몇 해 후 34세 때인 경자년(1600)에 재혼하여 새로운 가정을 꾸리고, 이듬해 딸을 낳는다. 그러나 그 딸도 네 살 때 죽고 만다.

연속된 가족의 죽음은 비단 이뿐만이 아니었다. 그의 행장에 따르면, 첫딸이 태어나던 해인 1589년에 아버지가 돌아가시고 이어 어머니가 중병에 걸린다. 그는 주야로 모시며 변을 맛보아가며 간병하고 심지어 손가락을 잘라 약으로 쓰기까지 했다. 그러나 어머니는 결국 1594년에 세상을 등지고 만다. 그리고 첫번째 아내와 사별한 1597년에는 정유재란의 난리 통에 동생 조찬한의 갓난아이가 굶어죽고 제수인 고흥 유씨는 절사한다.[10]

「제망자의문」은 아들의 죽음에 대한 슬픔을 서술하는 특성상 두 딸과 아내의 죽음만을 언급했으나 미처 언급하지 못한 이와 같은 다른 상처들을 감안할 때 당시 그의 심경이 얼마나 처절했는가는 가히 짐작할만하다. 이어진 「제망자의문」의 진술에 의하면, 두번째로 딸을 잃은

9) 趙緯韓, 「祭亡子倚文」, 『玄谷集』 卷13(한국역대문집총서 1790, 한국문집편찬위원회, 1999). 尙忍言哉 余於己丑之歲 始生女子 而遭壬辰之亂奔竄山中 凍餒而死瘞於路側 丁酉 又喪其母 瀆神飄泊于龍山 旣無父母又無妻子 不樂於人世 將有出塵遠遊之志 適遇天朝水兵之來泊于江上 得與浙人相善約 與之偕入東吳 浪迹於蘇杭之間 以爲仲氏泣挽 不得遂願 歲庚子 繼娶汝母 辛丑 又生女子 纔迎門笑語 而又四歲而夭

10) 「玄谷公年譜」, 『玄谷集』, 漢陽趙氏玄谷公派宗會, 1989, 555-556쪽.

다음에 두 딸을 차례로 얻었으나 이미 나이가 마흔이 훌쩍 넘어버렸음에도 뒤를 이을 아들이 없었기 때문에 그는 '마음이 항상 우울했다'고 한다.[11)]

이를 통해 조위한은 연이은 가족들의 죽음으로 인해 30세 전후와 40세 전후, 크게 두 차례에 걸쳐 심한 우울증에 빠졌었음을 알 수 있다. 첫번째는 재혼을 함으로써 벗어나고, 두번째는 1610년(44세)에 고대하던 아들이 태어남으로 인해 벗어난 것으로 보인다. 하지만 1612년 탄핵에 의한 파직에 이어 1613년 계축옥사에 무고하게 연루되어 옥고를 치르는 과정에서 그는 다시금 우울증에 빠진다.

> 계축년(癸丑年)의 여름에 이르러 내가 불측지화(不測之禍)를 근심하여 고양(高陽)을 나와서 야반(夜半)에 피나(被拿)하여 와서 행주(幸州)에 이르러 강물에 몸을 던져 자결(自決)하고자 했더니 형님께서 뒤로부터 말리면서 말하기를 "네가 만약 이에 이와 같이 죽으면 사람들이 반드시 의심하리니 어찌 성세(聖世)에 허물이 없이 왕사(枉死)하는 자가 있겠느냐?" 거듭해서 나를 꾸짖기에 내가 그 말을 좇아 죽지 않았다. … 너는 바야흐로 잠들어서 내가 어루만지면서 너의 어머니에게 말하기를 "내가 만약 죽더라도 이 아이가 만약 산다면 거의 가성(家聲)이 떨어지지 않을 것이니 이 아이를 잘 길러서 내가 죽음으로써 산목숨을 상(傷)하지 마시오."라고 하였다. 날이 밝음에 울며 이별하고 옥에 나아가 천행을 입어 3일만에 옥에서 풀려나와 드디어 너로 더불어 다시 부자의 사이가 되었다.[12)]

정치적인 음해를 받아 억울한 누명을 쓰게 되자 그는 실의한 나머지 자살을 결심한다. 다행히 형 유한의 만류로 포기하고, 옥으로 나아갔다가 3일만에 석방된다. 당시 그의 현실에 대한 실망이 어느 정도였는지 역력히 드러난다. 그에게 불어닥친 개인적 현실의 좌절뿐만 아니라 온 나라가 정치적 소용돌이에 휘말려 혼란에 빠지자[13)] 급기야 그는 1618년 1월 온 가족을 이끌고 남원으로 내려가 은거 생활에 들어간다. 도연명의 귀거래사를 차운한 시 「차귀거래사」를 지어 세상을 피해 살다가 생을 마치려는 뜻을 드러낸다.

---

11) 趙緯韓, 「祭亡子倚文」. 乙巳 又生汝姊 己酉 又生汝次姊 余年過四十 尙無男子心常慽慽

12) 같은 곳. 至癸丑之夏 余罹不測之禍 適出高陽 夜半被拿而來 行到幸州 欲投河自決 而仲氏自後止之曰 汝若乃爾人必疑之 豈有聖世無辜而枉死者乎 申申其詈余 余從其言而不死 … 汝方牢睡 余撫摩 而語汝母曰 我雖死 此兒若生 則庶不墜家聲 善養此兒 勿以我死爲傷生也 天明泣訣而就獄 賴天之幸 三日而出獄 遂與汝更得爲父子

13) 趙億, 「知中樞府事玄谷趙公行狀」, 『玄谷集』, 545쪽. "임자년(46세)에 파직, 고향으로 돌아왔다. 얼마 지나지 않아 연흥부원군의 옥사(계축옥사, 인목대비 폐모사건)가 일어남에 이때 적신 이이첨이 장차 모후를 폐하려고 김제남을 화의 근본이 된다 하여 무인 정협을 사주하여 일시에 모든 거공명신을 들어 무너뜨렸다. 공도 여러 사람들과 함께 체포되어 구금된 지 며칠만에 석방, 禁錮되었다."

> 돌아가리라! 세상이 내가 아는 세상이 아니니 가히 돌아가리라. 예로부터 때를 만나지 못한 자 하나가 아니니 내 어찌 이를 슬퍼하리오. 고운의 높고 뛰어남을 우러르고 청풍의 따를 수 없음이 아득하도다. 두류산의 그윽이 깊음을 바라보고 세속의 시비를 끊노라.[14]

그는 혼탁해진 세상을 바라보며 자신이 때를 만나지 못했음을 자각한다. 세상은 이미 청운의 뜻을 이룰 수 없고 청렴하게 살아갈 수 없는 세상이 되었기에 그는 모든 미련을 깨끗이 털어버리고 산야에 묻혀 세속과의 인연을 끊고 살겠다고 결심한다. 그러면서 그는 지난날 겪었던 재앙을 회상하며 진저리친다.

> 지난날 겪은 화를 생각하니 넋이 놀라 이마엔 식은땀 흐르누나. 함께 먹던 생선 다 없어졌으니 어찌 인심이 만족하리오. 박록을 탐하여 생계를 유지하니 목숨이 관계되는 데로 좇아 내달리누나. 평생 득실을 가늠하니 어찌 멀리 날아 크게 내다보지 않으리오. 하물며 나이 늙고 다병하니 재주를 숨기고 돌아감 구함이 가하도다.[15]

여기에서 '지난날 겪었던 화'란 다름 아니라 1613년 계축옥사 때 억울하게 모함을 받아 옥에 갇혀 심문을 받고 가까스로 풀려나 관직에서 쫓겨나고 구사일생했던 경험을 가리킨다. 여러 해가 지났지만 그때 일을 생각만 해도 넋이 놀라 이마에 식은땀이 흐를 정도로 아주 끔찍한 악몽과도 같이 기억 속에 되살아난다는 것이다. 불과 얼마 되지도 않는 녹봉의 벼슬자리를 탐하여 서로 목숨을 내걸고 다투는 환로에 강한 회의를 표시하며 그것이 어리석은 짓임을 깨닫는다.

'평생의 득실을 가늠하고 멀리 날아 크게 내다본다'는 것은 『장자(莊子)』를 통해 얻은 지혜이다. 『장자』에 따르면, 초나라 왕이 신하들을 보내어 장자에게 나라의 재상이 되어달라고 청했다. 그러나 장자는 거북의 비유를 들어 거절한다. 즉, 초나라에는 죽은 지 3천 년이나 되는 신이한 거북을 왕이 비단보에 싸서 상자에 담아 묘당 위에 모셔두고 있는데, 그 거북이 그렇게 죽어서 귀하게 되는 것보다 차라리 진흙 속에서라도 살아있는 것이 더 낫다는 것이다. 또한 양나라의 재상으로 있는 혜자를 찾아간 장자를, 혜자가 자기 자리를 빼앗으려고 온 줄로 오해하자, 장자는 썩은 쥐를 얻은 솔개가 남해에서 북해로 날아가는 봉황새를 보고

---

14) 趙緯韓, 「次歸去來辭」, 『玄谷集』 卷1. 歸去來兮 世不我知可以歸 自古不遇者非一 吾何爲乎傷悲 仰孤雲之高標 邈淸風之難追 瞻頭流之幽邃 絶人間之是非

15) 같은 곳. 念疇昔之嬰禍 羌魄悸而汗顔 食同魚而滅耳 豈人心之所安 饕薄祿而營生 縱驅命之所關 較得失於平生 盍遐擧而大觀 矧年老而多病 可卷懷而求還

자신의 먹이를 빼앗으려는 줄로 착각하여 짖어댔다는 비유로써 나무란다.[16] 종묘의 소가 비록 아름답게 수놓은 옷을 입고 맛있는 음식을 먹으며 극진한 대접을 받지만 결국에는 끌려가 제물이 되고마니[17] 눈앞의 이익에만 눈이 멀 것이 아니라 구만리의 높이에까지 날아 올라 여섯 달 동안 쉬지 않고 날아가는 붕새처럼 멀리 내다보고[18] 생을 도모하기 위해 조용히 자연으로 돌아가 은거함이 낫다는 것이다.

> 돌아가리라! 애오라지 유유히 세월을 보내리라. 한 골짜기 고요한 산수 경치에 누웠으니 무엇을 동경하고 무엇을 구하리오. 배고플 때 먹는 밥은 좋은 양식과 고기를 대신하고 근심 없음은 영화를 대신하도다. … 어찌할 수 없구나! 인생에서 부귀가 어느 때에 있느뇨? 세월은 흐르는 물 같아 머무르게 할 수 없도다. 아아! 이곳을 버리고 장차 어디로 가리오. 요순을 다시 볼 수 없으니 소부와 허유도 기약이 없도다. 기꺼이 종신토록 소요하면서 봄이 오면 밭 갈고 여름 되면 김매고, 바람을 거스르며 큰 소리로 노래하고 밝은 달을 맞이하며 시를 읊으리라.[19]

여기에서 조위한은 자연으로 돌아가, 산수에 묻혀 소요하면서 자유롭게 유유자적하는 삶을 살아가겠다는 의지를 드러낸다. 그는 자연에 귀의하여 정치적 소외감과 현실의 상처에 대해 자위하고자 했다. 그러나 자연은 그에게 안식처가 되어주지 못했다. 남원으로 내려간 뒤 반년이 지난 1618년 7월에 쓴 「제욕천수창권후」를 보면, 여전히 정치적 좌절로 인해 갈등하고 방황하고 있는 모습이 역력하다.

> 나는 남토에 유락하고부터 항상 근심에 싸여 매양 산옹·계우(山翁·溪友)와 함께 산수 사이에서 시를 읊조렸다. 하지만 가슴속 불평지기(不平之氣)는 속인(俗人)들과 터놓고 말할 수 없었다. 그 때마다 다시 장가(長歌) 한 곡조를 부르며 눈물 몇 줄기를 흘리면 곁에 있던 사람들이 괴상히 여기고 처첩은 꾸짖으며 나를 가리켜 미쳐서 정신이 나가 그렇다고 여겼다. … 이유는 단 하나, 세상에 말살당하고 때(時)에 버림받은 것이니, 대개 어쩔 수 없는 형세에서 기인한 것이리라. … 하지만 지금의 나는 그렇지 못해 태평한 세상(明時)에 죄를 지어 형서(刑書)에 이름이 올랐으니 산림(山林)이 아니면

16)『莊子』外篇 秋水 第十七.(宋志英 역해, 동서문화사, 1978, 273-276쪽)
17)『莊子』雜篇 列禦寇 第三十二.(위의 책, 412쪽)
18)『莊子』內篇 逍遙遊 第一.(위의 책, 25-28쪽)
19) 趙緯韓,「次歸去來辭」. 歸去來兮 聊卒歲而優游 臥一壑之烟霞 竟何慕而何求 當粱肉於晩食 替榮華於無憂 古人先我而實獲 欽往迹而爲疇 顔闔鑿坏 管寧浮舟 或潛身於滄海 或絶響於林丘 雖出處之異路 盖明哲之同流 顧余志之異是 但有意於歸休 已矣乎 人生富貴在何時 歲月如流不可留 吁嗟乎 舍此將安之 唐虞不復見 巢許非所期 甘終身而倘佯 趂春耕而夏耔 遡長風而放歌 迎素月而哦詩

> 돌아갈 곳이 없어 백수(白首)의 남은 목숨 만리타향 남토에 이르렀다. 형님과 아우는 모두 조정에서 벼슬을 하고 친구들은 뜻을 얻지 못했으니 만날 날 기약 없고, 나 홀로 처와 어린 자식과 함께 궁벽한 촌구석 적막한 땅끝에서 타향살이를 한다. 곰곰이 내 신세를 생각하면 어찌 원통하고 원통하지 않으리오. 간혹 술을 마시면 취하고 흥에 맡겨 읊조려 보았지만, 벗들과 떨어져 쓸쓸히 지내는 마음은 어떻게도 털어버릴 수 없었다.[20]

이 글에는 당시 조위한의 모습이 적나라하게 드러나 있다. 남원으로 낙향하여 산수 간에 노닐며 지냈지만 가슴속의 쌓인 불평지기를 털어낼 수 없었음을 고백한다. 심지어 아내가 미친 것으로 여길 정도로 그는 실성한 사람같이 되어 버렸다. 궁벽한 촌구석에 묻혀 사는 것에 답답해하고, 자신의 신세를 생각하면서 억울한 박탈감에 원통해하며, 떨칠 수 없는 소외감에 어찌할 줄 몰라 몸부림친다는 것이다.

이상에서 살펴본 바와 같이 조위한은 사랑하는 가족들과의 연이은 사별로 인해 심각한 정신적 외상을 입어 삶의 즐거움을 잊고, 세상을 떠나 멀리 중국으로 유랑할 결심도 했었다. 또 정치적 모함을 받아 사지로 내몰리면서 자살까지도 결심할 정도의 극한 상황으로까지 치달았었다. 철저한 좌절감 속에 그는 세상에의 뜻을 버리고 은거의 삶을 선택하여 남원에 내려와 살았지만 자연에서 위로를 얻지 못하고 여전히 억울함과 답답함 등 불평지기를 떨쳐 버리지 못한 채 살고 있었다.

「최척전」은 그가 남원에 은거 중이던 바로 그 무렵에 지은 것이다. 이 작품을 창작할 무렵 조위한의 자기서사는 「제망자의문」, 「차귀거래사」, 「제욕천수창권후」 등을 통해 살펴볼 수 있었다. 그 무렵 조위한의 자기서사는 대체로 사랑하는 가족들의 사망에 대한 안타까움, 중국 유람을 통해 돌파구를 찾으리라는 기대, 환로의 불우와 좌절 등이 주조를 이룬다고 정리할 수 있다.

그런데 남원 시기에 조위한이 갖고 있던 심리적 장애는 그를 棄世와 은둔생활로 몰아간 정치적 좌절과 고립에서 비롯된 것이긴 하지만 그것은 표면적인 원인이라 하겠고, 오히려 근본적으로는 가정과 사회를 송두리째 뒤흔들어놓은 전쟁의 상처가 아물지 않았기 때문이라고 할 수 있다. 전쟁의 와중에 추위와 굶주림으로 죽어간 어린 딸과 조강지처와의 사별로 인한 심리적 외상은 국가적으로 지속된 전쟁후유증과 정치적 혼란 속에, 재혼 후에도 거듭된 자녀의 죽음 및 정치적 좌절과 뒤엉키면서 미처 치유되지 못한 채 남아있었던 것으로 보인다. 다시 말해서 조위한의 자기서사에 드러난 심리적 장애의 출발점은 전쟁 혹은 전쟁 후유증이었다고 할 수 있다.

---

20) 趙緯韓, 「題浴川酬唱卷後」, 『玄谷集』 卷12. 필자가 구해본 영인본의 자형이 뭉개져 식별할 수 없는 글자들이 있어 원문을 싣지 않았다. 역문은 양승민의 앞의 논문, 80-81쪽에서 인용하였다.

마찬가지로 「최척전」의 서사에서 역경과 비극의 근본적인 원인이자 출발점은 전쟁이다. 최척과 옥영이 겪은 혼사장애의 원인이 전쟁으로 인한 종군 때문이기도 하지만 무엇보다 최척 일가의 이별과 고난의 시작은 정유재란과 남원성 함락이었다. 본래 최척의 서사에 조위한의 자기서사가 크게 공명을 일으킨 이유도 바로 그 전쟁으로 말미암은 비극적이면서도 기이한 체험에 있었다.

> 이웃 마을에서 구경하려고 찾아온 사람들은 처음에는 모두 괴이하게 여기며 귀신이 장난한 것이라고 여겼다. 그러나 옥영과 홍도에 대한 일의 자초지종을 모두 듣고는 무릎을 치며 감탄하지 않는 사람이 없었다. 그들은 앞을 다투어 그 이야기를 전했다. … 나는 남원의 주포에 거처하고 있었다. 최척이 때때로 나를 찾아와 그 이야기를 이와 같이 말해주었다. 그리고 그 전말을 기록하여 후세에 인멸되지 않도록 해달라고 부탁했다. 나는 사양할 수 없어 그 경개를 대략 기록한다.[21)]

조위한이 작품으로 남기기까지 한 것으로 보아, 최척의 기이한 이야기는 당시 이웃마을 사람들에게 대단한 흥미거리가 되고 감탄을 유발했던 것처럼 조위한에게도 커다란 반향을 일으켰음이 분명하다.[22)] 때때로 최척이 찾아와 자신이 겪어온 파란만장한 경험을 이야기할 때, 조위한은 그의 이야기를 들으며 자신의 삶의 체험들이 문득문득 되살아났을 것이다. 또한 최척의 이야기에 감발되어 「최척전」을 짓는 과정에서도 자신의 뼈아픈 상처들과 중국체험 등 지나온 세월들을 떠올렸을 것이다. 그것은 일반적이고 자연스러운 심리적 현상이다.

이처럼 조위한이 최척의 이야기에 대해 공감한 근본적인 요인은 전쟁체험이었다. 그가 최척의 이야기에 공감한 접점과 공명을 일으킨 진원은 전쟁과 그로 인해 외국을 떠돌며 벌어진 파란만장하고 기이한 체험이었던 것이다. 이러한 공감과 공명을 통해서 조위한은 사건기술의 세부적인 묘사에서 자연스럽게 자신의 체험을 창작에 반영하여 「최척전」에 녹여 넣은 것인데, 이렇게 자기서사를 드러내는 과정에서 그는 스스로 의식하지는 못했겠지만 창작을 통한 심리적인 자기치유를 수행했던 것이다.

---

21) 趙緯韓, 「崔陟傳」(민영대, 『趙緯韓과 崔陟傳』 부록 원문, 아세아문화사, 1993, 367쪽). 隣里觀者 初皆怪之 以爲怪物作戲 及聞玉英紅桃終始之事 莫不擊節歎嗟 爭相傳說 … 余流寓南原之周浦, 陟時來訪余, 道其事如此, 請乃記其顚末, 無使湮沒. 不獲已, 略擧其槪.

22) 양승민은 조위한과 최척의 생애를 면밀히 살피면서, 조위한이 "최척을 만난 시점은 상대의 사연에 공감할만한 물리적 조건까지 딱 갖추어진 상태였다고 할 수 있다."고 지적하였다.(양승민, 앞의 논문, 95쪽)

3. 「최척전」 창작을 통한 자기치유

프로이트의 정신분석학 용어인 억압, 전이, 승화는 글쓰기치료의 중요한 이론적 배경을 이루는데, 이에 의하면 예술가들은 문학작품의 등장인물들에게 자신의 억압된 욕망이나 감정들을 전이시킨다. 즉 무의식적 소망과 욕망들이 글로 표현되어 문학작품으로 승화된다고 보는 것이다.[23] 페니베이커는 글쓰기를 통해 심리적 충격을 완화시키고 심리적 외상을 치유할 수 있음을 임상실험을 통해 증명했다.[24]

창작을 통한 자기치유는 작품 속에 자기서사를 드러내거나 자기서사의 수정을 통해 이루어진다. 조위한은 암울한 삶을 살아가던 시기에 자신의 체험을 반영하면서도, 사지를 넘나들며 환난신고를 다 극복하고 세상 끝으로 뿔뿔이 흩어졌던 온 가족이 다시 한자리에 모여 행복하게 살게 된다는 「최척전」과 같은 서사를 작품화하였다. 「최척전」을 저술하는 행위를 통해서 조위한이 현실에 대한 불만이나 소외감, 상실감 등으로 인해 발생한 불안정한 심리상태를 드러내거나 등장인물에 전이시켜 작품으로 승화한 것이라면 이는 글쓰기 체험을 통한 적극적인 자기치유에 해당하는 것이다. 그렇다면 이제 「최척전」을 창작함에 있어 조위한은 어떤 양상으로 자기서사의 발현과 자기서사의 수정을 수행했는지 자기치유의 관점에서 살펴보기로 하자.

3.1. 자기서사 발현을 통한 치유

「최척전」에는 작가 조위한의 자기서사가 곳곳에 드러나 있지만 그의 불안정한 심리상태나 심리적 장애의 징후와 관련한 자기서사가 가장 집중적이면서도 뚜렷하게 발현된 부분은 남원을 중심으로 한 전쟁 기억과 외국공간에서 펼쳐진 편력에서이다.

우선, 남원은 조위한의 외가가 있는 곳이고 전쟁 때 그의 가족의 피란지이기도 했다. 그곳에서 그는 임진왜란 때 어린 딸과 어머니를 잃었다. 정유재란 때는 동생 조찬한 부부가 피란해 있던 중 남원성이 함락되자 그곳을 벗어나 피란하다가 왜병에게 포위되는 바람에 가정이 풍비박산하여 갓난아이는 굶어죽고 제수마저 절사하는 참화를 겪는 지경에 이른다. 조위한은 동생을 찾기 위해 위험을 무릅쓰고 달려가 수소문하여 만난다. 또 그는 남원 피란 중 김덕령의 의병에 참여했고 거기서 명나라 장수들을 만나 알게 되어 훗날 그들을 따라 중국으로 망명하려고도 했었다. 이처럼 조위한이 겪었던 전쟁의 기억은 남원을 중심으로 이루어졌다고 할 수 있다.

---

23) 지그문트 프로이트, 임홍빈·홍혜경 역, 『정신분석 강의』 (하), 열린책들, 1997, 533-534쪽.
24) 페니베이커, 김종한·박광배 역, 『털어놓기와 건강』, 학지사, 1999, 49-58쪽.

남원을 중심으로 한 조위한의 전쟁 기억 속에는 임진왜란 때에 그가 어머니를 모시고 처자 및 동생 조찬한과 함께 피란했던 경험과 더불어 정유재란 때의 동생 가족 참화 사건이 깊이 각인되어 있었기 때문에 「최척전」을 창작하면서 이를 곡진하게 반영했다. 특히 남원성 함락에 따른 가족의 참변과 이산에 관한 부분은 동생을 통한 간접체험과 유사경험에 의해 내면화된 자기서사를 적극 활용하였다. 의병 참여, 전쟁 중의 남녀결연, 남원성 함락에 따른 피란, 왜적에 의한 유린, 가족의 이산, 피란도중의 갓난아기, 아내의 자살시도, 극적인 부부 재회 후 재이별, 중국 망명시도 등 「최척전」에서 최척 일가가 남원 일대에서 겪는 전쟁장면은 조위한 일가의 체험을 그대로 옮겨놓은 듯이 놀랄 만큼이나 일치한다.

	「최척전」	조위한 일가의 체험
의병 참여	최척이 변사정의 의병에 참여	조위한이 김덕령의 의병에 참여
전쟁 중 남녀결연	최척과 옥영의 결혼	동생 조찬한과 고흥 유씨의 결혼
남원성 함락에 따른 피란	최척 일가의 피란	동생 부부 및 숙모 등의 피란
왜적에 의한 유린	최척 일가가 피란도중 왜적에게 유린당함	동생 가족이 피란도중 왜적에게 유린당함
가족의 이산	최척 일가가 왜적에게 유린당하여 뿔뿔이 흩어짐	조위한과 떨어져있던 동생 일행이 왜적의 습격을 받아 뿔뿔이 흩어짐
피란도중의 갓난아기	외적에게 피습당해 죽은 시체 옆에서 울고 있는 갓난아이 몽석을 승려가 구조함	피란도중 조위한의 어린 딸이 굶주림과 추위에 사망. 동생이 잃어버린 가족을 찾으러 갓난아이를 안고 다니다가 젖을 못 먹여 사망
아내의 자살시도	왜적에게 어린 자식과 가족을 잃고 사로잡힌 옥영이 수차 물에 뛰어들어 자살을 시도	피란도중 어린 자식과 남편을 잃은 제수가 세 번 물에 뛰어들어 자살을 시도
극적인 부부 재회 후 재이별	헤어져 중국, 일본, 안남 등지를 각각 떠돌던 최척 부부가 극적으로 재회하나 전쟁으로 인해 재이별	피란도중 헤어진 가족을 찾아 헤매다가 극적으로 동생 부부가 재회하나 왜적의 습격으로 인해 재이별[25]
중국 망명시도	최척은 가족이 왜적에게 유린당하여 풍비박산하자 실의하여 중국 망명을 시도	조위한은 전쟁 와중에 처자와 부모를 잃자 실의하여 중국 망명을 시도

25) 이상 조찬한과 관련한 전쟁체험은 『玄洲集』(한국문집총간 79, 민족문화추진회, 1999)의 「欲哭」(卷1)과 「祭亡室文」(卷14)을 참조하였다.

이처럼 최척 일가가 참혹한 전쟁 속에 겪은 숱한 역경들은 작가 조위한 일가가 직접적으로 경험한, 가슴 아프게 슬픈 사건들과 일치한다. 최척 이야기에 대한 조위한의 공감과 공명의 강도가 얼마나 컸겠는가를 능히 짐작할 수가 있다. 작품에 묘사된 서사 내용이 최척의 실제 경험을 그대로 전사한 것이든 작가에 의해 허구화된 것이든 상관없이 이것은 작가 조위한의 자기서사가 발현된 분명한 증거가 된다.

조위한은 자신에게 심리적 외상을 남겨 우울증을 유발했던 고통스런 전쟁 기억을, 그것과 유사한 최척 일가의 이야기를 통해서 이끌어내어 소산시킨 것이라고 할 수 있다. 정신적 외상을 「최척전」의 창작을 통해 적절하게 의식화하여 밖으로 드러내어 발산했던 것이다. 이것이 곧 자기서사의 발현인데, 조위한이 그렇게 고통스런 감정을 발산하는 과정에서 자연스럽게 감정의 정화가 이루어지면서 심리적인 자기치유가 진행된 것이다.

둘째로, 중국, 일본, 안남, 후금 등 동아시아세계 전역을 두루 돌아다닌 최척과 옥영의 외국공간 편력에도 조위한의 자기서사가 발현되었다. 조위한은 1610~1611년에 사은사 서장관으로 중국을 다녀온 경험이 있어 당시의 견문을 창작에 적극 활용하였다. 그 외에 일본, 안남, 후금 등은 간접적인 견문과 지식을 원용한 것이다.[26] 주인공들의 행로는 허구성을 강하게 띠고 있기 때문에 주인공들이 그렇게 광범위한 지역을 두루 돌아다닌 것으로 묘사한 것은 최척과 옥영의 실재 행로가 그랬기 때문이라기보다는 오히려 조위한이 자신의 욕망을 등장인물들에게 전이시킨 결과라고 봄이 타당할 것이다.

조위한은 본래 뜻이 크며 의기가 대단하고 취향과 조예가 우주 밖에 있었다.[27] 그럼에도 불구하고 그는 현실에서 매우 불우했다. 특히 그가 남원에 은거한 이유는 당시 사회가 혼미하고 가혹하여 윤리기강이 멸절되어 간신과 아첨꾼이 조정에 가득차서 그들의 모함에 걸려 화를 입은 까닭에 남원으로 낙향한 것이었다.[28] 세계가 우리의 욕망에 부응할 때 세계는 광활하고 친근한 느낌을 주지만 반대로 세계가 우리의 욕망을 좌절시킬 때 세계는 답답한 느낌, 즉 과밀감을 준다.[29] 또한 고립되어 있으면 그 너머에 있는 광대한 공간은 동경의

---

26) 장효현은 「최척전의 창작기반」(『고전과 해석』 1, 고전문학한문학연구학회, 2006, 160-161쪽)에서, 동남아시아 여러 나라에 관한 내용이 소상하게 적혀 있는 李睟光의 『芝峰類說』과 「趙完璧傳」이 조위한의 「崔陟傳」에서의 이국 체험에 일정한 영향을 주었으리라고 추론하였다.

27) 申欽, 「玄谷集敍」, 『국역 상촌집』 Ⅲ, 민족문화추진회, 1994, 328쪽. "조자는 성품이 소탈하고 뜻이 크며 의기가 대단하고 대답을 함부로 하지 않았으며 서책이라면 보지 않은 서책이 없었지만 그 중에서도 장주(莊周)를 더욱 좋아하였다. 그의 취향과 조예를 어림잡자면 뜻은 우주 밖에 있으면서 몸은 세상 먼지 속에 박혀있었기 때문에 그를 아는 자는 적고 모르는 자가 오히려 많은 것이다. 나와 함께 계축년 화를 당하여 10년을 폐기된 상태로 있다가 기용되어 대헌(臺憲)이 되더니 또 물리침을 당해 외군(外郡)으로 나갔다. 아마 시대와 운명이 서로 맞지 않은 모양이다."

28) 鄭斗卿, 「玄谷集序」, 『玄谷集』(한국역대문집총서 1789, 8-9쪽). 及登第時 際昏虐 倫紀滅絶 姦佞滿朝 公橫罹罪網 屛處于湖南之帶方郡 十有餘年

29) 이-푸 투안, 구동회·심승희 역, 『공간과 장소』, 대윤, 2005, 97-113쪽.

대상이 되게 마련이다.[30] 현실의 벽에 부딪혀 세속에 염증을 느끼고 「차귀거래사」를 지어 부르며 남원에 은거, 고립되어 있던 조위한에게 중국을 위시한 동아시아세계라는 광활한 공간은 그에게 동경의 대상이었다.

권력과 명예를 놓고 다투는 현실에 과밀감을 느끼고 자유분방한 삶을 추구했던 백호(白湖) 임제(林悌, 1549-1587)는 조위한과 절친했던 임환(林懽, 1561-1608)의 형인데 그는 자신이 만약 중국에 태어났더라면 천자까지도 되었을 것이라면서 자신의 기개를 마음껏 펼치기에는 조선이 비좁아 큰 인물이 되지 못함을 답답하게 여겼다.[31] 이러한 과밀감은 광활함과 자유를 찾게 만들어 자연스럽게 임제의 시선을 광활한 대륙으로 향하게 했다. 조위한과 각별한 사이였던 허균도 평소 가보고 싶어하던 악양루(岳陽樓), 촉도(蜀道) 등 중국의 명승을 이십 폭으로 그린 '천고최성(千古最盛)' 뒤에다가 "나는 세상과 뜻이 맞지 않아서 평소, 옷을 훌훌 털고 나와 귀거래사를 지으려 한 지 이미 오래다. 만일 내 몸이 떠날 수만 있다면 화폭 속의 승사(勝事)를 나도 세속 밖에서 실천할 수 있을 것이니, 내가 어찌 古人을 부러워하겠는가."라고 적었다. 현실에서 벗어나 떠날 수만 있다면 그림 속의 명소들을 직접 찾아가보고 싶다는 강한 열망을 드러냈다.[32] 일찍이 조위한도 사행길의 고초를 불평하는 허균에게, "우리들이 중국에 태어나지 못한 것이 불행이라 하겠는데, 하물며 행로의 수고로움으로 위대하고 장려한 구경을 폐할 것인가? 이는 우물안 개구리의 소견과 무엇이 다르겠는가."라고 하며 광활함에 대한 강한 동경을 토로했다. 그는 중국 행로의 고초도 마다않고 오히려 그것을 놓칠 수 없는 '만리의 장한 구경'이라고 했다.[33] 고립되어 있던 조위한에게 중국이라는 광대한 공간은 동경의 대상이었던 것이다.[34]

「최척전」 창작 당시 남원에 고립되어 있던 조위한은 국경 너머에 있는 광대한 공간들을 돌아다니는 위대하고 장려한 구경을 동경하고 있었다. 그는 이러한 욕망을 등장인물들에게 전이시켜 동아시아 제국을 편력하게 하고, 특히 최척으로 하여금 중국의 주요 명승지들을 두루 유람하도록 작품을 구성했던 것이다. 그는 여유문의 입을 통해서 다음과 같이 말했다. "하필 좁은 땅에 매여 살면서 답답하게 지낼 필요가 무엇이 있겠습니까?"[35]

---

30) 위의 책, 94쪽.
31) 林悌, 신호열·임형택 공역, 「遺事」, 『(역주)白湖全集』, 창작과비평사, 1997, 955쪽.
32) 許筠, 『(국역)성소부부고』 Ⅱ, 민족문화추진회, 1989, 236쪽.
33) 위의 책, 67쪽.
34) 이상, 과밀감에 대한 논의는 신태수의 「주생전 연구」(한남대학교 박사학위논문, 2012) 119-218쪽을 참고하였다.
35) 趙緯韓, 「崔陟傳」(민영대, 앞의 책, 358쪽) "何必塊守一方, 跼蹐靡所騁乎?"

조위한의 중국여정	구연성-송골산-금석산-봉황성-진동보-팔도하-주필산-요양-광녕-의무려산-만리장성-산해관-진황도-영평-계주-공동산-조양-북경(자시-황금대-옥하관-국자감-천단-조천궁)[36]
최척의 해외편력	중국 절강 요흥(소흥)-용문-우혈-소상강-동정호·악양루-고소대-사천 청성산 방면-항주-안남-항주-후금 우미채
옥영의 해외편력	일본 낭고야-류구국·중국 복건·절강-안남-항주-산동-무인도

조위한이 동경했던 장려한 구경의 꿈에 비하면 그의 중국 여정은 북경까지의 북방 육로에 국한된 사신행로의 특성상 극히 제한적이었기 때문에 그에게 만족을 주지 못했음은 명약관화하다. 사실상 역대 중화의 진면목이라고 할 수 있는 중원과 강남 지역은 여전히 저 너머 더 큰 갈망의 대상으로만 남아있었다. 게다가 강항, 노인, 조완벽 등이 해외 포로생활에서 귀환하면서 가져온 중국 이외의 보다 광대한 공간에 대한 체험과 지식은 남원의 궁벽한 시골에 고립되어 있던 조위한에게 상대적으로 고립감과 과밀감을 더욱 가중시킴으로써 그의 욕망을 더욱 자극하여 결국 최척과 옥영의 광범위한 해외편력으로 전이시키도록 한 것이라고 하겠다.

허균은 '천고최성' 뒤에 "(중국의 명승) 각처가 모두 그 가운데 있으므로, 대체로 내가 놀아보고 싶었던 것들을 눈을 들어 한번에 다 볼 수가 있으니, 어찌 인간의 일대 유쾌한 일이 아닌가. 내 심히 기뻐서 감상하여 마지않았다."라고 하면서 직접 갈 수는 없지만 명승들을 그림을 통해서 한눈에 감상하는 것만도 '인간의 일대 유쾌한 일'이라고 만족해했다.[37] 즉, 그림 감상을 통해서 해외여행을 대신하는 대리만족을 얻는다는 말이다. 이와 마찬가지로 조위한은 등장인물들의 해외편력에 자신의 욕망을 전이하여 작품으로 승화시킴으로써 그는 대리만족의 형태로 자신의 과밀감에서 비롯된 우울증을 치유했던 것이다.

3.2. 자기서사 수정을 통한 치유

글을 쓰는 것은 생각하는 것보다 늦기 때문에 글을 쓰는 동안 각각의 생각들을 깊이 있게 다룰 수 있을 뿐 아니라 자신을 깊이 들여다 볼 수 있는 기회를 갖게 한다. 특히 문학적 글쓰기는 글쓰는 자신과의 대화가 불가피한데 자신과의 대화를 위해 자신을 돌아보는 과정에서 자기 정리가 일어나기 때문에 문학적 글쓰기는 자신의 내면을 거울처럼 볼 수 있게

36) 『玄谷集』 卷6 「朝天錄」의 詩題를 참조하여 정리한 것임.
37) 許筠, 앞의 책, 236쪽.

한다. 그런데 이러한 자신과의 대면은 과거의 사건과 기억들을 현재로 불러와 좀더 객관적이고 냉철하게 바라볼 수 있게 함으로써 스스로 자신의 문제를 이해하거나 해결할 수 있는 통찰력을 갖게 할 수도 있다.[38)]

같은 맥락에서, 조위한이 「최척전」의 창작에서 자기서사를 드러낸 것은 자신과의 대면을 전제로 한다. 다시 말해 「최척전」의 창작은 그로 하여금 과거의 사건과 과거의 기억들을 불러내어 객관적으로 바라보면서 자신을 성찰하도록 작용했다는 것이다. 자신의 심리적 외상을 그것과 유사한 최척 일가의 이야기를 통해 이끌어내어 창작을 통해 적절히 의식화하여 밖으로 발산함으로써 감정을 정화시키는 데 그친 것이 아니었다. 그는 이 작품을 창작하는 과정에서 자신과 대면하게 되어 자신의 모습을 객관적으로 바라봄으로써 자신의 문제를 이해하고, 나아가 자신을 수정하는 방식으로 자기치유를 수행했다.

앞에서 살펴본 조위한의 자기서사에 드러난 심리적 장애인 우울증의 증상이 가장 극단적으로 표출된 형태는 자살과 은둔이었다. 정치적으로 모함을 받아 무고하게 갇혀 끔찍한 고문을 당하게 되었을 때 그는 자살을 선택했고, 그의 제수는 왜적들의 습격을 받아 위급하게 되자 스스로 목을 찔러 자살했다. 또 그는 전쟁을 겪는 와중에 처자식과 부모를 잃었을 때 이 땅을 벗어나 중국으로 떠나려했고, 정치적 좌절에 직면하여서는 세상에의 뜻을 버리고 은둔생활에 들어갔다. 그러나 「최척전」에도 그와 유사한 사건들이 등장하기는 하지만 그 대응양식이 다르게 변형되어 나타나는데 이는 곧 조위한이 자기서사의 문제를 인지하고 이를 수정한 것임을 의미한다. 자살과 은둔에 관한 조위한의 자기서사 수정 양상을 살펴보면 다음과 같다.

먼저, 은둔에 관련한 자기서사의 수정이다. 정치적 좌절로 인해 현실에 회의한 조위한은 「次歸去來辭」를 지어부르며 자연으로 돌아가 안빈낙도하면서 유유자적할 뜻을 품고 은거에 들어간다. 은거 초기의 그는 상산사호(商山四皓)나 죽림칠현(竹林七賢)처럼 벗들과 함께 세상을 멀리하며 한가롭게 살기를 희망했었다. 그러나 은거생활의 실상은 그렇게 녹록치 않았다. 그는 곤궁했고 외로웠으며 가슴속의 불평지기도 털어버릴 수가 없었다. 그는 곧 궁벽한 촌구석에서의 적막한 삶을 한탄하며 사는 처지가 되었다.[39)]

「최척전」에서는 은둔의 상황에 직면했을 때 다른 대응 양상을 드러낸다. 여유문을 따라 중국으로 간 최척은 여유문이 죽어 의지할 곳이 없게 되자 강호를 떠돌며 명승지를 두루 돌아본 후, 촉 땅으로 들어가 신선술을 배우려고 결심한다. 그러나 청성산(青城山)에 들어가 은거하려 하자 지기인 주우(朱佑)가 찾아와 만류한다.

---

38) 페니베이커, 앞의 책, 129-149쪽.
39) 趙緯韓, 「題浴川酬唱卷後」.

"백승(伯昇)! 사람이 이 세상에 살면서 누군들 장생불사하고 싶지 않겠습니까? 하지만 고금 천하에 어찌 그런 이치가 있을 리 있겠소? 또 여생이 얼마나 된다고 약을 먹고 굶주림을 참으며 스스로 사서 고생하면서 산귀신과 더불어 살려고 한단 말이오? 그대는 모름지기 나와 함께 돌아갑시다. 일엽편주에 몸을 싣고 오월(吳越) 지방으로 가서 비단이나 차를 팔면서 남은 생을 즐겨 봅시다. 그 또한 달인(達人)의 삶이 아니겠습니까?" 최척은 황연히 깨닫고 마침내 그와 함께 돌아갔다.40)

최척은 주우의 말을 듣고는 문득 깨우치고 돌이켜 은둔을 포기한다. 도교적 은둔과 피세의 문제와 한계를 깨달은 것이다. 현실을 벗어나지 않으면서도 세상을 소요하며 유유자적하는 새로운 삶의 방식을 선택한다. 이후 그는 상선을 타고 바다 멀리 안남까지도 왕래했다.

그런데 우리가 여기에서 간과해서는 안 될 것은 최척의 신분이다. 사농공상(士農工商)의 엄격한 신분사회에서 최척은 사족 출신이었다. 비록 관직에 나가지는 않았지만 상류계급에 속한 사대부가 가장 천시받던 상인(商人)이 된다는 것은 당시 조선의 현실에서는 용인되기 어려운 일이었다. 그렇기 때문에 유몽인은 최척에 관한 이야기를 『어우야담(於于野談)』에 실으면서 최척이 상선을 타고 장사를 했다고 하지 않고 아내를 찾으러 절강을 가기 위해 배를 탄 것으로 설정한 듯하다.41)

그러나 조위한은 유몽인처럼 하든지 혹은 다른 형태로 처리할 수 있는 데도 그렇게 하지 않았다. 그가 굳이, 상인이 되어 배를 타고 장사를 하며 돌아다녔다고 형상화한 것은 자신의 가치관을 반영한 것이라 하겠는데 이는 그 자신의 현실 문제에 대한 일종의 대안적 성격을 지닌 것이었다. 당시는 일부 가문의 관직 독점 현상, 당쟁, 부패로 정치가 혼탁해져 출세의 길이 왜곡되고 좁아졌지만 조위한을 포함한 모든 조선지식인들에게는 과거 이외에 다른 어떤 출로가 없었다. 환로가 아니면, 물러나서 산림에 묻혀 은둔하는 길뿐이었다. 조위한도 후자의 길밖에는 선택의 여지가 없었기 때문에 남원에 은거한 것이었다. 하지만 곧 은둔생활의 한계를 절감하고 답답함 속에 살아가던 조위한은 새로운 대안을 모색하던 중 「최척전」을 창작하면서 최척의 형상을 통해 자기서사를 수정하여 재구성해냈던 것이다.

선비의 신분이면서 상업에 종사하는 士商은 사실 당시의 명나라에서 앞서 일어나고 있던 사회적 변화였다. 사상은 새로운 삶의 방식이며 사대부에게는 새로운 출로였다. 과업에만

40) 趙緯韓, 「崔陟傳」(앞의 책, 359쪽). "伯昇! 人生斯世, 孰不欲長生而久視? 古今天下, 寧有是理? 餘生幾何, 而何乃服藥忍飢, 自苦如此, 而與山鬼爲隣乎? 子須從我而歸, 浮扁舟, 適吳越, 販繒賣茶, 以娛餘年, 不亦達人之事乎?" 陟洒然而悟, 遂與同歸.

41) 유몽인, 신익철·이형대·조융희·노영미 역, 『於于野談』, 돌베개, 2009, 38쪽. "아내가 명나라 군대를 따라 갔다고 생각한 정생은 중국 군대를 따라 중국으로 들어가 걸식하며 절강까지 가면서 두루 아내를 찾았다. 하루는 천관의 도주와 함께 절강 가는 배를 탔다."

매달려 아까운 인생을 허비하기보다는 천하를 주유하며 자유분방한 삶을 영위할 수 있었기 때문에 부패하고 비좁은 과거를 통한 출세길에 염증을 느낀 선비들에게 대안적 삶으로 대두하고 있었다.[42)]

조위한은 43세(1609)가 되어서야 겨우 문과에 급제하였지만 그나마 미관말직을 전전하다가 정치적 모함을 받아 파직당하고 말았다. 이를 계기로 그는 환로에의 뜻을 버리고 은둔했던 것이지만 이내 은둔생활에도 염증을 느끼고 만다. 이에 현실을 외면한 피세적 은둔의 한계를 절감하던 그는 「최척전」 창작에서 최척의 청성산행 묘사를 통해, 자신의 은둔 결정을 객관적으로 바라봄으로써 얻은 새로운 통찰을 주우의 입을 빌어 제시한 것이라 하겠다. 「최척전」에서 최척이 청성산으로 떠나지 않기로 결정하고 達人의 삶과 같은 士商의 삶을 선택한 것은 단순히 작가가 자기서사를 드러내거나 자신을 객관적으로 바라본 것만이 아니라 자기서사의 문제를 수정함으로써 자기치유에 이른 것을 의미한다.

둘째로, 자살에 관련한 자기서사의 수정이다. 무고하게 정치적 모함을 받아 위기에 직면한 조위한은 자살을 선택했었다. 또한 그의 제수인 고흥 유씨는 왜적들에게 유린당할 위급한 처지에 이르자 스스로 목을 찔러 자살한다. 조위한은 형의 만류로 목숨을 버리지 않아 살아나서 다행히 결백이 증명되고 다시, 그리고 새로운 생을 이어나갔다. 반면에 고흥 유씨는 단번에 죽음으로써 다시는 돌이킬 수 없게 되었고 남은 가족들에게는 감당할 수 없을 만큼 커다란 슬픔과 마음의 짐을 안겨주었다. 그녀는 죽지 않고 다른 방법을 선택할 수는 없었을까 하는 안타까움과 아쉬움, 만일 죽지 않았다면 어떻게 됐을까 하는 의문을 갖게 만들었다.

「최척전」에는 주인공들이 목숨을 끊으려 한 사건이 모두 여섯 장면이나 등장한다. 최척이 한 번, 옥영이 다섯 번인데 차례대로 열거하면 다음과 같다. ① 결혼을 앞둔 최척이 의병에 참전한 후 혼인 날짜를 넘기도록 돌아오지 않자 심씨가 옥영을 양생에게 억지로 시집보내려고 하니 옥영은 수건으로 목을 맨다. ② 지리산 연곡에 피란하여 숨었다가 왜적에게 습격당해 가족이 풍비박산하여 생사를 알 수 없게 되자 최척은 살 뜻을 잃고 스스로 목숨을 끊으려 한다. ③ 옥영이 왜병 돈우에게 붙잡혀 포로로 일본에 끌려가자 여러 차례 물에 빠져 죽고자 한다. ④ 최척과 재회한 후 항주에서 아들 몽선을 낳고 홍도를 며느리로 맞아 살다가 최척이 요양전투에 참전하게 되자 칼을 뽑아 목을 찌르려고 한다. ⑤ 옥영은 요양전투에서 관군이 전멸했다는 소식을 듣고 최척도 전사했을 것이라 여기고는 밤낮 통곡하며 죽을 작정으로 단식한다. ⑥ 몽선과 홍도를 데리고 조선으로 향하다가 폭풍과 도적을 만나 결국 배를 빼앗겨 양식도 없이 무인도에 고립되자 옥영은 높은 절벽으로 올라가 몸을 던지려 한다.

---

42) 신태수, 앞의 논문, 132-141쪽.

		자살이유	자살방법	구조자	비고
①	옥영	열행	수건	심씨	
②	최척	가족 사망·이산(절망)	?	주변인	
③	옥영	정절	물	돈우	장육금불
④		열행	칼	최척	
⑤		열행	단식	몽선	장육금불
⑥		자책감	투신	몽선	장육금불

위에서 보듯이, 최척은 가정파괴에 의한 절망감으로 인해 한 번 자살을 시도하지만 옥영은 무모하리만큼 빈번히, 다양한 방식으로 자살을 시도한다. 자살에 대한 옥영의 집착은 그녀의 열절을 드러내는 역할을 한다. 그러나 작가의 초점과 의도는 거기에 있지 않았다. 오히려 그것은 작가의 죽음/생에 대한 집착을 드러내고 있는데 무엇보다 결혼한 지 몇 해 되지도 않은 제수의 절사 사건에 대한 기억의 변형된 전이라고 할 수 있다. 고흥 유씨는 갓난아이와 남편을 잃고는 세 차례나 물에 뛰어들어 자살을 시도하다가 구조된 후 기적적으로 남편을 다시 만난다. 기쁨 속에 기한과 전쟁의 공포조차 잊지만, 그 기쁨이 채 가시기도 전에 두 사람은 또다시 절체절명의 위기에 빠지고, 부인은 남편을 살리기 위해 자신을 희생한다. 남편을 도주시키고 자신은 남아 왜적에게 유린되기 직전 칼로 목을 찔러 자살한다. 조위한은 그 기억을 곱씹으며, 제수가 자결하지 않고 끝까지 자신을 지키며 살아남아 생을 이어가는 모습을 상상하고 바라면서 옥영의 자살에 집요하게 매달린 것으로 해석된다.

임진왜란을 전후로 전개된 열녀담론은 여성들을 모두 죽음이라는 가장 잔혹한 방법으로만 몰아갔다.[43] 그러나 작가 조위한은 옥영의 서사에서 끝끝내 자살을 승인하지 않는다. 옥영의 서사를 통해서 각양의 자살 이유와 각색의 자살 방법을 보여주며 그 어떠한 경우라도 용인해서는 안 됨을 역설하고 있는 것이다. 그는 '진인사(盡人事)'의 정신으로 끝까지 삶을 포기하지 않고 살아서 가족들과 다시 만나기 위해 '정성을 다해야함(至誠)'을 주장한다. 또 한편으로 잔혹한 사회 현실에 대응하여 유가에서 이단시하는, 불살생(不殺生)과 자비의 상징인 장육금불을 집요하리만치 등장시킨다. 그는 옥영의 서사를 통하여서, '순절한 여인에 열광하는 당대의 유가적 이념에 의한 정치사회적 욕망을 정면으로 비판했다'[44]고도 볼 수 있다. 그런 의미에서 자살, 특히 여성의 순절은 조위한의 자기서사가 사회서사로 연결되는 지점이기도 하다.

---

43) 강명관, 『열녀의 탄생』, 돌베개, 2009, 304-319쪽.
44) 장경남, 「17세기 열녀 담론과 소설적 대응」, 『민족문학사연구』 47, 민족문학사학회, 2011, 121쪽.

결론적으로, 조위한은 가족의 생환과 재합을 견지하는 가운데 옥영의 자살/생의 문제를 집요하게 물고늘어지면서 자기서사와 사회서사의 수정을 시도했고, 또한 자기서사를 수정하는 과정에서 자기치유를 이루었다고 하겠다.

4. 결언

본고는 문학치료학의 관점에서 「최척전」을 창작할 무렵 작가 조위한의 자기서사에서 발견되는 심리적 장애를 진단하고, 그의 자기서사가 이 작품에 어떤 양상으로 발현 또는 변형되면서 심리적 장애를 치유하는 데로 작용했는지 살펴보았다.

먼저는 조위한의 자기서사를 검토하여 그 안에 내재된 심리적 외상의 징후들을 진단해 보았다. 이 작품을 창작한 남원 은거시기에 조위한은 심한 우울증을 앓고 있었다. 당시 조위한의 자기서사는 대체로 사랑하는 가족들의 사망에 대한 안타까움, 중국 유람을 통해 돌파구를 찾으리라는 기대, 환로의 불우와 좌절 등이 주조를 이룬다. 이러한 상황에서 최척을 만난 조위한은 전쟁으로 인해 외국을 떠돌며 벌어진 파란만장하고 기이한 최척의 체험에 공감하여 「최척전」을 창작하였다. 공감과 공명을 통해 그는 사건기술의 세부적인 묘사에서 자연스럽게 자신의 체험을 창작에 반영하여 작품에 녹여 넣으면서 자기서사를 드러냈는데 그 과정에서 그는 스스로 의식하지 못한 채 심리적인 자기치유를 수행했다.

다음으로는 창작과정에서 조위한이 어떤 양상으로 자기서사의 발현과 자기서사의 수정을 수행했는지를 자기치유의 관점에서 각각 살펴보았다.

첫째로, 자기서사 발현을 통한 자기치유에서는 그의 불안정한 심리상태나 심리적 장애의 징후와 관련한 자기서사가 가장 집중적이면서도 뚜렷하게 발현된 부분 두 가지를 집중적으로 다루었다. 하나는 남원을 중심으로 한 전쟁 기억이고 다른 하나는 외국공간에서 펼쳐진 편력이었다. 조위한의 전쟁 기억은 남원을 중심으로 이루어졌는데 「최척전」에서 최척 일가가 남원 일대에서 겪은 전쟁장면은 조위한 일가의 체험을 그대로 옮겨놓은 듯이 일치함을 발견했다. 이를 통해서 조위한이 자신의 정신적 외상을 창작을 통해 적절히 의식화하여 밖으로 발산함으로써 자연스럽게 감정의 정화를 이루는 심리적인 자기치유를 수행했음이 드러났다. 또한 동아시아세계 전역을 두루 돌아다닌 등장인물들의 편력도 작가가 자신의 욕망을 전이시킨 결과임을 논증했다. 창작 당시 남원에 고립되어 있던 조위한은 국경 너머에 있는 광대한 공간들을 돌아다니는 위대하고 장려한 구경을 동경하고 있었으며, 등장인물들의 해외 편력에 자신의 욕망을 전이하여 작품으로 승화시킴으로써 그가 대리만족의 형태로 자신의 과밀감에서 비롯된 우울증을 치유한 것임을 밝혔다.

둘째로, 자기서사 수정을 통한 자기치유에서는 조위한의 자기서사에 드러난 우울증의 증상이 가장 극단적으로 표출된 형태인 자살과 은둔에 관한 자기서사 수정 양상을 집중적으로 다루었다. 「차귀거래사」를 지어부르며 남원으로 내려갈 때만해도 조위한은 은둔생활에 기대를 걸고 있었다. 그러나 실상은 그렇지 못했다. 그의 남원생활은 곤궁했고 외로웠으며 가슴속의 불평지기도 털어버릴 수가 없었다. 현실을 외면한 피세적 은둔의 한계를 절감하던 그는 창작에서 최척의 청성산행 묘사를 통해 자신의 은둔 결정을 객관적으로 바라봄으로써 얻은 새로운 통찰을 주우의 입을 빌어 제시한다. 작품에서 최척이 청성산으로 떠나지 않기로 결정하고 달인의 삶과 같은 사상의 삶을 선택한 것은 작가가 자기서사의 문제를 수정함으로써 자기치유에 이른 것을 의미한다. 마지막으로 조위한은 자살에 관련한 자기서사를 크게 수정했음을 밝혔다. 본인의 자살 시도와 특히 제수의 절사를 경험한 그는 그 기억을 곱씹으며 제수가 자결하지 않고 끝까지 자신을 지키며 살아남아 생을 이어가는 모습을 상상하고 바라면서 옥영의 자살에 집요하게 매달린 것으로 보인다. 그는 옥영의 서사에서 끝끝내 자살을 승인하지 않음으로써 그 어떠한 경우라도 자살이 용인되어서는 안 됨을 역설했다. 그는 '진인사(盡人事)'의 정신으로 끝까지 삶을 포기하지 않고 살아서 가족들과 다시 만나기 위해 '지성(至誠)'해야 함을 주장했다. 조위한은 가족의 생환과 재합을 견지하며 옥영의 자살/생의 문제를 집요하게 물고늘어지면서 자기서사와 사회서사의 수정을 시도했고, 또한 자기서사를 수정하는 과정에서 자기치유를 이루었다.

Ⅱ.

사회치유 관점에서 본 최척전

1. 서론

문학치료학에는 사회적 시각이 결여되어 있다는 비판이 학계 일각에서 제기되고 있다. 문학치료의 담론이 사회적인 것을 사상시키거나 지나치게 축소하고 치료의 대상이 되는 고통을 개인적인 차원으로 환원시켜, 문학치료를 개인 차원의 인식론적 전환에서만 찾음으로써 사회의 실패를 개인의 실패 탓으로 전가할 위험성이 크다고 하면서 고소설의 문학치료학적 연구에 대한 반성과 방향 모색을 촉구한다.[1] <최척전>에 대한 문학치료학적 연구 역시도 그동안 개인적 차원의 치유에 경도되어 있었던 것이 사실이다.[2] 대개 조위한이 전란 중에 겪었던 어린 딸과 부인의 죽음, 제수의 절사 등 불행한 경험에서 비롯된 트라우마에 대한 개인적 차원의 치유로서의 창작으로 이해하면서 과거의 불행한 가족력에 초점을 맞춘다.

반면에 치료적 관점은 아니지만, 창작 당시가 과년한 두 딸을 시집보내는 문제에 관심을 두었을 시기였음에 착안하여 미래지향적 시각에서, 딸들을 염두에 둔 부녀자 교훈의 의도를 가지고 임란 이후 조선 사회에 팽배해진 살인적 열녀담론을 비판적으로 재구성하면서 이상적 여성인물 형상화를 통해 죽지 말고 지성스런 삶의 자세로 역경을 뚫고 나가기를 바라는 소망을 담아내었다고 보기도 한다. 행복하고 든든한 가정의 건설과 회복에 필요한 것은 열녀가 아니라 옥영과 같은 여성임을 보여주면서 딸들을 교훈한 것[3]임을 밝혔는데 이는 사회적

1) 강상순, 「고소설 해석의 방법과 윤리에 대하여」, 『고소설연구』 38, 한국고소설학회, 2014, 28-32쪽. 문학치료학이 지닌 한계로서 사회적 시각의 결여를 지적한 다른 논의로는 김석회의 「문학치료학의 전개와 진로」(『문학치료학연구』 1, 한국문학치료학회, 2004)가 있다.

2) <최척전>에 대한 개인적 치유 관점에서의 연구로는 나금자의 「최척전의 여주인공 옥영의 형상화를 통해 본 작자의 소망과 치유」(『인문논총』 19, 서울여자대학교인문과학연구소, 2010, 158-187쪽), 조은심의 「자살예방을 위한 최척전의 문학치료의 효용」(『겨레어문학』 49, 겨레어문학회, 2012, 387-413쪽), 신태수의 「자기치유 관점에서 본 최척전」(『한국언어문학』 85, 한국언어문학회, 2013, 285-312쪽) 등이 있다.

3) 신태수, 「여성 인물형상을 통해 본 최척전의 창작의도」, 『어문연구』 77, 어문연구학회, 2013, 202-214쪽. 참고로, 당시 여성들이 모두 한문에 무지하고 국문만을 알았던 것은 아니었다. <최척전>에서 옥영도 『시경』을 비롯한 고사를 인용하여 글을 지을 정도의 한문 문식력을 갖추었음은 물론이고 시재도 뛰어났으나 스스로 '평소 여인들이 시를 읊는 것을 못마땅하게 여겨' 드러내지 않은 것으로 묘사되어 있다. 현실에서도 동시대 사대부가의 여성으로서 허균의 누이 난설헌은 시재가 매우 뛰어났음은 주지하는 바이고, 유몽인의 누이

치유의 시각과 무관하지 않다.

또한 <최척전> 속 옥영의 서사를 조위한(趙緯韓, 1567-1649) 당시 사회이데올로기로서의 열녀담론이라는 사회서사에 대한 정면 대응으로 보는 것[4] 역시 사회적 차원의 치유로 나아가는 단서로서의 의의가 있다. 여성의 순절과 자살은 조위한의 자기서사가 사회서사로 연결되는 지점이기도 하며, 또 이 작품이 "단순한 개인적 차원의 구원에만 머무는 것이 아니라 집단적 행복의 가능성까지도 염두에 두고 쓰여진 것"[5]이라는 점도 이 작품을 자기치유에 머무르지 않고 사회치유의 차원에서 검토할 수 있는 가능성을 시사한다.

전통적으로 사대부들은 천하를 자임하며 사회에 대한 책임의식을 지니고 있었다. 그들의 사회적 책임의식은 '우환의식(憂患意識)'으로 드러났는데 우환의식이란 먼저 나라와 백성의 안위를 걱정하는 우국우민(憂國憂民)이며, 민생(民生)과 역사문화에 대한 강렬한 사명감이다.[6] 다시 말해서 우환의식은 국가사회와 백성의 안위를 걱정하고, 앞으로 닥칠 위험에 대해 경계심을 품는 한편 그것을 극복하려는 의지와 용기라고 할 수 있다. 북송(北宋) 때 범중엄(范仲淹, 989-1052)의 <악양루기(岳陽樓記)>에 나온 "천하 사람들의 걱정을 앞서서 걱정하고, 천하의 모든 사람들이 즐거워한 후에 비로소 즐거워한다(先天下之憂而憂, 後天下之樂而樂歟)"라는 문구는 우환의식을 가장 잘 표현한 것으로 알려져 있다.

<악양루기>에서 범중엄이 진술한 것처럼 사대부들은 "조정에 나아가서도 걱정, 물러나서도 걱정(是進亦憂 退亦憂)"하며 세상을 염려하면서 천하를 자임하는 삶을 이상시하였다. 우환의식으로 대표되는 사대부들의 사회적 책임의식은 문학작품의 창작도 우환의식을 드러내는 사회적 활동의 일환으로 인식했다. 조위한 역시 관직에서 물러나 남원에 은거하던 시기였음에도 불구하고 <유민탄> 창작을 통해서 민생과 국정에 대한 강한 우환의식을 드러냈다. 부패한 정치와 가혹한 민중의 삶을 고발하고 풍간(諷諫)하면서 우국우민을 실천한 것이라 하겠다.

고난과 역경을 헤쳐나가다가 중국에 가서 가족들의 행복한 재회를 보여주는 <최척전> 역시 전란으로 피폐해진 백성들의 현실에 희망과 용기를 심어준다는 점에서 우환의식과 연결된다. 또한 전쟁의 위협이 도사리고 있는 격동의 시대 속에서 더구나 여성의 죽음을 찬양

같은 경우는 역사와 문장에 능통하고 박학다식했으나 그의 부친이 문자를 저술하지 못하도록 엄하게 명했기 때문에 평생 한 구절의 말도 세상에 전해지지 않았다.(柳夢寅, 『어우야담』(신익철·이형대·조융희·노영미 역), 돌베개, 2011, 434-436쪽) 또한 허균은 『학산초담』에서 허난설헌, 선비 정문영의 아내, 생원 신순일의 아내, 양부사의 첩, 송강 정철의 소실, 권봉의 계집종 등의 한시를 소개하면서 그 당시 한시에 능한 여성 작가들의 작품이 손으로 꼽을 수 없을 정도로 많다고 증언하였다.(허균, 『국역 성소부부고 Ⅲ』, 275-276쪽) 따라서 조위한이 딸들을 교훈하기 위한 목적이라는 논지가 성립되기 위해서는 반드시 국문으로 창작하거나 번역한 증거를 제시해야만 한다는 반론은 타당성이 없다.

4) 장경남, 「17세기 열녀담론과 소설적 대응」, 『민족문학사연구』 47, 민족문학사학회, 2011, 108-137쪽.

5) 강진옥, 「최척전에 나타난 고난과 구원의 문제」, 『이화어문논집』 8, 이화어문학회, 1986, 251쪽.

6) 장영백, 「고대중국인의 우환의식 연구」, 『중국어문학논집』 25, 중국어문학연구회, 2003, 529-558쪽.

하는 열녀이데올로기가 횡행하는 현실에서 과년한 딸들을 포함한 여성과, 가(家)를 기초로 한 사회의 위기를 걱정하며 제기한 소설적 대응이라는 점에서 이 작품은 우환의식과 연결된다.[7] 이렇게 <최척전>의 창작 기저에 조위한의 우환의식이 깔려 있다는 사실은 이 작품을 사회적 치유의 관점에서 이해하는 데 시사하는 바가 크다. <최척전>은 당시 조선사회를 가로막고 있는 역사적 트라우마[8]를 다루고 있기 때문이다.

이에 이 논문은 <최척전>의 사회치유적 의의를 밝히는 데 목적을 둔다. 역사적 트라우마에 오염된 사회서사를 어떻게 조정하고 있는지 이 작품에 드러난 사회적 차원의 치유 양상을 살펴보고자 하는 것이다.

2. 임란 후 조선의 사회상과 조위한의 우환의식

임진왜란(1592-1598) 7년간의 전쟁으로 조선 인구는 1/3이나 감소했다. 전쟁 중에는 인육을 먹고 가족들끼리 서로 잡아먹는 참상까지 빚어졌다. 생존자들마저도 1/3은 삶의 터전을 잃고 떠돌거나 타향으로 옮겨야 했다. 전답이 파괴되어 농사지을 땅이 없어 국고는 비고 백성들은 굶주렸다. 그야말로 온 나라가 초토화된 것이다. 이에 선조(宣祖 1567-1608 재위)는 비변사가 제출한 개혁안을 받아들여 1601년 봄부터 왕조재건을 위한 정책을 시행했다.

> 비변사에서 계를 올려 이르기를, "… 금일의 급선무는 오로지 백성과 더불어 휴식하여 조용히 백성들을 길러 중병으로부터 소생시키고 신음을 그치게 하는 것입니다. 국가와 백성이 모두 비축한 것이 있어 조금이라도 의지할 바가 있게 된 다음에라야 나라를 지키고 적을 제어할 수 있으며 그다음 것도 논의할 수 있게 될 것입니다."라고 하였다.[9]

인용에서 보는 바와 같이 전후복구 정책의 기조는 '백성들과 더불어 휴식하면서 안정 속에 힘을 기른다'는 취지의 이른바 여민휴식(與民休息)이었다.[10] 임진왜란은 공전의 대재앙이었기

---

7) 장경남은 이 작품이 당대 열녀이데올로기에 정면으로 대응한 것으로 보았다.(장경남, 앞의 논문, 122-123쪽)
8) 역사적 트라우마란 타 집단에 의해 집단 전체가 상실을 경험하였다는 실제적 역사성을 바탕으로 하고, 후세대의 비경험자에게도 반복적인 증상으로 나타나는 트라우마로 정의할 수 있다.(김종곤, 「역사적 트라우마 개념의 재구성」, 『시대와 철학』 65, 한국철학사상연구회, 2013, 60-61쪽)
9) 『선조실록』 선조 33년 9월 26일.
10) 임란 이후 여민휴식 정책에 관하여는 김성우의 『조선중기 국가와 사족』(역사비평사, 2001)과 「전쟁과 번영-17세기 조선을 바라보는 또다른 관점」(『역사비평』 107, 역사비평사, 2014)을 참조할 수 있다.

때문에 조선은 피폐해져 국운이 기울어 전후에는 국가를 재조(再造)한다는 신념으로 국가 재건에 임했다. 그리고 대(對) 후금전투(1619), 이괄의 난(1624), 정묘호란(1627), 병자호란(1636) 등 끊임없이 전쟁과 반란이 잇따랐기 때문에 여민휴식의 정책 기조는 수십 년간 지속될 수밖에 없었다.

그러나 실제에 있어서는 조위한이 <최척전>을 지은 1621년까지 여민휴식을 비롯한 국가 재건의 정책은 유명무실하였다. 이는 1609년에 치러진 과거시험에서 조위한이 제출한 책문(策文)과 1621년에 지은 <유민탄>을 통해서 확인할 수 있다.

먼저 그의 책문을 살펴보면, 조위한은 1609년(광해 1년) 증광문과에 갑과로 급제하였는데 당시 출제된 책제(策題)는 임진왜란의 대전란으로 빚어진 사회적 혼란을 수습하고 국가를 재건하여 중흥시킬 방도를 묻는 것이었다. 오래 묵은 폐단을 혁신하고 세상을 새롭게 변화시킬 방법을 물으면서 전란 뒷수습[善後]과 회복의 계책을 제시하라는 내용이었다. 이것은 다시 말해서, 전란으로 상처 입은 사회를 치유하여 건강성을 회복할 수 있는 처방을 묻는 것이라고 할 수 있다.

조위한은 책문에서 당시 조선사회의 병통과 모순을 진단하고 그것을 치료하기 위한 처방과 함께 조선사회가 나아가야 할 방향을 제시하였다. 그는 "팔도가 텅 비고 밥 짓는 연기가 쓸쓸할 정도로 백성은 피폐해졌다"[11]고 하면서 당시의 처참한 사회 현실을 적나라하게 들추어낸다. 그리고 '중흥(中興), 복수(復讎), 구현(求賢), 임장(任將), 용인(用人), 납속(納贖), 연병(鍊兵), 애민(愛民), 수신(修身), 학문(學問)'의 10가지 정책의 실상과 폐단을 진단하고 그에 대한 처방으로서 '誠'을 제시한다.

> 성실로써 중흥을 이루고, 성실로써 복수를 하며, 성실로써 유능한 인재를 구하고, 성실로써 장수를 임용하셔야 합니다. 더불어 인재를 등용하고, 자신을 수양하며, 병사를 훈련시키고, 백성을 사랑하는 데 이르기까지 모두 성실로써 한다면, 잃어버린 국력을 회복하고 새롭게 할 정책을 굳이 논할 것도 없을 것입니다.[12]

조위한은 당시 조선사회를 병든 사회로 진단하면서 그 병증을 치료할 처방으로 '성(誠)'을 제시한 것이다.

또 그가 현실에 실의하고 남원으로 낙향하여 은거하던 시기(16018-1623)에 백성들의 참담한 현실을 목도하고 지은 <유민탄>이라는 가사가 있다. 그 노랫말이 전하지 않아 전모를

---

11) 趙緯韓, 『玄谷集』(한국역대문집총서 1790), 한국문집편찬위원회, 1999, 26쪽. 八路丘墟烟火蕭.
12) 위의 책, 40쪽. 中興必以誠 復讐必以誠 求賢必以誠 任將必以誠 至於用人修己鍊兵愛民無不以誠則其於恢復更始之策有不足論矣.

알 수는 없지만 그의 아들 조억(趙億)이 쓴 행장에 따르면, 당시 가혹한 부역에 시달리고 굶주림에 죽어가는 백성들이 길거리에 즐비한 참상을 고발한 노래다. 노랫말이 슬프고 표현이 곡진하여 많은 사람들의 입에 오르내렸으며, 작품을 보는 사람마다 눈물을 금치 못하였다고 한다. 그 노래가 궁중에도 흘러들어가 광해군에게까지 전해졌는데 광해군이 노하여 사람을 시켜 나라 안팎으로 두루 색출하게 하는 바람에 조위한이 화를 면하지 못하게 될 뻔했다가 요행히 위기를 모면했다고 전한다.13)

조위한의 <유민탄>에 감동을 받아 정훈(鄭勳, 1563-1640)은 <위유민가(慰流民歌)>를 지었는데14) 그는 조위한과 동 시기에, 같은 지역인 남원에 우거하고 있던 재지사족이었다. 그가 1623년에 지은 <성주중흥가(聖主中興歌)>에는 광해군 시절의 사회상이 묘사되어 있어서 조위한이 <유민탄>을 지을 당시의 사회 현실이 어떠했는지를 실감할 수가 있다. 도성에는 짐승 같은 무리들만 가득하여 몸을 일으킬 수도 발을 디딜 수도 없을 정도라고 질타한다. 당시의 위정자들인 광해군과 북인정권을 여우, 살쾡이, 호랑이 같은 짐승들로 그리고 있다. 그들은 하늘의 명령[天命]도 하늘이 정한 인간의 도리 곧 군신, 상하, 존비 따위의 관계에서 지켜야 할 질서[天常]도 나라의 근본[邦本]도 모르는 자들이다. 임금은 궁궐을 많이 지어 무고하고 가난한 백성들을 못살게 들볶고, 전국에서 올리는 진상공물도 부족하게 여기어 벼슬을 매매하고 사사로이 진상을 받아 쌓아두기에만 급급하다. 위에 있는 임금이 이러니 아래에 있는 벼슬아치들의 품행이 단정할리 만무하다. 상하가 서로 심각한 병을 지녔으니 나라를 제대로 보존할 수 있겠느냐고 신랄하게 비판하고 있다.15) 정훈이 목도하고 고발한 당시 조선의 사회현실이 조위한이 <유민탄>에서 묘사한 실상과 다르지 않음을 보여주는 것이다.

홍만종(洪萬宗, 1643-1725)도 『순오지(旬五志)』에서 "조위한의 <유민탄>이 어지러운 조정의 정령(政令)이 번다하고 가혹함과 열읍(列邑)의 세금과 부역이 지독함을 서술한 것으로 가히 정협의 '유민도(流民圖)'와 표리가 된다"16)고 평하였다. 여기서 '유민도'는 정협이 직접 목격한 유랑민의 처절한 상황을 화공을 시켜 그린 그림이다.17) 앞서 살핀 바와 같이 조위

---

13) 『玄谷集』, 「行狀」, 漢陽趙氏玄谷公派宗會, 1989, 546쪽.

14) 朴世采, 「水南放翁鄭公家藏行蹟」, 『水南放翁遺稿』. 見趙玄谷流民歎, 卽作慰流民歌, 以悲之. 정훈의 『水南放翁遺稿』 원문 자료는 『숭전어문학』 2(숭전대학교 국어국문학회, 1973)의 247-260쪽에 부록으로 실려 있음.

15) 『水南放翁遺稿』. 여ᄋᆞ ᄉᆞᆰ 虎狼이 城闕의 ᄀᆞ득ᄒᆞ니/ 하ᄂᆞᆯ이 놉다 ᄒᆞᆫᄃᆞᆯ 몸을 곳게 니러셔며/ 싸히 두터운ᄃᆞᆯ 발ᄋᆞᆯ 편히 드듸런가/ 天命을 굿게 너겨 그대도록 驕泰ᄒᆞᆯ샤/ 天常을 모ᄅᆞ거든 하ᄂᆞᆯ을 고일소냐/ 邦本을 흐ᄂᆞᆯ거든 百姓이 조ᄎᆞᆯ런가/ 宮闕을 만히 딧다 몃 間의 살고마ᄂᆞᆫ/ 無辜ᄒᆞᆫ 窮民을 그대도록 보챌셰고/ 八方貢膳을 얼마 먹고 니블 거ᄉᆞᆯ/ 벼ᄉᆞᆯ ᄑᆞ라 銀뫼화 어듸 두로 싸하시며/ 私進上바다 드려 므어싀다 쓰던고/ 우히 그러커든 아래히 ᄀᆡ자ᄒᆞᆯ가/ 上下交證ᄒᆞ니 國體ᄅᆞᆯ 진일런가(부분 인용)

16) 洪萬宗, 『旬五志』(국립중앙도서관 장서 필사본). 流民歎玄谷趙緯韓所製 述昏朝政令之煩列邑徵斂之酷 可與鄭俠流民圖相表裡也.

17) 정협(鄭俠, 1041-1119)은 '유민도'를 당시 송나라 황제인 신종(神宗)에게 올렸는데 신종은 이 그림을 보고 자신의 잘못을 자책하는 조서를 내렸고, 또한 왕안석(王安石)에 의해 실시된 방전(方田), 보갑(保甲), 청묘(青苗) 등의 신법(新法)을 혁파하였다.

한은 책문을 통해 조선 사회의 병증을 진단하고 대안을 제시했는데, 이제 <유민탄>에서는 무능하고 가혹한 정치로 인한 백성의 참상을 폭로하고 고발하였다. 가혹한 부역과 부패한 정치를 바로 잡아야만 백성들이 살 수 있음을 천명한 것이다.

이상의 내용을 종합해 볼 때, 조위한이 <유민탄>과 <최척전>을 창작한 1621년까지의 전후(戰後) 조선사회의 실제 상황은 여민휴식의 국가정책과는 너무나도 동떨어져 있음을 알 수 있다. 당시 조선의 실상은 부패한 관리와 가혹한 정치에 시달려 굶어 죽고 떠도는 유민들이 길거리에 즐비한, 병든 사회였던 것이다. 이러한 사회현실에 대하여 조위한은 우국우민의 우환의식 아래 <유민탄>을 창작하여 사회의 건전성이 회복되도록 유도했다. 또한 전란으로 인해 유민이 되어 해외로 떠돌아야 했던 이들을 소재로 역사적 트라우마를 다룬 <최척전> 역시 조위한의 우환의식이 작용한 것이라 하겠다.

3. 역사적 트라우마에 오염된 사회서사로서의 예학이데올로기

임진왜란으로 조선사회는 여러 가지 모순과 한계를 드러냈다. 적이 오기도 전에 힘없는 백성들을 무책임하게 버리고 한양을 몰래 빠져나가 도망친 임금과 신료들, 극기복례와 의리명분을 목숨처럼 여긴다면서 정작 위급한 상황에 직면하자 힘없이 무너지며 인륜마저 저버리는 사대부들의 모습에서 집권층의 무능과 유교 이념의 허상이 폭로되었다. 사대부들의 상황이 이럴진대 헐벗고 의지할 데 없는 민중들에게 유교적 덕목을 기대하는 것은 어리석은 짓이었다. 조정이 자신들을 왜적의 손아귀에 던져두고 도망친 것을 알자 배신감에 분노한 백성들은 궁궐을 습격하여 불을 질렀다. 민란과 반역이 도처에서 일어났고, 심지어 임금의 피난길을 가로막거나 왕자들을 붙잡아 왜적에게 넘기는 사태까지도 벌어졌다.

임진왜란 당시 백성들의 상황은 대단히 비참했다. 이수광(李睟光, 1563-1628)은 『지봉유설(芝峰類說)』에서 계사년(癸巳年, 1593)에서 을미년(乙未年, 1595) 사이 조선사회의 참상을 적나라하게 보여주고 있다.

> 가까이는 선왕조(先王朝)의 계사·갑오년(癸巳·甲午年) 사이에, 새로 왜적(倭寇)의 침략을 겪은 다음이어서, 무명 한 필 값이 쌀 두 되였으며, 말 한 필 값이 쌀 서너 말에 지나지 않았다. 굶주린 백성들은 백주(白晝)에 사람을 무찔러 죽이고, 부자·부부(父子·夫婦)가 서로 잡아먹는 지경에 이르렀다. 그 위에 전염병이 겹쳐서 길에는 죽은 사람이 서로 베개를 하였었으며, 수고문(水口門) 밖에는 시체가 산더미처럼 쌓여 성보다 두어 길이나 더 높았으므로 승도(僧徒)를 불러다가 매장하는데 을미년(乙未年)에 가서 겨우 마치었다.[18]

‘부자·부부가 서로 잡아먹는 지경’에까지 이르렀다는 것은 인간의 기본적인 윤리가 무너진 경천동지(驚天動地)할 실상을 가리킨다. 전란과 기근이 겹친 당시의 조선사회는 유가의 강상윤리(綱常倫理)가 뿌리부터 흔들렸던 것이다. 이덕형(李德馨, 1561-1613)은 백성들에게 살 길을 열어주지 않는 한 부자 형제간에, 사람들끼리 서로 잡아먹는 일을 금지하기가 어려울 것[19]이라고 할 정도로 조선사회의 상황은 심각했다.

> 사람이 서로 잡아먹는 것이 이에 이르러(선조 27년 5월경) 더욱 심하여 골육(骨肉: 부자형제)이 분리되어 길 가는 사람 보듯 하였다.[20]

사람들끼리, 심지어는 골육인 부자형제와 부부가 서로 잡아먹는 지경에 이르러 윤리의 근본이 무너짐으로써 혈연으로 맺어진 가족관계마저 참혹하게 파괴되었던 것이다. 그리하여 17세기초 조선사회는 전란으로 인해 해체된 가족과 사회질서의 재건이라는 시대적 과제를 안게 되었다.

그 가운데서 먼저 사회질서의 재건은 충·효·열(忠·孝·烈)을 근간으로 한 인륜기강 확립의 방향으로 진행되었다. 전란으로 혼란해진 사회질서를 회복하기 위해 집권층이 가장 역점을 두었던 것은 바로 성리학적 사회윤리에 바탕을 둔 인륜기강을 새롭게 바로잡는 것이었다. 어지러운 풍속을 바로잡기 위해 전쟁 직후인 선조 28년(1600)부터 충절, 효자, 열녀의 행적을 뽑아 간행할 것을 논의하기 시작하여 대규모의 편찬사업을 진행하였는데 『동국신속삼강행실도(東國新續三綱行實圖)』는 그 대표적인 간행물이다. 『동국신속삼강행실도』에는 노비로부터 양반에 이르는 1725명의 수록 인물 중 586명의 임진왜란기의 인물이 집중적으로 수록되었는데 효자 94명 충신 54명, 열녀 436명으로 열녀 효자의 비율이 높다. 이는 임진왜란의 기억을 상기시켜 왜적 앞에서 유교정신을 발휘한 자를 선양하고 이들을 모델로 삼아 민중을 교화하려는 의도가 있는 것이지만 그 이면에는 전란으로 인한 피해의 책임과 울분을 지배계층으로부터 일본으로 전환시키고자 하는 집권층의 정치적 계산이 깔려 있는 것으로 파악된다.[21]

또한 해체된 가족의 재건은 종법적 가족질서 확립과 족보를 중심으로 한 부계혈연집단의 조직화의 방향으로 진행되었다. 근대 이전까지는 전통적으로 사회의 기본단위를 ‘가(家)’로

18) 李睟光, 『芝峰類說』 上(남만성 역), 을유문화사, 1976, 44-45쪽.
19) 『宣祖實錄』 권49, 宣祖 27年 甲午 3月 戊戌. 德馨曰 父子兄弟亦相殺食 而楊州民相聚爲盜 捉人食之 必須措置 開可生之路然後 庶不相殺 不然難禁矣.
20) 趙慶南, 『亂中雜錄』 3, 甲午 5月.(李章熙, 『임진왜란사연구』, 아세아문화사, 2007, 331쪽 재인용)
21) 김혜진, 「임진왜란 전후복구기의 출판진흥정책」, 경북대 석사학위논문, 2006, 87쪽.

인식하였고, 가(家)를 근간으로 한 종법질서를 국가(國家)와 천하(天下)로까지 확장한 사회 질서체계를 구축하여 삼강오륜(三綱五倫)을 사회질서의 핵심으로 삼았다. 사림이 정치 전면에 등장한 중종대에 박세무(朴世茂, 1487-1564)가 쓴 초학 교재인 『동몽선습(童蒙先習)』(1541)은 민간에서뿐만 아니라 현종대 이후 왕실에서 왕세자의 교육용으로도 활용될 정도로 성리학적 질서의 저변 확대에 크나큰 영향력을 행사한 책이다. 오륜에 대한 내용이 주를 이루고 있는데 그 가운데 부부유별 조에서 부부(夫婦)는 생민지시(生民之始)이며 만복지원(萬福之原)이라 하였고, 군자지도(君子之道)의 시작이 부부에게서 만들어진다[22]고 하면서 부부관계의 중요성을 역설하였다. 임진왜란 직후 조선은 전란으로 급감한 인구와 토지로 인해 조세와 국방 인력이 태부족하여 극한 위기상황에 직면해 있었다. 이러한 문제의 해결을 위한 조세와 국방 인력의 증가는 인구수의 증가에 비례하는 것이므로 자연스럽게 '생민(生民)'에 주의를 기울일 수밖에 없었고, 생민의 시작인 부부를 기초로 구성된 '가(家)'를 재건할 필요가 제기될 수밖에 없었다. 즉 국가 사회 재건의 실마리를 가(家)의 회복에서 찾은 것이다.

16세기 후반에서 17세기는 조선 예학(禮學)의 발달사에 있어서 하나의 획기적인 시대로 규정되고 있다.[23] 16세기부터 성리학이 본격적으로 발달하고 토착화하기 시작하면서 조선의 예학연구도 심화되었는데 성리학이 심화되고 사림파가 정치 사회적인 주도권을 확립한 이후에는 『가례』가 급속히 보급 시행되었고 사림파가 성리학적 윤리관을 몸소 실천하고 널리 일반화시킴으로써 그에 상응하는 성리학적인 질서, 구체적으로는 종법적인 가족질서가 정착될 수 있는 여건이 마련되었다.[24] 그리하여 임병양란을 전후한 17세기는 또한 유교적 종법제도에 입각한 가족구조의 재편성이 가속화되면서 가족제도상에 있어서 여성에 대한 차별과 불평등이 제도적으로 정착된 시기였다. 유교적 종법질서의 보편화로 여성차별이 구조화됨으로써 남성에 의한 여성지배체제를 의미하는 극도의 남성중심적인 유교적 가부장제가 확립된 것이다. 그리하여 여성에게만 수절을 강요하는 불평등 구조가 자리잡았고, 상속에 있어서 여성은 배제되고 장남 위주의 단독상속으로 변했으며, 가족형태도 처계혈족을 배제한 부계혈연집단의 조직화가 이루어졌고 이는 족보에도 반영되었다.

사림파가 정치 전면에 대두하여 그들의 통치이념에 따른 사회체계의 재구조화 노력이 진행되었는데, 유교적 통치이념의 정착 노력은 점차 커다란 성과를 거두어 나갔다. 특히 임진왜란 등의 전쟁으로 인해 16세기 이래의 사회·경제 변동이 격렬해지면서 새로운 사회체계 정립을 위한 유교적 통치이념의 정비가 필요해짐에 따라 더욱 가속화되었다. 그 결과 17세기에는 유교적 가치체계에 의해 규제되는 새로운 사회질서가 확립되었던 것이다.[25] 따라서

22) 『童蒙先習』. 夫婦 二姓之合 生民之始 萬福之原 … 子思日 君子之道 造端乎夫婦.
23) 이영춘, 「예학의 발달」, 『한국사』 31, 국사편찬위원회, 1998, 196쪽.
24) 이순구, 「종법제의 보급과 가족제도의 변화」, 『한국사』 31, 국사편찬위원회, 1998, 213쪽.
25) 최재석, 「조선중기 가족·친족제의 재구조화」, 『한국의 사회와 문화』 21, 한국정신문화연구원, 1993, 26쪽.

<최척전>이 창작될 무렵의 조선에서는 예학적 이데올로기가 주류적인 사회서사로서 강력한 힘을 발휘하게 되었다.

그러나 사회 집단의 사상, 행동, 생활 방법을 근본적으로 제약하고 있는 관념체계로서의 예학적 담론은 조선사회의 안정에 부분적으로 기여하는 긍정적 작용에도 불구하고 다른 한편으로 열녀담론, 절의의 위계화, 가문 건설에서의 처계혈족 소외 등 심각한 병리현상을 드러냈다. 이어지는 다음 장에서는 이러한 사회적 병리현상들을 중심으로 <최척전>에서 사회적 차원의 치유가 구체적으로 어떻게 시도되고 있는지를 살펴보겠다.

4. 최척 일가의 서사를 통한 오염된 사회서사의 수정과 치유

4.1. 열녀담론 비판과 조정

극도의 남성중심주의적인 유교적 가부장제는 임진왜란을 전후로 강화되었다. 『삼강행실열녀도』와 『동국신속삼강행실도』로 대표되는 열녀담론은 여성에게 자발적인 복종과 죽음을 통한 열녀되기를 강제하였다. 여성들의 윤리적 정절의식을 문제삼음으로써 남성과 남성중심의 체제의 무능을 은폐 및 돌파하려 시도한 것이라 할 수 있다. 가부장제에 의해 강요된 철저한 의식화의 결과로 여성들은 전쟁을 성폭력이라는 시각에서 파악하였고, 남편 이외의 남성과 어떤 양태의 접촉도 죽음보다 더 두려운 치욕적 오염으로 간주하였다. 더럽힘/성폭력에 대한 대책은 즉각적인 자살뿐이라는 사회적 인식의 확산으로 인해 격렬히 저항하다 죽임을 당하거나 심지어는 왜적이 출현하기도 전에 스스로 죽음을 선택하는 일이 속출하였다. 이러한 열녀이데올로기는 임진왜란을 계기로 조선사회 전체에 퍼져 완고하게 자리를 굳혀갔다.[26)]

그러나 조위한은 죽음을 통한 열녀되기가 조선의 지배적인 사회서사로 자리잡고 있던 당시 상황에서 <최척전>을 통해 다른 서사를 제시한다. 작품에서 여주인공 옥영은 위기가 닥칠 때마다 보편적인 열녀서사에서처럼 누차 자살을 시도하기도 하지만 끝내는 자살을 거부하고 강인하게 삶을 헤쳐나간다.

---

26) 강명관, 『열녀의 탄생』, 돌베개, 2009, 292-331쪽.

①	결혼을 앞둔 최척이 의병에 입대하여 참전한 후 혼인 날짜를 넘기도록 돌아오지 않자 모친 심씨가 옥영을 양생에게 억지로 시집보내려고 결정하매 옥영은 수건으로 목을 맨다.
②	옥영이 왜병 돈우에게 붙잡혀 포로로 일본에 끌려가자 여러 차례 물에 빠져 죽고자 한다.
③	최척과 재회한 후 항주에서 아들 몽선을 낳고 홍도를 며느리로 맞아 살다가 최척이 요양 전투에 참전하게 되자 칼을 뽑아 목을 찌르려고 한다.
④	옥영은 요양전투에서 관군이 전멸했다는 소식을 듣고 최척도 전사했을 것이라 여기고는 밤낮 통곡하며 죽을 작정으로 단식한다.
⑤	몽선과 홍도를 데리고 조선으로 향하다가 폭풍과 도적을 만나 결국 배를 빼앗겨 양식도 없이 무인도에 고립되자 옥영은 높은 절벽으로 올라가 몸을 던지려 한다.

이처럼 옥영이 목숨을 끊으려 한 사건은 모두 다섯 차례에 걸쳐 등장하는데 열행(烈行)과 직접적인 관련이 있는 것은 ①~④가 해당한다. 그 가운데 ②에서는 왜적의 포로로 살아가기를 거부하고 정절을 지키기 위해 여러 차례에 걸쳐 자살을 시도했다고 진술한 것으로 보아 그녀가 자살을 시도한 횟수는 헤아릴 수 없이 많다 하겠다.

자살에 대한 옥영의 이같은 집요함은 그녀의 강한 정절의식을 드러내는 역할을 한다. 그러나 조위한은 옥영의 서사에 불살생(不殺生)의 상징인 장육불을 끊임없이 등장시킴으로써 순절한 여인에 열광하는 당대의 유가적 이념에 의한 정치사회적 욕망을 정면으로 비판한다.[27] 그는 옥영에게 끝끝내 자살을 승인하지 않는 서사를 전개함으로써 임진왜란 이후 조선사회에 팽배했던 살인적인 열녀담론을 뒤틀고 탈주선을 그리면서 지배적인 사회서사의 전복과 수정을 시도하였다. 역사적 트라우마와 관련하여서 그것과 다른 모습의 세계를 떠오르게 할 수 있다면 독자는 스스로 비교 체험하면서 어떤 서사가 더 나은 것인지를 판단하게 되고, 결국 역사적 트라우마를 유발시키고 강화시켜 왔던 서사로부터 벗어날 수 있게 된다고 한다.[28] 조위한은 자살과 죽음으로만 귀결되는 사회서사와 달리 옥영의 서사를 통해서 새로운 모습과 경험을 제공하면서 '진인사대천명(盡人事待天命)'의 정신으로 끝까지 삶을 포기하지 말고 자신과 가정을 지키며 가족들을 다시 만나기 위해 정성을 다할 것을 주장한다.

27) 장경남, 앞의 논문, 121쪽.
28) 하은하, 「역사적 트라우마와 관련된 문학치료연구 현황」, 『문학치료연구』 27, 한국문학치료학회, 2013, 105-107쪽.

> 아! 아버지와 아들, 남편과 아내, 시아버지와 장모, 그리고 형제들이 네 나라로 흩어져 삼십여 년을 살면서 적지에서 도모하고 사지를 넘나들었다. 그러나 마침내 단란하게 함께 모였으니 소망대로 이루어지지 않은 일이 없다. 이것을 어찌 인력의 소치라 하겠는가? 필시 황천후토(皇天后土)가 지성(至誠)에 감동하여 이런 기특한 일을 이룬 것이다. 필부(匹婦)도 성(誠)을 다한다면 하늘도 어기지 않는 법이다. 성(誠)을 가릴 수 없음이 이와 같도다![29]

옥영의 서사는 전란으로 인한 온갖 시련에도 불구하고 지극한 정성을 다하는 삶을 견지함으로써 난관을 극복하고 궁극적으로 행복을 쟁취한다. 옥영은 행복하고 든든한 가정을 세우는 효녀이면서 현모양처이고 절부(節婦)이면서 강인한 어머니로 형상화되어 있다. 조위한은 옥영을 이와 같이 형상화하며 서사를 전개함으로써 '지성(至誠)'을 전란 극복의 대응양식으로 제시하고 있다.[30] 옥영의 서사를 통해서 그 어떠한 상황에서라도 여성의 자살을 용인해서는 안 됨을 역설하고 있는 것이다. 이는 곧 자살을 강요하는 열녀담론, 당시의 사회서사에 대한 비판과 수정으로서 사회적 치유의 의의가 있다 하겠다.

역사적 트라우마와 관련하여 특정 사회를 움직이는 서사를 그 사회의 구성원들이 공유하게 되면 특정 집단 내부에 세대를 거듭해서 역사적 트라우마가 전이되고 감염되는 악순환의 고리가 형성된다. 그렇게 되면 서사가 트라우마를 만들어내게 되고, 트라우마의 극복 역시 트라우마를 유발시키는 방식으로 서사화하고 있는 심층의 원인으로서의 트라우마서사의 실체를 드러내야만이 감염의 악순환을 끊을 수 있다고 한다.[31] 이러한 관점에서 옥영의 서사는 임진왜란과 관련한 역사적 트라우마의 심층적 트라우마서사의 실체를 드러내고 수정을 가함으로써 역사적 트라우마의 고착과 순환을 방해하고 새로운 지향의 서사를 통해 트라우마로부터 벗어날 수 있도록 하는 역할을 수행하고 있는 것이다. 그리하여 병약한 사회서사가 조정을 거쳐 건강해질 수 있는 길을 열어주고 있다.

4.2. 피로인·망명자 포용

임진왜란을 겪고 난 후 조선사회는 무너진 사회 기강과 흐트러진 민심을 바로잡기 위해 대민교화정책을 펼쳐 '절의' 관념을 강화하고 내면화시키는 데 힘을 쏟았다. 전쟁 중 살상당한 이들을 절의자 혹은 충절자로 표양하면서 사회 수습과 정치 운용에 적극 활용하였다.

---

29) 趙緯韓, <崔陟傳>. 이하 작품 인용은 민영대, 『조위한과 최척전』(아세아문화사, 1993) 부록에 실린 원문을 인용한다. 噫 父子夫妻 舅姑兄弟 分離四國 愴望三紀 經營賊所 出入死地 畢竟團圓 無不如意., 此豈人力之所致 皇天后土 必感於至誠 能致此奇特之事也 匹婦有誠 天且不違 誠之不可掩 如是夫.

30) 신태수, 「여성 인물형상을 통해 본 최척전의 창작의도」, 202쪽.

31) 하은하, 앞의 논문, 98쪽.

가장 높이 현창된 이들은 충·효·열(忠·孝·烈)의 절의를 위해 순절한 자들이었다. 그러나 현창 과정에서 절의적 행위에 대한 선별과 차등이 개입하면서 절의가 위계화의 대상이 되었다.[32] 이러한 절의의 위계화로 인해 포로가 된 자들을 배절(背節) 혹은 훼절(毁節)로 죄인시하며 불신하고 배제하던 사회적 분위기 속에서 조위한은 <최척전>에서 피로인, 귀환자, 나아가 망명자들조차도 긍정적이고 우호적인 시선으로 바라봄으로써 당시 사회의 지배서사를 교정하고 있다.

첫째, 피로인들이 고국에 돌아올 뜻이 없이 조국을 배반한 채 외국에 안주한다는 사회의 부정적 인식과는 다른 서사를 통해 시각을 교정한다.

> 지나오는 도중에 더러 포로가 된 사람이 있었으나 그 수효가 많지 않았고 왜경(倭京)에 도착한 이후에는 와서 알현하는 자가 연이어 있었으나 돌아가기를 원하는 자는 매우 적었다. 나이 15세 이후에 포로가 된 자는 조금이나마 고향과 말을 알아 돌아가고 싶어하는 마음이 있는 듯하였으나 매양 본국의 살기가 어떠한가를 물으며 양쪽에 다리를 걸쳐 거취를 정하지 못하였다. 간곡하게 말해주고 되풀이해서 타일러도 의혹을 푸는 사람이 적었다. 10세 이전에 포로가 된 사람은 언어와 동작이 그야말로 하나의 왜인이었다. 단지 자신이 조선인이라는 것을 아는 까닭에 사신이 온 것을 듣고 우연히 와보는 것일 뿐이지 조국을 향한 마음은 조금도 없었다. 그나마 돌아가고 싶기는 하나 결정을 못하고 망설이는 사람은 모두 품팔이로 고생하는 사람이고, 생계가 조금이라도 넉넉하여 이미 뿌리를 내린 사람은 돌아갈 뜻이 전혀 없었다. 혹 듣기도 하고 보기도 하였는데 마음과 태도가 가증스러워 바로 풀 베듯 하고 싶어도 할 수가 없었다. 또 왜인들의 풍속이 심부름하는 사람을 가장 요긴하게 여기므로 조선의 포로는 태반이 왜인의 노복이 되어 있었다.[33]

32) 김정신이 밝힌 임란 이후 절의의 위계화를 요약하면 다음과 같다. 순절자를 찬양하고 이를 서사화하여 절의를 표상화한 당시 조선사회에서는 죽음을 전제로 한 절의, 즉 '殉節'이 특별히 강조되어 왜적에게 굴복하지 않고 장렬한 죽음을 맞이한 절의에 가장 높은 권위와 존엄을 부여하였다. 『동국신속삼강행실도』에서 흉노에 억류되어 갖은 고난과 회유를 당했으나 끝내 굴하지 않고 절개를 지키며 19년을 버티다가 귀환한 소무의 고사를 누락시킴으로써 절의를 위한 불굴의 서사에서 삶의 방식을 배제하고 죽음이라는 특정한 방식만을 강조하였다. 이로 인해 왜적에게 끌려가 살아남은 피로인들의 절의는 배제되고 나아가 피로인에 대한 부정적 인식이 확산되었다. 피로인들 스스로도 불굴의 죽음과 비굴한 삶, 삶보다 가치 있는 죽음과 죽음보다 못한 삶의 극명한 대비를 내면화하였다. 그리하여 포로가 된 것은 '毁節'이라는 인식이 자타에게 보편화되었다. 또한 포로인 가운데서도 끝내 왜적에 동화되지 않고 위험을 무릅쓴 탈출을 시도하다 목숨을 잃은 이들의 절의, 갖은 고생 끝에 탈출에 성공하여 귀환한 이들의 절의, 국가의 쇄환에 의해 돌아온 이들의 절의는 동등하게 인식되지 않고 각각 차등적으로 위계화되었다. 조선사회가 전란의 순절자와 살아남은 피로인을 차별화하였던 시선과 더불어 포로 스스로 이러한 차별적 시선을 내면화하여 자책과 죄의식을 갖게 됨으로써 살아남은 포로들에게 고국 조선은 또다른 '異域'이 되었다고 한다.(김정신, 「임진왜란 조선인 포로에 대한 기억과 전승-'節義'에 대한 顯彰과 排除를 중심으로」, 『한국사상사학』 40, 한국사상사학회, 2012, 105-142쪽)

33) 李景稷, 『扶桑錄』 8월 22일 甲寅.(위의 논문, 114-115쪽 재인용)

이 인용문은 1617년 2차 회답겸쇄환사의 종사관으로 일본을 방문했던 이경직(李景稷, 1577-1640)이 당시 일본의 조선인 피로인에 대해 술회한 내용이다. 살아남은 피로인들을 모두 가증한 기회주의자로 낙인찍고 있다. 이경직은 피로인들이 조국을 향한 마음은 조금도 없고 마음과 태도가 가증스러워 풀을 베듯이 죽여버리고 싶었다며 극도의 멸시와 증오를 드러낸다.

임진왜란을 계기로 타의적이든 자의적이든 조국을 떠나 타국에 거주하는 사람들에 대한 멸시와 증오는 당시 조선사회에 만연해 있었던 것으로 보인다. 그것은 임진왜란을 도발한 원수인 왜적들의 나라에 머물던 사람들에게만 한정된 것이 아니었다.

> 근래 임진년에 전쟁이 일어난 이후 우리나라 사람으로 중국 군대에 휩쓸려 간 사람의 이름이 전사자의 명단에 올랐는데, 혹은 자루에 실린 채 관문을 통과하여 중국에 가게 된 사람이 이루 헤아릴 수 없다. 그렇지만 한 사람도 사사로이 국경을 넘어 들어갔다가 도망쳐 돌아온 이가 있다는 말을 들어보지 못했다. 이들 또한 어찌 부모나 배우자가 없겠는가? 대개 사람들이 각기 제 몸을 아끼어서, 구사일생의 험지를 벗어나 보겠다는 사람이 세상에 없기 때문이다. … 천계(天啓) 원년 여름에 기록한다.[34)]

이것은 『어우야담』 소재 <강남덕의 어머니> 말미에 부친 유몽인의 논평이다. 천계 원년은 1621년으로 조위한이 <최척전>을 지은 해이기도 하다. 임진왜란 와중에 명나라 군대를 따라 중국으로 갔던 조선인들 가운데 다시 조선으로 돌아온 자가 한 사람도 없고, 본국의 친족들을 버린 채 다만 제 몸만 아끼며 안주하고 있다며 비난하고 있다.

그러나 조위한은 최척이 본래 명나라로 불법월경했던 인물임에도 불구하고 최척의 형상화와 서사 전개에 있어서 그러한 부정적 시각은 전혀 개입시키지 않고 있다. 오히려 최척을 남편으로서의 절의를 지키고 물욕에서도 떠나 유유자적하는 인물로 형상화한다. 옥영 역시 일본에서 돈우의 가족 같은 보살핌과 안정된 생활에 안주하지 않고 탈출할 기회를 엿보기 위해 무역선 타기를 자원한다. 또한 항주에 정착하여 살다가 가족을 이끌고 조선으로 돌아오기 위해 죽음을 무릅쓴 밀항을 감행한다.

---

34) 柳夢寅, 앞의 책, 43쪽.

> 네 아버지가 비록 살아있다 하더라도 그 형세로 보건대 반드시 조선으로 갔을 것이다. 어찌 무모하게 수만 리나 멀리 떨어진 이곳까지 처자를 찾아올 리가 있겠느냐? 내 마땅히 본국으로 돌아가 찾아볼 것이다. 만일 네 아버지가 돌아가셨다면 친히 창주 지경으로 가서 혼백이라도 모셔다가 선영 곁에 장사를 모셔야 할 것이다. … 선영은 또 누가 돌보겠느냐? 내외 친척들이 또한 난리통에 다 죽었을 리가 있겠느냐? 그들만이라도 만나볼 수 있다면 또한 다행스러운 일일 것이다.[35]

생사도 알 수 없는 남편과 가족들을 찾기 위해, 선영을 돌보기 위해서라도 고국으로 돌아가야 한다는 결연한 의지를 드러내고 있다. 결국 옥영 일행은 갖은 역경과 죽을 고비를 넘기며 우여곡절을 겪은 끝에 마침내 고향으로 돌아오는데 성공한다.

이처럼 최척과 옥영은 전쟁이라는 불가항력적인 힘에 떠밀려 세계 각국으로 뿔뿔이 흩어져 지내다가 안남에서 기적적으로 부부가 재회하여 명나라에 정착해 자녀도 낳아 기르고 중국인 며느리도 얻어 살았지만 외국에 안주하지 않고 기어코 조국 땅 조선으로 돌아오고야 만다. 피붙이인 가족을 되찾고, 친척들과 다시 만나고, 선영을 돌보기 위해서 목숨을 건 험로도 마다하지 않는다. 이러한 그들의 지성스런 행위는 당시 조선사회에 만연해 있던 피로인에 대한 부정적 인식과는 완전히 배치되는 것이다.[36] 조위한은 최척과 옥영의 서사를 통해서 피로인에 대한 사회의 병적 서사와는 다른 새로운 서사를 보여줌으로써 사회서사를 수정하고 건전한 화합의 길을 열어주고 있다.

둘째, 당시 사회적으로 문제가 되고 있던 명군 도망병과 북방지역 주민의 해외 도주 등 망명자에 대한 부정적 인식을 새로운 서사를 통해 교정하고 있다. 먼저 명군 도망병의 문제는 임진왜란 발발 후 명나라가 개입하면서 조선에 군대를 파병한 초기부터 대두된 사안이었다. 대오를 이탈하여 조선 민간에 잠적해버리는 병사들이 늘어났는데 그들이 조선에 남기 위해 진영을 이탈하는 사연은 군율위반, 부채상환 회피, 일자리 찾기 등 다양했다. 명군이 본국으로 철수한 이후에도 이러한 도병병 가운데는 무리를 지어 도적질을 하는 경우도 있었고, 무장을 한 채 지방관아를 습격하는 등 병란을 일으켜 조선 군대와 충돌한 경우도 있었다. 어떤 지역에서는 각 고을에서 명주나 목면 등을 징색하였기 때문에 전란의 피해에다 설상가상으로 도망병의 작폐 때문에 더욱 피폐해져 그 고통이 명군이 주둔할 때보다 더욱 심

35) 汝父虽生 其势必走本国 安能冒涉数万里程 来寻妻孥也哉 我当往求于本国 苟死矣 亲往昌州境上 招得旅魂 葬于先茔之侧 … 而先祖丘墓 谁復看护 内外亲属 亦豈尽殁于乱离 苟得相见 是亦一幸.

36) 조위한과 절친했던 권필은 왜적의 포로가 되었다가 귀환한 강항을 절의를 지키지 못한 자로 평가절하하던 세간의 인식과는 다르게 흉노에 억류되어 갖은 고난과 회유를 당했으나 끝내 굴하지 않고 절개를 지키며 19년을 버티다가 귀환한 소무(BC140-60)에 비견되는 고상한 절개로 높이 평가하였다. 조위한이 최척 부부의 서사를 至誠스런 행위로 찬양한 것도 같은 맥락이라 할 수 있다.

했다. 이렇듯 명군 도망병의 폐단은 임란 이후 사회적인 문제로 남아 있었다.[37)]

<최척전>에서 진위경도 항주에 살다가 1597년 종군하여 조선으로 왔고 순천에 주둔하던 중 군법을 어기고 도주한 인물로 명군 도망병 중 하나였다. 하지만 그는 조선사회에 물의를 일으키던 도망병들과 달리 조용히 숨어지내며 침술로써 생명을 구하는 선한 인물로 형상화되어 있다.

한편 북방지역 주민의 해외 도주 문제는 변방 지역민의 충효(忠孝) 등 유가적 윤리의식의 부족과 이기적 태도로 인해 발생한다고 보는 집권층의 시각과는 달리, 앞서 <유민탄>에서 언급했던 당시 조선 관리들의 부패와 학정에 기인한 것이라는 비판적 시각이 <최척전>에 제시되어 있다.

> 나 또한 본래는 삭주의 토병이었소. 그런데 부사가 한없이 포학을 부리기 때문에 그 고통을 견딜 수가 없어서 온 가족을 이끌고 호지(胡地)로 이주하였던 것이오. 벌써 십년 전의 일이오. 호인들은 성질이 곧고 또한 이곳에는 가혹한 정사가 없소.[38)]

가혹한 정치에 견디다 못해 어쩔 수 없이 조국과 고향을 떠날 수밖에 없었음을 토로하고 있다. 삭주 토병의 입을 통해 변방지역 관리의 학정을 고발함으로써 민심 이반의 원인이 집권층의 실정에 있음을 밝히며 병의 근원을 드러내고 있는 것이다. 이는 변방으로 대표되는 조선사회의 안정을 위한 진단과 처방을 제시한 것이라 하겠다.

4.3. 합리적 가족 모형을 통한 사회통합

17세기는 부계적, 부권적 성격이 강한 종법질서를 축으로 하는 사대부의 가문의식에 의해 부계혈연집단이 조직화된 시기였다. 또 종법질서를 근간으로 한 가족질서와 그 연장으로서의 사회질서를 공고히 하고자 노력했던 시대였다. 동족집단의 결속과 족보의 제작 등은 사대부들의 신분제 유지를 위한 욕구가 반영된 것이기도 하며, 전쟁의 소용돌이로 말미암아 해이해진 신분제를 바로잡고 자기 가문의 단결을 도모하려는 의도도 깔려 있었다. 그리하여 이 시기에는 동성자의 집단화와 조직화가 진행되어 가족형태가 부계일변적이면서 적장자 중심의 직계가족이 이상시 됨에 따라 처계혈족이 소외되는 문제가 발생하였다. 특히 아들이 없이 딸만 있던 부모들은 딸의 출가 이후 노년에 의지할 곳이 없어지는 문제를 안고 있었다.

---

37) 한명기, 『임진왜란과 한중관계』, 역사비평사, 2001, 152-156쪽.
38) 我亦朔州土兵也 以府使侵虐无厌 不胜其苦 举家入胡 已经十年 胡人性直 且无苛政.

<최척전>도 전체적으로는 가문지향적 성격을 띤, 가문소설의 맹아적 면모를 갖춘 작품으로 평가된다. 전반부에 애정전기적인 요소가 있긴 하지만 연애를 통한 애정추구보다는 혼인을 통한 부부관계를 추구하는 점과 또 기자 정성의 행위를 통해 볼 때 남녀 주인공이 추구하는 행복은 아들을 낳아 후사를 잇는 행복을 추구한다는 점 등에서 기존의 애정전기소설과 다르고, 특히 후반부는 다양한 친인척관계가 등장하면서 일정부분 가문의 형성과정을 드러내고 있다고 한다.[39)]

그러나 주의해야 할 점은 <최척전>이 지향하고 있는 가족의 구성형태가 가문소설이나 당시 사회가 추구하던 종법적 가족구조와는 매우 다르다는 점이다. 이 작품은 최숙, 심씨, 진위경 등 세 집안의 사돈이 함께 모여 살며 일가를 이루는 독특한 가족형태를 제시한다. 처음에 최척은 옥영과 결혼할 때 홀로 된 장모 심씨를 자신의 집으로 모셔가 함께 산다. 최척의 아버지 최숙과 사돈지간인 심씨가 한 집에서 살게 된 것이다. 나아가 작품 말미에 가서 온 가족이 한자리에 모이게 되었을 때는 최척과 옥영 부부를 중심으로 최척의 부친 최숙, 옥영의 모친 심씨, 장남인 몽석, 차남인 몽선과 홍도 부부, 그리고 홍도의 부친 진위경 등 삼대에 걸친 부부와 내외 사돈들이 함께 사는 것을 볼 수 있다.

이러한 <최척전>의 가족유형은 당시 조선사회에서는 매우 독특한 형태로, 현실을 고려한 조위한의 합리적 의식이 반영된 것이라 할 수 있다. 고려조와 조선 전기까지의 전통적인 가족형태는 외손녀, 여서(女壻), 처부(妻父), 처모(妻母) 등을 포함하는 양변적 방계가족(兩邊的 傍系家族)이 이상적 유형이었다. 반면에 임진왜란 이후 사대부들에 의해 재구조화되던 가족구조의 전형은 부계일변적 직계가족 형태였다.[40)] 하지만 <최척전>은 양변적 직계가족 형태를 띤다.[41)] 조위한은 조선사회가 당시까지 내려오던 전통적 가족관계로부터 괴리된 이질적인 가족형태로 전환하면서 발생하는 처계혈족 노인의 소외 등 각종 사회문제들에 대해 현실을 고려한 합리적 대안을 제시한 것으로 볼 수 있다. 이는 조위한이 가족구조의 재구조화라는 사회적 지배서사에 대해 수정을 시도하면서 사회통합을 위한 전망적 대안을 제시한 것이라 하겠다.

4.4. 주제의식을 통한 예방접종

문학작품은 작가 자신이 그가 처한 시대적 상황과의 이상적 관계를 추구해 보려는 과정에서 창출된 것이기 때문에 작품의 주제는 작가의 인간적 의지와 그의 시대적 상황과의

39) 정규식, 「최척전의 작품 구성방식과 가문지향적 성격」, 『한국문학논총』 65, 한국문학회, 2013, 147쪽.
40) 최재석, 앞의 논문, 29-31쪽.
41) <최척전>의 가족형태를 비롯한 가족제도 유형에 관한 비교분석은 신태수의 「최척전의 근대적 성향 연구」(한남대학교 석사학위논문, 2002) 25-32쪽을 참고할 수 있다.

관계 파악을 통해 이해될 수 있고, 또한 작가의 인간적 욕망과 그의 현실 세계와의 모순의 근원이 규명됨으로써 파악될 수 있다.[42) 임진왜란이라는 전대미문의 대참화를 겪은 후 강한 우환의식을 품고 있던 작가 조위한은 <최척전>을 통해 당시 조선사회를 가로막고 있는 역사적 트라우마를 다루면서 앞에서와 같은 사회치유의 방안들을 모색하였다. 그가 최척 일가의 서사 전체를 통틀어 일관되게 견지한 것은 지성스런 삶이었다. 작품 말미에, 부녀인 옥영이 품은 성(誠)조차도 하늘이 어기지 못하니 지성스럽게 살 것을 주장하고 있다.[43)] 전쟁의 극한 상황에서도 지성하면 감천하여 살길이 열린다고 권계하며 앞으로의 바람직한 삶의 태도를 제시하고 있는 것이다. 이러한 성의 강조는 앞서 소개한 조위한의 책문의 요지와 일관되게 맥을 같이 하는 것이다.

『중용(中庸)』에서 성(誠)은 만물의 시작과 끝이므로 군자는 성하는 것을 귀중히 여기며, 지극한 성은 쉼이 없고 쉼이 없은즉 장구하고 장구한즉 징험이 있다고 했다.[44)] 또한 지성의 도는 앞일을 미리 알게 되어 지성은 마치 신과 같다고 했다.[45)] 조위한은 최척, 옥영, 홍도 등이 지성을 견지했기 때문에 세계 각지로 뿔뿔이 흩어졌던 가족들이 기적적으로 만나 단원(團圓)하는 징험이 나타난 것이고, 옥영에게 장육불이 나타나 훗날 좋은 일이 있을 것임을 미리 알게 한 것 등이 바로 지성의 결과임을 확인시켜주고 있는 것이다.

결국 이 작품을 통해서 작가가 말하고자 한 것은 사회 회복의 방안도, 앞으로 닥칠 어떤 위기상황에도 지성스런 삶으로 대응하라는 것이다. 다시 말해서 조위한은 <최척전>을 통해서 사회의 건강성 회복은 사람마다 지성스런 삶을 견지할 때 이루어짐을 설파하고, 또 한편으로는 지성스런 최척 일가의 서사를 통해서 위기 재발 시 대처요령을 추체험하게 함으로써 극복할 수 있는 지혜와 용기를 갖도록 예방접종을 하고 있다.

사람들은 일반적으로 다른 서사의 도움이 없이는 자신이 겪은 경험의 한계, 자신의 서사, 자신의 사고방식을 뛰어넘지 못하며, 따라서 독서는 독자가 스스로 자기 인생을 향상시키는 가능성을 발견하는 행위요 삶을 위한 연습이라고 문학치료학은 이해한다. 문학 중에서도 픽션은 미래의 유사한 문제에 대한 예방접종의 작용을 함으로써 면역력을 얻게 하는 훌륭한 도구로 간주한다. 즉 미래를 위한 경험을 제공함으로써 독자가 인생의 새로운 상황에 직면하게 되면 예전에 읽었던 내용 중에서 대응책을 기억해내어 현재의 의미를 파악하면서 현재의 공포를 대면하고 미래에 대한 면역을 얻게 한다는 것이다.[46)]

42) 金采洙, 『동아시아문학 기본구도 I』, 박이정, 1995. 93-94쪽.
43) 匹婦有誠 天且不違 誠之不可掩如是夫.
44) 『中庸』. 誠者 物之終始 不誠不物 是故 君子 誠之爲貴 … 故 至誠無息 不息則久 久則徵(25-26章)
45) 『中庸』. 至誠之道 可以前知 … 禍福將至 善必先知之 不善必先知之 故 至誠如神(25章)
46) 조셉 골드, 『비블리오테라피』(이종인 역), 북키앙, 2003, 98-104쪽.

최척 일가의 서사는 전란으로 인한 가족해체와 인간생존의 위기상황에 대한 예방접종의 의미를 지닌다. 그 중에서도 특히 옥영의 서사는 자살과 죽음으로만 귀결되는 사회서사와 달리 미래를 위한 새로운 모습과 경험을 제공한다. 여성으로 하여금 무조건 자살만을 선택하는 것과 다른 모습의 세계를 비교 체험할 수 있는 기회를 제공함으로써 적에게 포로가 되는 극한 상황에 직면할 경우 어떻게 대처할 수 있는지 색다른 하나의 가능성을 통해 새로운 길들을 모색하도록 자극한다.

조위한이 존경했던 조헌(趙憲, 1544-1592)은 임진년에 난리가 일어날 것을 미리 예견하고 매일 밤 남녀들에게 이고지고 산을 오르내리게 하면서 힘들게 훈련을 시켰다. 그러나 전쟁을 치르면서 조위한은 제수가 순절한 사건에서와 같이 여성이 도망갈 수 없는 상황에 직면하게 되는 것이 현실적으로 더 절박한 문제임을 경험적으로 깨달은 것으로 보인다. 더구나 <최척전> 창작 당시 그에게는 과년한 두 딸이 있었기 때문에 전쟁 재발의 위험이 도사리고 있던 상황에서 딸들의 앞날을 걱정하지 않을 수 없었다. 조위한은 왜적에게 잡히는 극단적인 상황에 직면했을 때의 대처요령을 옥영의 서사를 통해 보여준 것으로 해석할 수 있는데 이것은 문학을 통한 예방접종에 해당한다. 따라서 <최척전>은 적에게 포로가 되는 상황을 비롯하여 전란으로 인해 직면하게 되는 각종 위기상황에 대한 예방접종적 작용이라는 치유적 의의를 지닌다. 우환의식은 국가사회와 백성의 안위를 걱정하고, 앞으로 닥칠 위험에 대해 경계심을 품고 그것을 극복하려는 의지와 용기이므로 미래의 위기에 대비한 예방접종에까지 미치는 것은 당연하다.

5. 결론

<최척전>의 서사는 예학이데올로기에 대한 거울 역할을 함으로써 현실의 사회서사를 타자화할 수 있는 길을 열어준다. 임진왜란이라는 역사적 트라우마를 다루면서도 절망적 상황을 극복하고 궁극적으로 희망을 성취하는 새로운 서사를 전개함으로써 기존의 서사, 특히 예학이데올로기에 오염된 사회서사로부터 벗어나도록 해준다. 즉, 열녀담론이라는 죽음의 서사에 대해 맹목적인 자살과 죽음에 대한 반성과 각성을 이끌어내고, 절의의 위계화로 인한 사회적 반목과 분열의 서사를 포용과 화합의 서사로 교정하며, 종법적 가족구조로의 재편으로 인한 사회적 균열과 소외에 대해 회복과 대통합의 서사를 통해 사회적 안정망에 대한 대안을 제공한다.

전란으로 인해 뿔뿔이 흩어졌던 최척 일가가 대단원의 결합을 이루는 <최척전>의 문학치료학적 의미는 사회의 근간을 '가(家)'로 인식하던 전통과 작가 조위한의 우환의식을 통

해서 개인과 가족의 차원을 넘어 사회적 차원으로 확장된다. 그리하여 최척 일가의 서사는 역사적 트라우마에 대한 조위한의 사회적 치유로서의 의의를 지닌다. 다시 말해서, 이 작품은 최척 일가의 재회를 통해서 전쟁으로 파괴된 사회에 희망과 회복과 통합의 길을 제시하면서 심리적 안정과 사회적 화합의 사회치유를 수행한다. 또한 전쟁의 위험이 상존하는 현실 속에서 장차 닥칠지 모르는 전쟁에 대비하여 어떻게 대처해야 할 것인지를 제시해줌으로써 예방적 치유도 수행하고 있다.

8장 고전서사학

Ⅰ. 최척전의 허실상생 기법

Ⅱ. 최척전의 서사기법 활용 양상

8장에서는 고전 서사학 연구를 소개하였다. 고전 시학의 비평 및 창작 이론에 입각하여 〈최척전〉에 사용된 허실상생의 기법과 서사기법 활용 양상을 분석하였다. 최척전의 허실상생 기법에서는 이 작품에 나타난 허실상생의 양상과 그것의 서사적 의미를 밝히고, 고전 서사시학 중 허실이론의 견지에서 이 작품의 사실적 문체가 지닌 동아시아문학사적 위상을 규명하였다. 사실과 허구를 섞어 창작한 이야기가 어떻게 사실성을 확보하는지, 그리고 사실과 허구를 유기적으로 결합하여 핍진한 사실성과 높은 흥미를 지닌 작품으로 완성해내는 창작기법을 구체적으로 밝혀내었다. 최척전의 서사기법 활용 양상에서는 서사 구성 및 서술방식을 세부적으로 분석하여 이 작품에 사용된 서사기법들을 일목요연하게 목록화하였다. 이 작품에 발휘된 서사기법들을 전면적으로 분석·추출하고 그 서사적 기능들을 밝혀 도표화함으로써 이 작품의 서사기법 활용의 양상을 한눈에 파악할 수 있도록 제시하였다.

서사학은 일반적으로 서구에서 20세기 후반에 구조주의의 영향 아래 발전 분화된 문학연구 방법론을 가리킨다. 이전의 문학이론이 이해와 감상의 대상으로 문학 '작품'을 다룬 데 반해서 서사학은 문학작품을 분석과 분류의 대상으로서의 '텍스트'로서 다룬다는 차이점을 지닌다. 서사학은 특정 이야기를 구성하는 사건들이 어떻게 서술되는가에 관심을 갖고, 그것을 구조의 시각에서 체계적으로 연구하는 방법론이다.

고전소설의 연구에 있어서 서구의 구조주의와 서사학의 수용은 새로운 안목을 제공함으로써 유익한 학술적 진전이 이루어졌다. 작품 속 이야기의 내용을 분석하고 해석하는 데 치중하던 것에서 구조적 차원에서 서사단락과 서술기법 등의 체계적 분석을 통한 보다 과학적인 문학 연구로 발전해 나갔다. 그리고 다른 한편으로 고전소설이 창작·유통되던 전통시대에 형성 및 성행했던 고전시학에 대한 관심도 불러일으키는 계기로 작용하였다. 이에 한동안 전통시대 문인들의 고전소설 비평론에 관한 연구논문과 학술서들이 출간되기도 하였다. 하지만 학술계가 서구 이론에 익숙하고 오히려 전통 이론에는 익숙치 않은 현실이기 때문에 고전시학에 기초한 고전 소설 연구는 그리 활발하지 않은 상황이다.

고전소설을 서구의 서사 이론을 바탕으로 분석하는 작업도 유용한 연구방법임에는 틀림없다. 하지만 고전소설의 창작과 향유를 가능하게 했던 밑바탕이자 작가와 독자 사이의 소통 코드로서 작동했던 고전시학에 대한 탐구를 소홀히 해서는 안 될 것이다. 고전서사학 혹은 고전시학에 입각한 고전소설 연구는 고전소설에 숨겨진 새로운 면모와 가치들을 발견하는 데 크게 기여할 것으로 기대된다.

I.

최척전의 허실상생 기법

1. 서론

<최척전>(1621)은 그 이전 소설에 비해 탁월한 사실성(寫實性)으로 인해 소설사의 전환을 보여준 작품으로 평가받는다.[1] 이 작품의 사실성에 대한 논의는 대체로 세 시기로 구분할 수 있다. 먼저 작가가 사실적 시공간을 설정하고 임진왜란, 남원성함락, 대후금전투, 변사정, 강홍립 등 역사적 사건 및 역사 인물이라는 객관적 사실 사이사이에 작가 자신의 개인적 체험을 반영한 허구를 조합하여 창작한 작품이라는 것이 초기의 대표적인 견해였다.[2] 그 뒤 최척이 실존인물임이 밝혀지면서 새로운 국면에 접어들었는데, 최척의 실제 행적은 <최척전>과는 동떨어져 있다면서 이 작품은 사실담에 바탕을 둔 것이 아니라 개연성에 입각한 허구이며, 작가의 경험적 사실과 세계관에 입각해 치밀하게 짜여진 상상의 산물로 보았다.[3] 마지막으로 이 작품이 작가 개인의 체험 범위를 넘어서 포로귀환자들의 체험을 반영한 것이라는 데까지 논의가 확장되었다. 즉, 작가 조위한의 체험 범위를 넘어서 당시 포로로 끌려갔다가 극적으로 귀환한 조완벽, 강항, 노인, 정희득 등의 체험을 작중인물을 형상화하는

1) 이 작품의 사실성이 지닌 소설사의 전환적 의의를 밝힌 논의에는 박희병의 「최척전」(『한국고전소설작품론』, 집문당, 1990), 소인호의 「조선 중기 애정전기소설의 양식적 특성 연구」(『인문과학연구』 37, 청주대학교 인문과학연구소, 2008), 정환국의 「17세기 實記類와 小說의 거리」(『고전문학연구의 쟁점적 과제와 전망(상)』, 월인, 2003) 등이 있다.

2) 민영대, 『趙緯韓과 崔陟傳』, 아세아문화사, 1993, 189-195쪽.

3) 양승민은 <최척전>이 사실담에 바탕을 둔 것이 아니라 개연성에 입각한 허구임을 주장하면서 이 작품이 소설로 완성되는 데 기여한 양식적 단위로 ① 남녀주인공의 기상천외한 행로, ② 안남에서의 남녀주인공의 극적인 상봉, ③ 남녀주인공이 시로써 상봉하는 그 정황, ④ 몽석, 몽선, 홍도와 같은 인명의 허구성, ⑤ 여주인공 옥영의 비범성, ⑥ 장육불과 같은 신이성의 개입, ⑦ 1619년 후금에 포로가 된 부자가 우연히 상봉한 일, ⑧ 의병활동 도중 혼인을 위해 휴가를 낸다는 설정, ⑨ 최척이 종군한 사이 양씨가 청혼한 일, ⑩ 교유격이 조선군 진영에 들어와 조선옷을 구걸하자 강홍립이 옷을 내주어 죽음을 면케 해주었다는 설정, ⑪ 이민성이 조선옷을 뺏고 후금 진영으로 보냈다는 서술, ⑫ 최척이 활 잘 쏘고 말을 잘 타 종군했다는 서술, ⑬ 변사정의 창의 시기를 다르게 설정한 것 등을 꼽는다. 그러나 그는 그 가운데 ⑪이 이민성에 대해 부정적이었던 당시의 사회적 분위기를 반영한 것이라는 단편적인 언급 외에 다른 사항들에 대해서는 개연성의 바탕을 언급하지 않았다.(양승민, 「최척전의 창작동인과 소통과정」, 『고소설연구』 9, 한국고소설학회, 2000, 88-89쪽)

과정에 갈마들며 파편적으로 구현한 것이라고 하면서 이 작품에 이르러 '소설에서의 허구는 없는 세계와 인물을 창조하는 것이 아니라, 있는 세계와 인물을 유기적으로 조직하는 과정'으로 전환되었다고 본다.[4]

이러한 논의들은 한마디로, '이 작품은 사실과 허구를 교묘하게 뒤섞는 방식으로 창작하되 개연성에 입각하여 현실세계를 반영한 것이다'라는 말로 개괄할 수 있을 것이다. 그러나 지금까지의 논의들은 이 작품에서 어떠한 사실과 어떠한 허구가 어떻게 결합되어 있는지, 그리고 그것이 어떤 효과를 발휘하는지 등에 대해서는 구체적으로 밝히는 데는 미흡했다. 아마도 최척이 실존인물이라는 것은 밝혀졌지만 그의 실제 행적은 알려진 것이 없기 때문에 이 작품에서 어디까지가 사실이고 무엇이 허구인지 가려내는 데 어려움이 있었기 때문일 것이다. 그리하여 이 작품의 허구성 논의는 다소 피상적으로 진행된 면이 없지 않았다. 사실과 허구의 조합양상을 작품분석을 통해 구체적으로 밝힐 필요가 요구되고 있는 것이다.

그런데 작가는 작품을 창작할 때 필연적으로 독자와 그 수용 가능성을 의식하고 글을 쓴다는 사실에 주의할 필요가 있다. 작품은 언제나 독자의 공감을 염두에 두고 창작되는 것이며, 사실성은 현실 독자의 공감을 전제로 한다는 점을 상기할 필요가 있다는 것이다. 이러한 점에 착안할 때 독자들이 작품 내용을 개연적으로 수긍할 수 있도록 작용할 만한 현실적 배경, 혹은 조위한이 창작에 참조했을 만한 현실적 자료들을 살펴보는 것은 사실과 허구를 섞어 창작한 이야기가 어떻게 사실성을 확보하는지를 이해하는 데 유효한 방법이 될 것이며, 또한 고소설 창작방식에 있어서 사실과 허구를 유기적으로 결합하여 핍진한 사실성과 높은 흥미를 지닌 작품으로 완성해내는 '허실상생(虛實相生) 기법'[5]의 실상을 파악할 수 있게 될 것으로 판단된다.

또한 이 작품의 사실적 문체가 지닌 소설사적 의의도 한국소설사의 범주를 넘어 중국을 포함한 시각에서 재검토할 필요가 있다. 소설에서의 허구가 없는 세계와 인물을 창조하는 것이 아니라 있는 세계와 인물을 유기적으로 조직하는 과정으로 이해하는 것과 같은 인식의 전환과 소설은 사실과 허구를 섞어서 창작할 때 흥미를 극대화할 수 있다는 유의 허실이론이 한문학이라는 동아시아의 공동유산을 공유하고 있던 중국문단에 이미 제기되고 있었기 때문이다. 소위 문학외교로 맺어진 동아시아세계에서 신속하고 활발한 문학 교류가 이루어지던 역사적 특수성을 고려하면서 <최척전>을 그 허실이론에 비추어본다면 이 작품의 위상을 좀더 객관적으로 파악해볼 수 있을 것이다.

---

4) 정환국, 앞의 논문, 135-159쪽.

5) 중국의 고소설비평에서 唐 전기, 宋元 화본, 明清 역사연의 등에 사용된 사실과 허구의 결합기법을 '虛實相生', '虛實相雜', '虛實相半', '七實三虛', '虛實手法' 등의 용어로 언급하고 있는데(孟昭連·寧宗一, 『中國小說藝術史』, 浙江古籍出版社, 2003, 101-311쪽) 이는 모두 허구와 사실의 조합을 통해 사실성과 흥미를 높이는 창작방식을 의미하므로 여기서는 궁극적이고 포괄적인 의미를 내포하고 있는 허실상생이란 용어를 취했다. 본고에서 허실상생 기법이란 사실과 허구를 유기적으로 결합하여 핍진한 사실성과 높은 흥미를 지닌 작품으로 완성해내는 창작방식을 가리킨다.

이에 본고는 <최척전>에 나타난 허실상생의 양상과 그것의 서사적 의미를 밝히고, 허실이론의 견지에서 이 작품의 사실적 문체가 지닌 위상을 살펴보고자 한다. 우선 이 작품의 뼈대를 이루고 있는 남녀주인공의 희귀한 해외편력과 귀환, 기적에 가까운 부부상봉과 부자상봉 등의 사건을 중심으로 거기에 개입된 허구와 그 개연성의 현실적 토대를 살피면서 허실상생의 양상을 분석하고, 또 사실과 허구의 조합에 의해 생성된 내용이 작품에서 어떤 기능을 하는지 그 서사적 의미를 밝혀보겠다. 그리고 <최척전>이 창작된 시기를 전후로 등장한 허실이론의 견지에서 볼 때 이 작품은 어떤 위치에 놓이는지를 검토해보겠다.

2. 허실상생의 양상과 서사적 기능

<최척전>에는 비범한 능력을 발휘하여 가족을 구하거나 전쟁을 승리로 이끄는 영웅적 인물이 아니라 전쟁에 무기력한 평범한 인물들뿐이다. 평범한 능력의 현실적 인물이기에 전쟁 앞에 무기력했던 민중의 체험을 매우 사실적으로 반영한다. 임진왜란(1592-1598)과 대(對) 후금전투(1619) 등 대전란을 치른 직후, 그 전쟁들을 다룬 작품이기에 해당 전쟁을 배경으로 한 사건과 독자 일반의 체험이 반영된 인물형상은 작가와 독자의 긴밀한 유대감과 공감을 바탕으로 한 강한 현실성과 사실성을 겨냥한다.

이 작품은 이처럼 현실에 밀착함으로써 동일한 전란을 체험하며 나온 당시 독자와 깊은 공감대를 형성할 수 있었다. 그런데 현실에서 전쟁은 일차적으로 부녀자와 가정의 안위를 위협하는 것이기 때문에 전쟁에 직면했던 독자의 시각에서 볼 때, 이 작품에 묘사된 최척 일가의 이합과정 중에서 독자의 현실적 관심사와 가장 큰 공명을 일으킨 핵심적인 사안은 '부녀(婦女)'와 '가(家)'의 문제라고 할 수 있다. 조선 창업 이래 공전의 국가적 위기에 직면해야했던 임진왜란의 대혼란 속에서 부녀자의 정절과 자살, 포로와 귀환, 그리고 가족의 죽음과 이산, 가문의 보존과 재건의 문제 등은 당시의 사회적 문제요 화두였기 때문이다. <최척전>은 이러한 당대 사회적 화두였던 '부녀(婦女)'와 '가(家)'의 문제를 다룸으로써 핍진하게 현실에 밀착할 수 있었고 독자와의 공감과 유대를 확보한 것으로 보인다.

일련의 대전란을 배경으로 한 청춘남녀의 결연과 가족의 이합을 다루고 있는 <최척전>은 크게 전반부의 남녀결연서사와 후반부의 가족이합서사, 두 부분으로 나눌 수 있다. 우선, 전반부를 이루고 있는 주인공 최척과 옥영의 결연서사는 실제 만남의 과정을 그대로 담아낸 것이라고 볼 수 없을 정도로 전형적인 제자가인의 만남으로 형상화되어 있는데 이는 <앵앵전>, 『전등신화』, 『전등여화』, 『금오신화』 등에서 볼 수 있는 애정전기류를 참고하여 발전적으로 계승한 것이라 할 수 있다. 특히 남녀주인공이 한 편의 시로서 결연하고, 또 한 편의 시로 인해 훗날 이역만리 타국에서 재회하게 되는 것은 재자가인(才子佳人) 만남의 전형적이면서도 그 묘미의 극치를 보여주고 있다. 그러나 한 가지 특기할 만한 것은, 기존의 재자가인류에는 수많은 시가 등장했지만 <최척전>에서는 단 두 수만 나온다는 사실이다. 이것은 작가가 시를 통해 자신의 시재(詩才)를 과시하려는 의도가 없음을 드러내는 것이며, 새로운 형태의 문체를 추구한 실험정신을 담은 통변적 문체의식을 담고 있는 것이라 하겠다. 이러한 문체는 이 작품으로 하여금 여성독자들의 접근을 더 용이하게 하는 효과를 발휘했을 것으로 보인다.

한편, 이 작품의 후반부는 전란으로 인한 최척 일가의 이합을 다루고 있는데 그 가운데서도 등장인물들의 해외편력과 귀환이 이야기의 주요 내용이다. 그런데 그들의 해외경험과 재회가 너무도 희귀하기 때문에 사실 그대로라기보다는 작가의 상상적 허구로 간주되고 있다. 그리하여 허구성 논의의 주요 사건들은 주로 후반부에 분포되어 있다. 하지만 그들의 해외편력은 너무 황당하고 허무맹랑하여 믿을 수 없는 이야기가 아니라 구성도 치밀하고 매우 그럴 듯하게 묘사되어 있다. 최척이 실존인물이기 때문에 터무니없이 날조된 이야기로 꾸며 놓았을 리는 없었을 것이다. 사실을 바탕으로 하되 작가가 의도한 주제를 효과적으로 드러내는 동시에 독자의 흥미를 유발하기 위해 어느 정도 허구적 요소를 가미한 것으로 판단된다.

그런데 사실과 허구를 섞을 때 성공여부는 현실과 얼마나 가까운가 하는 핍진성에 달려 있다. 따라서 허구적 요소라 하더라도 당대 독자들이 그 개연성을 수긍할 만한 현실적 토대가 있는, 당시 독자들이 작품 내용을 개연적으로 수긍하도록 작용했을 현실적 배경을 끌어왔을 것인데 작가가 창작에 참조했을 현실적 자료들을 살펴본다면 소설적 허구화의 양상과 허실상생의 창작기법을 파악하는 데 도움이 될 것이다. 남녀주인공의 해외편력과 귀환, 부부상봉, 부자상봉 등 이 작품의 뼈대를 이루는 사건들을 중심으로 이를 살펴보기로 하자.

2.1. 최척의 해외편력과 부자상봉

최척은 실존인물이다. 최척이 때때로 작가를 찾아왔다는 <최척전> 말미의 기록과 정태제(鄭泰齊, 1612-1669)의 『국당배어(菊堂排語)』에 보이는 최척 관련 기록, 그리고 당시 조선의 사회 현실에 비추어 볼 때 최척은 정유재란 무렵에 해외로 나갔다가 귀환한 것은 사실이며 그 후 은둔의 삶을 산 것으로 보인다.[6] 혼인 이후 해외편력에 대한 구체적인 역사적 기록은 밝혀진 것이 아직 없기 때문에 그 사실 여부를 단언할 수는 없다. 하지만 최척의 중국 명승지 유람과 적진에서의 부자상봉 사건 등은 허구적인 요소를 가미하여 윤색한 흔적이 역력하다.

6) 申泰秀, 「崔陟傳의 虛實 논변」, 『고소설연구』 37, 한국고소설학회, 2014, 145-171쪽.

먼저 최척의 중국 유람을 살펴보자. 최척은 정유년(1597) 8월 남원성이 함락되면서 가족과 뿔뿔이 흩어져 생사를 알지 못하게 되자 실의한다. 때마침 알게 된 명나라 오 총병의 천총 여유문의 진중에 기탁해 살다가 오 총병이 명나라로 철군할 때 여유문을 따라 명나라로 들어가 그의 집에 의탁해 살았다. 그러나 여유문이 그 해 겨울에 병으로 죽자 강호를 떠돌며 명승지를 두루 유람한다. 그 후 해섬도사가 은거하고 있는 청성산에 들어가 신선술을 배우려고 떠나려 하다가 주우의 만류로 그만둔다. 경자년(1600) 봄에 주우와 함께 무역선을 타고 안남을 왕래하다가 그곳에서 옥영과 재회하여 항주에 정착한다.

그런데 그 과정에서 중국의 명승지들을 유람하는 사건에는 명백한 허구가 개입되어 있다. 용문, 우혈, 소상강, 동정호, 악양루, 고소대 등 특별히 지명이 언급된 명승지 가운데 고소대(姑蘇臺)는 오래 전에 파괴되어 이미 당나라 때에 초석만 겨우 남아 있을 뿐이었고, 송나라 이후에는 그 위치마저 모호한 지경에 이르렀다. 조선 전기에 강남지역을 여행했던 최부(崔溥, ?-1504)도 『표해록』에 다음과 같이 적었다.

> 신이 부영에게 묻기를, "이 역이 고소대의 터라면 바로 옛날 오왕이 대를 축조했던 곳입니까?"라고 하였습니다. 부영은, "아닙니다. 옛날의 이른바 고소대는 고소산에 있었으니, 오왕 합려가 산에 의거하여 대를 만든 것을 부차가 다시 넓힌 것인데 허물어진 집터가 아직 남아 있습니다. 소흥 연간(1131-1162)에 또 대를 이곳에 축조하고는 고소대라 명칭하여 고사(故事)를 보존했는데, 지금 또 없어지고 역이 되었던 것을 다시 성 안에 대를 축조하고는 '고소'란 명칭으로 액자를 붙였던 것입니다." 운운하였습니다.[7)]

최부는 최척이 고소대를 유람했다고 한 시기보다 100여년이나 앞선 1488년에 고소대 유적이 소재한 인근 지역을 방문하고 이같은 기록을 남긴 것이다. 따라서 최척이 고소대에 올라갔다는 내용은 허구임이 분명하다.

또 최척이 명승지들을 유람한 기간은 구체적으로 적시되어 있지 않지만 오 총병, 즉 오유충(吳惟忠)을 비롯한 명나라 군대가 철수한 것은 1599년 4월부터 1600년 9월 무렵[8)]이라는 역사적 사실과 더불어 작품에서 여유문이 귀국한 그해 겨울에 죽고, 그 이듬해에 최척이 주우와 함께 무역선을 타고 안남을 왕래한 것이 경자년(1600) 봄으로 되어 있는 것을 감안할 때 최척의 유람 시기는 1599년 겨울에서 1600년 봄 사이가 된다. 그러나 그 광범위한 지역을 수개월 안에 다 돌아본다는 것은 현실적으로 불가능하다.

더구나 최척이 기거하던 소흥이 여행의 출발점이 될 터인데 그의 여행경로는 실제 지리로 볼 때 지도상에 별모양을 그리듯이 처음엔 북쪽으로 갔다가 다시 남-서-동 순의 지그재그로

7) 崔溥, 박원호 역, 『崔溥 漂海錄 譯註』, 고려대학교출판부, 2006, 174쪽.
8) 명나라 수군이 완전히 철수한 것은 1601년 3월로 알려져 있다.

진행하고 있다. 현실적으로 이러한 노정을 택하는 사람도 없을 뿐더러 시간적으로도 불가능한 여정이다. 따라서 최척이 유람한 명승지들이 사마천(司馬遷)의 여행경로와 대부분 일치한다면서 작가 조위한 자신이 꿈꿔왔던 공간을 상상의 나래를 펴고 작품 속 주인공 최척으로 하여금 여행하게 한 것으로 보는 견해[9]는 참고할만하다. 하지만 최척의 노정에는 동정호와 악양루[10] 등 사마천의 행로에 명시되지 않은 장소들이 포함되어 있다.

조위한은 "우리들이 중국에 태어나지 못한 것이 불행이라 하겠는데, 하물며 행로의 수고로움으로 위대하고 장려한 구경을 폐할 것인가? 이는 우물 안 개구리의 소견과 무엇이 다르겠는가."라고 하며 중국 유람에 대해 강한 동경을 품고 있었다. 중국 행로의 고초는 아랑곳하지 않고 오히려 그것을 놓칠 수 없는 '만리의 장한 구경'이라고 했다.[11] 사마천으로 표상되는 장유(壯遊)에 대한 선망은 조위한뿐 아니라 허균, 권필, 유몽인 등 동시대 수많은 문인들이 품고 있던 의식이었다. 그 가운데 유몽인(柳夢寅, 1559-1623)은 노인(魯認, 1566-1622)의 해외 유람에 대해 다음과 같이 적고 있다.

> (전략) 노인이 남번을 떠나 중국 복건성에 이르자 … 옛 민(閩) 땅을 거쳐서 초(楚)에 들어가 동정호와 악양루를 유람하고, 소상(瀟湘)과 황릉묘(黃陵廟)를 지났다 소주와 항주를 돌아나와 절강과 서호의 빼어난 경치를 유람하였다. 황하와 양자강을 배로 건너고, 제(濟)와 한(漢)의 지역을 모두 거친 후에 연경에 이르러 우리나라에서 조회하러 온 사신을 만나 고국의 도성으로 돌아왔다. 그간의 기이한 볼거리와 장쾌한 유람은 비록 장건이나 사마천일지라도 이보다 더할 수는 없을 것이다.[12]

일본, 남만, 중국 등 동아시아 각국과 특히 사마천도 가보지 못한 동정호와 악양루 등 중국의 명승지들을 두루 유람한 것에 대해 사마천을 능가하는 것이라며 부러움을 금치 못하고 있다. 중국 유람에 대한 열망을 통해 보건대, 결국 작품 속 최척의 중국 유람은 작가 조위한이 자신이 품고 있던 장유(壯遊)에 대한 욕망을 투사하여 허구적 요소를 개입시킨 것으로 보인다. 하지만 중요한 것은 사마천의 행적을 비롯한 역사와 역대 문인들의 문학작품, 그리고 노인의 행적과 같은 당대의 현실적 이야기 등을 담보로 작품 속 최척의 중국 유람이 개연성을 획득함으로써 그럴듯하고 핍진하여 허구라는 것을 눈치채지 못하고 사실처럼 받아들이게 하는 효과를 낳는다는 점이다.

---

9) 권혁래, 「최척전에 그려진 유랑의 의미」, 『국어국문학』 150, 국어국문학회, 2008, 213쪽.

10) 동정호와 악양루는 송대 이후 유행한 소상팔경 시와 그림, 범중엄의 <악양루기> 등을 통해 고려와 조선에 알려진 것으로 보인다. 또 고소대는 춘추전국 오나라 합려에 관한 유명한 고사도 있고 사마천이 직접 올라가 보았다는 기록도 있지만 당나라 시인 張繼의 시 <楓橋夜泊>을 통해 더 널리 알려진 것으로 보인다.

11) 許筠, 『(국역)성소부부고』 Ⅱ, 민족문화추진회, 1989, 67-69쪽.

12) 柳夢寅, 신익철·이형대·조융희·노영미 역, 『於于野譚』, 돌베개, 2009, 70쪽.

또 이와 같은 허실 기법을 통해서 남주인공을 세사에 얽매이지 않는 탈속한 풍모와 호방한 기질을 지닌 인물로 형상화하는 데 성공적인 효과를 거두고 있다.

> 그해 겨울 여공이 병사하였다. 최척은 더욱 의지할 곳이 없어 강호를 떠돌며 명승지를 두루 돌아다녔다. 용문을 살펴보고, 우혈을 탐승하고, 소상강을 끝까지 구경하고, 동정호에서 배를 타고, 악양루에 오르고, 고소대에 올라갔다. 호수와 명산을 두루 찾아다니며 시를 읊조렸고, 구름과 물가 사이를 배회하면서 표표히 속세를 떠날 뜻을 품었다. … 최척은 장차 촉 땅으로 들어가 그에게 신선술을 배우려 하였다.[13)]

이 부분을 <홍도이야기>의 남주인공이 중국을 유랑하는 장면과 비교해보면 <최척전>의 허실상생 기법이 인물형상화에 있어서 얼마나 다른 분위기를 연출하는지 알 수 있다.

> 아내가 명나라 군대를 따라갔다고 생각한 정생은 중국 군대를 따라 중국으로 들어가 걸식을 하며 절강까지 가면서 두루 아내를 찾았다. 하루는 천관의 도주와 함께 절강 가는 배를 탔다. 달밤에 퉁소를 부는 소리가 들리자, 옆에 있던 사람이 말하였다. … "저 사람은 내 남편이오." … 정생은 홍도와 함께 그대로 절강 땅에 눌러 살았는데, 절강 사람들이 모두 가엽게 여겨 저마다 은전과 곡식을 주었으므로 입에 풀칠을 할 수 있었다.[14)]

여기에서 남주인공 정생이 명나라 군대를 따라 중국으로 들어간 것까지는 <최척전>과 다름이 없다. 하지만 중국으로 들어간 정생은 '걸식을 하며' 돌아다니는 것으로 묘사되어 있다. 그것도 유람을 하며 돌아다닌 것이 아니라 아내만을 찾아다녔다는 것이다. 난리통에 잃어버린 아내를 찾고자 하는 일념으로 이역만리 타국에서 유리걸식하며 찾아 헤매는 남편으로 묘사함으로써 남주인공을 절부(節夫)로 형상화하고 있을 뿐이다. 걸식하며 돌아다니는 구차한 모습에는 어떤 호방한 기질이나 탈속한 풍모를 전혀 느낄 수가 없다.

이에 비해 <최척전>의 묘사는 문기를 충만히 쌓아 거칠 것 없는 높은 경지에 도달한 문인, 속세에 달관한 은사(隱士)의 풍모로 최척을 형상화하고 있다. 최척의 중국 유람은 유람을 통해 견문을 넓히는 것을 문장수련의 중요한 방식으로 여겼던 강산지조론의 시각으로 볼 때 그 의미를 제대로 이해할 수 있다. 허실상생의 기법에 의해 묘사한 최척의 중국 유람은 핍진하면서도 생동감 있게 최척을 개성적 인물로 조형하는 데 크게 기여한다.

---

13) 其冬 余公病死 陟尤無所歸 落拓江湖 周遊名勝 窺龍門 探禹穴 窮瀟湘 航洞庭 上岳陽 登姑蘇 吟詠於湖山之上 婆娑於雲水之間 有飄飄然遺世之志 … 將欲入蜀而學焉.(민영대의 앞의 책 부록에 실린 원문 인용)

14) 柳夢寅, 앞의 책, 38-39쪽.

다음으로 부자상봉을 살펴보자. 최척은 교유격의 휘하로 대후금전투에 참전한다. 전투에 패한 교유격은 십여 명을 거느리고 조선 진영으로 도피하는데 그 사이 최척은 조선 군중으로 숨는다. 이어 강홍립의 조선군이 항복하자 최척은 조선병사들과 함께 오랑캐 수도로 끌려간다. 그때 포로로 갇혀 있던 곳에서 아들 몽석을 만난다. 처음에는 알지 못하고 서로를 경계했으나 점차 이야기를 나누다가 마침내 몽석의 등에 있는 손바닥만한 붉은 점으로 인해 부자관계를 확인하고 기적적으로 상봉한다.

여기서 최척과 아들 몽석이 적지에서 기적같이 상봉하는 사건은 실제로 벌어졌던 사건인지 의심스러운 부분이다. 유몽인의 『어우야담』에 실린 <홍도이야기>에서는 최척이 명나라 군대가 도륙당하는 순간에 자신은 중국인이 아니고 조선인임을 호소하여 오랑캐가 풀어주는 바람에 가까스로 목숨을 건져 귀국했고, 남원의 옛집에 당도해보니 아들 몽석이 장가들어 아들을 낳고 살고 있었다고 되어 있다. 크게 보면 부자가 상봉한 장소의 차이가 있을 뿐 최척의 해외로부터의 귀환과 부자상봉이라는 골자는 같지만 <최척전>에서 붉은 점이라는 신체적 특징을 매개로 극적인 부자확인이 이루어진다는 화소는 매우 인상적이다. 그렇다면 이러한 사건 묘사가 개연성을 획득할만한 현실적 배경에는 무엇이 있을까.

이 작품보다 불과 2-3년 앞선 1618년에 벌어졌던 진주 사람 신응창 부자의 상봉 사건은 <최척전>과 매우 흡사하여 흥미롭다. 신응창의 가족은 1593년 진주성이 함락될 때에 뿔뿔이 흩어졌다. 신응창의 아들 신민은 당시 11세로 명나라 유정의 보살핌을 받다가 유정을 따라 중국에 들어갔고 성씨도 고쳐 유해라고 했다. 유정을 따라 전투에 참가해 전장을 돌아다니다가 1618년 부모를 만나기 위해 조선을 방문한다. 한편 신응창은 일본으로 끌려가 포로가 되었는데 당시 6세였던 작은아들(신민의 동생)이 돈을 모아 이웃에 있던 신응창을 풀려나도록 해주었다. 신응창과 동생은 쇄환에 의해 조선으로 돌아와 있었는데 마침 유해(신민)가 가족을 찾기 위해 조선으로 오게 되어 서로 만나게 된다. 그러나 이미 20여년이 지났기 때문에 서로 얼굴을 알아볼 수 없던 차에 유해(신민)가 어릴 때 잘못하여 '동생의 눈가에 상처'를 낸 적이 있었는데 그 흔적을 단서로 삼아 마침내 부자 세 사람이 혈연관계임을 확인하고 극적으로 상봉한다.[15)]

신응창의 이야기는 전란으로 인한 가족의 해외이산과 재합이라는 틀도 <최척전>과 유사할 뿐 아니라 20여 년만에 아들의 신체적 특징을 매개로 부자가 상봉한다는 화소도 흡사하다. 이 사건을 알고 있던 당시 독자들에게 최척 부자의 기이한 상봉도 개연성 있는 것으로 받아들여졌을 것은 자명하다. 그러나 창작기법의 측면에서 주목할 만한 것은 몽석의 붉은 점이 작품 전반부에 몽석의 탄생에 얽힌 이야기에서 이미 복선으로 제시된 것이기 때문에 구성적 치밀성이 돋보이는 부분이라는 점이다. 신응창의 이야기에서 동생의 눈가에 낸 상처에 관한 진술은 부자 확인 단계에 이르러서야 비로소 처음 언급되었는데 이는 서사문학에서

15) 위의 책, 79-82쪽.

흔히 볼 수 있는 진술방식이다. 이에 비해 몽석의 등에 있는 붉은 점을 복선으로 미리 제시했다는 것은 작가의 정교한 구상력이 작동한 결과라 할 수 있다. 붉은 점이라는 단서와 복선을 통해서 적진에서의 극적인 부자상봉이라는 흥미로운 사건이 소설적 진실성을 획득한다. 이를 통해서 작가 조위한이 사실과 허구를 조합하여 이야기를 엮어나가면서도 소설적 진실을 구축하기 위해서 구성적 역량을 발휘했다는 사실을 알 수가 있다.

또한 최척 부자가 상봉하는 장면에서 작가는 독자의 흥미를 돋우기 위해 서사를 지연시키고 있는 점도 주목할 만하다. 최척과 몽석 부자는 포로가 되어 함께 갇혀 지내면서 처음에는 서로를 알아보지 못한 채 서로를 의심하며 지낸다. 여기서 두 사람이 경계의 끈을 놓지 못한 채 나누는 대화는 안타까움과 흥미를 유발한다.

2.2. 옥영의 해외편력과 부부상봉

옥영은 남원성이 함락되자 남복(男服)을 하고 가족들과 함께 지리산 연곡으로 피란하지만 왜적의 습격을 당해 가족들과 헤어져 생사를 알지 못한 채 홀로 포로가 되어 일본으로 끌려간다. 줄곧 남자로 행세하면서 주인인 돈우의 무역선 항해장이 되어 중국, 안남, 유구 등지를 왕래한다. 그러던 중 안남에서 극적으로 남편 최척을 만나서 함께 항주에 정착하여 둘째아들 몽선을 낳고, 몽선이 장성하자 이웃의 처녀 홍도를 며느리로 맞아들인다. 그러나 최척이 대후금전투에 징집되어 이별하고 떠났는데 명군이 전멸했다는 비보에 이어 다행히 조선 군사들은 본국으로 귀환했다는 소식이 전해지자 귀국을 결심한다. 배를 비롯한 만반의 준비를 하고서 아들 부부를 데리고 항주를 떠나 항해하여 산동을 거쳐 조선으로 가던 중 풍랑을 만나 무인도에 표착했다가 우여곡절 끝에 고향집으로 돌아와 남편 및 남아있던 가족들과 재회한다. 이같은 옥영의 행적은 이 작품의 허구성 논란의 한 축을 이루고 있다.

먼저, 옥영의 귀국경로를 살펴보자. 옥영은 항주에 머물다가 최척이 대후금전투 참전으로 다시 이별을 맛본 후 명군의 전멸 비보와 조선군의 본국 귀환 소식을 접하고 귀국을 결심한다. 배를 마련하여 항주를 떠나 산동 지역의 등주(登州), 내주(萊州), 청주(靑州), 제주(齊州) 등지를 거쳐 항해하던 중 태풍으로 작은 섬에 표착했다가 해적을 만나 배를 빼앗겨 위기를 겪지만 다행히 조선 통제사의 무역선을 만나 순천에 도착하여 걸어서 남원 옛집으로 돌아온다.

그런데 여기서 옥영 일행이 경유했다고 하는 해로는 명백한 허구이다. 항주-등주-청주-제주 여정에서 항주와 등주는 항구도시이지만 나머지는 내륙도시이기 때문에 배를 타고 항해하여 귀국하는 경로로서는 전혀 부적합하다. 오히려 당시 조선의 대명사행단의 해로사행 경로와 일치한다는 사실이 드러났다.[16] 이것은 옥영의 항해 경로가 사실에 기반한 것이 아니라 허구로 지어진 것임을 분명히 해준다. 그럼에도 불구하고 당시 조선의 대명사행단의 해로

사행 경로는 옥영의 경로를 개연적으로 받아들이도록 만드는 배경이 된다는 점에 주목할 필요가 있다. 작가는 없는 사실을 만들어내는 것이 아니라 현실세계에 존재하는 것들을 가져와 허구화함으로써 매우 사실적으로 사건을 구성했던 것이다.

항해 도중에 폭풍을 피해 정박했던 섬에서 만난 해적들의 본거지가 조선과 중국 사이에 있는 해랑(海浪)이라는 섬으로 되어 있는데 옥영의 항해 경로 자체가 사실이 아닌 허구이기 때문에 '해랑적(海浪賊)'이라는 설정도 허구이다. 하지만 이것 역시 현실적인 토대가 있어 개연성을 확보한다. 해랑도는 중국 동북쪽과 조선 서북쪽 요해(遼海)의 남쪽에 있는 섬으로, 연산군 때 그 섬에 조선 사람이 많이 들어가 산다는 이야기를 듣고 중국에 요청하여 조선 조정에서 전림 등의 관리를 파견해 요동사람 64명과 조선사람 48명을 데려왔다고 한다.[17] 해랑도에 도적 떼가 살면서 바다에 출몰해 황해도 지방의 걸림돌이 되자 전림이 정벌하는 과정에 얽힌 이야기가 널리 전해지다가 『어우야담(於于野談)』에 수록되기도 했다.[18] 옥영이 항해 중에 해랑의 도적을 만나는 허구적 사건의 사실성은 이러한 역사적 사실을 담보로 한다. 해적의 출현으로 배를 빼앗겨 무인도에 고립된다는 허구적 설정은 절체절명의 극한 상황을 설정함으로써 서사의 긴장과 흥미를 고조시키는 역할을 한다. 또한 그러한 절망적 상황 속에서 가족들이 어떠한 마음가짐을 가져야 하는지, 어떻게 대처해야 하는지를 보여주고 동시에 지성감천(至誠感天)의 주제를 구현하는 데 적극 기여한다.

다음으로, 옥영의 동아시아세계 편력을 살펴보자. 옥영의 행적 가운데 허구성이 강한 것으로 지목되어 왔던 것 중의 하나가 바로 거대한 편폭의 행보, 즉 동아시아세계 각국을 두루 편력했다는 부분이다.

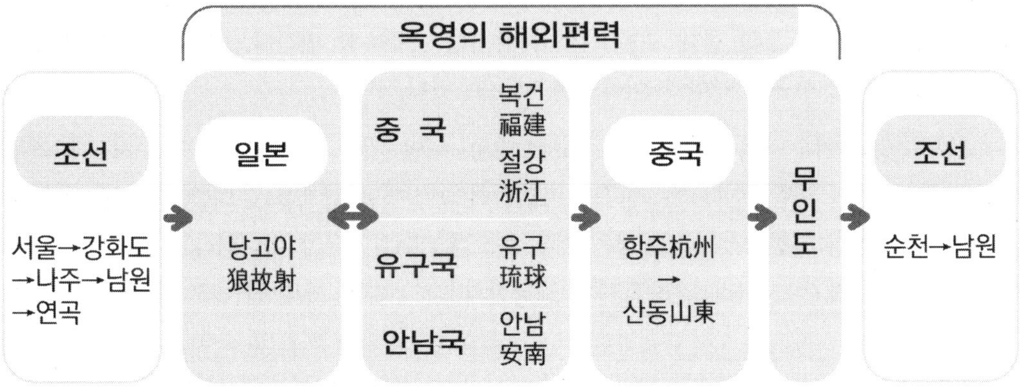

---

16) 권혁래는 옥영의 귀국 항해경로가 실제 지리와 어긋나는 오류이고 오히려 조선의 대명사행단의 경로와 일치하는 점을 들어 작가의 상상력에 의한 명백한 허구임을 밝혔다.(권혁래, 「최척전의 문학지리학적 해석과 소설교육」, 『새국어교육』 81, 한국국어교육학회 2009, 23-44쪽)

17) 해랑도 도적과 해적에 대한 『조선왕조실록』의 기사 목록이 서종문의 『고전문학의 사회·역사적 소통』(박문사, 2010) 99쪽의 각주 213, 214에 정리되어 있다.

18) 柳夢寅, 앞의 책, 647-648쪽.

작품에는 옥영이 포로가 되어 일본에 가서 무역선을 타고 중국, 유구, 안남 등지를 두루 돌아다닌 것으로 되어 있다. 현대인이 보기에도 상상하기 힘들 정도이긴 하지만 이것은 임진왜란 당시 왜적에게 포로로 끌려갔다가 돌아온 사람들의 이야기들에 의해 개연성을 확보한다. 조완벽, 노인, 강항 등의 체험담이 항간에 널리 알려졌는데 정유재란 때 포로가 되어 일본으로 끌려간 점을 비롯, 이들과 옥영의 행적이 매우 흡사함을 볼 수 있다.[19]

조완벽은 정유재란 때 왜적의 포로가 되어 일본으로 끌려갔다가 왜상(倭商)들과 함께 무역선을 탄다. 1604년부터 세 차례에 걸쳐 안남을 다녀왔고, 유구와 필리핀 등에도 왕래한다. 1607년에 본국으로 송환되어 10년 만에 고향으로 돌아온다.[20] 무역선을 타고 동아시아세계 각국을 편력한 점이 옥영의 경우와 매우 흡사하다. 노인(魯認)은 정유재란 때 왜적에게 붙잡혀 일본으로 끌려갔다가 남번(南蕃) 사람의 상선을 타고 남번국으로 건너가 지내다가 중국 복건성에 들어가 1년여를 머문 후 강남 지역을 두루 유람하고 북경을 거쳐 1599년에 귀환하여 『금계일기(錦溪日記)』를 남겼다. 일본-남번-중국을 거치며 생활하다가 귀환한 점이 일본-안남-중국을 거쳐 귀환한 옥영의 경우와 유사하다. <홍도이야기>에서는 <최척전>과 달리 옥영의 경유지가 일본-남만-중국으로 되어 있어 노인의 경로와 같다는 것도 흥미로운 차이점이다. 그는 1601년 가을에 공무차로 호남으로 출장을 나온 허균을 찾아와 만나 자신의 이야기를 직접 들려주기도 했다.[21] 또 그의 이야기는 유몽인에게도 알려져 『어우야담』에 수록되었다.[22] 강항(姜沆, 1567-1618)은 정유재란 때 두 형 및 가족 십여 명과 함께 왜적의 포로가 되어 일본으로 끌려갔다가 약 4년 동안 고초를 겪은 후 1600년 5월에 가족과 함께 일본을 탈출하여 귀환하였다. 그는 자신의 체험을 기록하여 『건차록(巾車錄)』(『간양록(看羊錄)』)으로 엮어냈다.[23] 여기에서 강항이 가족들과 함께 배를 구해 귀환했다는 점은 옥영이 배를 준비하여 아들부부와 함께 귀환한 것과 유사하여 주목할 만하다. 허균의 1601년 호남 출장 시에 강항도 허균을 찾아와 이야기를 나누고 갔다.[24]

<조완벽전>을 지은 이수광(李睟光, 1563-1628), 노인, 강항, 세 사람은 모두 허균과 직접적인 교류가 있던 사람들이다.[25] 허균과 조위한의 친밀했던 관계를 고려할 때 이들의 이야기가 조위한에게까지 전해졌을 개연성은 매우 높으며, 그런 경로가 아니더라도 이들의 기이한 외국 체험담은 세간에 널리 알려졌기에 조위한과 그 시대의 일반인들도 익히 알고 있는

19) 옥영을 포함한 주인공들의 해외편력에 대해 조위한과 가족의 체험(민영대)을 포함하여 조완벽, 노인, 강항, 강희득 등 귀환한 피로인들의 해외 체험(장효현, 정환국, 권혁래)이 반영되었다는 앞선 논의가 있었다.
20) 李睟光, <趙完璧傳>, 『芝峯集』 卷23, 성균관대학교대동문화연구원, 1964, 243-245쪽.
21) 許筠, 『(국역)성소부부고』 Ⅲ, 17-18쪽.
22) 柳夢寅, 앞의 책, 69-71쪽.
23) 훗날 그의 제자인 尹舜擧는 19년간 흉노의 포로가 되어 양을 지켰던 蘇武의 고사를 인용하여 『看羊錄』이라고 불렀다.
24) 許筠, 앞의 책, 12쪽.
25) 이수광에게 보낸 허균의 편지들이 허균의 문집(위의 책, 75쪽)에 보인다.

이야기였다고 할 수 있을 것이다. 당시 세상에 널리 퍼져 있던, 귀환한 포로들의 체험담은 작가 조위한이 옥영을 동아시아세계 각국을 편력하는 독특한 여성인물로 형상화하는 데에 개연성을 부여하는 현실적 배경으로 작용했다고 하겠다.

옥영의 해외체험은 사실일 수 있으나 작품 속에 제시된 편력의 구체적인 경로는 앞에서 살펴본 옥영의 귀국 항로와 마찬가지로 상상적 창의에 가까운 것이다. 하지만 작품 속 옥영의 해외편력은 전혀 비현실적인, 허무맹랑한 내용이 아니며 귀환포로들의 해외체험을 통해 당시 독자들이 개연성 있게 받아들일 수 있는 사실적인 묘사이다. 옥영은 현실 인물들의 문학적 대리인이라고 할 수 있다. 허구화된 옥영의 해외편력서사를 통해서 전란으로 인한 온갖 시련에도 불구하고 지극한 정성을 다하는 삶을 견지함으로써 난관을 극복하고 궁극적으로 행복을 쟁취하는 이상적인 여성상을 제시한다. 옥영을 절부(節婦)이자 현모양처요 강인한 어머니로 형상화하는 데 기여하고 있다.

마지막으로, 부부상봉을 살펴보자. 옥영은 전란으로 헤어졌던 남편을, 일본의 무역선을 타고 동아시아 각국을 돌아다니다가 안남에서 기적적으로 만난다. 항주에 정착해 함께 살다가 또 이별하게 되자, 훗날 옥영은 남편을 찾아 위험을 무릅쓰고 밀항으로 국경을 넘어 고향집으로 돌아와 재회한다. 그런데 현실적으로는 주변국의 잦은 침입으로 해상과 육로의 국경경계가 삼엄했던 당시에 사사로이 국경을 넘어 중국에 들어갔다가 돌아오는 일, 그것도 여성으로서 그렇게 위험한 일을 감행한다는 것은 매우 보기 드문 일이다. 그러나 임진왜란을 전후하여 당시 실제로 한 여인이 남편을 찾아 국경을 넘어 중국에 가서 남편과 해후하여 그곳에서 부부가 함께 살다가 다시 고향으로 돌아온 사건이 있어 항간의 화제가 되었다. '강남덕의 어머니'가 바로 그 주인공이다.

서울 서강에 살던 강남덕의 어머니는 만력(萬曆, 1573-1619) 초에 남편이 바다에 나갔다가 태풍으로 돌아오지 못하자 삼년상을 치르고 과부로 여러 해를 살던 중 중국에서 돌아온 어떤 사람으로부터 남편의 편지를 받는다. 그녀는 남편의 생존과 주소를 알게 되자 몰래 압록강을 건너 중국땅으로 들어가 1년여 만에 마침내 남편이 있는 곳을 찾아가 만난다. 남편과 함께 그곳을 떠나 고국의 옛집으로 돌아와 딸을 낳고 살다가 1621년 봄에 팔십세를 일기로 죽는다.[26)]

남편을 찾아 죽음을 무릅쓰고 국경을 넘어 막막한 중국땅에 들어가 천신만고 끝에 남편을 만나서 부부가 함께 다시 고향으로 돌아온 일은 세상을 떠들썩하게 만들었던 것으로 보인다. 유몽인은 "한낱 부녀자가 감히 홀로 중국에 들어갔다가 돌아오기를 마치 이웃 마을을 왕래하듯 하여 끝내는 아득히 넓고 막막한 땅에서 남편을 만났으니, 이는 천하에 없던 일이다. 그 굳세고 용감한 지조는 삼강(三綱)의 의리를 확고히 세웠는바, 고금을 꿰뚫는다."[27)]고

---

26) 柳夢寅, 앞의 책, 42-43쪽.

놀라움을 금치 못하며 찬탄해 마지않았다. '굳세고 용감한 지조'와 죽음도 두려워하지 않고 중국에서 국경을 넘어 고향집으로 돌아온 행적 등이 옥영의 형상과 유사하다. 강남덕의 어머니 이야기와 같은 현실 속의 실제 인물과 사건은 <최척전>의 옥영이 해외에서 역경 끝에 남편을 만나는 사건에 개연성을 뒷받침한다고 하겠다.

한편 <최척전>에서 옥영은 일본에서 장삿배를 타고 동남아시아와 중국을 오가다가 안남에서 우연히 최척을 만나게 되는데 비해 <홍도이야기>에서는 여주인공이 일본에서 남만으로 갔다가 조선으로 돌아갈 기회를 찾고자 중국 절강으로 왔다가 그곳에서 기적적으로 남편을 만나 재회한다. 부부상봉의 장소가 안남과 절강으로 각각 다르게 설정되어 있다. 또 세부적인 면에서 최척의 퉁소소리가 계기가 되어 전에 서로 화답하던 시를 읊음으로써 부부임을 확신하게 되는데, 여기서 시를 읊는 주체가 정생과 옥영으로 각각 다르다. 그런데 옥영이 시를 지어 읊었다는 <최척전>의 설정은 인물형상화에 있어서 옥영을 시문 능력을 갖춘 佳人의 형상으로 만드는데 결정적인 역할을 한다. 그리고 재회를 가능하도록 결정적인 역할을 한 옥영의 시가 일찍이 신혼 초기에 서로 화답하는 장면을 통해 복선으로 제시된 것 역시 작가의 치밀한 구성능력의 산물인데 서사에 있어서 소설적 진실을 확보하는 의의가 있다.

옥영과 최척의 재회 장면 묘사는 허실상생의 묘미가 두드러진 대목 중 하나이다. 옥영과 최척 부부의 해외상봉은 사실일 수 있다. 하지만 상봉 경위에 대한 이 작품 속의 묘사에는 허구가 개입되어 있으면서도 대단히 사실적이다. 아내가 지어 읊었던 시를 듣고 최척이 피리를 떨어뜨리며 넋을 잃는 장면이나 최척의 사연을 듣고 의기를 느낀 두홍의 돌발행동, 부부가 서로 만난 감격으로 끌어안고 뒹굴며 목이 메여 말도 못하는 장면, 인정상 차마 돈을 받을 수 없다며 오히려 은을 선물하고 사 년 동안 자식처럼 여기며 정들었던 옥영을 이별하는 심경에 대한 돈우의 술회, 기적 같은 재회에 감동된 주변사람들이 선물을 주며 축하하는 행위 등 세밀하게 묘사된 사건들이 모두 인과관계에 의해 연결되면서 곡진한 인정을 생생하게 반영하고 있다.[28] 허실상생의 기법을 통해 핍진성의 묘미가 극대화되어 잘 드러나 있는 것이다.

3. 허실이론에서 본 〈최척전〉

소설비평사에 있어서 명대 이전에는 기(奇)를 중시하면서 작품에서 묘사하는 것이 보기 드문 것이면 칭찬했고, 그것을 통해 독자의 견문을 넓힐 수 있다고 여겼기 때문에 소설가가 기괴한 일을 찾아 수록하는 것을 긍정했다. 하지만 명대에 이르러서는 소설과 사회생활의

27) 위의 책, 43쪽.

28) 참고로, <홍도이야기>는 부부상봉 사건이 개략적으로 묘사되어 있는데 줄거리는 같지만 <최척전>에 묘사된 이러한 인물들의 곡진한 인정은 드러나지 않는다.

관계를 탐구하면서 소설은 일상에서 볼 수 있는 사물과 현실을 묘사의 대상으로 삼아야 한다는 인식으로 변화되었다.[29] 특히 혁신적인 사상가요 평점본 『충의수호전(忠義水滸傳)』을 유행시킴으로써 소설비평사에 한 획을 그은 것으로 평가되는 이지(李贄, 1527-1602)는 소설이 사회생활의 예술적 반영물임을 강조했다. 소설가는 없는 이야기를 만들어 내는 것이 아니라 현실 생활에 의거하는 것이며, 소설 속의 인물은 현실 속에 있는 인물에 대한 예술적 대리인이고, 소설 창작에서 중요한 것은 핍진성과 생생한 묘사라고 주장했다.[30] 그는 소설의 허구성을 분명히 인식하면서도 핍진성이 소설의 묘미[31]라고 보았다.

호응린(胡應麟, 1551-1602)은 당 전기와 송대 소설을 비교하면서 전자가 기환적이고 생동감이 넘치는데 반해 후자는 실증적인데 치우쳐 무미건조하다고 하면서 소설의 예술적 특성으로 허구성을 중시했으며, 전희언(錢希言)도 <회원(獪園)>(1613) 서문에서 소설을 통해 작가의 감정과 의지를 표현하고 인정세태를 묘사하기 위해서는 허구적 방법을 잘 운용해야 함을 강조했다.[32] 사조제(謝肇淛, 1567-1624)는 여기에서 더 나아가 소설의 허구와 사실에 대해 '허실상반(虛實相半)'의 이론을 제시하였다.

> 무릇 소설이나 잡극 및 희곡은 허구와 사실이 반반씩 섞여 있어야 비로소 재미를 극도로 즐길 수 있는 문장이 되며, 또한 이야기의 정리(情理)와 배경이 지극히 잘 창조되어 있으면 그만이지 그것이 실제로 있었던 것인가는 따질 필요가 없다.[33]

그는 소설이 허구와 사실을 반반씩 섞어서 창작될 때 흥미를 극대화할 수 있다고 보면서, 그렇게 창조된 허구적 세계가 사실성(寫實性)을 갖춘다면 그것이 실제로 있었던 사실인지 아닌지를 따질 필요는 없다고 주장한 것이다. 소설은 허구와 사실을 반반씩 섞되 실제와

---

29) 方正耀, 홍상훈 역, 『中國小說批評史略』, 을유문화사, 1994, 273쪽.

30) 『李卓吾先生批評忠義水滸傳』, 「水滸傳一百回文字優劣」. 세상에 먼저 『수호전』이라는 책이 존재하고 있었는데, 그런 뒤에야 시내암이나 나관중이 문장으로 써 낼 수 있었다. 주인공의 성이 무엇이고 이름이 무엇이니 하는 것은 작자가 근거없이 지어내서 그 이야기를 사실적으로 보이려고 한 것일 따름이다. 예를 들어서, 세상에 우선 음란한 부인네가 있으니까 나중에 양웅의 아내나 무송의 형수를 예로 들어 그것을 실증한 것이며, … 관영이나 차발, 설패, 부안, 육겸에 대한 이야기는 그 상황이 사실에 무척 가깝고 우스갯소리가 생생하게 묘사되어 있은데, 세상에 먼저 이런 일이 없었다면 설사 문인이 9년 동안이나 면벽수련을 하여 피를 십 석이나 토해 낼 정도로 연구를 했다고 해도, 어떻게 이런 일을 묘사해 낼 수 있었겠는가? 世上先有水滸傳一部 然後施耐庵羅貫中借筆墨拈出. 若夫姓某名某 不過劈空捏造 以實其事耳. 如世上先有淫婦人 然後以楊雄之妻武松之嫂實之 … 若管營 若差撥 若董超 若薛霸 若富安 若陸謙 情狀逼眞 笑語欲活 非世上先有是事 卽令文人面壁九年 嘔血十石 亦何能至此哉.(위의책, 281쪽 재인용. 이 책 282쪽 각주 45에 이 글이 葉晝가 李贄의 이름에 기탁해서 쓴 것으로 보는 견해도 소개했다)

31) 水滸傳事節都是假的 說來却似逼眞 所以爲妙.

32) 王汝梅·張羽, 『中國小說理論史』, 浙江古籍出版社, 2001, 55-60쪽.

33) 謝肇淛, 『五雜俎』. 凡爲小說及雜劇戲文 須是虛實相半 方爲遊戲三昧之筆 亦要情景極造而止 不必問其有無也.(方正耀, 앞의 책, 249쪽 재인용)

같은 정리와 배경을 갖추면 그만이라는 그의 '허실상반(虛實相半)'의 관점은 소설 창작이론에서 주목할 만한 것이다.

소설의 사실과 허구에 관한 이론은 이일화(李日華, 1565-1635)와 풍몽룡(馮夢龍, 1574-1646)에 의해 더욱 심화되었다. 풍몽룡은 「경세통언(警世通言)·서(敍)」(1624)에서 "소설 속의 인물이 반드시 실제로 있었던 일을 해야 할 필요는 없으며, 소설 속의 이야기가 실제로 존재했던 인물과 반드시 짝이 맞아야 할 필요도 없다."[34]고 하면서 소설이 허구로 이루어질 수 있음을 긍정했다. 실제 인물을 묘사하더라도 그 사람이 실제로 행한 일들만을 묘사할 필요는 없으며, 실제의 사건을 묘사하더라도 그 일을 행한 실제 인물에 구애될 필요는 없다고 본 것이다.[35] 나아가 이일화는 "기록을 통해 그 내용을 알 수 있는 것은 사실적인 것이다. 그러나 일일이 그 근거를 따질 필요가 없는 것은 허구에 포함시키지 않을 수 없다. 또한 형상을 빌어 작가의 뜻을 기탁한 것은 허구적인 것이다. 그러나 원래 없었던 일이지만 반대로 일일이 근거를 따질 수 있다면 그것을 사실에 포함시키지 않을 수 없다."고 하면서 사실성(事實性)과 사실성(寫實性), 사실과 예술적 진실 사이의 관계를 밝혔다. 그는 '형상을 빌어 기탁할 수 있다면 가문, 족보의 서열, 관직, 호칭 등 현실 세계의 일들이 착실히 문장을 통해 조물주가 창조하듯 나타난다면 오히려 근거를 가질 수 있게 된다'[36]는 인식을 갖고 있었다. 소설의 허구와 사실에 대한 명말 비평가들의 인식을 체계적으로 정리한 방정요는 명대 비평가들의 소설이론이 소설가들로 하여금 역사적 사실에 얽매이지 않고 대담하게 허구를 창작할 수 있도록 이끌어줌으로써 소설 창작의 발전을 촉진시켰다고 주장했다.[37]

이러한 중국문단의 사조와 동시대 조선 문인들의 직접적인 수수관계는 향후 근거 사료와 함께 심도있게 논구되어야 할 과제이지만 임란을 계기로 명인들과 접촉했던 일부 조선문인들의 작품에서 허실상생의 기법이 발견되는 것만은 분명하다. 낭만적 현실주의 세계관에 입각한 사실적 전기소설의 길을 연 작품으로 평가되는[38] <주생전>(1593)과 허균의 전 작품 등이 이에 해당한다. 일예로, <주생전>은 작가가 주인공 "주생으로부터 들은 이야기를 바탕으로 거기에 자신의 사전지식, 심상지도, 상상 등을 적극 활용한 창의를 발휘하고 허구화하여", "어디까지가 사실이고 허구인지 구분해내지 못할 정도로 수준 높은 허구화 기법이 사용"된 것으로 밝혀진 바 있다.[39]

---

34) 人不必有其事 事不必有其人.
35) 方正耀, 앞의 책, 253쪽.
36) 李日華, 「廣諧史·敍」. 可借形以托 即閥閱譜緒 爵里徵拜 建樹諡誅 悉任楮墨出之 若天造然 是即反若有可按者.(위의 책, 254쪽 재인용)
37) 위의 책, 256쪽.
38) 조영태, 「전기의 세계관과 양식 특질」, 『국문학연구』 5, 국문학회, 2001, 160쪽.
39) 申泰秀, 「周生傳 硏究」, 한남대학교 박사학위논문, 2012, 155-161쪽. 이 작품의 허실기법은 특히 공간의 배치와 이동에서 두드러진다. 필자는 이 논문에서 <주생전>이 우리소설사상 寫實小說의 선구임을 밝힌 바 있다. 다만, 여기서는 논의의 밀도를 높이기 위해 주인공이 실존인물로 밝혀진 <최척전>을 허실기법의 대표 사례로 든 것이다.

조위한의 경우도 임란 시기 명나라 장수들과의 교유, 사행을 통한 중국 문인과의 직접적인 교류 및 서적 구입 등의 역사적 사실에 비추어 볼 때 중국문단의 동향에 대한 이해 수준이 상당했던 것으로 보인다. 허균 관련 기록들도 방증자료가 될 수 있는데, 허균과 이지(李贄)의 상관성에 대해서는 학계의 논의도 있었거니와 허균이 이지의 책들을 구해보았고 일정의 영향 관계가 있는 것은 사실이다. 그리고 허균은 1606년 중국 사신 주지번 일행의 접대를 맡아 수 개월간 교류하면서 중국의 상황과 문단의 동향을 파악하였는데 당시 중국 문단에 손꼽히는 문인으로 사조제(謝肇淛)에 대해 듣게 된다.[40] 1608년에도 중국 사신 일행을 맞아 교류하면서 또 다시 중국 문단을 이끌고 있는 문장가로서 사조제에 대해 듣게 된다.[41] 그 후 1614년과 1615년 두 차례에 걸쳐 직접 중국을 방문했을 때 그는 거금을 들여 수천 권의 책을 구입했는데 그 가운데 소설책들도 다수 포함된 것으로 보인다. 허균이 소설 『수호전』, 『금병매』 등 당시 중국의 최신 유행작들을 읽고 이런 작품을 읽지 않은 사람은 식견이 좁아 함께 친구할 수 없다고 언급한 것을 통해 알 수 있다.[42] 또한 「서유록발(西遊錄跋)」에서 ‘<북송삼수평요전(北宋三遂平妖傳)>은 소략하다(北宋略)’고 평했는데 허균이 읽은 <북송삼수평요전>의 서문을 쓴 장무구(張無咎)는 소설이 ‘사실과 허구를 겸비(眞幻幷兼)’해야 하며 ‘사람과 귀신의 행태를 겸하여 묘사(備人鬼之態)’해야 한다는 주장을 펼친 인물이다. 그의 견해는 허구와 사실을 반반씩 섞어야 한다(虛實相半)고 주장한 사조제의 관점을 계승 발전시킨 것으로 알려져 있다.[43] 허균과 조위한이 공통적으로 품고 있던 중국 유람에 대한 열망 아래 서로 대화를 나눈 사실은 앞에서 잠시 언급했거니와 이미 알려진 대로 그들의 교유 관계가 매우 친밀했음을 감안한다면 허균이 직간접적으로 파악한 중국문단의 이해가 어떤 형태로든 조위한에게 전달되었을 것이다. 또한 조위한 자신도 1610년에 중국을 직접 방문하여 그곳 문인들과 교류했고 이듬해 돌아오면서 많은 서적을 구입해왔던 사실로 미루어볼 때 소설에 관한 허실이론 등 중국문단의 최근 동향에 대한 이해가 높았을 것이 확실시된다. 하지만 명말 문단 사조와 조위한이 직접적인 수수관계가 있는지는 논외로 하더라도 명말 문단에 나타난 소설비평의 변화와 허실이론에 비추어 <최척전>의 허실상생의 양상을 바라볼 때 이 작품이 허실이론을 대단히 충실하게 구현해내었음은 앞의 작품분석을 통해서 분명하게 드러났는데 이를 정리하면 다음과 같다.

첫째, 최척과 옥영의 서사는 없는 이야기를 만들어낸 것이 아니라 현실생활에 의거한 것이다. 그들의 행적은 현실 속에 있는 귀환포로들과 작가의 직간접적인 체험을 종합적으로 재구성하여 구현한 것으로 예술적 대리인이라는 의미가 있다.

---

40) 許筠, 『(국역) 성소부부고』 Ⅲ, 33쪽.
41) 위의 책, 48쪽.
42) 許筠, 『(국역) 성소부부고』 Ⅳ, 106쪽.
43) 方正耀, 앞의 책, 250-251쪽.

둘째, 등장인물들이 실제로 있었던 일만 하도록 한 것이 아니라 실제 인물과 사건에 구애되지 않고 허구를 섞되, 정리(情理)와 배경을 갖추어 문학적 진실이 드러나도록 치밀하게 구성하였다.

셋째, 장유(壯遊)에 대한 작가의 욕망 투사, 부부상봉 장면 등에서의 인정세태 묘사, 주제의식 구현 등을 위해서 허구를 가미하여 사실과 조화를 이루도록 구성하였다.

넷째, 사실과 허구를 조합하되 핍진하고 생생하게 묘사하여 흥미를 극대화하였다.

그런데 한 가지 짚고 넘어가야 할 것은 <최척전>에는 비현실적 존재인 장육불이 수차례 등장하여 서사진행상 하나의 중요한 축을 이룬다는 점이다. 이것은 명말 장무구(張無咎)의 이론을 연상시키는데 앞서도 언급했듯이 그는 <북송삼수평요전> 서문에서 소설이 '사실과 허구를 겸비'해야 하며 '사람과 귀신의 행태를 겸하여 묘사'해야 한다는 이론을 전개했다. 이러한 장무구의 관점은 비현실적인 허구를 포함하고 있기 때문에 '허구의 참된 의미를 제대로 이해하지 못한 것'으로 평가되고 있다.[44] 마찬가지로 <최척전>에서 장육불의 출현은 '이 작품이 도달한 리얼리즘의 한계'[45]로 지적되는 부분이다.

하지만 임진왜란을 당하여 조위한과 친분이 두터웠던 임환과 함께 흑산도로 피난을 갔던 정식 가족의 이야기는 장육불의 현몽조차도 개연성을 갖도록 하는 현실적 토대를 제공한다. 정식은 흑산도에서 몇 달을 지낸 후 고향으로 돌아가려던 중 한 꿈을 꾸었는데, 백발노인이 나타나서 "나는 이 섬의 주인이다. 내일 마땅히 그대에게 순풍을 빌려주리라. 대신 그대의 말이 준마라서 내 마음에 드니 맡겨두고 가라."고 지시했다. 집안사람들도 똑같은 꿈을 꾸었기 때문에 두려운 마음에 말을 섬에 두고 떠나려 하였으나 유학자인 큰아들이 미혹되지 말라고 반대하여 결단을 내리지 못했다. 다음날 또 꿈에 백발노인이 나타나 경고를 하자 정식은 그 말을 따르려고 했으나 또 큰아들이 만류했다. 결국 배를 타고 가는데 바람이 없는데도 배가 빙빙 돌다가 일가족이 모두 바다에 빠져 죽고 말았다. 이 이야기가 호남사람들에게 널리 전해졌고 유몽인의 『어우야담』에도 채록되었다.[46] 조위한은 그 사건을 직접 목도했던 임환을 통해서 들었을 가능성이 농후하다. 이밖에도 왜적의 포로가 되었던 노인(魯認) 일행의 귀환이 예견된 꿈을 비롯하여 꿈의 영험성에 대한 이야기는 그 당시에도 대단히 많았다. 따라서 장육불이 거듭 꿈에 나타나 예언하는 <최척전>의 설정을 장무구의 이론에서와 같은 비현실적 허구의 결합으로만 간주하는 것은 타당하지 않으며, 리얼리즘의 한계로만 단정하는 것도 재고할 여지가 있는 것이다.

이상에서와 같이 <최척전>은 그 출현을 전후한 시기에 명나라 문단에 제기되고 있던 허실

44) 위의 책, 252쪽.
45) 박희병, 앞의 논문, 96쪽.
46) 柳夢寅, 앞의 책, 225-226쪽.

이론이 창작적 실천으로 구현되어 있는 작품임을 알 수 있다. 중국소설사에서 전기성(傳奇性)을 중시하던 흐름에서 벗어나 사실성을 중시하는 새로운 경향을 개척한 작품으로 꼽히는 『금병매』가 1596년 기록에서 최초로 언급된 사실과[47] 허실이론을 본격적으로 심화시킨 것으로 평가되는 풍몽룡의 『경세통언』이 1624년에 출간된 것을 감안한다면, 당시 명 문단의 최신 사조이며 소설인식에 혁신을 가져온 허실이론이 1621년작 <최척전>에 정교하게 구현되어 있다는 사실은 이 작품이 우리소설사에서 차지하는 전환적 의의를 동아시아 차원에서도 논의할 수 있는 단서라고 하겠다.

4. 결론

본고는 <최척전>에 나타난 허실상생의 양상과 그 서사적 의미를 밝히고, 허실이론의 견지에서 이 작품의 사실적 문체가 지닌 위상을 살펴보았다. 허구성 논의의 주요 사건들은 주로 후반부에 분포되어 있는데 최척의 해외편력과 부자상봉, 옥영의 해외편력과 부부상봉 등 크게 둘로 나누어 살펴보았다.

최척의 경우, 그의 중국 유람은 작가 조위한이 자신이 품고 있던 장유(壯遊)에 대한 욕망을 투사하여 허구적 요소를 개입시킨 것으로 보인다. 사마천의 행적을 비롯한 역사와 역대 문인들의 문학작품, 그리고 노인의 행적과 같은 당대의 현실적 이야기 등을 담보로 작품 속 최척의 중국 유람이 개연성을 획득함으로써 그럴듯하고 핍진하여 허구라는 것을 눈치채지 못하고 사실처럼 받아들이게 하는 효과를 낳는다. 이와 같은 허실 기법을 통해서 남주인공을 세사에 얽매이지 않는 탈속한 풍모와 호방한 기질을 지닌 인물로 형상화하는 데 성공적인 효과를 거두고 있다. 또한 최척-몽석의 부자상봉은 작가의 정교한 구상력이 작동한 결과인데 붉은 점이라는 단서와 복선을 통해서 적진에서의 극적인 상봉이라는 흥미로운 사건이 소설적 진실성을 획득한다. 작가가 사실과 허구를 조합하여 이야기를 엮어나가면서도 소설적 진실을 구축하기 위해서 구성적 역량을 발휘했음을 알게 된다. 또 부자상봉의 장면에서 작가는 독자의 흥미를 돋우기 위해 서사를 지연시키고 있는데 여기서 두 사람이 경계의 끈을 놓지 못한 채 나누는 대화는 안타까움과 흥미를 유발한다.

옥영의 경우, 그녀의 귀국 항로와 해적 조우는 지리적으로 허구임이 명백하지만 대명사행단의 해로사행 경로, 해랑도 도적 등 현실세계에 존재하는 것들을 가져와 허구화함으로써 매우 사실적으로 구성된 것이다. 해적에게 배를 빼앗겨 무인도에 고립된다는 허구적 설정은 절체절명의 극한 상황을 설정함으로써 서사의 긴장과 흥미를 고조시키는 역할을 하며,

47) 章培恒·駱玉明 編, 『中國文學史』 下, 復旦大學出版社, 2001, 321쪽.

그러한 절망적 상황 속에서 가족들이 어떠한 마음가짐을 가져야 하는지, 어떻게 대처해야 하는지를 보여주는 동시에 지성감천(至誠感天)의 주제를 구현하는 데 적극 기여한다. 또 옥영의 해외편력은 귀환포로들의 해외체험을 반영한 것으로 옥영은 현실 인물들의 문학적 대리인이라고 할 수 있다. 허구화된 옥영의 해외편력서사를 통해서 전란으로 인한 온갖 시련에도 불구하고 지극한 정성을 다하는 삶을 견지함으로써 난관을 극복하고 궁극적으로 행복을 쟁취하는 이상적인 여성상을 제시하고 있다. 이는 옥영을 절부(節婦)이자 현모양처요 강인한 어머니로 형상화하는 데 기여한다. 또한 옥영과 최척의 재회 장면 묘사는 사건들이 인과관계에 의해 연결되면서 곡진한 인정을 생생하게 반영하고 있어 허실상생의 기법을 통해 핍진성의 묘미가 극대화되어 잘 드러난다.

마지막으로, 본고는 허실이론의 견지에서 <최척전>의 소설사적 위상을 검토해보았다. 이 작품에는 당시 명나라 문단에 제기되고 있던 허실이론이 창작적 실천으로 구현되어 있음을 확인했다. 명 문단의 최신 사조이며 소설인식에 혁신을 가져온 허실이론이 <최척전>에 정교하게 구현되어 있다는 사실은 이 작품이 우리소설사에서 차지하는 전환적 의의를 동아시아 차원에서도 논의할 수 있는 단서가 된다. 허실상생의 문체를 중심으로 이 작품을 전후하여 우리문학사에 출현한 소설들을 살펴본다면 <최척전>, <주생전>, 허균의 전 작품 등이 지닌 기법적 위상과 소설사 이해에 새로운 시각을 제공해줄 것으로 예상되는데 이에 대한 후속 연구를 기대해본다.

Ⅱ.

최척전의 서사기법 활용 양상

1. 서론

『최척전』(1621)은 17세기 소설사의 전환을 이룬 중요 작품 중 하나로 운위되는 가운데 그동안 이 작품에 대한 연구는 매우 다양한 시각에서 이루어져 왔고 많은 연구성과물들이 꾸준히 발표되어 왔다. 하지만 이 작품에 대한 다양한 논의와 소설사의 높은 평가에도 불구하고 서사시학에 입각한 서사기법에 대한 연구는 소략하다. 더구나 매우 다양한 서사기법들이 동원되어 정교하게 짜여져 있는 이 작품에 대한 서사기법 분석 연구는 한국 고소설사에서 서사시학의 발전과정을 이해하는 데 선결되어야 할 과제라고 판단된다.

주지하는 바와 같이 일찍부터 이 작품에 쓰인 가탁의 기법, 즉 열린 액자구조가 서사기법의 측면에서 언급되었다. 가탁의 기법은 소설 창작에 대한 사회적 비판을 피하기 위한 작가의 거리두기 전략, 즉 서사전략적 장치로 해석되었다. 또한 아들 몽석의 몸에 있는 손바닥만 한 점, 최척의 피리소리, 옥영과 주고받은 시 등이 훗날 가족상봉의 결정적 단서로 기능하면서 복선이라는 치밀한 서사적 장치로 작동하고 있는 점을 들어 높은 서사 구성능력이 구사된 작품으로 평가되었다. 또한 점차 고소설의 서사시학에 대한 관심이 확대되고 시각이 예각화되면서 최근 몇 년 사이에 이 작품에 사용된 허실상생의 기법[1]이 조명된 바 있고, 동시사건을 기술해나간 방식에 대한 세밀한 분석[2]을 통해 시간과 관련한 그 서사기법의 일모가 밝혀진 바 있다.

그러나 위의 기법들 외에도 이 작품에는 서사기법의 차원에서 매우 다양한 기법들이 동원된 작품이지만 지금까지 이에 대한 전면적 검토는 이루어지지 않았다. 서사기법의 측면에서 『최척전』의 구성 및 서술기법을 분석하여 일목요연하게 정리해 보여준다면 이 작품의 창작

---

1) 신태수, 「최척전의 허실상생기법」, 어문연구 85, 어문연구학회, 2015, 131-139쪽.
2) 박상석, 「고소설의 동시사건 서술기법에 대한 사적(史的) 고찰」, 열상고전연구 47, 열상고전연구회2015, 267-301쪽.

기법 및 문예미학적 가치를 파악하는 데 기여할 것으로 판단된다. 이에 본고는 『최척전』의 서사 구성 및 서술방식을 세부적으로 분석함으로써 이 작품에 사용된 서사기법들을 추출하여 목록화해 보고자 한다. 우선 한국과 중국의 고전소설 비평 및 연구를 통해 그동안 밝혀진 서사기법들을 참조하여 이 작품에 발휘된 서사기법들을 전면적으로 분석·추출하고 그 서사적 기능들을 밝혀볼 것이다. 또 나아가 그 서사기법들을 도표화함으로써 이 작품의 서사기법 활용의 양상을 한눈에 파악할 수 있도록 정리하여 제시하겠다.

2. 서술 기법

2.1. 인물 및 사건의 조응 기법

2.1.1. 대우(對偶, 패럴렐리즘)

고전소설에서의 대우란 유사한 인물이나 사건들을 배열하여 서술하는 기법을 가리킨다. 영어의 패럴렐리즘(parallelism)에 해당하며 서사 작품에서 인물, 사건 등을 서로 조응시켜 평행적으로 전개하는 방법이다. 이 방법을 사용하면 인물의 성격이 유사성 속에서 선명한 개성을 드러내게 할 수 있으며, 사건의 진행도 순차성이나 리듬감을 띠도록 만드는 효과가 있다. 이 기법은 소설사의 초기에 등장한 문언단편소설에서부터 조금씩 사용되기 시작하여 등장인물이 많고 서사가 복잡한 후대의 장편 장회소설에 이르러서는 필수불가결한 기법이 되었다.[3] 소설 기법으로서의 대우는 유사한 인물들의 병렬, 유사한 사건의 반복적 출현 등으로 이루어지는데, 유사한 사건의 경우에는 열거를 통해 의미를 강조하는 방식과 점층식으로 의미를 강화해나가는 방식이 있다.[4]

『최척전』은 이 세 가지 종류의 대우법을 두루 사용하고 있다. 첫째, 유사한 인물들의 병렬이다. 옥영과 홍도, 두 인물의 설정이 여기에 속한다. 옥영과 홍도는 대우(對偶)적 인물로서, 공통적으로 의혼 과정과 가족 재회에 있어서 주동적으로 행동하는 여성인물들이다. 남편감을 스스로 선택하고, 가족을 찾기 위해 위험도 마다않고 적극적으로 행동한다. 이들은 이러한 공통점을 기반으로 하면서도 각자 다른 개성이 드러난다. 옥영은 최척과의 절의를 위해 어머니를 설득하고, 홍도는 아버지를 찾아 조선에 가기 위해 남편을 설득한다. 옥영은 절부(節婦)로, 홍도는 효부(孝婦)로서 각자의 개성을 드러내고 있는 것이다. 또 나아가 대우법을 통한 옥영과 홍도의 인물묘사는 이러한 공통성과 개성을 드러내면서 궁극적으로 황천후토

3) 王平, 『中国古代小说叙事研究』, 中國: 河北人民出版社, 2001, 400-401쪽.
4) 위의 책, 401-411쪽.

마저도 감동시키는 '필부(匹婦)의 지성(至誠)'[5]이라고 하는 주제의식을 강조하는 효과를 거두고 있다.

둘째, 유사한 사건의 열거를 통한 의미 강조이다. ㉠ 최척 가족과 진위경 가족의 재회, ㉡ 옥영의 반복되는 자살사건, ㉢ 장육불의 반복적 출현이 여기에 속한다. 우선, ㉠ 최척 가족의 재회는 옥영의 절행을 통해 이루어지고, 진위경 가족의 재회는 홍도의 효행을 통해 달성되는데 이것은 옥영과 홍도의 대우적 관계의 연장선으로 이해할 수 있다. 즉, 진위경 가족의 재회는 최척 가족의 재회와의 대우로서 묘사된 것이다. 한편, ㉡ 옥영은 난관에 봉착할 때마다 자살을 시도하지만 죽지 않고 살아난다. 이 유사 사건의 반복은 어떤 난관이 닥치더라도 자살하지 말고 진인사대천명(盡人事待天命) 해야 한다는 의미를 강조하고 있다. 또한 ㉢ 장육불의 출현은 태몽, 자살 제지 및 희망 계시라는 두 가지 양상으로 반복된다. 전자인 몽석과 몽선 형제의 출생에서 동일한 태몽의 반복은 이 아이들이 부처가 특별히 점지해 준 존재이고 그 가호 아래 있음을 강조한다. 후자인 옥영에 대한 자살 제지 및 희망 계시의 반복은 지성이면 하늘도 감동시킨다는 지성감천의 구체적 현시로서 강조되고 있는 것이다.

셋째, 유사 사건의 점층적 배열을 통한 의미 강화이다. 옥영 일행의 해로(海路) 귀국이 여기에 속한다. 옥영은 항주를 떠나기 전에 조선 옷과 일본 옷을 준비하고, 아들과 며느리에게 조선말과 일본말도 가르친다. 명나라, 조선, 일본이라는 세 나라의 옷과 언어를 갖춘 것이다. 주지하다시피 고전 서사 작품에서 삼세번은 매우 익숙한 관용적 서술방식이다. 그런데 그 세 번은 단순 반복적 열거에 의한 강조도 있지만 점층적 열거에 의한 강도의 강화가 더 일반적이다. 옥영 일행의 귀국 사건도 후자의 방식을 취하고 있다. 출항 이후 첫 번째 관문인 명나라 순시선의 검문은 손쉽게 통과한다. 하지만 두 번째 관문은 녹록치 않다. 일본 배를 만나게 되어 일본 옷으로 갈아입고 일본말로 응대하여 무사히 넘어가는 듯했지만 돌연 사나운 풍랑을 만나 돛대가 부러지고 돛도 찢어져 표류하다 가까스로 무인도에 정박하여 배를 수선한다. 그러나 마지막 세 번째 관문은 어처구니없게도 해적이 들이닥쳐 배를 빼앗아 가는 바람에 무인도에 고립되고, 설상가상으로 식량마저 고갈되어 굶어죽을 지경에 이른다. 마지막 남은 사흘 치 식량에 절망한 나머지 자살을 결심한다. 아들과 며느리의 만류와 장육불의 계시에 한 가닥 실낱같은 희망을 품고 세 식구가 전심으로 염불하며 기도하는데 사흘 후 기적 같이 조선 배가 나타난다. 조선 옷으로 갈아입고 조선말로 구조를 호소함으로써 비로소 목적을 달성하게 된다. 이렇게 삼세번 만에 가까스로 소원을 성취하는 과정은 역경의 강도가 강화되고 동시에 인물들의 고난과 투쟁이 격화되면서 긴장이 고조되는 과정이다. 이러한 점층적 반복 서술을 통해서 최종적인 성취의 기쁨이 극대화되고, 서사의 흥미가 고조되는 효과를 발휘하게 된다.

---

5) "皇天後土, 必感於至誠, 能致此奇特之事也. 匹婦有誠, 天且不違." 민영대, 「附錄 <崔陟傳> 原文」, 『조위한과 최척전』, 아세아문화사, 1993, 367쪽. 이하 『최척전』 원문의 인용은 쪽수만 표기한다.

2.2. 인물 및 사건의 대조 기법

2.2.1. 친탁(襯託)

친탁이란 다른 것에 의해 두드러지게 하는 것을 뜻한다. 고전소설에서 인물들의 대비를 통해 인물의 성격을 형상화해내는 기법을 친탁법이라 한다. 인물의 독특한 개성을 드러내기 위해 서로 다른 혹은 완전히 상반되는 성격을 대조적으로 묘사하면 매우 선명한 효과를 얻게 된다. 인물의 내면적 성격이든 외형적 생김새든 친탁의 기법을 사용하면 묘사의 효과를 배가시킬 수 있다.[6]

소설에서 인물의 성격 묘사에는 직접적인 서술에 의한 방법과 대화나 행위를 통해 간접적으로 보여주는 방식이 있다. 『최척전』은 이 두 가지 방법을 모두 사용하고 있다. 전자의 예로는 작품 서두에 최척을 소개하면서 "그는 어린 시절부터 뜻이 크고 기개가 있었다. 친구들과 사귀기를 즐겨하며 약속을 중하게 여겼다. 사소한 작은 예절 따위는 거들떠보지도 않았다."[7]라고 한 경우에서 볼 수 있다. 하지만 이 작품은 대화나 행위를 통해 인물의 성격을 드러내는 간접적 방식을 더 많이 사용하는데 그중 몇몇 인물들에 대해서 친탁의 기법을 이용하여 인물의 개성을 도드라지게 묘사하고 있다.

이 작품에서 친탁의 기법을 사용한 예로는 첫째, 옥영과 심씨의 성격 대비를 꼽을 수 있다. 옥영은 스스로 남편감을 물색하여 최척에게 연서를 던져 의중을 묻고, 서로의 마음을 확인하자 정식으로 청혼해줄 것을 요구한다. 하지만 어머니 심씨는 최척이 가난하다는 이유로 청혼을 거절하려 하고, 이에 옥영이 어머니를 설득하는 과정에서 두 인물의 성격이 선명하게 대조된다.

(심씨:) 내가 가족을 다 잃고 떠도니 의탁할 곳이라고는 오직 딸 하나뿐입니다. 반드시 부자에게 시집을 보내고 싶습니다. 가난한 집의 아들에게는 비록 어질다 하더라도 딸을 주고 싶지 않습니다.[8]

(옥영:) 어머니께서 저를 위해 사위를 고르면서 반드시 부자를 구하고자 하십니다. … 그러나 혹시 집은 부요하더라도 사위가 그다지 어질지 못하다면 그 가업을 보존하기가 쉽지 않을 것입니다. … 가만히 보니 최생은 … 충후하고 믿음직하니 … 청컨대 그에게 시집 보내주십시오. … 하물며 지금 저의 신세는 다른 사람들과 경우가 다릅니다. 집안에 아버지가 계시지 않은데 적병은 이웃 마을에 있습니다. 이런 마당에 충실하고 믿음직스러운 사람이 아니라면 어떻게 우리 모자를 보살펴줄 수 있겠습니까?[9]

---

6) 孟昭连, 宁宗一, 『中国小说艺术史』, 中國: 浙江古籍出版社, 2003, 291-292쪽.
7) "自少倜儻, 喜交遊, 重然諾, 不拘齪齪之小節." 353쪽.
8) "我以盡室流離, 孤危無托, 一女恃之, 必嫁富人. 貧家子, 雖賢, 不顧與也." 355쪽.

남편과 아들을 일찍 여읜 심씨는 무조건 부자 사위를 얻음으로써 의탁할 방도를 마련하고자 한다. 이와는 대조적으로 옥영은 부(富)보다는 어진 인성이 중요하며 특히 전쟁의 와중에서는 더욱더 충실하고 믿음직스러운 사람이어야만 한다고 주장한다. 이같은 상황은 최척이 의병에 참가한 후 혼인 날짜를 넘기도록 소식이 없자 이웃에 사는 부잣집 양씨네가 청혼하면서 다시금 재현된다. 그런데 이번에는 결혼 약속에 대한 신의(信義)가 문제로 부각된다.

> 이에 틈을 엿보아 혼인을 청하며 남모르게 정 상사의 부인에게 뇌물을 주고 날마다 혼사를 부탁하였다. 그러자 정 상사 부인이 심씨에게 말했다. "최생은 가난하여 아침에 저녁거리도 주선하지 못한다오. … 하지만 양씨는 부유하여 평소 재물이 많다고 소문이 났다오. … " 정 상사 부부가 같은 말로 서로 다투어 추천하였다. 그러자 심씨도 그만 혹하여 시월 중에 길일을 택하여 혼사를 맺기로 약속하였다.[10)]

심씨는 양씨의 뇌물을 받은 정 상사 부부의 설득에 넘어가 최척과의 혼약을 파기하고 양씨와의 혼사를 결정한다. 반면 옥영은 최척의 사연을 알아보지도 않은 채 함부로 약속을 깨뜨릴 수 없다며 결연한 자세로 죽음을 택한다. 이처럼 결혼을 둘러싼 두 사건 속에서 옥영의 개성적 성격을 도드라지게 드러내기 위해 심씨 및 정 상사 부부와의 선명한 대조의 효과를 이용하는 친탁법을 동원하였음을 볼 수 있다.

둘째, 주우의 성격 묘사이다. 주우의 성격은 최척과의 대비, 두홍과의 대비를 통해 드러난다. 먼저, 최척과의 대비를 통한 주우의 성격 묘사를 보자. 가족을 잃은 최척이 명나라로 건너가 여유문에게 의탁했으나 곧 여유문이 죽는 바람에 의지할 곳이 없게 되자 강호를 배회하던 끝에 속세를 떠날 뜻을 품고 청성산에 들어갈 결심을 한다.

> 당시 해섬도사 왕용이라는 사람이 청성산에 은거하고 있었다. 그는 금을 녹여 불사약을 만들었으며 백일승천하는 술법을 지니고 있었다. 최척이 장차 촉 땅으로 들어가 그에게 신선술을 배우려 하였다. 그때 마침 주우라는 인물을 만났다. … "백승, 사람이 이 세상에 살면서 누군들 장생불사하고 싶지 않겠습니까? 하지만 고금천하에 어찌 그런 이치가 있을 리 있겠소. 또 여생이 얼마나 된다고 약을 먹고 굶주림을 참으며 스스로 사서 고생하면서 산귀신과 더불어 살려고 한단 말이오. 그대는 모름지기 나와 함께 돌아갑시다. 일엽편주에 몸을 싣고 오월 지방을 다니며 비단이나 차를 팔면서 남은 생을

---

9) "母親為我擇婿, 必欲求富,… 而如或家雖足食, 婿甚不賢, 則難保其家業.… 竊覵崔生,… 忠厚誠信,… 請決嫁之.… 況今兒身, 異於他人, 家無嚴父, 賊在鄰境. 苟非忠信之人, 何以仗母子之身乎." 355쪽.

10) "乘間求婚. 潛以貨賂, 啖諸鄭妻, 逐日董成. 鄭妻言於沈氏曰, 崔生貧困, 朝不謀夕,… 而梁氏殷富, 素稱多財,… 夫妻合辭, 交口薦之. 沈意頗惑, 約以十月涓吉." 356쪽.

> 즐겨봅시다. 그 또한 달인의 삶이 아니겠습니까?" 최척은 황연히 깨닫고 마침내 그와 함께 돌아갔다.[11]

주우라는 인물에 대한 소개는 "그는 경사에 두루 통하여 공명을 초개처럼 여겼으며, 저서로 생애를 보냈다. 남에게 베풀기를 좋아하는 의기 있는 인물이었다."[12]라는 직접적인 서술로 나타나 있기도 하지만, 주우의 성격 묘사에서 더욱 주목되는 것은 이어지는 최척과의 대화를 통해서 피은(避隱)적 삶을 추구하며 속세를 떠나고자 하는 최척에 대비되어 시은(市隱)적 달인의 삶을 지향한 주우의 개성을 선명하게 부각시키고 있다는 점이다.

다음으로, 두홍과의 대조를 통한 주우의 성격 묘사를 보자. 두홍은 최척과 함께 배를 타고 안남에 간 젊은이다. 안남 포구에 정박했 있던 어느 날 밤 일본 상선에서 들려오는 불경 소리에 최척이 감응되어 피리를 불었는데 갑자기 일본 상선에서 최척과 옥영만이 알고 있는 시를 읊는 소리가 났다. 이에 깜짝 놀란 최척이 실성한 사람처럼 정신을 못 차리니 주우가 까닭을 묻는다. 최척이 그 시의 내력과 그 시를 읊은 목소리가 자기 아내의 음성과 같음을 말하고 그동안의 사정을 이야기한다. 그러자 두홍이라는 젊은이가 흥분하면서 나선다.

> 그들 중에 두홍이라는 젊고 용감한 사람이 있었다. 그는 최척의 이야기를 듣더니 의기를 느껴 손으로 노를 치며 분연히 일어났다. "내가 가서 탐문해 보겠습니다." 학천이 그를 말렸다. "깊은 밤에 소란을 피우다가는 무슨 일을 당할지 알 수가 없네. 내일 아침에 조용히 알아보는 것이 좋을 것이야." 좌우에 있던 사람들도 모두 동조하였다.[13]

젊고 의협심이 강한 두홍은 최척의 안타까운 사정을 보자 참지 못하고 분연히 떨쳐 일어나 자신이 나서서 알아보겠다고 자원한다. 그러나 이때 주우는 침착하고 냉정하게 대처한다. 한밤중에 소란을 피우다가 오히려 일을 그르칠 것을 염려하며 날 새기를 기다려서 차분하게 일을 처리함이 현명함을 일깨운다. 천신만고 끝에 머나먼 이국땅에서 부부가 다시 만나게 될 천재일우의 좋은 기회를 자칫 조급하게 서두르다가 망칠 수도 있는 위기의 순간을 설정한 후, 의협심만 강하고 냉정하지 못한 두홍과 대조적으로 주우를 냉철하고 사려깊게 행동하는 인물로 묘사하면서 선명하게 부각시키고 있는 것이다.

---

11) "聞海蟾道士王用, 隱居青城山, 燒金鍊丹, 有白日飛升之術, 將欲入蜀而學焉. 適有朱佑者,… 伯升, 人生斯世, 孰不欲長生而久視. 古今天下, 寧有是理. 余生幾何, 而何乃服藥忍饑, 自苦如此, 而與山鬼為鄰乎. 子須從我而歸, 浮扁舟, 適吳越, 販繒賣茶, 以娛余年, 不亦達人之事乎. 陟灑然而悟, 遂與同歸." 359쪽.

12) "博通經史, 不屑功名, 以著書為業, 喜施與, 有義氣." 359쪽.

13) "座有杜洪者, 年少勇敢士也, 聞陟之言, 義形於色, 以手擊楫, 奮然而起曰, 吾欲往探之. 鶴川止之曰, 深夜作亂, 恐致生變, 不如朝日從容處之. 左右皆曰, 然." 359-360쪽.

2.2.2. 억양(抑揚)

고전소설에서 억양법이란 처음에 올렸다가 내리거나, 먼저 낮추었다가 올리는 방식으로 두 사실을 분명하게 대조시켜서 강조하는 기법이다. 여기서는 문장 단위의 수사가 아니라 서사의 기법 차원을 가리킨다. 『최척전』에서 억양의 기법은 최척의 대후금전투 참전 사건에서 찾아볼 수 있다. 교유격의 천총 오세영에게 발탁되어 종군하게 된 최척은 다시 살아서 돌아오기 어려운 길이라며 절망하는 옥영에게 다음과 같이 말한다.

> 보잘것없는 작은 도적이 감히 천자에게 항거하다니. 천자의 군사가 정벌을 나가면 계란을 깨뜨리는 것과 다를 것이 없소. 종군하여 오가는 길에 단지 세월의 괴로움이 뒤따를 따름이오. 그처럼 부질없는 걱정일랑 하지 마시오. 내가 공을 이루고 돌아올 때까지 기다렸다가 술상을 앞에 놓고 경하함이 가할 것이오.[14)]

후금군은 보잘것없는 작은 도적이라고 하면서 명나라 천자의 군대는 그들을 계란을 깨뜨리듯이 단번에 쳐부술 수 있다고 호언장담을 한다. 명나라 군대를 대단히 높이 추켜세우고 있는 것이다. 그러나 이어지는 실제 전투에서는 이와 상반되는 장면이 묘사된다.

> 최척은 요양에 이르러 호지를 향하여 수백 리를 들어갔다. 그곳에서 조선의 군마와 함께 우미채에 나란히 진을 쳤다. 그런데 장수가 적을 가볍게 보았다가 모든 군사가 몰살당하였다. 누르하치는 명나라 군사를 남김없이 살육하였다. … 교 유격은 패잔병 십여 명을 거느리고 조선 진영으로 찾아가 입을 의복을 구걸하였다.[15)]

전투가 벌어지자마자 명나라 군대는 삽시간에 몰살당하고 만다. 명나라 장수 교 유격조차 가까스로 소수의 패잔병과 함께 조선 진영으로 도망쳐서 목숨을 건지기 위해 의복을 구걸하는 구차한 신세로 추락한다. 전투 전에는 기고만장했던 명나라 군대가 곧바로 실전에서는 순식간에 몰락하고 마는 것으로 그려내고 있다. 억양의 기법이 사용된 것이다. 기세등등한 명나라 군대가 장수의 교만으로 인해 일격에 무너지는 선명한 억양을 통해서 명의 허상적 실체를 강조하여 드러내고 있는 것이다.

---

14) "蕞爾小酋, 敢拒螗臂. 王師濯征, 勢同壓卵, 從軍往來, 只費歲月之勤苦. 無如是妄生煩惱, 待吾成功而還, 置酒相慶可也." 361쪽.

15) "至於遼陽, 涉胡地數百裏, 與朝鮮軍馬, 連營於牛尾寨. 主將輕敵, 全師致衄, 奴酋殺天兵無遺類,… 喬遊擊領敗卒十余人, 投入鮮營, 乞著衣服." 361쪽.

2.3. 시간에 관련한 서술 기법

2.3.1. 도서(倒敍)

소설에서 도서란 도치서술(倒置敍述)의 줄임말로 사건의 원인과 경과를 순서를 바꾸어 서술하는 방식을 가리킨다. 먼저 사건을 전개하여 독자의 궁금증을 유발한 후 나중에 가서 그 원인이나 발단을 기술하는 기법이다. 먼저 사건이 전개됨에 따라 독자로 하여금 사건에 점진적으로 몰입하게 만들다가 나중에 가서야 그 의혹의 실마리를 밝힘으로써 독자가 뜻밖의 희열을 느끼게 하는 효과를 얻는다.[16)]

『최척전』에서 도서법을 사용한 대표적인 예로 두 군데를 들 수 있다. 하나는 작품 서두에서 먼저 정체불명의 한 여인이 최척을 엿보다가 연서를 던지고 나서 나중에 그녀의 정체가 밝혀지는 부분이고, 다른 하나는 최척의 병이 위중하여 죽음에 직면한 위기상황에서 홀연히 한 의원이 나타나 구해주고 나서 나중에 그 의원의 정체가 드러나는 부분이다. 전자는 옥영의 등장을, 후자는 진위경의 등장을 서술한 것이다. 여기에 사용된 도서의 기법을 살펴보면 다음과 같다.

첫째, 옥영의 등장 장면 서술이다. 이 작품은 남주인공 최척의 인물소개로부터 시작하여 그가 정 상사의 집으로 글을 배우러 가게 된 사연 및 글공부의 성취 과정을 순차적으로 서술해 나간다. 그리고 최척이 정 상사의 집을 찾아가 글을 배울 때마다 어여쁜 한 소녀가 창 너머에서 몰래 엿듣고, 어느 날 그 정체불명의 소녀는 창틈으로 최척에게 연서를 던진다. 최척은 마음을 진정치 못하다 글읽기를 마치고 정 상사의 집을 나서는데 한 계집종이 뒤따라온다. 최척은 그 계집종을 자기 집으로 데려가 사연을 묻는다. 그런데 그 계집종은 이 낭자의 종이라고 하면서 화답시를 받아오는 심부름을 왔다고 한다. 최척은 정상사 댁의 계집종인데 주인이 어떻게 정씨가 아닌 이씨인지 이상한 생각이 들어 그 까닭을 묻는다. 이에 계집종 춘생의 입을 통해서 비로소 연서를 던진 그 정체불명의 소녀가 누구이며 어떠한 경위로 정 상사의 집에 와서 살게 되었고 어떤 사연으로 편지에 시를 적어 던졌는지가 밝혀진다.

다시 말해서 도서법을 사용하여, 처음에는 정체불명의 어여쁜 한 소녀가 출현해서 최척을 몰래 엿보다가, 남편감을 찾는 시 구절을 적은 쪽지를 던지는 사건을 통해 독자들의 흥미를 강하게 자극하며 끌어들인다. 그러고는 엉뚱하게 계집종이 나타나 의혹을 더 가중시키며 궁금증을 유발하다가, 나중에 가서야 그 소녀, 즉 옥영의 정체가 드러나고 연서를 던진 이유와 『시경』의 구절을 인용할 정도의 상당한 한문 소양을 갖추게 된 경위 등이 소상하게 밝혀지면서 독자들의 궁금증을 풀어주는 한편 여주인공 옥영이라는 인물의 소개와 더불어 옥영에 대한 강한 인상을 심어주는 효과를 거두고 있다.

---

16) 程毅中, 『明代小说丛稿』, 中國: 人民文学出版社, 2006, 258쪽.

둘째, 진위경의 등장 장면 서술이다. 최척은 몽석과 함께 포로수용소에서 탈출하여 고향으로 돌아오다가 병이 들어 위독해지지만 치료할 방법을 구하지 못해 생사의 기로에 서게 된다. 때마침 정체불명의 중국사람이 나타나 침을 놓아 살려준다. 병석에서 일어난 최척은 곧장 집으로 돌아가 아버지 최숙과 재회한다. 그리고 심씨가 병이 든 사연과 병석에 누워 있던 심씨가 이 소식을 전해듣고 미친듯이 울부짖는 장면이 이야기된 이후, 그 뒤에 가서야 비로소 그 정체불명의 중국사람이 누구인지가 소상히 드러난다. 도서법을 사용한 것이다.

최척이 생사의 기로에 섰을 때에 홀연히 나타나 최척을 살려준 중국사람이 과연 누구인지, 그 생명의 은인에게 이름을 묻고 감사를 표하는 일은 이치상으로나 도의상으로나 병을 치료받고 살아난 직후에 했어야 마땅하다. 그러나 작가는 그것을 유보한 채 붓을 바투 잡아 최척이 곧장 고향집으로 내달아 가족과 만나는 것으로 서술함으로써 이를 통해 가족과의 재회에 대한 간절한 열망과 놀라운 재회의 감격을 생생하게 전달한다. 그러는 동안 정체불명의 중국사람에 대한 서술을 유보함으로써 궁금증을 지속시키다가 앞 사건에 대한 진술이 종결된 이후에서야 비로소 그가 진위경이란 인물이고, 그가 어떤 경위로 여기까지 오게 되었는지 과거의 내력을 알려준다. 여기에서 독자들이 그 중국사람은 다름 아닌 홍도의 부친 진위경이라는 사실을 발견하면서 기이한 인연에 놀라움을 느끼게 되는 효과를 거두는데 이것이 바로 서술자가 도서의 기법을 통해 달성하고자 했던 소기의 목적이다. 만일 위 일련의 사건들을 도서법을 사용하지 않고 순차적으로 서술했다면 귀향에 대한 최척의 간절함도, 가족상봉 시 감격의 생생함도, 진위경과 만남의 기이함도 모두 반감되었을 것이다.

2.3.2. 급사완설(急事緩說)

급사완설이란 글자 그대로 사건의 긴급한 순간을 오히려 서서히, 느리게 진행되도록 서술하는 것을 가리킨다. 독자의 관심이 쏠릴 만한 중요하고 긴박한 사건에 대해 그 결말을 빨리 알고 싶어하는 독자의 기대와는 정반대로 세부적인 묘사로 사건의 흐름 속도를 고의적으로 늦춤으로써 독자가 궁금증 해소에 대한 욕구로 인해 조바심을 갖도록 만드는 기법이다.[17] 『최척전』에서 최척과 몽석의 부자상봉 과정, 옥영 일행이 조선에 도착한 후 집을 찾아가는 과정에 급사완설의 기법이 사용된 것을 볼 수 있다.

먼저, 최척과 몽석의 부자상봉 과정이다.

> 오랑캐 우두머리가 항복한 군사들을 나눌 때에 최척은 드디어 몽석과 함께 한 곳에 갇히게 되었다. 부자가 서로 대하였으나 누구인지 알지 못했다.[18]

17) 王平, 앞의 책, 468-469쪽.

작가는 최척과 몽석이 같은 수용소에서 만나게 되었지만 서로가 누구인지는 모른 채 지내게 되었다고 하면서 부자상봉을 유예시킨다. 그러고는 몽석과 최척이 서로를 의심하는 장면을 서술하여 서사 진행의 속도를 늦춤으로써 독자들이 조바심을 갖도록 만든다.

> 몽석은 최척이 말을 더듬거리는 것을 보고 중국 군사 중에 조선말을 할 줄 아는 사람이 죽음을 당하는 것이 두려워서 위험을 무릅쓰고 조선인 행세를 한다고 의심했다. 그래서 그가 사는 곳을 따져 물었다. 최척도 오랑캐가 실상을 조사하는 것이라고 염려하여 속여서 말을 이리저리 돌려, 혹은 전라도라 칭하고 혹은 충청도라 하니 몽석은 속으로 괴이하였으나 가늠할 수 없었다.[19]

이렇게 부자가 서로를 몰라보는 가운데 각자 서로에게 의심을 품는 상황을 서술함으로써 부자상봉이 지연되는 동안 독자의 조바심과 흥미가 고조되도록 만드는 효과를 거두고 있다. 그러한 과정을 거친 후, 며칠이 흐른 뒤에 가서야 비로소 부자가 서로의 속마음을 터놓고 이야기를 하게 되어 진실의 순간에 한 발짝 다가가기는 하지만 또다시 그 순간에도 ㉮ 최척이 살아온 내력 진술, ㉯ 몽석의 질문, ㉰ 최척의 답변, ㉱ 몽석의 신체적 특징 확인 등을 거치고 나서야 비로소 ㉲ 극적인 부자상봉과 그 감격을 서술하기에 이른다. 이처럼 세세한 과정을 일일이 서술해 나가면서 시간을 지연시키고 있음을 볼 수 있다. 이렇게 매우 세부적인 서술로 인해 사건이 느릿느릿 진행되는 동안 독자는 흥미진진한 맛을 느끼며 몰입하게 되는 것이다.

다음으로, 옥영 일행이 조선에 도착한 후 집을 찾아가는 과정이다.

> 순천에 도착했다. 물가에 배를 정박시켜 내려주니, 이때가 경신년 사월이었다. 옥영은 아들과 며느리를 데리고 울퉁불퉁하여 걷기가 곤란한 길을 걸어 산 넘고 물 건너 오륙일 만에 남원에 도착했다.[20]

옥영 일행은 천신만고 끝에 바다를 건너 조선 땅에 이르렀다. 또한 산을 넘고 물을 건너 오륙일이나 걸어서 드디어 남원에 도착한 것이다. 이제 곧장 집을 찾아가야 마땅할 것이다. 집으로 달려가 속히 가족들과 재회하기를 독자들은 기대하고 있다. 최척과 몽석, 진위경이 먼저 와서 최숙, 심씨와 함께 살고 있다는 것을, 모두가 애타게 기다리고 있다는 것을 독자

---

18) "奴酋分置降卒之時, 陟實與夢釋, 同囚於一處, 父子相對, 莫知其為誰某也." 362쪽.

19) "夢釋疑其陟之言語硬澀, 意謂天兵之解鮮語者, 懼其見殺, 冒以為鮮人也, 詰其居住. 陟亦疑其胡人之诇得實狀也, 權辭詭說, 或稱全羅, 或稱忠清. 夢釋心怪而不測." 362쪽.

20) "往至順天, 泊岸下船, 時庚申四月也. 玉英率子婦, 間關跋涉五六日, 方到南原." 366쪽.

들은 이미 알고 있으며, 독자들은 세계 각국을 떠돌다가 다시 온 가족이 한자리에 모이는 기이한 장관을 고대하면서 마음속으로 이미 달려가고 있기 때문이다. 그러나 작가는 이러한 순간에 시치미를 뚝 떼 버린다. 그러고는 옥영 일행을 만복사로 보내면서 먼발치에서나 바라보게 만든다.

> 옥영은 속으로 집안이 모두 결딴나서 없어졌을 것이라 생각했다. 다만 옛 집터만을 찾아보고 만복사를 찾아가려 했다. 금교 옆에 이르러 바라보니 성곽이 완연하였으며 마을의 집들도 전과 다름이 없었다. 몽선을 돌아다보고 손가락으로 한 곳을 가리키며 눈물을 흘리며 말했다. "저기가 너의 아버지 집이었는데, 지금은 어떤 사람이 사는지 모르겠구나. 모두 가서 하룻밤 머물자고 부탁하고는 자면서 뒷일을 생각해 보자꾸나." 옥영 일행이 문 밖에 도착했다.[21]

시치미를 떼고서, 옥영으로 하여금 가족들이 이미 죽었을 거라는 생각을 하게 하고, 집도 사라졌을 것이니 집터나 멀리서나마 바라볼 요량으로 만복사를 향해 가게 한다. 그리고 금교에 이르러 성곽과 마을을 둘러보도록 한 후에 서서히 옛집의 대문 앞으로 다가가는 것으로 서술한다. 하지만 작가는 여기에서 또다시, 한 번 더 만남을 지연시킨다.

> 옥영 일행이 문 밖에 도착했다. 마침 최척이 버드나무 아래에서 손님과 함께 앉아 있었다. 가까이 앞에 가서 자세하게 들여다보니 곧 그녀의 남편이었다.[22]

이렇게 한 발짝 한 발짝 서서히 다가가 조금씩 가까워지는 한순간 한순간을 서술함으로써 독자로 하여금 마음 졸이며 조바심을 내도록 만들어 놓는다. 이 작품에서 기이한 재회의 감동이 최절정에 다다르는 그 순간에 작가는 급사완설의 기법을 통해 독자를 사로잡아, 진진한 맛을 느낄 수 있도록 서사를 천천히 이끌어가고 있는 것이다.

2.4. 사건과 사건의 연결 기법

2.4.1. 난교속현(鸞膠續弦)

난교속현이란 한 사건에서 다른 사건을 끌어내되 서사의 진행이 아주 매끄럽게 이루어진 것을 가리킨다. 난새의 기름으로 만든 아교를 사용하여 한나라 무제의 끊어진 활시위를 접

---

21) "意謂一家皆為陷歿, 但欲求見夫家舊基, 尋萬福寺而去, 至金橋望見, 城郭宛然, 村閭依舊. 顧謂夢仙, 指點而泣曰, 此是汝父弊廬. 今不知誰人入居, 第往寄宿, 以圖後計. 到其門." 366쪽.

22) "到其門, 門外見陟方對客, 坐於柳樹之下, 近前熟視, 乃是其夫也." 366쪽.

착했더니 끊어지지 않았다는 고사에서 비롯된 용어이다.[23) 『최척전』에서 난교속현의 방식으로 서사가 엮여져나간 사례로는 다음의 두 부분을 꼽을 수 있다.

첫째, 최척이 중국으로 건너가 떠돌다가 안남을 거쳐 항주에 정착하기까지 벌어진 각 사건들의 연결이다. 최척이 조선을 떠나게 된 사연으로부터 시작하여 항주에 정착하기까지의 이야기는 각각 다른 등장인물들의 출현에 따른 사건들에 의해 연쇄적으로 엮여나간다. 왜적의 습격으로 뿔뿔이 흩어진 가족을 찾아 헤매다가 지쳐서 금교 곁에 쓰러져 있던 최척은 명나라 장수 여유문을 만나고 그와 함께 명나라로 건너가 요흥에 있는 여유문의 집에 기거한다. 얼마 후 여유문이 죽자 강호를 유람하다가 속세를 떠날 뜻을 품고 청선산으로 가려는데 항주 사람 주우라는 친구가 찾아와 만류한다. 그리하여 주우를 따라 안남을 왕래하게 되고, 이를 계기로 안남에서 옥영을 다시 만나고, 주우의 도움으로 항주에 정착한다.

다시 말하자면, 처음에 최척이 가족과 이별하게 된 경위와 가족을 찾아 헤매는 이야기가 서술되다가 그 끝자락에 명나라 장수 여유문이 등장하여 여유문과의 이야기로 연결된다. 그리고 여유문과의 이야기가 끝나면서 주우가 등장하여 주우와의 이야기로 연결된다. 또한 주우와의 이야기 중간에 옥영이 등장하여 옥영과의 재회 및 항주 정착 이야기로 연결된다. 이처럼 '가족과의 이별 및 탐색 이야기'—'여유문과의 이야기'—'주우와의 이야기'[24)—'옥영과 재회 및 항주 정착 이야기'로 이어지는 이야기의 흐름은 난교속현의 기법으로 자연스럽게 연결지어 서술한 것이다.

둘째, 최척의 귀환 과정에서 벌어진 일련의 사건들의 연결이다. 대후금전투로 인한 최척의 참전, 포로와 부자상봉, 탈출, 진위경과의 만남, 귀향으로 이어지는 사건들 역시 난교속현의 기법으로 연결된 서사이다. 항주에 정착해 살던 최척은 대후금전투에 참전했다가 포로가 되는데 포로수용소에서 아들 몽석을 만나게 된다. 마침 최척과 몽석의 재회 장면을 지켜보던 노호의 도움을 받아 탈출하여 귀국길에 오른다. 도중에 최척이 병들어 위독할 때 다행히 중국사람 진위경의 도움으로 회생하여 함께 남원 옛집으로 돌아온다. 최척이 대후금전투에서 포로가 되었다가 탈출하여 귀국하는 이야기 속에 아들 몽석과의 이야기, 삭주 토병이었던 늙은 호인 이야기, 진위경 이야기가 등장하여 자연스럽게 연결된 것이다. 몽석, 늙은 호인, 진위경의 등장과 그들에 얽힌 각각의 이야기들을 최척의 귀환 이야기 속에 녹여 넣음으로써 긴밀한 관계로 결속하여 매끄럽게 하나의 이야기로 엮어내었음을 알 수 있다.

유몽인의 「홍도」에서는 몽석이 대후금전투에 참전하지 않는다. 최척과 몽석의 부자상봉은 남원의 옛집에서 이루어진다. 따라서 몽석이 대후금전투에 참전했다가 포로가 되어 최척이 누구인지 모르는 상태에서 의심하고 경계하다가 몸에 있는 붉은 점으로 인해 부자관계를

23) 간호윤, 『韓國 古小說批評 硏究』, 경인문화사, 2002, 229·373쪽.
24) 여유문과의 이야기 및 주우와의 이야기는 유몽인의 「홍도」에는 없는 내용이다.

확인하여 감동적인 재회가 이루어지는 흥미진진한 이야기가 없다. 또한 그들의 탈출을 도와주는 늙은 호인이 본래 삭주의 토병이었다가 귀화하게 된 사연 등 변방 지역 관리들의 횡포와 지역민의 실상을 생생하게 전해주는 이야기도 없다. 『최척전』의 작가도 최척의 귀환 사건을 간략히 서술할 수도 있었겠지만 그렇게 하지 않았다. 몽석과 늙은 호인을 연속적으로 등장시키면서 이야기를 흥미롭게 구성해 나갔는데 이때 수준 높은 난교속현의 기술을 유감없이 발휘하여 몽석 이야기와 늙은 호인 이야기를 최척의 귀환 이야기에 자연스럽고도 정교하게 녹여 넣었던 것이다.

2.4.2. 교합(巧合)

교합은 교묘하게 일치하는 것을 가리킨다. 교합은 '우연'의 일종이다. 한국의 경우, 현대 문학비평에서 '우연'이 평가절하되어 왔던 까닭에 같은 맥락에서 고전소설에 나타난 교합도 지금까지 외면당하고 있다. 그러나 교합은 우연적 사건이지만 그것이 현실적 필연에 기초하여 출현한다면 그것은 합리성을 띠게 되면서 서사의 구성에 있어서 효율성을 높여주는 효과를 발휘한다. 교합은 사건의 진행을 견인하거나 전환을 가져다줌으로써 서사의 기복과 확대를 유발한다. 교합을 배치하면 번잡한 과정에 대한 서술을 생략할 수 있기 때문에 서술상의 간략함이나 상세함을 필요에 따라 조절하는 데 매우 유용한 서사기법이다.[25)]

『최척전』의 작가는 작품 곳곳에 교합을 배치하며 이 기법을 적극적으로 구사하고 있다. 첫째, 잃어버렸던 아기 몽석을 최숙과 심씨가 연곡사에서 만나게 되는 설정이다. 1980년대 대대적으로 벌어졌던 이산가족찾기운동이나, 현재까지도 이어지고 있는 남북이산가족 상봉에서 볼 수 있듯이 전쟁통에 잃어버린 갓난아이를 찾는다는 것은 예나 지금이나 기적과도 같은 일이다. 어떤 방식의 재회가 되었든지 그것은 극히 우연에 가까운 일일 수밖에 없다. 그것을 필연적 사건으로 만들어 서술하려 한다면 많은 지면을 할애하여 필력을 기울여야 가능할 것이지만 그렇게 한다 하더라도 우연을 완벽히 벗어나기는 쉽지 않은 게 사실이다. 최숙과 심씨가 어린 몽석을 연곡사에서 만나도록 한 교합의 설정은 길고 번잡한 서술들을 생략하고 서사의 진행을 빠르게 이끌어갈 수 있을 뿐만 아니라 장육불이 점지하여 준 아이인 몽석이 장육불의 가호 아래 있음을 보여주면서 서사에 대한 독자의 신뢰를 더욱 확보하는 효과를 낳는 장치라는 데에도 의의가 있다.

둘째, 최척과 옥영의 재회, 그리고 그들이 재이별 후 각자 다른 경로로 귀국하는 과정에 배치된 교합이다. Ⓐ 최척과 옥영이 뜻밖의 아득히 머나먼 이국땅 안남에서 만나는 설정, Ⓑ 최척과 몽석이 절묘하게도 같은 포로수용소에 갇히는 설정, Ⓒ 생사의 기로에 선 최척에게 신기하게도 다름 아닌 진위경이 나타나 병을 고쳐주는 설정, Ⓓ 옥영 일행이 무인도에

25) 萧欣桥, 刘福元, 『话本小说史』, 中國: 浙江古籍出版社, 2003, 334-335쪽.

표류하여 절체절명의 순간에 직면한 시점에 때마침 조선 배를 만나는 설정 등이 여기에 속한다. 규장각 소장본의 표지에 적힌 '기우록(奇遇錄)'이라는 명칭 그대로 이 작품은 세계 각국으로 뿔뿔이 흩어졌던 가족들의 '기이한 조우'가 핵심적인 사건이라고 할 수 있다. 가족들의 기이한 재합은 이 작품이 일구어낸 새로운 경지의 전기소설 문체의 특성, 즉 애정전기를 넘어선 새로운 형태의 기이함을 성취하도록 만든 요체이다. 최척과 옥영에게 일어난 조우들이 기이하기 때문에 '기이한 조우[奇遇]'가 되고, 새로운 전기(傳奇)가 된 것이다. 『최척전』의 작가는 최척과 옥영의 이야기를 매우 사실적인 필치로 그려나가면서도 그 현실적인 논리의 흐름 위에 교합을 적절히 배치하는 기법을 통해서 그들이 경험한 조우들을 매우 기이한 것으로 그려내는 데 성공을 거두고 있다.

셋째, 장육불의 출현은 이 작품에서 반복적으로 사용된 교합의 배치이다. 당시 사람들의 실생활에 입각할 때 장육불의 현몽은 충분한 개연성을 지닌 것으로서 작가는 서사기법의 차원에서 이것을 활용하여 서사를 이끌어갔다.[26] 몽석과 몽선의 태몽에서, 또한 생사의 고비마다 옥영에게 나타나는 장육불은 서사를 추동하는 동력으로 작동하고 있다.

3. 구성 기법

『최척전』의 서사는 옥영과 최척 두 주인공의 만남과 헤어짐을 주선(主線)으로 삼아 전개된다. 남녀 주인공의 만남과 헤어짐의 맥락을 따라 전개되는 전체적인 서사의 양상은 다음과 같다.

① (近) 옥영과 최척의 애정 확인, 최척의 부친 설득과 청혼
② (縱) 심씨의 반대
③ (近) 옥영의 심씨 설득, 혼인 허락과 택일
④ (縱) 의병 징집으로 혼인 무산, 심씨의 변심 및 양씨와의 의혼
⑤ (近) 옥영의 자살기도로 위기극복, 옥영과 최척의 결혼
⑥ (縱) 남원성 전투에서 옥영과 최척의 이별

26) 장육불은 초현실적 존재라는 이유로 이 작품의 뛰어난 사실성을 후퇴시키는 부정적인 요소로 폄하되어 왔었다. 박희병은 장육불의 출현을 "이 작품이 도달한 리얼리즘의 한계"라고 했다.(김진세 편, 『한국고전소설작품론』, 집문당, 1990, 96쪽.) 그러나 작가를 포함한 그 당시 사람들의 실생활에 입각할 때 장육불과 같은 초월적 존재의 현몽은 충분한 개연성을 지닌 것이기에 오히려 사실적인 서술이라는 시각으로 교정되었다. 조위한의 친구인 임환과 함께 흑산도에 피란했던 정식의 꿈에 나타난 백발노인에 얽힌 사건(『어우야담』 소재 '정식 가족 이야기') 및 왜적의 포로가 되었다가 귀환이 암시된 꿈을 꾼 魯認의 체험담 등 작가의 주변인 및 동시대 사람들의 현실 경험을 통해 본다면 장육불의 현몽은 충분한 개연성을 토대로 하고 있는 것임이 밝혀졌다.(신태수, 앞의 논문, 153-154쪽.)

⑦ (近) 옥영과 최척의 안남 재회 및 항주 정착
⑧ (縱) 대후금전투 참전으로 옥영과 최척의 이별
⑨ (近) 최척과 옥영의 귀국 및 재상봉

전체 서사의 주요 관심사는 옥영과 최척의 결합에 있다. 그러나 이 작품은 결코 그들의 만남을 서둘러 완성시키지 않고 파란만장한 우여곡절을 겪으며 우회하도록 짜여져 있다. 특히 갖가지 우여곡절을 겪는 가운데 남녀 주인공이 한 번 가까워졌다 한 번 멀어지는 '일근일종(一近一縱)'[27]의 방식으로 서사가 전개되도록 구성되어 있는 것이 특징이다. 물이 한 방향으로 흐르되 새로운 물결이 일어나 앞의 물결을 뒤엎으며 끊임없이 흘러감 같이 서사가 일관되게 진행되는 흐름 속에서도 새로운 변화들이 물결처럼 일어나 일렁이며 굽이쳐 흐르고 있는 것이다. 이러한 구성 방식을 사용하여 서사의 기복을 만듦으로써 극적 효과를 증폭시켜서 끊임없이 흥미를 자극하며 독자를 끌어들이고 있다.

또 그뿐만 아니라 이들의 관계로부터 파생된 보조인물들의 만남과 헤어짐이 부선(副線)을 이루며 어우러짐으로써 서사의 확대를 꾀하면서도 사건 간의 인과관계 및 복선을 통해 전체 서사를 치밀하게 엮어나갔다. ⑤에서는 이들의 첫째아들 몽석이 태어난 사연이 파생되었고 이를 훗날 부자상봉을 위한 복선으로 마련해 놓았다. ⑥에서는 옥영과 최척의 온 가족이 모두 뿔뿔이 흩어지면서 파생된 (a) 최숙 및 심씨와 몽석의 재회, (b) 최척의 중국 유랑, (c) 옥영의 포로생활 이야기가 덧붙여졌다. 또한 ⑦에는 항주에서 둘째아들 몽선이 태어나 자라고, 몽선과 홍도의 흥미로운 결혼 사건이 파생되었고 이를 훗날 부녀상봉을 위한 복선으로 마련해 놓았다. 그리고 ⑨에는 최척의 포로 탈출과 귀향 과정에 (a) 최척과 몽석의 재회, (b) 진위경 조우, 귀향(최숙 및 심씨와 재회)을 추가하였고, 옥영 일행의 귀국 과정에는 천신만고의 항해 끝에 집으로 돌아와 온 가족이 한자리에 다시 만나는 사건을 추가함으로써 기이함과 감동을 배가시키고 있다.

서사의 구성은 "우여곡절을 거쳐야만" 비로소 "독자의 상상력을 자극하여 흥미를 일으킬 수 있"[28]다는 것은 주지의 사실이다. 『최척전』의 서사 구성은 이런 점에서 매우 탁월하다. 옥영과 최척의 만남과 헤어짐이 우여곡절을 거듭해 나갈 뿐만 아니라 세 가문의 가족 구성원들이 세계 곳곳으로 뿔뿔이 흩어지는 이야기로 확대되었다가는 다시 모두가 한자리에 모여 하나의 점으로 귀결되면서 대단원을 이루도록 함으로써 독자에게 흥미진진한 재미와 더없는 경이로움에서 비롯된 감동을 선사하고 있다. 작가는 옥영과 최척의 서사를 마치 칠종칠금(七縱七擒) 하듯이 '일근일종(一近一縱)' 하면서 서사의 기복과 신축(伸縮)을 능수능란하게 운용하였다고 평가할 만하다.

---

27) 許金榜, 『元雜劇概論』, 中國: 齊魯書社, 1986, 206쪽.
28) 양회석, 『중국희곡』, 민음사, 1994, 262-263쪽.

4. 결론

이상에서 살펴본 바와 같이 『최척전』에는 많은 서사기법들이 동원되어 정교하게 짜여져 있다. 사실과 허구를 구분할 수 없을 정도로 교묘하게 이야기를 엮어나간 허실상생의 기법, 독자의 흥미를 높이기 위해 의도적으로 고안해낸 동시사건 서술기법, 치밀한 복선을 통한 탄탄한 구성 등 선행 연구에서 밝혀진 기법들 외에 본고를 통해서 인물 및 사건의 조응 기법인 ① 대우, 인물 및 사건의 대조 기법인 ② 친탁 ③ 억양, 시간에 관련한 서술 기법인 ④ 도서 ⑤ 급사완설, 사건과 사건의 연결 기법인 ⑥ 난교속현, ⑦ 교합 등 더욱 다양한 기법들이 사용되었음이 새롭게 밝혀졌다.

그런데 이러한 서사기법들이 작품 곳곳에 많이 배치되어 있다고 해서 그 자체로 좋은 작품이 되는 것은 아니다. 『문심조룡』에서 유협(466-520년)이 지적한 것처럼 '작품의 모든 요소들을 통일시키기 위해 가장 기초적인 원리를 마련하고', '작품의 서로 이질적인 여러 부분들을 조화시키는'[29] 부회(附會)의 기술이 제대로 발휘되어야 한다. 즉, 주제를 중심으로 긴밀하게 짜여져 있어야 하고 시작과 끝이 서로 호응해야 하는데 『최척전』은 이러한 요소들까지도 잘 갖추고 있는 작품이다. 작품의 발단이 된 옥영의 남편감 찾기에서부터 작품이 마무리되는 해로 귀국과 가족단원까지 이 작품의 주제인 지성(至誠)을 중심으로 처음부터 끝까지 일관되게 짜여져 있는 것이다.

이렇게 지성감천이라는 주제의식을 주축으로 삼아 서사가 전개된 이 작품은 그 서사의 구성에 있어서 일근일종(一近一縱)의 방식을 통해 서사가 긴장과 이완, 기복과 우여곡절을 겪으며 진행되도록 하였다. 또한 그 과정에서 다양한 서술기법들을 사용하여 서사의 흥미를 고조시키거나 인물의 성격을 선명하게 부각시키고 또한 생동감과 기이함을 배가시켜 독자로 하여금 흥미진진한 맛을 느끼며 몰입하도록 만들었다. 이를 통해 독자를 사로잡아 슬프게도 하다가 기쁘게 만들고, 가슴 졸이게 만들다가 안도하게 하면서 서사를 이끌어가고 있다. 그리하여 궁극적으로 독자로 하여금 이 작품의 주제인 지성감천을 여실히 실감하면서 그 의식에 적극 공감하도록 만드는 효과를 낳고 있는 것이다.

이제 이상의 논의를 토대로 『최척전』의 서사 구성 및 서술 기법들을 종합적으로 정리하여 도표화하면 다음과 같다.

〈표 1〉 서사기법 활용 종합표

①	(近)	옥영과 최척의 애정 확인, 최척의 부친 설득과 청혼	도서
②	(縱)	심씨의 반대	친탁
③	(近)	옥영의 심씨 설득, 혼인 허락과 택일	
④	(縱)	의병 징집으로 혼인 무산, 심씨의 변심 및 양씨와의 의혼	

29) 유협, 『문심조룡』, 최동호 역편, 민음사, 1994, 495쪽.

⑤	(近)	옥영의 자살기도로 위기극복, 옥영과 최척의 결혼, 득남(몽석)	교합 (복선) 난교속현
⑥	(縱)	남원성 전투에서 옥영과 최척의 이별 (a) 최숙 및 심씨와 몽석의 재회(小近) (b) 최척의 중국 유랑 (c) 옥영의 포로생활	교합 난교속현 친탁
⑦	(近)	옥영과 최척의 안남 재회 및 항주 정착, 득남(몽선), 몽선과 홍도의 결혼	교합 친탁 대우 (복선)
⑧	(縱)	대후금전투 참전으로 옥영과 최척의 이별	억양
⑨	(近)	최척과 옥영의 귀국 및 재상봉 A. 최척의 포로 탈출과 귀향 (a) 최척과 몽석의 재회(小近-小縱-小近) (b) 진위경 조우, 귀향(최숙 및 심씨와 재회)(小近) B. 옥영 일행의 해로 귀국 및 대단원(大近)	교합 급사완설 난교속현 도서 대우
⑩		후일담	(가탁)

이덕무(1741-1793)는 조위한의 『최척전』과 유몽인의 「홍도」를 모두 읽어본 후, 다음과 같이 서로를 비교하며 평가한 바 있다.

> 오직 심계만은 어우(於于)의 병통을 잘 지적하는구려. 또한 그것은 와전되고 누락된 것이 아주 많네. 거기에 말한 '남원 정생(南原鄭生)'이란 자는 바로 최척(崔陟)이니 정(鄭)이 아닐세. 그의 며느리는 홍도(紅桃)이고 그의 아내는 옥영(玉英)이네. 내가 소옹(素翁)의 최척전(崔陟傳)을 한 번 읽어 보았기 때문에 자세히 아네. 무릇 글을 저술하는 데는 속된 것을 가지고 고아(古雅)하게 만들 수 있는 솜씨가 있어야만 되는 것인데, 어찌된 일인지 혹 그 고아하고 기이한 기사(記事)라도 한 번 어우의 붓을 거쳐가면 가치가 손상되고 빛이 떨어지는구려. 그러나 그의 고체(古體)로 지은 글을 보건대, 그 중에 좋은 것은 썩 엄숙하고 정결한 데가 있으니 아마도 기사(記事)하는 재주는 따로 있는가 하네.[30]

이덕무의 이 말은 사건을 다루어 기술하는 데 있어서 조위한이 훨씬 더 솜씨가 좋았고, 서사적인 면에 있어서 『최척전』이 훨씬 더 훌륭한 작품임을 반증하는 것이다. 본고는 이 작품의 서사기법 활용 양상을 분석함으로써 이러한 사실을 구체적이고 가시적으로 밝혀보았다. 『최척전』은 탄탄한 구성력 아래 다양한 기법들이 구사되어 이야기의 묘미를 잘 살려내고, 이를 통해 주제의식을 효과적으로 구현함으로써 성공적으로 독자를 견인한 작품이 분명하다.

30) 이덕무, 『청장관전서』 제15권 「아정유고」, 7쪽.(<https://db.itkc.or.kr>).

9장 비교문학

Ⅰ. 최척전과 동시대 작품의 작가의식 비교

Ⅱ. 통변론으로 본 주생전의 문체

9장에서는 비교문학 연구를 소개하였다. 〈최척전〉과 동시대 작품의 작가의식 비교와 통변론으로 본 〈주생전〉의 문체를 다루었는데 전자는 평행론적 비교문학 연구이고, 후자는 수용-변용론적 비교문학 연구에 해당한다. 최척전과 동시대 작품의 작가의식 비교에서는 17세기에 출현한 〈홍도전〉, 〈주생전〉, 〈홍길동전〉, 〈김영철전〉 등에 나타난 가족 관련 서술을 검토하여 그 속에 담겨진 작가의식을 비교하였다. 이를 통해 근대 이행기라는 사회적 상황 속에 처해 있으면서도 작가마다 지향하고 있는 의식이 다르며, 궁극적으로 조위한이 동시대 인물들보다 앞선 근대적 의식을 작품 속에 드러내었음을 규명하였다. 통변론으로 본 주생전의 문체에서는 창작 당시에 작가가 이해하고 있던 창작론을 전제로 고전 작품을 분석하는 것이 고전문학 연구에서 선행되어야 할 작업이요 바람직한 자세라는 인식 아래 권필을 포함한 16-17세기 문인들이 지니고 있던 통변과 법고창신이라고 하는 전통적 창작론의 조명 아래서 이 작품의 문체적 특징을 살펴보았다. 그리하여 이 작품이 통변과 법고창신의 정신을 성공적으로 구현함으로써 결과적으로 문체적으로 문학적 관습을 충실히 따르면서도 개성적이고 독자적인 경지를 열어 보인 작품임을 밝혔다.

비교문학은 일반적으로 문학을 국제적 시각에서 또는 그 고유 영역을 넘어서 다른 학문 영역과의 관계를 통해서 바라보는 연구방법을 가리킨다. 그러나 학술적으로 공인된 비교문학에 대한 정의는 아직까지 합의되지 못한 상태이다. 비교문학의 개념과 범위는 체계적으로 확립되지 못한 채 유동적이고 지금도 여전히 확장되고 있는 진행형이다. 비교문학 이론가들은, 비교문학은 단순한 연구방법론이 아니라 하나의 독립된 학문영역이라고 주장하면서 독자적인 이론적 체계를 구축하고 있다.

비교가 없으면 비교문학이 성립될 수 없는 것은 분명하다. 하지만 그렇다고 문학 비교가 다 비교문학이 되는 것은 아니며, 문학과 타 영역을 비교한다고 해서 다 비교문학이 되는 것도 아니다. 단순한 비교, 혹은 억지스런 비교는 비교문학이 될 수 없다는 것이다. 비교문학 이론가들에 따르면, 비교문학으로 성립될 수 있는 가장 기본적인 요소로는 '비교 가능성'을 꼽을 수 있는데 이는 비교문학의 이론적 체계를 통해 판명된다. 또한 '경계를 넘어서는 횡단성' 역시 비교문학이 지닌 중요한 속성이다.

비교문학 연구는 영향론에서 수용론으로 발전해 나왔으며, 최근에는 문학변이학에 대한 이론적 논의와 작품 연구가 성장하는 추세이다. 비교문학 연구는 발신자, 수신자, 문학현상이라는 요소를 중심으로 이루어지는데, 초기에는 발신자 중심의 영향론이 발전하면서 비교문학의 학문적 기틀을 다졌다면, 그후 영향론에 노정된 한계점을 극복하기 위해 수신자 중심의 수용론이 발전하면서 새로운 전기를 마련하였다. 순수하게 발신자의 일방적인 송신에만 의거한 영향이란 존재하지 않는다는 인식이 대두됨에 따라 영향론에서도 수용을 고려하는 경향이 발생했고, 초기의 수용론은 원천으로 귀결될 수밖에 없는 수용으로서의 영향이나 영향으로서의 수용이라는 소극적인 영향-수용론에서 출발했다. 하지만 수용론은 수용자의 자기화 측면을 강조하는 적극적인 수용-변용론으로 발전했다.

고전소설에 대한 비교문학적 연구 역시 대체로 이와 같은 경로를 밟으며 진행되어 오기는 했지만 아직 영향론적 연구에서 멀리 벗어나지 못하고 있는 것이 현실이다. 특히 동아시아 한자문명권의 일원으로서 긴밀히 연결되어 있었던 까닭에 중국문학과의 비교연구는 여전히 영향론의 한계를 극복해야 하는 과제를 안고 있다. 그러나 시야를 넓혀 본다면 사실 고전소설 작품에 대한 동서고금과 학제를 넘나드는 비교문학적 연구는 아직도 개척해야 할 영역들이 무진하다.

I.

최척전과 동시대 작품의 작가의식 비교

<최척전>과 같은 내용을 담고 있는 이야기로서 유몽인의 <홍도전>이 있다. 더불어 전란을 통한 가족 이별의 문제를 다룬 한문소설로 권필의 <주생전>, 홍세태의 <김영철전>이 있다. 또한 조위한과 권필의 절친한 친구였던 허균의 <홍길동전> 역시 사회구조적인 모순과 관련된 가족의 문제가 발단이 되어 사건이 전개된다는 면에서 비교할 만한 가치가 있다. 이 작품들에 나타난 가족 관련 사항들을 검토함으로써 그 속에 담겨진 작가의식을 비교해 보겠다. 이를 통해 각각 다른 의식의 지향성을 엿볼 수 있으며, 궁극적으로 <최척전>을 통해 조위한이 동시대 인물들보다 앞선 다른 의식을 드러내고 있음을 알게 될 것이다.

1. 유몽인의 〈홍도전〉

유몽인(1559-1623)은 "시와 문은 비록 공교하나 무리가 감상하지 못하니 소설총화를 지음만 못한데 비단 세교에 보탬이 될 뿐 아니라 뭇 사람들이 또한 즐겨 본다.(詩文雖工衆莫之賞 不如著小說叢話 非但裨補世敎 衆亦樂觀之)"는 이유에서 『어우야담』을 지었다. 그가 『어우야담』을 완성한 것은 서호에 은거해 있던 1621년으로 성여학의 발문이 이때 쓰여졌다. 유몽인이 최척의 이야기를 서울 근처에서 전문한 것은 1620년 4월에서 1621년 『어우야담』이 완성되기까지의 사이로 추정되는데, 이는 조위한이 최척에게서 직접 이야기를 들은 기간으로 추정되는 시기와 비슷하다.[1)]

그동안 <최척전>과 <홍도전>의 관련성에 대한 논의는 첫째, <홍도전>이 <최척전>의 모화(母話)라는 주장, 둘째 <홍도전>은 <최척전>을 축약한 것이라는 주장, 셋째 두 작품이 각기 별도로 출현했다는 주장 등이 있었다. 그러나 위와 같은 정황으로 미루어 보아 같은 내용의 사건이 거의 같은 시기에 하나는 유몽인에 의해 <홍도전>으로, 하나는 조위한에 의해 <최척

1) 박희병, 「최척전, 16,7세기 동아시아의 전란과 가족이산」, 97쪽.

전>으로 작품화 되었다고 보아야 타당할 것이다. 즉, <홍도전>은 유몽인의 서술시각과 작가의식이 가미되어 작품화 된, 『어우야담』에 실린 야담 중 하나이다. <홍도전>의 서사단락은 다음과 같다.

① 남원의 정생은 퉁소를 잘 불고 가사를 잘 하나 학문에는 게으른 인물이다. 同邑 良家에 구혼하였는데 그 집의 딸 이름이 홍도였다.

② 양가(兩家)가 의논하여 맺어진다.(兩家議結)

③ 혼인날이 임박하나 홍도의 부친은 정생이 배움이 없다(不學)는 이유로 반대한다.

④ 홍도는 혼인은 하늘이 정한 것이요 이미 정해진 일을 배신할 수 없다고 하며 부모를 설득하자 부친이 그 말에 감동한다.

⑤ 마침내 결혼하고 이듬해 아들 몽석을 낳는다.

⑥ 정유년에 홍도는 남복을 하고 정생과 함께 남원성을 지킨다. 성이 함락되면서 가족이 뿔뿔이 흩어진다.

⑦ 홍도는 왜적에게 잡히나 남복한 채 배 젓는 일을 하며 남만과 절강을 오가면서 조선으로 돌아갈 기회를 엿본다.

⑧ 정생은 중국에서 떠돌다가 하루는 절강의 배를 타고 퉁소를 부니, 마침 홍도가 이를 알아듣고 극적으로 재회한다.

⑨ 절강에서 함께 살며 아들 몽진을 낳는다.

⑩ 몽진이 17세가 되매 혼처를 구하나 조선인이라는 이유로 중국인들은 허락치 않는다.

⑪ 한 처자가 조선에 가서 부친의 생사를 확인하려는 효성으로 몽진과 결혼하기를 구하여 마침내 몽진에게 시집와서 거한다.

⑫ 정생이 명나라 군대에 들어 호적과의 전쟁에 가담함에 따라 다시 홍도와 헤어진다.

⑬ 조선인이라는 이유로 죽음을 면하고 탈출한 정생은 몽진의 장인을 만나 함께 남원에 내려온다. 몽석이 아내를 얻어 아들을 낳아 옛 집에 거하고 있는 것을 본다.

⑭ 홍도는 가산을 정리하여 배를 마련하고 몽진부부와 함께 조선을 향해 가다가 식량이 떨어지자 자살하려 하나 자부의 설득으로 그만두고 구조를 기다린다.

⑮ 마침내 구조되어 남원에 이르러 정생과 몽석, 몽진의 장인 등을 만나 즐거움을 누린다.

이상에서 볼 수 있듯이 <홍도전>의 줄거리는 <최척전>과 흡사하다. 그러나 <홍도전>은 유가적 서사양식인 전(傳)의 형태를 답습하여 서술됨으로써 유몽인의 유가적 시각에 의해 재단되었음을 보여준다. 이는 특히 주인공들의 혼인과정을 형상화하는 부분에서 단적으로 드러나 있다. <최척전>에서는 주인공들의 혼인과 이산의 과정이 전체의 절반 정도를 차지할 뿐 아니라 서사의 구성에 있어서도 핵심적인 역할을 하는 데 반해 <홍도전>에서는 단 몇 줄로 극히 축약된 데다가 홍도의 윤리의식을 부각시키는 정도의 역할밖에 수행하지 못하고 있다.

서두에서 정생은 학문에 게으른 인물로 소개되고, 이것을 이유로 홍도의 부친이 혼약을 꺠려한다. 그러자 홍도는

> 혼인은 하늘이 정하는 것입니다. 일을 이미 허락하여 정하였으니 마땅히 처음 정한 사람과 행해야 할 것인데 중간에 배반하는 것이 가합니까?[2)]

라고 하며 당대의 혼인 윤리를 내세워 당초의 혼약대로 정생과 혼인할 것을 주장하여 간단히 허락을 받아낸다. <홍도전>에서 축약적으로 제시된 혼인과정은 전체 서사에서 홍도와 정생이 부부임을 알리기 위한 방편에 불과하다. 그리고 혼인과정에 비친 혼사장애는 단지 홍도의 적극적인 윤리의식을 부각시키기 위한 도구에 지나지 않는다. 이처럼 작가는 결혼과정의 서술을 통해 유가적 윤리관을 투철히 고수하려는 홍도의 의지를 부각시키려는 의도를 드러내고 있을 뿐이다.

여주인공을 유가적 윤리의식에 투철한 인물로 그리려는 작가의 의식은 한 중국 처녀가 몽진과 결혼하는 부분에서도 드러난다. 중화민족주의에 입각하여 천시하던 이민족과 혼인하기를 꺼리는 당대 중국의 관습을 깨고 효(孝)를 위해 조선인과 결혼하는 것으로 서술한다. 작가는 홍도는 열(烈), 중국 처자는 효(孝)로 대표되는 인물로 설정함으로써 투철한 유가적 윤리의 실천자들로 제시한다. 그리하여 그들의 투철한 윤리적 실천의 결과로서 전체 서사를 구성하고 있는 것이다. 이는 유몽인이 <홍도전>을 『어우야담』의 '효열(孝烈)'이라는 편목에 위치시킨 것으로도 알 수 있는 바이다.

작가의 이러한 의식은 전통적인 전(傳)의 평결형식을 좇은 작품후기에서도 드러난다.

> 태사공이 가로되, 정생은 동국인이다. 난리중에 그 처를 잃고 멀리 중국에서 구하고, 홍도는 그 남편을 전쟁 중에 잃고 세 나라를 드나들며 남복한 채 몸을 온전히 지켰다. 몽진의 처는 스스로 이국인과 혼인하여 부친 죽은 곳이라도 보려하니 마침내 모두가 서로 한 곳에서 만났다. 일가 육인이 기약도 없이 합칠 수 있던 것은 모두 만리풍도 밖의 별경에 있는 일이다. 비록 이치 밖의 만일지행에서 난 용행이나 어찌 지성감신이라 이를 바가 아니겠는가. 기이하고 이상하도다![3)]

---

2) 婚者天定也 業已許定 當行於初定之人 中背之可乎

즉, 홍도가 남편을 잃고 세 나라를 떠돌면서도 남복을 하여 정절을 지켜냄으로써 지어미의 도리를 다하였으며, 몽진의 처는 아비가 죽은 곳을 보기 위해 이국인과 혼인함으로써 지극한 효행을 보이는 등 투철한 중세적 윤리를 실천한 결과로 기이한 재회가 이루어졌다고 보는 것이다. 홍도와 몽진 처의 혼인과정은 이야기를 중세적 이념으로 재단하려는 유몽인의 관념이 단적으로 드러난 것이다. <홍도전>의 서사는 이러한 의식이 획일적으로 작용하여 전개된다.

유가적 이념으로 이야기를 해석하려는 의식은 <최척전>의 경우에도 나타난다. 그러나 최척과 옥영의 혼인과정은 <홍도전>의 경우처럼 관념적인 시각이 평면적으로 투영된 서사 전개의 발단에 그치는 것이 결코 아니다. 애정과 인간 됨됨이를 바탕으로 혼인 당사자가 자신의 뜻에 따라 혼인을 성취하는 과정을 통해, 당시의 통념적인 혼인관과 대립적인 새로운 혼인관을 제시함으로써 중세적 관념을 초월하려는 의식을 드러내고 있다는 데 결정적인 차이가 있다.

<홍도전>에서 작품 전체를 일관하는 중세적 윤리의식은 혼사장애 장면에서 홍도의 투철한 윤리 실천을 보여줌으로써 부각된다. 하지만 <최척전>에서 이러한 국면은 부분적이고 부차적으로만 드러난다. 최척이 의병에 참가한 후 혼인날이 지나고 오래도록 돌아오지 않자 이웃에 사는 부자 양생이 정상사 부부를 통해 청혼한다. 심씨는 옥영과 상의없이 양생과의 혼인을 약정한다. 이에 옥영은 눈물로 어머니께 호소한다.

> "최생이 의병으로 나갔으니 그의 거취는 의병장 손에 달려 있습니다. 까닭 없이 약속을 저버린 것이 아닙니다. 그의 말은 들어보지도 않고 우리가 함부로 약속을 깨뜨린다면 누구 잘못이 더 크겠습니까? 만약 저의 뜻을 빼앗으려 하신다면 죽을지언정 남에게 가지는 않겠습니다. 어머님이여! 하늘이여! 어찌하여 제 마음을 모르는 것입니까?"
>
> 어머니가 대답하였다. "어찌하여 그처럼 어리석게 고집을 부리느냐? 가장(家長)의 처분을 따르면 그만일 뿐이야. 어린 아녀자가 무엇을 알겠느냐?"
>
> 심씨는 침소로 가 잠을 잤다. 그런데 깊은 밤 잠결에 들으니 문득 신음하는 소리가 났다. 잠에서 깨어나 더듬어 보았으나 옥영이 없었다. 심씨는 깜짝 놀라 일어나 옥영을 찾았다. 옥영은 이미 창문 아래서 수건으로 목을 맨 채 엎어져 있었다. 수족(手足)이 모두 싸늘하였다. 목구멍 안에서 간간이 나던 숨소리도 점차 약해지더니 그나마 결국 끊어졌다. 심씨는 놀라 고함을 지르며 묶었던 끈을 풀었다. 그리고 춘생을 걷어차 불을 밝히게 한 후 옥영을 끌어안고 통곡하였다. 국자로 물을 떠서 입에 넣었더니 옥영은 잠시 후에 소생하였다. 정상사 부부도 또한 놀라서 달려나왔다. 그후로 다시는 양생과의 혼사에 관해 이야기하는 일이 없었다.

---

3) 太史公曰 鄭生東人也 亂離失其妻 遠求之中國 紅桃失其夫於兵戈中 入三國男服變容以全身 夢眞妻自求與異國人爲婚 求見父死地 卒皆相會於一處 一家六人不期合者 皆在於萬里風濤別境之外者 雖出於理外萬一之幸而庸 非所謂至誠感神者耶 奇乎異哉

처음 약속을 깨뜨릴 수 없음을 내세워 최척과의 결혼을 고수하고 양생과의 결혼을 죽음으로써 반대하는 것을 볼 수 있다. 그러나 조위한은 이러한 관념만으로 전체 서사를 재단한 것이 아니다. <홍도전>에서 홍도와 몽진 처의 윤리실천이 작품 전체를 일관되게 재단하는 획일적 관념이었다면, <최척전>에서 양생과의 혼사사건을 통한 옥영, 몽선과의 결연과정을 통한 홍도의 윤리실천과 같은 것은 이차적인 것으로 처리되고 있다. 오히려 <최척전>에서는 최척과 옥영의 결연과정을 통해 드러난 새로운 관념이 주조를 이룬다. 혼인 당사자의 의사와는 관계없이 주혼자의 독단에 의해 결정되고 가장의 권위에 의해 강제되는 불합리한 중세적 혼인과정을 반대하며 보다 합리적이고 인간적인 혼인관을 제시하고 있는 것이다.

가장의 권위에 의해 강제되는 혼인양상은 두 작품에 모두 나타나고 있다. 가장의 권위에 의해 초래된 혼사장애에 대해서도 처음의 혼약을 중히 여겨야 한다는 윤리적 명분을 내세워 극복한다는 점에서 비슷한 양상을 띤다. 하지만 불합리한 가장의 권위를 극복하는 데 있어 윤리적 명분을 내세움으로써 중세 복고적 경향에 경도된 극히 보수적 의식을 드러낸 것이 <홍도전>이라면, <최척전>은 최척과 옥영의 결연과정을 통해 새로운 혼인관을 제시함으로써 중세적 틀 자체를 벗어나 새로운 세계를 지향하는 진보적 의식을 드러낸 것이라 하겠다.[4]

2. 권필의 〈주생전〉

조위한과 동시대의 인물로서 절친한 교우관계를 유지했던 권필(1569-1612)의 1593년 작으로 알려진 <주생전> 역시 임진왜란을 전후하여 벌어진 남녀 주인공의 사랑과 이별을 그리고 있다는 점에서 <최척전>과 견주어 볼만한 작품이다. 가탁의 기법으로 알려진 액자 형식도 서로 유사성이 있다. <주생전>의 서사단락은 다음과 같다.

① 촉주의 주생은 시를 잘 지었을 뿐 아니라 영민하여 일찍이 태학에 들었으나 누차 과거에 낙방하자 장사꾼이 되어 떠돈다.

4) 이밖에 가족제도 측면에서 두 작품을 비교하면 다음과 같다.

	홍도전	최척전	비 고
의혼과정	가부장 권위형	부자 의논형	
부부형태	일부일처	일부일처	
가족형태	부계 일변적	양변적(심씨)	<홍> 몽진 장인과 <최> 진위경은 특수상황
	확대가족(몽석 처자)	직계가족(몽석 未婚)	
거주형태	부처거주	부처거주	

② 어느날 우연히 전당에서 소꿉동무였던 기생 배도를 만나 그녀의 집으로 이끌린다.

③ 배도의 외모와 시재에 끌려 시를 지어 동품의 뜻을 보인다. 장차 입신하면 기적에서 빼줄 것을 조건으로 내세운 배도에게 맹약서를 써주고 동침한다.

④ 이튿날 배도를 찾으러 노승상 집에 숨어들었다가 선화를 보고 반한다.

⑤ 선화의 오라비 국영을 가르치게 된 것을 빌미로 선화의 집으로 들어가 산다.

⑥ 선화의 처소로 담을 넘어 들어가 동침한 후 중매를 통해 정식으로 혼인할 것을 약속하고 매일 밤 밀회를 나눈다.

⑦ 사실을 알게 된 배도의 협박에 의해 다시 배도의 집으로 돌아온다.

⑧ 국영이 뜻하지 않게 죽고 배도마저 병들어 죽는다. 이때 배도는 선화를 배필로 맞을 것을 유언한다.

⑨ 의지할 곳이 없게 된 주생은 외가쪽 친척인 호주 갑부 장노인에게 의탁하나 선화에 대한 생각에 병이 든다.

⑩ 사실을 알게 된 장노인이 혼사를 추진하여 두 집안은 구월에 혼인하기로 약속한다.

⑪ 혼인을 앞당기자는 편지를 썼으나 조선에 출정하게 되어 보내지 못하고 헤어진다.

⑫ 이듬해, 병들어 낙오된 주생은 선화와 결혼하지 못한 채 조선에 머문다.

주생은 기생 배도와 동거하면서도 선화를 사랑하여 야합한다. 배도는 선화와의 불륜을 알고 심한 질투심에 싸인다. 그러나 그녀는 병들어 죽으면서도 오히려 주생에게 선화와 정식으로 결혼할 것을 유언으로 남긴다. 우여곡절 끝에 주생은 정식 결혼을 추진하여 날을 정하는 데까지 성공한다. 비록 선화와의 결혼이 완성되지는 않았지만 혼약이 맺어진 것으로 볼 때, 주생의 경우는 혼인제도상 취첩 후 취처(娶妾 後 娶妻)에 해당한다. 주혼자에 의한 정식적 혼인자만이 처(妻)가 될 수 있는 일부일처의 당시 상황이 그대로 반영된 것이다. 이는 작자가 비판없이 중세적 관습을 그대로 답습하고 있음을 나타낸다.

<주생전>에 나타난 두 개의 혼인 이야기 중 배도의 경우는 주생과 선화의 만남에 계기적 역할 혹은 주생의 여성편력의 일부라는 의미에 그친다. 또한 작가가 주생에게만 초점을 맞추었기 때문에 선화 역시 주생의 상대역 정도로 간주됨을 볼 수 있다. 따라서 배도와 선화는 <최척전>의 옥영만큼 극적인 인물로 그려지지 않는다.

물론 배도와 선화를 통해 작가는 중세사회의 모순도 드러낸다. 먼저 배도의 경우 주생이 자신과 관계를 맺으려 하자 다음과 같이 자신의 뜻을 밝힌다.

> 제 조상은 본래는 호족이었습니다. 할아버지인 某는 천주 시박사라는 벼슬을 하고 있었는데, 죄를 짓고 서인으로 폐출되었습니다. 이때부터 저희 집안은 가난하게 되어 능히 떨치고 일어날 수가 없었으며, 저는 어려서 부모를 여의고 남의 손에 길러져 지금에 이르렀습니다. 비록 깨끗하게 순결을 지키고자 했으나, 이름이 이미 기적에 올라 부득이 사람들을 상대로 즐기며 놀아야만 했습니다. 그러나 저는 매번 혼자 한가롭게 있을 때마다 꽃을 보면 눈물을 흘리고, 달을 대하면 넋을 잃지 않은 적이 없었습니다. 이제 낭군을 뵈니, 풍채와 거동이 빼어나고 활달하며 재주와 생각이 뛰어나십니다. 제가 비록 비천한 몸이지만 한 번 잠자리에 모신 후 영원히 건즐을 받들고자합니다. 바라건대, 낭군께서는 훗날 입신하여 일찍 요로에 오르십시오. 그래서 제 이름을 기적에서 빼내어 조상의 이름을 더럽히지 않게만 해주신다면, 저는 더 이상 소원이 없겠습니다. 그런 뒤에 비록 저를 버리고 끝내 보지 않으시더라도 낭군의 은혜에 감사할 겨를도 없는데, 제가 어떻게 감히 낭군을 원망하겠습니까?[5]

양반에서 천민으로 전락한 사연을 술회하고 자신이 처한 현실의 모순을 지적하며 이를 벗어나려는 강한 의지를 보이고 있는 것이다. 당대의 신분변동 현상이 반영된 것이며, 여기서 발생한 현실적 모순에 대한 자각 아래 배도는 비록 기녀의 신분이지만 정조를 지켜 대등한 인간으로서 일부종사하기를 희망한다. 또 그러한 자신의 의지를 관철하기 위한 매개로서 주생을 선택한다.

선화의 경우에 있어서도 주생과의 사랑을 통해 중세적 모순이 표출된다. 상층사대부의 딸로서 비밀히 이성관계를 갖는다는 것은 인간적 정서를 억압하는 중세적 질곡에 대해 문제를 제기하는 것이라 할 수 있다.

> 여자의 몸은 근심과 더불어 일생을 보냅니다. 님을 만나기 전에는 만나기를 원하고, 이미 님을 만났으면 헤어질까 두려워합니다. 여자의 한 몸이 어디에 산들 근심이 없겠습니까? 하물며 낭군은 절단지기를 범하고, 저는 행로지욕을 받을 것입니다. 불행히도 하루아침에 우리의 애정행각이 드러나면 친척들에게 용납되지 못할 것이요, 고을 사람들에게는 천대를 받게 될 것이니, 비록 낭군의 손을 잡고 백년해로하고자 한들 어찌 그것이 가능하겠습니까? 오늘 우리의 만남은 비유컨대 구름 속의 달이나 낙엽 속의 꽃과 같습니다. 설령 한 때의 즐거움을 얻었을지라도 오래 갈 수 없을 것이니, 어찌하면 좋겠습니까?[6]

5) 妾先世乃豪族也. 祖某提擧泉州市舶使, 因有罪廢爲庶人. 自此貧困, 不能振起. 妾早失父母, 見養於人, 以至于今. 雖欲守貞自潔, 名已在於妓籍, 不得已而强與人宴樂. 每居閑處, 未嘗不看花掩淚, 對月消魂. 今見郞君風儀秀朗, 才思俊逸. 妾雖陋質, 願薦枕席, 永奉巾櫛. 望郞君立身, 早登要路, 拔妾於妓籍之中, 使不忝先人之名, 則賤妾之願畢矣. 後雖棄妾, 終身不見, 感恩不暇, 其敢怨乎.

그러나 선화를 통해 중세적 모순을 문제로 부각시키기는 하지만 그 모순을 타개하고 뛰어넘으려는 적극성을 띤 인물로 내세우지 않는다. 단지 중세적 규범을 수동적으로 받아들이지 않고 내적 욕구의 실현을 위해 내면적 갈등을 일으키는 인물로 형상화하는 데 그치고 있는 것이다.

배도의 경우 역시 신분제 사회에 존재하는 질곡을 부각시키고 이를 극복하고자 하는 의지까지도 표출하지만, 그것이 남성에 의존하여서만 가능한 방법이기에 한계를 갖는다. 배도가 천민으로 전락한 것도 자의와는 무관하게 중세의 신분제적 속성에서 비롯된 것이었다. 또 그녀가 기생의 신분에서 벗어나는 것에는 주생의 입신출세가 전제되어야만 했다. 하지만 주생은 입신출세에 있어서 이미 몰락한 양반으로서 갖는 사회적 한계를 지닌 존재였다. 따라서 배도의 욕구는 주생의 입신이 전제되고 이의 부수물로서 간접적으로밖에 성취될 수 없었다. 이를 통해 의지만으로는 극복될 수 없는 중세적 신분사회의 강고와 그 질곡에 고립된 배도로 대표되는 하층 여성의 한계가 더욱 선명하게 드러날 뿐이다.

주생의 경우는 중세적 모순을 드러낼 뿐 아니라 작가의 진보적 세계관의 일면을 반영하고 있다.

> 대대로 전당에 살았었으나, 그의 아버지가 촉주 별가라는 벼슬을 하게 되면서 촉주로 이사를 가 그 곳에서 살았다. 주생은 어려서부터 총명하여 능히 시를 지을 수 있었으며, 18세 때 태학생이 되어 동료들의 추앙을 받았다. 주생 자신도 적지 않은 자부심을 갖고 있었으나, 태학을 다니는 몇 년 동안 연달아 과거에 떨어지고 말았다. 이에 주생은 탄식하며 말했다.
>
> "사람이 이 세상에 살고 있는 것은 미미한 티끌이 연약한 풀에 깃들어 있는 것과 같을 뿐이다. 그런데 어떻게 공명에 구속되고 속세에 매몰되어 나의 인생을 보내리오?"
>
> 주생은 이때부터 과거 공부에 뜻을 두지 않았다. 그리고 마침내 상자 속에 들어 있떤 돈 수천 냥을 꺼내어 그 절반으로 배를 한 척 사서 강호를 왕래하고, 나머지 절반으로 잡화를 거래하여 여기에서 생긴 이득으로 생계를 꾸려 나갔다. 그는 아침에는 오땅에 저녁에는 초땅에 머무는 등 오로지 마음이 내키는 대로 돌아다녔다.[7)]

주생은 시에 능하고 총명하며 재주가 있었으며 태학에서도 일찍이 주변의 추앙을 받는 인물이었음에도 누차 과거에 떨어지는 비운을 맛본다. 부친이 별가라는 지방관리를 지낸

---

6) 女子一身, 與愁俱生. 未相見, 願相見, 旣相見, 恐相離, 女子一身安往而無愁哉. 況郞犯折檀之譏, 妾受行露之辱. 一朝不幸, 情迹敗露, 則不容於親戚, 見賤於鄕黨, 雖欲與郞執手偕老, 那可得乎. 今日之事, 譬如雲間幕中華, 縱得一時之好, 其奈不久何.

7) 世居錢塘, 父爲蜀州別駕, 仍家于蜀. 生年少時, 聰睿能詩, 年十八 入太學, 爲儕輩所推仰, 生示自負不淺. 在太學數歲, 連擧不第. 乃喟然歎日: 人生在世間, 如微塵栖弱草耳. 胡乃爲名韁所繫, 汨汨塵土中, 以終吾生乎. 自是, 遂絶意科擧之業. 倒篋中有錢百千, 以其半買舟, 往來江湖間, 以其半市雜貨, 時取嬴以自給, 朝吳暮楚, 唯意所適.

한미한 가문의 아들로서 주생은 탁월한 실력에도 불구하고 과거에 등제되지 못함으로써 구조적 모순을 절감한다. 계층적으로 보아 결국 몰락양반이 된 주생은 현실에 벽을 느끼고 과감히 과업을 청산한 후 상업에 투신한다. 현실 모순에 대한 울분을 역설적으로 분출하고 있는 것이다. 현실세계의 모순에 고립되지 않고 새로운 삶의 가치를 추구하는 면에서 적극적 의지가 나타났다고 할 수 있다. 상업을 천시하던 당시 상황에서 과업을 포기하고 상업에 투신하는 것을 긍정적으로 그린다는 점에서 작가의 진보적 세계관의 일면을 엿볼 수 있는 것이다.

하지만 <주생전>은 애정의 성취를 신분상승의 도구로 수단화한다는 점에서 <최척전>과 큰 차이를 보인다. 배도는 기적에서 자신의 이름을 빼 줄 것을 조건으로 주생과 관계를 맺는다.

> 바라건대, 낭군께서는 훗날 입신하여 일찍 요로에 오르십시오. 그래서 제 이름을 기적에서 빼내어 조상의 이름을 더럽히지 않게만 해주신다면, 저는 더 이상 소원이 없겠습니다. 그런 뒤에 비록 저를 버리고 끝내 보지 않으시더라도 낭군의 은혜에 감사할 겨를도 없는데, 제가 어떻게 감히 낭군을 원망하겠습니까?[8)]

기적에서 이름을 빼내주기만 한다면 훗날 자신을 버리더라도 원망하지 않겠다고 한다. 애정을 신분상승의 도구로 인식하고 있는 것이다. 그녀의 이러한 인식은 주생과 선화와의 관계를 용인하고 오히려 주생이 선화와의 혼인을 통해 출세할 것을 당부하는데서 더욱 선명히 드러난다.

> 몇 개월이 지난 뒤 배도마저 병이 들어 자리에서 일어나지 못했다. 배도는 죽어가면서 주생의 무릎을 베고 눈물을 머금은 채 말했다.
>
> "저는 봉비의 뿌리로서 송백의 넉넉한 그늘에 의지하였는데, 어찌 꽃향기가 없어지기도 전에 소쩍새가 먼저 울 줄을 생각이나 했겠습니까? 이제 곧 낭군과는 영영 이별하게 되었습니다. 비단옷이나 거문고 가락도 이제는 끝났으며, 낭군과 해로하고자 했던 오랜 소원마저도 이미 어그러지고 말았습니다. 다만 제가 죽은 뒤 낭군께서는 선화를 배필로 맞이하고, 제 유골을 낭군이 왕래하는 길가에 묻어주시길 바랄 뿐입니다. 그러면 저는 비록 죽었을지라도 산 것과 다름이 없을 것입니다."
>
> 배도는 말을 마친 후 기절했다가 한참 후에 다시 깨어나 눈을 뜨고 주생을 보면서 말했다.

---

8) 望郎君立身, 早登要路, 拔妾於妓籍之中, 使不忝先人之名, 則賤妾之願畢矣. 後雖棄妾, 終身不見, 感恩不暇, 其敢怨乎.

"주랑이여, 주랑이여? 부디 귀하신 몸을 소중히 하소서."

배도는 연이어 이 말을 몇 차례 하더니 마침내 죽고 말았다.[9)]

선화와 혼인할 것을 유언하며 "부디 귀하신 몸을 소중히" 할 것을 제삼 당부하고 있는 것이다. 이는 배도의 신분상승에 대한 의지가 죽음에 직면해서도 수그러들지 않았음을 짐작케 하는 것이다. 명문거족인 선화와의 혼인이 주생의 출세에 도움이 되리라는 계산이 깔린 것이며 사후라도 추증되기를 바라는 심정을 담고 있다 하겠다. 주생이 배도의 장례를 마치고 두 계집종들과 이별하면서 "너희들은 집을 잘 지키고 있거라. 훗날 내가 뜻을 이루면 반드시 너희들을 데리러 오마."고 한 말을 통해, 주생이 배도의 이러한 염원을 간취했음을 알 수 있다. 배도는 이처럼 철저히 애정을 신분상승의 수단으로서 인식했던 것이다.

주생 역시 배도와의 결연에서, 장차 자신을 기적에서 빼줄 것을 전제로 한 배도의 제의를 받아들인다.

이것은 남자가 마땅히 맡아서 해야 할 일이오. 설령 그대가 말을 하지 않더라도 내가 어찌 모른 척 할 수 있겠소?[10)]

이상에서 살펴본 바와 같이 <주생전>은 혼인제도상 취첩 후 취처에 해당하고, 애정과 혼인이 신분상승과 입신출세의 수단으로 간주되며, 중세사회의 모순을 문제삼으면서도 이를 극복하려는 적극적 행위로 이어지지 못한 채 중세적 한계에 머물러 있는 작가 의식을 드러내고 있음을 알 수 있다.

9) 後數月, 桃得疾不起. 將死, 枕生膝, 含淚而言日: 妾以葑菲之下體, 依松栢之餘蔭, 豈料芳盟未歇, 鶗鴂先鳴, 今與郞君便永訣矣. 羅綺管絃, 從此事畢矣. 昔之宿緣, 已缺然矣. 但願妾死之後, 娶仙花爲配, 埋我骨於郞君往來之路側, 則雖死之日, 猶生之年也. 言訖氣塞, 良久復甦, 開眼視生日: "周郞周郞! 珍重珍重." 連聲數次而逝.

10) 此男兒分內事也. 汝雖不言, 我豈無情者哉.

3. 허균의 〈홍길동전〉

<홍길동전>은 우리 소설사에서 초기 국문소설이며, 개혁적인 사회소설이란 면에서 일찍부터 주목받았다. 현재도 허균 창작 진위와 현전 <홍길동전>이 허균의 원작과 동일하지 않다는 등의 문제가 논란 중이다. 그러나 연구자들은 대체로 허균 창작설에 비중을 두고 있으며, 사료고증을 통해 역사적 실존 인물인 홍길동을 입전한 것이라는 논의[11]이후 허균의 다섯 傳과의 통일적 관계를 규명하는[12] 등의 연구가 가세하고 있다.

<홍길동전>에서 다루어지고 있는 주제 가운데 적서차별의 문제는 가족관계와 밀접하게 연결되는 것이어서 가족의 이야기를 담고 있는 <최척전>과 부분적으로나마 비교할 수 있을 것이다. 게다가 조위한과 허균은 절친한 사이였으므로 각각의 두 작품을 통해 작가의식을 비교하는 것도 시도할 만한 가치가 있다. 그런데 <홍길동전>은 많은 이본이 있고, 그것들 사이의 변이가 큼으로 어느 것을 텍스트로 하느냐에 따라 그 주제도 다르게 파악될 수 있는 상황이다. 경판본에서는 현실부조리를 고발하려는 의도보다는 호부호형도 할 수 없고 사회적 진출도 막혀 있는 신분제약의 문제가 심각하게 거론되고 있는데 반해, 완판본에서는 상대적으로 신분문제는 약화되고 사회부조리의 문제가 강화되어 나타난다. 경판본과 완판본만 하더라도 이처럼 상이한 변모양상을 띠고 있는 실정이다. 따라서 <홍길동전>과 <최척전>의 작가의식을 비교하는데 있어 주제적 측면에서 야기될 혼선을 피하기 위해 작품분석보다는 작가론의 입장에서 논의하고자 한다.

조위한이 평소에 사귄 벗으로는 허균, 권필, 이안눌, 임숙영 등과 같은 당대의 대문장가들이 있었다. 그 가운데 특히 허균(1569 선조2~1618 광해군10)과는 매우 절친한 관계를 유지한 것 같으나 현재 그의 문집을 비롯한 그와 관련된 기록에는 허균과의 교류에 대한 글은 전혀 보이지 않는다. 아마 허균이 반역 죄인으로 처형되었고 그후에도 신원되지 못한 때문에 후손들이 고의로 허균과의 관계가 보이는 글들을 문집을 만들 때 모두 삭제하였으리라 본다. 하지만 허균은 조위한이 미관말직에 있으면서 아주 곤궁하게 살던 무신년(1608년 광해군이 즉위하던 해 사헌부 감찰로 있었음) 3월 자신의 월급의 절반에 해당하는 양식을 보내면서 더 보내지 못해 미안하다는 내용의 편지를 전할 정도였다. 또 허균이 북경으로 향하는 조위한을 전송하는 글 등을 통해서도 각별한 사이였음을 알 수 있다.[13]

<홍길동전>에는 서얼제도의 모순과 체제 부정이라는 서로 다른 주제가 연결되어 있다. 즉, <홍길동전>에는 적서차별과 사회부조리가 함께 다루어졌다. 적서차별의 문제는 길동의 신분적 조건으로 나타나고 사회부조리는 길동의 반항적 행동을 통해 나타나는데, 길동의

11) 설성경, 「홍길동전의 핵심 소재와 작가」, 『고소설연구』6집, 한국고소설학회, 1998, 91-121쪽.
12) 윤주필, 「중세 지식인의 존재방식과 홍길동전」, 『고소설연구』7집, 한국고소설학회, 1999, 5-38쪽.
13) 민영대, 『조위한의 삶과 문학』, 69-71쪽.

그 신분적 조건이 불만의 원인과 행동의 동기가 되고, 그 반항적 행동은 신분적 조건을 해결하려는 수단이 된다고 볼 수 있다.

허균은 서출인 스승 蓀谷 이달과의 만남에서부터 서얼문제를 실감한다. 당대에 있어 이태백에 비유될 만큼 뛰어났던 이달은 탁월한 재능에도 불구하고 서출이라는 신분적 제약 때문에 평생 벼슬을 하지 못한 채 불우한 삶을 살아야만 했다. 손곡과의 만남에서 싹튼 의식은 인재등용을 위한 서출차대 비판으로 이어졌다. 허균은 '유재론(遺才論), 소아론(小兒論), 정론(政論), 관론(官論) 등을 통해 민(民)과 인재(人才)에 대한 관심을 드러내었다. 국사에 관계하는 관리는 재능이 있어야 하며, 재능이 있는 인물을 얻기 위해서는 초야(草野)에서나 행오(行伍) 중에서도 찾아 기용해야 됨을 역설하고, 재능 있는 자를 버리는 것은 역천(逆天)의 길이기에 국운의 영속이 어려워진다는 주장을 한다.'[14] 특히 <유재론>에서 신분제도 철폐에 대한 그의 의지를 엿볼 수 있다. 서자라고 등용하지 않고, 어머니가 개가했다고 해서 그 자식의 재능을 쓰지 않는 조선의 제도를 개탄했다. 하늘이 재주를 낼 때 누구에게나 고르게 냈는데 남녀와 신분을 차별하는 것은 있을 수 없다고 말하고 있는 것이다.

조선초 태종대에 시작된 서얼차대는 성종대에 한층 강화되었다가 임진왜란 시에 잠시 완화되었다. 그러나 전쟁이 끝나자 서얼금고는 다시 강화되었다. 이에 서자들은 사회 불만 세력으로 등장하였고 후대로 갈수록 서얼허통 등을 주장하며 사회변혁운동을 벌이게 된다. 바로 이러한 배경 아래 발생한 것이 '칠서사건'이었다. 서양갑 등 일곱 명의 서자들이 거사를 도모하여 무력으로 궁궐을 장악하고 광해군을 제거하려는 음모를 꾸미다가 1613년 발각된 것이다(계축옥사). 허균은 공주목사 시절 가깝게 지냈던 심우영과 칠서의 두목 서양갑과의 관계 때문에 칠서의 배후로 의심받는다. 그들과의 밀접한 관계에도 불구하고 칠서들이 끝까지 허균의 이름을 발설하지 않음으로써 이 사건에 연루되지 않는다. 그러나 칠서사건이 있은지 5년 뒤, 허균이 광해군을 내쫓으려는 음모를 꾸미고 있다고 폭로한 기준격의 비밀 상소가 빌미가 되어 결국 그는 1618년(광해군 10) 8월 26일에 역모죄로 능지처참을 당한다.[15]

조위한은 1612년 모친의 묘를 이장하는데 사치스럽게 했다는 탄핵을 받아 파직당하여 고양에 머물고 있다가, 1613년 정협의 무고로 계축옥사에 연루되어 서울로 압송된다. 이때 자결하려다가 형 유한의 만류로 그만두고 옥고를 치른 후 금고된다. 1618년 1월 그는 온

---

14) 설성경, 「홍길동전의 핵심소재와 작가」, 108쪽.

15) 허균 사후 광해군은 반교문을 선포하였다. 반교문은 국가적 경사나 경축일에 백성에게 내리는 일종의 담화문이다. 이 반교문에 "허균은 성품이 사납고 행실이 개, 돼지와 같았다. 윤리를 어지럽히고 음란을 자행하여 인간의 도리가 전혀 없었다. 죄인을 잡아서 동쪽의 저자거리에서 베어죽이고, 다시 기쁨을 누리고자 대사령을 베푸노라"라고 하였다. 또한 1623년 인조반정 후 광해군 당시 역모죄로 처형됐던 인물들 대부분이 복권됐으나 허균만큼은 예외였으며, 조선왕조가 끝날 때까지 역적으로 남아있어야 했다. 그만큼 그 사건은 충격적이었고, 그만큼 허균이 문제적 인물이었음을 보여준다.

가족과 함께 남원의 주포로 이주하였고, 거기에서 1621년 무렵 <유민탄>과 <최척전>을 지었다. <유민탄(流民嘆)>이 정치의 부패와 백성들의 혹독한 현실을 비판적으로 그리며 풍간(諷諫)한 것이라면, <최척전>은 백성들의 핍폐한 현실에 희망을 주고 나아가 사회 재건의 길을 제시하는 교훈을 담은 것이다.

<홍길동전>은 '임란 체험세대의 인물 허균이 보여주는 역사적 인물을 소재적 인물로 삼은 현실개혁에 대한 발언'[16]이었다. <최척전> 역시 가족제도에 관련된 서얼문제에 있어서 만큼은 이와 궤를 같이 한다. 허균이 서얼의 존재가치를 인정하는 입장에서 차별을 폐지하는 방향을 추구한 것이라면, 조위한은 서얼이란 존재의 출현을 원천적으로 제거하는 쪽에서 문제 해결을 추구했다는 차이가 있을 뿐이다. 서얼의 문제가 근본적으로는 축첩을 용인하는 혼인제도에 뿌리를 두고 있음에도 길동은 이를 인식하지 못한 채 백씨와 조씨 두 아내를 얻는다. 서얼에 대한 차별을 폐지하는 것으로 해결점을 찾았던 허균의 의식의 소산이라고 할 수 있다. 반면, <최척전>에는 서얼이 등장하거나 서얼문제가 게재될 여지를 남기지 않는다. 중세적 현실의 모순을 인식했던 비판적 사대부로서나 허균과의 교유관계 속에서나 조위한은 가족제도의 모순을 외면할 수 없는 상황임을 추정할 수 있다. 하지만 칠서사건을 목도하고 계축옥사에 연루되어 무고히 옥고를 치르며 금고되는 등 자신에게 비운을 안겨주었을 뿐 아니라 온 나라를 혼란에 빠뜨린 세기적 사건을 경험하면서 허균과는 다른 시각을 갖게 되었으리라 생각된다. 게다가 역모사건으로 인한 허균의 참화는 조위한에게 커다란 충격을 주었다. 이러한 정황이 조위한으로 하여금 서얼에 대한 본질적 회의를 가져와 발전적 비판을 통해 서얼 산생의 원천적 봉쇄라는 근원적 해결책을 상정하게 했던 것이다.

<홍길동전>은 적서차별의 불합리성은 반대하였으나 그것을 산생하는 축첩제도에 대해서는 용인하였다는 점에서 세계관의 제약과 모순을 안고 있음[17]이 지적되고 있다. 유가적 종법질서 아래서 축첩은 필연적으로 적서차별에 의한 서얼문제를 수반하게 된다. 따라서 축첩에 대한 사대부 자체의 반성과 청산 없이는 서얼문제의 해결이 불가능한 것이었다. 다시말해서 서얼문제의 근본적인 해결방안은, 최척과 옥영의 경우와 같이 전란으로 인해 오랜 이별과 시련을 겪으면서도 서로에 대한 부부의 의리를 지키며 철저하게 일부일처(一夫一妻)를 고수하는 길뿐이라는 것이다.

16) 설성경, 「홍길동전의 핵심 소재와 작가」, 120쪽.
17) 허문섭, 『한국민족문학사』, 228-234쪽.

4. 홍세태의 〈김영철전〉

<김영철전>은 전란을 통한 가족이산의 현실 및 가족상봉을 위한 끈질긴 노력을 보여준다는 점에서 <최척전>과 유사한 작품이다. <최척전>이 1597년 정유재란 무렵에서 시작하여 1619년 명나라의 요동정벌에 참전했다가 포로가 된 후 탈출하여 귀향하는 것으로 끝난다면, <김영철전>은 요동정벌의 조선측 지원군으로 출정하면서 시작하여 자모산성에서 20여 년 수직하다 84세(1685년경)로 죽는 것으로 끝난다. 이처럼 두 작품은 시기적으로도 연접해 있다. 그러나 김영철은 최척과는 달리 외국생활 중에 호족과 한족 여인과 결혼하여 각각 자식을 낳았으면서도 이들을 모두 버리고 귀국하여 또 결혼한다. 김영철은 조선의 자식들과 함께 수자리를 지키면서 "처자는 나를 저버리지 않았으나 나는 진실로 그들을 저버렸도다. 두 곳의 처자로 하여금 평생토록 슬픔과 한이 되게 하였구나"[18]라고 하며 외국에 버려두고 온 처자식에 대한 자책감으로 노년을 보낸다. <김영철전>의 서사단락은 다음과 같다.

① 김영철은 평안도 영유현 사람으로 19세(1618) 때 후금과의 전쟁에 참전한다. 이때 2대 독자인 그는 돌아오지 못하면 집안의 대가 끊어진다는 조부의 걱정에 꼭 돌아오겠다는 대답을 하고 떠난다.

② 후금의 포로가 되어 살해될 위기에 처하나 후금의 장군 아라나의 도움으로 살아나 그의 하인이 된다.

③ 두 번 탈출을 감행하나 모두 실패하고 아라나의 권유로 그의 제수와 결혼하여 득북, 득건 두 아들을 낳는다.

④ 명나라 사람 전유년과 함께 탈출에 성공하여 등주 전유년의 집에서 산다.

⑤ 전유년의 여동생과 결혼하여 득달과 득길 두 아들을 낳는다.

⑥ 1630년 조선 사신의 배에서 동향인 이연생을 만나 그의 도움으로 귀국한다.

⑦ 조부와 모친을 만나고, 같은 마을의 부자가 김영철을 효자라고 여겨 딸을 아내로 삼게 하므로 함께 가정을 이룬다.

⑧ 1637년 조선이 청나라에 항복한 후, 영유현에 주둔한 청군의 노고를 치하하는 자리에 통역을 맡은 김영철은 아라나의 조카를 만나 잡혀갈 위기에 처하나 현령의 도움으로 모면한다.

⑨ 1640년 명(明)을 치는 조·청(朝·淸) 연합군에 임경업의 통역으로 참전한 김영철은 명장에게 밀서를 전하러 갔다가 전유년을 만나 명장에게서 받은 하사품을 등주의 처자에게 전하라고 건네준다.

---

18) 妻子無負於我而我實負之 使兩地妻子沒身悲恨

⑩ 1641년 다시 참전한 그는 아라나를 만나 참살당할 위기에 처하나 유림의 도움으로 살아나고 아들 득북과 상봉한다. 청태종을 알현하고 하사받은 선물을 아라나와 득북에게 나눠주며, 건주위에 있는 득건과 수개월 함께 지낸다.

⑪ 59세인 김영철은 조선의 네 아들과 함께 1658년 평안도 자모산성의 수졸이 되어 성을 지킨다. 조국에 귀환하여 살게 된 것을 위로삼으면서도 건주와 등주의 처자식 생각에 자책하며 노년을 보내다 84세로 죽는다.

<김영철전>은 죽음을 무릅쓴 탈출 시도와 인정상 차마 하지 못할 일인 줄 알면서도 결국 처자를 버리고 고국에 귀환하는 등 강한 가문 보존의식을 보이고 있다. 이는 그가 2대 독자라는 사실과도 관련이 있을 것이다. 그러나 그보다는 가문의식이 강화되던 당시의 사회적 상황과 이를 작품 속에 투사한 작가 홍세태의 의식이 그 이면에 작용했음을 간과해서는 안될 것이다.

이 작품의 전체적 전개에 있어 의미심장한 복선과 동력으로 작용하는 것은 작품 초두에 나온 영철과 조부의 대화이다.

> 영철의 나이 십구 세에 아직 장가들지 않았다. 부친 여관과 영철은 모두 독자로서 형제가 없었다. 떠남에 임박하여 조부 영가는 울면서 이르기를 "네가 돌아오지 못하면 우리 집안은 대가 끊어지는 것이다"라고 했다. 영철은 "반드시 돌아오겠습니다"라고 대답했다.[19)]

유가적 가부장제에 의한 가족구조가 구축되기 이전에는 적자와 적손으로 대를 잇는다는 의식이 미약하였다. 또한 조선후기까지도 외손봉사의 전통이 잔존했다. 그리하여 양자의 사례도 드물었을 뿐 아니라 성이 다른 외가측에서 데려와 대를 잇는 경우도 있을 정도였다. 그러나 17세기 이후 가족구조가 재구조화 되면서는 적손에 의해서만 대를 잇는다는 관념이 점차 굳어졌다. 굳이 양자를 입후할 경우에라도 부계친족 내에서만 가능한 것으로 인식함에 따라 부계혈족의 결속이 점차 경직화 됨을 알 수 있다. 전계 한문단편소설의 장르적 특성상 객관적이고 사실적 성격이 강한 <김영철전>의 가족 서사가 당시 이러한 사회적 상황을 충실히 담고 있음은 당연한 것이다.

"네가 돌아오지 못하면 우리 집안은 대가 끊어진다"는 영철 조부의 눈물어린 걱정은 손자를 전장에 보내는 안타까운 심정이 담긴 말이기도 하지만, 장가들지도 못해 후사가 없는 2대 독자가 사지로 떠나매 가문의 대가 끊어질 것에 대한 강한 염려의 표현이기도 하다. '반드시

19) 英哲年十九未娶 父汝灌及英哲皆獨身無兄弟 臨行祖永可泣而送之 曰汝不歸則吾世絶矣 英哲曰必歸也

돌아오겠다'고 한 영철도 또한 가문의 대를 이어야 한다는 강한 책임감을 품고 이를 이루기 위해 죽음을 무릅쓴 탈출을 감행한 것이며, 두 곳의 처자를 버리면서까지 귀환을 단행한 것이다. 서두에서 가문에 대한 영철과 조부의 짧은 대화를 설정함으로써 작가는 전체 이야기를 이끌어 가고 있다. 따라서 가문의식에 강한 집착을 보이며 전개되는 김영철의 가족서사는 17세기 가족 재구조화의 사회적 상황과 맥을 같이 하는 것이며, 작가의 중세적 의식을 그대로 드러낸 것이라고 할 수 있다.

특히 김영철의 세 번에 걸친 결혼에 있어서 모두 가장의 독단적인 결정에 의해 혼인이 이루어짐을 볼 수 있다.

> 노(후금)의 법에 포로가 도망하여 세 번째 월형을 받으면 죽였다. 아라나는 영철이 죽음에 이를 것을 생각하여 제수로서 아내를 삼게 했다.[20]

전유년은 영철에게 고련의(顧戀意)가 있을까 두려워하여 영철에게 이르기를 "나에게 아름다운 두 누이가 있으니 돌아가는 날 큰 자를 반드시 너의 소실로 삼게 하겠다." (중략) 날이 오래 지나매 마음이 울적하고 즐겁지 않았다. 때에 유년의 작은 누이가 미혼이었다. 유년은 이에 크게 이바지음식을 갖추고 여러 친척과 친구들을 청하였다. 즐겁게 마시며 밤에 미쳐 술이 거나하여 주흥이 한창 일어나매 유년과 영철은 함께 포로시절의 일을 이야기하며 서로 눈물을 흘렸다. 주변 사람들도 모두 눈물을 흘렸다. 유년이 술잔을 손에 쥐고 달을 우러러 보며 그 부모에게 아뢰기를 "제가 오랑캐에게 잡혀 있을 때 영철이 아니었더라면 살아 돌아오지 못했을 것입니다. 일찍이 우리 누이를 주겠다고 달을 두고 맹세했습니다. 지금 이 달은 변한 것이 없으니 어찌하면 좋겠습니까?" 이에 딸을 시집보냈다.[21]

> 같은 마을에 이군수라는 사람이 있었는데 가문이 자못 피고 재물이 풍성하였다. 그가 영철을 효자라고 하여 그 딸을 아내로 삼게 하였다.[22]

세 번의 결혼에 있어서 하나같이 여성 당사자의 입장에 대한 어떠한 고려도 없는 채 의혼이 이루어짐을 볼 수 있다. 영철은 특수한 입장이라고 보아 차치하더라도, 결혼 당사자인 여자가 의혼과정에 전혀 개입되지 못하고 있다. 전적으로 주혼자인 가장의 결정에 의해 혼사가 성립

20) 虜法降逃者刖三而戮之 阿羅那意英哲竟亡 以弟妻妻之
21) 有年恐英哲有顧戀意 謂英哲日 吾有二妹美 歸日長者行則必以小室汝 (중략) 日久意鬱鬱不樂 時有年小妹未婚 有年乃大供具請諸親戚故舊 歡飮及夜酒酣 有年與英哲共說虜中事 相視泣下 四座皆泣 有年手執巵仰視月 而語其父母日 兒沒虜中 非英哲無以生還 嘗許吾妹指月爲誓 今此月猶在 可奈何 乃以女妻之
22) 同縣有李羣秀者 家頗饒財 謂英哲孝子 歸其女焉

되는 것은 강력한 가부장권 확립을 암시하는 것이다. 이는 <최척전>의 의혼과정과 뚜렷한 차이를 보이는 점이다.

작가 홍세태(1653 효종4~1725 영조1)는 중인 출신의 지식인으로서 <김영철전>을 통해 비판적 의식을 드러내기도 한다.

> 가도를 공격할 때에는 사지를 넘나들며 자기 몸을 아끼지 않은바 그 공은 기록할 만한 것이었음에도 조그만 상도 없었다. 영유 현령은 말값을 받았고 호조에서는 남초 값을 독촉하였으며, 게다가 늙어서까지 수성하게 하여 끝끝내 곤궁억울한 신세로 죽게 만들었으니 이래서야 천하의 충성스런 이들을 어떻게 권면하겠는가.[23)]

김영철이라는 인물의 파란 많은 일생을 통해 작가는 '당시 민중이 겪은 종군의 괴로움과 군역의 가혹함을 제시'[24)]하고 있는 것이다. 그럼에도 그는 당대 정치현실의 실정(失政)을 폭로하고 비판할 뿐 중세적 의식을 탈각한 근대적 지향성의 면모를 보이지 못했다. 민심의 이반을 막고 충국지사들을 독려하기 위해서는 김영철과 같이 홀대해서는 안된다는 봉건적 교훈에 머물러 있기 때문이다.

<김영철전>은 전란을 통한 가족 이산의 현실과 가족 상봉을 위한 끈질긴 노력을 보여주는 가족 서사를 담고 있다는 유사성에도 불구하고 작가의식에 있어 <최척전>과는 대단히 상이한 양상을 보이는 작품이다. <김영철전>에서도 가족에의 집착이 전쟁이라는 현실에 대한 대응양상으로 나타나기는 하나 호족과 한족의 처자를 버리고 귀국한다는 점에서 애정을 바탕으로 한 가족의 결속이라는 <최척전>의 대응양상과는 판이하다. 차라리 그것은 가문보존에 대한 '지독한'[25)] 집착이라고 해야 할 것이다. 따라서 <김영철전>의 가족서사는 중세적 가문의식을 지향한 작가의식의 소산이라고 할 수 있다.

이러한 의식의 면모는 김영철의 생애에서 세 번에 걸친 혼인과정에서 구체적으로 드러나 있다. 의혼과정에서 혼인 당사자인 여성의 의사 개입이 완전히 배제됨을 볼 수 있다. 또한 한족의 처가 결혼 직후 시부모에 대한 구고지알(舅姑之謁)의 예(禮)를 대신하여 시부모의 그림을 그려놓고 절했다[26)]고 함으로써 친영(親迎)의 예(禮)를 암시하며 은근히 칭찬한다. 이상에서 볼 수 있는 바 김영철의 혼인과정에서 나타난 가부장권의 절대성은 17세기 사회의 중세 복고적 움직임과 직결되는 것이며, 작가의식이 단적으로 드러난 것이라 하겠다.

---

23) 椵島之役出入死地 勤勞至甚 其功可紀 魯無尺寸之賞 而縣令索馬價 戶曹又督南草銀 使之老爲守城卒 困窮抑鬱而死 此何以勸天下忠志之士也 余悲其事迹湮沒不顯於世 故爲此傳以示後人 使知東國有金英哲云

24) 박희병, 「17세기 동아시아의 전란과 민중의 삶」, 30쪽.

25) 작품후기의 평결에서 작가는 外史氏曰 英哲從征陷虜 逃入中國 有妻子皆棄去不顧 卒能返故國 <u>何其志之烈也</u>라고 했다.

26) 妻謂英哲曰 人皆謁舅姑我獨未 乃請畵工畵其像而拜之

Ⅱ. 통변론으로 본 주생전의 문체

<주생전>은 분명 주생과 필담으로 나눈 이야기를 단순히 옮겨 적은 것이 아니라 작가가 상상을 발휘하고 창의를 개입시켜 창작한 작품이라고 할 수 있다. 그렇다면 우리는 작가가 주생으로부터 들은 이야기든 자신의 상상적 허구든지 간에 그것을 문자화하는 과정에서 '한문문언(漢文文言)'으로 재구성할 수밖에 없었고, 또 그 과정에서 독자를 위한 '문체(文體)'[1]를 염두에 두어야만 했다는 사실에 주목할 필요가 있다. 문체는 향유층, 즉 작가층과 독자층의 공통된 세계관과 미학을 담보로 하는 것이므로 그것은 피할 수 없는 과정이기 때문이다. 그러면 <주생전>의 그 문체는 어떠한 것인가?

<주생전>의 문체에 대한 기존의 연구를 종합해 보면, 이 작품은 문언전기(文言傳奇)의 문학적 관습을 충실히 따랐으면서도,[2] 문언전기의 장르적 혁신이라 할 만한 독자적인 경지를 열어 보인[3] 작품으로 평가된다. 문학창작에 있어서 전통의 계승과 혁신의 문제를 다룬 통변론(通變論)이라는 고전시학의 관점에서 볼 때 전자는 통(通)의 측면을, 후자는 변(變)의 측면을 지적한 것이라고 정리해 볼 수 있다. 그러나 지금까지의 논의는 통(通)의 요소를 중국소설의 영향으로 인식하거나, 그렇지 않으면 독자적인 변화(變化)와 창신(創新)의 요소만을 강조하는 등 한쪽에만 치우침으로써 이 작품에 대한 평가에 있어 양분화 혹은 양극화된 현상을 드러냈다. 즉, 통변(通變)이라고 하는 하나의 종합적인 관점을 가지고 접근함으로써 이 작품의 문체적 특징을 일관성 있게 정립해내지를 못했던 것이다.

---

1) 오늘날 '문체'는 작가의 사상이나 개성이 문장의 어구나 배치 등에 나타나 있는 전체적 특색을 가리키거나, 문어체·구어체, 운문체·산문체, 간결체·화려체 등 문장의 양식을 가리키는 협의적 개념으로 사용되어, 영어의 스타일(style)에 대응시켜서 문학 형태의 종류를 가리키는 장르(genre)와 구분하기도 한다. 그러나 한문학 전통에서 문체는 詩, 賦, 傳, 書 등 한문 형식의 종류를 가리키는 용어로 쓰였는가 하면, '元稹體'와 같이 작가의 개성과 풍격이 배어 있는 문장 유형을 지칭하는 용어로도 폭넓게 사용되었다. 본고에서도 '문체'는 작가의 개성적 문장구사방식이나 문장 양식, 나아가 문학 양식의 종류까지를 아우르는 광의적 개념으로 사용한다.

2) 정민, 『목릉문단과 석주 권필』, 태학사, 1999, 477쪽.

3) 박희병, 『한국전기소설의 미학』, 돌베개, 1997, 91쪽.

전통적으로 문인들의 문장학습과 창작은 전범적 작품을 모범으로 삼아 이루어졌다. 그러나 바람직한 창작은 양식적 규범을 충실히 따르면서도 독창적이며 새로운 경지를 일궈내는 작업이어야 했고, 그러한 작품이라야 높은 평가를 받았다. 따라서 문언전기양식의 전통 속에서 생성된 <주생전>의 문체적 특징은 당시의 문학 관습을 고려하여 그 보편성과 특수성을 종합적으로 살펴야만 잘 드러낼 수 있다.

기존의 소극적인 영향-수용의 비교시각과는 달리 적극적인 수용-변용의 비교시각[4]을 제안한 정출헌은 중국소설과의 소통과 교섭을 모방론·영향론의 자장 안에서 이해하거나, 반대로 양국 소설의 비교를 통해 주체적·독창적인 면에 방점을 찍는 식으로 결론내리는, 영향론적 비교연구와 내재적 발전론의 한계를 동시에 비판한다. 법고창신론(法古創新論)과 같이 전범(典範)에 대한 원숙한 체득과 그것에 토대한 새로움의 창출을 중시하면서 동아시아 소설의 보편성에 기반한 동질성과 개별 문화로서의 독자성을 확인하는 작업은 동시적으로 이루어져야만 한다[5]는 주장은 매우 설득력이 있다.

다만, 그가 "전근대 문학에서 매우 중시하던 '법고와 창신'으로부터 근대문학에서 자주 구사되는 패러디 미학의 요체, 곧 텍스트와 텍스트간의 '반복과 차이'를 이끌어내"고자 현대 서구의 패러디(parody)이론을 가지고 우리 고소설사를 재단하는 것은 무리가 있다고 본다.[6] 상이한 문학 전통에 기인한 용사(用事)와의 변별성을 간과한 채 그 유사성만에 근거하여 현대 서구의 패러디이론을 가지고 우리 고소설을 잣대질하기보다는 전통시학을 적용하는 것이 더 적실한 방법일 것이다.[7] 오늘의 시각으로 역사를 바라보지 않아야 하는 것이 역사연구의 기본자세이듯이, 현대 작가의 창작론이 아니라 창작 당시에 작가가 이해하고

---

4) 비교문학의 영향·수용·변형·발전에 관한 내용은 윤호병의 『비교문학』(민음사, 1994) 91~130쪽에 소개되어 있다. 그는 기존의 '영향'과 '수용'의 비교문학 이론을 '영향과 수용', '수용과 변형', '변형과 발전' 등 세 가지로 나누었으나 그것은 수용론의 소극적인 면과 적극적인 면 등 복잡한 실상을 나름대로 구분지어 설명해보고자 편의상 설정한 범주일 뿐으로, 그중 '변형과 발전'은 사실상 수용론에 해당하는 내용이다. 순수하게 발신자의 일방적인 송신에만 의거한 영향이란 존재하지 않는다는 인식이 대두됨에 따라 영향론에서도 수용을 고려하는 경향이 발생했고, 초기의 수용론은 원천으로 귀결될 수밖에 없는 수용으로서의 영향이나 영향으로서의 수용이라는 소극적인 영향-수용론에서 출발했다. 하지만 수용론은 수용자의 자기화 측면을 강조하는 적극적인 수용-변용론으로 발전했다. 曺順慶은 『比較文學學』(四川大學出版社, 2005)에서 기존의 영향론과 수용론을 각각 文學關係學과 文學變異學의 범주에 포함시키고 있는데 이는 매우 합리적이고 설득력 있는 분류라 하겠다. 비교문학 이론에 대한 曺順慶의 분류는 필자가 번역한 『과문화 비교문학연구』(종려나무, 2008) 201~269쪽을 참고할 수 있다.

5) 정출헌, 「전근대 동아시아 敍事學의 지평과 한국 고전소설의 위상」, 『동양한문학연구』 31, 동양한문학회, 2010, 353~355쪽.

6) 정출헌, 「고전소설의 천편일률을 패러디의 관점에서 읽는 법」, 『국제어문』 38, 국제어문학회, 2006, 42쪽.

7) 고현철은 「용사시학과 패러디시학의 비교연구」(『현대문학이론연구』 12, 현대문학이론학회, 1999, 203~226쪽)를 통해 문화적 식민성을 극복하고자 하는 목적에서 용사와 패러디의 공통성과 변별성을 논구한 바 있다. 또한 박수밀도 「용사와 패러디의 상관관계 고찰」(『온지논총』 16, 온지학회, 2007, 153~179쪽)에서 용사 전통을 지금의 패러디로 접근하는 것에 대한 위험성을 지적하였다. 그는 용사와 패러디의 상이한 문학 전통을 고려할 때 우리 고전문학에 대한 패러디의 적용은 주자학의 권위로부터 일탈이 진행된 조선후기의 한글서사장르, 풍자가 담긴 연암 산문 등에나 가능할 것으로 보았다.

있던 창작론을 전제로 고전 작품을 분석하는 것이 고전문학 연구에서 선행되어야 할 작업이요 바람직한 자세라고 할 수 있기 때문이다.

이에 필자는 <주생전>의 문체적 특징을 동아시아문학을 전제로 한 우리 고소설사의 맥락 속에서 파악하기 위해 수용-변용론적 관점에서 고전시학을 적용하고자 한다. 즉, 권필을 포함한 16~17세기 문인들이 지니고 있던 '통변(通變)'이라고 하는 전통적 창작론의 조명 아래서 <주생전>의 문체적 특징을 살펴보려는 것이다. 필자는 우선, 통변의 시각에 대한 이론적 배경을 밝히 후, <주생전> 문체의 전통계승[通]의 측면과 창신[變]의 측면을 각각 살펴보겠다.

1. 통변(通變)의 창작론

16세기에 명나라의 전후칠자[8]와 그들의 '문필진한, 시필성당(文必秦漢 詩必盛唐)'의 주장을 중심으로 한 복고주의(復古主義) 문학과 이론은 조선문단의 복고 경향을 자극하였다. 전후칠자는 귀고천금(貴古賤今)의 상고(尙古)를 바탕으로 복고를 주창하고, 문학 창작론으로 법고(法古)를 주장하였다. 법고는 본래 내용과 형식을 포괄하는 것이지만 그들은 형식적인 면에서의 고법(古法)을 중시하였다. 그러나 형식적인 법을 지나치게 중시하여, 문학창작에서 자구편장(字句篇章)의 구성, 수사적 기교, 표현 수법 등에 고인의 법을 엄격하게 적용하는 것을 법고의 방편으로 삼음으로써 복고주의는 의고적(擬古的) 풍조를 조장하여 창신(創新)을 제약하는 결과를 초래하였다. 이에 명나라에서는 개성적인 창작을 중시하는 공안파(公安派)와 경릉파(竟陵派)가 등장했고, 조선에서도 의고적인 창작 태도를 비판하며 반의고주의(反擬古主義)가 등장했다.[9]

당시 조선의 반의고주의는, 법이 없을 수는 없지만 법에 구속되어서는 안 된다[10]는 입장에서 법을 바탕으로 변화를 이룩하고자 했다. 그들은 법을 엄격히 적용하려 한 전후칠자의 법고론에 반대하면서 법을 자연스럽게 적용해야 한다고 주장했다. 법고는 필요한 것이지만 지나치게 얽매일 경우 의고로 빠질 수 있기 때문이다. 이에 자연스러운 법을 중시하는 가운데 법의 운용 면에서 제시된 것이 변(變)이었다.[11]

---

8) 李夢陽(1473~1530), 何景明(1483~1521)을 중심으로 한 前七子와 李攀龍(1514~1570), 王世貞(1526~1590)을 중심으로 한 後七子를 함께 일컬어 전후칠자라고 한다.

9) 이병순, 「조선후기 反擬古 文學論 연구-法古에 대한 비판과 法古創新」, 『漢文學論集』 24, 근역한문학회, 2006, 109~140쪽 참조.

10) 金昌翕(1653~1722)이 <夏山集序>에서 언급한 말이다. "詩之爲道, 不可無法, 不可爲法所拘也."(『三淵集』, 한국문집총간 165, 484쪽)

11) 이병순, 앞의 논문, 139쪽.

그런데 사실상 이러한 변(變)에 대한 인식은 동아시아 사상과 고전시학에 있어서 역사가 매우 오래된 것으로서, 일찍이 『문심조룡(文心雕龍)』의 저자 유협(劉勰, 465~552)에 의해서 '통변(通變)'이라는 문학이론으로 체계화되어 있었다. 통변은 유협이 전개한 문학 창작과 비평의 이론 중 가장 뛰어난 부분인데 그 통변의 개념은 『주역(周易)』에서 따온 것이다. 즉, 「계사전(繫辭傳)」의 "다하면 변하고, 변하면 통하고, 통하면 오래간다."(窮則變, 變則通, 通則久)에 근거한 것이다.12)

통변론을 통해서 유협은 문학의 계승과 혁신의 관계를 논하였다. 그는 경전을 중시[宗經]하는 입장에서, 모든 문체가 경전에 뿌리를 두고 있으므로 문체의 기원과 각 문체의 창작 방법을 파악하기 위해서는 그 규범이 되는 경전에 의거하지 않을 수 없다고 보았다.13) 그러나 문장에 사용된 언어의 특색과 풍격 등은 다양한 모습으로 나타나는데, "문장의 변화에는 일정한 규범이 있는 것이 아니어서, 그러한 변화에 대해 설명하기 위해서는 새롭게 형성된 것을 참고로 해야 한다."고 주장한다. 왜냐하면, "문학 표현에 스며 있는 기개나 능력에 대해 말하자면, 그것들은 다양한 상황들을 포함하고 거기에 스스로 적응할 수 있도록 하기 위하여 오랜 세월 변화를 겪어왔다. 따라서 그것들에 대한 설명에는 일정한 규범이 없"기 때문이다.14)

다시 말해서 각각의 문학 양식(문체)은 고유의 개념과 이에 대응하는 내용이 규정되어 있기 때문에 모든 시대의 작가들은 반드시 선례, 즉 각종 문체의 규격을 따라야 한다. 그러나 문학은 시대의 발전과 밀접한 관계에 있기 때문에 그 기교와 풍격에 있어서는 선례를 인습적으로 모방할 필요가 없다. 오히려 문학작품의 언어적 특색과 풍격에 있어서는 후대가 전대를 혁신하고, 각 시대는 모두 자신의 독특한 특징을 지닌다는 것이다. 이처럼 유협은 전통을 계승함과 동시에 새로운 변화에 의한 창조가 필수적임을 밝혔던 것이다.15)

한편, 이러한 변(變)에 대한 인식은 '고(古)'에 대한 인식에 획기적인 변화를 가져왔다. '문필진한, 시필성당'과 귀고천금의 상고를 바탕으로 복고를 추구하면서 절대시되던 고(古)를 변(變)이라는 시각을 통해 상대적인 것으로 인식하게 된 것이다. 특히, 허균(許筠, 1569~1618)은 과거의 한 특정 시대 작가의 작품이 작품평가의 절대적인 준거가 될 수 없으며 각각의 문학적 완성도에 의해 평가되어야 함을 주장했다.16) 뿐만 아니라 당세의 일상언어를 가지고 쇠를 녹여 금을 만들듯 단아하고 곡진하게 표현한 것이 고문(古文)이라고 하면서17) '금문(今文)이 곧 고문(古文)'이라는 상대주의적 고금(古今) 논리의 단초를 마련하였던 것이다.

---

12) 劉勰, 최동호 역편, 『문심조룡』, 민음사, 1994, 366쪽.
13) 위의 책, 61쪽.
14) 위의 책, 360쪽.
15) 위의 책, 366~367쪽.
16) 『惺所覆瓿藁』 卷12, 「詩辨」(許筠, 『성소부부고』 Ⅱ, 민족문화추진회, 1989, 215쪽). 豈相倣傚而出一律耶. 蓋各自成一家而後 方可謂至矣.
17) 『惺所覆瓿藁』 卷12, 「文說」(위의 책, 208쪽). 率當世之常語 而(?)爲雅 眞可謂點鐵成金也.

허균은 일상어를 문장에 도입하는 것이 옳다고 주장했다. 오늘날 고문에 가치를 부여하고 있듯이 현재 일상어로 쓴 문장이 후세에 가서는 오늘날 고문에 부여하는 것과 같은 가치를 인정받게 될 것이라고 했다.[18] 허균의 이러한 문학 사상은 중국과는 다른 조선의 언어에 대한 주체적 자각으로 이어져 조선의 일상언어를 시적으로 정련하여 국문으로 기록한 정철의 <사미인곡>, <권주사>를 높이 평가했을 뿐 아니라 스스로 국문으로 된 소설 <홍길동전>을 창작하기에 이르렀다. 그리하여 "허균은 고문을 구실삼아 상어(常語)를 대담하게 구사하는 새로운 문학을 개척"[19]했다고 평가받는다.

이처럼 16세기에 "전후칠자의 의고문풍은 얼마 있지 않아 개성적인 창작을 중요시하는 경릉파와 공안파가 출현하면서 비판을 받게 되었고, 임진란 이후부터 그 시대와 문장에 맞는 창신을 중시하는 허균, 장유(張維) 등이 속출하면서 개성적인 작풍이 불기 시작했다."[20] 임진왜란을 전후하여 문학 창작에 있어서 반의고적이며 혁신적인 '법고창신(法古創新)'의 의식이 싹트기 시작했던 것이다. 그런데 흥미로운 사실은 그 혁신의 주체가 허균, 장유 등 권필과 매우 가까운 문인들이었다는 점이다. 장유(1587~1638)는 권필의 문집 『석주집(石洲集)』의 서문(1632)을 쓴 인물이고, 허균은 권필과 동갑내기였을 뿐 아니라 아버지 대로부터 이어진 두 집안 사이의 두터운 교분과 왕래로 인해 매우 절친한 사이였다.

허균을 비롯한 16세기 말 17세기 초의 선각적인 문인들로부터 싹트기 시작한 법고창신의 의식은 그 당시 문단의 왜곡된 법고로 야기된 의고적 경향에 대한 비판에서 비롯된 것이고, 그 이론적·사상적 바탕은 바로 '통변(通變)'이었다. 앞에서 언급했듯이 문학이론으로서의 통변은 『주역』에 사상적 뿌리를 두고서 유협이 체계화한 것이다. 유협의 『문심조룡』은 이른 시기부터 우리나라에 수용되었는데 현존 문헌만 보더라도 최치원(崔致遠)의 <낭혜화상비(朗慧和尙碑)>(890)에서도 확인된다.[21]

『조선왕조실록』은 권필에 대해, "필의 아비 벽이 신광한을 사사하고부터 시를 가지고 이름을 떨쳤는데, 필이 그 실마리를 이어 힘을 오로지 하여 시를 하였다. 여러 사람의 특장을 모두 모아 스스로 일가를 이루었으니, 논하는 자들이 추존하여 국조의 정종으로 삼았다."[22]며 높이 평가하고 있다. 이 기록으로 볼 때, 권필은 전범(典範)으로서의 선대 대문호들의 장점을 충실히 본받는 한편 거기에서 한걸음 더 나아가 자신만의 독특한 경지를 창조해냄으로써 일가를 이루었음을 알 수 있다. 이는 통변과 법고창신의 이상적 실현이라고 할 수 있는 것으로, 그의 창작정신은 곧 통변 및 법고창신의 정신과 맥이 통하는 것이다.

---

18) 『惺所覆瓿藁』 卷12 「文說」(위의 책, 208쪽). 後之視今文 安知不如今之視數公文也.

19) 조동일, 『韓國文學思想史試論』, 지식산업사, 1993, 197쪽.

20) 박현규, 「한국에서의 『문심조용(文心雕龍)』 유전양상(流傳樣相)-신라, 조선시대를 중심으로」, 『중국어문학』 53, 영남중국어문학회, 2009, 183쪽.

21) 박현규, 앞의 논문, 170쪽.

22) 『조선왕조실록』 광해 4년 임자 4월. 自韠父擘師申光漢, 以詩擅名, 韠承其緖, 專力爲詩, 盡集諸子之長, 而自成一家, 論者推爲國朝正宗.

이를 종합해보면, 16세기 말 17세기 초의 선각적인 문인들이 문학 창작의 이론으로서 통변을 의식하고 있었음을 알 수가 있다. 전통적 이론인 통변에 의거한 혁신적인 법고창신의 의식이 바로 이 시기에 싹텄고, 게다가 그러한 의식의 소유자들이 권필이 속해 있던 문인 집단의 일원이며 권필과 긴밀히 교류하던 인물들이었다는 점은 시사하는 바가 매우 크다. 따라서 이러한 역사적 사실과 정황을 고려할 때 <주생전>이 창작될 당시의 문학 창작론으로서 통변을 상정하는 데에는 무리가 없다고 하겠다.

우리가 <주생전>의 문체적 특징을 제대로 파악하기 위해서는 고소설 창작에 있어서 문체가 발휘했던 독특한 속성을 고려해야 하기 때문에 무엇보다 작가 권필을 비롯한 그 당시 문인들이 지니고 있던 통변이라고 하는 창작론을 염두에 두어야만 한다. 그러므로 이제 남은 지면을 통해서는, 위에 밝힌 통변의 시각을 가지고 <주생전>의 창작에 있어서 권필이 얼마큼 충실하게 옛것을 계승했고, 또 나아가 얼마만큼 참신하게 새로운 경지를 일궈냈는가를 조명해보겠다.

2. 전통계승[通]의 양상

기존의 비교문학적 연구는 <주생전>에 언급된 중국 전기 작품의 주인공 이름, 유사한 화소, 표현, 구성 등을 적출해내어 영향의 증거로 삼음으로써 마치 이 작품이 중국 소설들을 모방 또는 짜깁기하여 이루어진 것처럼 이해하고 있다. 소재영이 <앵앵전>과의 영향관계를 지적한 것을 시작으로,[23] 김현룡은 <앵앵전>과 <곽소옥전>을 결합하여 구성된 것이라 했고,[24] 왕숙의는 작품을 4단계로 나누어 1단계는 <곽소옥전>, 2단계는 <앵앵전>, 3단계는 <곽소옥전>에서 따오고, 4단계에야 비로소 독자의 영역으로 발전하여 새로운 작품의 질서를 얻었다고 했다.[25] 정민은 단순히 주인공의 이름이 거론된 <앵앵전>, <곽소옥전>, <가운화환혼기>, <위당기우기>[26] 외에, 본문 가운데서 15개소의 유사 대목을 적출해내어 <가운화환혼기> 11회, <앵앵전> 4회, <곽소옥전> 2회, <위당기우기(渭塘奇遇記)> 1회, <추향정기(秋香亭記)> 1회의 빈도로 인용했다고 하면서 "이러한 현상은 석주가 창작을 할 때 이들 작품의 원문을 참작해 가면서 지었음을 의미하고 있다."[27]고 주장했다. 그는 "<주생전>에 가장 큰 영향을 끼친 작품은 <가운화환혼기>이다. 작품 전반의 분위기뿐 아니라, 삽입시가

23) 소재영, 앞의 논문, 453쪽.
24) 김현룡, 앞의 책, 301~307쪽.
25) 왕숙의, 앞의 논문, 16~32쪽.
26) 정민은 <周生傳> 본문에 거론된 '김생과 취취'가 <渭塘奇遇記>의 주인공들이라고 거듭 언급했다.(정민, 앞의 책, 463·464쪽) 그러나 김생과 취취는 『剪燈新話』 소재 <翠翠傳>의 주인공이다.
27) 위의 책, 467쪽.

형식이나 문체, 동일 화소의 빈출 등에 이르기까지 모든 면에서 영향관계가 확연히 드러난다."고 하면서 <가운화환혼기>를 주요한 영향을 입은 작품으로 새롭게 지목하는 한편 <위당기우기>와 <추향정기>도 목록에 추가했다.[28]

이런 추세라면 <주생전>과의 영향관계 작품 목록이 어디까지 확장될지가 의문이다. 왜냐하면 ① 기생과의 결혼이라는 화소는 <애경전(愛卿傳)>, ② 여인을 위한 제문이라는 화소[29]는 <등목취유취경원기(滕穆醉遊聚景園記)>, ③ 남주인공에게 매실을 던지는 화소는 <연방루기(聯芳樓記)>(이상 『전등신화』), ④ 벼슬에의 뜻을 버리고 배를 타고 다니며 장사는 하지만 자잘한 이익을 따지지 않은 채 마음껏 세상을 주유하는 화소는 <추석방비파정기(秋夕訪琵琶亭記)>(『전등여화』) 등에서 찾아 볼 수 있기 때문이다.

① 기생과의 결혼

배도라는 妓生이 있는데 어릴 적 함께 놀던 소꿉동무였다. (중략) "제가 비록 몸은 천하지만 한 번 잠자리에 모시고 건즐을 받들고 싶어요. 낭군께서는 일찍 입신출세하셔서 속이 높은 요로에 오르시어 저를 기생의 명부에서 빼주시어…" (중략) "그것은 남자만이 할 수 있는 일이오. 그대가 말하지 않더라도 내 어찌 궁리가 없겠소?"(〈주생전〉)

나애애는 가흥 땅의 명기(名妓)였다. 용모와 재주가 독보적이어서 한 때를 풍미하였다. 또한 그녀의 성품은 기민하고 식견은 통달하였으며 시와 사를 짓는 데도 뛰어나 사람들이 모두 존경과 흠모를 아끼지 않으며 애경(愛卿)이라고 칭했다. (중략) 같은 고을에 대대로 벼슬하던 조씨 집안이 있었는데 몹시 부유했다. 그 집의 여섯째 아들은 부친을 먼저 여의고 홀어미 밑에서 있으면서 애경의 재주와 자색을 흠모하여 납채의 예를 갖추어 아내로 맞아들였다.(〈애경전〉)

② 여인을 위한 제문

주생은 슬픔이 북받쳐 대성통곡을 하고나서 배도의 소원대로 그를 호수가의 한길 옆에 묻어주었다. 주생은 제문을 지어 애도의 정을 표하였다. 그 제문은 다음과 같다. 유세차 모년 모월 모일에 … 상향!(〈주생전〉)

등생은 대성통곡을 하고 집으로 돌아왔다. 다음날 제물을 준비하여 다시 그녀의 무덤을 찾아가 지전을 불태우며 다음과 같은 弔文을 지어 바쳤다. 영령이시여! 그대는 태어나면서부터 맑고 아름다워 무리 중에서도 뛰어났으며 (중략) 아, 슬프고 애통하기 그지없나이다. 부디 흠향하시옵소서!(〈등목취유취경원기〉)

---

28) 정민, 앞의 책, 465쪽.

29) <賈雲華還魂記>에도 위붕이 빙빙의 죽음을 슬퍼하며 지은 제문이 있다.

③ 매실 던지기

다음날 밤에 주생이 또 왔는데 갑자기 담장 아래 나무그늘 속에서 신발 끄는 소리가 들려왔다. 주생은 발각되었는가 하여 두려워 막 도망치려고 하는데 그 신 끌던 사람이 갑자기 매실 한 개를 던져 주생의 등을 맞혔다. … "주랑은 걱정하지 마세요. 앵앵이가 여기 있어요."(〈주생전〉)

정생은 젊은 나이에 기품이 준수하고 성격 또한 온화하고 우아하였다. 어느 한여름 밤에 그가 뱃머리에서 목욕을 하는데 다락 위의 두 여자가 창문으로 엿보다가 荔枝 한 쌍을 아래로 던졌다. 정생은 그 뜻을 알아차렸지만 위를 쳐다보니 까마득히 높은 다락이 은하수만큼이나 멀리 있는 듯하였다. (중략) 문득 다락의 창문이 삐거덕 열리고 웃음소리가 나더니 좌우를 돌아보는 사이 두 자매는 그네줄에 대나무 가마를 달아서 그의 앞에 내려보냈다. 정생은 그 속에 타고 올라갔다. … 서로 이끌고 당겨서 침실로 들어가 비로소 그 동안 품었던 애틋한 사랑을 모두 풀었다.(〈연방루기〉)

④ 과거 포기하고 배를 타고 장사하며 주유

이때부터 주생은 과거에 대한 뜻을 포기하고 말았다. 주생이 돈궤 속을 보니 거의 천 냥이나 되어 그 중 반으로는 배를 구입하여 강호(江湖) 사이를 오가며 남은 돈으로 잡화 장사를 시작하였는데, 이때에 잇속이 남아 스스로 생활을 꾸려갈 수 있었다. 아침에는 오(吳)땅으로 저녁이면 초(楚)땅으로, 오직 마음 내키는 대로 돌아다녔다.(〈주생전〉)

심소는 …집안이 넉넉하여 벼슬길에 나갈 마음이 없었다. (중략) 높고 큰 배에 올라 수많은 재물을 싣고 멀리 양양과 한천 사이를 떠돌아 다녔다. 구강부에 들러서 여산의 수려함을 감상하고 파양호의 맑음을 조망하였다. 군현 성곽에 계속 머무르며 옛 사람을 추모하고 그윽한 경치를 찾아다녔다. … "우리는 다행히도 집안이 넉넉하고 나이가 젊으며 대체로 글도 할 줄 안다. 이번 여행은 사람들을 피하기 위한 것일 따름이니 어찌 왕융의 무리를 본받아 상아로 된 산가지를 잡고 자잘한 이익을 따지겠는가?"(〈추석방비파정기〉)[30]

게다가 가장 큰 영향을 끼친 작품으로 지목된 <가운화환혼기>는 본래 <교홍기(嬌紅記)>의 하권으로 인식될 정도로[31] <교홍기>의 절대적인 영향 아래 산생된 작품이다. 혼사장애 요소에 의한 이별과 재회의 우여곡절, 결국 사랑을 성취하지 못하는 비극적 결말구조, 주인공의 죽음 이후의 환생 등 서사구조가 흡사하다. 뿐만 아니라 '비극적인 결말구조라는 점

30) 이상 『剪燈新話』, 『剪燈餘話』 소재 작품의 인용은 瞿佑·李禎·邵景詹, 최용철 역, 『剪燈三種』 上·下(소명출판, 2007)의 번역을 따랐다.

31) 『조선왕조실록』 「연산군일기」 63, 십이년 병인 팔월. "위생이 잠시 밖을 나갔을 때 빙빙이 시녀 난초를 데리고 들어가 보니 『嬌紅記』가 한 권 있더라고 했는데 지금 하책이 바로 이 작품(『剪燈餘話』—인용자)이다."

에서 <가운화환혼기>와 <교홍기>는 모두 <앵앵전> 등 당 전기의 전통을 이은 작품이다.'[32] 필자가 <주생전>을 직접 <교홍기>와 비교해 보아도 ① 주인공이 과거에 낙방하자 집을 떠나 유람하다가 시를 읊는 것으로 시작하는 도입방식을 비롯하여, ② 많은 삽입시가의 등장, ③ 부모 몰래 밀회를 즐기거나, ④ 이별로 인해 병이 든다거나, ⑤ 조력자에 의해 재회하는 등의 서사 방식에서 많은 유사성이 발견된다. 또한 <교홍기>는 "명청(明淸) 재자가인소설(才子佳人小說)의 선구(先驅)"[33]로서 <가운화환혼기> 외에도 수많은 후대 작품의 창작에 직간접적인 영향을 준 작품이다. 일예로, <종정려집(鍾情麗集)>은 <교홍기>의 모방작이며, 『금병매(金甁梅)』도 이 작품의 영향을 받았다.[34] 그리고 <가운화환혼기>가 포함된 『전등여화』는 그 제목에서부터 알 수 있듯이 『전등신화』를 모방한 것이다.

그렇다면 영향관계가 이처럼 복잡하게 얽혀 있는 그 수많은 작품들을 모두 <주생전>의 영향 목록에 추가해야 하는지가 의문이다. 근본적으로 그 '영향'이라는 것 자체부터가 대단히 회의적이라고 하지 않을 수 없다. 만일 이런 방식으로 다른 중국 소설들을 일일이 살핀다면 앞으로도 얼마든지 더 많은 작품들이 영향 목록에 추가될 수 있기 때문이다.

따라서 이러한 중국 소설작품들 사이의 관계망과 또 근본적으로 그러한 관계망이 형성될 수밖에 없는 문학 관습을 간과한 채 <주생전>을 각각의 개별 작품의 영향으로 논하는 것은 무의미하다. 그럼에도 불구하고 영향론의 시각에서 작품을 분석하며 각 요소의 원천을 추적하는 논자들은 자신들이 수행하는 영향관계의 대비를 통해 <주생전>이 중국 소설을 짜깁기한 모방적 종속관계로 귀속됨으로써 작품평가에 부정적으로 작용하고 유사성이 모방과 표절로 폄하되는 것을 극구 부인하면서 창조적 변용을 덧붙여 이야기한다.[35] 하지만 이런 논리는 이 작품에 대한 평가에 있어서 궁색함을 떨쳐내지 못하는 것이 사실이다. 이제는 <주생전>의 문체에 대한 새로운 시각과 재평가가 요구되고 있음을 직시해야만 한다.

<주생전>은 중국 남방 출신인 주생과 필담으로 주고받은 이야기를 권필이 단순히 옮겨 적은 것이 아니다. 권필은 서사 전개상에서 자신이 의도한 모종의 효과를 거두기 위해 소설적 변용, 즉 창작과정에서 의도적으로 가공하여 작품화하였다.[36] 하지만 그렇다고 해서 "<주생전>의 내용이 작가에 의한 완전 허구"[37]라고는 볼 수 없다. 작품 말미에서 권필이 개성에 갔다가 남방 출신의 주생을 만났다고 밝힌 계사년 봄 당시에 실제로 개성에 주둔하고 있던 것이 명나라의 남군(南軍)이었고, 당시 명군 가운데 주생과 같은 대오 이탈자가 속출했었다는 역사적 사실 등 당시의 실제 전황을 통해 이 작품의 인물 설정이 대단히 사

32) 정환국, 앞의 논문, 183쪽 참조.

33) 蘇建新, 『中國才子佳人小說演變史』, 社會科學文獻出版社, 2006, 239쪽.

34) 薛洪勣·王汝梅 主編, 『稀見珍本明淸傳奇小說集』, 吉林文史出版社, 2007, 12·37쪽.

35) 왕숙의, 정민 등.

36) 신태수, 「외국공간에 대한 16세기 조선 문인의 심상지리와 작품화-권필의 <周生傳>에 형상화된 중국 남방을 중심으로」, 『고소설연구』 31, 한국고소설학회, 2011, 5~39쪽.

37) 정민, 앞의 책, 494쪽.

실적임이 드러났다.[38] 따라서 권필이 주생에게서 들은 개괄적이고 단순한 이야기에 매개적 인물이나 사건의 구체적인 정황을 설정하고 인물 및 상황 묘사 등을 작가의 상상력에 의해 창의적으로 보충하는 방향으로 창작하였을 것으로 봄이 타당할 것이다.[39]

인간은 기억을 다룰 때 예술적 표현형식을 끌어넣는다. 회상하는 데 있어서 은유, 제유, 상징, 서술적 구조화와 같은 여러 가지 '형식'을 사용하여 처리하는데 이러한 문학적 처리는 기억의 전수에 중요한 문화적 기능을 한다. 따라서 이러한 형식화는 하나의 기억구성적 처리 방식이고, 이 때 회상은 포이에시스(poiesis)로서의 창조, 즉 심미적 처리를 통해 현실을 독자적·활동적·구성적으로 창출하는 것으로 이해할 수 있다.[40] 다시 말해서 주생의 이야기를 듣고나서 권필이 그것을 전기(傳奇)라는 문체로 형식화한 것은 기억구성적 처리이며, 이 때 권필이 회상에 의해 <주생전>을 창작한 것은 포이에시스로서의 창조, 즉 구성적 창출이었다는 것이다.

그렇다면 우리는, 주생으로부터 들은 이야기를 문자화 하는 과정에서 권필이 '한문문언(漢文文言)'으로 재구성할 수밖에 없었고, 또 그 과정에서 독자를 위한 '문체(文體)'를 염두에 두어야만 했다는 사실에 주목할 필요가 있다. 문체는 향유층, 즉 작가층과 독자층의 공통된 세계관과 미학을 담보로 하는 것이기에 그것은 피할 수 없는 과정이기 때문이다.[41] 명청(明淸) 양조가 "과거시험의 답안용으로 팔고문(八股文)이라는 문체를 제정하여 문체를 통해 사상을 통제한 것"[42]은 바로 문체가 지닌 그러한 속성 때문이었다. 정조(正祖, 1776~1880)의 '문체반정(文體反正)'을 통해서 단적으로 드러났듯이 그것은 조선에서도 마찬가지였다.

문체는 생성-발전-변화(혹은 소멸)하는 역사성을 지니면서도 동시에 그것은 공유와 전승에 있어서 관습적이다. 일정한 양식, 구체적으로는 전범적 작품을 모범으로 삼아 계승·발전된다. 퇴계(退溪) 이황(李滉, 1501~1570)이 <언행록>에서 "사람들은 시를 공부하기 위하여 『고문진보(古文眞寶)』를 보통 600번씩이나 읽으면서 암송을 하는데, 나는 200번을 읽고 암송하게 되었고, 그 뒤로는 한결 시를 쉽게 지을 수 있었다."[43]고 한 것은 문장학습과 창작이 전범적

38) 신태수, 「주생전의 창작배경」, 『한국언어문학』 76, 한국언어문학회, 2011, 109~150쪽.
39) 박희병, 앞의 책, 21쪽.
40) 아스트리트 에를, 「회상사적 문학연구란 무엇이며, 그 목적은 무엇인가?」, 안스가 뉘닝·로이 조머 편, 문화학연구회 역, 『문화이론과 문학연구』, 연세대학교출판부, 2008, 166~167쪽 참조.
41) 김홍규는 문체의 사회적 속성을 다음과 같이 지적했다. "문체style라는 용어를 대할 때 우리는 흔히 특정한 개인의 개성적 문체를 먼저 생각하지만, 그러한 개인적 문체는 보다 넓은 범위의 사회집단·계층의 언어에 근거해 있다는 것이다. 또, 일정한 사회단위의 언어·문체는 그 시대 전반의 언어적 지평 안에 존재하고, 한 시대의 언어·문체는 그 언어공동체가 거쳐 온 언어생활사의 역동적 과정 속에 놓여 있는 것임을 인식하지 않으면 안 된다."(김홍규, 『한국문학의 이해』, 민음사, 1986(2010), 135~136쪽)
42) 홍원식, 「'근대적 개인'의 발견-태주학파(泰州學派)를 중심으로」, 중국철학연구회 편저, 『중국의 사회사상』, 형설출판사, 1996, 351쪽.
43) 이장우, 「머리말」, 黃堅 편, 이장우·우재호·장세후 역, 『古文眞寶』(前集), 을유문화사, 2001, 3쪽 재인용.

작품을 모범으로 삼아 이루어졌음을 잘 보여준다. 소위 천편일률이라는 오해를 유발할 정도로 고소설 작품들이 서로 유사성을 띠면서 겹쳐 보이는 이유 중의 하나도 바로 이것 때문이다. 그러나 바람직한 창작은 양식적 규범을 충실히 따르면서도 독창적이며 새로운 경지를 일궈내는 작업이고, 그러한 작품이라야 높은 평가를 받았다.

동아시아에 있어서 역사와 문학의 이중적 주변에서 생장한 문학양식인 소설의 발전과정에 나타났던 전기(傳奇)는 '기인한 것을 전(傳)의 형식을 빌어 서술한 것을 중심 내용으로 하고 있는 문학형태'이다. 당(唐)의 전기(傳奇)는 육조(六朝)의 지괴(志怪)와 체재나 소재 면에서 별 차이가 없지만 처리의 방법, 즉 편사(編史)를 쓰는 듯한 사필적(史筆的)인 태도는 당 전기에 와서 새로 도입된 방법이었다. 이로 말미암아 당의 전기가 소설일 수 있는 위치를 확보하게 되었고, 아울러 이것은 육조의 지괴와의 구별을 뚜렷이 하는 특성이기도 했다.[44] 강중탁에 따르면, 당 전기의 저작 목적은 주로 현실사회를 풍자 비판하는 내용으로 작품 끝에 권징(勸懲)하는 듯한 사족을 덧붙이는 것이 특색으로 되어 있다. 이처럼 권선징악적인 것이 전기의 주제로 된 근본적인 원인은 유교적 도덕관념과 아울러 전기 제작의 도가 마치 편사(編史: 小傳·小記)를 쓰는 것과 같은 태도를 취했기 때문이었다.[45] 그렇기 때문에 인물에 대한 칭찬이나 비난이 있을 수밖에 없었는데 이러한 사필적(史筆的) 비평은 평결부에 나타난다.[46] 이와 같은 전기 양식은 당나라 장작(張鷟, 658~730)의 <유선굴(遊仙窟)>을 통해 성숙하였고,[47] 특히 원진(元稹, 779~831)의 <앵앵전>은 전기 양식의 대표적이고 전형적 작품으로서 후대의 소설문학 발전에 지속적인 영향을 끼쳤다.

전기는 시와 더불어 당대(唐代)를 대표하는 문학 양식으로 일컬어질 정도로 융성하였으나 송금원(宋金元)에 이르러 구어(口語) 중심의 화본소설(話本小說)과 잡극(雜劇)이 성행하면서 <앵앵전>도 <서상기제궁조(西廂記諸宮調)>로 개작되는 등 문언소설(文言小說)인 전기는 쇠퇴의 길로 들어섰다. 그러다가 원대(元代)의 <교홍기>를 가교로 한 명대(明代) 초기 구우(瞿佑, 1347~1433)의 『전등신화』(1378)의 등장은 문언전기의 중흥을 촉발시켰다.[48] 『전등신화』는 원말명초(元末明初) 구우 당시에 유행하던 기이한 내용들을 소재삼아 창작된 소설로 당 전기의 전통을 이은 문언소설이며, 시문소설(詩文小說)이다. 수많은 시가 등장하는 <교홍

---

44) 강중탁, 「韓中 傳奇小說의 內容的 特性에 關한 硏究」, 『새국어교육』 52, 한국국어교육학회, 1996, 410~422쪽.

45) 동아시아 서사문학의 전범은 『史記』였다. <傳奇>(일명 <鶯鶯傳>, <會眞記>) 의 작가 元稹도 『史記』를 배워 傳奇를 창작했다.(陳平原, 『中國小說敍事模式的轉變』, 北京大學出版社, 2003, 306쪽)

46) 강중탁, 앞의 논문, 408~409쪽. 또한, 당 전기 중에서 인물에 대한 이야기를 기록한 것은 대부분 일률적으로 '○○傳'이라는 제목을 붙였는데 이것 역시 傳奇와 史傳의 밀접한 관계를 나타내는 것이다.(章培恒·駱玉明 編, 『中國文學史(中)』, 復旦大學出版社, 2001, 210쪽)

47) 李獻芳, 『中國小說簡史(古代部分)』, 山東大學出版社, 2003, 34쪽.

48) 『剪燈新話』는 중국에서도 『剪燈余話』, 『覓燈因話』 등의 후속작품의 산생을 자극하였고 明淸의 文言小說 부흥의 문을 연 작품이다. 이에 "明代 전기소설 부흥의 표지"(孫潔 編, 『中國文學知識精華』, 長安出版社, 2003, 307면)로 평가된다. 주지하는 바와 같이 이 작품은 한국, 일본, 월남 등 동아시아 각국에 널리 수용되었다.

기>와 『전등신화』는 모두 '이문철시(以文綴詩)'의 형식을 사용하였다. '이문철시(以文綴詩)'의 형식은 '시문소설(詩文小說)'이라고도 하는데 후대의 수많은 문인들이 이 형식을 채용하여 소설 속에 시사가부(詩詞歌賦)를 감입하였다. 명말청초(明末淸初) 문단을 풍미한 '재자가인(才子佳人)'의 소설은 모두 시문소설에 포함된다.

전기는 작가가 서사대상으로서의 기이한 사건에 대해 객관적·의사(擬似)보고자적 거리를 취하면서도 주관적·감정이입적 공감을 투사하는 양가적 태도를 지니면서, 시나 사를 적극적으로 활용하는 한문 문언단편 형식의 서정적 서사양식이라는 특징을 갖고 있었다.[49] 또한 전기는 이미 당나라 때부터 문인적 취향의 낭만적 사랑을 소재로 삼은 애정전기가 주를 이루었다. 우리나라의 경우, 나말여초 이후 조선 전기까지 산생된 소설은 거의 모두 전기소설이었으며, 전기소설은 임진왜란이 발발한 16세기 말부터 17세기 전기까지의 시기에 최고의 발전을 이룩했고, 이 시기에 창작된 중요한 작품으로는 권필의 <주생전>, 조위한의 <최척전>, 작가 미상의 <운영전(雲英傳)> 등이 있는데 애정전기가 주를 이룬다.[50] 이들 애정전기는 미려한 한문문언으로 되어 있는데 이는 중세 동아시아의 보편적 서사양식이었던 전기가 본래 당(唐)의 문사들이 중체(衆體)를 갖추어 사재(史才), 시필(詩筆), 의론(議論)을 보여줄 수 있는 양식[51]으로서 출현했던 문학적 전통과 관련 있다.

이처럼 문언전기는 문체적으로 전통적인 일정한 틀을 형성하고 있었다. 그 대체적인 틀을 정리해보면, ① 시작과 끝이 전(傳) 양식과 유사한 체재를 갖추고 있다. 인물을 소개하면서 시작하고, 끝부분에 평론이 덧붙여진다. ② 문인화 된 인물형상에 의한 문인 취향의 낭만적 이야기가 전개된다. 남녀주인공들은 모두 시를 짓거나 감별할 수 있는 능력을 갖추고 있어 문인적 성향을 드러낸다. 그들은 대개 시를 통해서 결연하거나 자신의 뜻을 표현한다. ③ 이문철시의 형식으로서 서사 중간중간에 시가 삽입되어 있다. 각종 유형의 시가 다수 등장하여 서사 진행을 돕거나 주인공의 시문능력을 드러낸다. ④ 낭만적 애정고사를 주요 제재로 삼고 그 결연과정에서 겪는 각종 사건들을 통한 서사의 변주와 삽입시가의 분량을 늘이는 방법을 통해 작품의 길이가 확대되는 경향을 띤다. 이것은 당송 전기와 구별되는 원명 중편 전기에서 새롭게 형성된 전통이다.

대체로 이러한 틀로 이루어진 전기문학에 있어서 <앵앵전>은 전범적인 작품이며, <교홍기>, <가운화환혼기> 등 중편의 출현을 계기로 삽입시가가 급격히 증가하고 작품의 길이도 길어

49) 강상순, 「전기소설의 해체와 17세기 소설사적 전환의 성격」, 『어문논집』 36, 안암어문학회, 1997, 9~10쪽.

50) 박희병, 앞의 책, 91쪽.

51) 宋代 趙彦衛는 『雲麓漫鈔』에서 唐代 擧人들이 溫卷을 목적으로 傳奇를 지어 자신의 '史才, 詩筆, 議論'을 드러내었다고 했다. "당나라 때 고을에서 과거에 추천된 사람은 먼저 당시 유명인의 힘을 빌어 시험관에게 성명을 알린 다음 자신이 지은 글을 바치고 며칠 지나서 또 바쳤는데, 이것을 溫卷이라 하였다. <幽怪錄>, <傳奇> 같은 것들이 모두 그것이다. 이러한 글들은 여러 가지 문체를 다 갖추었으니 史才, 詩筆, 議論 등을 모두 알 수 있었다."(趙彦衛 撰, 傅根淸 點校, 『雲麓漫鈔』, 中華書局, 1996, 133쪽)

졌다. 내용 면에서 낭만적인 애정고사가 중심제재가 되는 것은 물론이다. <주생전>은 문언전기가 지닌 이러한 문체상의 법이자 관습을 충실히 따르고 있다. 기존의 연구들은 이 작품이 <앵앵전>과 <가운화환혼기>의 구성에 가깝다는 점이나 삽입시가가 많다는 점 등을 문체적 특징으로 지적했는데 이것은 권필이 그만큼 古法을 중시했다는 증거라고 할 수 있다.

사실 '전기(傳奇)'라는 문체의 명칭과 틀(형식과 그에 따른 내용) 자체가 <앵앵전> 혹은 <회진기(會眞記)>라고 불린 원진(元稹)의 <전기(傳奇)>에서 비롯된 것이었다. 본래 원진은 <전기(傳奇)>라는 제목의 작품을 지었던 것인데 송나라 때 『태평광기(太平廣記)』에 수록되면서 <앵앵전>이란 이름으로 기재된 것이다. 원진의 <전기(傳奇)>가 출현하자 배형(裵鉶)도 자신의 소설집 제목을 『전기(傳奇)』라고 하였다. 그 후 원진의 <전기>의 영향 아래 송대의 화본(話本)이나 제궁조(諸宮調) 등에서도 애정을 제재로 쓰여진 것을 일컬어 '전기(傳奇)'라고 했는데 이것은 이야기의 제재에 따른 분류로서의 명칭이었다.[52]

16세기 조선문단의 복고와 학당(學唐)의 경향, 그리고 법고적(法古的) 창작의식을 감안한다면 권필이 전기의 문체로 <주생전>을 창작할 때 전통을 중시하여 전기라는 문체의 원류인 당나라 원진의 <전기>(<앵앵전>)를 전범으로 삼은 것은 지극히 자연스럽고 당연한 것이라 하겠다. 이것은 모방이나 영향과는 분명히 다른 차원의 것이다. 유협은 『문심조룡』 「통변(通變)」에서 "문장의 체재는 일정한 것이나, 문장의 변화는 무궁한 것이다. … 명칭과 창작규범에는 일정한 규범이 있는 것이어서, 문장의 체재에 관하여 설명하기 위해서는 반드시 과거의 작품들을 참고로 해야 한다."[53]고 했다. 권필은 이러한 의식을 가지고 전기 문학의 정전적 작품을 참고했던 것이다.

<주생전>이 문언전기의 문학적 관습을 충실히 따른 것은 모방이나 영향이라고 하는 부정적 혹은 소극적 요소로 평가될 성질의 것이 아니라 오히려 문체의 법을 창작상에 충실히 구현해낸 작가적 역량으로 긍정되고 높이 평가되어야 할 사항이다. 개별 요소를 쪼개어 어느 부분은 어느 작품에서 가져왔다는 식으로는 하나의 통일된 작품으로서의 <주생전>을 설명해낼 수가 없다. 전대 작품의 주인공 이름을 비롯한 소재, 화소, 표현, 구성 등의 유사성은 표절이나 도습의 경우가 아니라면 전고(典故)의 활용, 점철성금(點鐵成金), 환골탈태(換骨奪胎) 등의 용사(用事)로 보아야 한다.[54]

---

52) 章培恒·駱玉明 編, 앞의 책, 207~208쪽.

53) 劉勰, 앞의 책, 360쪽. 夫設文之體有常, 變文之數無方. … 名理有常, 體必資於故實.

54) 고소설에서의 용사와 관련하여, 그 중 典故 활용에 대해서 최기숙은 다음과 같이 언급했다. "고소설에서의 전고 인용의 원래적 의미는 옛 것을 본받는다는 法古 정신에 근원을 둔 것이었다. 고소설에서의 전고 인용은 이 작품의 대사회적 관계에 있어서 작품 내적 세계에 대해 작품 외적 세계로부터 타당성을 확보해 내고, 역사적으로도 작품 내적 세계의 효용성과 존재 의의를 인정받으려는 작가의 욕망을 반영한다. 또한 고소설에서의 전고 활용은 소설 텍스트를 知的인 것으로 상승시키는 역할을 한다. 고소설의 전고 활용은 정당한 문예학의 한 범주로서 자신의 존재 의의를 인정받으려는 텍스트의 욕망의 반영이며, 결과적으로 지적인 텍스트로서의 자격을 승인받는다."(최기숙, 『17세기 장편소설 연구』, 월인, 1999, 247쪽)

그것은 작가 권필의 폭넓고 해박한 지식과 탁월한 창작능력을 웅변하는 것이다. 특수한 독자로서의 작가인 권필은 <전기>(<앵앵전>), <곽소옥전> 등의 당 전기와 <교홍기>, <가운화환혼기>(『전등여화』), 『전등신화』 등의 원명 전기, 그리고 『금오신화』 등의 조선 전기 작품들을 폭넓게 감상하고, 거기에서 예술적 영양을 흡수·소화하여 자신의 창작역량으로 전환시킨 후 <주생전>이라는 새로운 작품을 창작했던 것이다. 전통적인 통변의 창작론에서는, <주생전>의 개성적이고 독창적인 변화와 혁신의 가치도 그 안에 내재된 통, 즉 전통계승의 요소가 찾아질 때 비로소 그 가치가 인정되는 것임을 잊어서는 안 된다.

3. 창신[變]의 양상

유협은 "문장의 변화에는 일정한 규범이 있는 것이 아니어서, 그러한 변화에 대해 설명하기 위해서는 새롭게 형성된 것을 참고해야 한다."(通變無方, 數必酌於新聲)고 했다. 전통적 규범을 따르되 "당대를 바라보는 눈을 지님으로 새로운 것을 창조해야 함"(望今制奇)을 강조하고, 새로운 것을 창조하기 위해서는 "나날이 새롭게 시도해야 그것을 성취할 수 있다."(日新其業)고 주장했다. "전통에 능숙해야 모자라지 않게 되지만"(通則不乏) 동시에 "변화에도 능숙해야만 비로소 오랫동안 지탱할 수 있"(變則堪久)기 때문이다.[55]

<주생전>은 통과 법고의 자세로 전기의 문체적 규범과 전통을 능숙하고 충실히 따름과 동시에 새롭게 형성된 것을 참고하고 오늘[今]을 직시하며 새롭게 시도함으로써 변화와 혁신을 성취해내고 있다. 권필 당대, 즉 당 전기의 전통을 이으면서도 변화를 추구한 명의 <가운화환혼기> 등 중편전기에 의해 형성된 새로운 경향들을 폭넓게 수용 혹은 참조하고 새롭게 시도함으로써 개성적이고 독창적인 경지를 열었던 것이다.

기존의 연구들은 <주생전>의 소설 양식사적 특성과 위상에 대하여 현실성의 강화, 기이함의 외연 확장, 삼각관계의 애정, 분량의 확대 등을 통해 양식적 정체성을 허물고 새로운 변화를 이룩했다고 지적했다. 이를 간략하게 언급해 보면, 우선 이 작품은 죽은 여인과의 사랑과 같은 환상적인 내용이 사라지고 전쟁 등 현실의 문제로 갈등하는 인물을 통해 사회적 경험을 사실적으로 수용하면서 현실성이 강화되는 새로운 변화를 나타냈다.[56] 그리고 이같은 현실성의 강화 현상은 전기 양식의 근본 속성인 기이함의 변모와 확장으로 이어졌다. 현실 속에서의 기이함을 그려내는 과정에서 현실 속의 낯선 세계, 현실같지 않은 현실의 이국적 분위기 묘사를 통해 유사환상적 시공간을 창출해 냄으로써 전대 전기소설의 초현실 공간을 심미적 공간으로 대치하였다.[57] 또한 이 작품은 전기소설에 남녀의 삼각관계를 도입함으로써

55) 劉勰, 앞의 책, 364~365쪽.
56) 최기숙, 앞의 책, 433쪽.

전기 양식이 견지해 오던 기존의 틀을 허물고 있다. 이것은 신의보다는 자신의 욕망을 추구하는 주생과 같이 이전의 전기소설에서 발견되지 않는 새로운 유형의 주인공을 형상화한 것과 관계있다.[58] 그리고 이 작품이 이전의 애정전기류와 달리 삼각관계의 애정을 다루면서 두 명의 여인을 등장시키는 방식을 통해 서사적 편폭을 확대한 것은 단편에 머물러 있던 종래의 한국 전기소설사에 분량의 확대라는 변화를 가져왔다.[59]

이같은 내용은 모두 <주생전>이 전기소설의 전통 속에 놓여 있으면서도 전통을 창조적으로 계승하여 전기의 문체적 한계를 극복하고 전대의 작품들에 비해 한층 발전된 면모를 드러냈음을 지적한 것이다. 즉, 한국 고소설사상 이 작품의 창조적 측면을 언급한 것이라 할 수 있다. 하지만 기존의 연구는 한국 전기소설의 통시적 발달과정을 묘사하려는 목적을 가지고 많은 작품들과 함께 다루었기 때문에 이 작품을 면밀히 다룰 수 없었고, 우리 고소설사의 독자성을 옹호하는 입장에서 비교문학적 연구와 거리를 두려했기 때문에 중국 소설을 포함하는 동아시아문학을 전제한 우리 고소설사에서 이 작품이 드러낸 변화와 창신의 측면을 밝히는 데는 미흡했다.

동아시아문학을 전제로 한 우리 고소설사의 시각에서 볼 때 위의 기존 논의에서 제시된 현실성의 강화, 기이함의 외연 확장, 삼각관계의 애정, 분량의 확대 등이 모두 <주생전> 문체의 변화와 혁신의 요소에 포함된다고 할 수 있다. 하지만 그밖에도 성묘사의 파격성과 산문화, 유장한 비극미 창출 등을 더 꼽을 수 있다. 이를 자세히 살펴보면 다음과 같다.

첫째, 성묘사의 파격성이다. <주생전>에서 주생과 선화의 정사장면을 묘사한 부분은 이렇다.

> 그날 밤 달이 없었다. 주생은 여러 겹의 담을 뛰어넘어 선화의 방 근처로 다가갔다. 구부러진 난간에 주렴과 비단장막이 겹겹이 드리워 있었다. 주생이 한참을 살펴보았으나 인적이 없었고 다만 선화 혼자서 촛불을 밝히고 곡을 뜯고 있었다. 주생은 난간 사이에 엎드려 그것을 들었다. 선화는 가는 소리로 소약란의 〈하신랑사〉를 읊었다. "주렴 밖에 누가 와서 비단 창 두드리나, 요대에 노니는 꿈 부질없이 깨우네. 또 바람이 불어 대나무를 흔드는 게로다." 주생은 즉시 주렴 밖에서 작은 소리로 읊었다. "바람이 대나무를 흔든다 하지 마오, 진짜 님이 왔다오." 선화는 거짓으로 못 들은 체하고, 곧 등을 끄고 잠자리에 들었다. 생이 들어가 함께 잠자리에 드니, 선화는 나이가 어린 데다 약질이어서 정사를 견뎌내지 못했다. 엷은 구름 속에서 내리는 가랑비 같았으며, 버들처럼

57) 소인호, 앞의 논문, 2~5쪽.
58) 박희병, 앞의 책, 91쪽.
59) 박희병, 위의 책, 92쪽; 류경준, 「한국 고전소설의 작품 구성 원리」, 이상택 외, 『한국 고전소설의 세계』, 돌베개, 2006, 189쪽.

하늘거리고 꽃처럼 교태부리며, 아름답게 울다가는 부드럽게 속삭였고, 살며시 웃음을 짓다가는 가볍게 찡그리기도 했다. 주생은 벌이 꿀을 찾듯 나비가 꽃가루를 그리워하듯, 매혹되어 정신이 혼미하여서 새벽이 가까워진 것도 깨닫지 못했다. 문득 기둥 밖의 꽃 가지에서 아름답게 우짖는 꾀꼬리 소리에 놀라 깨어 다급히 문을 나서니 못가의 누각들은 쓸쓸한데 새벽기운이 몽롱하였다.[60]

조선은 유교를 통치이념으로 표방하며 개국한 후 풍속교화의 일환으로 고려시대의 가악(歌樂)을 정리하면서 수많은 고려가요 작품들을 '남녀상열지사(男女相悅之詞)'니 '음사(淫詞)'니 하며 삭제 또는 개작해 버렸다. 주자학이 성행했던 송대(宋代) 문학을 본받아 조선 중기까지 송시풍(宋詩風)이 조선문단을 지배하고 있었다. 조선 성리학이 완숙기에 들어선 조선 중기는 도학적 문학이 극성한 시기였다. 특히 권필이 살았던 16세기는 이황(1501~1570)과 이이(1536~1584) 등의 석학들을 통해 조선성리학(朝鮮性理學)이 집대성되면서 정점을 이룬 시기였다. 그러므로 이러한 상황에서 남녀의 애정을 낭만적으로 표현하고 정사장면을 자세하게 묘사한다는 것은 당시 소설 창작과 유통에 정당성을 부여했던 사회 교화라는 차원에서 사회적 지탄을 면키 어려운 일이었다.

채수(蔡壽, 1449~1515)는 윤회를 언급한 소설 <설공찬전(薛公瓚傳)>을 지었다는 이유만으로 1511년에 탄핵을 받아 교수형에 처해질 위기에 빠지기까지 했다. 그는 간쟁과 중종(中宗)의 비호로 가까스로 교수형을 면하고 파직에 그쳤으나 이러한 사실은 <주생전>의 창작과 동시대인 16세기 조선 사회의 소설관을 단적으로 드러내는 것이다. 채수의 죄를 논하면서 "세교(世敎)에 관계되어 치도(治道)에 해로우니, 파직은 실로 너그러운 법이지 과중한 것이 아닙니다."[61]라고 한 탄핵에서 볼 수 있듯이 당시인들이 중시했던 '세교(世敎)'라는 관점에서 볼 때 <주생전>에 불륜적 애정행각과 정사장면의 세밀한 묘사가 다뤄져 있는 것은 용납되기 어려운 것이 분명하다.

이른바 애정소설로 분류되는 전대와 동 시대의 다른 작품과 비교해 볼 때도 <주생전>의 정사장면 묘사는 대단히 파격적이다.

---

60) 是夜無月 生踰墻數重 方至仙花之室 回廊曲檻簾幕重重 良久諦視 並無人跡 但見仙花明燭理曲 生伏於檻間聽其所爲 仙花理曲細吟蘇若蘭賀新娘詞曰 簾外誰來推繡戶 枉教人斷夢瑤台 又却是風敲竹 生卽於簾下微吟曰 莫言風敲竹 眞箇玉人來 仙花佯若不聞 滅燭就寢 生入於同枕 仙花稚年弱質 未堪情事 微雲濕雨 柳態花嬌 芳啼軟語 淺笑輕嚬 生蜂貪蝶戀 意迷情融 不覺近曉 忽聞流鶯晛睆 啼在檻外花梢 生驚起出戶 則池館悄然曙氣矇矓矣.(박충록 편, 『림제 권필 작품집』, 민족출판사, 1987, 원문 93~94쪽)

61) 『중종실록』 卷十四 六年(1511) 九月 丁卯.

행랑이 끝난 곳에 좁다란 판자로 지은 방 하나가 있었다. 양서생이 슬그머니 여인을 유인해서 그곳으로 들어가니 여인도 어려워하지 않고 따랐다. 그들은 서로 즐거움을 나누었는데 보통 사람과 조금도 다름이 없었다. 이윽고 밤이 깊어지자 달이 동산에 떠올라 달 그림자가 창살에 비치었다.(〈만복사저포기〉)[62]

한 쪽에 따로 작은 방 하나가 있었는데 휘장, 요, 이불, 베개 등이 또한 매우 정결했고 휘장 밖에는 사향을 태우고 난향의 촛불을 켜놓았는데 환하게 밝아서 대낮과 같았다. 이서생은 여인과 더불어 즐거움을 마음껏 누리면서 이곳에서 머물렀다. (중략)

서로 쌓였던 이야기가 끝나고 잠자리를 같이 하니 지극한 즐거움은 옛날과 같았다.(〈이생규장전〉)[63]

선비는 나아가 함께 온화히 웃으며 말했다. "어찌 듣지 않았겠습니까? 세속의 노래 말에 말하기를 '손님이 있으면 문을 빌려 유숙시키고, 밤이 깊으면 곧 집을 빌려준다. 주인은 오리를 때리지 마소. 오리를 때리면 원앙이 놀라오.'라고 했습니다." 여인은 쪽은 머리를 낮추고 교태롭게 수줍어하며 다만 말하기를, "업보의 인연이 이미 이루어졌으니, 피할 수 없습니다."라고 했다. 때는 쇠잔한 등불이 병풍을 등지고 밝았다가 꺼지려 하다가 했다. 여인은 장차 누우려다가 선비에게 말했다. "나는 일찍이 韋蘇州의 시를 사랑했는데, '홀로 사는 사람 장차 자려고 띠를 풀었다가 다시 맨다.'라고 말한 것이 있습니다. 오늘 밤은 더욱 그 진의를 알겠습니다." 서로 함께 즐거이 희롱하고 매우 다정함을 다했다. 밤이 장차 밝으려는데 여인은 선비의 팔을 베고 오열하며 눈물을 흘렸다.(〈하생기우전〉)[64]

이윽고 김생과 영영은 서로 이끌고 함께 잠자리에 들어가 비로소 마음껏 사랑을 나누었다. 밤이 다 끝나갈 즈음에 새벽닭이 꼬끼오 울며 날 밝기를 재촉하고, 멀리서 파루를 알리는 종소리가 은은하게 울려왔다.(〈상사동기〉)[65]

그리하여 마침내 11월 초하룻날 정 진사 집에서 혼례를 치렀다. 아름다운 두 남녀가 서로 합치게 되니, 그 기쁨이란 이루 말할 수 없었다.(〈최척전〉)[66]

저는 등불을 끄고 진사와 함께 잠자리에 들었는데, 그 기쁨은 이루 말할 수가 없었습니다. 이윽고 밤이 새려하자 뭇 닭들이 새벽을 알렸으며, 진사는 일어나 궁궐 밖으로 나갔습니다.(〈운영전〉)[67]

---

62) 金時習, 『金鰲新話』(이재호 역, 『금오신화』, 솔출판사, 1998, 30쪽).
63) 金時習, 『金鰲新話』(위의 책, 78·87쪽)
64) 申光漢, 『企齋記異』(소재영, 『企齋記異研究』, 고려대학교민족문화연구소, 1990, 부록 146~147쪽).
65) 이상구 역주, 『17세기 애정전기소설』, 월인, 1999, 179쪽. 旣而相携昵枕, 纔盡繾綣之意. 夜已將闌, 晨鷄喔喔然催曉, 遠鐘隱隱乎罷漏.
66) 위의 책, 199~200쪽. 遂以仲冬初吉, 成婚於鄭進士家. 兩美會合, 其喜可知.
67) 위의 책, 141쪽. 妾滅燈同枕, 喜可知矣. 夜旣向晨, 群鷄報曉, 進士起而去.

조선 전기의 전기문학(傳奇文學)을 대표하는 『금오신화』와 『기재기이』, 그리고 <주생전>과 함께 '17세기 애정전기소설'로 분류되는 이 작품들과 비교해 보면 <주생전>의 정사장면 묘사가 얼마나 파격적인가를 확연히 알 수 있다.

그러한 파격이 가능할 수 있었던 배경은 16세기말 동아시아의 새로운 사상적 조류 및 권필의 교우관계에서 찾을 수 있을 것이다. 우선, 명나라에서는 자본주의 맹아가 형성되기 시작하던 16세기 초엽에 양명학(陽明學)이 등장하였고, 그 뒤를 이어 급진적인 양명좌파(陽明左派)로 알려진 태주학(泰州學)은 자본주의 맹아가 급속히 확산되던 16세기 중말엽에 등장하였다.[68] 태주학은 '사민평등관(四民平等觀)'을 내놓았고, '남녀평등(男女平等)' 문제를 제기했으며, 특히 '욕망(欲望)'을 긍정하였다. 이러한 사상은 민가(民歌)에도 깊이 반영되어 남녀의 성욕과 성애를 과감하게 표현한 수많은 민가들이 널리 유행했다. 중국 상해사회과학원(上海社會科學院)의 쑨진안(孫琴安)은 명대에 민가가 유행하게 된 주요 원인을 두 가지로 귀납하면서 그 두번째 요인을 다음과 같이 제시했다.

> 둘째, 송명(宋明) 이학(理學) 금욕사상의 속박과 명대(明代) 통치자들 사이에 일어난 음란한 기풍으로 말미암아 명(明) 만력(萬曆) 이후에 전 사회적으로 개성해방을 요구하는 인욕(人欲) 긍정의 사조가 고조되었다. 이러한 민가들은 때마침 대담하게 인욕(人欲)을 높이 찬양했고 남녀 사이의 성욕(性欲)과 성애(性愛)를 소리 높여 외쳤다. 그것들은 당시의 일반 민중들의 생각에 완전히 부합되는 것이었기 때문에 특히 즐겨 불리고, 즐겨 전파되었다.[69]

쑨친안이 분석한 명대(明代) 민가(民歌) 작품집들 중에서 『협죽도(夾竹桃)』 하나만을 놓고 볼 때도 현존하는 123수 중 거의 전부가 남녀의 사랑을 읊은 애정가이다. 남녀의 만남, 사통, 고민, 상사 외에 남녀의 성교 등 성행위를 직접적으로 묘사한 작품들도 상당수를 차지한다. 그 가운데서도 비교적 분명하게 직접적으로 남녀의 동침, 성교 등 성행위를 묘사한 작품이 20여 수로서 1/6이나 차지한다고 제시했다.[70] 그것들은 묘사방법에 따라 은유·쌍관법과 적나라한 소묘법 두 가지로 나뉘는데 그 중 은유법의 예를 들어 보면 다음과 같다.

---

68) 홍원식, 앞의 논문, 358쪽.

69) 孫琴安, 「明代民歌中的性表現」, 朱萬曙·徐道彬 編, 『明代文學與地域文化研究』, 黃山書社, 2005, 399쪽.
第二，由于宋明理學禁欲思想的束縛和明統治者的淫風熾烈，故從明萬曆年後欣起了一股全社會的要求個性解放的人欲思潮。而這些民歌恰恰放膽高唱了人欲，高唱了男女之間的性欲、性愛，與當時一般民衆的思想完全合拍，所以特別喜歡唱，喜歡傳。

70) 위의 논문, 400쪽.

무성한 연잎 연못에 가득한데
아가씨와 정든 님 사랑에 푹 빠졌네
낭군은 꽃술 찾고
아가씨는 옥가지 희롱하고
비 소식 고대하며
엎치락뒤치락[71]

여기에서 꽃술(花蕊)과 옥가지(玉枝)는 각각 남녀의 성기를 의미하고, 비소식(雨情)과 엎치락뒤치락(顚之倒之)은 성행위를 가리킨다.

임진왜란을 계기로 명나라 사신들과 명군 지휘부는 조선 조정이 양명학(陽明學)과 명의 문물제도를 받아들여 개혁할 것을 강력히 요구하며 압력을 가했다. 복식(服飾)에서부터 시작하여 모든 문물과 제도를 중국에 따라 고치도록 종용하였다. 특히 1593년 1월의 "평양전투 직후 경략 송응창(宋應昌) 등은 양명학을 수용하라고 촉구하면서 그를 통해 주자학 일변도의 학풍을 고치라고 종용하였다."[72]

명군 지휘부가 조선에 대해 양명학을 수용하라고 적극적으로 강조하기 시작했던 것은 평양전투 이후 강화론이 제기될 무렵부터였다. 당시 조선에 들어온 명군 지휘관들 가운데는 양명학자들이 상당수 섞여 있었다. 그들은 경략 宋應昌을 비롯하여 그 휘하의 문관들로서 대부분 중국 양명학의 본거지였던 절강, 산동 출신들이었다. 이들은 당시 주자학 일변도로 굳어지고 있던 조선의 학문적 경향에 대해 비판적인 견해를 제기하고 그 대안으로서 양명학을 수용할 것을 강조하였다. (중략)

송응창의 참모로서 활약했던 직방청리사주사(職方淸吏司主事) 원황(袁黃) 역시 조선의 주자학 위주의 학풍을 비판하였다. 원황은 당시 조선에 들어온 명군 지휘관 가운데서도 매우 독특한 이력과 사상적 배경을 지닌 인물이었다. 그는 일찍이 과거를 포기하고 의술을 배웠거니와 점성술에도 능통하였고, 선문(禪門)에 나아가 수학한 뒤 다시 과거에 응시하여 출사하는 등 다채로운 경력을 지니고 있었다. 동시에 그는 유불도 3교의 합일을 추구하는 중국 선서(善書)의 사상 계보에서도 뚜렷한 위치를 점하고 있었다. 명대에 유행하였던 유불도 3교 회통(會通) 조류의 한가운데서 호흡해왔던 그로서는 주자학만을 정통으로 존숭하는 조선 학인들의 학풍은 이해할 수 없는 것이었다. 실제 그는 조선의 영의정 최흥원(崔興源)을 만났을 때 당시 더 이상 주자를 종주(宗主)로 여기지

71) <短笛無腔>. 田田荷葉貼方池, 姐共情郎情意迷. 郎探花蕊, 姐弄玉枝, 雨情迷戀, 顚之倒之.(위의 논문, 400쪽 재인용)
72) 한명기, 『임진왜란과 한중관계』, 역사비평사, 2001, 161~162쪽.

않는 명의 학풍을 알려주고, 최흥원에게 주자를 비판하는 발언을 했다가 반발을 산 바 있었다.[73]

한명기는 17세기 초반에 활약했던 유몽인, 이수광, 성진선(成晉善), 차천로(車天輅) 등의 탈주자적 경향이 임진왜란 당시에 들어온 명나라 학풍의 영향으로 형성된 것이라는 확실한 증거는 없지만, 명에서 새로 출간되는 소설류 등의 목록과 내용을 바로 입수할 정도로 명의 저작에 대한 접근이 쉬워졌다는 점, 송응창 등 명군 지휘부가 주자학 일변도의 조선 학풍에 대해 상당히 열정적으로 문제를 제기했다는 점, 유몽인 등이 강학 등을 목적으로 당시 명군 지휘부와 밀접하게 접촉했던 상황 등을 고려하면 임진왜란 당시 명군의 참전이 적어도 일부 문인들에게나마 주자학 중심으로 흐르던 조선의 학풍에 대해 돌아보게 만드는 계기가 되었을 개연성이 크다고 지적했다.[74] 이같은 정황으로 볼 때, 임진왜란이라는 희대의 위기상황에 직면하여 강한 구국의 의지를 품는 한편, 무능한 정치와 조선의 현실에 대해 비판적 의식과 개혁 의지를 갖고 있던 젊은 권필, 허균 등과 같은 의식 있는 신진들에게 양명학은 신선한 자극제가 되었을 것이다. 사신으로 왔던 등계달(滕季達)을 비롯한 강남 출신의 고위 관리들과 긴밀하게 교류했던 권벽, 허봉 등 가족 및 주변인들의 영향을 받으며 성장한 권필과 허균이 이러한 새로운 시대적 조류에 민감하게 반응하여 선구적으로 수용한 것은 자연스러운 현상이다.

또한 권필의 교우관계에 있어서, 양명좌파(陽明左派)인 태주학(泰州學)의 대표적 사상가로 알려진 이지(李贄, 1527~1602)와의 상관성이 거론되는 허균은 “남녀의 정욕(情欲)은 하늘이 내린 것이고 윤리의 분별은 성인(聖人)의 가르침이다. 그러므로 차라리 성인(聖人)을 거스를지언정 감히 하늘이 품부한 본성(本性)을 어길 수는 없다.(男女情欲天 分別倫紀聖人之敎也 寧違於聖人 不敢違天稟之本性也)”[75]고 했다. 허균과 절친한 사이였던 권필은 문학적 성향도 비슷했을 뿐 아니라 소설을 창작한 점에서도 서로 닮았다. 또 그들이 도가(道家)에 심취하여 초탈한 경지를 추구했던 공통점은 주목할 만하다. 허균은 <홍길동전>이나 <서유록발(西遊錄跋)>에서 도가적 성향을 강하게 드러내었고, 젊은 시절부터 『장자(莊子)』 등 도가에 심취했던 권필은 <주사장인전(酒肆丈人傳)>에서 도가적 은자(隱者)를 등장시켜 소옹(邵翁, 1011~1077)으로 대표되는 정주학(程朱學)을 혹독하게 비판하고 있다.

이처럼 ‘정(情)’을 강조하는 16세기의 새로운 사상적 조류와 또 그것과 맞물린 도가에의 경도 및 도학에 대한 비판적 성향을 지닌 인물들과의 교유 등의 정황 속에서 권필의 문학적

73) 위의 책, 166~167쪽.
74) 위의 책, 171쪽.
75) 安鼎福, 『順菴集』 卷17, 「天學問答」(조동일, 앞의 책, 180쪽 재인용).

파격의 배경을 엿볼 수가 있다. 이같은 <주생전>의 파격적 성애묘사는 이야기의 사실성을 증폭시키면서 독자를 흡인했을 것으로 보인다. 당시의 사회적 통념과 문학적 관습에 비추어 볼 때 그렇게 진솔하고 핍진한 문체는 일종의 충격을 가하면서 이야기를 신선한 것으로 받아들이게 만들기에 충분한 것이었다. 간단히 말해서, 권필은 전기의 문체적 전통을 따르면서도, 당대의 새로운 경향을 살펴 그것을 참고로 창작상에 새롭게 시도함으로써 변화와 창신을 이룩했다고 할 수 있다.

둘째, 성묘사의 산문화이다. 동아시아 소설문학에서는 전통적으로 애정행위는 시로 표현하는 것이 일반적이었다. 산문으로 서술할 경우에도 앞에서 예로 든 <상사동기(想思洞記)>, <최척전>, <운영전>처럼 우회적·암시적으로 간략하게 표현하는 것이 관례였다. 성에 대한 묘사는 적당하면 아름다운 반면 조금 지나치다싶으면 음란으로 낙인찍히기 때문에 문학가들로서는 다루기가 대단히 껄끄럽고 난해한 부분이었다. 중국 사대기서 중 하나이면서 음란소설의 대명사처럼 불리며 금기시된 『금병매(金甁梅)』조차도 시와 사를 이용한 성묘사가 서술식 묘사보다 훨씬 더 많다[76]는 사실은 그러한 문학적 전통을 잘 보여준다.

성은 인간의 본능이기 때문에 남녀의 애정은 인간 생활을 구성하는 중요한 성분이다. 문학은 인간의 삶과 감정을 표현하는 것이기에 이것을 다루지 않을 수 없다. 특히 소설은 문학 가운데서도 인간 생활과 가장 밀착되어 있으므로 남녀 애정이나 성을 결코 외면하거나 표현하지 않는 것은 거의 불가능하다. 하지만 비록 그 내용이 사실이고, 또 모든 사람이 정도의 차이만 다를 뿐 모두가 일정의 경험과 느낌을 갖고 있다 하더라도, 남녀 애정과 성에 대한 표현 자체가 자칫하면 음란과 저속함으로 흐르기 쉬운 속성을 갖고 있는 것이 문제였다. 결국 관건은 표현의 방식과 정도의 차이에 달려있을 뿐이었다. 그렇기 때문에 고소설 작가들은 대부분 시와 사를 이용하여 성을 묘사하였다.

니우구이후(牛貴琥)에 따르면, 시와 사를 이용하여 성을 묘사한 중국 고전소설 가운데 성공한 작품들은 공통적으로 그 중점을 성행위 자체에 두지 않고 오히려 성행위가 유발하는 심리적 활동 및 성행위를 통해 획득한 느낌과 체험을 쓰는 데 두었다. 그들은 비유, 상징, 상상 등의 수법을 운용하여 허구적으로 묘사함으로써 사실적 묘사로 인한 곤경과 껄끄러움을 회피했다. 그리하여 성행위에 대한 묘사를 고상하고 우아하게 미화시켰다.[77]

그 대표적인 예가 원진의 <회진시삼십운(會眞詩三十韻)>이다. <주생전>의 끝부분에도 그 작품이 언급되고 작가는 그것을 모방하여 주생에게 시를 써 준다. 원진의 <회진시삼십운>은 남녀의 성애를 아름답게 묘사한 시로 유명했는데 애정행위를 묘사한 부분은 제19구에서 제38구이다.

76) 牛貴琥, 『古代小說與詩詞』, 山西人民出版社, 2005, 70쪽.
77) 위의 책, 71쪽.

인하여 낙양성 북쪽에서 노닐다
우연히 다다른 송옥(宋玉)의 집 동쪽
희롱에 처음엔 살며시 거절하지만
부드러운 정은 이미 은근히 통해
수줍은 듯 쪽머리 숙이나 마음은 흔들려
돌아선 모습 옥가루 날리듯 몽롱한데
뒤돌아보는 얼굴 꽃같이 곱고 눈처럼 희네
침대에 올라 비단을 그러안듯
원앙이 서로 목을 부비며 춤을 추듯
비취새의 합환 보금자리
검은 눈썹 자주 찡그리고
붉은 입술 뜨겁게 녹아든다
맑은 숨결 난초처럼 향기롭고
보드라운 살결은 옥처럼 풍만하다
맥 풀린 듯 팔 나른히 늘어뜨리고
애교부리며 자꾸만 몸을 뒤튼다
땀방울 구슬처럼 점점이 맺히고
머리카락 이리저리 헝클어진다
바야흐로 천 년 가회를 기뻐하는데
문득 오경 알리는 소리 들린다[78]

본래 이 시는 원진의 <전기(傳奇)>(<앵앵전>)에 나오는 것이다. <앵앵전>에서 장생은 앵앵에게 <회진시(會眞詩)> 삼십운(三十韻)을 지어 보내는데, 종결부에서 이 이야기를 들은 원진은 그것을 차운한 시 <회진시삼십운>을 지어 첨부했다. <앵앵전>은 전기소설의 정전적 작품이며 시문소설과 재자가인소설의 원류로 꼽히고, 또 여기에 나온 회진시 역시 『전등신화』 소재 <위당기우기>에 왕생이 "원진체(元稹體)를 본떠 회진시 삼십운을 지었다."(遂效元稹體, 賦會眞詩三十韻)는 구절에서 알 수 있듯이 '원진체(元稹體)'라는 하나의 독특한 문체로 인정될 정도로 널리 알려져 있었다.

78) 因遊洛城北, 偶向宋家東. 戱調初微拒, 柔情已暗通. 低鬟蟬影動, 回步玉塵蒙. 轉面流花雪, 登床抱綺叢. 鴛鴦交頸舞, 翡翠合歡籠. 眉黛羞偏聚, 脣朱暖更融. 氣淸蘭蕊馥, 膚潤玉肌豊. 無力慵移腕, 多嬌愛斂躬. 汗流珠點點, 髮亂綠葱葱. 方喜千年會, 俄聞五夜窮. 이 원문과 번역은 정범진이 편역한 『앵앵전』(성균관대학교 출판부, 1995) 247~255쪽과 李知芸의 『중국 문인의 애정표현 연구』(한국학술정보, 2007) 54~55쪽을 참조했다.

그런데 위 <회진시삼십운>의 성애 장면은 원진의 상상에 의한 허구라는 점에 유의할 필요가 있다. 실제 장생과 앵앵의 성애 장면은 따로 언급되어 있었다.

> 이날 밤은 18일이었다. 비스듬한 달빛은 영롱하고 은은하게 침상을 비추었다. 장생은 몸이 둥둥 떠서 신선이 된 듯하여 인간세상이라고는 할 수 없었다. 잠깐 사이에 절간의 종이 울리고 장차 날이 새려했다.[79]

'몸이 둥둥 떠서 신선이 된 듯하여 인간세상이라고는 할 수 없었다.'라는 비유적·상징적 표현으로 되어 있다. 게다가 시가 아니라 산문으로 아주 간략히 언급되었을 뿐이다. 작가 원진은 허구화된 시 <회진시삼십운>을 통해 이 부분을 보충하고 미적으로 표현함으로써 소설의 작품성을 높이는 데 성공했다고 할 수 있다.[80]

사실상 소설 속의 성묘사는 대부분 상상적이며 허구적이다. 만일 행동을 직설적으로 서술하여 더욱 사실적으로, 더욱 생동감 있게 묘사하면 할수록 오히려 더욱 하류가 된다. 암시적이고 모호하게 표현함으로써 독자의 자유로운 상상을 이끌어내는 것이 성공을 거두며 높이 평가된다. 성묘사에 있어서 그러한 측면은 시와 소설이 서로 통하는 점이다. 그렇기 때문에 고소설 작가들은 소설 창작에 적극적으로 시를 끌어들였던 것이다. 특히 남녀의 애정을 중심 제재로 하는 문언전기에 시가 많이 등장하는 것은 필연적인 것이었다. 그 내용이 통속적일수록 작품의 품위를 높이기 위해서는 더욱더 시를 필요로 했기에 재자가인의 애정전기에 수많은 시들이 삽입됨으로써 이른바 시문소설이라고까지 불리게 되었던 것이다.[81]

소설 창작에 시를 끌어들인 것은 동아시아문학사의 특수성과 밀접한 관계가 있다. 즉, 동아시아에서는 전통적으로 일찍이 시가문학이 발달하여 문학의 중심 자리를 차지하고 있었다. 역사와 문학의 이중적 주변에 처해 있던 소설이 문학의 권역으로 진입하면서 소위 아문학적(雅文學的) 요소를 흡수하여 자신의 문학적 지위를 상승시키는 과정에서 출현했던 현상 중 하나가 바로 시를 끌어들여 그 영양을 섭취한 것이다.

그러나 소설은 문학적으로 발전을 거듭하면서 점차 문학성을 시에 의존하지 않게 되었다. 산문을 이용한 시적 세부묘사를 통해서도 독자의 상상력을 자극하여 환상적이고 매혹적인

---

79) 是夕, 旬有八日也. 斜月晶瑩, 幽輝半牀. 張生飄飄然, 且疑神仙之徒, 不謂從人間至矣. 有頃, 寺鐘鳴, 天將曉.(<鶯鶯傳>, 『太平廣記』 卷448—서경호 편, 『中國古典小說作品選(上)』, 지식산업사, 1990, 100쪽)

80) 孟昭連과 寧宗一은 이것과 관련하여 다음과 같이 언급했다. "작가가 산문으로 이야기를 완성한 후, 스스로 느끼기에 뜻을 다 전달하지 못하고, 마음속의 감정도 아직 완전히 다 표현해내지 못한 것 같다는 생각이 들었기 때문에 다른 사람의 시가를 인용하여 다시 한번 찬미하고 영탄함으로써 소설의 서정성의 부족을 보충한 것이다."(孟昭連·寧宗一, 『中國小說藝術史』, 浙江古籍出版社, 2003, 136쪽)

81) 牛貴琥, 앞의 책, 46~73쪽.

미감을 창출해낼 수 있다는 사실을 깨달았기 때문이다. 나아가 서사적 문장으로서의 소설은 비록 일상적 언어를 가지고 현실을 묘사하기에 시와 같이 이미지의 배열을 이용한 상징적 수법이 적은 것이 사실이지만 이미지들 사이에 묘사적 언어를 삽입하여 연결함으로써 하나로 꿸 수가 있었다. 소설의 문장은 완곡함을 미덕으로 삼는 시에 비해 진솔하고 경쾌했기 때문에 하나의 사건을 묘사한다고 할 때 간결하고 정확하며 생동감이 있어서 독자로 하여금 피상적인 느낌이 아니라 마치 현장에서 자신이 함께 겪는 듯한 느낌을 준다는 사실을 점차 인식하게 되었다.82)

> 신생은 창문을 넘어 안으로 들어갔다. 교랑은 문득 신생을 보고는 놀라기도 하고 기뻐하기도 하면서 말했다. "낭군은 어찌 말씀하지 않으셨어요? 저를 놀라게 하심이 심하군요." 이에 신생은 교랑과 함께 창 아래 앉았다. 때는 한밤중인데 달빛이 대낮과도 같았다. 신생이 교랑을 보니 자태가 요염하고 아름다웠으며 피부가 옥같이 맑아 티가 없고 하늘하늘한 모습이 항아가 세상에 내려온 것 같았다. 교랑이 신생에게 말했다. "밤이 매우 깊었고 다행히도 어려운 만남을 얻게 되었으니 잠을 자야겠군요." 이에 흔연히 교랑의 희고 부드러운 손을 잡고 함께 명주장막 안으로 들어갔다. 옷을 벗고 함께 베개를 베고 눕는데 교랑이 말했다. "저는 나이도 어리고 더구나 세상일을 잘 모르니 부디 잠자리에서 어여삐 여겨 주세요." 신생이 대답했다. "여부가 있겠소." 두 사람의 정이 합해지자 교랑은 애교스럽게 신음하며 여리게 속삭이는 것이 몸이 이겨내지 못하는 듯했다. 운우의 정을 나누는 모습이 마치 서로 목을 어긋맞긴 원앙이나 서로 화답하는 난새와 봉황도 그들보다 더 하지는 못했다. 한 식경 동안 기쁨과 즐거움을 누렸다. 그러나 교랑은 천금과 같은 순정을 이로부터 잃게 된 것이었다. 환락을 나누는 사이에 잘못하여 혈흔이 신생의 옷에 남고 말았다. 교랑은 그것을 가위로 잘라 소매에 넣어 간직하며 말했다. "이것을 남겨서 훗날 표증으로 삼겠어요." 생은 웃으며 그러라고 했다. 이윽고 닭울음소리가 새벽을 재촉하였다. (《교홍기》)83)

82) 위의 책, 114~116쪽.

83) 生因扶窗而入. 嬌忽見生, 且驚且喜, 曰: "君何不告? 駭我甚矣." 生乃與嬌幷坐窗下. 時正夜分, 月色如晝, 生視嬌體態艷媚, 肌瑩無瑕, 飄飄然不啻姮娥之下臨人間也. 嬌謂生曰: "夜漏過半, 幸會難逢, 可就枕矣." 欣然與嬌同携素手, 共入羅帳之中. 解衣幷枕間, 嬌曰: "妾年幼, 殊不諳世事, 枕席之上, 望兄見憐." 生曰: "不待多言." 兩情旣合, 嬌乃嬌啼嫩語, 體若不勝, 雨態雲踪, 交頸之鴛鴦, 和鳴之鸞鳳, 無以逾者. 一餉歡娛, 而嬌娘千金之身, 自玆失矣. 歡娛之際, 不覺血漬生衣. 嬌乃剪其袖而收之, 曰: "留此爲他日之驗." 生笑而從之. 有頃, 鷄聲催曉, 虬漏將闌.(薛洪勣·王汝梅 主編, 앞의 책, 16쪽)

위봉은 두루 돌아볼 겨를 없이 빙빙을 데리고 침대로 갔다. 빙빙은 흰색 명주 손수건을 위봉에게 주면서 말했다. "오라버니의 시처럼 되었군요. '해당화 가지에 신홍을 닦네.'라고 말이에요." 위봉은 웃으며 빙빙의 옷을 벗기고 함께 장막 안으로 들어갔다. 빙빙이 낮은 소리로 속삭였다. "저는 어려서부터 깊은 규중에 머물러 정사에 대해 잘 알지 못합니다. 정을 나눌 때에 감당하기 어려울까 걱정입니다. 저를 어여삐 여기신다면 너무 심하게 하지 말아주세요." "우선 해 봅시다. 후에는 익숙해질 거요." 빙빙은 몸이 섬세하고 부드러웠으며 허리와 팔다리가 가늘게 떨렸다. 화심(花心)이 꺾이고 도랑(桃浪)이 열리자 부끄러워하고 신음하는 것이 마치 참지 못하는 것 같았다. 그러나 벌과 나비가 꽃을 찾아들 듯 멈추려 하지 않고 흥이 다한 다음에야 멈추었으니 때는 이미 한 밤을 넘으려하고 있었다. 위봉은 일어나 촛불의 심지를 잘라 불을 돋우어 손수건을 보고는 빙빙에게 주면서 훗날의 징표로 간직하게 하였다.(〈가운화환혼기〉)84)

<교홍기>와 <가운화환혼기>는 방대한 양의 시와 사가 등장함에도 불구하고 남녀 주인공들의 정사 부분은 산문으로 되어 있다. 산문체와 대화체가 섞인 두 작품의 산문식 표현이 위에서 인용한 <앵앵전>의 <회진시삼십운>과 비교할 때 훨씬 생동감 있고 핍진하다는 것을 분명히 알게 된다. "그래서 사람들도 점차 고대소설 속의 시사(詩詞) 역시 사실은 대부분 다른 문체로 대체할 수 있으며, 심지어는 상당수를 삭제하더라도 줄거리에 영향을 주지 않는다는 것을 깨닫게 되었다."[85] 오히려 어떤 경우에는 시를 삭제하거나 산문식으로 묘사하는 것이 효과가 더 좋다는 것을 알게 되었다. "그리하여 명말청초(明末淸初) 이후의 문인들이 소설을 개작·정리할 때 흔히 시에서부터 칼을 대기 시작하여 혹은 삭제하거나 고치거나 교체하였다. 『금병매』 숭정본(崇禎本)은 사화본(詞話本) 속의 시사를 대량 삭제하거나 교체하였다. 김성탄(金聖歎)의 『수호전(水滸傳)』 칠십일회본(七十一回本)은 원본 속의 시사를 모두 삭제해버렸다. 『삼국지통속연의(三國志通俗演義)』에 대한 모종강(毛宗崗)의 정리 역시도 비속하고 유치한 시사를 뽑아 교체하는 것을 위주로 이루어졌다."[86]

그런데 '명청 재자가인소설의 선구'로 평가되는 <교홍기>는 비록 색정적이거나 적나라한 묘사가 없었지만 담을 넘어 사통하는 내용이 예교에 어긋나서 사람들의 성정을 해친다는

84) 瞿佑·李禎·邵景詹, 최용철 역, 『剪燈三種』下, 소명출판, 2007, 457~458쪽. 生未暇遍觀, 卽携娉就寢. 娉乃取白絨軟帕付生曰: 兄詩驗矣, 可謂海棠枝上拭新紅也. 生笑爲娉解衣, 共入帳中. 娉低聲告生曰: 妾幼處深閨, 未諳情事, 媾歡之際, 第恐弗勝, 兄若見憐, 不爲已甚. 生曰: 姑且試之, 庶幾他日見慣. 豈期娉之身體纖柔, 腰肢顫掉, 花心纔折, 桃浪已翻, 羞赧呻吟, 如不堪處. 而生蜂鎖蝶戀, 未肯卽休, 直至興闌, 將過夜半. 生起, 持帕剪燭觀之, 乃與娉使藏焉, 留爲後日之驗.

85) 牛貴琥, 앞의 책, 119쪽.

86) 위의 책, 120~121쪽. 한편, 이러한 개작·정리 작업은 명말청초에 활발히 진행됐는데 그 중 시기적으로 앞선 『金甁梅』의 경우도 17세기 초 명청교체기 무렵에야 이루어진 것으로 보인다.(周先愼, 『明淸小說』, 北京大學出版社, 2003, 122쪽 참조)

이유로 금서가 되었고, 『전등신화』와 『전등여화』 역시 풍속을 해친다는 이유로 명나라 초기부터 금서조치를 당했다.[87] 조선은 이같은 명나라의 입장에서 조금 비껴 서 있었기에 연산군대에 이 작품들을 적극 수입·간행하기도 했지만 중종반정으로 사림세력이 강화되면서 도학적인 조선성리학이 극성기를 맞이하게 되었다. 따라서 당시 이러한 시대적 상황을 고려할 때 <주생전>의 성묘사는 파격이며, 성묘사의 산문화는 새로운 문체의식의 소산이라고 해야 할 것이다.

물론 성묘사의 산문화는 위에 보았듯이 <교홍기>와 <가운화환혼기>에서 먼저 시도되었고, 조선에서도 그 작품들을 입수하여 열독한 것이 사실이다. 그러나 중국과 조선의 현실이 다르며, 열독과 창작은 차원이 완전히 다르다는 두 가지 차이점을 분명히 인식할 필요가 있다. 동아시아문학의 보편성과 함께 조선의 문학과 사회의 특수성을 고려해야 한다는 것이고, 비록 금서라 할지라도 문을 닫고 읽을 수 있고 그 문체에 공감할 수는 있지만 그러한 내용과 문체로 창작하여 세상에 내놓는 일은 전혀 별개의 것임을 인식해야 한다는 것이다. 풍속교화의 대의명분 아래 고려 가악을 남녀상열지사로 몰아 배척하고 세교를 내세워 채수의 사형을 논하던 조선 사회에서, 남녀상열의 정사장면을 직설적이고 세밀한 문체인 산문으로 생동감 있게 묘사한 작품을 창작하여 세상에 내놓는다는 것은 그야말로 혁신적 '행동'이라고 할 만하다.

앞에서도 언급했듯이 유협은 전통적 규범을 따르되 오늘[今]과 새롭게 형성된 것[新聲]을 관찰·참고하여 새로운 것을 창조[制奇]할 것을 주장했다. 문장에 사용된 언어의 특색과 풍격 등은 시대마다 사람마다 다양한 모습으로 나타난다는 그의 인식은 타당하다. 만일 그렇지 않으면 도습, 표절, 천편일률의 문장으로 생동감을 잃게 될 것이기 때문이다. 따라서 이러한 변(變)과 창신(創新)의 관점에서 볼 때, <주생전> 성묘사의 산문화는 당대인 조선조와 명조에 들어와 <교홍기>와 <가운화환혼기> 등을 통해 싹트기 시작한 성묘사의 산문화를 발견하고, 더 나아가 이를 실천으로 옮겨 창작상에 개성적인 풍격을 발휘하여 새롭게 시도한 것이라 할 수 있다.

무엇보다 산문화된 <주생전>의 성묘사에 권필의 개성적인 풍격이 드러나 있는 것은 두 작품과 세부적으로 비교해보면 바로 알게 된다. <교홍기>에서 교랑은 구합의 뜻을 밝히며 신생에게 창문을 열어둘 테니 밤중에 그리로 넘어오라고 제안한다. 몰래 만난 두 사람은 구합하기 전후로 대화를 나누는데 교랑이 주도적이다. 교랑은 처녀성의 증거인 혈흔을 징표로 간직한다. <가운화환혼기>에서 빙빙도 구합의 뜻을 밝히며 위붕에게 향을 피워놓고 문을 열어둘 테니 밤중에 오라고 제안한다. 그 향기를 따라 길을 찾아가 몰래 만난 두 사람은

87) 蘇建新, 앞의 책, 239~240쪽.

구합하기 전 대화를 나누는데 빙빙이 주도적이다. 위봉은 처녀성의 증거인 혈흔을 확인한 후 징표로 간직하게 한다. 이에 비해 <주생전>에서 주생은 독단적으로 밤중에 담을 넘어가 선화를 엿본다. 선화는 <하신랑사(賀新娘詞)>로 누구인가를 묻고, 주생은 이에 화답하여 자신의 존재를 알린다. 선화는 모르는 척 불을 끄고 잠자리에 들고, 이에 주생은 방으로 들어가 구합한다.

이처럼 <주생전>은 두 작품에 비해 결연의 방식과 그 과정에서 여성의 역할이 크게 다르다. 특히 여성의 형상화에 있어서 고아하고 운치가 있어 돋보인다. 불륜행각에서 여성의 주도성, 처녀성을 강조하는 여성의 대화와 혈흔 등 노골화된 표현이 전혀 없다. 남녀의 정을 인정하는 입장에서 비록 규중의 여인일지라도 춘정을 품고 남몰래 구합하는 것은 동일하다. 이것은 애정전기의 기본틀과도 같은 것이다. 하지만 당시의 관념으로 볼 때, 자발적으로 남성을 규중으로 끌어들이는 행위, 주동적으로 잠자리를 허락하는 행위는 음란한 여성으로 비하될 수밖에 없고 작품의 품위를 낮추는 요소가 된다.

전기 양식의 전통에 따라 남녀 애정을 다루면서도, 나아가 진솔하고 생동감 있는 산문식 문체를 사용하면서도, 표현을 노골화하지 않고 오히려 운치와 멋을 살려 아화(雅化)시키는 그 '낙이불음(樂而不淫)'의 필법 속에서 작가 권필의 개성적 풍격과 창신을 엿볼 수 있다. 노래 부르다가 문득 멈추고 불을 끄고는 침묵으로써 사랑을 허락하는 여인, 순결을 바치면서도 어떤 군더더기의 말 한마디 없는 여인, 권필은 그 말없음을 통해 역설적으로 더욱 고아하고 신비스런 여성을 형상화해고 있다. 이것이 바로 권필이 성애묘사의 산문화를 새롭게 시도하며 이룩한 변화와 창신인 것이다. 또한 "소설과 시사의 결합 수준이 곧 소설의 성숙도를 나타내는 표지 중 하나"[88]라고 할 때 <주생전>은 매우 성공적인 작품이 분명하다. 특히 성애 장면에서 <하신랑사(賀新郎詞)>와 산문의 절묘한 결합은 <앵앵전>, <교홍기>, <가운화환혼기> 등 타 작품에서 볼 수 없는 압권이라고 하겠다.

셋째, 유장(悠長)한 비극미(悲劇美) 창출이다. <주생전>은 <앵앵전>을 전범으로 삼아 창작된 작품이고, 또한 비극적 결말구조라는 점에서 <교홍기>와 <가운화환혼기>도 <앵앵전>을 비롯한 당 전기의 전통을 이은 작품이라는 것은 앞에서 언급했다. 비극적 결말이라는 점에서 <주생전>이 고법을 충실히 따랐다고 하겠지만 더 나아가 이 작품은 미완의 결말을 통해 새로운 비극미(悲劇美)를 창출했다는 점에서 변화와 창신을 이룩했다.

주지하는 바와 같이 <앵앵전>의 장생과 앵앵은 각각 다른 사람과 결혼하여 그들의 사랑이 파국으로 끝난다. <곽소옥전>의 곽소옥은 이익의 배신에 원한을 품고 죽는다. <교홍기>의 신생과 교랑은 모두 사랑이 이루어지지 못하자 식음을 전폐하다 잇따라 죽고 만다. <가운

88) 牛貴琥, 앞의 책, 127쪽.

화환혼기>의 빙빙은 어머니의 반대로 위봉과의 사랑을 이루지 못하자 식음을 전폐하고 슬퍼하다 죽는다.

이에 비해 <주생전>에서 주생과 선화는 서로 헤어졌다가 친척의 도움을 통해 극적으로 혼약을 맺기는 하지만 임진왜란의 발발로 인해 재회하지 못한 채 다시 이별한다. 조선으로 파병된 주생은 선화에 대한 그리움으로 병이 들어 쓸쓸히 지내다가 작가를 만나게 된다. 말미에서 작가는 원진의 <회진시삼십운>을 모방한 시를 지어 주생에게 주면서, 사랑하는 사람이 기다리고 있을 테니 걱정하지 말라며 주생을 위로한다.

> 주생이 눈물을 흘리며 나에게 간절히 시를 써달라고 하였다. 내가 원진의 〈회진시삼십운〉을 모방하여 책 마지막에 써서 주고는 위로하여 말했다. "장부가 근심할 것은 공명을 이루지 못한 것뿐이니, 천하에 어찌 아름다운 부인이 없어서이겠소? 하물며 이제 삼한(三韓)이 평안해져 육사(六師)가 돌아가려 하는데 훈훈한 봄바람은 이미 그대의 편에 있으니 사랑하는 사람이 다른 사람에게 시집갔다고 걱정하지는 마시오." 다음날 아침, 눈물로 이별하는데 주생이 재삼 사례하면서 이르기를, "웃음거리가 될 일이니 전하지는 마시오."라고 했다.89)

그리고 나서 <주생전>의 이야기는 홀연히 끝나고 만다. 선화와의 사랑을 이루지 못한 채 먼 이국땅에서 홀로 그리워하며 애처롭게 애만 태우고 있는 주생에게 드리워진 커다란 운명의 그림자 속에 작가는 실낱같은 한줄기 희망의 빛을 던짐으로써 비애감과 기대가 뒤섞인 복잡한 감정을 이끌어낸다. 주인공들이 과연 어떻게 됐을까라고 하는 강한 호기심과 무한한 상상을 자극한다. 이처럼 <주생전>은 비극적이면서도, 파경으로 끝나는 원진의 전기 <앵앵전>을 비롯한 타 작품들과는 확연히 다른 애틋한 사랑을 그리고 있다는 점에서 새로운 변화를 주는 데 크게 성공한다.

<주생전>의 비극미의 창신성은 전기문학의 정전적 작품인 <앵앵전>과 이를 개작한 <서상기(西廂記)>의 변천의 궤적을 살펴 비교해보면 뚜렷해진다. 당대 원진의 <앵앵전>은 송대 화본 <앵앵전>, 잡극 <앵앵육마(鶯鶯六麼)>, 금대(金代) <서상기제궁조>, 원대 잡극 <최앵앵대월서상기(崔鶯鶯待月西廂記)> 등을 비롯하여 청대에까지 꾸준히 수없이 많은 작품으로 개편되었다. 개편 작품만도 셀 수 없을 정도이고 직간접적으로 영향을 받은 작품은 더 말할 것도 없는 "재자가인(才子佳人)의 비조(鼻祖)"[90]이다. 따라서 <앵앵전>의 개작과정에서 그

---

89) 生爲余墮淚 求余詩甚切 余效元稹眞律詩三十律韻 題其卷端以贈之 又從而慰之日 丈夫所憂者 功名未就耳 天下豈無美婦人乎 況今三韓已定 六師將還 東風已與周郞便矣 莫慮喬氏之鎖於他人之院也 明早泣別 生再三稱謝日可笑之事不必傳之也.(박충록 편, 앞의 책, 원문 98쪽)

90) 蘇建新, 앞의 책, 239쪽.

비극성이 어떻게 변화했는지는 전기문학의 비극성에 대한 거시적인 안목을 제공한다.

<앵앵전>은 특히 금대(金代)에 장생과 앵앵의 재결합으로 수정된 <서상기제궁조>(1190~1208년경)로 재창작 되었다. 그런데 거기에서는 장생이 앵앵을 버렸던 <앵앵전>과는 달리, 장생을 애정에 충실한 인물로 그리고 있다는 것이 큰 변화로 주목된다. <서상기제궁조>는 중국문학사에서 남녀 간의 사사로운 애정이 예교(禮教) 및 그 체현자로서의 봉건적 가장과 대립되어 상세히 서술된 최초의 작품으로 평가받는다.[91] 그것은 원대(1279~1368)부터는 <서상기>라는 이름으로 정착되었다.

<서상기>의 주인공 장군서(張君瑞)는 우연한 기회에 미모가 뛰어난 최앵앵(崔鶯鶯)을 알게 된다. 그리고 두 사람은 첫눈에 사랑에 빠진다. 바로 그때에 무장을 한 비적 떼가 앵앵을 잡아가려고 한다는 소문이 돌기 시작했고, 앵앵의 모친은 비적을 물리치는 사람에게 앵앵을 시집보내겠다는 약속을 한다. 장군서는 자기의 절친한 친구인 어느 장군의 도움으로 비적을 격퇴시키는 데 성공한다. 그 사이 두 사람은 이미 결혼을 약속한 사이로 발전해 있었다. 그러나 앵앵의 모친은 약속을 깨고 권력을 잡고 있는 대신의 아들인 정항(鄭恒)에게 딸을 시집보내려고 한다. 장군서는 어쩔 수 없이 수도 장안으로 갈 수밖에 없었고, 마침내 과거 시험에 합격한다. 하지만 정항은 최앵앵과 장군서 두 사람 사이를 갈라놓기 위해 장군서가 이미 다른 대신의 딸과 결혼했다는 거짓말을 퍼뜨린다. 그러나 오래지 않아 장군서가 고향으로 돌아오고, 오해가 풀리면서 장군서와 최앵앵 두 사람은 행복한 결혼식을 올린다.

<서상기>는 <앵앵전>을 원형으로 삼았으면서도 이야기 구조의 변환을 통해 원작에는 없는 다양한 요소를 첨가했다. 장징(張競)은 <서상기>에 나타난 이러한 변화의 원인을 한족(漢族)에 대한 귀속의식과 전통의 연속성 강조에서 찾는다.[92] 즉, 이민족의 통치에 의해 문화의 변형 상황에 처한 한족이 이민족과의 차별화를 이루기 위해 재자가인식의 사랑이라는 장르를 만들었는데 원대의 <서상기>에 그것이 전형적으로 표현되어 있다는 것이다.

비극적 결말구조라는 점에서 <앵앵전>을 비롯한 당 전기의 전통을 이은 작품으로 평가되는 <교홍기>와 <가운화환혼기>에서도 변모된 비극성의 흔적을 볼 수 있다. <교홍기>는 신생과 교랑이 죽은 후에 한 쌍의 원앙이 되어 무덤 위를 날아갔다고 함으로써 살아서 이루지 못한 사랑을 보상하고 있다. <가운화환혼기>는 빙빙이 죽은 후에 송씨의 딸 월아의 몸을 빌어 환생하여 위붕과 해로하는 방식으로 비극을 행복한 결말로 전환한다. "뒤이어 쏟아지는 애정류는 급기야 온갖 우여곡절을 극복하고 화락한 결연을 이루는 구조로 변화한다."[93]

---

91) 章培恒·駱玉明 編, 앞의 책, 521쪽. 在中國文學史上, 以男女私情作爲禮教(及其體現者封建家長)對立面而着力加以鋪敍的, 實以<西廂記諸宮調>爲最早.
92) 張競, 이용주 역, 『사랑의 중국문명사』, 이학사, 2004, 203~205쪽.
93) 정환국, 앞의 논문, 183쪽.

이러한 흐름을 통해 볼 때, <주생전>에서 주생이 끝까지 선화에 대한 사랑을 품고 있으면서도 이별의 슬픔 속에서 살아가는 모습으로 그려진 것은 <앵앵전>의 파국적 비극성을 넘어서면서도 <서상기>[94] 이후의 남녀주인공들의 재결합이라는 도식적인 방식조차 견제하면서 새로운 비극미를 창출하는 예술적 가치를 지닌다고 할 수 있다. 즉, 새로운 이야기 전개방식을 통해 독특한 미학을 구사하는 예술적 성취를 이룩한 것이다.

한편 조선 작품의 경우, <이생규장전>에서 최랑은 홍건적의 난에 정조를 지키려다 죽임을 당한다. <만복사저포기>에서 양생과 귀녀는 삼일 간의 교제 후에 운명적 이별을 맞게 된다. <운영전>에서 김진사를 사랑하여 절대권력으로 상징되는 안평대군에게 죄를 입은 운영은 결국 자살하고 김진사도 뒤따라 죽는다. 반면 <하생기우전>에서 여인은 하생과의 결혼을 반대하는 부모를 설득함으로써 행복한 결말을 이룬다. <최척전>에서 최척과 옥영, <상사동기>에서 김생과 영영은 행복한 결말을 이룩한다. 이러한 행복한 결말에 대해 이상구는 "소설의 발전과정으로 볼 때, <상사동기>의 행복한 결말은 전기소설의 환상성을 극복하면서 통속적인 국문소설로 이어지는 과도기적 성격을 보여준다는 점에서 일정하게 진전을 이룬 것으로 볼 수 있다."[95]고 평가했다. 이같은 비극적 결말의 파국성 및 행복한 결말로의 전환이라는 사적 흐름 등에 비추어 볼 때, 전대와 동시대의 조선 작품과 비교하더라도 <주생전>의 비극적 결말방식의 개성미가 두드러짐을 분명히 알게 된다.

이러한 미학적 특질은 권필의 개성적인 작풍에 의한 것이다. 이에 대해 허균은 다음과 같이 언급했다.

> 허균이 석주의 시를 평하여 말하기를, "권필의 시는 화장을 하지 않은 절대가인이 알운성(遏雲聲)으로 등불 아래서 우조(羽調), 계면조(界面調)를 부르다가 곡이 끝나지도 않았는데, 일어나서 가는 것과 같다."고 하였다. 대개 시어가 자연스럽고 사랑스러워 오래될수록 더욱 잊지 못하는 것을 가리킨 것이다.[96]

곡이 끝나지도 않았는데 일어나 가버린다는 것은 깊은 여운으로 감동을 주는 것을 말한다. 권필은 그의 시에서와 마찬가지로 <주생전>에서도 그러한 감동적 여운을 남기고 있다. 주생과

94) 연산군(1494~1506)이 <西廂記>를 언급한 것이 『조선왕조실록』연산군12년(1506)에 있는 것으로 보아(무악고소설자료연구회 편, 『한국고소설관련자료집 I』, 태학사, 2001, 56쪽) 그 작품이 일찍이 조선에 전해져 있었고, 권필이 그것을 이미 섭렵했음을 짐작할 수 있다.

95) 이상구, 앞의 책, 24쪽.

96) 南龍翼, 『壺谷詩話』(洪萬宗, 허권수·윤호진 역, 『詩話叢林』下, 까치, 1993, 236쪽). 許筠評石洲詩曰 : 汝章之詩, 如絶代佳人, 以遏雲聲, 不施鉛朱, 唱羽調界面調於燭下, 曲未終而起去. 盖指詩語自然可愛, 久而愈不忘也.

선화의 애틋하면서도 이루지 못한 안타까운 사랑을 그리다가 미완의 상태에서 문득 글이 멈춰버림으로써 독자로 하여금 많은 생각에 잠기게 한다. 낙이불음(樂而不淫)과 애이불비(哀而不悲)를 낭만적으로 비껴가며 전개되던 이야기가 중간에 홀연 멈춤으로써 무한한 상상력을 자극하고 있다. 미완의 결말을 통해서 유장한 비극미를 창출하고 있는 것이다.[97] 이러한 이야기 결말방식은 실로 우리 소설사상 대단히 희귀한 미학적 성취라 하겠다.

---

97) 劉勰은 『文心雕龍』 「隱秀」편에서 "단정하게 시작해서 기발하게 끝을 맺은 문장과 품속에 품은 명주의 광택이 밖으로 드러나는 것과도 같은 현상은 그것을 감상하는 사람에게는 끝없는 여운을 남기고 그것을 맛보는 사람으로 하여금 싫증나지 않게 한다(始正而末奇, 內明而外潤, 使翫之者無窮, 味之者不厭矣)."고 했다. 기발하게 끝을 맺음으로써 끝없는 여운을 남기면서 독자에게 깊은 인상을 남기고 오래도록 맛을 음미하게 만드는 문장을 높이 샀던 것이다.(劉勰, 앞의 책, 469~477쪽)

10장
문학주제학

Ⅰ. 최척전의 주제

Ⅱ. 주생전의 정(情) 긍정과 권계(勸戒)의 중층적 주제의식

Ⅲ. 사랑은 어떻게 여성의 신분과 정절이데올로기를 극복했나

10장에서는 문학주제학 연구를 소개하였다. 〈최척전〉의 주제, 〈주생전〉의 중층적 주제의식, 사랑은 어떻게 여성의 신분과 정절이데올로기를 극복했나 등을 분석하였다. 최척전의 주제에서는 작품이란 작가 자신이 그가 처한 시대적 상황과의 이상적 관계를 추구해 보려는 과정에서 창출된 것이라는 관점에서 이 작품을 통해서 작자가 말하고자 했던 것은 바로 어떠한 역경 속에서도 굴하지 않고 지성(至誠)해야 한다는 것이며, 전란으로 인해 해체된 가정과 파괴된 인간관계가 오직 지성(至誠)을 통해서만 회복되고 유지될 수 있음을 역설한 것임을 밝혔다. 주생전의 중층적 주제의식에서는 이 작품이 情을 긍정하면서도 동시에 권계(勸戒)를 통해서 절제의 균형점을 제시하는 중층적 주제의식을 담고 있는데 액자 안에서는 전자를, 액자틀에서는 후자를 드러내었고, 작가의 궁극적 의도는 언외지의(言外之意)로 존재하는 것임을 논증하였다. 사랑은 어떻게 여성의 신분과 정절이데올로기를 극복했나에서는 여성의 신분한계와 정절이데올로기를 극복하고 성취한 사랑이라는 동일한 주제를 다룬 소설작품들에 대한 통시적 연구를 진행하였다. 애정을 다룬 고전소설에서 사랑을 가로막는 주요한 갈등 소재가 여성의 신분과 정절이었음 밝히고, 신분한계를 극복하고 사랑을 성취한 기녀의 사랑이야기와 정절이데올로기를 극복하고 사랑을 성취한 서사를 분석하여 그 극복의 양상들을 구체적으로 살펴보았다.

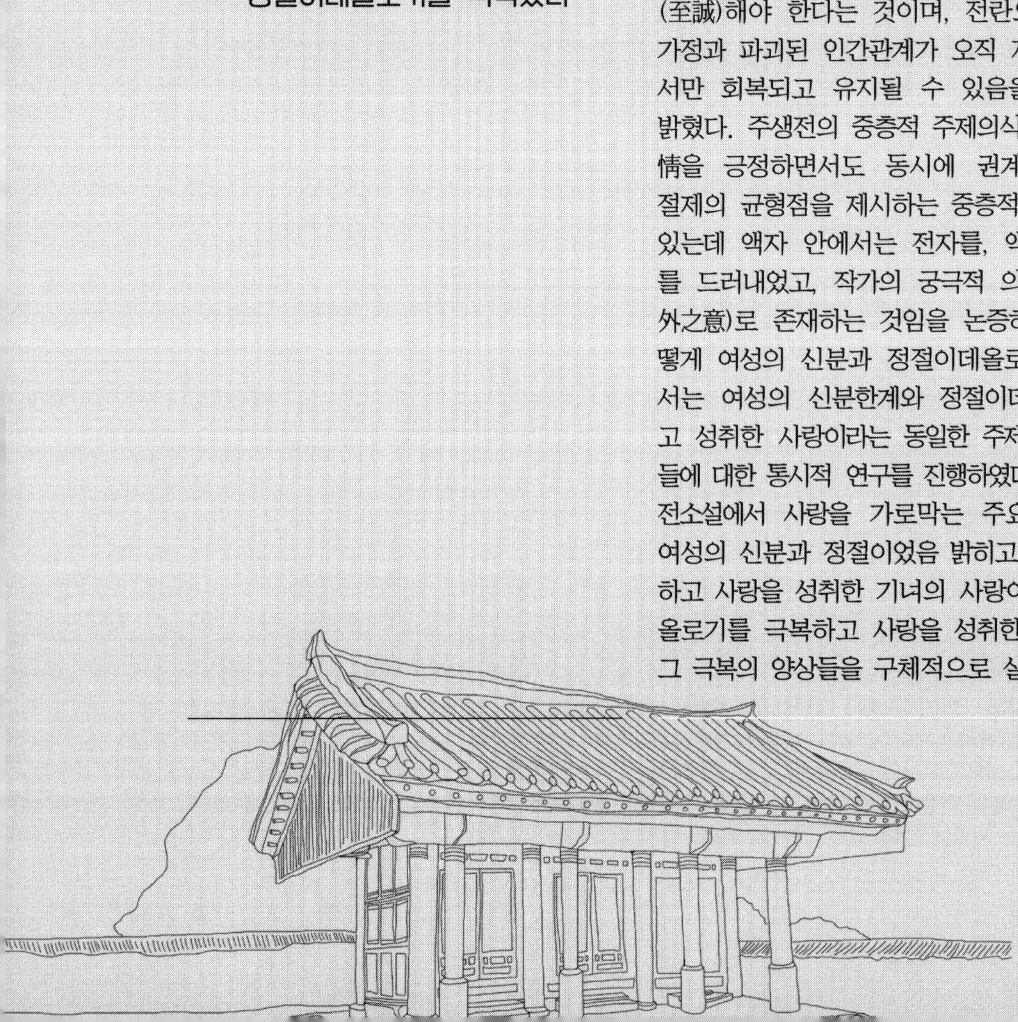

문학주제학은 작품의 주제나 소재, 모티프, 상징 등을 통해 작품을 분석하는 연구방법론이다. 고전소설에 대한 문학주제학적 연구는 주로 모티프 분석을 중심으로 활발하게 진행되었다. 고전소설은 대부분 현실과 초현실의 부단한 교섭 속에서 서사가 진행되면서 환상적 허구를 통해 우회적으로 현실을 환기시킨다. 그렇기 때문에 환상성은 고전소설을 구성하는 모티프의 가장 중요한 특질로 꼽힌다. 고전소설의 독특한 미학인 그 환상성을 유발하는 모티프에는 적강 모티프, 태몽 모티프, 신물 모티프, 이인(異人) 모티프, 도술 모티프, 인귀교환 모티프, 요약(妖藥) 모티프, 군담 모티프, 요괴 모티프 등이 있다. 그 외에도 고전소설을 구성하는 모티프들은 수도 없이 많다. 송사 모티프, 앵형 모티프, 성폭력 모티프, 강상수적 모티프, 표류 모티프, 잔치 모티프 등등.

고전소설에 대한 문학주제학적 연구는 주제, 모티프, 상징 등의 분석을 통해 새로운 작품해석의 근거를 제공함으로써 작품 및 작가 특유의 작품세계를 밝히는 데 기여한다. 또한 문학주제학적 연구는 고전문학과 현대문학의 내적 연속성을 체계적으로 살필 수 있을 뿐 아니라 시대의 흐름에 따른 주제의 지속과 변화를 정신사적으로 투시할 수 있도록 하는 데 기여한다. 더 나아가 고전소설에 대한 문학주제학적 연구는 한국문학과 동아시사, 아나가 서구 문학과의 비교문학 연구에도 기여함으로써 궁극적으로 고전소설을 포함한 한국문학이 세계문학과의 관계 속에서 지니는 보편성과 특수성을 규명하는 데 공헌할 수 있다.

Ⅰ.

최척전의 주제

<최척전>은 절의 있는 부부애를 바탕으로 한 가족의 이산과 재회를 그린 작품이다. 최척과 옥영의 사랑이 이루어지는 과정과 그 후 전란으로 인해 뿔뿔이 헤어졌던 가족들이 파란만장한 경로를 거쳐 다시 만나 한곳에서 단란하게 살게 되는 이야기를 담고 있다. 거기에는 전란으로 인해 해체된 가족관계와 핍폐된 백성들의 모습이 반영되어 있다. 뿐만 아니라 가족들의 기이한 재회과정을 그림으로써 불운에 처한 당시인들에게 희망과 다시 일어설 수 있는 용기를 주고 있다.

이야기 말미에서 작자는 온 가족이 사방 나라로 흩어져 30년 가까이 지내다가 생사를 넘나드는 역경을 헤치고 마침내 단란하게 함께 살 수 있게 된 것은 至誠 때문이라고 역설한다.

> 아! 아버지와 아들, 남편과 아내, 시아버지와 장모, 그리고 형제들이 사방 나라로 흩어져 삼십여 년을 가깝게 살았다. 賊地에서 생활하거나 사지를 넘나들었던 것이다. 그러나 마침내 단란하게 함께 모였다. 소망대로 이루어지지 않은 일이 없었다. 이것을 어찌 인력의 소치라 할 수 있겠는가? 필시 황천후토(皇天后土)가 지극한 정성에 감동하여 이런 기특한 일을 이루었을 것이다. 필부에게도 지성(至誠)이 있으면 하늘마저 어기지 않는 법이다. 지성을 막을 수 없는 것이 이와 같구나![1)]

여기서 "이것을 어찌 인력의 소치라 할 수 있겠는가? 필시 황천후토가 지극한 정성에 감동하여 이런 기특한 일을 이루었을 것이다. 필부에게도 지성이 있으면 하늘마저 어기지 않는 법이다. 지성을 막을 수 없는 것이 이와 같구나!"라고 하면서 작자는 '성(誠)'을 강조하고 있다. 이 모든 것이 성의 결과이며, 황천후토의 신(神)의 도움도 성에 감동한 결과로 설명하고 있는 것이다.

---

1) 噫, 父子夫妻, 舅姑兄弟, 分離四國, 愴望三紀, 經營賊所, 出入死地, 畢竟團圓, 無不如意, 此豈人力之所致. 皇天後土, 必感於至誠, 能致此奇特之事也. 匹婦有誠, 天且不違, 誠之不可掩, 如是夫.

그런데 옥영의 입을 통해서는 "우리가 오늘 같은 날을 만난 것은 만복사 장육금불(丈六金佛)의 음조(陰助)가 있었기 때문"이라고 하며 불교 신앙의 영험성을 인정하고 있다. 그리하여 비록 만복사가 퇴락했을지라도 "하늘에 계신 신령만은 아마도 영원히 불멸할 것"이니 보답하지 않을 수 없다고 하며 크게 재물을 준비한 후 다 함께 황폐한 만복사를 찾아가 방을 깨끗하게 치우고 재를 올리는 쪽으로 이야기를 이끈다. 고난에 좌절하여 옥영이 자결하려 할 때마다 그리고 두 아들의 태몽에서도 장육금불이 나타나 소망의 계시를 주었기 때문이라는 당위성을 이미 확보해 놓고 있어 문제의 소지조차 없도록 했다. 김기동 교수는[2] 이 작품이 처음부터 끝까지 부처의 가호가 작품을 지배하는 불교계소설이라고 분류하였다. 그 주제도 불교적 요소를 가진 남녀 주인공의 사랑을 표현한 작품이라고 밝힌 바 있다.

하지만 불교적 요소의 개입은 작자가 의지할 데 없어 천우신조를 바라는 당시 백성들의 현실적 신앙 심리를 반영한 것이며, 작중 인물들의 재회를 가능케 하는 장치로 사용한 것이다. 즉, 장육금불의 현시는 천우신조의 구체적 매개물로 사용된 것일 따름이며, 당대의 이중적 종교현실을 반영하면서 이를 지성감천(至誠感天; 至誠感神, 至誠如神)의 논리로 일관시킨 결과인 것이다. 오히려 이 작품을 통해서 작자가 말하고자 했던 것은 위에서 인용한 바 작품 말미의 평설을 통해 드러나 있다고 보아야 한다. 부부의 사랑과 가족의 강녕(康寧), 가문의 결속은 서로가 지성(至誠)으로써 신의를 지킬 때 이루어짐을 말하고자 했던 것이다.

『중용』에 "誠者 物之終始 不誠不物 是故 君子 誠之爲貴……故 至誠無息 不息則久 久則徵"(제 25-26장)이라고 했다. 성(誠)은 만물의 시작과 끝이므로 군자는 성(誠)하는 것을 귀중히 여긴다는 것이며, 지극한 성은 쉼이 없고 쉼이 없은즉 장구하며 장구한즉 징험이 있다는 것이다. 최척과 옥영 등이 지성으로서 행하였기 때문에 기적적인 만남과 같은 징험이 나타났다는 것과 상통한다. 『중용』에 또한 "至誠之道 可以前知……禍福將至 善必先知之 不善必先知之 故 至誠如神"(제 25장)이라고 했다. 지성(至誠)의 도는 앞일을 미리 알게 되어, 지성은 마치 신(神)과 같다는 것이다. 고난에 좌절하여 옥영이 자결하려 할 때마다 훗날 좋은 일이 있을 것이니 삼가 죽지 말 것을 당부한다든지, 몽석과 몽선의 태몽에서 장육금불이 현신하여 아들을 낳을 것임을 미리 알려준 것 등은 옥영의 지극한 정성의 결과로 앞일을 미리 알 수 있게 됨을 말하는 것과 맥을 같이 한다.

작품 말미의 평설을 통해서 유가적 이념을 지녔던 작자가 유가적 입장에서 불교 신앙적 요소를 포유하는 모습을 볼 수 있다. 사실 조위한이 요절한 아들을 위하여 지은 제문 「제망자의문(祭亡子倚文)」을 보면, 그가 불교에 대해 적지 않은 관심을 가지고 있었음을 잘 알 수 있다. 유학자로서 불교의 윤회를 말할 것은 아니라고 하면서도 윤회의 도리가 이루어져 다시 부자의 관계로 만날 수 있기를 간절히 바라고 있는 것이다.[3] 불교의 윤회사상을 믿고

2) 김기동, 『이조시대소설연구』, 성문각, 1974.

3) 嗚呼慟哉 此生已矣他生更何卜乎 輪回之說 儒者之所不道 而汝若再來托生於汝母 而更結爲父子之緣 則出入

싫어하는 내면 세계를 잘 보여주는 것이기도 하다. 그럼에도 그는 유가 이념에 입각한 비판적 사대부였다.[4] 비록 불교사상의 영향을 부인할 수는 없다 해도 그것을 유가적 입장에서 재해석하여 수용하였던 것이다.

작품의 주제는 작가의 인간적 의지와 그의 시대적 상황과의 관계 파악을 통해 이해될 수 있고, 또한 작가의 인간적 욕망과 그의 현실 세계와의 모순의 근원이 규명됨으로써 파악될 수 있다. 왜냐하면 작품이란 작가 자신이 그가 처한 시대적 상황과의 이상적 관계를 추구해 보려는 과정에서 창출된 것이기 때문이다.[5] 앞에서 살핀 바와 같이 <최척전>에는 작가의 개인적 체험과 욕망이 반영되어 있으며, 현실비판과 이상이라는 작가의 대사회적 이데올로기가 반영되어 있다. 이러한 관점에서 볼 때, <최척전>을 통해서 작자가 말하고자 했던 것은 어떠한 역경 속에서도 굴하지 않고 지성(至誠)해야 한다는 것이며, 그렇게 신의를 지키는 삶을 살아갈 때 결국 행복을 얻게 된다는 것이다. 다시 말해서 <최척전>을 통해 작자는 절의 있는 부부애를 바탕으로 한 가족의 이산과 재회를 보여줌으로써 전란으로 인해 해체된 가정과 파괴된 인간관계가 오직 지성을 통해서만 회복되고 유지될 수 있음을 역설하고 있는 것이다.

그러나 비록 지성이라는 유가적 이념으로 이야기를 해석하려는 의식이 <최척전>에 나타난 것은 사실이지만 그렇다고 해서 작가가 작품의 가족서사를 중세적 관념에 의거하여 획일적으로 재단한 것으로 보아서는 안 된다. 소설가적 필력이 최대치로 발휘된 부분은 최척부부가 품고 살아온 사랑과 애환의 정서라는 지적[6]도 있듯이 <최척전>은 애정전기소설적 성향을 농후하게 띠고 있으며, 분량면에서도 최척과 옥영의 결연과 이산의 과정이 전체의 절반 정도를 차지할 뿐 아니라 서사 구성의 핵심을 차지하고 있다. 비슷한 줄거리와 함께 지성이라는 유가적 이념으로 해석하려는 입장에서도 유사성을 띤 유몽인의 <홍도전>이 지성을 통한 효열의 관념 아래 획일적으로 재단한 것과는 달리 <최척전>의 지성은 애정과 가족 지향을 보인다는 명백한 차이가 있다.[7] <홍도전>과의 비교에서 드러나겠지만 <최척전>에는 당시의 통념적인 혼인관과 대립적인 새로운 혼인관을 제시함으로써 중세적 관념을 초월하려는 의식이 드러나 있다.

死生之機 亦有其理而至誠感神 人欲天從 儌幸庶幾之心 不能無萬一冀也(『玄谷集』券之十三, 「祭亡子倚文」)

4) 현실을 비판하며 새로운 세계관적 대안을 모색하던 비판적 지식인들의 공통점 중의 하나는 도가나 불가사상에 대한 관심이었다. 허균은 서산대사와 사명당과 각별하게 지내면서 서산대사의 입산 권유에 벼슬을 마치고 입산수도할 뜻을 보였다. 또 홍길동이 도술을 부리는 등 도가적 성향을 띤 것은 허균의 세계관적 면모가 드러나는 부분이라 하겠다. 마찬가지로 <최척전>이 불교소설적 성향을 지닌 것과 최척이 신선을 흠모하는 성향을 띤 것은 작가의 이같은 세계관이 반영된 것이다.

5) 金采洙, 『동아시아문학 기본구도 I』, 93-94쪽.

6) 양승민, 「최척전의 창작동인과 소통과정」, 95쪽의 각주 참조.

7) 장르에 있어서도 유몽인은 유가의 전통적 傳을 원용한 데 반해 조위한은 비판적 사대부의 세계관에 의거, 장르적 변용을 기하여 소설작품으로 창작하였다는 차이가 있다.

Ⅱ.

주생전의 정(情) 긍정과 권계(勸戒)의 중층적 주제의식

전기(傳奇)는 본래 문인들이 중체(衆體)를 갖추어 사재(史才), 시필(詩筆), 의론(議論) 등 자신의 기량을 종합적으로 드러내는 문학양식이었다.[1] 관심을 끌만한 기괴하고 신기한 소재를 채취하여 이야기를 구성하고, 시사(詩詞)를 지어 삽입하거나, 자신의 의견을 개진하여 한 편의 전기(傳奇)를 완성하였던 것이다. 청춘남녀의 애정을 소재로 한 애정전기에는 대개 시사(詩詞)를 많이 삽입하는 경향이 생겨나기도 했다. 또 전통적인 전(傳) 양식의 영향으로 인물에 대한 평을 다는 경우에는 작가의 의견이 드러나게 마련이었다. 그리하여 결국 소재의 채취, 이야기의 구성과 전개, 시사(詩詞), 의론(議論) 등을 통해서 작가의 사상이나 취향, 혹은 창작 의도나 주제의식 등을 드러내었다.

<주생전>은 조선후기 소설의 장편화 경향의 선두에 선 작품 중 하나이다. 삼각관계의 애정을 다룸으로써 구성상의 변화를 가져와 서사 편폭과 분량의 확장이 이루어졌다. 또 많은 시와 사가 등장하여 서사 진행을 도우면서 길이를 확대시켰다. 그리고 중국 남방을 배경으로 벌어진 청춘남녀들의 진정(眞情)에서 우러난 애틋한 사랑을 세밀하게 묘사했으며, 액자형식을 사용하여 작가가 액자에서 주인공과 만나 이야기하면서 의론을 전개했다.

어떤 작품이든지 항상 누군가를 위해 씌어지게 마련이고, 어떤 모양이든지 작가의 의도가 담겨 있기 마련이며, 의미와 지향점을 담고 있기 마련이다. 그렇다면 <주생전>이 담고 있는 의미와 지향점은 무엇일까? 작가는 어떤 의도를 가지고 이 작품을 창작했으며, 이 작품은 어떤 주제의식을 담고 있는가? 본 장에서는 이러한 문제의식을 가지고 <주생전>이 지니고 있는 의미를 파악해보고자 한다.

<주생전>은 "인간의 힘으로는 어찌할 수 없는 운명의 경이와 삶의 비극적 과정"[2] 혹은 "청춘남녀의 비극적 애정"[3] 등 대체로 남녀의 비극적 사랑을 주제로 한 작품으로 보는

---

1) 趙彦衛 撰, 傅根清 點校, 『雲麓漫鈔』, 中華書局, 1996, 133쪽.
2) 김일렬, 「주생전소고」, 『어문논총』 11, 경북어문학회, 1977, 184쪽.
3) 이상구, 『17세기 애정전기소설』, 월인, 1999, 12쪽.

견해가 일반적이다. 하지만 이와는 달리 사회사적 시각에서 "임란 이후 본격적으로 그 모습을 드러내는 중세체제의 모순과, 그 속에서 소외된 양반층과 하층민의 억압된 의지를 비판적 지식인의 시각에서 형상화한 것"이라고 보기도 한다.[4] 또 다른 한편으로 애정 욕구와 제도권 진입 욕구, 두 가지 중 한쪽에만 의미를 두는 것을 지양하여 "제도권 진입에 실패한 한계 지배층의 비극적 사랑을 주인공의 표류하는 삶의 과정 속에 형상화해 놓은 작품"으로 해석하기도 한다.[5]

해석의 다양성은 문학의 본질적인 속성이므로 연구자의 관점에 따라 해석이 다양할 수 있음은 인정해야 할 것이다. 하지만 작품에 대한 정확한 이해 위에서 해석이 다양화되어야만 그 다양성이 해석의 심화를 가져올 수 있다는 점도 간과해서는 안 될 것이다.[6] 그러므로 의미의 의도된 차원과 표출된 차원, 두 차원 모두가 작품을 이해하는 데 필요하지만[7] 연구자라면 우선 작가가 의도한 의미에 먼저 주의를 기울여야 할 것이다.

90년대 초까지는 문선규가 번역 소개한 사본이 <주생전> 연구의 유일한 텍스트였기 때문에 그 내용에 준하여 마련된 연구의 기틀이 후속 연구에 적지 않은 영향을 끼쳐왔다. 그런 까닭에 작가의 의도나 주제를 파악하는 일도 이 사본의 내용에 의거하여 이루어졌다.

> 나는 재삼 이 사(詞)를 풍영하고 사(詞) 중의 정사(情事)를 탐문하자 주생은 이에서는 더 감추지 못 하고 처음부터 끝까지를 자세히 말하고 당부하기를 원하는 바니 다른 사람에게는 말하지 말라는 것이었다. 나는 그 시와 사를 아름답게 여기고 그들의 기이한 만남에 감탄하며 좋은 시기를 슬프게 생각하여서 헤어진 후 붓을 당겨 그 사연을 이렇게 기술한다.[8]

이와 같은 내용에 근거하여 작가가 밝힌 동기인 '그 시와 사를 아름답게 여기고 그들의 기이한 만남에 감탄하며 좋은 시기를 슬프게 생각하여서'를 작가가 드러낸 창작의도로 파악하였던 것이다. 이에 따라 남녀의 주인공들의 기이한 만남과 애틋한 사랑을 작품이 지닌 주요한 의미로 파악하였다.

사실 이 작품에서 애정문제는 신분상승 욕구 등 다른 의미를 도출할 때에도 다루지 않을 수 없는 중요한 내용임은 확실하다. 하지만 문선규본과는 다른 내용을 담고 있는 북한본은

---

4) 박일용, 「주생전」, 『한국고전소설작품론』, 집문당, 1990, 81쪽.
5) 여세주, 「주생전의 서사구조와 성모랄」, 『영남어문학』 25, 영남어문학회, 1994, 189쪽.
6) 신재홍, 「주생전 연구사」, 우쾌제 외, 『고소설 연구사』, 월인, 2002, 119쪽.
7) 여세주, 앞의 논문, 163~164쪽.
8) 문선규 역, 『花史 外二篇』, 통문관, 1961, 160쪽. 余再三諷詠其詞不置 因探詞中情事 生於是不敢諱 從頭之尾 細設如右 因日 幸勿謂外人道也. 余已艶其詩詞 歎奇遇而愴佳期 退而援筆述之云爾.

작가의 창작의도와 주제의식에 대해 새로운 해석을 요구한다. 더구나 이본연구를 통해 북한본이 선본으로 인정되고 있는 현 상황으로 볼 때[9] 북한본에 의거한 새로운 논의는 불가피하다고 하겠다. 북한본의 마지막 부분은 앞에서도 인용했었지만 비교의 편의를 위해 여기에 다시 인용해보겠다.

> 나는 이 사(詞)의 뜻이 이상하여 간곡히 묻기를 그치지 않았다. 이에 주생은 위와 같이 처음부터 끝까지 자세히 말해주었다. 또 주머니 속에서 한 권의 시집을 꺼내 보여주었는데 제목이 『화간집(花間集)』이었다. 주생은 선화, 배도와 함께 서로 주고받은 화답시가 100여 수였고 그 사를 읊은 것이 또한 10여 편이었다.
>
> 주생은 눈물을 흘리며 나에게 시를 써달라고 간청하기에 내가 마지못하여 원진의 〈회진시〉 30률운을 본떠서 주생의 책 끝장에 써주고나서 또 위로하여 말하였다. "대장부가 근심할 바는 공명을 이루지 못한 것뿐이라, 천하에 어찌 미인이 없으리오. 하물며 지금 조선을 침범한 왜적을 이미 평정하였으니 명나라 군대가 돌아간다면 길운은 그대에게 있을 것인즉 사랑하던 그 여인이 어찌 다른 곳으로 갔다고 염려하겠는가."
>
> 이튿날 아침에 눈물로 이별하는데 주생은 재삼 사례하면서 "웃음거리가 될 일이니 전하지는 마시오."라고 했다. 이 때 주생의 나이는 27세였는데, 이마의 눈매를 보면 안광이 밝게 빛나는 것이 바라보면 마치 그림 같았다.
>
> 계사년 오월에 무언자 권여장(權汝章)은 쓴다.

필자는 이미 이러한 북한본의 내용에 의거하여 작가의 창작동기를 새로운 관점에서 논의한 바 있다. 당시의 전쟁상황과 권필의 상황을 고려하여 '위로(慰勞)와 권계(勸戒)를 통한 명군의 적극적인 참전 독려'에 궁극적인 창작의도가 있었음을 밝혔다. <주생전>의 이본은 현재 문선규본계열과 북한본계열로 크게 나뉘는데 문선규본과는 달리 『한골동(閒汨董)』, 『선현유음(先賢遺音)』 등 동일계열의 이본들이 존재할 뿐만 아니라, 한문으로 창작한 지 얼마 되지 않은 17세기 중반에서 18세기 중반인 숙종~영조 연간에 궁중에서 번역 필사한 것으로 보이는 국역본의 내용이 북한본과 유사한 것으로 보아 위에 인용한 말미의 내용은 문선규본의 것보다 더 작가의 의도에 근접한 것으로 볼 수 있을 것이다.

여러 사람의 손을 거치며 필사되고 또한 시간이 지남에 따라서 점차 임진왜란과 관련하여 작가가 드러냈던 의도는 그 의미가 퇴색하고, 후대의 일부 독자/필사자들은 작품의 대부분을 차지하는 사랑이야기에 주안점을 두고 받아들이면서 그것에 더 큰 흥미를 느꼈을 것으로 보인다. 그리하여 어느 필사자가 독자들의 관심사와 구미에 초점을 맞추기 위해, 혹은 말미에

9) 소인호, 「주생전 이본의 존재 양태와 소설사적 의미」, 『고소설연구』 11, 한국고소설학회, 2001, 177~200쪽; 소인호, 「17세기 고전소설의 저작 유통과 『花夢集』의 소설사적 위상」, 『고소설연구』 21, 한국고소설학회, 2006, 277~309쪽.

있는 권계의 말이 잘 어울리지 않는다고 여겨 이를 버리고 애틋한 사랑이야기라는 하나의 정조로 일관하게 하기 위해 문선규본의 말미처럼 개삭하였을 것이다. 또한 북한본계열을 읽고 전사하는 경우라도 사랑이야기를 하는 것을 정당화하기 위한 형식적 장치이자 상투적인 표현으로만 간주하여 권계의 말에 의미를 부여하지 않았을 수도 있다. 오늘날의 많은 연구자들도 지금까지, 말미에 제시된 권계에 별다른 주의를 기울이지 않은 것도 아마 그러한 이유에서인 것으로 보인다.

그러나 어떤 작품이든지 항상 누군가를 위해 씌어지게 마련이고, 내가 어떤 독자를 상대로 글을 써야겠다라고 생각하는 작가의 의도는 작품의 제작에 상당한 영향을 미치는 게 사실이다.[10] 북한본 말미의 권계(勸戒)는 바로 창작 당시에 작가가 염두에 두었던 일차적 독자를 알게 하는 단서를 제공하고 있다. 앞에서 밝힌 대로 창작 시점에서의 여러 가지 정황에 근거할 때 그 일차적인 독자는 명군이라고 할 수 있다. 이에 따라 창작 당시에 이 작품이 지니고 있던 의미도 추론해낼 수 있다.

이러한 관점에서 볼 때, <주생전>이 다루고 있는 명군의 애정사는 당시 사랑하는 처자를 두고 머나먼 조선땅에 와 있던 명군에게 공감과 향수를 불러일으키면서 그들을 흡인하기에 충분한 것이라고 하겠다. 중국에서 벌어진 중국 청춘남녀의 사랑이야기는 친근감과 함께 다가와 외로운 그들에게 대리만족을 안겨주면서 그들의 마음에 위로가 되었을 것이다. 재회에 대한 여운을 남기며 끝나는 <주생전>은 사랑하는 사람을 두고 떠나온 그들의 처지와 마음속 간절한 희구와도 꼭 들어맞는 것이었다. 그리하여 이야기가 끝난 뒤에도 긴 여운을 남기며 오래도록 그들의 심금이 울리고, 그 여운을 음미하는 가운데 마지막으로 덧붙여진 '대장부가 근심할 바는 공명을 이루지 못한 것뿐'이라는 작가의 권계를 통해서 그들은 새로운 각성과 다짐이 일어 분발하게 되는 것이다. 이를 통해 결국 명군으로 하여금 공을 세우기 위해서 떨쳐 일어나 자발적이고도 적극적으로 왜군과 전투를 벌이도록 하는 것이 바로 이 작품을 창작한 작가의 궁극적인 의도라고 할 수 있다.

표면적으로 이 작품의 내용 대부분이 명군의 애정사를 다루고 있는 것은 사실이지만 단순히 애정사에 관한 이야기를 전하는 것만이 작가의 의도가 아니라 권계를 목적으로 그런 이야기를 한 것이다. 이 작품은 처자와 고향을 그리워하는 명군을 위무하는 역할에 그치지 않고, 궁극적으로는 당시에 안일에 빠진 명군을 각성시키려는 의도도 갖고 있었던 것이다. 다시 말해서 명군의 안일을 지적하고 분발을 촉구하는 언외지의(言外之意)를 담고 있다고 볼 수 있다.

허균은 "문장을 지음이 세상 교화와 관계가 없다면 한갓 짓는데 그칠 뿐"이라고 하면서 문장을 위한 문장을 짓는 도작(徒作)을 반대했다.[11] 또한 고려 중기부터 조선 전기까지 사대

10) 김현, 『한국문학의 위상/ 문학사회학』, 문학과지성사, 1992, 308-309쪽.

부들이 학시(學詩)의 기준으로 삼아 숭상했던 소식(蘇軾)도 문학창작의 목적성을 강조했다. 그는 문학창작의 기본 요건에 대해, "시문은 모두 하고자 하는 바가 있어서 지은 것으로, 세련되고 예리하며 정확하고 절실하여, 그 말은 반드시 당세(當世)의 잘못을 적중하여야 한다."고 제시했다.[12] 즉, 문학창작은 문장을 위한 문장이어서는 안 되고 목적이 뚜렷해야 하는데, 특히 '그 말이 반드시 당세(當世)의 잘못을 적중해야 함'을 중시한 것이다. <주생전>은 남녀애정과 낭만적 내용으로 충일함에도 불구하고 궁극적으로는 '當世의 잘못'을 겨냥하고 있는 작품이다. 작가가 말미에서 전개한 의론(議論), 즉 권계(勸戒)는 당시 명군의 잘못을 적중한 것이었다.

<주생전>이 창작된 1593년 여름, 당시 권필은 현실을 외면한 채 다만 한가롭게 애정이야기나 늘어놓을 심경이 결코 아니었음을 그의 시를 통해 엿볼 수 있다.

> 옛 동산은 가시덤불, 누런 먼지에 뒤덮혔고
> 돌아온 빈손 나그네 그림자만 끌고 왔네
> 천리 산하엔 전쟁의 피 흐르고
> 백년 성궐엔 황폐한 누대뿐
> 남쪽의 뿔나팔은 어느 시에나 그치고
> 서쪽 변방의 임금 수레는 어느 날에나 돌아오리
> 홀로 송교(松郊) 향해 옛 길 찾으니
> 조각난 청운(靑雲)의 교목(喬木)에 남은 슬픔 있어라[13]

<적이 물러간 뒤 서울로 들어와서(賊退後入京)>라는 제목에서 알 수 있듯이 이 시는 <주생전>이 창작된 1593년 5월 직전의 정경과 감회를 담고 있다. 전쟁의 피로 물든 산천과 황폐화된 서울의 모습을 묘사하고, 한 시라도 속히 전쟁이 끝나서 임금이 환궁할 수 있는 날이 오기를 고대하고 있다. 여기에서 마지막으로 제시한 '교목(喬木)'은 교목세가(喬木世家)에서 온 것으로, 교목세가(喬木世家)는 여러 대에 걸쳐 중요한 지위에 있으면서 나라와 운명을 같이하여 온 집안을 뜻한다. 권필의 가문은 조선의 창업공신인 권근을 비롯하여 아버지 권벽에 이르기까지 대대로 중요한 관직에 올랐던 명문이다. 그러나 권필 대에 이르러 난세를 만나 청운(靑雲)의 꿈이 깨어져 제대로 펼치지 못하게 되었으니 여기의 '단운교목(斷雲喬木)'은 권필 자신을 비유한 것으로 보아야 타당할 것이다.

---

11) 許筠, 『鶴山樵談』(『(국역)성소부부고』 Ⅲ, 268쪽).
12) 蘇軾, <鳧繹先生詩集敍>(王水照, 曺圭百 역, 『중국의 문호 소동파』, 월인, 2001, 222쪽 재인용). 詩文皆有爲而作, 精悍確苦, 言必中當世之過.
13) 『石洲別集』 卷1, <賊退後入京>. 故園荊棘沒黃埃 歸客空携一影來 千里山河流戰血 百年城闕有荒臺 南天畫角何時盡 西塞鳴鑾幾日回 獨向松郊尋舊路 斷雲喬木有餘哀.

<가유가목칠주(家有佳木七株)…>라는 시에 의하면 권필은 서울이 수복(1593년 4월 19일)된 직후 강화도에서 마포 근처의 집으로 돌아와 한번 둘러보고 떠났다. 그는 강화도에서 돌아오는 길에 자신의 집을 경유하여 곧바로 서울로 들어갔던 것이다. 또 그 시에 따르면 그 후 덕수현으로 갔다가 가을에 다시 한번 집에 잠시 들렀다.[14] 덕수현은 당시 그의 부모가 피난하고 있던 곳으로 송경(松京), 즉 개성(開城) 근처의 지역이다. 이로 보건대 위의 시에서 '홀로 송교(松郊)로 향했다(獨向松郊)'는 구절의 송교(松郊)는 개성 근교임을 알 수 있다. 그렇다면 권필은 개성으로 향하는 길에서 당시 개성에 전진기지를 두고 있다가 서울로 이동 중이던 명나라 군사들을 보았을 것이며, 특히 전쟁을 회피하며 전진하지 않는 적나라한 모습을 목도한 것으로 보인다. 이에 그는 이러한 답답한 현실에 감발하여 발분저작(發憤著作)하였으니 <주생전>이 바로 그것이라 하겠다.

<주생전>의 첫머리에 주인공 주생의 이름을 '회(檜)'라고 한 것은 이러한 사실을 더욱 뒷받침해준다.

> 주생(周生)의 이름은 회(檜)이고, 자(字)는 직경(直卿)이며, 호(號)는 매천(梅川)이다.
> (生名檜, 字直卿, 號梅川)

권필은 임진왜란 발발 직후인 1592년 4월 27일에, 유성룡이 왜와 강화(講和)할 것을 주장한 것과 이산해가 나라를 그르친 일은 실로 오늘의 '진회(秦檜)'와 양국충이니 그들을 목 베어서 백성을 위안해달라고 상소했었다.[15] 여기서 '진회(秦檜)'는 금(金, 1115~1234)에 의해 강남으로 쫓겨난 남송(南宋)에서 권력을 장악하고 사사로운 이익을 위해 금(金)과의 강화를 추진했던 인물이다. 주인공 주생의 이름이 그와 동일한 '회(檜)'인 것은 우연이라고 하기에는 너무 공교롭다. 권필의 의도가 깔린 명명이라고 해야 할 것이다. 즉, 문학에서 흔히 한 마디 말에 표면상의 의미와 숨은 의미를 동시에 담는 쌍관(雙關)의 기법(技法)을 사용한 것으로 볼 수 있다. 작가 권필은 주생이라는 인물에 대한 형상화를 통해서 고향에 두고 온 처자에만 연연하여 돌아갈 날만을 기다리며 안일에 빠져서, 쫓겨 달아나는 적군조차도 뒤쫓지 않은 채 강화만을 추진하는 명나라 군사의 실상을 폭로하고 그것이 곧 진회(秦檜)의 망국적 행위와 같은 것임을 암시적으로 드러낸 것이라는 해석이 가능하다.

이상에서 살펴본 작품의 의미는 작가가 말미에서 밝힌 권계의 말에 근거하여 해석한 작품의 언외지의(言外之意)이다. 하지만 <주생전>은 사랑이야기가 문면에 가득 차 있으므로 작품의

14) 『石洲別集』 卷1, <家有佳木七株…>. 壬辰之亂 棄家逃生 … <u>癸巳夏 京城平 余自江都歸</u> … <u>秋自德水歸</u>.
15) 李肯翊, 『燃藜室記述』 卷15, 「임진왜란 임금의 행차가 서도로 파천가다」(『(국역) 연려실기술』 Ⅳ, 민족문화추진회, 1976, 38~39쪽).

문면에 드러난 의미를 파악하는 일도 소홀히 해서는 안 될 것이다. 작가가 작품을 쓸 때 마음속으로 예측하였던 독자, 즉 대화의 파트너와 실제의 독자는 일치하지 않을 수가 있는 것이고,[16] 또한 작가가 의도한 의미뿐 아니라 작품에 표출된 의미를 파악하는 것도 작품 이해에 필요하기 때문이다.

<주생전>은 사실상 남녀 주인공들의 사랑이야기가 중심이 되어 문면을 가득 차지하고 있다. 특히 남녀 주인공들이 자기 욕망에 충실한 사랑을 하고 있다는 것이 주목된다. 주인공들은 중세적 규범을 무시하거나 무가치한 것으로 여기지는 않으면서도 규범에 따른 혼인 절차를 거치지 않은 채 육체적 결합을 감행한다. 게다가 그들의 결합은 충동적이라는 점이 독특하다.

> 배도의 마음에는 주생이 있었다. 주생도 배도의 아름다운 모습과 요염한 자태를 보고는 속으로 푹 빠졌다. (중략) 주생은 이미 그의 아름다운 용모에 마음이 끌렸는데 이제 또 그의 시를 보니 더욱 정신이 혼미하여 가지가지 생각이 갈마들어 가슴만 설레었다. (중략) 배도의 침실을 바라보니 멀지 않은 사창 안에 붉은 촛불이 환히 밝혀있었다. 주생이 가만히 다가가 안을 엿보니… (중략) "어떤 미친 나그네가 이와 같이 무례한가요?" "나는 본래 미친 사람이 아닌데 주인이 나그네를 미치게 하였을 뿐이오." (중략) 이날 밤 두 사람은 〈고당부(高唐賦)〉를 읊으며 맘껏 즐겼다. 비록 김생과 취취, 위랑과 빙빙도 이에 비길 바가 아니었다.[17]
>
> 주생은 몸을 숨기며 다가가서 숨을 죽이고 몰래 엿보니… (중략) 부인 곁에는 나이가 14,5세쯤 되어 보이는 소녀가 앉아 있었다. 구름 같은 머리채는 푸른빛이 맺혀 있고 취한 듯 뺨은 살짝 붉으며 흰 눈동자로 살며시 옆을 흘기는 모습은 흐르는 물결 위에 가을 달이 비치는 것 같았다. 애교부리며 웃을 때면 볼우물이 생기는 것이 마치 봄꽃이 이슬을 머금은 듯했다. (중략) 주생은 선화를 한번 보고는 정신이 황홀하고 마음이 들떠서 거의 미친 사람처럼 되어 소리라도 치고 뛰어들어가고 싶은 마음이 일어난 것이 몇 번이나 되었다. (중략) 주생은 여러 겹의 담을 뛰어넘어 선화의 방 앞에 다다랐다. (중략) 선화는 거짓으로 못들은 체하고, 곧 등을 끄고 잠자리에 들었다. 주생이 들어가 함께 잠자리에 드니, 선화는 나이가 어린 데다 약질이어서 정사를 견뎌내지 못했다. 엷은 구름 속에서 내리는 가랑비 같았으며, 버들처럼 하늘거리고 꽃처럼 교태부리며, 아름답게 울다가는 부드럽게 속삭였고, 살며시 웃음을 짓다가는 가볍게 찡그리기도 했다. 주생은 벌이 꿀을 찾듯 나비가 꽃가루를 그리워하듯, 매혹되어 정신이 혼미하여서 새벽이 가까워진 것도 깨닫지 못했다.[18]

16) 조진기, 「사회계층과 작품의 의미」, 신동욱 편, 『문예비평론』, 고려원, 1985, 107쪽.
17) 박충록 편, 앞의 책, 원문 90~91쪽.
18) 위의 책, 원문 92~94쪽.

주생은 배도의 외모와 시재에 끌려 그날로 동거를 시작한다. 그러다가 선화를 한번 보고는 그 외모에 넋을 잃고, 죽음을 각오하고 담을 넘어 그녀의 방을 찾아간다. 기생인 배도는 물론이거니와 사대부가의 처녀인 선화조차도 밤에 담을 넘어온 남성과 거리낌없이 사랑을 나누며 부모 몰래 밀회를 이어간다. 이러한 사건의 기술을 통해서 이 작품은 진정한 애정이란 남녀간의 본성적 결합이지 제도적 결합이 아니라는 입장을 보여주고 있다고 할 수 있다.[19] 다시 말해서 애정의 본질은 진정(眞情)에 따른 결합이라고 하며 정(情)을 긍정하고 있는 것이다.

일반적으로 마음이 사물에 감촉되지 않는 상태, 즉 심(心)의 미발(未發)을 성(性)이라 하고, 마음이 사물에 이미 감촉된 상태, 즉 심(心)의 이발(已發)을 정(情)이라고 한다. 결국 미발(未發)의 성(性)이 발한 것이 정(情)이고, 사단(四端)과 칠정(七情)은 모두 정(情)을 가리키는 개념이다. 그런데 형식과 예를 중시한 당시의 성리학은 성정(性情)을 규율하고 억제하려 했기 때문에 인간의 본성과 괴리되어 많은 폐단을 낳고 있었다. 그리하여 비판적 인식을 지닌 선각적 지식인들로부터 각성이 일어나 인간의 본성을 중시하고 회복하고자 하는 움직임이 일어났는데 그것은 조선과 중국의 공통된 현상이었다. 하지만 정치와 사회적 환경 등의 요인으로 인해 중국에서 좀더 일찍 활성화되었고 폭넓게 확산되었다.

권필을 포함한 조선사대부들은 항상 중국의 정치·사회의 동향뿐만 아니라, 가히 '문학외교'라고 할 수 있는 외교상의 특수성으로 인해 문학·사상의 동향을 파악하는 데도 큰 관심을 기울였다. 조선사대부들은 자신이 명나라에 사신으로 가는 기회를 이용하거나 혹은 사신 일행에게 부탁하여 수많은 중국의 서적들을 구입했다. 또한 사행에 참여했던 사람들은 귀국 후, 중국에서 보고 들은 견문을 주변인들에게 이야기했을 것은 말할 나위가 없고, 나아가 많은 지식인들이 그것을 글로 남겨 세상에 전하기도 하였다. 이러한 경로들을 통해 조선지식인들은 당시 명나라 문단과 사상계의 최신 동향을 이해하고, 나름대로의 감식안을 갖추었으며, 국제적인 감각 속에서 자신들의 문학과 사상을 발전시켜나갔다.

명대에는 상업경제가 발달하면서 대운하와 해상무역의 중심지인 강남(江南)이 부상하였고, 경제력을 바탕으로 한 강남의 권문세가들이 정치계에서 큰 세력을 확보하고 있었다. 그리고 사상적으로는 자본주의 맹아가 형성되기 시작하던 16세기 초엽에 상업이 발달한 강남사회를 중심으로 발전한 양명학(陽明學)이 등장하여 주류사상으로 부상하였다. 급진적인 양명좌파(陽明左派)로 알려진 태주학(泰州學)은 자본주의 맹아가 급속히 확산되던 16세기 중말엽에 등장하였다.[20] 태주학파(泰州學派)는 진보적 실천성이 강하여 당대(當代)의 사상계에 파문을 일으켰으며, 그 사상 내용이 근대성에 근접해 있어서 그 파급효과가 멀리까지 미쳤다.

---

19) 여세주, 앞의 논문, 185쪽.

20) 홍원식, 「'近代的 個人'의 發見-泰州學派를 中心으로」, 中國哲學硏究會 編,『中國의 社會思想』, 형설, 1996, 358쪽.

특히 태주학파의 '현성양지론(現成良知論)'[21]은 성인과(聖人觀)의 변화를 가져왔다. 즉, 성인(聖人)과 나 사이에 질적 차이가 없을 뿐만 아니라 현실적으로도 별 차이가 없다는 것이다. 태주학파에서도 가장 급진적 인물로 꼽히는 이지(李贄, 1527~1602)는 왕수인(王守仁, 1472~1529)이 "길에 가득한 것이 모두 성인이다(滿街皆聖人)"고 한 것을 이어 "사람들은 모두 성인이 될 수 있다(人人皆可以爲聖)"고 하였다. 이를 바탕으로 그는 孔子도 欲望을 가진 인간으로 묘사하고 신화화한 공자를 반대했다.[22] 이러한 사상과 유사하게 권필도 小人과 君子의 차이가 터럭 하나에 불과하다는 생각을 갖고 있었다.

> 소인과 군자의 사이도
> 다만 터럭 하나의 차이뿐
> 처음에 어찌 나와 달랐으리오
> 마땅히 정성으로 대해야 하리[23]

이뿐만 아니라 <주사장인전>에서는 현실에서 군자와 소인이 전도된 현상을 지적하고, 도를 지녔으면서도 저자거리에 숨어 지내는 자, 방외에 노니는 자(遊方之外者)[24]가 있음을 상기시키며 군자와 소인의 실제적 구분의 불확실성을 제기하고 있다.

또한 태주학파는 '사민평등관(四民平等觀)'을 내놓았고, '남녀평등(男女平等)' 문제를 제기했으며, 특히 '욕망(欲望)'을 긍정하였다. 이러한 사상은 당시 민가(民歌)에도 깊이 반영되어 남녀의 성욕과 성애를 과감하게 표현한 수많은 민가들이 널리 유행했다. 명나라에서는 만력(萬曆, 1573~1620) 당시 전 사회적으로 개성해방을 요구하는 인욕(人欲) 긍정의 사조가 고조되어 있었다. 이 시기의 민가들은 대담하게 인욕(人欲)을 높이 찬양했고 남녀 사이의 성욕(性欲)과 성애(性愛)를 소리 높여 외쳤다.[25]

태주학의 대표적 사상가로 알려진 이贄와의 상관성이 거론되는 허균은 "사람마다 다 요순(堯舜) 같은 사람이 될 수 있다."[26]고 주장했다. 또한 그는 "먹는 것과 성욕은 사람의 본성(食色性也)"[27]이라고 하면서, "남녀의 정욕(情欲)은 하늘이 내린 것이고 윤리의 분별은 성

21) 現成良知란 별다른 공부과정 없이 지금 있는 그대로 良知는 충분히 실현되었다는 것을 말한다.(위의 책, 363쪽)
22) 위의 책, 365쪽.
23) 『石洲集』 卷1, <鷹兒行>. 小人君子間 只隔毫釐爭 初豈與我異 遇之當在誠.
24) 『石洲外集』 卷1, <酒肆丈人傳>.
25) 孫琴安, 「明代民歌中的性表現」, 朱萬曙·徐道彬 編, 『明代文學與地域文化研究』, 黃山書社, 2005, 399쪽. 故從明萬曆年後欣起了一股全社會的要求個性解放的人欲思潮。而這些民歌恰恰放膽高唱了人欲，高唱了男女之間的性欲、性愛，與當時一般民眾的思想完全合拍，所以特別喜歡唱，喜歡傳。
26) 許筠, 『鶴山樵談』(『(국역)성소부부고』 Ⅲ, 281쪽).

인(聖人)의 가르침이다. 그러므로 차라리 성인(聖人)을 거스를지언정 감히 하늘이 품부한 본성(本性)을 어길 수는 없다."[28]고 했다. 이지는 "인온화물, 천하역지유일개정(絪縕化物, 天下亦只有一個情)"이라고 하며 '정(情)'을 만물을 배태하는 본질로 인식했다.[29] 그는 이에 근거하여 「부부론(夫婦論)」(『분서(焚書)』)을 전개하였다.

앞에서 밝혔듯이, 임진왜란을 계기로 명나라 사신들과 명군 지휘부는 조선 조정이 양명학과 명의 문물제도를 받아들여 개혁할 것을 강력히 요구하며 압력을 가하고 있었다. 임진왜란이라는 희대의 위기상황에 직면하여 강한 구국의 의지를 품는 한편, 무능한 정치와 조선의 현실에 대해 비판적 의식과 개혁 의지를 갖고 있던 젊은 권필, 허균 등과 같은 의식 있는 신진들에게 양명학은 신선한 자극제가 되었을 것이다. 사신으로 왔던 등계달(滕季達)을 비롯한 강남 출신의 고위 관리들과 긴밀하게 교류했던 권벽, 허봉 등 가족 및 주변인들의 영향을 받으며 성장한 권필과 허균이 이러한 새로운 시대적 조류에 민감하게 반응하여 선구적으로 수용한 것은 자연스러운 현상이다.

이와 같이 '정(情)'을 강조하는 16세기의 새로운 사상적 조류와 또 그것과 맞물린 도가에의 경도 및 도학에 대한 비판적 성향을 지닌 인물들과의 교유 등은 권필이 <주생전>을 창작하는 데 작용한 것으로 보인다. 주인공이 과업을 과감히 던져버리고 배를 타고서 아침에는 吳땅 저녁에는 楚땅으로 자유롭게 천하를 주유하면서, 마음속에서 우러나 정(情)이 동하는, 재색을 겸비한 상대와 지극한 사랑을 한껏 나누는 이 이야기 속에는 소요유(逍遙遊)적 삶과 정(情)에 대한 긍정이 배어 있음을 볼 수 있다. 특히 정(情)에 대한 긍정은 남녀주인공들이 진정에서 우러나 서로에게 끌리는 만남에서부터 그들의 가식없는 일탈적 결합과 삼각관계 애정, 그리고 파격적인 성애장면 묘사, 감동적인 제문, 진실되고 간절한 그리움을 담은 편지, 헤어져 보고싶은 마음에 병이 들 정도로 강한 상사의 정을 품고 살아가는 때묻지 않은 모습—주생의 모습이 "이마의 눈매를 보면 안광이 밝게 빛나는 것이 바라보면 마치 그림 같았다"고 표현했다—에 이르기까지 작품 전편에 흐르고 있다고 할 만하다.

이처럼 주인공들의 진정(眞情)에서 우러난 가식없는 사랑과 삶의 이야기를 기술함으로써 작가는 정을 긍정하고 있다. 그것은 조선사회의 상황을 고려할 때 예교의 굴레로서 인간의 본성을 속박하던 정주학적 성리학에 대한 비판의 의미도 담고 있다고 할 수 있을 것이다. 즉, 인간 본성의 해방과 예교 굴레로부터의 자유를 추구하는 작가의 성향을 드러낸 것으로 볼 수가 있다.

27) 許筠, 『(국역)성소부부고』 Ⅲ, 221쪽.
28) 安鼎福, 『順菴集』 卷17, 「天學問答」(조동일, 『韓國文學思想史試論』, 지식산업사, 1993, 180쪽 재인용). 男女情欲天 分別倫紀聖人之敎也 寧違於聖人 不敢違天稟之本性也.
29) 李贄, 「墨子注」, 許蘇民, 『李贄的眞與奇』, 南京出版社, 1998, 153쪽 재인용.

하지만 그렇다고 해서 정(情)의 긍정이 규범을 무시한 채 마음내키는 대로 행위하는 방종이나 무절제를 의미하지는 않는다.

> 먹는 것과 성욕(性慾)은 사람의 본성이다. 더구나 먹는 것은 생명에 관계되는 것이다. 선현들이, 먹는 것을 천하게 여겼지만, 그것은 먹는 것만을 탐하고 자기의 이익을 추구하는 자를 지적한 것이지 어떻게 먹지도 말고 말하지도 말라는 것이겠는가. (중략) 쓰기를 마치고 나서 「도문대작(屠門大嚼)」이라 하여 먹는 것에 너무 사치하고 절약할 줄 모르는 세속의 현달한 자들에게 부귀영화는 이처럼 무상할 뿐이라는 것을 경계하고자 한다.[30)]

여기에서 허균은 먹는 것과 성욕은 본성이므로 긍정해야 함을 주장한다. 그 중에서도 먹는 것은 생명에 직결된 것이고, 비록 선현들이 먹는 것을 천하게 여겼다고 하나 그 본뜻은 먹는 것만을 탐하는 자를 경계하기 위해서이므로 먹는 것에 관한 자신의 글쓰기도 정당한 것임을 역설한다. 그러나 그는 각종 음식을 소개하는 「도문대작(屠門大嚼)」을 짓는 정당성을 '먹는 것과 성욕은 본성'이라는 주장에서 끌어내고, 또 온갖 산해진미에 대한 소개를 늘어놓으면서도 오히려 그 목적은 경계(警戒)에 두고 있음에 주목할 필요가 있다.

사치하고 절제할 줄 모르는 자들을 경계하기 위해 온갖 산해진미를 자세히 소개한다는 것은 얼핏 보기에 모순된 말처럼 들린다. 그러나 허균은 자신이 소개하는 각종 산해진미의 극치를 통해 부귀영화의 무상을 깨닫고 절제에 이르게 되기를 기대하고 있다. '절제'에서 균형점을 찾고 있는 것인데, 이는 경계한다고 해서 아예 먹거나 말하지도 말아야 하는 것도 아니고 반대로 본성을 긍정한다고 해서 그것이 곧 무절제의 극단으로 치달음을 용납하는 것도 아님을 보여주는 것이다.

<주생전>의 정(情) 긍정과 권계(勸戒)의 상관성도 바로 이와 같은 논리적 관계로 이해할 수가 있다. 이 작품은 청춘남녀의 사랑이야기로 가득 차 있으면서도, 말미에서 작가는 주인공에게 사랑에만 연연할 것이 아니라 공을 세우는 일에 힘써야 마땅함을 권계하고 있다.

> 또 위로하여 말하였다. "대장부가 근심할 바는 공명을 이루지 못한 것뿐이라, 천하에 어찌 미인이 없으리오. 하물며 지금 조선을 침범한 왜적을 이미 평정하였으니 명나라 군대가 돌아간다면 길운은 그대에게 있을 것인즉 사랑하던 그 여인이 어찌 다른 곳으로 갔다고 염려하겠는가."

30) 許筠, 『(국역)성소부부고』 Ⅲ, 226~227쪽.

액자 안에서 이야기해왔던 정(情)을, 권계(勸戒)를 통해서 부정하는 듯이 보이지만 실상은 그렇지 않다. 정(情)을 긍정하되 그렇다고 무절제하게 치우쳐서 군인으로서의 본분조차 잊어서는 안 됨을 지적하고, 하루속히 사랑하는 여인을 만나기 위해서라도 전쟁에 나가 공을 세우는 일에 앞장서야 함을 일깨우고 있는 것이다. 즉, 정(情)을 긍정하면서도 동시에 권계(勸)戒를 통해서 절제의 균형점을 제시하고 있는 것이다.

결론적으로 말하자면, <주생전>은 정(情) 긍정과 권계(勸戒)라고 하는 두 가지 주제의식을 중층적으로 담고 있다고 하겠다. 정에 대한 긍정은 액자 안의 사랑이야기를 통해서 표출된 주제의식이고, 권계는 액자틀을 통해서 작가가 의도적으로 드러낸 주제의식이다. 여기서 권계는 작가가 창작 당시 염두에 둔 독자가 명군이었음과 명군의 참전 독려가 작가의 궁극적 의도였음을 알게 하는 단서가 된다. 이러한 작가의 궁극적 의도는 언외지의(言外之意)로 존재하는 것으로서 <주생전>이 창작된 당대에 갖고 있던 의미라고 할 수 있다.

Ⅲ.

사랑은 어떻게 여성의 신분과 정절이데올로기를 극복했나

1. 신분장벽과 정절이데올로기가 빚은 비극적 사랑

애정을 다룬 고전소설에서 남녀주인공의 사랑을 가로막는 갈등의 주요한 소재는 여성의 신분과 정절이다. 가장 대중적 작품으로 알려진 「춘향전」도 춘향의 신분한계와 정절 문제가 핵심 소재로 다루어지고 있다. 그러한 데에는 조선사회가 지닌 특수성이 작용한 것으로 보인다.

조선의 신분제도는 기본적으로 양천제였으나 실제 현실에서는 왕족, 사족, 향반, 중인, 상민, 천민 등 다양한 계급이 위계화되어 있었다. 조선의 신분제는 세습을 근간으로 삼았기 때문에 혈통을 중시했고, 그 혈통은 가부장주의적인 종법제와 종모법에 의해 판정·유지되었다. 혈통은 한정된 권력과 재산을 분배하는 기준이기에 도태와 배제의 원리가 적용되었으며, 적서를 구별하고 적통을 유지하기 위해서 여성의 정절을 이데올로기화함으로써 일부종사, 순사를 강제하는 등 여성의 성적 결정권을 억압하였다. 이러한 조선의 신분질서와 정절이데올로기는 수많은 청춘남녀들의 사랑에 비극을 안겨주었다.

여성의 신분은 고소설에서 종종 사랑의 장애물로 등장하는데 「운영전」에서 궁녀 운영과 김 진사와의 사랑을 자살로 막을 내리게 만들었고, 「심생전」에서 중인 여성과 양반 자제 심생의 사랑을 가로막아 비극으로 내몰았다. 우리나라 고소설에서 보기 드문 비극적 소설로 잘 알려진 17세기의 「운영전」은 궁녀라는 신분 장벽에 가로막힌 운영이라는 여성의 비극적인 사랑이야기를 다루고 있다.[1] 이 세상에서 그들은 신분의 장벽으로 인해 사랑을 이루지

1) 「운영전」은 임진왜란 직후인 1601년, 유영이라는 선비가 퇴락한 수성궁을 찾으면서 시작된다. 유영은 술에 취해 잠들었다가 깨어 안평대군의 궁녀 운영과 김 진사를 만나 안평대군 시절의 이야기를 듣는다. 안평대군은 수성궁을 짓고 운영 등 재색을 겸비한 궁녀 열 명을 둔다. 궁녀인 그들은 외부와 차단된 채 엄한 법도에 묶여 생활한다. 궁녀라는 신분 때문에 다른 남성을 만날 수 없었던 운영은 어느 날 안평대군을 찾아온 김 진사를 연모하게 되고 김 진사 역시 운영을 마음에 두면서 두 사람의 운명적 사랑이 싹튼다. 그러나 운영을 얽어매고 있는 궁녀라는 신분과 궁궐의 법도는 그들의 사랑을 방해한다. 안타까운 시간을 보내던 그들은 서궁의 담을 넘어 몰래 사랑을 나눈다. 안평대군이 운영을 의심하며 감시하자 김 진사는 운영과 함께 도망

못한 채 죽음으로 막을 내렸다. 여주인공 운영의 궁녀라는 신분이 그들의 사랑을 근본적으로 가로막는 굴레이자 피할 수 없는 비극적 사랑의 씨앗이었던 것이다. 이옥(1760-1813)의 「심생전」[2] 역시 여성의 신분장벽으로 인한 비극적 사랑이야기의 대표적인 예이다. 신분제의 속박으로 인해 양반의 자제인 심생과 중인층 처녀의 사랑이 비극적으로 끝나게 된다는 내용이다. 「심생전」의 여주인공인 중인 집안의 처녀는 자신의 뚜렷한 주관으로 사랑을 받아들인다. 또한 신분 때문에 겪는 불우한 현실을 토로함으로써 자신도 떳떳한 개체적 인간임을 선언하기도 한다. 그러나 현실의 신분장벽은 결국 그들의 사랑을 죽음으로 막을 내리도록 만들고야 말았다.

남녀의 비극적 사랑이야기로 이루어진 「운영전」과 「심생전」은 당시의 신분적 장벽을 사실적으로 그려내면서 신분적 속박으로 인해 순수한 청춘남녀의 애정마저도 저지당하는 현실을 문제시하고 있다. 이 작품들은 사랑이라는 감정이 매우 자연스러운 것임에도 불구하고 폐쇄적인 신분질서로 인해 청춘남녀가 사랑을 이루지 못한 채 죽을 수밖에 없는 당대의 사회현실을 드러내고 있는 것이다.

한편 고소설 가운데 가장 대중적인 「춘향전」에서 보듯이 여성의 신분만큼이나 여성의 정절 또한 보편적이고도 중요한 이야기 소재이면서 남녀 간의 사랑에 고난과 비극을 초래하는 주요 원인이 되었다. 정절이데올로기는 남녀의 사랑을 지켜주는 자물쇠 역할을 하면서도 반대로 그 사랑을 위협하거나 파탄으로 이끄는 굴레가 되기도 했다.

여성의 정절로 인해 빚어진 비극적 이야기는 일찍이 삼국시대로부터 등장하기는 했지만, 일반적으로 고려조와 조선초기까지는 여성이 재가하는 것이 그리 문제되지는 않았다. 그러나 유교적 이데올로기가 강화된 조선 중후기에는 여성의 정절에 방점을 두면서 여성에게 수절과 순절을 강요하는 사회로 변화하였다. 조선 개국 초기, 서자 출신의 정도전을 제거하고 권력을 다진 태종은 서얼금고법을 시행하였다. 성종은 여성의 개가를 금지하는 '재가금지법'을 시행하였다. 이러한 일련의 조치들은 지배층의 수를 조절하고 유지하려는 의도가 깔린 것이었

하기로 상의하고 운영의 재산을 몰래 빼내 모두 특에게 맡긴다. 그러나 특은 모든 재산을 가로채고는 헛소문을 퍼뜨린다. 결국 안평대군이 운영을 가두자 운영은 목을 매어 자살하고, 김 진사도 몸을 씻고 새 옷으로 갈아입은 후 나흘 동안 방에 가만히 누워 있다가 그녀의 뒤를 따라 죽는다. (「운영전」, 이상구 역주, 『17세기 애정전기소설』, 월인, 1999, 99-159쪽)

2) 「심생전」은 사족 가문의 자제인 심생이 우연히 길을 가다가 퇴직한 중인의 딸을 보고 반하여 뒤를 좇는 것으로 이야기가 시작된다. 심생은 매일 밤 담장을 넘어 그 처녀의 방문 앞에서 밤새워 기다리기를 한 달 동안이나 지속한다. 그 처녀는 춘정에 들뜬 심생을 슬기롭게 거절도 하다가 결국 심생의 진실된 사랑을 알고는 심생을 자신의 방으로 불러들이고 자신의 부모를 설득시킨 뒤 사랑을 맺는다. 그 뒤 심생은 밤마다 그녀의 집을 찾아가 사랑을 나눈다. 그러나 이를 눈치 챈 심생의 부모는 절에 들어가 공부하도록 명령한다. 그녀는 심생을 그리워하다가 끝내 병이 든다. 죽음이 임박하여 심생에게 편지를 보내어 하직하고는 죽는다. 심생은 절에서 글공부를 하던 중 그녀가 보낸 유서를 받는다. 자신의 처지를 한탄하는 내용이 담겨 있는 편지를 읽고 그녀의 죽음을 뒤늦게 안 심생은 글공부를 버리고 무과에 급제하여 금오랑에 올랐으나 요절하고 만다.(「심생전」, 실시학사고전문학연구회 역주, 『역주 이옥전집 2』, 소명출판, 2001, 252-259쪽) 본래 이옥의 「심생전」은 그의 친구 김려(金鑢, 1766~1822)가 편찬한 『潭庭叢書』에 실려 있다.

지만 이로 인해 여성에게는 일부종사(一夫從死)라는 가부장제에 의한 성적 종속의 굴레가 씌워지게 되었다. 나아가 중종 대에 이르러 훈구파에 대한 사림파의 권력투쟁의 도구로서 신랑이 신부의 집에 장가들어 눌러 살던 남귀여가(男歸女家)의 고유한 생활전통을 주자가례에 근거한 친영제(親迎制)로 바꾸어 법제화하는 작업이 이루어졌다.[3] 그리고 임진왜란을 전후하여 『삼강행실도』의 보급을 통해 강화된 열녀담론은 여성에게 '죽음을 통한 열녀되기'[4]를 강요하는 이데올로기로 확산되었다. 그리하여 수많은 여성들이 정절이데올로기의 희생양이 되어 남자의 옷깃만 스쳐도 정절을 잃은 것으로 판단하여/판단되어 목숨을 끊는 지경에까지 이르렀다. 여성의 정절은 곧 목숨으로 간주되었기에 정절을 지키기 위해 고난을 겪은 끝에 이겨내거나, 죽는 이야기[5]는 있을지언정 여성이 정절을 잃고도 한 남자와 사랑을 지속하는 이야기는 나올 수조차 없는 시대가 되었던 것이다.

그렇다면 이러한 상황 속에서 사회적 약자였던 여성들은 자신이 원하는 사랑을 성취하기 위해서 어떻게 대응했을까. 이를 밝혀보기 위해 본고는 여성의 신분한계와 정절이데올로기를 극복하고 사랑을 성취한 서사들을 살펴보고자 한다. 우선, 특히 신분적으로 최하위계층에 속한 사회적 약자이면서 남성과의 접촉에 있어서는 신분적 특수성을 지녔던 기녀들의 애정서사 가운데 신분한계를 극복하고 사랑을 성취한 기녀의 사랑이야기를 두 유형으로 나누어 살피겠다. 하나는 경제력을 통해서 극복한 유형이고, 다른 하나는 정절이데올로기를 전략적으로 사용한 유형이다.

또한 정절이데올로기를 극복하고 사랑을 성취한 서사로 「홍도의 반생」(1940)을 살필 것이다. 오랜 세월 여성은 물론이거니와 남성에게도 진정한 사랑을 방해하는 강박으로 작용한 정절이데올로기의 극복 문제가 근대 이후의 이 작품에서야 비로소 구체적으로 다뤄지고 있는데 그 완고한 굴레에서 벗어나려는 몸부림이 세밀하게 묘사되어 있는 이 작품의 분석을 통해 정절이데올로기의 극복 양상을 밝혀보고자 한다.

2. 여성의 신분한계를 극복한 사랑

정절이데올로기가 강력히 작동하던 조선시대에도 기녀들은 본래 정절 문제에 있어서 예외적이었다. 사회가 규정한 신분과 역할상 기녀에게는 원칙적으로 정절을 요구하지도 요구될 수도 없었기에 기녀의 정절은 자타 모두에게 고려의 대상이 되지 않았다. 사회적 시선을 의식하거나 정절이데올로기에 얽매일 필요가 없었던 것이다. 따라서 기녀와 양반 남성의

3) 박경휘, 『조선민족 혼인사 연구』, 한남대학교출판부, 1992, 11-25쪽.
4) 강명관, 『열녀의 탄생-가부장제와 조선 여성의 잔혹한 역사』, 돌베개, 2009, 316쪽.
5) 기녀로서 정절을 지키기 위해 수청을 거부하고 고난을 당하다가 죽은 경우는 「자란전」과 「기경춘전」 등이 있다. 조광국은 『기녀담 기녀등장소설 연구』(월인, 2002) 90쪽에서 이에 관해 간략히 언급하였다.

사랑에서는 신분의 장벽만이 있을 뿐이었다. 이러한 사실을 고려하여 여기에서는 이러한 신분적 특수성을 지녔던 기녀가 한 여성으로서 어떻게 신분의 장벽을 극복하고 사랑을 성취했는지 그 양상을 살펴보기로 하겠다. 그런데 기녀의 사랑이야기에서 기녀가 신분적 장벽을 극복하고 사랑을 성취하는 현실적인 방식은 두 가지 양상으로 나눌 수 있다. 경제력을 이용하여 남자를 출세시키는 방법이 그 중 하나요, 다른 하나는 정절이데올로기를 전략적으로 사용하는 것이다.[6)]

먼저, 경제력을 이용하여 신분적 한계를 극복하고 사랑을 성취하는 경우를 보자.

조선시대 기녀는 대부분 관기였고 그들은 기능인으로서 춤과 노래에 전문성을 지닌 존재였다. 기녀의 공식적 역할은 공공연회에서의 여악, 외국사신 접대, 변방 군사 접대 등 세 가지였다. 국가의 소유였던 기녀는 종모법에 따라 공노비 신분을 세습하는 것이 원칙이었다.[7)] 그런데 국가는 기녀에게 기역만을 규정하고, 기녀의 생계는 책임지지 않았기 때문에 기녀들은 스스로 생계를 꾸려가야만 했다. 이에 기녀들은 사적으로 실리추구에 힘썼고 조선후기로 접어들면서 기녀의 재물추구 행위는 상업발달과 중상주의의 대두와 맞물려 더욱 심화되었다.[8)] 17세기 작품으로 알려진 「왕경룡전」과 조선후기의 「이춘풍전」 등은 기녀들의 실리추구의 일면을 보여주는 소설들이다.

본고에서 살펴볼 「소설인규옥소선」, 「옥단춘전」은 애정서사들인데 여주인공들이 모두 기녀로서, 남주인공이 과거공부에 전념할 수 있도록 경제적인 뒷받침을 하여 결국 입신출세시킨 공로를 통해 가족과 사회로부터 인정받고 신분적 한계를 뛰어넘어 사랑을 완성한다.

「소설인규옥소선」[9)]은 임방(1640-1724)의 『천예록』에 수록되어 있는 작품이다. 평안도 관찰사에게 아들이 하나 있었는데 관찰사는 자신의 생일날 열두 살짜리 아들과 동갑내기인 기생 자란으로 하여금 짝을 지어 춤을 추게 한다. 이것이 인연이 되어 도령과 자란은 사랑하는 사이가 된다. 6년 후 관찰사가 영전하여 한양으로 떠나게 되는데 도령은 의외로 가벼운

---

6) 서혜은은 「고전소설에 나타난 기녀의 애정 성취기반과 그 의미」(『어문론총』 42, 한국문학언어학회 2005, 217-244쪽)에서 기녀의 입장에서 양반 남성과의 애정문제를 고찰하면서 기녀의 애정 성취기반을 정절이데올로기의 표방과 고수(춘향전, 월하선전, 옥단춘전, 채봉감별곡, 유록전, 강남홍전, 화옥쌍기), 경제적 능력의 획득과 발휘(월하선전, 옥단춘전, 채봉감별곡), 영웅적 능력의 획득과 발휘(강남홍전, 화옥쌍기)로 제시한 바 있으나 재론의 여지가 있다. 예를 들면, 첫째 「옥단춘전」은 옥단춘이 김 감사를 따라가 비위를 맞추며 생활하기 때문에 진정한 의미의 정절이라 할 수 없으므로 '정절이데올로기의 표방과 고수'로 분류하는 것은 무리가 있다. 둘째, 「월하선전」의 경우도 직경의 과거공부 뒷바라지는 평안도사인 직경의 삼촌이 결정적인 후원자가 되고 월하선은 부분적·부차적 역할에 그칠 뿐이며, 오히려 작품 전체로 볼 때 신임감사의 수청 요구를 거절하다 매질을 당하는 등 수절로 인한 고난에 비중을 두어야 하므로 '경제적 능력의 획득과 발휘'로 분류하는 것도 타당성이 부족하다. 셋째, 기녀의 사랑이야기로서는 초기작이며 대표적 작품이라 할 수 있는 17세기의 「소설인규옥소선」은 다루지 않았다. 본고는 이러한 문제점에 대한 고려와 함께 '현실적인 방식'의 작품만을 취하여 재분류하였다.

7) 조광국, 앞의 책, 34-39쪽.

8) 위의 책, 58-59쪽.

9) 「소설인규옥소선」(임방, 정환국 역, 『천예록』, 성균관대학교출판부, 2007, 127-141쪽).

마음으로 자란과 이별한다. 그러나 절에서 과거공부를 하던 도령은 어느 겨울 밤, 자란에 대한 미치도록 간절한 그리움에 홀연히 길을 떠나서 천신만고 끝에 자란의 집을 찾아간다. 하지만 자란은 이미 신임 사또 아들의 수청기로 들어간 뒤여서 만날 길이 없었다. 마침 도령은 아전의 도움을 받아 사또의 집 마당을 쓰는 일꾼으로 위장하여 눈을 쓰는 척하면서 자란을 보게 된다. 도령을 본 자란은 사또 아들을 속이고 관아를 빠져 나와 서로 상봉한다. 그날 밤 두 사람은 도망쳐 깊은 산골로 가서 살림을 차린다. 자란은 길쌈과 바느질을 부지런히 하여 도령을 이바지하는 한편 도령이 과거공부에 전념하도록 후원한다.

> 자란의 자수와 침선 솜씨가 좋아 겨우 입에 풀칠은 할 수 있었다. 얼마 지나지 이들은 마을 가운데에 몇 칸의 띠집을 마련했다. 자란이 워낙 밤낮으로 쉬지 않고 길쌈과 바느질을 부지런히 하여 때에 맞춰 이것을 팔아다 옷가지와 패물로 사와서는 생에게 이바지하였기에 부족하거나 떨어지는 일이 없었다. (중략) 이때부터 자란은 주변 이숭에 이야기하여 값을 따지지 않고 책을 구입하고자 했다. … 자란은 즉시 이 책을 사서 생에게 주었다. 생은 이 책을 얻고부터 암송하기를 그치지 않았다. 밤이면 등잔불을 밝혀 놓고 생은 책을 읽고 자란은 그 옆에서 물레를 돌려가며 실을 켜, 둘은 빛을 나눠 쓰며 과업을 계속하였다. 생이 조금이라도 해이해지면 자란은 버럭 화를 내며 핀잔을 주어 과거공부를 독려하였다.[10]

결국 도령은 과거에 급제하여 높은 벼슬에 오르고, 이들의 사연을 들은 왕이 자란을 정실 부인으로 맞아 혼인할 것을 허락하여 두 사람은 서로 사랑하며 해로한다.

조선후기 작품인 「옥단춘전」[11]의 여주인공은 평양 기생 옥단춘이다. 몸은 비록 기생 명단에 매여 있다 해도 옥단춘은 평양 감사로 부임한 김진희의 수청 명령을 기지로써 회피한다. 그러다가 김 감사가 죽이려 하는 몰락 양반 이혈룡을 살려주고, 그의 식솔들까지 지원해 주면서 이혈룡이 과거에 급제할 수 있도록 후원을 아끼지 않는다.

> 서울 본집에 올라가 보니, 수십여 명의 권솔이 무슨 까닭인지 가세도 풍부하고 노비와 전답이 흡족하게 지내므로 그 연고를 물었더니, 그대가 재물을 많이 보내어 호의호식으로 지내는 것을 비로소 짐작하고 그대의 은혜가 백골난망인 것을 알았네.[12]

---

10) 위의 책, 136-138쪽.

11) 아세아문화사본 「옥단춘전」(황패강 역주, 『숙향전·숙영낭자전·옥단춘전』, 고대민족문화연구소, 1993, 325-395쪽).

12) 위의 책, 371쪽.

결국 과거에 급제하고 암행어사가 되어 평양에 온 이혈룡은 죽을 위기에 처한 옥단춘을 구하고 김진희를 엄벌한다. 옥단춘은 정덕부인에 봉해져 이혈룡과 함께 행복하게 살아간다.

「소설인규옥소선」과 「옥단춘전」이 여타 기생과 양반의 애정서사들과 다른점은 정절이데올로기의 자장이 상대적으로 미약하다는 것이다. 특히 「소설인규옥소선」의 옥소선은 관찰사의 아들이 떠나간 후 수절한 것이 아니라 후임 사또 아들의 수청을 든다. 그녀 자신이나 그녀에 대한 그 어떤 작중인물의 시선 중에 그것을 문제삼지 않았다는 것은 눈여겨볼 만하다. 기녀의 정절은 자타 모두에게 고려의 대상이 되지 않았던 현실이 사실적으로 반영된 것이라 할 수 있다. 또한 「옥단춘전」의 옥단춘도 수절을 표방하기는 했으나 김 감사의 명령에 저항 없이 따라 들어간다.

> 옥단춘이 하는 수 없이 입고 있던 복색으로 미친 여자 모양 들어가니 사또는 옥단춘을 가까이 이끌어 앉힌 후에 온갖 희롱 수작을 서슴지 않았다. 옥단춘은 하는 수 없이 수응수답 건성으로 감사의 비위만 맞추고 어물쩡 지냈다. 감사는 옥단춘에게만 빠져서 정사는 아랑곳 하지 않고 풍악과 주색만 일삼았다.[13]

김 감사가 옥단춘을 가까이 앉히고 희롱수작을 서슴지 않았으나 감사의 비위를 맞추며 지내는 것을 볼 수 있다. 이러한 옥단춘의 행동은 엄격한 의미의 수절이라고는 할 수 없는 것이다. 따라서 옥소선은 말할 것도 없거니와 옥단춘 역시 정절이데올로기와는 상당한 거리가 있다. 오히려 그녀들은 남주인공을 경제적으로 뒷받침함으로써 자신의 신분한계를 극복하고 사랑을 성취한다.

다음으로는 정절이데올로기를 전략적으로 사용하여 기녀라는 천한 신분의 한계를 극복하고 사랑을 성취하는 경우를 살펴보자.

양가의 여성들과는 다르게 기녀들은 정절이데올로기를 오히려 자신들이 원하지 않는 수청 요구에 대한 저항의 무기로 사용했다. 원칙적으로 조선은 기녀와 육체적인 관계를 맺는 것을 법으로 금지했다. 이것이 일관되게 적용되지는 않았지만 이를 어긴 사대부에 대한 처벌도 정치적 필요에 따라 간간이 발생하곤 했다. 이같은 사실은 기녀 입장에서 수청을 요구하는 관리에 대해 수청을 거부하며 항거하는 근거가 될 수도 있었다고 한다.[14]

「춘향전」, 「월하선전」 또한 애정서사이면서 여주인공들이 기녀 신분이다. 그런데 이들은 정절이데올로기에 구애될 필요가 없었던 신분이었음에도 불구하고 오히려 자발적으로 수절하면서 수청을 거부한다. 이를 통해서 신분을 초월한 인간으로서의 사랑을 추구한다. 결국

---

13) 위의 책, 331쪽.
14) 조광국, 앞의 책, 45-59쪽.

이들은 정절이데올로기를 전략적으로 끌어들임으로써 신분장벽을 극복하고 사랑을 성취하게 된다.

「춘향전」은 기생의 딸 춘향과 남원부사의 아들 이도령과의 애정서사이다. 이본에 따른 변동이 있으나 주지하는 바와 같이 대체적인 경개는 다음과 같다. 이도령과 춘향이 광한루에서 만나 사랑을 나누며 지내던 중 남원부사가 임기를 끝내고 서울로 돌아가자 두 사람은 다시 만날 것을 기약하고 이별한다. 새로 부임한 관리가 춘향의 미모에 반하여 수청을 강요한다. 그러나 춘향은 일부종사의 정절을 앞세워 거절하다 옥에 갇혀 죽을 지경에 이른다. 이도령은 과거에 급제하여 어사가 되어 신관 부사를 봉고파직시키고 춘향을 구출한다. 이도령은 춘향을 정실부인으로 맞이하여 백년해로한다.

「월하선전」[15]의 여주인공은 기녀 월하선이다. 함경도 함흥 기생의 딸 월하선이 14세 되던 해에 함경감사가 새로 부임하였는데, 직경이라는 14세의 아들이 있었다. 직경은 기생을 추천하라 하여 월하선을 만나는데 그녀의 아름다움에 혹하여 인연 맺기를 원한다. 월하선은 처음에는 자기의 신분이 낮아 나중에 버림받을 것을 꺼려 주저하다가 직경이 제문을 지어 하늘에 맹세하는 것을 보고서야 허락한다. 그 뒤 감사가 만기가 되어 떠나게 되자 두 사람도 이별한다. 새로 부임한 감사의 아들이 월하선에게 반하여 동침을 강요하나 월하선이 듣지 않자 매질하여 가둔다.

> 월하선 왈, "소인의 목숨은 사또 안전에 매였거니와 일편단심은 임의로 꺾지 못할 것이오. 그러나 내려가신 황 판서 대감 자제 서방님께 이미 몸을 허하였사오니 어찌 간사한 말로써 아뢰오리까. 계집의 절개는 양반 상인이 없습니다. 옛날 초왕의 딸 공주가 어렸을 때 아내의 절조를 지켰사오니 예부터 충신과 열녀는 귀천상하가 없사오니 소인이 비록 천인이오나 정절은 가졌사오니 죽기를 아끼지 아니하나이다. 비록 죽기는 쉽거니와 뜻은 변치 아니하니 진사님 처분대로 하옵소서." 진사 그 말을 듣고 대소 왈, "매질 잘하는 사령을 불러 이 기생년을 잡아내려 불계장수(不計杖數)하고 각별히 치라." 하매 사령이 즉시 달려들어 월하선을 잡아내려 무수히 치되 종시 한 말도 입을 열지 아니하더니 이윽하여 기절하거늘 사령이 고 왈, "이제는 죽었나이다." 아뢰되 진사가 노를 그치고 월하선을 책방에 두고 의약으로 다스리되 조금도 효험이 없더라.[16]

월하선은 죽기를 각오하고 정절을 굳게 지키다가 죽도록 매를 맞고 갇히는 신세가 되고 만 것이다. 이때 직경은 아버지의 강요로 최 낭자와 혼인하게 되지만 월하선을 잊지 못해 도망하여 갖은 고생 끝에 월하선을 찾아가 만난다. 두 사람은 몰래 산촌으로 도망한다. 월하선은 직경이 과거공부를 하도록 권하면서 책을 구해주는 등 뒷바라지에 힘쓴다. 그러던 중

15) 고려대본 「월하선전」(이강용, 「교주 월하선전」, 『배달말』 10, 배달말학회, 1985, 333-348쪽).
16) 위의 책, 336쪽.

직경은 평안도사로 내려오는 삼촌을 만나 그의 도움 아래 과거공부에 정진한다. 직경은 과거에 장원급제하고 평안감사에 임명된다. 왕은 월하선을 정렬부인에 봉하고 최 낭자를 정숙부인으로 봉하여 함께 살도록 한다. 그 후 왕은 월하선의 고향집에 정문을 내린다.

「춘향전」(경판본)에서 "너 같은 노류장화가 수절이란 말이 고이하다. 요망한 말 말고"[17] 라고 한 것에서 알 수 있듯이 당시 현실로 보면 그 신분적 특수성 때문에 기녀에게 열녀란 합당치 않은 것이다. 그러나 춘향은 "충신은 두 임금을 섬기지 아니하고 열녀는 두 남편을 섬기지 아니한다고 하였으니 … 소녀는 두 남편을 섬기지 않는 열녀의 마음을 따를 것"이라고 하면서 자신을 열녀와 등치시킨다. 그리고는 "사또는 어지러운 때를 당하면 도적에게 굴복하여 두 임금을 섬기리이까?"라고 반문한다.[18] 조선사회의 지배이념인 유교윤리의 견지에서 정절이데올로기를 끌어와 되치기를 통해 사또를 제압하고 있는 것이다. 또한 「월하선전」에서는 굳은 정절을 통해서 신분적 한계를 극복할 수 있음을 직설적으로 언급하기도 한다. "굳은 절개와 높은 행실이 있으면 비록 천인의 몸이라도 이렇듯 후세에 전하는도다." 라고 한 결미를 통해 확인할 수 있다. 이처럼 춘향과 월하선은 정절이데올로기를 전략적으로 사용함으로써 기녀라는 천한 신분의 한계를 극복한 사랑을 성취하고 있음을 알 수 있다.

3. 정절이데올로기를 극복한 사랑

충신은 두 임금을 섬기지 않고 열녀는 두 남편을 섬기지 않는다. 나는 열녀의 마음을 따르겠다는 등의 언술이 소설 속 기녀에게서 나올 정도로 조선후기에는 정절이데올로기, 열녀담론이 보편화되어 있었다고 할 수 있다. 실제로 조선후기에 정절은 목숨을 걸고 지켜야 하는 것이라는 인식, 나아가 목숨보다 더 소중한 가치라는 인식의 확산은 어떤 상황에서든 실절 후의 생존은 죽음보다 못한 치욕이라는 관념으로 굳어졌다. 정절을 잃기 전에 죽어야 한다거나, 정조를 빼앗긴 여인은 여성으로서의 가치가 없는 존재라는 통념이 여성들을 옭죄고 있었던 것이 조선후기 사회의 현실이었다.

열녀담론과 정절이데올로기에 의한 일부종사의 관념은 남성에 대한 여성의 성적 종속성을 극단으로 몰고 갔다. 그리하여 남녀의 사랑에 있어 여성의 정조가 장애물로 작용하여 비극적 사건이 속출하였고, 소설에서도 여성 시련의 단골 소재로 자리잡았다. 대표적인 예로 「숙영낭자전」의 주인공 숙영을 들 수 있다. 실은 과거 보러 길을 떠났던 남편 선군이 숙영을 못내 그리워한 나머지 부모 몰래 밤에 되돌아와 잠을 자고 간 것인데, 이 일로 숙영은 시아버지 백공으로부터 정절을 의심받게 된다. 그때 숙영을 시기한 시비 매월이 숙영에게 간통을 저질

17) 경판본 「춘향전」(구자균 교주, 『춘향전』, 교문사, 1984), 263쪽.
18) 이고본 「춘향전」(성현경 역, 『이고본 춘향전』, 보고사), 90쪽.

렸다는 누명을 씌움으로써 시련을 겪는다. 그녀의 억울함은 곧 밝혀진다. 그러나 그녀는 죽음으로써만이 누명을 씻을 수 있다며 자살을 한다. 숙영은 "악명이 세상에 퍼졌는데 어찌 부끄럽지 않겠습니까? 낭군이 돌아오면 서로 대할 낯이 없습니다. 다만 죽음으로써 세상을 잊고자 합니다."라고 말하고, 또 "아무리 생각해도 역시 죽어서 누명을 씻는 것이 옳다"고 생각하고는 비수로 가슴을 찔러 죽는다.[19] 숙영은 정절을 의심받음으로써 시련을 겪고, 정절을 잃었다는 오해를 받은 것만으로도 씻을 수 없는 치욕으로 여겨 자살하고 만 것이다.

정절이데올로기는 조선후기 내내 오랜 세월 동안 여성은 물론이거니와 남성에게도 진정한 사랑을 방해하는 일종의 강박으로 작용했다. 설령 원치 않는 불가항력적 폭력에 의한 것이었더라도 어떤 경우에서든 다른 남성과의 접촉은 한 남자와의 사랑을 더 이상 지속할 수 없는 것으로 간주되었다. 정절을 잃은 여성과 사랑을 지속적으로 이어나가는 이야기는 나올 수도조차 없는 시대였던 것이다.

그러한 상황은 근대 초기까지 지속된 것으로 보인다. 신소설은 자유연애를 외치면서도 다른 한편으로는 정절의식을 강조했다. 「명월정」(1912)의 경우도 정절을 지나치게 강조하면서 여주인공 채원의 자살로 귀결되는 한계를 드러내었다. 근대문학사상 최초의 장편소설이며 전통적인 윤리의식으로부터 개인의 해방을 강조한 작품으로 알려진 이광수의 「무정」(1917)의 경우도 감옥에 계신 아버지를 도우려 기생이 되었지만 이형식을 사모하며 수절하다가 배학감에게 정절을 유린당하자 자살하러 떠나는 박영채와 그녀는 기생일 뿐이라는 편견에 사로잡힌 이형식에게는 아직도 정절이데올로기의 그늘이 드리워져 있다. 이 작품보다는 오히려 1908년 이해조의 「홍도화」(상권)가 더 근대적인 의식을 드러냈다고 할 수 있다. 시집간 지 몇 달 만에 청상과부가 된 여성 이태희가 새로운 결단 속에 개명한 청년과 재혼하는 획기적인 이야기를 담고 있기 때문이다. 남주인공 심상호가 총각으로서 과부와 혼인할 것을 선언하는 연설을 가족들에게 하는 것도 볼 수 있다. 하지만 이 작품은 과부, 즉 남편과 사별한 여성의 개가 문제를 다룬 것이기 때문에 한 남자와의 사랑에서 정조가 문제된 것은 아니다. 한 남자와의 사랑에서 여성의 정조가 문제되었음에도 불구하고 진정한 사랑을 통해 부부관계를 지속해나가는 것이 진정한 의미에서 정조이데올로기의 극복이 될 것이다.

현대 창작소설 가운데 그러한 예가 언제 출현했는지는 필자의 견문이 짧아 앞으로 더 상고해보아야 하겠지만, 우선 원작과 전통적 의식으로부터 자유로울 수 없는, 고전을 개작한 소설작품 가운데서 정절이데올로기를 극복한 독특한 사례가 있으니 윤백남이 1935년 4월 1일부터 1935년 9월 20일까지 115회에 걸쳐 동아일보에 완재한 「미수」가 바로 그것이다. 이 작품은 1940년 덕흥서림에서 「홍도의 반생」으로 제명을 바꾸어 발행되었다. 여기서는

---

19) 「숙영낭자전」(황패강 역주, 앞의 책, 275-281쪽).

「홍도의 반생」[20]을 텍스트로 삼아 정조이데올로기를 극복하고 진정한 사랑을 성취하는 양상을 살펴보기로 하겠다.

「홍도의 반생」은 17세기 유몽인의 『어우야담』에 수록된 「홍도」[21]를 개작한 소설이다. 남원에서 홍도와 정생이 결연하고, 임진왜란으로 인해 헤어졌다가 다시 만난다는 골격이나 홍도가 남복을 한 것 등은 유사하지만 사건과 구성, 인물성격 등 여러 방면에서 창조적 변화를 이루었다. 「홍도의 반생」에서 보이는 가장 뚜렷한 변개는 홍도를 차지하려는 양원의 욕망과 그로 인해 빚어진 사건들에 초점을 맞추어 서사가 진행되도록 구성하였다는 점이다. 홍도의 정조를 빼앗으려는 양원, 남편을 살리기 위해서 정조를 희생하는 홍도, 그리고 아내가 정조를 잃은 것에 대해 갈등하는 인성 등 홍도라는 여성의 정조를 둘러싸고 사건이 전개되고 있다.

임진왜란을 당하여 인성은 사군으로 종군하고 홍도 역시 남복을 하고 참전해 부부가 함께 남원성을 지킨다. 남원성에 주둔한 명나라 장군 양원은 색광으로 '남장미인'인 인성의 아내 홍도를 탐낸다. 양원은 남원성 전투에서 도망친 자신을 꾸짖은 인성에게 죄를 씌워 가두고, 그를 미끼로 홍도를 손아귀에 넣으려고 인성을 중국으로 끌고간다. 홍도는 남편을 구하기 위해 중국으로 양원을 찾아간다. 양원은 인성에게 모진 고문을 가하며 그 고통의 신음소리를 홍도로 하여금 듣게 하는 잔인한 방법으로 홍도를 압박한다.

---

20) 이 작품의 경개는 다음과 같다. 여주인공 홍도는 남원 김 찰방의 딸로 재색을 겸비한 처녀이다. 같은 마을 정 생원의 아들 인성과 홍도는 혼사장애를 극복하고 결혼한다. 얼마 후 임진왜란이 일어나자 남복을 한 홍도는 인성과 함께 남원성을 지키다가 남원성이 함락되면서 서로 헤어진다. 홍도는 왜군의 총에 맞았으나 구출된다. 양원은 홍도를 탐내어 계략을 꾸민다. 그는 인성을 잡아 고문하면서 남편을 살리려면 몸을 바치라고 홍도에게 요구한다. 홍도는 남편을 살리기 위해 그 말에 따르지만 양원은 약속을 어기고 인성을 총살시킨다. 분노한 홍도는 복수를 결심하고 몰래 탈출하여 한 도사에게 검술과 비술을 배운 후 도술을 부려 양원을 살해하고 복수에 성공한다. 한편, 총에 맞아 죽게 되었던 인성은 석주의 도움으로 살아나고, 아내 홍도가 정조를 잃은 것에 대해 번민하던 중 육체의 정조보다 마음의 정조가 중요하다는 석주의 설득을 받아들인다. 인성은 홍도를 수소문하다가 극적으로 재회하자 홍도를 끌어안고 눈물을 흘린다.(윤백남, 『홍도의 반생』, 덕흥서림, 1940)

21) 「홍도」의 경개는 다음과 같다. 남원의 정생은 통소를 잘 불고 가사를 잘 하나 학문에는 게으른 인물이다. 같은 동네의 양가집에 구혼하였는데 그 집의 딸 이름이 홍도였다. 양가가 의논하여 혼인날을 정했으나 홍도의 부친은 정생이 배움이 없다는 이유로 반대한다. 홍도는 혼인은 하늘이 정한 것이요 이미 정해진 일을 배신할 수 없다고 하며 부모를 설득하자 부친이 그 말에 감동한다. 마침내 결혼하고 이듬해 아들 몽석을 낳는다. 정유년에 홍도는 남복을 하고 정생과 함께 남원성을 지키다가 성이 함락되면서 가족이 뿔뿔이 흩어진다. 홍도는 왜적에게 잡히나 남복한 채 배 젓는 일을 하며 남만과 절강을 오가면서 조선으로 돌아갈 기회를 엿본다. 정생은 홍도를 찾아 중국을 떠돌다가 하루는 절강에서 배를 타고 퉁소를 부니, 마침 홍도가 이를 알아듣고 극적으로 재회한다. 절강에서 함께 살며 아들 몽진을 낳는다. 몽진의 혼처를 구하는데 한 처자가 조선에 가서 부친의 생사를 확인하려는 효성으로 몽진과 결혼하기를 구하여 마침내 시집와서 거한다. 정생이 명나라 군대에 들어 종군하게 되어 다시 홍도와 헤어진다. 조선인이라는 이유로 죽음을 면하고 탈출한 정생은 몽진의 장인을 만나 함께 남원에 내려온다. 옛집에 이르러 아내를 얻어 아들을 낳아 살고 있는 몽석을 만난다. 홍도는 가산을 정리하여 배를 마련하고 몽진부부와 함께 조선을 향해 떠나 마침내 남원에 이르러 일가족이 재회한다.(유몽인, 신익철·이형대·조융희·노영미 역, 『於于野譚』, 돌베개, 2009, 37-41쪽)

당신이 정조를 지키는 것은 좋지만은 그 대신 남편이 죽고 보면 대관절 누굴 위한 정조란 말이오. 남편이 살아 있어야 정조이고 무엇이고가 있지 않소.[22]

이어 피투성이가 된 인성이 매질당하는 참상을 직접 보여준다.

그 순간 홍도는 두 손으로 눈을 가리고 앞으로 고꾸라질 듯하였다. 지긋지긋한 광경. 세상에 이러한 형벌이 또 있으랴. 정생의 수척한 몸은 정면 벽에 기대어 놓은 커다란 나무틀 위에 매어달려 있는데 두 팔목은 마치 십자가에 못 박힌 예수의 그것 모양으로 굵은 쇠사슬로 틀에 결박되어 있어 몸은 오직 그 결박된 팔목 때문에 땅에 떨어지지 않게 되어 있다. 고개는 힘없이 축 늘어져 있고 그의 입, 코 할 것 없이 피투성이가 되어 있다. 두 어깨에서 가슴으로 비스듬히 죽편으로 맞은 자리가 터져 유혈이 전신에 흘러 있다. 신음할 기력조차 없어진 듯하였다.[23]

이에 결국 홍도는 처참하게 죽어가는 남편을 살리기 위해 자신의 정조를 버릴 결심을 한다. 자신의 정조를 양원에게 제공하지 않으면 도저히 남편을 살리지 못할 것을 알았기 때문에 우선 남편을 살리고, 그다음에 자살하여 더렵혀진 허물을 벗고자 마음먹은 것이다.

이제 이 몸의 최후가 왔구나. 오늘까지 정생 이외의 남자를 알지 못하고 정생 이외에 누구 하나 손가락도 대어보지 못한 이 몸에 그 더러운 오랑캐의 손을 대일대로 대도록 하게 되지 않았느냐! 오랑캐의 피가 이 깨끗한 몸에 섞이게 된 더러운 몸으로 어찌 다시 남편을 섬기랴. 최후다. … 남편 있는 계집이 다른 남자에게 몸을 허락하는 것이 뉘라 죄 아니라 하겠소. 그러나 그 죄를 범하는 것도 남편을 위함이오. 그의 목숨을 살리기 위함이오. 당신도 나를 용서할 수 없다면 난 죽어 어디로 가야 옳소. 나는 남편의 목숨이 없이 나 살아 있는 것을 옳다고 여기지 않소. 차라리 남편을 살리고 내가 죽는 것이 죽어도 만족하오. 남편이 나를 불쌍히 여기어 그가 살아 있는 동안 나의 영에 향화를 끊이지 않을 것이니 하느님, 내 육신은 오랑캐에게 더렵혀질지라도 나는 할 일을 하였다고 만족히 생각하오. 정조를 버린 죄는 죽음으로써 갚으리다.[24]

홍도는 비장한 결심을 하고는 양원의 요구를 받아들여 잠자리를 같이 한다. 그리고는

22) 윤백남, 앞의 책, 212쪽.
23) 위의 책, 213쪽.
24) 위의 책, 214-215쪽.

정조를 잃은 절망감과 거울에 비친 자신의 얼굴도 똑바로 바라보지 못할 정도의 자괴감에 휩싸인다. 하지만 남편을 구하려는 '거룩한 희생'을 한 것이기 때문에 하느님에게도 부끄러울 것이 없다며 마음을 다잡고 남편을 살려 보낼 계획을 알려주기 위해 인성을 면회한다. 정절을 지키기 위해서는 더럽힘을 당하기 전에 먼저 목숨을 버려야만 한다는 전통적 정절이데올로기에 대비해 볼 때, 남편을 살리기 위한 '거룩한 희생'이라는 홍도의 의식은 미약하나마 일종의 저항적 의미를 지닌다.

> 홍도는 까부라지는 기운을 스스로 채찍질하며 마음을 도사리어 먹었다. 그리고 스스로 자기의 약한 마음을 꾸짖었다. '남편을 구하려는 거룩한 희생을 하였거든 하느님이 내려다 보신들 무어 부끄러워 할 바 있으랴!' 이러한 생각이었다.[25)]

하느님 앞에서도 부끄러울 것 없이 떳떳한 행동이라고 하며 자신의 약한 마음을 스스로 꾸짖는다. 이것은 곧 정절이데올로기에 감염된 기존의 사회적 통념을 꾸짖는 것이다.[26)]

그러나 홍도가 자신을 살리기 위해 정조를 내놓은 사실을 알아차린 인성은 오히려 홍도에게 분노한다.

> "무슨 지각없는 짓이야 에이 이 더러운 계집." 하고 정생은 다리를 들어 홍도를 걷어찬다. … "듣기 싫어. 그것이 날 구하는 법인가? 그것이 날 구해주는 건가? 내가 살고 그대의 몸이 더럽혀진다고 기뻐할 나인가? 아내를 팔고 살려는 나인 줄 알았나?" … "몸을 팔아 남편을 구하고 그리고 입을 쓱 씻고 나를 다시 섬기려고? 홍도, 나는 지금까지 당신을 그런 더러운 계집이라고는 생각하지 못했었소." … "여보, 어리석은 여보. 한 데 죽자고는 누가 먼저 맹세했소. 나 죽거든 한 데 죽지. 한 데 죽었으면 그만 아냐!"[27)]

인성은 "당신과 나와는 이것이 영별"이라는 무정한 말로 아내 홍도에게 작별을 고한다. 정조를 버린 아내는 결코 용서할 수 없다는 것이 인성의 인식이었다.[28)] 여성의 정조는 곧

---

25) 위의 책, 222쪽.
26) 또한 남편의 억울한 죽음에 대한 복수를 위해 자살을 보류한 것도 비록 불완전한 변화이기는 하나 기존의 인식과는 다른 면모라고 할 수 있다. 복수에 성공하고 나서도 어린 자식에 대한 모성애를 이유로 들어 자살 시기를 연기한 것도 즉각적인 죽음으로만의 귀결을 강제하던 정절이데올로기를 비껴가는 현실적이고 정당한 논리를 제공한다. 이러한 홍도의 행위들은 극단적인 정절이데올로기를 뒤틀고 우회적으로 비판하는 의미로 해석될 여지가 충분하다.
27) 윤백남, 앞의 책, 231쪽.
28) 위의 책, 232-233쪽.

목숨과도 같다는 경직된 정절이데올로기가 작동하고 있는 것이다.

공포탄을 쏘겠다던 양원이 약속을 어기고 실탄을 쏘아 죽을 지경에 이르렀던 인성은 구사일생으로 살아난 후 아내 홍도의 생사를 궁금해 하며 종적을 찾으면서도 다른 한편으로는 양원과 홍도 사이의 일을 생각하며 뼈가 저리는 심적 고통 속에 번민한다. "일단 몸을 버린 사람을 다시 만나면 무얼 하겠나?"라며 홍도에 대해 갈등한다.[29]

그때 인성과 홍도의 조력자인 석주가 인성을 설득하고 나선다. 석주는 사람의 정조를 '마음의 정조'와 '육체의 정조' 두 가지로 나누고, 중요한 것은 마음의 정조라고 주장한다.

> "그건 나으리께서 잘못 생각하십니다. 무식한 내가 여쭐 말은 아닙니다마는 사람의 정조에는 두 가지가 있지 않습니까. 마음의 정조와 몸의 정조. 내가 생각하기에는 아씨께서 만일 말씀대로 정조로써 나으리를 구하시려 하셨다면 그것은 나으리를 구하신 뒤에 당신은 돌아가시려고 하셨겠지요."[30]
>
> 석주는 여자의 정조를 두 가지 방면으로 논하였다. 마음의 정조와 육체의 정조, 그 두 가지 중에 가장 중요한 것이 마음의 정조라고 논하였다. 마음은 육체를 초월한다고 극론하였다. 그러므로 가령 강도가 침입하여 종조를 빼앗았다면 이것은 불가항력에 그렇게 된 것인즉 이것을 지칭해서 그 부인이 정조를 팔았다고는 말하지 못하겠다는 것이었다. 따라서 그 아내를 버리지는 못하겠다는 것이었다. … 사랑하는 남편이 옆방에서 무서운 형벌에 피눈물을 흘리는 것을 보고도 아내로서 그를 구할 방도를 강구치 않는다면 그는 도리어 사람이 아니라고 할 수 있다.[31]

이러한 석주의 주장에 인성은 마침내 설복되어 눈물을 흘린다. 그리고는 어떻게 해서든지 홍도의 행방을 찾아내어 그녀를 구하자는 결심을 굳히고는 적극적으로 홍도의 종적을 수소문한다. 인성의 심경 변화와 의식의 전향이 이루어진 것이다. 인성은 정절과 목숨을 등치시켜 여성에게 죽음을 강요하는 전통적인 정절이데올로기를 극복하고 그 질곡에서 벗어나 진정한 사랑에 눈을 뜨게 된 것이다.

한편, 홍도는 양원이 약속을 어기고 실탄을 쏘아 남편을 죽인 것을 보고는 복수의 칼을 간다. 이미 더럽혀진 몸이 다시 전처럼 순결한 몸이 될 수는 없다 하더라도 오로지 원통하게 죽은 남편의 원수를 갚는 것만이 생전의 의무라고 여긴다. 홍도는 도망쳐 산에 들어가 도인에게서 뼈를 깎는 수련과정을 거쳐 무술과 도술을 전수받는다. 그리고는 광대들 틈에 끼어 양원의 잔치자리에 들어가서는 기회를 타서 양원을 칼로 찔러 살해함으로써 복수에 성공한다.

29) 위의 책, 284-285쪽.
30) 위의 책, 285쪽.
31) 위의 책, 296쪽.

그러나 그 후 양원의 관사를 빠져나와 숨어 지내면서 홍도는 자살에 대해 고민한다. 당초 계획은 양원을 죽여 원수를 갚고 나면 자살을 할 생각이었으나 고국에 남아 있는 자식에 대한 모성애가 발동하고, 또 일단 고국으로 돌아가 남편의 최후를 가족들에게 알린 후에 죽어도 늦지 않다는 생각으로 인해 자살을 망설인다. 그사이 갈증과 배고픔을 느껴 음식을 구하기 위해 마을로 내려갔다가 죽은 줄로만 알았던 인성과 극적으로 마주친다.

> 어느덧 홍도는 정생의 가슴에 안기어 통곡을 하였다. … 울음, 울음, 울음. 가슴의 억색도 이 울음에 풀리고 원통, 미움, 분한, 환희 그 모든 감정이 이 울음 속에 녹아 들었다. 으스름 달밤에 한 뭉치가 되어서 저편으로 사라져가는 그림자.[32)]

홍도와 인성은 서로 감격 속에 포옹하며 하나가 된다. 부둥켜안고 우는 그 울음 속에 그동안 가슴속에 쌓였던 모든 감정과 갈등이 녹아들어 해소된다. 두 사람은 정절이데올로기로 인해 파였던, 건너기 힘든 깊은 골을 뛰어넘어서 진정한 사랑으로 하나가 된 것이다.

사랑은 본래 남녀 모두의 정절을 전제로 삼아야 하는 것이다. 그럼에도 불구하고 남성중심의 가부장사회에서 정절이데올로기는 유독 사회적 약자인 여성들에게 가혹했다. 죽음으로써 정절을 지키도록 강요되었고 실절은 죽음보다 더 끔찍한 공포로 인식하도록 세뇌되었다. 그러기 때문에 홍도는 정절과 사랑 사이에서 끊임없이 자살을 염두에 두어야만 했다. 남편의 생명을 구하고서도, 자신을 유린하고 남편을 죽인 원수를 갚고 나서도 자신은 마땅히 죽어야 한다는 강박에 시달렸다.

그러나 홍도는 거룩한 희생이라는 관념을 통해 정절이데올로기의 작동으로 유발된 정신적 강박을 극복하고자 하는 심리적 저항을 시도한다. 다른 한편으로, 여성이 정조를 잃고도 한 남자와 사랑을 계속 이어간다는 것은 정절이데올로기하에서는 도저히 있을 수 없는 일이었기에 남편에 대한 사랑을 스스로 단념할 수도 있었겠지만 그녀는 변함없이 사랑의 마음을 견지해나간다. 결국 이러한 것들이 바로 홍도가 정절이데올로기를 극복하는 내적 투쟁의 방식, 진정한 사랑을 성취해낸 방식이었던 것이다.

32) 위의 책, 298쪽.

4. 결론

이상에서 본고는 여성의 신분한계와 정절이데올로기를 극복하고 사랑을 성취한 서사들을 고찰하였다. 우선, 신분한계를 극복하고 사랑을 성취한 기녀의 사랑이야기를 두 유형으로 나누어 살폈다. 조선사회에서 기녀는 신분적 특수성을 지니고 있었는데, 기녀의 사랑이야기에서 기녀가 신분적 장벽을 극복하고 사랑을 성취하는 현실적인 방식은 두 가지 양상, 즉 경제력을 이용하여 남자를 출세시키는 방법과 정절이데올로기를 전략적으로 사용하는 것이다. 「소설인규옥소선」류는 사랑을 방해하는 신분의 굴레를 경제력을 통해서 극복하였고, 「춘향전」류는 여성이 신분한계를 극복하고 사랑을 성취하기 위해 정절이데올로기를 전략적으로 사용하였음을 볼 수 있었다.

다음으로는 정절이데올로기를 극복하고 사랑을 성취한 서사로 「홍도의 반생」을 살폈다. 오랜 세월 여성은 물론이거니와 남성에게도 진정한 사랑을 방해하는 강박으로 작용한 정절이데올로기의 극복이 근대 이후의 이 작품에서야 비로소 세밀하게 다뤄지고 있음을 볼 수 있었다. 여성 홍도는 남편을 살리기 위해 정조를 버린 것은 '거룩한 희생'이기에 하늘을 우러러 부끄러울 것이 없다며 기존의 사회적 통념을 꾸짖는 한편 사랑을 스스로 단념치 않고 변함없이 견지하고, 남편 인성은 육체의 정조보다 마음의 정조가 더 중요하다는 각성을 통해 정절이데올로기의 질곡에서 벗어나 진정한 사랑에 눈을 뜬다. 결국 완고한 굴레를 벗고 진정한 사랑으로 다시 하나가 됨으로써 그들은 전통적인 정절이데올로기를 극복해낸다.

결론적으로 정리하자면, 여성들은 전통적인 신분제 및 그와 맞물린 정절이데올로기의 굴레로 인해 남성중심의 가부장적 사회에서 소수자로 살아야 했다. 그러나 여성들이 남성에게 종속된 현실에 순응하고만 산 것은 결코 아니다. 일부 여성들은 능동적이고 주체적으로 현실에 대응해 나갔다. 특히 본고가 중점적으로 고찰한 바와 같이, 최하위 계급의 사회적 약자였던 기녀가 자신이 원하는 사랑을 성취하기 위해서 경제력을 이용하거나 정절이데올로기를 전략적으로 사용함으로써 탈주와 뒤틀기를 통해 신분적 한계를 극복하기도 했다. 또한 정절이데올로기에 투철해야만 하는 사대부가의 여성이 정절을 위해 자기 생명을 희생하기보다는 사랑하는 이를 구하기 위해 자기 정절을 희생하는 거룩한 희생을 감행함으로써 정절이데올로기에 균열(육체적 정조보다 우월한 마음의 정조)을 만들고 진정한 사랑을 통해 결국 정절이데올로기의 속박에서 벗어났다.

11장 문학변이학

11장에서는 문학변이학 연구를 소개하였다. 원천 서사가 새로운 서사로 변주된 방식에 초점을 맞추어 〈미수〉의 재창작 양상과 1930년대 고전 서사의 근대적 리텔링 양상을 분석하였다. 미수의 재창작 양상에서는 이 작품이 원천 서사인 〈홍도〉를 기반으로 삼되 새로운 주제의식 아래 다양한 기존 서사 작품들을 혼합 변주하여 재구성하는 한편 창의적 요소를 가미하는 방식으로 창작된 작품임을 밝혔다. 1930년대 고전 서사의 근대적 리텔링 양상에서는 1930년대에 신문과 잡지에 연재된 홍도 서사 리텔링 작품을 대상으로 그 리텔링의 양상과 특징을 분석하였다. 각 작품의 문체와 장르, 서사 구성, 주제와 역사 의식 등을 파악함으로써 원천 서사가 각 작품별로 어떻게 다양한 스펙트럼을 펼쳐보이면서 변주되었는지를 밝혔다. 이미 근대로 들어선 이 시기에 고전 서사를 어떤 양상으로 변주하였는지를 파악하고, 나아가 그 리텔링의 특징은 무엇인지를 분석한 것이다.

문학변이학은 변이와 문학성을 거점으로 삼는다. 문학변이학은 국별문학 사이의 문학 교류와 변이에 대한 연구와 실제적인 관계가 없는 문학현상들이 동일한 범주 안에서 드러내는 문학적 표현들의 변이에 대한 연구를 통해 문학적 현상의 변이에 내재된 규칙성을 탐구한다.

문학변이학 연구는 다음과 같은 네 가지 측면으로 나눌 수 있다. 첫째, 언어적 측면의 변이학이다. 이는 주로 문학현상이 번역을 통해 언어적 경계를 넘어 목적어 환경 속에 수용되는 과정을 가리키는 것으로서 번역학 연구라고도 할 수 있다. 둘째, 민족·국가 형상의 변이학 연구로 형상학이라고도 한다. 형상학의 주요한 연구목적은 한 국가의 문학작품 속에 나타나 있는 타국의 이미지를 연구하는 것이다. 셋째, 문헌변이학연구이다. 문학적 문헌들 사이에서 산생된 변이를 연구 대상으로 한다. 넷째, 문화변이학연구이다. 문학이 다른 문화체계를 통과할 때 필연적으로 다른 문화유형의 문제에 부딪치게 된다. 문화유형의 불일치 및 그에 의해 야기된 문학유형의 불일치는 비교문학 연구자가 피할 수 없는 상황이다. 문학이 문화유형의 차이로 인해 드러내는 변이 역시도 피할 수 없는데 그 가운데서도 문화여과(文化濾過) 현상이 가장 두드러진다.

문학변이학은 본래 비교문학의 영역에 속하는 연구방법이다. 대체로 언어, 민족, 국가가 다른 문학 사이에서 일어난 변이현상을 연구대상으로 한다. 그러나 본서에서 문학변이학이라는 용어는 고전소설 작품이 전승되는 과정에서 일어난 변이현상도 연구의 대상으로 포함한다.

I.

미수의 재창작 양상

1. 서론

『미수(眉愁)』는 윤백남(1888-1954)이 1935년 4월 1일부터 9월 20일까지 115회에 걸쳐 동아일보에 완재 후 1936년에 대중서옥에서 단행본으로 발간한 작품이다. 1940년에는 덕흥서림에서 1936년의 활판을 그대로 사용하되 다만 『홍도의 반생(紅桃의 半生)』이란 제명으로 표지만 바꾸어서 출간하였다. 1955년에는 덕흥서림에서 표기법을 수정하고 새로 판형을 짜서 『홍도(紅桃)』라는 제목으로 출간하기도 했다.

윤백남의 『미수』는 유몽인(1559-1623)의 『어우야담』 소재 「홍도」를 기반으로 삼은 점에서 매일신보에 1932년 4월 9일부터 이듬해 10월 4일까지 413회에 걸쳐 연재된 이보상의 『춘도기우(春桃奇遇)』와 상통하는 점이 있다. 그러나 『미수』는 「홍도」 및 『춘도기우』와는 전혀 다른 방향으로 재창작됨으로써 내용과 주제 등에서 독창성을 드러낸 역사소설이다.

이 작품에 대한 개별적인 연구는 없고 대체로 윤백남의 다른 역사소설들과 함께 논의를 진행하면서 간략히 다루어졌을 뿐이다. 선행연구에서 이 작품은 남녀평등 혹은 여권신장을 강조하고 일제에 호의적·친화적 태도를 보여주는 작품,[1] 『어우야담』 소재의 내용이 주류를 이루면서 『대도전』에 사용했던 홍순언이야기를 중복해서 사용한 안일함을 보인 작품,[2] 식민지 대중역사소설의 한계를 드러낸 작품[3] 등으로 평가된 바 있다. 또 최근에는 이 작품의 서사가 전통적인 정절이데올로기의 질곡에서 벗어나 진정한 사랑을 성취하는 과정을 담고 있음을 밝힌 연구보고도 나왔다.[4]

---

1) 곽근, 「尹白南의 삶과 小說」, 『동악어문논집』 32, 동악어문학회, 1997, 418-419쪽.
2) 박종홍, 「윤백남의 역사소설고」, 『국어교육연구』 17, 국어교육학회 1985, 109-110쪽.
3) 정혜영은 『미수』가 갈등의 축을 명나라 대 조선으로 설정하여 임진왜란을 피해자인 조선인과 가해자인 중국인 간의 대립구도로 파악하도록 오도함으로써 결과적으로 만보산사건-만주사변-중일전쟁으로 이어지는 역사적 시기에 중국대륙진출을 획책하던 일본제국주의의 선봉대 역할을 했다고 보았다.(정혜영, 「식민지 역사소설의 운명-식민지시기 발표된 윤백남의 역사소설을 중심으로」, 『어문론총』 61, 한국문학언어학회, 2014, 349-353쪽)

윤백남은 많은 역사소설을 창작하여 신문에 연재한 대중역사소설 작가였고, 또한 야담가로 활동하면서 월간지 『야담』을 발간하고 야담집 편찬을 위해서도 재산과 열정을 쏟아부은 인물이었다. 그의 역사소설은 '야담화'의 성향을 지니면서 正史에 얽매이지 않는 상상력으로 새로운 역사소설의 좌표를 제시한 것으로 평가받는다.[5] 윤백남의 역사소설 가운데 『미수』는 『어우야담』 소재 「홍도」를 기반으로 삼고 그와 더불어 기존의 서사문학 작품들을 활용하여 재창작한 작품이다. 박종홍은 윤백남의 역사소설에는 전대 서사문학의 내용이 다양하고도 적극적으로 활용되었다고 하면서 이는 그가 관심을 기울였던 야담, 야사 및 중국소설의 번역물에 의한 영향의 결과일 것으로 추정한 바 있다. 그러나 그는 단지 이 작품이 『어우야담』과 홍순언이야기를 활용했음을 언급하기만 했을 뿐이며,[6] 다른 선행연구자들도 아직까지 이에 대한 분석적 연구를 시도하지 않아 그 창작층위의 실상이 파악되지 못한 상황이다.

이에 본고는 이 작품의 창작상의 특성을 밝히는 데 목적을 두고자 한다. 특히 기존 서사문학을 혼합 변주하여 재창작한 양상을 밝히는 데 주안점을 둘 것이다. 이를 위해 먼저 「홍도」와의 서사비교를 통해 창작의 기저 및 기존 서사문학 작품의 혼입 현황을 밝히고, 다음으로는 기존 서사문학과의 상호텍스트성이 발견되는 에피소드(episode)들을 분석하여 기존 서사문학을 활용한 양상을 밝혀볼 것이다. 마지막으로는 종합적인 구성의 결과물로서 이 작품이 지닌 재창작의 종합적 특징을 정리해보겠다.

2. 창작의 기저

『미수』가 『어우야담』 소재 「홍도」를 기반으로 하고 있다는 것은 이미 언급된 바이지만 실제적인 작품 분석과 비교는 이루어지지 않았다.[7] 과연 실상이 그러한지, 어느 정도의 상관성이 있으며 어떤 부분이 같고 다른지 등을 구체적으로 확인해볼 필요가 있다. 이를 위해서 우선 『미수』와 「홍도」의 줄거리를 정리해보면 다음과 같다.

---

4) 신태수, 「사랑은 어떻게 여성의 신분과 정절이데올로기를 극복했나」, 『비평문학』 59, 한국비평문학회, 2016, 135-145쪽.

5) 이충희, 「윤백남의 역사소설연구-초기 작품을 중심으로」, 충남대학교 석사학위논문, 1986, 57쪽.

6) 박종홍, 앞의 논문, 109쪽.

7) 박종홍은 "「紅桃」에는 「於于野談」에 나오는 부부의 이별과 고난, 그리고 재회의 사건이 작품의 주류를 이룬다. 남원 한량인 이도령이 홍도 집안의 반대에도 불구하고 남원부사에게 활쏨씨로 인해 인정을 받고 그의 도움으로 사랑을 성취하지만 임진왜란에 원병으로 온 명나라 장수 양원에 의해 그들 부부는 생이별을 하고 갖가지 어려움을 극복한 뒤에 행복한 재결합을 하게 된다는 얘기다. 여기에도 通事 洪淳彦의 이야기가 나온다."라고 줄거리를 정리하면서 창작의 기저에 대해 간략히 언급한 바 있다.(위의 논문, 110쪽)

『미수』	「홍도」
ⓐ 남원의 정인성은 활 잘 쏘고 단소를 잘 부나 글 읽기를 싫어하는 인물인데 같은 마을 김 찰방의 딸 홍도와 서로 첫눈에 반한다.	ⓐ 남원의 정생은 퉁소를 잘 불고 노래를 잘 하나 학문에는 게으른 인물인데 같은 마을의 양가에 구혼하여 혼약을 맺으니 그 집의 딸 이름이 홍도였다.
ⓑ 정도령의 집에서 홍도 집안에 청혼하려 하지만 홍도 부친의 반대에 부딪히는데 편사대회에서 정도령이 우승한 것을 계기로 결혼에 성공한다.(후반부에 의하면 이때 자식을 낳은 것으로 되어 있다)	ⓑ 혼인날이 임박하였으나 홍도의 부친은 정생이 배움이 없다(不學)는 이유로 사절하고자 하니 홍도가 부친을 설득하여 마침내 결혼하고 몽석을 낳는다.
ⓒ 임진왜란이 일어나자 정생이 활쏘는 군사가 되니 홍도 역시 남복을 하고 따라가 함께 남원성을 지키다가 남원성이 함락되면서 서로 헤어진다.	ⓒ 정생은 임진년에 활 쏘는 군인이 되어 왜적을 막았고, 정유년에 총병 양원이 남원을 지킬 때도 성 안에 있었는데 홍도 역시 남복을 하고 정생과 함께 남원성을 지키다가 성이 함락되면서 가족이 뿔뿔이 흩어진다.
ⓓ 한편, 앞서 남원에 주둔하면서부터 홍도를 탐내고 있던 명나라 장수 양원은 계략을 꾸며 정생을 잡아 가두고 중국으로 끌고 가 이를 미끼로 홍도를 유인한다.	ⓓ 홍도는 왜적에게 잡히나 남복한 채 배 젓는 일을 하며 남만과 절강을 오가면서 조선으로 돌아갈 기회를 엿본다.
ⓔ 남편을 찾기 위해 중국으로 건너간 홍도의 목전에서 양원은 정생을 고문하면서 남편을 살리려면 몸을 바치라고 요구한다.	ⓔ 정생은 홍도를 찾아 중국을 떠돌다가 절강 가는 배에서 퉁소를 부니, 마침 홍도가 이를 알아듣고 극적으로 재회한다.
ⓕ 홍도는 남편을 살리기 위해 희생을 각오하고 그 말에 따르지만 양원은 약속을 어기고 정생을 총살시킨다.	ⓕ 절강에서 함께 살면서 아들 몽진을 낳았는데 몽진이 17세가 되어 혼처를 찾으니 한 처자가 조선에 가서 부친의 생사를 확인하려는 효성으로 몽진과 결혼하기를 원하여 시집온다.
ⓖ 분노한 홍도는 복수를 결심하고 탈출하여 도사에게 검술과 비술을 배운 후 도술을 부려 양원을 살해하고 복수에 성공한다.	ⓖ 정생이 명나라 군대에 징집되어 후금과의 전쟁에 종군함에 따라 다시 홍도와 헤어진다.
ⓗ 한편 총에 맞아 죽게 되었던 정생은 석주의 도움으로 살아나고, 아내 홍도가 정조를 잃은 것에 대해 번민하던 중 육체의 정조보다 마음의 정조가 중요하다는 석주의 설득을 받아들인다.	ⓗ 조선인이라는 이유로 죽음을 면하고 탈출한 정생은 도중에 몽진의 장인을 만나 함께 남원 옛집을 찾아가서 아내를 얻어 아들을 낳고 살고 있는 몽석을 만난다.
ⓘ 정생은 홍도를 수소문하다가 극적으로 재회하여 서로 끌어안고 눈물을 흘린다.[8]	ⓘ 홍도는 가산을 정리하여 배를 마련하고 몽진부부와 함께 조선을 향해 가다가 식량이 떨어져 위기를 맞지만 마침내 구조되어 남원에 이르러 가족과 재회한다.

8) 『미수』는 1. 풍전등화, 2. 백발백중, 3. 연분, 4. 임진란 이전, 5. 병란, 6. 비굴한 보복, 7. 히생, 8. 시체는 어데로, 9. 복수, 10. 사랑의 힘 등의 제목을 지닌 10장으로 구성되어 있다.(윤백남, 『미수』, 대중서옥, 1936)

이를 토대로 두 작품을 간략히 비교해볼 때 『미수』는 『어우야담』에 실려 있는 「홍도」와 일정의 관계에 있다는 사실이 확인된다. 우선, 홍도와 정생이라는 주인공 이름이 동일하고 남원에서 홍도와 정생이 홍도 부친의 반대를 극복하고 결연하며, 임진왜란 시 홍도가 남복을 한 상태로 정생을 따라 남원성 전투에 참전하고, 전쟁의 와중에 헤어졌다가 다시 만난다는 전체적인 골격이 유사하다.

그러나 세부적으로 보면 『미수』는 「홍도」에서 ⓐ~ⓒ에 해당하는 일부 내용만 가져와 창작의 기반으로 삼았음을 알 수 있다. 오히려 『미수』는 「홍도」와는 다른 방향으로 사건이 전개되면서 서사의 내용과 구성 등에서 대폭적이고 창작적인 변용을 이루었음이 확인된다. 가장 뚜렷한 변화는 홍도를 차지하려는 양원의 욕망과 그로 인해 빚어진 사건들에 초점을 맞추어 서사가 진행되도록 구성하였다는 점이다. 홍도를 차지하려는 음탕한 양원, 남편을 살리기 위해서 정조를 희생하는 홍도, 그리고 아내가 정조를 잃은 것에 대해 갈등하는 인성 등 홍도라는 여성의 정조를 둘러싸고 갈등이 빚어지면서 사건이 전개되고 있는데 이는 「홍도」에서는 그 관계성에 대한 일말의 징후조차도 찾을 수 없는, 전혀 다른 사건전개인 것이다.

이상의 개략적인 비교를 통해서 『미수』는 기본적으로는 『어우야담』에 실려 있는 「홍도」를 토대로 출발을 하였지만 그 서사내용은 상당히 다른 방향으로 사건이 전개되도록 새롭게 구성된 작품임을 알 수 있다. 또 그 안에는 「홍도」와 홍순언이야기 외에도 여러 가지 기존 서사문학 작품들이 차용되어 있는 것을 보게 된다. 이 작품에 혼합된 기존 서사문학 작품에는 어떤 것들이 있는지, 그리고 그 작품들이 어떠한 양상으로 변주되어 있는지 밝혀보기 위해서 먼저 이 작품의 서술 순서를 따라 기술된 사건들을 정리하면 다음과 같다.

① 명나라 장수 양원의 호색과 기생 설향의 협기
② 양원의 '남복한 미인' 수색
③ 글읽기를 싫어하고 활쏘기, 말달리기, 단소 불기에 정신없는 정인성
④ 정인성과 김홍도의 일견종정(一見鐘情)과 연서
⑤ 한량이란 이유로 정인성과의 혼사를 반대하는 홍도 부친
⑥ 정인성의 활쏘기대회 우승과 홍도와의 결혼
⑦ 홍순언의 의행과 석성 부인의 협기
⑧ 임진왜란 발발과 남원성 전투 임박
⑨ 정생의 참전과 남복한 홍도의 동행
⑩ 남원성 전투에서 정생과 양원의 대립
⑪ 보복을 위해 정생을 가두고 그를 미끼로 홍도를 손에 넣으려는 양원의 계략

⑫ 남편을 구하러 중국으로 양원을 찾아간 홍도
⑬ 남편을 살리기 위해 양원에게 정조를 제공하는 홍도
⑭ 약속을 어기고 정생을 총살한 양원의 배신
⑮ 복수를 결심한 홍도가 도사에게 검술과 비술을 전수받음
⑯ 남장한 홍도가 광대 무리에 끼어 양원의 집에 들어가 갖가지 도술을 부림
⑰ 홍도가 밤을 틈타 양원을 칼로 찔러 복수에 성공
⑱ 석주의 도움으로 살아난 정생과 숨어 다니던 홍도의 재합

이러한 서사내용을 살펴보면 전대의 갖가지 서사작품들을 끌어들였음을 알 수 있는데 필자가 파악한 바로 인용이 확실시 되는 작품은 「홍도」와 홍순언이야기 외에도 「최척전」과 『춘도기우』가 있다. 또 그 외에도 일정의 상호텍스트성이 추정되는 작품들로는 「강남홍전」, 「여협」, 훼절형 열설화 등 우리나라 작품들과 함께 중국의 『요재지이』 소재 「상삼관」이 있다. 위에 열거한 『미수』의 에피소드들 가운데 기존 서사작품과 상관성이 있는 부분들을 찾아 정리하면 다음과 같다.

〈활용된 기존 서사문학 작품의 목록〉

『미수』의 에피소드	관련 작품
③ 글읽기를 싫어하고 활쏘기, 말달리기, 단소 불기에 정신없는 정인성	「홍도」
④ 정인성과 김홍도의 일견종정(一見鐘情)과 연서	「최척전」
⑤ 한량이란 이유로 정인성과의 혼사를 반대하는 홍도 부친	「홍도」
⑥ 정인성의 활쏘기대회 우승과 홍도와의 결혼	『춘도기우』
⑦ 홍순언의 의기와 석성 부인의 협기	홍순언 일화
⑨ 정생의 참전과 남복한 홍도의 동행	「홍도」
⑬ 남편을 살리기 위해 양원에게 정조를 제공하는 홍도	훼절형 烈설화
⑮ 복수를 결심한 홍도가 산에 들어가 도사에게 검술과 비술을 전수받음	「강남홍전」
⑯ 남장한 홍도가 광대 무리에 끼어 양원의 집에 들어가 갖가지 재주를 부림	「상삼관」
⑰ 홍도가 밤을 틈타 양원을 칼로 찔러 복수에 성공	「여협」

3. 기존 서사작품의 활용 양상

『미수』는 「홍도」를 기반으로 삼되 새로운 주제의식 아래 기존 서사문학 작품들을 끌어들이면서 창작적 역량을 발휘하여 재구성하는 한편 창의적 요소를 가미하는 방식으로 창작된 작품으로 추정된다. 다양한 기존 서사문학 작품들을 끌고 와 그것을 변형 및 조합하는 방식으로 이야기를 엮어나간 것인데 이를 검증하기 위해서 그 각각의 양상을 살펴보기로 하자.

3.1. 「홍도」

『미수』의 에피소드 ③, ⑤, ⑨는 「홍도」를 활용한 것인데 이는 등장인물과 그 성격 제시, 혼사장애 사건, 홍도의 남복과 부부 참전 사건을 각각 다룬 것이다. 그 변주의 양상을 보면 첫째, 등장인물 소개에서 『미수』는 「홍도」의 주인공들을 가져오되 성명(姓名)을 명시하였다. 「홍도」에는 남주인공 정생의 이름과 여주인공 홍도의 성이 드러나 있지 않은데[9] 비해 『미수』에는 정생원의 아들 정인성과 김찰방의 딸 김홍도라고 구체적으로 명명되어 있고 그들의 가문 배경도 자세히 제시되어 있다. 특히 홍도라는 이름을 짓게 된 사연을 덧붙였다.

> 홍도(紅桃)——홍도는 처녀의 일홈이엇다. 이러한 행세하는 집 규수로 기생이나 논다니의 일홈 같은 천한 일홈을 가젓다는 것이 이상한 일이지마는 그의 부친 김찰방에 귀여운 딸에게 그러한 일홈을 지어 부르게 된 까닭은 딸의 사주를 볼 때마다 팔ㅅ자가 드시어서 화관몽두리를 두 번 쓰란 팔ㅅ자이니 일홈이나마 천하게 지어주라고 해서 일부러 홍도라는 일홈을 지어주게 된 것이엇다.[10]

기생 이름 같은 홍도라는 천한 이름을 지어준 까닭이 두 번 결혼할 팔자이기 때문이라고 설명함으로써 한편으로는 나름대로 합리적인 이유를 제시하고, 또 다른 한편으로는 홍도가 장차 정인성과 양원 두 사람과 인연을 맺게 될 사건을 암시하는 복선으로 사용하고 있다.

인물의 성격 제시에 있어서는, 「홍도」에서 "젊은 시절 퉁소를 잘 불고 노래도 잘했으며, 의기가 호탕하여 얽매임이 없었으나 학문을 게을리 한"(37쪽) 인물로 제시된 정생을 『미수』에서는 넓은 지면을 할애하여 정생의 성격을 세밀하게, 그리고 더욱 강화시켜서 제시하고

---

9) 남원에 鄭生이라는 사람이 있었는데, 이름은 알지 못한다. 젊은 시절 퉁소를 잘 불고 노래도 잘했으며, 의기가 호탕하여 얽매임이 없었으나 학문을 게을리 하였다. 같은 마을의 양가에 구혼했는데, 그 집 딸의 이름이 紅桃라 하였다.(柳夢寅, 신익철·이형대·조융희·노영미 역, 『어우야담』, 돌베개, 2009, 37쪽) 이하 「홍도」의 인용은 이 책의 쪽수만 표기한다.

10) 윤백남, 앞의 책, 22쪽. 이하 이 작품의 인용은 쪽수만 표기한다.

있다. 그중 일부를 발췌해보면 다음과 같다.

> 정인성은 … 광한루 오작교와 함께 남원의 한 명물이엇다. 머리를 따어나린 몸으로 활양 틈에 끼어서는 행수 이상의 기술과 기개가 잇엇고 풍류객 틈에 끼어서는 단소의 명수이엇다. (중략) 인성이는 글 닑기를 죽기보다 실혀하고 (중략) 활 쏘기와 말달리기와 단소불기에 다른 정신이 없다…(11-13쪽)
>
> 남원에 잇는 기생의 집으로 정도령이 모르는 집이 없다. 풍류랑이오 한량인 정도령은 … 매일같이 경사항(傾斜巷)에 출입하야 그들 기생들과 풍류를 마치고 노는 터이라 자연 그들의 타고 뜨는 음악의 음색(音色)을 잘 헤아리게 되어 잇엇다.(15쪽)

여주인공 홍도의 경우도 두 작품이 공통적으로 지조가 굳은 것을 기본으로 삼기는 하지만 『미수』에서는 거기에 덧붙여 풍류를 알고 거문고에 조예가 깊은, 그야말로 재색을 겸비한 인물로 상세화되었다.[11]

> 누가 그 어려운 거문고를 이다지도 오묘한 음색을 내어 타는가(15쪽)
>
> 무남독녀 외딸이다 게다가 글 잘하고 풍류를 알고 인물 잘난 딸이니(27쪽)
>
> 곡은 「장한곡」. 지금 바야흐로 연조협사의 비창한 심의를 줄을 빌어 토하는 구절로 들어가 홍도는 왼 정신을 그 곡조 중에 기우리어 쏟은듯 뱅어같이 가늘고 힌 손까락은 줄 위에서 춤을 춘다. 신이 나리듯 하엿다.(46쪽)

이처럼 『미수』는 「홍도」의 등장인물과 그들의 기본적인 성격을 가져오되 길게 부연된 사건 속에서의 행위를 통해 각각의 인물을 구체적으로 형상화하고 그 성격을 강화시킨다. 이러한 방식으로 성격이 제시된 인물에는 홍도의 부친, 인성의 부친 등도 해당한다.

등장인물에게 새로운 성격을 부여한 경우도 있다. 「홍도」에 등장하기는 하지만 성격이 없는 인물인데 『미수』가 가져오면서 새로운 성격을 부여하여 창조적으로 조형한 경우로 그 대표적인 예가 양원이다. 「홍도」에서는 "정유년에 총병 양원이 남원을 지켰는데, 정생도 성 안에 있었다. 홍도는 남자 복장을 하고 남편을 따랐는데, 군영에서는 아무도 알지 못했다."(38쪽)고만 언급하여 그 인물 성격이 드러나 있지 않다. 하지만 『미수』에서는 양원을 반동인물로 내세워 "육욕의 아귀"(10쪽)로 지칭하면서 남복한 미인을 찾아 손에 넣기 위해 혈안이 되어 갖은 악행을 저지르는 추악한 인물로 제시하였다. 이 작품은 양원이라는 반동

11) 이러한 홍도의 거문고 실력이 인연이 되어, 인성의 풍류와 서로 통하여서 두 사람이 만나 사랑이 싹트는 계기가 된다.

인물의 창조로 인해 비로소 「홍도」와 변별된 새로운 작품으로 거듭날 수 있었다고 해도 과언이 아니다.

둘째, 혼사장애 사건에서 『미수』는 홍도의 부친이 혼인을 반대하는 이유를 변형하여 제시함으로써 사건이 새로운 방향으로 전개된다. 「홍도」에서는 혼인 반대 이유를 다음과 같이 서술하고 있다.

> 두 집안에서 결혼을 논의했다가, 길일이 이미 다가오자 홍도의 아버지는 정생이 배움이 없다고 하여 사절하고자 했다.(37쪽)

정생이 배움이 없음을 이유로 들어 홍도의 아버지는 혼인 결정을 번복하고 거절하려 한다. 그러자 홍도는 혼인은 하늘이 정하는 것이고 한번 정한 결혼은 배신해서는 안 된다는 윤리관에 의거하여 부모를 설득하여 장애를 극복하는 것으로 되어 있다.

이에 비해 『미수』는 비록 정생이 글 읽기를 죽기보다 싫어하는 것으로 묘사하지만 그것 때문에 홍도 부친이 결혼을 반대하는 것이 아니라 정생이 풍류를 좋아하고 활 쏘기와 단소 불기로 이름난 한량이라는 것과 가세가 몹시 가난하다는 이유 때문에 반대하는 것으로 설정되었다.

> "당신의 말대로 씩씩은 허구 심덕두 무던허답디다. 그러치마는 도령의 몸으로 어찌나 외입이 심헌지 활 잘 쏘고 단소 잘 불기로 조명이 난 아이라는걸." (중략) "그러구 몹시 가난허다는군."(43쪽)
>
> "그만두는 게 올하 하필 그러케 벌서부터 외입쟁이와 풍류객으로 치는 위인헌테 시집을 보냇다가 어떤 고생이 될는지 아우" (중략) "여하튼 지체로 보던지 가세로 보던지 안 될 말야(."44쪽)

외입쟁이 풍류객으로 알려진 한량인데다가 몹시 가난한 정생에게는 시집보낼 수 없다는 것이다. 이러한 설정으로 인해 홍도의 거문고 연주를 계기로 정생이 그 소리에 맞춰 단소를 붊으로써 만남이 이루어지고, 편지를 주고받는 사건을 통해서 서로의 마음을 확인하고, 재술 어미가 매파로 나서 혼사가 거론되고, 부친이 반대하는 사연을 엿들은 홍도가 실망하여 반발심에서 대낮에 거문고를 연주하는 등의 일련의 새로운 사건이 전개되어 나가는 것을 볼 수 있다.

셋째, 홍도의 남복과 부부 참전 사건에서 『미수』는 그 경위를 창조적으로 부연하였다. 먼저 「홍도」의 해당 대목을 보자.

> 정생은 만력 임진년의 난리에 활 쏘는 군인이 되어 왜적을 막았다. 정유년에는 총병 양원이 남원을 지켰는데, 정생도 성 안에 있었다. 홍도는 남자 복장을 하고 남편을 따랐는데, 군영에서는 아무도 알지 못했다.(38쪽)

단순히 정생의 참전과 홍도의 남복 동행 사실만을 서술한 것을 볼 수 있는데 이에 비하여 『미수』는 정생이 남원전투에 활 쏘는 군인으로 참전하게 된 계기와 홍도가 남복하고 따라간 이유를 설득력 있게 부연하여 서술하였다. 정생은 굳이 참전하지 않아도 되는 상황에서, 그리고 지위에 연연하지 않고 다만 숭고한 충성심의 발로에서 자발적으로 참전한 것으로 설정했다.

> 정생은 한개 사군(射軍)에 지나지 안엇다. 가슴에 열렬한 충성이 불타 잇고 용병(用兵)에 대한 만폭 경륜이 잇다할지라도 지체와 문벌이 혁혁치 못한 그로는 그 이상 더 훌륭한 무직을 급작이 얻어 할 수 없엇다. … 그는 다른 한량들이 전동을 아궁이 속에 집어너허 살러버리고 산ㅅ골로 도망하는 것을 보면서 자원하고 나섯다. … 그러나 정생은 조금도 불평을 픔지 안헛다. 나라에 충성을 다하기로 말하면 대장이나 군졸이나 다 한가지라고 생각하엿다.(148쪽)

그러나 그의 능력으로 볼 때 더 높은 직책을 받을 수 있었음에도 무능하고 안목 없는 고관의 편견으로 인해 억울하게 일개 사군으로 종군하게 된 배후의 사건도 삽입해 놓았다.

> 눈이 잇는 사람들 같으면 상당한 자리를 주어 힘껏 활동을 시키어 볼 것이다. 그래도 부사 임현은 정생의 기량을 아는지라 적어도 수문장의 지위를 주장하엿지마는 전라병사 이복남(李福男)은 "그것야 될 말요." 하는 말로 간단히 부인을 하여버렷다. 이 소문을 들은 정생은 속으로 이를 갈엇다. 아니꼬아 고만두고 싶은 생각이 치미러 오르지 않을 수 없다.(149쪽)

이로 인해 정생은 잠시 갈등하지만 부친의 독려에 힘입어 참전한다. 이 사건을 통해서 정생을 남들이 자신의 능력을 알아주지 않아도 순수한 충성심으로 전장에 뛰어드는 올곧고 숭고한 정신을 소유한 인물로 형상화하는 한편 더불어 정생 부친도 올바른 사리분별력을 지닌 인물로 형상화하고 있다.12)

12) 정생의 부친은 정생의 참전을 지지하고 독려했으며, 훗날 홍도가 남편을 찾아 중국으로 가는 것도 허락하는 인물로 형상화되어 있다.

또한 『미수』는 홍도가 남복하고 남편을 따라 전장에 뛰어든 이유에 대해서도 부연하였다.

"싸홈에 나간바야 살아오길 어찌 바라요. 그러치만 그보다도 후고의 심려가 잇으면 더구나 마음껏 싸울 수 없지 않어요." "그러니?" "그러니 나역 당신을 딸하서 전장에 나갈까보아요." "여자가 어떠케." "왜요. 남복을 허면 누가 알겟소. 당신이 불행히 죽은들 누가 미미한 사람의 시체를 거두어 줄리 잇으며 어디서 어떤 지경에 빠질 줄 어찌 아우. 우리 둘은 이 세상에 태어날 때는 한 때가 못 되엇지만은 죽을 때는 한께 죽자고 허지 안엇소."(152쪽)

남편이 전장에서 마음껏 싸울 수 있도록 후고의 심려를 덜어주기 위해, 그리고 부부 동혈의 이상에 대한 약속을 지키기 위해서 남복을 하고 남편을 따라가겠다는 것이다. 홍도의 남복 동행이 홍도의 자발적이고 애틋한 부부애에서 비롯된 것임을 보여주고 있다.

3.2. 홍순언 일화

『미수』의 에피소드 ⑦ 홍순언의 의기와 석성 부인의 협기는 『연려실기술』 소재 홍순언 일화를 바탕으로 한 것이다.[13] 선조(1567-1608 재위)의 등극으로부터 임진왜란의 발발과 남원성 전투의 임박까지의 내력을 서술하는 가운데 주요하게 다룬 사건이 바로 그것이다. 선조조의 정치 상황 및 중국과 일본의 정세, 그리고 삼국의 국제관계 등을 서술하면서 역사소설다운 면모를 보이는 대목이기도 하다.

그런데 그 시기의 역사적인 국면을 다루면서도 『미수』는 유독 홍순언에 관한 이야기에 거대한 편폭을 할애하여 서술하고 있는 점이 주목할 만하다. 기본적으로는 『연려실기술』 홍순언 일화의 구조를 따르면서 사건의 생동감을 살려 세밀하게 묘사하였다. 하지만 『연려실기술』에서 홍순언 일화는 2쪽 분량에 지나지 않았던 것에 비해 『미수』에서 홍순언에 관한 부분은 무려 44쪽으로 작품 전체의 약 15%에 해당하는 거대한 분량을 차지한다.

『미수』는 홍순언 일화를 가져와 부연하면서 특히 '무구한 처녀를 구하는 호협하고 지각 있는 조선사람'과 '조선사람의 은혜에 극진히 보답하는 중국사람'을 부각시키는 데 주안점을 두어 변주하였다.

---

13) 윤백남은 연려실기술, 대동야승 등에 있는 작품들을 모아 『조선야사전집』(1931, 1934, 1949)을 발간한 바 있다. 홍순언 이야기는 다양한 이본이 존재하는데 석성이 예부시랑으로, 그리고 홍순언이 옥에 갇힌 정황이 서술되고, 종계변무 해결 등의 사항이 일치하는 것으로 보아 윤백남이 『연려실기술』의 홍순언 이야기를 참고한 것임을 알 수 있다. 홍순언 이야기의 갈래에 대하여는 정명기의 논문 「홍순언 이야기의 갈래와 그 의미」(『동방학지』 45, 연세대학교국학연구원, 1984, 301-341쪽)을 참고할 수 있다.

> … 홍역관도 이 순진한 처녀의 가련한 결심과 처사에는 진정으로 동정이 생겻다. 그래서 될 수 잇으면 이 처녀로 하여금 몸을 헛되히 버리지 안토록 하고 싶엇다. 그것이 사람이 사람에게 대하는 길이라고 생각하엿다. (중략) 여기서 조선사람의 호협하고 지각잇는 것을 모이자. … 이 무구한 처녀를 구하는 것이 돈으로 헤아릴 수 없는 적선이다 하는 생각도 들엇다.(109-110쪽)
>
> 그 비단을 드려다보니 총총드리 백여잇는 문의가 모두 보은(報恩)이란 두 글ㅅ자 되어엇다. … 이 총총드리 백여잇는 문의가 모두 글ㅅ자이니 이 비단 한 필에 손이 얼마나 들엇을 것이냐. 한 필 짜키에 한 달 반 달의 수공이 아니다. 적어도 한 필의 비단을 짜는데 석 달의 수공은 들엇을 것이다. 한필의 수공이 구십일이니 함 속에 잇는 다섯 필의 비단을 만들어내는 데에는 일년이 넘는 수공을 드린 것이 분명하지 안은가.(136쪽)

의로운 조선사람 홍순언에 대한 중국사람의 극진한 보은 행위는 석성 부인의 보은단 짜기에 그치지 않는다. 그의 남편인 예부시랑 석성까지도 은혜에 대한 보답으로 종계변무라는 오랜 정치적 난제를 해결하는 일에 앞장선다.

> "염려 마시오. 내 무력하지마는 극력 힘써 보오리다. ……"(135쪽)
>
> "그게 무슨 말슴이오. 내가 공을 위하야 힘을 써 드리겟다는 것은 나의 안해를 구하야 주엇다는 감사에서 해드리는 것이고 저 비단은 나의 안해가 드리는 것이니까 일은 한 가지로되 사람이 각기 다르지 안소. 사양 말고 받으시오. ……" (중략) 이튼날부터 석성은 조선 사신 아니 통역관을 위하야 비상한 활동을 시작하였다. … 그는 여러 대관과 궁중 사이를 드나들며 조선의 종계변무에 대한 알선을 하엿다. 이리하야 황사신의 사명은 그리 힘드리지 아니하고 달하게 되엇다.(137-138쪽)

이와 같은 '무구한 처녀를 구하는 호협하고 지각 있는 조선사람'과 '조선사람의 은혜에 극진히 보답하는 중국사람'이라는 구도는 조선과 중국의 관계로 치환되어 임진왜란에서 구원병을 파견한 시혜자로서의 중국과 수혜자로서의 조선이라는 구도를 완전히 역전시켜 놓는다.

3.3. 「최척전」

『미수』의 에피소드 ④ 정인성과 김홍도의 일견종정(一見鐘情)과 연서는 「홍도」가 아니라 「최척전」에서 가져와 변주한 것이다. 남녀주인공이 미묘한 관계에 있다가 편지를 주고받는 것을 계기로 서로 사랑에 빠진다는 설정이 같고, 특히 여주인공의 답장 내용이 두 작품 모두 동일하다는 것이 단서가 된다.

> 어제 시를 보냈던 것은 음란한 생각을 가지고 했던 것이 아니었습니다. 다만 낭군의 태도를 헤아려 보고자 하였을 뿐이었습니다. (중략) 반드시 부모님께 알리고 혼인의 예를 갖추어야 할 것입니다. (중략) 이후로는 반드시 매파를 통하여 연락하여야 할 것입니다.14)
>
> 거기에는 심창처녀의 몸으로 외정남자에게 글월로써 사귐이 해괴한 일이지마는 도령의 편지를 보매 일ㅅ시의 희롱이 아님을 알 수 잇어 감히 초졸한 수언을 허비코자 한다는 뜻과 결혼 여부에 대해서는 정도(正道)를 밟기 위야 먼저 부친에게 통혼하야 달라는 뜻이 적혀 잇다.(26쪽)

답장의 내용은 『미수』가 자신의 맥락에 맞추어서 「최척전」의 것을 요약적으로 가져다 사용한 것임을 알 수 있다. 다만 傳奇라는 문체의 특성상 「최척전」이 편지의 구체적인 문장을 직접 보여준 것과는 달리 『미수』는 편지의 요지만을 제보하는 형식을 취하였다. 또 「최척전」에서는 평소 최척을 주시하던 옥영이 먼저 최척에게 연서를 보내는 것으로 되어 있는데 반해 『미수』는 선후가 뒤바뀐다. 홍도의 거문고 소리와 그 모습에 반한 정인성이 먼저 편지를 홍도에게 준다.

> 대개는 아모 기척이 없다가도 이편에서 단소소리만 한번 내면 금시에 거문고 소리가 나고 조금 잇다가 한번은 슬쩍 나와서 먼빛으로 나마 얼굴을 뵈이고 들어가는 것이엇다. 둘의 안탁가운 상면이 오래 그러한 미지근한 상태로만 계속될 리 만무하엿다. 정도령은 어느날 자기의 애절한 가슴속을 그대로 적은 편지를 써서 몸에 지니고 갓다. (중략) "에헴." 하고 나즈막히 기침을 하야 이곳으로 처녀의 주의를 이끌고는 재바르게 손을 내밀어 담안에 선 수양버들 가지를 한 가지 휘어잡어 다리어 몸에 지니고 온 편지를 잡아맷다. (중략) 잇다. 잇다. 어제 자기가 편지를 잡아매엇던 그 버들가지에 편지가 잡아매 잇지 안흐냐.(20-25쪽)

연서가 오가는 방식도 심부름꾼이 아니라 홍도의 집 담안에 있는 수양버들 가지에 편지를 잡아매어 주고받는 낭만적인 방식으로 변형된 것을 볼 수가 있다.

그런데 연서사건에서 한 가지 주목할 만한 것은 『미수』가 편지를 통해 홍도의 남성성에 대한 논리적 발판을 마련해놓고 있다는 점이다.

---

14) 「최척전」(민영대, 『조위한과 최척전』 부록 원문, 아세아문화사, 1993, 354쪽).

> 편지에 쓰인 언스구도 점잔키 이를 데 없거니와 그 처녀의 필적에 먼저 마음이 끌린다. 씩씩하기 사내의 그것과 같으면서도 그 가운데에 여자다운 일맥의 보드라움이 엿보인다. (26쪽)

글씨를 통해서 홍도에게 여성성과 남성성이 혼재되어 있음을 이야기하고 있는데 이는 훗날 홍도가 남복을 하고 종군하는 사건과 남장을 하고 광대무리에 끼는 사건, 그리고 무술을 익혀 복수하는 사건 등으로 전개해 나가는 데 있어 홍도가 발휘하는 남성적 기질에 대한 납득할 만한 토대를 마련한 의미가 있다. 복선이라고 하기는 어렵지만 훗날의 사건들과 무관치 않은, 구성상의 치밀한 계산이라고 할 수 있을 것이다.

3.4. 『춘도기우』

『미수』의 에피소드 ⑥ 정인성의 활쏘기대회 우승과 홍도와의 결혼은 51쪽부터 92쪽까지 43쪽 분량으로 길게 다뤄져 있다. 작가가 관심을 갖고 비중 있게 다룬 부분 중의 하나라고 하겠다. 앞서도 언급했듯이 정인성과 김홍도의 혼사장애는 정생이 풍류를 좋아하고 활 쏘기와 단소 불기로 이름난 한량이라는 것과 가세가 몹시 가난하다는 이유로 홍도 부친이 반대했기 때문에 발생한 것인데 이러한 문제는 정생이 활쏘기 대회에서 우승함으로써 극복의 전기가 마련된다. 여기에서 활쏘기대회는 사건 국면의 전환과 흥미를 자극하는 요소로서 세밀하게 다뤄진 것인데 이것은 이 작품보다 이삼 년 앞서 매일신보에 연재됐던 『춘도기우』에서 가져와 변주한 것이다.

『춘도기우』에서 주인공 정원춘과 장홍도의 두 집 가장들은 혼사를 의논하여 결혼하기로 하고 사주단자를 주고받는다. 원춘은 문무를 겸비한 인재로서 용력이 뛰어났는데 어느 날 편사, 즉 조를 나누어 겨루는 활쏘기대회에 참석하여 오십 발을 연하여 쏘아 화살 하나도 어긋남 없이 적중시킴으로써 원춘의 조가 대승을 거둔다.

> 元春이 非但筆下生風이오 亦一名武라 連射十巡(每發五矢曰一巡이라)에 貫五十矢하니 其組大勝하야 日猶未中에 勝負ㅣ 已決하니[15)]

이어 승리를 축하하는 기녀들의 연주에 흥이 돋은 원춘이 청아한 목소리로 노래를 불러 무리를 놀라게 하여 선망의 대상이 되자 이를 시기한 자들이 원춘의 활 솜씨는 백 걸음

15) 『춘도기우』 제6회(『每日申報』 1932년 4월 14일자).

떨어진 곳에서 활을 쏘아 버드나무 잎을 꿰뚫은(百步穿楊)[16] 옛사람의 실력에는 미치지 못한다며 비아냥거린다. 이에 격분한 원춘은 백 보의 거리에서 들고 있는 깃발이 급한 바람 속에 휘날림에도 불구하고 깃대를 맞추어 꿰뚫는 기량을 과시하여 사람들의 갈채를 받는다.

이러한 활쏘기 대회 사건은 『미수』의 소재로 채택되지만 그 전개 양상은 완연히 다르다. 먼저 백보천양의 고사에서 버드나무 맞추기를 소재로 따와 재미있게 부연한다.

> 그는 어느 틈에 사오간 저편으로 가서 조약돌을 집어가지고 "자 이걸 좀 보아." 하고 거기서 한 이십 간이나 떠러저잇는 축동 버들을 향하야 "이번에는 둘째나무." 하고 손에 든 조악돌을 팔매친다. 조악돌은 잉하고 비명을 올리며 공중을 날어 영낙없이 딱하고 똘째 나무에 들어맞는다. "이번에는 넷재 나무." "이번에는 첫재 나무." 제 입으로 이러케 블르며 팔매를 치기만 하면 하나도 헛드러 맞는 법이 없다. 여럿은 어안이 벙벙해서 입을 딱 버린 채 그의 손만 바라보고 잇다. (중략) "자아 이번엔 한번 정말 재주를 보여줄까." 정도령은 여럿이 채 대답도 하기 전에 한두어 걸음 물러서서 잠시 버드나무를 노려보드니 눈을 딱 감고 팔매를 친다. 눈 감고 치는 돌팔매도 하나 빗그러지지 안코 딱딱 드러맞는다. "허어— 참 귀신일세." 여럿은 기가 막혀 입을 딱 버리고 드러맞는 나무와 정도령을 번갈러 바라볼 뿐이다.(55-58쪽)

눈 감고도 맞추는 돌팔매 솜씨로 인해 정인성은 편사의 남원측 기대주로 부상한다. 결국 편사가 진행되는 도중에 정인성은 남원 한량의 부진을 만회하기 위한 구원자로 붙들려가 편사에 참가하게 된다. 정도령의 등장으로 사람들은 열광하며 환호하고, 남원의 패색이 짙어가던 편사에서 오시오중의 귀신같은 재주로 역전시켜 승리를 이끌어낸다.

남원과 임실 등 인읍들 간의 활쏘기대회라는 설정, 특히 남원이 연속 패배하여 절치부심하고 있는 상태에서 이번에도 설욕을 하지 못하고 패색이 짙어간다는 절박한 상황의 설정은 『미수』만의 묘미를 만든 요소 중 하나라고 할 수 있다. 정인성의 활솜씨가 더욱 빛을 발하도록 사건을 극적으로 구성한 것이 돋보인다. 또한 활쏘기대회의 승리라는 동일한 소재를 『춘도기우』는 홍도 부친이 결혼을 반대하는 빌미의 소재로 사용한 것과는 정반대로 『미수』는 홍도 부친이 결혼을 허락하는 계기로 사용하였다는 커다란 차이가 있다.

3.5. 기타, 연관성이 추정되는 작품들

『미수』의 내용과 비교해볼 때 일정한 연관성이 있는 것으로 추정되는 작품을 살펴보는 것은 이 작품의 창작층위를 이해하는 데 도움이 될 것으로 판단되어 비교적인 시각에서

16) 중국 초나라 양유기(養由基)의 고사.

각각 고찰해보기로 하겠다.

첫째로, 복수를 위해 산속에서 도사에게 검술과 도술을 배우는 사건과 유사성이 있는 「강남홍전」이 있다. 먼저 『미수』의 에피소드 ⑮ 복수를 결심한 홍도가 산에 들어가 도사에게 검술과 비술을 전수받는 사건을 보자.

> 이 암자에 은신한 지 두 달 되는 오늘날까지 홍도는 도사에게 말을 배호고 그리고 검술과 밀교(密敎)적 비술을 공부하엿다. (중략) 그러고 대사를 수행하기에 조흔 일ㅅ진을 택하여 가르키고 그 외에도 여러가지의 비방을 전수하엿다. 이것은 예사호의가 아니엇다 말하자면 자기의 고제(高弟)가 아니면 전수하지 안흘 비술까지를 남김없이 가리키어 주엇다.(249-253쪽)

홍도는 남편의 원수를 갚을 일념으로 산속에서 도사로부터 갖가지 검술과 비술을 배워 두 달이라는 짧은 기간에 통달한다. 이러한 사건 전개는 여성 영웅소설에서 비슷한 사례들을 찾아볼 수 있는데 그 가운데서도 특히 산속 도사로부터라는 장소와 전수자, 전수방식, 그리고 특히 두 달이라는 극히 짧은 수련기간이 일치한다는 점에서 「강남홍전」(1926)과 매우 유사성이 높다. 대개 여성영웅들의 수련기간은 몇 년씩 걸리는 것이 일반적인데 비해 강남홍은 겁탈의 위기를 모면한 후 산속에서 백운도사로부터 검술과 병법, 둔갑법 등을 배워 수 개월만에 통달한다.

> 도사ㅣ 대열하야 몬져 의약복셔와 텬문지리를 차졔로 가라치니 홍랑의 총명으로 문일지십하야 배옴이 쉬웁고 가라침이 어렵지 아니하니 도사ㅣ 일변 깃거하며 이에 병법으로써 젼슈하야 … 홍랑이 일々히 배와 슈월지간에 무불달통하니[17]

이렇게 여성으로서 산중 도사에게 단기간에 검술과 비술을 배워 통달하는 사건묘사라는 점에서 『미수』는 「강남홍전」과 매우 닮아있다. 또한 검술과 함께 병법을 배우는 것이 여성영웅소설의 일반적인 현상인데 반해 둔갑법 등 비술을 배운다는 점도 두 작품이 동일하다. 이를 통해서 이 부분은 기존의 여성영웅소설에 나오는 여성의 수련과정을 끌어들인 것이고, 그 가운데서도 주로 강남홍의 수련과정을 응용한 것으로 추정해 볼 수 있다.

둘째로, 검술을 익힌 여성이 남장을 하고서 밤을 틈타 원수를 찔러 복수한다는 점에서 유사성이 보이는 「여협」이 있다. 임매의 『잡기고담(雜記古談)』 소재 「여협(女俠)」에 등장하는

17) 「강남홍전」(『구활자본 고소설전집』 18, 인천대학민족문화연구소, 1984, 54쪽).

두 여성은 부친을 살해한 원수를 갚기 위해 소문난 검객을 찾아가 검술을 익힌다. 그 후 남장을 하고 원수의 종적을 찾아 돌아다니다 마침내 거처를 찾아낸다. 밤을 지새워 기다렸다가 새벽에 한적한 틈을 타서 원수의 목을 베어 가지고 사라진다.[18)]

『미수』의 에피소드 ⑰은 홍도가 밤을 틈타 양원을 칼로 찔러 복수에 성공하는 장면이다.

> 교묘히 일행에서 탈ㅅ주한 홍도는 어둠을 이용하야 그 영문 뒤뜰로 몸을 피하야 군기 창고와 창고 사이로 은신하엿다. (중략) 어느덧 밤이 되고 그리고 그 밤도 꽤 깊엇다. (중략) 비수를 손에 든 홍도는 한 거름 침대 앞으로 닥어섯다. (중략) 양원은 비로소 홍도를 보앗다. 그리고 다음 순간에 그는 형용할 수 없는 외마대소리를 질으며 벌덕 이러나려고 하는 것을 홍도는 한 손으로 가슴을 처 너머트리며 비수로 자루까지 드러가라 하고 심장을 찔럿다. … 홍도는 양원의 오른쪽 귀를 비수로 버혀 수건에 싸서 몸에 지니고 비조와 같이 대청으로 뛰어 나왓다.(280-291쪽)

복수의 기회를 놓치지 않기 위해 침착하고 용의주도하게 행동한다는 점과 복수를 하고 종적을 감추는 점도 유사하다. 하지만 「여협」은 원수의 머리를 베어 간 데 비해 『미수』는 귀를 베어간다는 차이가 있다.

셋째로, 남장을 하고 광대가 되어 원수 앞에서 재주를 부리는 사건이라는 점에서 유사성이 있는 중국 『요재지이(聊齋志異)』 소재 「상삼관(商三官)」이 있다. 상삼관은 열여섯의 나이에 억울하게 죽은 부친의 원수를 갚기 위해 남장을 하고 광대가 되어 원수 앞에서 재주를 부리고 비위를 맞춘다.

> 때마침 상사우를 죽인 토호가 생일을 맞아 광대들을 부르고 놀음판을 성대히 벌이게 되었다. … 다른 한 사람의 이름은 이옥이었는데 용모가 예쁜 여자처럼 수려했다. … 좌중의 모든 사람들이 깔깔거리며 박수를 치니 … 그 즉시 이옥에게는 술을 따르라는 분부가 내려졌다. 그는 오락가락하며 술 시중을 들었는데 주인의 기색을 살피며 비위를 맞출 줄 알았다.[19)]

『미수』의 에피소드 ⑯은 남장한 홍도가 광대 무리에 끼어 양원의 집에 들어가 갖가지 재주를 부리는 장면이다.

---

18) 임매, 『잡기고담』(정명기 편, 『한국야담자료집성』 12, 계명문화사, 1985, 279-282쪽).
19) 蒲松齡, 『요재지이』, 김혜경 역, 민음사, 2002, 335쪽.

영문에는 근래에 드문 잔채가 버러젓다. (중략) 홍도의 차레는 도라왓다. 탈을 쓰고 무언의 어리광대 노릇을 하지 안흐면 아니 될 차레가 왓다. (중략) 웃음의 물ㅅ결은 뒤미처 쉴새없이 이러난다. (중략) 찬탄, 환성, 갈채 이러한 시끄러움이 한뭉치가 되어서 장내를 뒤흔들엇다.(267-275쪽)

홍도는 남장을 하고 얼굴 역시 몰라보도록 모습을 바꾼 데다가 어릿광대의 탈까지 써서 철저히 자신을 숨긴다. 양원이 자신의 얼굴을 알고 있었기 때문에 발각되지 않기 위함이었다. 반면에 상삼관은 원수가 자신을 알지 못하기 때문에 남장을 하기는 했지만 자신의 용모를 드러낸다. 그리고 원수의 비위를 맞추어 마음을 빼앗은 후 함께 잠자리에 들어서는 원수의 목을 베어 복수한다. 홍도의 경우는 양원과 서로 안면이 있기 때문에 대면을 피하고 몰래 양원의 집에 숨어 있다가 복수를 감행하는 것으로 사건이 다르게 전개된다.

넷째로, 홍도의 거룩한 희생과 관련된 훼절형 烈설화가 있다. 『미수』의 에피소드 ⑬ 남편을 살리기 위해 양원에게 정조를 제공하는 홍도는 흥미롭고 독특한 사건이다. 여기에서 홍도가 죽음에 처한 남편을 살리기 위해 자신의 정조를 희생한다는 소재는 흔히 열불열(烈不烈) 설화로 일컬어지는 훼절형 열설화와 흡사하다.[20]

『미수』에서 음욕에 눈이 먼 명나라 장수 양원은 남원성에 주둔해 있으면서 남장 미인인 정인성의 아내 홍도를 탐내어 수색한다. 인성을 중국으로 끌고 가 그를 미끼로 홍도를 유인한다. 내막을 모르고 남편을 찾으러간 홍도 앞에서 양원은 인성에게 모진 고문을 가하면서 홍도에게 정조를 바치라고 요구한다. 결국 홍도는 남편을 살리기 위해 자신의 정조를 희생한다. 그런데 이러한 사건은 훼절형(毁節型) 열(烈)설화[21] 가운데 '옥에 갇힌 남편을 살리려고 몸을 허락하기' 유형의 설화와 상황설정 면에서 일치하고 있으며, 아내의 미모를 탐낸 이웃 남성에 의해 남편이 죽게 된다는 면에서는 '원수의 아내 되었다가 복수하기' 유형의 설화와 유사성을 띠고 있다.

그러나 훼절형 열설화에는 아내와 본 남편과의 갈등, 그리고 정절을 희생하는 당사자인 아내의 내면적 갈등은 드러나 있지 않다. 반면 남편을 위해 정절을 희생하는 것에 대한 아

20) 논문의 심사과정에서 우리나라 열불열설화와의 관계성을 지적해준 익명의 심사위원께 이 지면을 빌어 감사를 표한다. 본래 필자는 일본 『御伽草子(오토기조시)』 중의 「あきみち(아키미치)」와의 관련성을 제기했었다. 그 작품은 일본판 열불열설화에 해당한다. 하지만 검토과정에서 우리나라 훼절형 열설화와의 상관성이 보다 많음을 확인하고 이에 따라 내용을 수정하였다.

21) 열불열설화는 손진태(『한국민족설화의 연구』, 을유문화사, 1947)에 의해서 학계에 소개되었는데, 열과 불열의 긴장관계로 파악한 민찬(「열불열설화의 이념적 지향과 삶의 문제」, 『한국문화』 9, 서울대 한국문화연구소, 1987)에 의해 논의가 진전되었고, 열설화를 종합적으로 정리한 이인경(『열녀설화의 재해석』, 월인, 2006)에 의해 훼절형 열설화로 분류되어 구체적으로 논의된 바 있다. 여기서는 이인경의 유형 분류를 참조하여 논의를 진행하겠다.

내의 내면적 갈등과 남편과의 갈등 양상은 『미수』에서 중점적으로 아주 세밀하게 다루고 있는 부분이다. 특히 홍도의 내면적 갈등은 전통적인 정절이데올로기와 충돌하는 가운데 이 작품을 절정으로 끌어올리고 있다.

> 남편 잇는 게집이 다른 남자에게 몸을 허락하는 것이 뉘라 죄 아니라 하겟소. 그러나 그 죄를 범하는 것도 남편을 위함이오 그의 목숨을 살리기 위함이오. … 나는 남편의 목숨이 없이 나 살어잇는 것을 올타고 여기지 안소. 차라리 남편을 살리고 내가 죽는 것이 죽어도 만족하오. … 하누님, 내 육신은 오랑캐에게 더러피어질지라도 나는 할 일을 하엿다고 만족히 생각하오.(215쪽)
>
> 홍도는 까부러지는 긔운을 스스로 채쭉질하며 마음을 도사리어 먹엇다. 그리고 스스로 자기의 약한 마음을 꾸지젓다. "남편을 구하려는 거룩한 히생을 하엿거던 하누님이 나려다보신들 무어 부끄러워할 바 잇으랴."(222쪽)

홍도는 결국 남편을 살리기 위해 정절을 포기한 것을 '거룩한 희생'으로 평가하면서 전통적인 정절이데올로기로부터 탈주를 시도한다. 『미수』에서 이처럼 갈등의 문제를 근대적 인식을 가미하여 구체적으로 다루고 있는 것은 작가 윤백남의 창작의식의 소산임에 분명하다. 하지만 기본적으로 그 사건의 상황설정은 기존의 훼절형 설화를 참조한 것이라고 할 수 있을 것이다.

4. 재창작의 종합적 특징

이상에서 살펴본 바와 같이 『미수』에는 다양한 기존 서사문학 작품들이 직간접적으로 활용되었다. 하지만 단순한 짜깁기가 아니다. 종합적인 구성의 결과물이므로 창작의 결과물로 놓고 작품 창작의 종합적인 면을 살필 필요가 있다. 그런데 이 작품은 등장인물과 시대적 배경 등의 설정을 통해 본다면 「홍도」를 기본적인 틀로 삼고 여러 가지 기존 서사들을 혼합하여 새로이 구성한 재창작품이라 할 수 있다. 설령 사건이 「홍도」와는 다른 방향으로 전개되더라도 남주인공의 호칭을 초반부에 사용하던 '정도령'이나 '정인정'이 아니라 '정생'으로 일관하고 있는 사실은 그만큼 작가가 창작과정에서 시종일관 「홍도」를 의식하고 있었음을 말해주는 것이다. 다양한 기존 서사들을 활용하여 색다른 서사 내용을 전개하면서도 「홍도」를 의식했다는 것은 이 작품이 「홍도」의 재창작으로 볼 수 있는 근거라 하겠다. 이에 여기서는 이러한 사실을 염두에 두면서 이 작품이 지닌 재창작의 종합적인 특징을 정리해보겠다.

4.1. 반동인물의 창조

재창작의 특징 가운데 첫번째로 꼽을 수 있는 것은 반동인물의 창조이다. 『미수』는 「홍도」 전반부의 역사적 배경과 등장인물에 기반을 두고 변주한 재창작품이다. 하지만 이 작품은 양원이라는 반동인물의 창조로 인해 「홍도」와는 완연히 다른 작품으로 거듭났다. 양원을 반동인물로 내세워 '육욕의 아귀'요, 남복한 미인 홍도를 손에 넣기 위해 혈안이 되어 온갖 악행을 저지르는 추악한 인물로 형상화함으로써 작품은 전혀 새로운 방향으로 전개된다.

반동인물 양원을 단순히 홍도와만 대립시키는 것이 아니라 정생과도 대립하도록 설정하였는데 이는 작가의 뛰어난 구성력의 산물이다. 양원이 남원성을 버리고 도망하는 장면에서 성문을 지키고 있던 정생이 창을 들고 막아서면서 양원과 정생은 일촉즉발의 대립상황으로까지 치닫게 된다.[22] 이로 인해 양원은 꼬투리를 잡아 정생을 가두고는 그를 미끼로 사용하여 그동안 애타게 찾고 있던 남복한 미녀 홍도를 자신의 손아귀에 넣으려는 계책을 세운다. 음모에 걸려든 홍도를 굴복시키기 위해 홍도 앞에서 정생을 고문함으로써 갈등의 최고점에서 대립은 삼각구도가 된다. 이러한 일련의 사건 구성을 통해 양원을 악의 화신으로 형상화하고 부정적 중국인 형상을 부각시키고 있다.

또한 홍순언사건을 통해 설정한 '무구한 처녀를 구하는 호협하고 지각 있는 조선사람'과 '조선사람의 은혜에 극진히 보답하는 중국사람'이라는 구도는 이 작품의 핵심적 갈등인 유부녀 홍도의 정조를 탐하는 호색한 양원과 대립쌍을 이루면서 자신을 희생하면서까지 처녀의 정조를 지켜주는 조선 대 탐욕을 채우기 위해 유부녀까지도 유린하는 중국이라는 대조적 구도를 보여주는 거울의 역할을 수행하도록 의도된 것이라 할 수 있다. 홍순언과 대비되는 양원이라는 인물을 통해서 조선이 명나라보다 도덕적으로 더 우위에 있음을 드러내고 있다.

4.2. 새로운 서사초점과 갈등첨예화

앞에서도 지적한 바와 같이 이 작품은 홍도라는 여성의 정조를 둘러싸고 갈등이 빚어지면서 사건이 전개된다. 남복한 미녀 홍도를 차지하려는 음탕한 양원, 사랑하는 남편을 살리기 위해 목숨과도 같은 정조를 희생해야만 하는 홍도, 그리고 믿고 있던 아내가 정조를 잃은 것에 갈등하는 인성, 이들 삼인의 욕망이 첨예하게 대립하도록 사건이 구성되어 있다. 특히 홍도를 차지하려는 양원의 비열하고 추악한 욕망과의 대결에서 남편의 목숨과 자신의 정조를 바꾸는 장면에 이르러 갈등은 최고조에 이른다. 이러한 갈등에 초점을 두고 서사가 구성되어

22) "한번 싸와보지도 안코 다라날려면 무엇하러 우리 조선에까지 나왓습디까." 이 말 한마대는 양원을 극도로 노하게 하엿다. 그는 칼을 쑥 빼들며 "이놈 너 뉘건대 대국 상장에게 대해서 무례한 소리를 허느냐." "장군." 하고 정생은 또한번 소리를 질은다. "장군의 칼은 삼척이오 내 창은 육척이니 장군의 칼이 내 머리 우에 떠러지기 전에 내 창은 먼저 장군의 심장을 찌을 것이오." 하고 창을 바로잡는다. 위기일발이다.(158-159쪽)

있는 것이 바로 『미수』가 「홍도」와는 다른 독창적인 작품성을 획득하게 된 요인이라 할 수 있다.

뿐만 아니라 이 작품은 홍도 부친의 혼사 반대, 활쏘기대회의 위기, 양원과 정생의 대립, 정생의 사형, 아내의 실절에 대한 정생의 번뇌 등에서 갈등을 첨예화함으로써 극적인 효과를 최대한 끌어올리고 있다. 부친의 혼사 반대로 홍도는 대낮 거문고 연주의 금기에 도전하고, 절치부심하는 남원사람들의 명예와 기대가 곤두박질하는 극한 지경으로까지 몰고간다. 또한 도망치는 양원을 막아선 정생이 서로 창과 칼을 들이대며 일촉즉발의 벼랑끝에 서게 하고, 약속을 어기고 실탄을 쏘아 정생을 죽이는 양원에게 미칠듯이 분노한 홍도는 복수의 칼을 간다. 그리고 양원과 홍도 사이의 일을 생각하면서 정생은 사랑과 정절 사이에서 번뇌하며 내적인 갈등 속에 홍역을 치르도록 만든다. 이처럼 사건들 속에서 갈등이 첨예하게 대립하도록 설정하여 극적 효과를 극대화함으로써 독자의 흥미와 관심을 유도하고 있는데, 그 중에서도 특히 이 작품의 기조를 이루는 여성의 정조를 둘러싼 갈등은 통속적 흥미를 자극하는 핵심적 요소라 할 수 있다.

4.3. 여협류적 성격

작품의 성격에 있어서 『미수』는 역사소설이면서 다른 한편으로는 여협류적인 성격을 띠고 있다. 이 작품은 명나라 장수 양원의 호색과 기생 설향의 협기(俠氣)에 대한 묘사로부터 시작한다. 홍순언 일화를 다룬 에피소드 ⑦에서도 석성 부인의 협기를 보여주고 있다. 기실 에피소드 ⑨ 남복한 홍도의 참전으로부터 남편을 구하러 중국까지 찾아가서 벌이는 일련의 사건들(⑫~⑱)은 모두 홍도의 협기를 다룬 것이다. 따라서 이 작품은 여성들의 협기를 다룬 여협류적 성격을 강하게 드러낸다. 윤백남이 1928년 5월 1일부터 1930년 1월 10까지 동아일보에 연재 직후 동년에 박문서관에서 발간한 『신석수호전』과 그 후로 같은 경로를 밟아 세상에 내놓은 『대도전』, 『흑두건』이 협의소설의 성격을 띠면서 '남성적 협객의 세계를 그리고 있는 점'[23]에 비추어볼 때 이 세 작품에 뒤이어서 같은 경로를 밟아 나온 『미수』가 여협류의 성격을 띠고 있는 것은 여성적 협기의 세계를 그리면서 앞의 작품들과 짝을 이루도록 의도한 것이라 볼 수 있겠다.

그런데 이 작품은 기존의 여협류와는 다른 면이 있다. 특히 정절을 중시하되 죽음에 처한 남편을 구하기 위해 육체적인 정절을 희생한다는 점이 독특하다. 그리하여 진정한 사랑(부부애)과 정절이란 무엇인가라는 질문을 던지면서 현실과 인간의 내면을 탐구하며 그려내고 있다.

---

23) 정혜영은 『신석수호전』이 충과 의를 숭상하는 남성적 협객의 세계를 그리고 있다고 지적하였다.(정혜영, 앞의 논문, 342쪽)

4.4. 역사 다시쓰기

『미수』는 임진왜란 시 남원성전투를 배경으로 홍도와 정생의 진정한 부부애를 그리고 있는데 양원을 반동인물로 설정함으로써 주제가 더욱 선명하게 드러나도록 하고 있다. 그런데 그 과정에서 양원을 비롯한 명나라 군사들을 철저히 부정적으로만 묘사하고 있는 점이 주목할 만하다. 조선을 도우러 온 구원병이었던 명나라 군사는 오히려 전혀 쓸모없는 용렬하고 악한 존재로 그리고, 반대로 조선을 침략한 원수인 왜적은 도리어 용맹하고 관대한 존재로 그리고 있는 것은 이 소설이 담고 있는 역사의식의 독특한 면인데 이것은 재창작 과정에 개입된 작가 윤백남의 탈중화적 역사의식에서 비롯된 역사 다시쓰기의 소산이다.

> 공해란 공해를 점령하고 밤을 낮삼어 술과 고기에 파묻처 잇는 명나라 장졸들은 만리 원정의 무거운 직책과 외로운 신세를 잊은 듯이 질탕으로 놀앗다. 그들 장졸의 행동에는 래일(來日)이 없는 것 같앗다. 그날그날의 관능적(官能的) 욕망에 딸하 가진 폭행을 다 하는 것이엇다. 부중의 젊은 여자는 해를 입지 안흔 이가 신기스러울만치 거의 다 명나라 장졸의 조아(爪牙)에 걸리고 말앗다.(1쪽)
>
> 양원은 성을 수축하고 참호 구뎅이를 파노핫을 뿐으로 아모런 방비를 하지 안코 낮과 밤으로 술과 여색을 탐하고 잇을 뿐이엇다.(147쪽)

이처럼 작가가 양원이라는 반동인물의 설정을 통해 명나라 지원군의 역사적 실상을 고발한 것은 역사소설로서 일정의 가치를 인정해야 할 부분이다. 임진왜란 당시 명나라 군사가 조선 사람에게 자행한 민폐가 왜적의 그것보다 더 고통스러웠던 것은 역사적 사실이기 때문이다.

임진왜란 당시 명군은 조선사람을 만나면 목을 벤 뒤에 머리털을 깎아 왜적의 수급이라고 거짓 보고하는가 하면, 관가의 창고를 부수고 약탈을 자행하여 그 폐해가 병란보다도 더 심했으며, 지나는 길마다 약탈을 자행하고 부녀들을 겁탈하여 주민들이 모두 도망가는 지경까지 이르렀다. 명군이 자행하는 극심한 민폐 때문에 '명군은 참빗, 왜군은 얼레빗'이라는 풍자말까지 돌고 있었다고 한다. 그러한 가운데 명나라 장수 양원은 명군에게 피해를 입은 조선인이 그 내용을 호소하자 자신들의 노고를 강조하면서 오히려 그런 호소에 대해 나무랐던 인물이었다.24)

작가는 남원전투를 다룬 「홍도」를 개작하면서 당시 남원성을 담당하고 있던 명나라 장수 양원을 불러와 명군의 실상을 폭로하고 있다. 재조지은과 대명의리론 등 사대적 역사관에 의해 가려져 있던 역사적 사실을 드러내어 명나라 지원군의 실상을 고발한 것은 『미수』가

24) 이상 임진왜란 당시 명나라 군사가 조선에 끼친 폐해의 실상에 관하여는 한명기의 『임진왜란과 한중관계』(역사비평사, 2001) 125-156쪽을 참조하였다.

역사소설로서 지닌 의의로 평가할 만한 것이다. 다만 이것이 식민지 상황과 맞물려, 명군과는 대조적으로 왜적을 긍정적으로 묘사하는 등 일본제국주의에의 동조로 선회한 것[25]은 이 작품과 작가의 역사인식이 지닌 한계라 하겠다.

5. 결론

이상에서 본고는 윤백남이 『미수』를 창작하면서 『어우야담』 소재 「홍도」를 기반으로 삼고 다양한 기존 서사문학 작품들을 활용하여 재창작한 양상을 살펴보았다. 『미수』에 활용된 기존 서사문학 작품으로는 「홍도」, 『연려실기술』 소재 홍순언이야기, 「최척전」, 『춘도기우』가 있으며, 「강남홍전」, 「여협」, 훼절형 열설화 등 우리나라 작품들과 함께 중국의 『요재지이』 소재 「상삼관」 등도 일정의 관련성이 있음을 알 수 있었다. 이들 작품과의 비교를 통해서 『미수』는 「홍도」를 기반으로 삼되 새로운 주제의식 아래 다양한 기존 서사문학 작품들을 끌어들이면서 창작적 역량을 발휘하여 재구성하는 한편 창의적 요소를 가미하는 방식으로 창작된 작품이라는 것이 확인되었다.

또한 본고는 그 재창작의 특징을 살펴보았다. 우선 이 작품은 양원이라는 반동인물의 창조로 인해 「홍도」와는 완연히 다른 작품으로 거듭났다는 점을 첫번째 특징으로 꼽을 수 있다. 둘째로는 남복한 미녀 홍도를 차지하려는 음탕한 양원, 사랑하는 남편을 살리기 위해 목숨과도 같은 정조를 희생해야만 하는 홍도, 그리고 믿고 있던 아내가 정조를 잃은 것에 갈등하는 인성 등 홍도라는 여성의 정조를 둘러싸고 이들 삼인의 욕망이 첨예하게 대립하도록 사건을 구성함으로써 극적인 효과를 최대한 끌어올렸다는 점이다. 그리고 셋째로는 여성적 협기의 세계를 그리면서 여협류적 성격을 강하게 드러냈는데 기존의 여협류와는 달리 남편을 구하기 위해 육체적 정절을 희생한다는 점이 독특하다는 것이다. 마지막으로는, 작가 윤백남이 이 작품을 역사소설로 창작하면서 임진왜란 당시 명군의 실상을 고발함으로써 중국에 대한 사대주의적 역사관을 벗어난 탈중화적 역사의식 아래 역사 다시쓰기를 시도하였다는 점을 꼽을 수 있다.

이같은 양상으로 재창작된 『미수』는 임진왜란이라는 역사적 배경 아래 양원을 반동인물로 내세워 온갖 악행을 저지르는 추악한 인물로 형상화함으로써 부정적 중국인 형상을 부각시켜 역사를 고발하고, 또 양원으로 인해 빚어진 홍도의 정절을 둘러싼 갈등을 통해서 진정한

---

25) 정혜영은 작가 윤백남이 『미수』에서 연약한 조선 여자의 정조를 유린하는 포악한 명나라 장수의 악행을 통해 임진왜란의 갈등 축을 조선 대 일본에서 조선 대 명나라로 설정함으로써 역사의 실질적인 맥락을 무시하고 교묘하게 역사를 전도시켜 독자로 하여금 선량한 조선인(피해자)과 포악한 중국인(가해자) 간의 대립구도로 수용하게 함으로써 1930년대 이 작품이 발표된 당시 일제가 추진하던 중국대륙진출 정책에 보조적 역할을 수행하면서 제국주의의 선봉대 역할을 담당했다고 주장한다.(정혜영, 앞의 논문, 349-353쪽)

사랑(부부애)과 정절이란 무엇인가라는 질문을 던지면서 현실과 인간의 내면을 탐구하며 그려낸 작품이라고 할 수 있다.

이상과 같은 본고의 논의를 통해 볼 때, 이 작품이 기존 서사작품들을 끌어온 것이 단순히 작가의 안일한 창작태도에 기인한 것이라고 하는 기존의 평가는 재고되어야 마땅하다. 이 작품은 기존 서사작품들을 활용하되 새로운 주제의식과 역사의식 아래 창의적으로 재구성하여 통일성을 구현하는 동시에 대중적 흥미를 자극하는 데에도 일정의 성공을 거두고 있기 때문이다. 앞으로 긍정적인 시각에서, 작가가 이 작품의 창작에 다양한 기존 서사작품들을 끌어들인 것이 대중성 획득에 어떤 효과가 있는지를 밝히는 것도 의미있는 작업일 것인데 이에 대하여는 후속연구를 기대해본다.

Ⅱ.

1930년대 고전 서사의 근대적 리텔링 양상

1. 서론

1900년대 애국계몽지식인들에 의한 역사·전기문학의 유행으로 역사에 대한 관심이 싹텄고, 경술국치와 일제의 탄압으로 위축되었다가 1920년대 조선사편수회 등 일제의 침략 정당화를 위한 역사 왜곡이 자행되자 우리 민족의 역사와 문화에 대한 관심이 더욱 고조되었다. 야담운동이 전개되는 한편 소설적 대응 혹은 시류에의 편승으로서 역사소설이 흥기하면서 1920년대 후반부터 1930년대를 풍미하였다. 이 시기에 많은 역사소설과 야담 작품들이 신문과 잡지 상에 연재되었다.

그 중에서도 특히 임진왜란을 배경으로 삼아 한·중·일 삼국을 아우르며 이야기가 전개되는 '홍도 서사'가 1930년대에 집중적으로 여러 작가들에 의해 다양하게 리텔링된 사실이 주목된다. 신문 연재 소설 『춘도기우(春桃奇遇)』, 야담잡지에 연재된 「남만선상의 상사루(南蠻船上의 相思淚)」, 신문 연재 소설 『미수(眉愁)』, 신문 연재 야담 「국제기연(國際奇緣)」 등이 여기에 해당하는 작품들이다. 이들은 모두 1930년대에 '홍도 서사'를 원천으로 삼아 리텔링한 작품이며 또한 근대 대중매체에 발표된 작품들이라는 공통점이 있다. 이 작품들은 야담, 고소설, 근대소설에 폭넓게 걸쳐 있는 데다가 서사적 측면에서도 각기 현격한 차이를 드러내며 변주된 양상을 보이고 있다.

1930년대는 사회적으로는 이미 근대기에 접어들었지만 소설사의 현실은 고소설과 근대소설, 야담형 소설 등이 병존하면서 전환기적인 양상을 지니고 있었다. 바로 이 시기에 공통적인 소재, 특히 홍도 서사라는 동일한 고전 서사를 원천 소재로 삼아 이를 각자 각양으로 변주하며 창작된 이 작품들은 야담, 고소설, 근대소설이 장르 교섭을 일으키며 공생하던 전환기적 양상을 단적이면서도 집약적으로 보여준다. 이에 본고는 홍도 서사를 리텔링한 1930년대 작품들을 분석함으로써 각 작품들이 이미 근대로 들어선 이 시기에 고전 서사를 어떤 양상으로 변주하였는지를 파악하고, 나아가 그 리텔링의 특징은 무엇인지 밝혀보고자 한다.

우선, 논의를 진행하기에 앞서 선행 연구를 살펴보면 다음과 같다. 『춘도기우』의 경우, 서사적 측면에서 여성의 위상 강화, 권율 장군의 부각, 고소설의 서사기법 계승 양상 등을 살핀 연구[1]가 있었다. 「남만선상의 상사루」의 경우, 장회소설 형식의 차용, 인물에 대한 구체적인 서술, 인과관계를 의식한 사건 서술, 서사 흐름과는 무관하게 역사에 대한 평가의 직접적인 표출 등이 언급[2]된 바 있다. 『미수』의 경우, 상호텍스트성에 주목하여 이 작품이 「홍도」를 기반으로 삼았으나 다양한 기존 서사작품들을 활용하여 역사소설로 재창작하였음을 밝힌 연구[3]가 있었다. 「국제기연」의 경우, 아직 이 작품에 대한 연구는 이루어지지 않았다. 이처럼 작품에 따라서는 연구가 진행된 경우도 있으나 대체적으로 이 작품들에 대한 논의는 미진한 상황이며, 종합적인 비교 연구는 전무하다. 본고를 통해 1930년대 홍도 서사 작품들의 리텔링 양상에 대한 논의가 이루어진다면 작품들 간의 비교 연구에 일조할 것으로 기대된다.

2. 원천 서사 리텔링의 스펙트럼

유몽인(柳夢寅, 1559-1623)의 『어우야담(於于野談)』(1621)에 수록된 「홍도(紅桃)」에 뿌리를 두고 있는 홍도 서사는 1930년대에 다양하게 리텔링되었다. 하지만 그 이전에도 이미 근대로의 진입을 전후하여 「역삼국일가단취(歷三國一家團聚)」(1869)와 「정생처홍도(鄭生妻紅桃)」(1916)가 등장해 있었다. 「역삼국일가단취」은 이원명의 『동야휘집』(1869)에 실린 한문 단편이고, 「정생처홍도」는 장지연이 『매일신보』에 1916년 7월 15일(上), 16일(中), 18일(下) 총 3회에 걸쳐 연재한 한문현토체 단편이다.

그런데 1930년대에 들어서서는 『춘도기우』, 「남만선상의 상사루」, 『미수』, 「국제기연」 등 다수의 작품이 이어달리기를 하듯 근대 대중매체를 통해 연달아 연재되었다. 이보상은 『매일신보』에 1932년 4월 9일부터 1933년 10월 4일까지 총 413회에 걸쳐 한문현토체로 된 장편소설 『춘도기우』를 연재하였다. 신정언은 「남만선상의 상사루」를 『월간야담』 1935년 3월호와 4월호에 각각 상·하편으로 연재하였다. 윤백남은 『동아일보』에 1935년 4월 1일부터 9월 20일까지 총 115회에 걸쳐 장편소설 『미수』를 연재하였다. 신영철은 『매일신보』에 1936년 5월 21일과 28일, 6월 5일 총 3회에 걸쳐 야담 「국제기연」을 연재하였다. 이상의 네 작품은 모두 1930년대에 신문과 잡지에 연재되었다는 공통점이 있다.

---

1) 이대형, 「매일신보에 연재된 한문현토소설 春桃奇遇와 작자 李輔相」, 『민족문학사연구』 50, 2012, 282-308쪽. 이대형, 「李輔相의 신문연재 장회체 한문현토소설 연구」, 『고소설연구』 40, 2015, 229-253쪽.
2) 양영옥, 「식민지 시기 야담의 근대적 양상-월간야담(月刊野談) 소재 남만선상(南蠻船上)의 상사루를 중심으로」, 『Journal of Korean Culture』 44, 2019, 375-402쪽.
3) 신태수, 「미수의 재창작 양상」, 『어문연구』 89, 2016, 63-96쪽.

또한 현병주의 중편소설 「순정비화 홍도의 일생(純情祕話 紅桃의 一生)」 역시도 작가가 사망한 1938년 이전에 창작된 작품이 분명하다. 그러나 이 작품은 현재 1953년 세창서관의 판본만 확인되고, 창작 시기를 구체적으로 확정하기 어려운 상황이다.[4)] 따라서 논란의 소지를 피하고 논의의 통일성을 제고하기 위해 여기서는 창작 시기가 확인된 앞의 네 작품만을 대상으로 삼아 1930년대 홍도 서사 리텔링의 양상을 살펴보기로 하겠다.

2.1. 『춘도기우』(1932.4.9~1933.10.4)

2.1.1. 문체와 장르

이 작품은 근대적 대중매체인 신문에 연재된 소설, 즉 신문연재소설이다. 그런데 『춘도기우』의 연재가 시작하기 전에 3회에 걸쳐 게재된 연재 예정 광고에서 '고대소설(古代小說)'임을 표방하였고, 실제 작품의 실상도 고소설의 전통을 따르고 있다. 이에 이 작품은 근대기 이후에 새롭게 창작된 신작 고소설로도 분류된다.

작품 전체가 한문현토체로 되어 있고 한시가 대단히 많다. 당시 대부분의 신문연재소설이 순한글체였던 상황[5)]을 고려한다면 이 작품과 같은 한문현토체의 소설을 신문에 연재한 것은 이례적인 것이다. 한문 식자층을 신문의 독자로 끌어들이기 위한 강한 목적의식을 지닌 것으로 파악된다.

이 작품은 형식적으로는 30회로 된 장회체소설이다. 작품 속 정화(正話)의 첫 회 시작 부분을 보면 다음과 같다.

第一回
咏桃夭洞房紅燭이요
和竹簫書樓明月이라

4) 작가 현병주가 『수길일대와 임진록』(1928), 『임진명장 이여송실기』(1929)와 같은 '임진왜란' 관련 작품을 창작한 것을 근거로 이 작품의 창작 시기가 '1920년대 후반기'로 추정된 바 있다.(장연연, 「대중계몽주의자 현병주 연구」, 인하대학교 박사학위논문, 2015, 70쪽.) 그러나 홍도는 일본의 풍신수길이나 중국의 이여송같이 당시에 역사의 전면에서 국제적으로 활약했던 이름난 역사적 인물도 아닐 뿐만 아니라 현병주가 역사기록을 충실히 참조하면서 그 작품들을 창작했던 것과는 달리 홍도 이야기라는 야담을 가져다가 살을 붙여 부연한 것임에 주의할 필요가 있다. 또한 현병주가 1915년에 「어사 박문수전」, 1922년에 「염정 양귀비」 등 야담적 성향의 작품을 창작한 사실 및 그 발표 시기도 고려한다면 '순정비화(純情祕話)'를 수식어로 앞세운 「純情祕話 紅桃의 一生」의 창작을 풍신수길과 이여송에 관한 작품들과 동일선상에 놓고 같은 시기로 묶는 것은 많은 무리가 따른다. 따라서 이 작품의 창작 시기를 1920년대 후반기로 보는 것은 일단 유보하고, 좀더 신중히 살펴볼 필요가 있다고 판단된다.

5) 김영민, 『한국 근대소설의 형성 과정』, 소명출판, 2019, 152쪽.

> 夫婦는生民之始로萬福之源은自古代聖賢으로有所云爲하니今不必再講이나 然이나 (중략)
> 想出古代夫婦之奇蹟하야 以供韻人清士의花煦艶陽之消受하니 事在南原이라 那南原은
>
> 帶方古國一千載에 山紫水綠儘淸奇라 蛟龍山城千丈石이요 獒樹驛毫萬條柳라
> 長川一帶如銀漢하니 彩雲常留烏鵲橋라 清明不似煙火界하야서 碧霄遠接廣寒樓라

보이는 바와 같이 회목(回目)을 우구(偶句)로 짝을 이룬 칠언시로 달아놓았고, 서술 중간에도 시를 사용하여 내용을 전달하고 있음을 볼 수 있다. 이 작품은 각 회마다 대우를 이루는 시구를 사용한 표제, 즉 회목을 통해 해당 회의 대체적 내용을 요약적으로 드러내는데 이는 전통적인 장편소설인 장회체소설의 형식적 특징 중 하나이다. 『춘도기우』는 장회체 형식을 택함으로써 「홍도」와는 달리 확연하게 형식을 일신하였고, 또한 다양한 사건들을 새로이 추가하여 서사 내용이 크게 확장된 장편소설로 변신하였다.

또한 이 작품은 내용적으로는 군담소설이면서 역사연의류소설이다. 본래 홍도 서사가 임진왜란에서부터 대후금전투까지의 역사적 사건과 얽혀 있다는 점을 이용하여 『춘도기우』는 임진왜란과 대후금전투의 正史를 사건 흐름의 큰 줄기로 삼고, 거기에 홍도 서사를 허구적으로 확대하여 흥미성을 강화시키는 동시에 작가의 역사관을 투영하였다. 근대문학의 장르 구분으로는 역사소설이며 대중소설로 분류할 수 있다.

2.1.2. 서사 구성(인물·사건·배경)

유몽인의 「홍도」는 한문 단편으로 본래 짧았고, 근대 초까지 전승되던 홍도 서사들도 모두 짧았다. 사건 자체가 기이하기 때문에 흥미로운 것이지 서술상의 묘미가 있는 것은 아니었다. 그런데 『춘도기우』는 갖가지 우여곡절의 사건을 추가하여 길게 부연함으로써 풍부한 오락성을 지닌 대중장편소설이 되었다. 사건뿐만 아니라 새로운 등장인물도 대거 추가되고 그들의 활동무대도 넓어지면서 공간적 배경도 크게 확대된 것은 물론이다.

남녀 주인공이 권율 장군을 도와 행주대첩을 승리로 이끌고, 만세덕과 양호 등 명나라 장수들을 보좌한다거나, 정원춘이 강남에서는 오성병마순검사로 북방에서는 병부시랑으로 대활약을 펼친다. 또 장홍도는 일본 장수의 호위무사로 활약하기도 하고 하란선을 타고 호주와 유럽 등지를 돌아다니며 재능을 발휘하는가 하면 남편을 모함에 빠트린 간신을 징치하기도 하고 도적떼를 소탕하거나 개과천선시킨다. 그 과정에서 본래의 홍도 서사에는 없던 수많은 역사적 실존인물이나 허구적 인물들이 새롭게 등장하면서 갖가지 사건들이 벌어지고 이를 통해 오락성이 크게 확대된다.

『춘도기우』의 오락성은 특히 주인공들이 활약하는 수많은 군담을 비롯하여, 연엽도인과 같은 이인들의 출현, 다양한 곡절의 추가, 연극을 통한 속임수 등을 통해 드러난다. 예를 들면, '홍도의 귀국과정'의 경우 이 작품에서는 기존의 홍도 서사에는 없던 다양한 곡절이 추가되어 매우 변화무쌍하게 전개된다. 조정문에 대한 복수, 하란선과의 대치, 도적떼 소탕, 태풍으로 인한 해남도로의 표류, 일본을 경유하다 체포, 다시 태풍으로 인한 조난, 무인도에서의 기갈, 아사 직전의 수장 위기, 십구 년을 기다리던 연인에 의한 구조 등등 갖가지 일들이 연달아 발생하여 희비가 교차되면서 끝없이 펼쳐진다. 또 그 과정에서 두 번이나 연극을 꾸며서 신선이나 현신보살인 것처럼 상대방을 감쪽같이 속여서 복수를 하거나 도적을 개과천선시킨다. 홍도 서사를 처음 접하는 독자는 말할 것도 없고, 기존의 홍도계 서사작품을 알고 있는 독자라 하더라도 『춘도기우』에서 이러한 이야기들을 읽으면서 자신의 예상이 여지없이 깨지는 경험을 수없이 해나가면서 흥미진진한 맛을 느끼게 된다.

2.1.3. 주제와 역사 의식

이 작품은 전통적인 역사연의소설의 창작 방식에 따라 역사적 사실과 허구를 결합시켜 흥미롭게 이야기를 전개해나가면서 작가의 역사관과 주제의식을 드러낸다. 작가는 인재 불기용과 간신의 득세를 지속적으로 사건화하고 포폄함으로써 임진왜란의 패배와 명나라 멸망의 원인이 바로 거기에 있었음을 피력한다. 또한 이 작품은 천인합일(天人合一) 사상에 바탕으로 둔 재이론(災異論)과 천명관(天命觀)에 의거하여 역사를 해석한다.

> 敵退在旬日하니 明軍直罷歸也이라 (중략) 此是天數나豈容人力이리요하니(百廿一回)
>
> 紅桃ㅣ又指之曰 紫薇星垣에暗氣彌滿하니 天子春秋⊗晩하야恐不能久臨天下며 三台星昏하니文武ㅣ實無賢才오 南方妖氛이方始하니不出二十年에群盜蜂起하야必移國鼎矣리라(二百五十三回)

인간의 운명과 국가의 미래사가 천문을 통해 미리 드러나고, 그것은 곧 하늘이 정한 운수이자 천명임을 작품 곳곳에서 거듭 설파한다. 이렇게 인간과 국가의 운명이 하늘이 정한 운수에 따라 결정된다는 역사인식은 전통적인 유가의 세계인식 중 하나이다. 이러한 역사해석은 이 작품이 본래 한문현토체를 통해 겨냥한 독자층인 한문 식자층이 충분히 공감할 수 있는 것이었다.

2.2. 「남만선상의 상사루」(1935.3~4)

2.2.1. 문체와 장르

이 작품은 문체에 있어서 순한글체 문장으로 이루어져 있다. 이는 근대 신문과 잡지가 대중성을 지향하면서 채택한 보편적 문장 표현 방식이다. 또 이 작품은 장회체 소설의 형식적 특성을 취택하였다. 작품의 시작 부분을 보면 다음과 같다.

> 당시호걸정총각이
>
> 곳곳마닥퇴혼당해
>
> 선조대왕(宣祖大王) 재위(在位) 년간에 전라도남원땅(全羅道南原)에 정생(鄭生)이라는 사람이잇스니 어려서부터 그성품이 호탕하야 글을읽고 글시를 쓰는것은비상(砒霜)과가티 역이고 다만 활을 쏘고 말을 달니는 것을일삼으며 한엽흐로는 풍류에 맛을 드려서 노래와 춤을 배우기에 힘을 쓴바 그 가무의 익숙한법이 당대 명기로서도 오히려 짤을 수업섯다.(상편 44쪽)

여기서 보는 바와 같이 회목이 8언 양구(兩句)로 이루어져 있으나 한시가 아니라 4·4조의 가사체와 유사한데, 전체 두 구절이 하나의 문장을 이루면서 의미를 형성하는 서술식 한글 문장이다. 전통적인 장회체 소설의 회목 방식을 차용하면서도 이를 언문일치를 추구한 근대 한국어의 언어 감각으로 변용하였다. 근대적인 참신한 실험정신을 드러낸 부분이다. 또한 이 작품은 등장인물의 대화, 독백, 생각 등을 서술자의 목소리와 구분하여 겹낫표 안에 넣어 시각적으로 명확히 분리 표기함으로써 독자의 가독성을 제고하려는 노력을 하였다.

이 작품은 전체 7회로 구성되어 있고 분량이 총 41면, 삽화를 제외한 글자수가 약 4만 5천 자(원고지 225매)로서 중편에 해당되는 야담형 역사소설이다. 야담형 역사소설은 『월간야담』의 창간(1934. 10)을 전후로 한국문단에 새롭게 등장한 갈래[6]인데 「남만선상의 상사루」의 작가 신정언은 그 잡지의 주요 필진으로 활약한 인물이다. 야담은 본래 민간에서 구연전승되던 이야기를 문자로 정착시킨 한문단편이다. 그런데 1920-30년대 야담운동은 야담의 구연성을 되살려 새로운 활력을 불어넣었다. 이에 비해 1930년대 중반에 등장한 야담 전문 잡지인 『월간야담』과 『야담』에 실린 야담 작품들은 다시 구연성과 결별하고 근대적 독서물로 재탄생한 대중적 문예물이다. 「남만선상의 상사루」 역시 전근대의 야담 「홍도」를 근대적 대중 독서물로 전환하여 새롭게 재창작한 야담형 역사소설 작품이다.

---

6) 김윤식, 『한국근대소설사연구』, 을유문화사, 1986, 431쪽.

2.2.2. 서사 구성(인물·사건·배경)

구성적 측면에서 이 작품의 가장 독특한 점은 적대적 인물의 출현과 그로 인한 인물 간의 갈등을 묘사했다는 사실이다. 또한 새로운 사건들을 통해 등장인물들에게 각자 독특한 개성을 부여하였다는 점이다. 우선 이 작품에서는 명나라 장수 양원이 악인으로 등장한다. 양원은 주흥만 즐기고 남원 백성들의 재물을 약탈한다. 게다가 전투가 벌어지자 싸우지도 않고 도망치다가 이를 가로막는 정생과 극적인 갈등을 일으킨다. 결국 양원은 정생을 죽여서 복수하려는 악심을 품고 정생을 사로잡아 중국으로 끌고가서 가둬버린다. 이러한 갈등 과정에서 양원과 정생의 개성이 극명하게 대조되면서 부각된다.

또한 조력자로서 천궁 도주의 역할을 크게 강화시킨 것도 이 작품의 독특한 점이다. 천궁 도주는 정생의 의식주 문제를 해결해줄 뿐 아니라 정생의 외로운 회포를 풀어주기 위해 배를 준비하여 절강 십경과 서호 십경의 명승지들을 두루 구경시켜준다. 그 과정에서 정생과 홍도가 재회하는 데 결정적 도움을 제공하고 또한 그들 부부가 정착할 수 있도록 집도 제공해준다. 이러한 일련의 사건들을 통해 자연스럽게 천궁 도주의 탈속한 도인으로서의 성격이 도드라지며 드러난다.

여주인공 홍도의 경우는 재색을 겸비한 다재다능함이 성격적 특성으로서 새롭게 부여되었다.

> 홍도는 얼골과 태도가 과연 절대 가인일뿐아니라길쌈잘하고 바느질잘하고 음식잘하고 고임질잘하야 녀공에 빠질것이없스며 더구나 문장 필법이며 시화(詩畫)에까지 능난치 아니한것이업서(상편 50쪽)
>
> 날이 갈사록 샷대질의 재조는 능란하야 여러 상인에게 층찬을 만히 바들뿐아니라 여러상인은 홍도부인이업스면 배를 부리는데 크게 곤난이잇겟다는 생각까지도 나게되엿다. 그래서 (중략) 그대접이 극진하얏다.(하편 37쪽)

홍도는 '재치빠른 행동으로' 자신의 본색을 '교묘히 감추어' 여성이라는 신분이 탄로나지 않도록 할 뿐만 아니라 배를 부리는 능력을 인정받아 극진한 대접을 받기까지에 이른다.

남장한 채 포로가 되어 일본으로 끌려갔던 홍도는 다시 남만상인에게 팔려서 남만상선을 타고 자신의 재능을 발휘하면서 중국, 일본, 인도 및 서양의 여러 나라를 돌아다닌다. 그러던 중 중국 절강의 서호에서 정생과 재회한다. 이렇게 홍도의 재능을 부각시키는 과정에서 홍도의 활동 무대가 인도와 유럽 각지로까지 확장됨으로써 이에 따라 이 작품의 공간적 배경 역시 크게 확대되었다.

이 작품이 지닌 구성상의 또다른 특징은 홍도와 정생의 귀국 순서를 뒤바꾼 것이다. 본래 「홍도」에서는 정생이 북방 전투에 참전했다가 탈신하여 먼저 남원 고향집에 도착하고, 그 후 홍도가 배를 타고 귀향하는 순서로 되어 있다. 그러나 「남만선상의 상사루」는 홍도가 먼저 남원으로 가서 가족들을 만나 살던 중 그동안 죽은 줄로만 알았던 정생이 뜻밖에 살아 돌아와 극적인 재회가 이루어지는 것으로 변형되었다.

2.2.3. 주제와 역사 의식

「남만선상의 상사루」라는 제목에서 알 수 있듯이 이 작품은 '상사(相思)' 즉, 서로를 생각하고 그리워하는 남녀애정을 주제로 삼았다. 전통적인 재자가인류의 사랑과 낭만을 그려내는 소설로 변신을 시도한 것이다. 우선 이 작품은 정생과 홍도의 일견종정과 혼사장애 극복의 결연과정을 그려낸다. 명장의 기예를 갖춘 정생과 인걸지령을 타고나 재색을 겸비한 홍도, 두 청춘 남녀 주인공은 재자가인의 전형으로 묘사된다. 서로가 첫눈에 반한 두 사람의 인연은 극적으로 성사되지만 전쟁으로 인해 이별을 맞게 되는데 이 작품은 그들의 이별 장면을 집중적으로 자세하게 묘사한다. 정생과 홍도의 이별 사건을 다룬 제3회 '남원성이함락되고 / 정생부처사생불명'은 무려 13면에 걸쳐 전개된다. 총 41면의 작품 전체에서 1/3이 넘는 엄청난 분량이다. 또 이렇게 헤어진 두 사람은 서로를 찾기 위해 세계 각지를 떠돌며 상사의 눈물을 흘리는 것으로 묘사된다. 그리고 최종적으로 그들이 고향에서 다시 재회하여 "남만선상에서 서로 생각든 눈물(相思淚-인용자)의 자최는 여긔에서 깨긋이 씨처지고"(하편 50쪽) 행복하게 되었다고 작품을 끝맺음으로써 전체적인 구성의 통일성을 드러낸다.

또한 이 작품은 당시 조선 조정의 무능과 명나라 군사의 악행을 폭로하며 역사의식을 드러낸다. 그 중에서도 이 작품이 초점을 맞추고 있는 것은 남원에 주둔해 있던 양원과 그의 군사들의 폭력성과 비열함이다. "명나라군사의개와 도야지갓튼 악하고도 더러운 행동"(상편 54쪽)을 적나라하게 고발한다. "그들은 전라도 각처에 사람을 보내여 소와도야지를 몰어들여다가 안주를맨들어 놋코 취토록 술타령을" 하고 "또한편으로는 량가 녀자를 강탈하야다가 진중에두고 가진 릉욕을 다하"(상편 53쪽)였으며, 특히 양원은 음주탐색만 일삼다가 적이 쳐들어오자 싸우지도 않고 도망하다가 일본군사에게 잡히자 "민가에서 강탈하여가지고 잇든 보물 너흔 전대를" 바치며 "살려주기를 애걸 복걸"(상편 62쪽)한다. 매우 부정적인 중국인식을 드러낸 것인데 이러한 인식을 통해 양원이라는 적대적 인물이 생성되고, 그로 인해 빚어진 정생과의 갈등은 정생과 홍도의 이별을 낳으면서 서사를 추동하는 요인으로 작동한다. 바로 이러한 점들은 「남만선상의 상사루」가 지닌 작품 구성상의 독창적 요소라 할 수 있다.

2.3. 『미수』(1935.4.1~9.20)

2.3.1. 문체와 장르

이 작품은 1935년 『동아일보』에 연재되었다. 1936년에 대중서옥에서 같은 제목으로 단행본이 출간되었고, 1940년에는 덕흥서림에서 동일 판본에다 제목만 『紅桃의 半生』으로 바꾸어 출간되었다. 처음 이 작품의 신문 연재에 앞선 연재예정 광고에서 작가 윤백남은 "대중소설의 거벽"으로 소개된 것에서 알 수 있듯이 대중성을 지향한 작가였다. 이 작품 역시 대중소설이며, 대중 독자를 위해 순한글 문체를 사용하였다. 작품의 시작 부분을 예로 들면 다음과 같다

> 一、풍전등화(風前燈火)
>
> 남원(南原)성에는 야색이깊엇다──
>
> 부중 대소 공해에는 등광이 휘황하고 마이산(馬耳山)기슭으로부터 오작교(烏鵲橋)좌우 천변에까지 빼치어잇는 명나라 군졸의 군막 틈틈이에서는 하늘을 끄슬릴듯한 화토ㅅ불ㅅ길이 기둥같이 빼처울르고 잇다. 그리고 호음마시(胡音馬嘶)의 와글거리는 소요한 소리가 성내주민들의 가슴을 떨리게한다.(1쪽)[7]

순한글체로 된 이 작품은 분량상으로 보면 장편소설에 해당하며 전체 10개의 장으로 이루어져 있다. 그런데 각 장의 제목은 전근대적인 장회체의 회목 방식이 아니라 '一、풍전등화(風前燈火), 二、백발백중, 三、연분' 등과 같이 핵심적 사건이나 제재를 단어 혹은 단구로 표현하는 명명방식을 채택하여 변화를 꾀하였다.

한편 이 작품은 역사소설이면서 강한 오락성을 띤 대중소설이기도 하다. 그 오락성은 여협류의 여성영웅소설적 서사에서도 드러나지만 특히 남장미녀 홍도의 정조를 빼앗으려는 색광 양원과의 갈등에서 더욱 두드러진다. 이런 점에서 이 작품은 염정소설적 성격이 매우 강한 작품인데 이는 기존의 홍도 서사에서 볼 수 없는 이 작품만의 독특한 개성이요 창의적인 면모이다.

2.3.2. 서사 구성(인물·사건·배경)

이 작품의 구성적 특징으로는 우선, 역순행적 서술을 반복적으로 사용함으로써 근대소설의 기법을 적용했다는 점이다. 이는 여타의 홍도 서사 작품들과도 선명하게 차별화된 점이기도 하다.

---

7) 이 작품의 원문 인용은 덕흥서림본을 따르고 이하 쪽수만 표기함.

홍도 서사에 없던 이 작품만의 새로운 사건의 전개 역시 구성상의 독특한 점이다. '紅桃의 半生'이라는 덕홍서림판의 제목이 시사하듯이 이 작품은 홍도 서사 가운데 후반부의 귀환 서사는 생략된 채 중국 강남에서 남녀 주인공들의 재회까지만 다루고 있다. 그러나 그 전반부 마저도 기존의 홍도 서사와는 전혀 다르게 전개된다. 이 작품은 홍도 서사에서 임진왜란 때 남원성 전투에 참전한 정생과 홍도 부부의 이별과 재회라는 모티프만 가져왔을 뿐 전혀 다른 새로운 사건들로 구성되어 있다.

그러나 무엇보다 이 작품에 획기적인 변화를 불러일으킨 핵심은 양원을 색욕에 눈이 멀어 남장미녀 홍도를 손에 넣고자 극악무도한 행동을 자행하는 악인으로 각색한 데에 있다. 비열한 색마라는 성격을 부여받은 악인 양원이 홍도의 정조를 빼앗는 악랄한 행위로 인해 양원과 홍도, 정생 세 사람이 서로 갈등을 빚으면서 기존의 홍도 서사에는 없던 새로운 사건이 전개된 것이다.

또한 이 작품은 홍도 서사 이외에 수많은 고전 서사 작품들을 혼합시켜 구성된 점도 독특하다.[8] 고전 서사를 짜깁기 방식으로 만든 역사소설들이 20세기 초에 활판본을 중심으로 유행했던 것은 사실이다.[9] 그러나 『미수』는 홍순언 일화를 비롯한 여러 가지 서사들을 직간접적으로 활용하면서도 종전의 단순한 짜깁기 방식을 넘어 양원과 정생, 양원과 홍도, 정생과 홍도 세 인물들 사이에 벌어지는 갈등의 서사 속에 자연스럽게 녹여넣어 새로운 서사를 창출하는 데 성공을 거두었다.

2.3.3. 주제와 역사 의식

이 작품의 서사를 추동하는 동력은 양원의 탐욕에서 비롯된 양원-정생-홍도 세 인물들 사이의 갈등이다. 그 갈등은 홍도의 정절을 둘러싸고 벌어진다. 음주호색만을 일삼던 양원은 남원성 전투에서 싸워보지도 않고 도망치다가 성문을 지키던 정생과 대립한다. 남장미인 홍도를 차지하려는 호색광 양원은 정생을 잡아 중국으로 끌고가 홍도를 유인한다. 홍도 앞에서 정생을 고문하며 홍도의 정조를 요구하여 양원과 홍도가 갈등하고, 결국 홍도는 남편을 살리기 위해 자신을 희생하지만 양원은 약속을 어기고 정생을 사살한다. 이에 홍도는 양원을 죽임으로써 복수한다. 그러나 그 와중에 정절의 상실로 홍도와 정생은 또다른 갈등을 빚다가 최종적으로 육체적 정절보다 정신적 정절이 더 중요함을 깨닫고 화해에 이른다. 이로써 홍도의 미모와 정조에 대한 양원의 탐욕이 발단이 되어 발생한 일련의 모든 갈등이 해소되면서 정신적 정절이 육체적 정절보다 더 소중하다는 주제의식이 선명하게 드러난다. 이는

8) 신태수는 유몽인의 「홍도」와의 차이 및 이 작품의 재창작 양상에 대하여 논의한 바 있다.(신태수, 앞의 논문.)
9) 이에 대하여는 박상석의 「짜깁기방식의 활판본 역사소설 연구」(『영주어문』 20, 2010, 145-178쪽.)를 참고할 수 있다.

기존의 홍도 서사에 담겨 있던 전근대의 전통적 정절관념의 틀을 깨뜨리고 부부의 진정한 사랑과 정절에 대한 새로운 인식을 보여준 것이다.

또한 『미수』는 역사소설 작품으로서 나름의 역사의식을 드러내고 있다. 이 작품은 임진왜란 당시 명나라군사들이 조선에 끼친 해악을 고발한다.

> 이때의 남원성의 방비를 보건대 (중략) 명나라장수 양원(楊元)이 소위 구원이라는 아름다운일홈앞에 방약무인의 행동을하고 잇엇다./ 양원은 성을 수축하고 참호 구덩이를 파노핫을 뿐으로 아모런방비를아지안코 낮과밤으로 술과여색을 탐하고 잇을뿐이엇다./ 성중백성들은 난리를 피하야 도망한다느니보다 명나라 군사들의 폭행에 견질수없어 남부여대하고 산촌으로 도망하엿다.(147쪽)
>
> 양원은 황망히 말께 나리어 패도와 부절(符節)과 전대를 끌러앞에 내던지며 무릅을 꿀잇다 「양총관 양총관」 하고 소리를 질으며 두손을 부비며 애원하엿다. 말할수없는 비굴한 태도이다.(161쪽)

역사적 실존인물인 명나라 장수 양원의 추악하고 비겁한 모습과 명나라 군사들의 만행을 묘사함으로써 구원이라는 명분 아래 도리어 조선 백성들을 약탈하며 폭행을 일삼은 명나라 지원군의 실상을 신랄하게 폭로하였다.

2.4. 「국제기연」(1936.5.21~6.5)

2.4.1. 문체와 장르

이 작품은 『매일신보』의 '사화와 야담(史話와 野談)'란에 순한글체를 사용하여 연재되었다. 총 3회에 걸쳐 연재되었는데 매회마다 제목이 다른 것이 특이하다. 1936년 5월 21일 첫회에는 '國際奇緣', 28일 두번째 회에는 '鄭生과 紅桃', 6월 5일 마지막 회에는 '男裝麗人(國際奇緣의 續)'이라는 제목을 달았다.

신문 지면상에서 야담으로 구분되었거니와 실제적으로도 이 작품은 근대 작가에 의해 한글로 활자화된 야담이기에 근대 야담으로 분류할 수 있다. 비록 『어우야담』이나 『동야휘집』 등 전근대 야담집에 수록되어 있는 작품을 바탕으로 삼고 있기는 하지만 해당 한문 텍스트를 단순히 한글로 번역해놓은 것이 아니라 그 일화를 근대 작가가 현대 우리말로 새로이 서술하면서 창의적으로 개작한 기록물이다.

2.4.2. 서사 구성(인물·사건·배경)

먼저 짚어볼 점은 제목이다. 특이하게도 이 작품은 3회에 걸쳐 연재하면서 매회마다 제목을 다르게 하였다. 하지만 이것은 구성적인 측면에서의 고려가 아닌 것으로 판단된다. 각각의 제목에 따라 내용이 긴밀성을 띠며 구성되어 있는 것이 아니기 때문이다. 한 번에 실을 수 없는 긴 이야기를 적당한 분량으로 나누고 거기에 독자의 이목을 끌기 위한 방책으로서 국제기연(國際奇緣)이니 남장려인(男裝麗人)이니 하는 제목을 붙인 것으로 볼 수 있다.

「국제기연」은 구성상에 있어서 「홍도」와 대동소이하지만 이 작품 나름으로 변화된 요소들이 존재함은 물론이다. 첫째로 꼽을 수 있는 것은 작가의 개입이다.

> 지금가트면 기차와기선이 조석으로 연락 부절하야 짜른시간으로 가장안전하게 왓다갓다 할수가 잇지만 삼백여년전 옛날에 안저서는 더구나 여자의 몸으로 만리항해를 하는 것이 그야말로 죽음을 무릅쓰고 하지아니하면 생심키도 어려운 시절이엇습니다.(제3회)

이처럼 서사가 진행되는 중간에 작가가 기차나 동력선 같은 근대적 교통수단과 이야기 속의 3백 년 전 상황을 비교하며 독자의 이해를 돕고자 직접 개입하고 있음을 볼 수 있다.

둘째로 작품 마지막에 후일담이 덧붙여진 점이다.

> 그후 정생의 나이가 팔십여세에 그사연이 나라에 들리어 정생을 불러보신후 첨지중추부사의벼슬을주시고 정생은 안락하게 일생을맛첫다합니다.(제3회)

정생이 임금을 알현하고 첨지중추부사를 제수받았으며 행복한 노후를 보내다가 생을 마쳤다는 후일담이 첨가되어 있다.

셋째로 홍도가 귀국을 결정하게 된 이유를 제시한 점이다. 이 작품은 패잔병을 등장시켜 정생이 죽지 않았다는 말을 전해주는 것이 독특하다. 패잔병의 이 말은 곧 홍도가 절강에서 조선으로 귀국하는 계기로 작용한다. 홍도의 귀국 이유에 대해 아무런 언급이 없는 「홍도」와 달리 이 작품은 귀국을 결정하게 된 합리적인 근거를 제시함으로써 사건의 인과성을 제고하였다.

넷째로 명나라 군사를 조력자로 등장시킨 점이다. 이 작품은 정생과 홍도의 만남을 도와주는 조력자가 천관 도주가 아니라 정생이 알고 지내던 명나라 군사로 설정되어 있다.

2.4.3. 주제와 역사 의식

이 작품은 정생과 홍도의 이야기를 국제기연(國際奇緣), 즉 국경을 초월한 기이한 인연이라는 시각으로 바라보면서 애정서사로 리텔링한다. 이는 정생과 홍도에 대한 본격적인 이야기로 들어가기에 앞서 언급된 내용에서도 드러난다.

> 전라도남원이라하면 우리조선사람은 먼저 춘향이이야기를얼른 연상하게되지만 또 이남원에는 춘향이이야기보다도압서 지금으로삼백여년전 임진난리를전후하야 신긔하고도 그럴듯한 「로맨쓰」 하나가 전해내려왓습니다(제1회)

남원이라는 작품 발단의 무대를 매개로 하여 남원땅의 유명한 춘향이 이야기를 화제로 삼아 독자의 이목을 끌고 있다. 그러고는 남원에는 춘향이 이야기보다 앞서서 신기한 로맨스가 있다고 하며 독자의 호기심을 자극한다. 정생과 홍도를 이도령과 춘향에 등치시키며 남녀의 낭만적인 사랑 이야기로 규정하고 있는 것이다. 이러한 인식은 정생과 홍도를 재자가인처럼 형상화한 인물 소개로 이어지면서 작품 전체의 분위기를 지배한다. 그리하여 이들의 사랑은 전쟁으로 인한 죽음의 공포와 포로생활의 고초, 하늘 끝 아득하고 절망적인 이별의 가혹함도 바다의 거친 풍랑도 모두 이겨내는 아름다운 로맨스, 즉 '신긔하고도 그럴듯한 「로맨쓰」'로 화한다.

이 작품은 이처럼 정생과 홍도 이야기를 로맨스로 인식하고 있기 때문에 역사 의식은 선명하게 표출되지 않는다. 다만 명나라 군사나 절강사람들 같은 조력자들의 행위 묘사를 통해서 긍정적인 중국 인식을 드러내고 있다.

> 관습과 풍속은 달을망정 싸뜻한 인정만은 인간도처에 다갓햇든지 절강사람들이정생부처의 내력을 듯고는 모다 가긍이여기어 금은전량이며 양식과 포백으로 도와주어 이국의 나그내살림에아모런부족을 느낄것이 업스리만큼 생활이 안정을 엇게되엿고 (제2회)

명나라 군사는 자발적으로 나서서 정생을 위해 은화 수십 냥을 들여가며 홍도를 찾아주고, 절강사람들은 따뜻한 인정으로 부조하여 정생 부부의 살림 밑천을 풍족히 마련해주었다고 함으로써 중국인들을 매우 인정 많고 호의적인 사람들로 묘사하고 있다. 중국은 비록 풍속은 다르지만 따뜻한 인정이 살아있는 곳이라는 인식과 그들의 선행을 통해 중국에 대해 긍정적인 역사 의식을 드러낸 것이다.

3. 1930년대 홍도 서사 리텔링의 특징

3.1. 장르 교섭 및 서사 구성의 다변화

한문단편 서사물인 야담 「홍도」를 원천 소재로 삼은 1930년대 홍도 서사 리텔링 작품들은 앞에서 살펴본 바와 같이 이를 단순히 현대어로 번역하는 데 그치지 않았다. 짧게는 「국제기연」 같은 근대 야담으로, 길게는 「남만상선의 상사루」와 같은 중편으로, 더 나아가 『춘도기우』와 『미수』 같은 장편소설로 리텔링되었다. 또 그 과정에서 인물 성격의 변화와 새로운 사건들로 인해 서사에 다기다양한 굴절현상이 일어났다. 그 변화의 대체적 양상을 일람할 수 있는 표로 정리하면 다음과 같다.

〈표 1〉 장르 교섭 및 서사 구성의 변화 양상 비교표

		「홍도」	『춘도기우』	「남만상선의 상사루」	『미수』	「국제기연」
문체		한문	한문현토	순우리말	순우리말	순우리말
장르		야담	역사연의류 신작 고소설	야담형 역사소설	역사소설, 염정소설	근대 야담
1	결연과정	정생이 무학이라서 반대하는 부친을 홍도가 설득	정원춘이 편사 우승 후 기생과 어울리는 것을 싫어하며 반대하는 부친을 홍도가 설득	일견종정. 정생이 편사 우승 후 남원 부사가 주선	일견종정과 연서. 정생이 지체와 가세가 부족하다며 홍도 부친이 반대. 편사 우승 후 남원 부사가 주선	정생이 무학이라서 반대하는 부친을 홍도가 설득
2	임진왜란 종군	정생은 사군, 홍도는 남복하고 동행. 남원성 지키다 부부 이별	연엽도인의 무술 전수. 원춘은 유격장군, 홍도는 대솔군관. 함께 권율을 도와 행주대첩 승리. 명장 양원을 보좌하여 남원성 지키다 부부 이별	정생은 사군, 홍도는 남복하고 함께 남원성 지킴. 정생과 양원의 대립. 부부 이별	정생은 사군, 홍도는 남복하고 함께 남원성 지킴. 정생과 양원의 대립. 부부 이별	정생은 방수군관, 홍도는 남복하고 동행. 남원성 지키다 부부 이별
3	홍도의 포로생활	왜군에게 잡혀 배젓는 일 하며 남만과 절강을 왕래	일장의 요리사·호위무사로 지내다 탈출. 하란선을 타고 호주와 유럽을 거쳐 중국을 왕래	일본군사의 포로가 되었다가 남만상인에게 팔려 중국·일본·인도·서양 각국을 돌아다님	없음	포로가 되어 남자종으로 일하다가 대만상선에 팔려 배질을 하며 대만에서 절강 왕래
4	정생의 중국생활	홍도를 찾아 중국을 떠돎	만세덕을 따라 명나라로 가서 오성병마순검사가 되어 강남에서 공을 세움	양원에게 잡혀 중국으로 끌려감. 참수 위기를 모면하고 풀려나 천궁 도주에게 의탁	홍도를 유인한 미끼로 양원에게 잡혀 중국으로 끌려감. 고문 끝에 사형당하지만 살아남	홍도를 찾기 위해 중국 절강성으로 건너가 떠돎

		「홍도」	『춘도기우』	「남만상선의 상사루」	『미수』	「국제기연」
5	부부 재회	절강 가는 배에서 통소소리로 재회. 천관 도주의 도움	동정호에서 피리와 시로 재회	서호에서 통소와 노래로 재회. 천궁 도주의 도움	홍도가 양원을 죽여 복수한 후 부부 상봉. 도사와 석주의 도움	통소와 노래로 재회. 명나라 병사의 도움
6	정생의 재종군	유정의 군대에 선발됨. 조선인이라 외쳐 죽음 모면	원춘이 병부시랑으로 출전. 간신의 모함으로 파직되고, 살해될 위기를 모면	양호의 군관으로 출전	없음	유제독의 막하로 종군. 조선인이라 외쳐 풀려남
7	정생의 귀국 및 사돈 만남	다리의 종기로 찾아간 의원이 사돈	압록강을 헤엄쳐 귀국. 등창으로 쓰러졌을 때 살려준 의원이 사돈	강홍립군을 따라 귀국. 노독으로 찾아간 의원이 사돈	없음	발병으로 찾아간 의원이 사돈
8	홍도의 귀국	항해 도중 식량이 떨어져 위기. 통제사 사수선에 구조됨	남편을 위해 간신에게 복수하고 남방에서 활약. 명나라 군대의 호위를 받으며 항해. 일본을 경유. 도중 양식이 떨어져 탈진. 옛 연인 도화에 의해 구조됨	정생이 죽은 것으로 알고 출발. 통제사 급수선에 의해 구조됨 (정생보다 앞서 귀향함)	없음	정생이 살아있다는 패잔병의 말을 듣고 출발. 조선 사수선에 의해 구조됨
9	후일담	없음 (사평 있음)	도화가 원춘의 첩이 됨. 연엽도인과의 대화	없음	없음	정생이 80세에 첨지중추부사 벼슬을 하사받음

사실 야담 「홍도」와 전기소설 「최척전」이 출현했던 예를 통해서 알 수 있듯이 이야기가 서술 주체의 인식과 의도에 따라 변주됨으로써 장르의 교섭과 전환이 일어나는 것은 우리 문학사에서 흔히 볼 수 있는 현상이다. 다만, 1930년대 홍도 서사 리텔링 작품들은 당시 생성 중에 있던 장르인 근대소설이라는 새로운 장르를 비롯하여 근대 야담, 신작 고소설 등 다양한 장르와의 교섭이라는 특성을 지닌다. 특히 1932-6년 사이 4년이라는 짧은 기간 동안에 근대 대중매체를 통해서 동일한 이야기가 릴레이하듯 각각 색다르게 리텔링되어서 짧게는 3회에서 길게는 무려 413회에 걸쳐 연달아 연재되었다는 사실은 매우 보기드문 현상이 아닐 수 없다. 이는 야담과 역사에 관심이 고조되던 1930년대의 시대성과 더불어 역사소설이라는 근대적 장르의 형성에 따른 실험정신 및 근대 대중매체의 상업성이 복합적으로 작용한 결과로 판단된다.

3.2. 상품화를 위한 통속성과 오락성 강화

1930년대는 조선학 운동이 활기를 띠며서 우리의 역사와 전통문화에 대한 관심이 고조되었으며 그와 더불어 야담과 역사소설이 크게 유행하던 시기였다. 1920-30년대의 야담운동을 통해 야담에 대한 대중적 수요가 증가하였고 이는 역사소설에 대한 수요로 이어져, 신문연재 역사소설과 야담잡지는 독자층을 공유하고 있었다.[10] 그리하여 신문에서는 수많은 역사소설이 연재되고 야담란이 운용되었으며, 야담전문잡지도 독자들에게 인기가 높았다.

본고가 대상으로 삼은 1930년대의 홍도 서사 리텔링 작품들도 모두 근대적 대중매체인 신문과 잡지에 연재된 작품들이라는 공통점을 갖고 있다. 『춘도기우』와 「국제기연」은 『매일신보』에, 『미수』는 『동아일보』에, 「남만선상의 상사루」는 『월간야담』에 각각 연재되었다. 일제의 조선통독부 기관지인 『매일신보』와 민족자본으로 출발한 『동아일보』(1920년 창간) 같은 근대 신문들은 본래 민중계몽에 방점을 두었으나 점차 여러 신문사들 사이의 독자확보 경쟁이 치열해지면서 1930년대에는 이미 상업성이 또 하나의 큰 축을 차지하고 있었다. 1934년에 창간된 야담전문잡지 『월간야담』도 출발부터 상업성을 강하게 띠고 있었다. 말하자면 1930년대에 이들 근대적 매체들은 독자를 단순한 계몽의 대상으로서가 아니라 구매력을 가진 소비주체로서 의식하지 않을 수 없었고 이는 문학의 상품화를 낳았다. 그리하여 대상 독자들을 겨냥한 작품의 흥미적 요소 등 상업성을 고려해야만 했는데 그러한 상황은 이들 홍도 서사 리텔링 작품들에도 고스란히 반영되었다.

홍도 서사 리텔링 작품의 상품화는 주로 통속성과 오락성 강화를 통해 진행되었다. 『춘도기우』는 연재 시작 전 3회에 걸쳐 신문에 연재 예정 광고를 게재하며 홍행몰이를 하였다. 마치 오늘날 영화 개봉작의 예고편처럼 소설 내용을 압축한 줄거리와 함께 독자의 구독욕구를 자극하는 광고문구로 독자를 유인한 것이다. 이 작품은 통속역사연의소설의 방식을 차용하여 수많은 군담을 삽입하였고, 기만적 연극을 사용한 복수담, 구사십생의 우여곡절 등 흥미로운 볼거리를 제공하였다. 「남만상선의 상사루」는 '상사(相思)'를 내세워 남녀애정을 부각시키면서 통속성을 강화하였다. 『미수』는 남장미녀를 겁탈하려는 호색한을 등장시켜 염정적 색채를 짙게 띠면서 홍도의 정조를 둘러싼 삼각관계의 첨예한 갈등과 복수를 다룸으로써 통속성과 오락성을 극도로 강화시켰다. 「국제기연」은 「춘향전」에 비견되는 '신기하고도 그럴듯한 로맨스'를 표방하며 독자를 호구하였다.

10) 이승윤, 「1920-30년대 역사를 통한 민중계몽과 양식실험-야담부흥운동을 중심으로」, 배달말 41, 배달말학회, 2007, 198쪽.

3.3. 역사의식의 한계

1930년대의 홍도 서사 리텔링 작품들이 각각 나름의 역사의식을 드러내었음은 앞에서 작품별로 살펴보았다. 1930년대가 역사소설과 야담의 시대로 일컬어질 정도로 역사에 대한 관심이 고조되었던 시기였기에 그러한 시대성이 작품 창작에 반영된 결과임을 알 수 있다. 그런데 이 작품들에 나타난 역사의식에는 일제의 식민통치라는 당시의 시대적 제약으로 인한 한계 또한 노정되어 있다.

『춘도기우』의 천명론에 의거한 역사 해석은 당시 일제에게 나라를 빼앗긴 상황을 천명으로 받아들이게 함으로써 일제의 통치를 정당화하고 독자들로 하여금 체념적이고 순종적인 태도를 조장하는 위험성을 내포하고 있다. 당시 일제의 관변 매체였던 <매일신보>에 장장 12년 동안이나 소설을 연재했던 친일 작가 이보상[11]과 그의 역사소설 『춘도기우』가 지닌 역사인식의 한계라 할 수 있다.

「남만선상의 상사루」의 부정적인 중국관은 원천 서사의 시대적 배경인 명나라뿐 아니라 청나라로까지 확장되어 나타난다. 홍도가 절강을 떠난 이유를 "관리가 평정된지 반년이지 내도록 정생의 소식이업슴으로 필경은 살어잇지안한것을 짐작하고 (중략) 조선의 고국땅으로 들어오기를 작정이되엿스니 이는 청국이 새로 생긴뒤로는 더욱 부지할수업게된까닭이엇다."(상편 47쪽)라고 함으로써 청나라를 도저히 사람답게 살 수 없는 야만적인 나라로 규정한다. 이는 본래 1619년의 사건이기에 실제 역사적 사실과는 위배되는 상황설정임이 분명하다. 그럼에도 불구하고 이 작품이 역사적 사실과 달리 청나라까지 끌어들인 것은 조선과 대한제국을 청나라로부터 철저히 단절시키고자 했던 일제의 정치적 책략의 영향이라는 혐의에서 벗어나기 어렵다.

『미수』는 첨예한 갈등을 통해 부정적인 중국인식을 극단적으로 표출하였다. 극악무도한 양원의 만행을 묘사함으로써 역사에 가려져 있는 명나라 지원군의 실상을 폭로하고 이를 통해 임진왜란과 명나라에 대한 역사적 재평가를 시도한 의의가 있다. 그러나 이 작품이 전쟁 도발의 주체인 왜군에 대해서 긍정적으로 평가한 것은 이 작품이 지닌 시대적 한계뿐 아니라 더 나아가서 작가의 친일적 성향에 대한 혐의도 노정하고 있는 것이다.

「국제기연」에는 기존의 리텔링 작품들과는 달리 긍정적인 중국인식이 미약하나마 드러나 있다. 하지만 이 작품도 역시 일제 강점기라는 시대적 한계를 안고 있다. "벼란간 조선천지를 발각뒤집어노흔 임진난이 이러낫습니다 그리고 또 다섯해만에재차조선을침노 해왓습니다"(제1회)와 같은 문장에서 알 수 있듯이 이 작품에는 침략의 주체인 왜적에 대한 호칭이나 심지어는 주어조차도 일절 생략되어 있다. 침략 주체에 대한 침묵에 따른 기형적 문장표현은 그만큼 그 당시 일제의 언론통제의 강도를 역력히 실감할 수 있는 부분이다.

11) 김성철, 「일제강점기 한문소설 작가 震庵 李輔相의 행적과 작품 활동 연구」, 『한국학연구』 43, 고려대학교 한국학연구소, 2012, 315쪽.

4. 결론

일제의 조선 침탈과 대륙 진출 야욕은 우리 민족으로 하여금 임진왜란을 되새기게 만들었다. 이에 「임진록」, 「이순신전」 등 임진왜란과 관련한 인물들의 역사전기와 전쟁서사가 유행하였다. 임진왜란부터 명청 교체의 시발점이 된 대후금전투에 걸쳐서 사건이 전개되는 홍도 서사도 이러한 사회적 맥락과 더불어 1910년대부터 근대 매체를 통해 거듭 소환되었다. 하지만 앞에서 각 작품의 리텔링 양상과 그 특징을 살피는 과정에서 드러났듯이 1930년대의 홍도 서사 리텔링은 일제에 대한 저항의식을 고취하기 위한 목적보다는 상업적이고 대중적인 오락물로서의 성격이 강했다. 일제의 검열이라는 시대적 제약과 더불어 대중매체의 상업성이 적극적으로 작동한 결과였다.

1930년대의 홍도 서사 리텔링 작품들은 공통적으로 상품화 경향을 띠고 등장하였다. 각 작품 나름마다 통속성과 오락성 강화를 통해 구매력을 가진 소비자로서의 대중 독자들을 끌어들이기 위해 노력하였다. 역사를 다룬 역사소설 혹은 근대 야담으로 리텔링되었지만 역사의식이 약화되거나 친일적 성향으로 기울어진 것은 시대적 한계이자 1930년대의 홍도 서사 리텔링이 지닌 문제이다. 그러나 사회적으로는 이미 근대로의 진입 이후이고 문학적으로도 근대소설이 정립되던 시기인 1930년대에, 전근대 야담인 홍도 서사를 근대적 대중매체를 통해 다양한 방식으로 리텔링을 시도함으로써 고전 서사의 근대적 재생과 근대 문학 양식과의 공생을 실험한 문학사적 의의는 간과되어서는 안 될 것이다.

이 작품들은 발표 지면인 1930년대의 신문과 잡지라는 근대적 대중매체가 처한 현실의 영향 아래 창작되었다. 대중 독자의 역사에 대한 관심이라는 시대적 요구에 부응하여 홍도 서사가 소환된 것인데, 다른 한편으로 상업성 추구 역시 당시 대중매체의 한 축을 이루고 있었기에 그에 영향을 받지 않을 수 없었다. 당시의 대중매체는 구매자인 독자를 유인해야만 했기에 대중의 구미에 맞는 통속성과 오락성을 강화하는 방향으로 나아갔던 것이다. 또 그와 동시에 양식적 측면에서도 각기 다른 계층의 근대 독자를 끌어들이기 위해 고전 시학의 현대적 변용 및 근대적 문학 양식을 다양하게 실험하였다. 이와 같은 1930년대의 홍도 서사 리텔링에 나타난 특징들은 오늘날 활발히 논의되고 있는 고전 서사의 콘텐츠화와 스토리텔링에도 시사하는 바가 있어 참고할 만한 가치가 있다.

고전소설의
스펙트럼

12장 문학계보학

Ⅰ. 홍도 서사의 계보학

12장에서는 문학계보학 연구를 소개하였다. 홍도 서사의 계보학에서 1621년 〈홍도(紅桃)〉에서부터 현대에 이르기까지 300여 년간 전승되어 온 홍도계 서사 작품들 사이의 관계망을 파악하여 홍도 서사의 계보를 추적하였다. 우리 서사문학사에서 남녀주인공의 이름을 정생과 홍도로 삼아 현대에까지 활발히 전승되고 있는 홍도계 서사 작품들의 상호 수수관계를 면밀히 분석하여 전체 작품들의 명확한 계보도를 도출하였다.

계보학은 혈통이나 학문 등의 계통을 과학적인 방법으로 연구하여 규명하는 학문이다. 오랜 옛날부터 보학(譜學)이라 하여 계보에 관한 학문이 발달해왔다. 가문의 계보를 추적하여 체계적으로 정리한 것은 동양과 서양 모두에서 오래된 전통을 지닌 학문이었다. 그러다가 19세기에 이르러 독일 철학자 니체는 〈도덕의 계보〉를 통해 사상의 관점에서 계보학적 탐구를 시도한 선구자가 되었다. 20세기 후반 프랑스의 미셸 푸코는 계보학을 철학적인 면에서 더욱 발전시켰다. 〈주체와 권력〉에서 그는 단순한 권력의 계보를 넘어 주체의 계보학으로 나아갔다. 푸코의 영향으로 말미암아 계보학은 기원으로 거슬러올라가는 과정에서 여러 차이들을 발견하고 그 차이를 낳은 조건들을 밝힘으로써, 현재를 해체하고 재해석하는 방법론으로 재인식되었다.

문학계보학은 문학연구에 계보학을 접맥시킨 방법론이다. 문학계보학적 연구는 특정 문학 장르나 작품계열을 시대구분에 맞추어 역사적으로 재구성한 단선적인 문학사 연구의 한계를 극복할 수 있게 해주는 잇점이 있다. 그럼에도 불구하고 고전소설에 대한 문학계보학적 연구는 극히 미미한 실정이다. 앞으로 활발한 연구가 이루어짐으로써 고전소설사를 새로운 시각에서 재구성하는 작업이 요구된다.

I.

홍도 서사의 계보학

1. 서론

조위한의 「최척전」과 유몽인의 『어우야담』 소재 「홍도」는 남녀주인공 일가가 임진왜란으로 인해 겪어야만 했던 파란만장한 삶을 그리고 있다. 두 작품은 전란으로 인해 가족이 세계 각지로 뿔뿔이 흩어졌다가 기적같이 온 가족이 다시 만나는 이야기라는 전체적인 골격이 유사하다. 그래서 두 작품 사이의 관계에 대하여 그동안 야담인 「홍도」에서 전기소설인 「최척전」으로 발전했다는 견해도 있었고, 서로 간에 영향관계 없이 하나의 원 서사로부터 각각 「홍도」라는 야담과 「최척전」이라는 전기소설로 정착된 것이라는 견해도 있었으며, 「최척전」이 「홍도」에 선행한다는 견해도 제기된 바 있다.

그런데 선행연구[1]에서 밝혀졌듯이, 창작 시기는 「최척전」이 1621년 윤2월로 명기되어 있고, 「홍도」는 함께 짝을 이루며 수록된 작품인 「강남덕모(江南德母)」가 1621년 여름에 기록된 것임을 토대로 본다면 「최척전」이 「홍도」에 앞서서 출현하였음을 알 수 있다. 하지만 「홍도」가 「최척전」으로부터 직접적인 영향을 받은 것은 아니다. 주인공들의 인물형상이나 해외 편력, 그리고 특히 작품 말미의 사평 등의 세부적인 면들을 비교해보면 「홍도」는 「최척전」의 내용에 대해 누군가로부터 전해들은 대략적인 이야기를 바탕으로 지어진 것임을 알 수 있다.

이와 같은 경로로 두 작품이 동시대에 출현한 이후, 우리 서사문학사에서는 남녀주인공의 이름을 최척과 옥영으로 하는 최척전계와 정생과 홍도로 하는 홍도계로 나뉘어 각각의 작품군이 형성되면서 두 줄기로 면면히 이어져 왔다. 그 가운데 최척전계열은 조선후기에 국문본과 여러 한문본으로 전승되었지만 근대 이후에는 새로운 작품이 등장하지 않았다. 최척전계 작품들에 대하여는 이미 선행연구를 통해 그 이본들의 실상이 비교적 상세히 파악된 바 있다. 반면에 홍도계열은 오히려 근대 이후에 대중매체를 통해 더욱 활발하게 변형·전승되

1) 신태수, 「<崔陟傳>의 虛實 논변」, 『고소설연구』 37, 한국고소설학회, 2014, 161- 173.

면서 현재에까지 이르고 있지만 아직 그 작품들의 현황조차 제대로 파악되지 못한 상태이다.

이에 본고는 현대에까지 활발히 전승되고 있는 홍도계 서사 작품들에 초점을 맞추어 계보학의 관점에서 논의를 진행하고자 한다. 본고는 『어우야담』 소재 「홍도」의 출현 이후 현대까지 300여 년간 이어져 내려오면서 '홍도'를 여주인공의 이름으로 삼아 임진왜란을 배경으로 사건이 전개되는 서사 작품을 '홍도 서사'로 명명하고, 수수관계가 복잡하게 얽혀있는 홍도계 서사 작품들 사이의 관계망을 파악하여 그 계보를 밝혀보고자 하는 것이다.

지금까지 홍도계 서사에 대한 연구[2]는 1920~30년대에 출현한 일부 작품에 한정되어 있고, 『어우야담』 소재 「홍도」와의 직접적인 비교를 통해서 작품의 변화된 양상을 밝히는 데 주안점을 두었다. 홍도 서사의 원천인 「홍도」와의 비교를 통해 각 작품의 변모 양상 및 독창성을 분석하여 근대적 계승의 양상을 밝히려고 시도한 것은 고전문학과 근대문학 사이의 접점 및 근대문학의 정체성을 파악하는 데 일정한 기여를 한 의의가 있다.

하지만 계보학의 관점에서 본다면 근대기의 작품을 「홍도」와 직접 비교하는 것은 300여 년의 전승과정과 계통을 무화시킴으로써 자칫 실제적인 영향과 수용의 관계에 대한 이해에 오류를 낳을 수 있는 문제를 안고 있는 것이 사실이다. 왜냐하면 근대기의 작품들이 「홍도」를 직접적인 원천으로 삼은 것이 아니기 때문이다. 실상은 홍도계 서사 작품들이 각각 나름의 원천을 토대로 변화 발전하면서 다양한 계통을 형성해나온 것이 문학사의 현실임에 주의를 요한다.

이제는 「홍도」를 단일한 원천으로 상정한 비교연구는 지양하고 각 작품의 실제적이고 직접적인 원천을 찾아 일차적인 비교의 대상으로 삼아야 한다. 이를 위해서는 먼저 홍도계 서사 작품들의 계보를 파악하는 것이 선행되어야 하는데 바로 여기에 본 연구의 동기와 필요성이 있다. 따라서 본고는 1621년 유몽인의 『어우야담』 소재 「홍도」에서부터 현대에 이르기까지 300여 년간 전승되어 온 홍도계 서사 작품들 사이의 관계망을 파악함으로써 홍도 서사의 계보를 밝히는 데 목적을 둔다.

---

2) 이대형, 「『매일신보』에 연재된 한문현토소설 「春桃奇遇」와 작자 李輔相」, 『민족문학사연구』 50, 민족문학사연구소, 2012, 282-308.
장연연, 「대중계몽주의자 현병주 연구」, 인하대학교 박사학위논문, 2015, 83-93.
신태수, 「『眉愁』의 재창작 양상」, 『어문연구』 89, 어문연구학회, 2016, 63-96.
양영옥, 「식민지 시기 야담의 근대적 양상-『월간야담(月刊野談)』 소재 「남만선상(南蠻船上)의 상사루」를 중심으로」, 『Journal of Korean Culture』 44, 한국어문학국제학술포럼, 2019, 375-402.
저여나, 「홍도 서사의 현대적 변환양상-『홍도의 일생』 『홍도의 반생』 중심으로」, 한남어문학 41, 한남어문학회, 2020, 185-213.
신태수, 「1930년대 고전 서사의 근대적 리텔링 양상-홍도 서사를 중심으로」, 『문화와융합』 44-10, 한국문화융합학회, 2022, 279-291.

2. 홍도 서사의 전승 현황

우선, 현재까지 파악된 홍도계 서사 작품들을 열거하면 다음과 같다.

첫째는 앞에서 언급한 유몽인의 「紅桃」이다. 둘째, 1674년에 유수함(柳壽咸, 1663-1683)이 지은 「홍도전(紅桃傳)」이다. 셋째, 이원명(李源命, 1807~?)의 「역삼국일가단취(歷三國一家團聚)」이다. 이원명이 엮은 야담집 『동야휘집(東野彙輯)』(1869)에 실린 야담이다. 넷째, 장지연(張志淵, 1864~1921)의 「정생처홍도(鄭生妻紅桃)」이다. 1916년 『매일신보(每日申報)』에 연재된 한문현토체 야담이다. 다섯째, 작자 미상의 「홍도」이다. 1918년 『신한민보(新韓民報)』에 실린 순우리말로 된 전기이다. 여섯째, 송순기(宋淳夔, 1892-1927)의 「만리성부부상봉 입년후부녀중회(萬里城夫婦相逢 廿年後父女重會)」이다. 송순기가 엮은 야담집 『기인기사록(奇人奇事錄)』 하권(1923)에 실린 국한문혼용체 야담이다. 일곱째, 이보상(李輔相, 1882-1948)의 『춘도기우(春桃奇遇)』(1932~33)이다. 『매일신보』에 연재된 한문현토체 장편 소설이다. 여덟째, 신정언(申鼎言, 1902~ ?)의 「남만선상의 상사루(南蠻船上의 相思淚)」(1935)이다. 『월간야담(月刊野談)』에 연재된 중편 소설이다. 아홉째, 윤백남(尹白南, 1888-1954)의 『미수(眉愁)』(1935)이다. 『동아일보(東亞日報)』에 연재된 장편 소설이다. 열째, 신영철(申瑩澈, 1895-1945)의 「국제기연(國際奇緣)」(1936)이다. 『매일신보』에 연재된 야담이다. 열한째, 현병주(玄丙周, 1880~1938)의 「순정비화 홍도의 일생(純情祕話 紅桃의 一生)」이다. 현병주가 사망한 1938년 이전에 창작된 중편 소설이다. 열두째, 이은상(1903-1982)의 「정생(鄭生)과 홍도(紅桃)의 표랑(漂浪)」이다. 이은상이 엮은 야담집 『한국야담사화전집(韓國野談史話全集)』 2(1959)에 실린 작품이다. 열셋째, 이호일이 엮은 고전작품집 『우리 고전의 향기』 3(1981)에 실린 「행복 찾은 정생 일가」이다. 마지막 열넷째, 「아내의 정조를 뺏은 양오 원수 갚기」(1983)이다. 현대에 이르러 김진홍이 구연한 구비설화이다.

이상의 작품들을 목록화하여 표로 정리하면 다음과 같다.

〈표 12-1〉 홍도계 서사 작품 목록

		연도	제목	형식	분량	문체	작가	출처
조선 후기	1	1621	「紅桃」	야담	단편	한문	柳夢寅	『於于野談』
	2	1674	「紅桃傳」	미상(傳)	미상	미상(한문)	柳壽咸	失傳
	3	1869	「歷三國一家團聚」	야담	단편	한문	李源命	『東野彙輯』

		연도	제목	형식	분량	문체	작가	출처
근대기	4	1916	「鄭生妻紅桃」	야담	단편	한문현토	張志淵	『每日申報』 연재
	5	1918	「홍도」	전기	단편	순우리말	미상	『新韓民報』
	6	1923	「萬里城夫婦相逢 卄年後父女重會」	야담	단편	국한문 혼용	宋淳夔	『奇人奇事錄 下』
	7	1932~3	『春桃奇遇』	소설	장편	한문현토	李輔相	『每日申報』 연재
	8	1935	「南蠻船上의 相思淚」	소설	중편	순우리말	申鼎言	『月刊野談』 연재
	9	1935	『眉愁』	소설	장편	순우리말	尹白南	『東亞日報』 연재
	10	1936	「國際奇緣」	야담	단편	순우리말	申瑩澈	『每日申報』 연재
	11	1938 이전	「純情祕話 紅桃의 一生」	소설	중편	순우리말	玄丙周	세창서관 1953년판
현대	12	1959	「정생(鄭生)과 홍도(紅桃)의 표랑(漂浪)」	야담	단편	순우리말	이은상	『韓國野談史話全集』 2
	13	1981	「행복 찾은 정생 일가」	야담	단편	순우리말	이호일	『우리 고전의 향기』 3
	14	1983	「아내의 정조를 뺏은 양오 원수 갚기」	구비설화	단편	순우리말	김진홍	『한국구비문학대계』

전체 300여 년의 전승 과정을 조감해보면 전달 매체와 문자, 장르 등의 측면에서 위의 홍도계 서사 작품들의 출현은 크게 세 시기로 구분된다. 우선, 근대적 매체의 등장을 기준으로 조선후기와 근대기로 나누고, 또한 해방 이후 산업화와 더불어 구비문학이 전환기를 맞이한 현대로 나뉜다. 아울러 근대기는 짧은 기간 동안 큰 변화를 겪은 시대로서 1910~20년대와 1930년대는 각각 홍도계 서사 작품들 사이에도 현격한 질적 변화가 드러나기 때문에 근대기를 다시 두 시기로 나누어 살펴볼 필요가 있다.

본고는 홍도 서사의 계보를 파악하기 위하여, 이어지는 3장에서 조선후기, 근대기, 현대의 세 시기로 나누고, 근대기는 다시 1920~20년대와 1930년대로 나누어서 각 작품의 출현 순서에 따라 직전까지의 홍도계 서사 작품들과 상호 비교를 통해 작품들 사이의 관계망을 살펴보겠다. 또한 이를 토대로 4장에서 홍도 서사의 계보도를 완성해보겠다.

3. 홍도계 서사 작품들의 관계망

3.1. 조선후기 : 구비설화와 한문단편

조선후기까지 우리 민족은 이중언어로 문학을 창작·향유하였다. 물론 우리글 문학인 국문문학과 우리말 문학인 구비문학이 있었으나 이 시기에 홍도계 서사의 구비적 전승을 파악하기는 어려운 현실이다. 한문 단편으로 된 야담 작품 「紅桃」를 비롯한 홍도계 서사 작품은 조선 말기까지 문어체 순한문으로서 필사본이라는 매체를 통해 유통되었다.

우선, 「紅桃」는 한국문학사 최초의 야담집으로 알려진 유몽인의 『어우야담』(1621)에 실린 야담이다. 항간에 전해지는 이야기나 주변에서 들은 이야기를 모아 엮은 유몽인의 야담집 『어우야담』은 조선후기 내내 여러 필사본으로 유전되다가 현대에 이르러서야 비로소 간행되었다. 따라서 「紅桃」의 출현 이후 조선후기 동안 어떤 경로를 밟으며 전승되었는지는 불분명하다. 다만 현재까지 확인된 바에 따르면, 이덕무(1741-1793)와 그의 족질 광석이 유몽인의 「紅桃」를 읽고 토론한 기록[3])이 있으며, 이원명이 이 작품을 바탕으로 지은 야담이 그의 야담집 『동야휘집』(1869)에 실려 있다.

유몽인의 「紅桃」가 출현한 이후 조선후기의 오랜 세월을 거쳐면서도 다른 이본으로 파생되면서 활발히 전승되지 않은 이유는 이덕무와 그의 족질 사이의 토론에서 그 실마리를 찾을 수 있다.

> 오직 심계만은 어우(於于)의 병통을 잘 지적하는구려. 또한 그것은 와전되고 누락된 것이 아주 많네. 거기에 말한 '남원 정생(南原鄭生)'이란 자는 바로 최척(崔陟)이니 정(鄭)이 아닐세. 그의 며느리는 홍도(紅桃)이고 그의 아내는 옥영(玉英)이네. 내가 소옹(素翁)의 최척전(崔陟傳)을 한 번 읽어 보았기 때문에 자세히 아네. 무릇 글을 저술하는 데는 속된 것을 가지고 고아(古雅)하게 만들 수 있는 솜씨가 있어야만 되는 것인데, 어찌된 일인지 혹 그 고아하고 기이한 기사(記事)라도 한 번 어우의 붓을 거쳐 가면 가치가 손상되고 빛이 떨어지는구려. 그러나 그의 고체(古體)로 지은 글을 보건대, 그중에 좋은 것은 썩 엄숙하고 정결한 데가 있으니 아마도 기사(記事)하는 재주는 따로 있는가 하네.

이덕무는 유몽인의 글쓰기방식을 문제삼으며 「紅桃」가 조위한의 「최척전」에 크게 미치지 못하는 것으로 평가하였다. 세계 각지로 뿔뿔이 흩어졌던 온 가족이 온전하게 한자리에 다시 모인, 너무나도 기이한 이야기임에도 불구하고 유몽인의 「紅桃」는 서술상의 묘미를 살려내지 못하고 도리어 그 이야기의 가치를 손상시키고 빛이 떨어지게 만들었다는 지적이다.

---

3) 이덕무, 「아정유고」 7, 『청장관전서』 권15.

유몽인의 「紅桃」는 사건만을 전달하는 건조한 문체여서 사건 자체가 기이할 뿐 서술방식에 있어서 디테일과 이야기의 묘미는 매우 부족하다. 게다가 유사한 이야기 골격을 가졌으면서도 다양한 문장기법들을 동원하여 흥미진진하게 풀어낸 「최척전」이 존재한다는 사실은 이덕무를 비롯한 조선후기 문인 독자들에게 「紅桃」에 대해 부정적인 인식을 갖도록 작용했던 것이다. 바로 이러한 상황으로 인해서 유몽인의 「紅桃」 이후 조선 말엽까지 홍도 서사에 대한 새로운 이본들이 활발하게 생성·전승되지 않은 것으로 이해할 수 있다.

「홍도전」은 유몽인의 『어우야담』이 세상에 나온 지 50여 년이 지난 1674년에 유수함이 지은 작품이다. 문화류씨대종회에서 『국조방목(國朝榜目)』과 「가장(家狀)」을 토대로 작성한 행장에 의하면 류수함은 12세에 「홍도전」을 지어 세상에 널리 알려졌다[4]고 한다. 이 작품은 전통적인 전(傳) 양식으로 된 한문 작품으로 추정된다. 그러나 해당 작품이 현재 전해지지 않기 때문에 작품의 실상을 파악할 수 없는 상황이다. 따라서 그가 「紅桃」를 읽고 나서 이를 바탕으로 인물전을 지은 것인지, 아니면 구전을 토대로 지은 것인지도 파악하기 어렵다.

이원명의 「역삼국일가단취」[5]는 작품의 제목이 주인공의 이름을 표제로 삼은 것이 아니라 작품의 대체적인 내용을 짐작할 수 있도록 만들어진 것이 특징이다. 이 작품이 실린 『동야휘집』은 조선후기의 대표적인 야담집으로 손꼽힌다. 『동야휘집』 서문에 따르면 이 야담집은 이원명이 『어우야담』과 『기문총화(奇聞叢話)』 등을 토대로 엮은 것이다. 하지만 이원명은 『어우야담』의 「紅桃」를 그대로 전사하지 않았다. 「역삼국일가단취」는 「紅桃」를 토대로 삼긴 했지만 거기에 『어우야담』에 실린 노인(魯認, 1566-1622)의 포로귀환담[6]을 혼합함과 동시에 작가의식을 발휘하여 새롭게 재구성해낸 작품이다.

「역삼국일가단취」는 정생이 중국으로 들어가 홍도를 찾아다니는 장면, 홍도가 왜적의 포로가 되었다가 중국에서 정생과 재회하기까지의 과정, 홍도 일행이 배를 타고 귀국하던 중 양식이 떨어져 절망하는 장면 등에 魯認 이야기를 가져다가 정생과 홍도가 겪은 사건으로 각색하였다. 먼저, 정생이 중국으로 들어가 홍도를 찾아다니는 장면을 보자.

> 獨認登南藩商船, 入南藩國. 其地與中原通貨, 多綾羅錦繡, 又多燔畫器, 甚淸瑩可翫. … 五穀所生, 稻粱極貴, 朝夕用切肉數斤和麪餠而食, … 魯認自南藩, 度中原福建, … 繇閩入楚, 遊洞庭湖岳陽樓, 過瀟湘黃陵廟, 轉而出蘇杭州, 覽浙江西湖之勝, 航黃河揚子江, 歷濟韓之境而達于燕京, … 其間奇觀壯遊, 雖博望子長, 無以過之.(「魯認」)

4) 문화류씨대종회 홈페이지.
5) 이원명, 『동야휘집』, 정환국 책임교열, 보고사, 2021, 529-531.
6) 유몽인, 『어우야담 원문』, 신익철 외 옮김, 돌베개, 2016, 55.

乃航黃河揚子江，歷齊韓之坰，而達于江南，過蘇杭州，覽錢塘金陵之勝，轉而繇閩入楚，如洞庭瀟湘岳陽樓黃陵廟，皆歷覽焉．其間奇觀壯遊，雖博望子長，無以過之．而生一念紅桃，期於獲遇，不以遊覽爲幸．又隨南蕃商人船，轉至南海，其地多綾羅錦繡珍禽異獸五穀，所生稻粱極貴，朝夕用切魚數斤，和麵餠而食之，與中國通貨，商船之往來不絕．生更隨商船，而還到浙江．(「歷三國一家團聚」)

위 인용문에 보이는 바와 같이 「역삼국일가단취」는 정생이 중국에서 홍도를 찾아다니는 사건에 『어우야담』 소재 「노인(魯認)」에 있는 노인(魯認)이 남번과 중국을 돌아다닌 이야기를 끼워넣은 것이다. 그런데 이 작품에서는 노인(魯認) 이야기의 순서를 뒤집어서 정생이 먼저 중국을 유람하고 난 후 남번에까지 갔다가 다시 중국으로 돌아오는 것으로 재구성해 놓았다. 뿐만 아니라 정생이 단순히 명승지들을 유람하며 즐긴 것이 아니라 "정생은 오로지 홍도를 다시 만나볼 일념이었을 뿐 장쾌한 유람을 행운으로 여기지 않았다(生一念紅桃, 期於獲遇, 不以遊覽爲幸)."라고 부가적으로 명시함으로써 정생의 인물성격 및 주제의식을 명확히 드러내는 동시에 작품의 내적 통일성을 다져나가는 작가의식을 발휘하였다.

다음으로, 홍도가 왜적의 포로가 되었다가 중국에서 정생과 재회하기까지의 과정을 살펴보자.

恒與七人相從，密圖生還故國． … 七人相與謨，偸倭小船，將由對馬島渡釜山．魯認曰不可．對馬島屬日本，日本命令，無大小奉承，(중략) 獨認登南蕃商船，入南蕃國．(「魯認」)

恒與被擄諸人，密圖逃還故國，(중략) 諸人相與謨偸倭小船，將由對馬島渡釜山，紅桃曰不可，對馬島屬日本，日本命令，無大小奉承，(중략) 紅桃遂從蠻船，入其國，轉至浙江者，意欲因之還朝鮮也．(「歷三國一家團聚」)

위와 같이 「역삼국일가단취」는 홍도가 남만을 거쳐 중국에 이르게 된 경위를 서술하면서 노인(魯認)이 일본을 탈출하여 직접 조선으로 귀국하지 않고 남번과 중국으로 우회하는 경로를 택했던 이야기를 가져다가 끼워넣었다. 그리하여 홍도가 어떠한 경위로 절강에까지 오게 되었는지 그 인과관계를 자세하게 밝혀 놓았다. 이를 통해 홍도와 정생이 이역만리 외국의 절강땅에서 기적같이 재회하게 된 것에 대한 작품 내적인 논리를 갖춤으로써 서사 구성의 치밀성을 강화하는 동시에 상황판단능력이 뛰어나며 적극적이고 주도면밀한 홍도의 인물성격을 부각시켰다.

마지막으로, 홍도 일행이 배를 타고 귀국하던 중 양식이 떨어져 절망적인 상황에 직면했을 때를 보자.

夜於舟中，相枕而眠，汝宏夢得一環，七人相爭之，覺以自解，環者回旋之物，或者回旋故鄉之兆耶．第不識古書循環賜環之義.(「魯認」)

夜於舟中，相枕而眠．紅桃夢得一環，覺而未解其兆，夢賢解曰 環者回旋之物也，或者回旋故鄉之兆耶? 適五六日，統制使斜水船來泊.(「歷三國一家團聚」)

위 인용문에 나오는 '가락지 꿈' 이야기 역시 노인(魯認)의 포로귀환담에서 가져다가 끼워 넣은 것이다. 이를 통해 몽현을 박식하고 명석한 인물로 형상화하는 효과를 거두었다. 또한 통제사의 사수선에 의한 구조와 귀국이 우연이 아니라 하늘이 정한 필연적 사건임을 드러내는 복선과도 같은 서사적 기능을 수행하도록 만들었다.

〈표 12-2〉「역삼국일가단취」의 서사 혼합 양상

	「紅桃」		「歷三國一家團聚」		「魯認」
1	정생의 홍도 찾기 노정: 조선→절강	→	정생의 홍도 찾기 노정 중 '중국 명승지 유람'	↖	포로 초기 가락지 꿈
2	홍도의 포로생활 여정: 왜→남만→절강	→	홍도의 '포로 탈출여정 및 우회 이유'	←	왜→남번→중국의 포로 탈출여정 및 우회 이유
3	홍도의 귀환	→	귀환 도중 홍도의 '가락지 꿈과 몽현의 해몽'	↙	중국 명승지 유람

이처럼 「역삼국일가단취」는 노인(魯認)의 이야기를 정생, 홍도, 몽현에게 분배하여 각 인물의 성격을 개성있게 드러내면서 동시에 서사의 인과성을 강화시켰다. 작품 전체를 통해 볼 때 노인(魯認)의 포로귀환담을 가져다가 끼워넣은 것이 작품의 1/4이나 되는 상당한 분량이다. 이와 같은 서사 혼합에 의한 재구성 방식을 통해서 정생과 홍도의 해외체험이 확대되고 지리적인 활동무대가 크게 확장되었을 뿐 아니라 우연성을 지양하고 서사의 인과성을 제고하는 한편 인물들의 성격과 주제의식을 더욱 선명하게 부각시키는 등의 효과를 거두었다.

3.2. 근대기

1883년 『한성순보(漢城旬報)』를 기점으로 근대적 신문시대가 개막된 것은 한국문학사, 특히 서사문학에 중요한 전환점이 되었다. 신문에는 각종 야담, 야담을 활용한 서사적 논설, 소설 등의 작품들이 실렸고, 1930년대에는 야담전문잡지도 출현하여 대중을 독자로 끌어들였다. 근대기는 문체에 있어서도 국한문혼용체, 한문현토체, 순우리말체 등 조선후기까지의 순한문체에서 벗어나 언문일치의 우리말문체를 지향해 나갔다.

근대기의 홍도계 서사 작품들 역시 신문과 잡지 등 근대적 대중매체를 통해 유통되었고 문자와 장르 면에서 문어체 한문을 탈피하여 구어체와 순우리말을 지향해나갔다. 서사 내용과 구성상에 다양한 변화를 시도하는 한편 장르적으로도 활발한 장르교섭 현상을 일으키면서 전환기적 양상을 드러냈다.

3.2.1. 1910~20년대 : 근대 야담과 역사전기문학

1910~20년대에 출현한 홍도계 서사 작품은 대중매체의 파급력에 힘입어 단기간에 광범위하게 유통될 수 있었다. 이로 말미암아 전승에 있어서의 획기적인 변화의 시대를 맞이하였다. 이 시기의 신문은 계몽성을 지향하면서 사람들에게 친숙한 전통 야담과 사화를 활용하여 한문식자층과 민중을 모두 독자로 포섭하려 노력하였다. 이러한 시대적 경향에 따라 이 시기의 홍도계 서사 작품들은 근대적 문체로 된 근대 야담과 역사전기문학의 형식으로 전승되었다. 이 시기에 등장한 작품들은 이전 시대와의 교량 역할을 하면서 다른 한편으로는 근대매체의 확산력과 우리말문체 사용의 보편화로 말미암아 이전 시대의 작품들을 대신하여 후속 작품들의 활발한 전승과 변화에 다양한 계기를 마련하는 신기원이 되었다.

3.2.1.1. 「정생처홍도」(1916)

근대기에 접어들어 가장 먼저 출현한 홍도계 서사 작품은 張志淵의 「정생처홍도」이다. 이 작품은 『每日申報』에 1916년 7월 15일(上), 16일(中), 18일(下) 총 3회에 걸쳐 연재된 한문현토체 야담이다. 연재의 첫회는 「강남덕모, 정생처홍도」라는 제명으로 강남덕의 어머니 이야기와 함께 실렸다. 그런데 강남덕 어머니에 대한 이야기 끝에 "柳於于夢寅이 爲記其事云이러라"라고 부기한 후 정생과 홍도의 이야기를 이어나간 것을 볼 때 「정생처홍도」 역시 유몽인의 「紅桃」를 원천으로 삼았음을 알 수 있다.

하지만 「정생처홍도」는 「紅桃」와 유사한 듯 하면서도 실상은 다른 면모를 보이며 개작된 작품이다. 우선, 두 작품의 시작 부분을 보자.

> 南原鄭生者, 失其名. 少時, 善吹洞簫, 善歌詞, 意氣豪宕不羈, 懶於學問. 求婚於同邑良家, 良家有女, 名紅桃, 兩家議結. 吉日已迫, 紅桃父, 以鄭生不學辭之(「紅桃」)[7]
>
> 鄭生者ᄂᆞᆫ 南原人이니 失其名이라 少時에 工吹簫善歌唱ᄒᆞ며 意氣豪宕不羈ᄒᆞ야 以俠聞이러니 同郡張氏ㅣ 有女名紅桃ㅣ 姿色絶美ᄒᆞ고 才德賢淑이라 生이 爲求婚於張ᄒᆞᆫᄃᆡ 張이 許之러니 及吉日이 將迫에 張이 忽辭之曰 鄭生이 不學ᄒᆞ고 好遊俠放蕩ᄒᆞ니 不可라ᄒᆞ니(「鄭生妻紅桃」)

위 예문의 밑줄 친 부분은 장지연이 창의를 발휘한 부분이다. 홍도가 '자색이 뛰어난 절세미인이요 재덕을 겸비한 현숙한 여인'이라고 하면서 여주인공 홍도를 형상화하였다. 그리고 홍도의 성을 '장(張)씨'로 설정하였다. 정생에 대해서도 '유협을 좋아하며 방탕한' 인물이라는 것을 퇴혼의 사유로 부각시켰다. 「장생처홍도」에 이처럼 새롭게 설정된 남녀주인공 정생과 홍도의 인물형상은 이후 근대기에 등장한 홍도계 서사 작품들에 큰 영향을 끼쳤다.

「정생처홍도」가 드러낸 새로운 면모 가운데 또다른 특징은 홍도 일행의 해로귀국 과정에 나타나 있다.

> 是時에 紅桃ᄂᆞᆫ 在浙江村舍ᄒᆞ야 念其北征遼陽에 生死存亡을 杳然莫聞이러니 有敗兵自遼至者言鄭生不死어ᄂᆞᆯ 意其生必歸國ᄒᆞ고 乃與夢眞及婦로 謨ᄒᆞ야 曰 俺與爾父ㅣ 本朝鮮人이오 且婦ᄂᆞᆫ 雖此土人이ᄂᆞ 婦之父ㅣ 往朝鮮而未返ᄒᆞ니 我們이 在此無適이온 況爾爺ㅣ 生存이면 必返古土리니 寧相與同歸乎아ᄒᆞ고 率子及婦ᄒᆞ되 皆爲男子裝ᄒᆞ야

홍도가 몽진 부부를 이끌고 중국을 떠나 귀국길에 오른 경위를 밝힌 부분인데 이것은 「紅桃」에서는 전혀 언급되지 않았던 내용이다. 여기에서 정생의 생존 소식을 전하는 '패잔병'의 등장과 홍도와 몽진부부 '삼인이 모두 남장'을 했다는 설정이 독특한데 이 또한 후속 작품에 영향을 끼친 요소이다.

또한 홍도 일행이 항해 도중 겪은 고난에 대한 묘사에서 기존에 없던 새로운 사건을 추가한 점도 주목할 만하다.

> 於是에 從其言ᄒᆞ야 啓帆而行ᄒᆞ더니 忽颶風이 大起ᄒᆞ야 漂抵一島ᄒᆞ니 島亦無人이라 乃繫舟登陸ᄒᆞ야 採魚貝斫薪煮食ᄒᆞ고 遍訪島中ᄒᆞ니 有古竈炊鍋鐺器皿之屬이라 出所藏弓槍ᄒᆞ야 獵島獸以食之ᄒᆞ고 居數日에 又舟行洋中ᄒᆞ더니 粮垂盡에 適有一大船이 過ᄒᆞ니

---

7) 위의 책, 43.

중국에서 출항하여 50여 일만에 제주도 인근 무인도에 도착했으나 식량이 바닥나 홍도가 자살하려하자 며느리가 말리며 권유하여 마음을 돌이킨 것까지는 「紅桃」와 같지만 이후 벌어진, 위 인용문에 제시된 '2차 조난사건'은 「정생처홍도」에서 새롭게 추가된 것이다. 양식이 바닥을 드러냈지만 심기일전하여 안갯속 멀리 어렴풋이 보이는 산그림자를 향해 마지막 희망을 품고 돛을 올렸으나 이내 돌풍을 만나 표류하고 만다. 어느 무인도에 도착한 홍도 일행은 오래된 부엌에서 취사도구와 사냥도구를 발견하고 그것을 사용해 짐승을 사냥하여 연명하다가 며칠 후 다시 배를 몰아 나아가던 중 드디어 큰 배를 만나 구조된다. 이와 같은 2차 조난사건의 추가는 해로귀국 과정에서의 우여곡절의 기복을 증가시킴으로써 서사의 긴장감과 흥미를 더욱 고조시키는 효과를 낳았는데 이 또한 후속 작품들에 큰 영향을 끼친 요소이다.

마지막으로 「정생처홍도」는 정생과 홍도 일가족의 재회 이후, "年俱八十餘에 朝廷이 聞之ᄒᆞ고 爲召見賜爵僉中樞云이러라"라고 하는 '후일담'도 새롭게 추가하였다. 정생 부부가 팔십여 세를 살다가 조정에 알려져 부름을 받고 알현하여 벼슬을 하사받았다는 이야기로 마무리된다. 가족이 다시 만난 사건에서 이야기가 끝났던 기존 서사와 달리 행복한 노년기까지를 추가함으로써 주인공들의 일대기 전체를 다루는 전기(傳記)문학의 형식을 갖추고자 한 의도를 엿볼 수 있는데 이 점 역시 후속 작품들에 영향을 끼쳤다.

「정생처홍도」가 시도한 서사의 변환 양상을 정리하면 다음과 같다.

〈표 12-3〉 「정생처홍도」의 서사 변환 양상

	「紅桃」	「鄭生妻紅桃」
정생의 인물소개	善吹洞簫 善歌詞 意氣豪宕不羈 懶於學問	吹簫善歌唱ᄒᆞ며 意氣豪宕不羈ᄒᆞ야 以俠聞
홍도의 인물소개	없음	張氏. 姿色絶美ᄒᆞ고 才德賢淑
퇴혼사유	不學	不學ᄒᆞ고 好遊俠放蕩
홍도의 귀국동기	없음	정생의 생존을 알린 패잔병의 소식
출항 시 복색	없음	삼인 모두 남장
해상조난	1회(식량부족)	2회(1차 식량부족, 2차 태풍표류). 2차 조난 시 부엌에서 취사도구, 사냥도구 발견
정생의 군직	射軍	防守軍官
사망가족	없음	정생의 부친

위의 표에 제시된 바와 같이 앞에서 언급한 차이점들 외에도 정생이 남원성 전투에 '방수군관(防守軍官)'으로서 참전한 것으로 설정한 점, 정생이 고향집에 돌아왔을 때 그의 아버지가 이미 사망했음을 알게 되는 설정 등이 있으며 이러한 요소들도 모두 후속 작품들에 영향을 끼친 주목할 만한 요소들이다. 앞으로 본고의 논의를 통해 밝혀지겠지만 홍도 서사 전승의 관계망을 살펴보면 근대기에 나타난 후속 작품들은 대부분 유몽인의 「紅桃」보다는 「정생처홍도」와 더 밀접한 관련을 맺었다. 전승과정에서의 구체적인 수수관계에 대하여는 이후 각 작품을 다루면서 상술하겠다.

3.2.1.2. 「홍도」(1918)

작자 미상의 「홍도」는 1918년 8월 1일자 『신한민보』에 순우리말로 실린 작품이다. 해당 신문의 '젼긔'란에 실려 있어 작가 또는 편집자가 이 작품을 전기문학으로 인식하고 있었음을 알 수 있다.

이 작품은 한문현토체로 된 「정생처홍도」의 순우리말 번역본에 가깝다. 정생과 홍도의 인물소개, 퇴혼 사유, 방수군관이라는 군직, 정생의 생존 소식을 전한 패잔병, 홍도 일행 삼인의 남복 착용, 2차 조난사건의 구체적인 상황, 후일담 등이 동일하다. 「정생처홍도」를 원텍스트로 삼아 번역하여 기본적인 서사의 골격을 그대로 따르고 있다.

하지만 작가 나름으로 각색하며 창의를 발휘한 부분들이 다수 있기 때문에 단순한 번역에 그치지 않은 작품인 것은 분명하다. 홍도 일행이 조선·중국·일본 삼국의 의복을 준비하고 떠난 것에 대해 "당시 듕일 량국은 관금이 열리지 못하야 외국인을 보면 문득 히함을 막고져 함이더라"라는 설명을 덧붙이면서 서사 중간에 작가가 직접적으로 개입하거나, 2차 조난 시에 홍도 일행이 '가지고 있던 총'을 사용하여 사냥을 하는 것으로 설정한 점 등은 작가 당대의 시대성을 반영한 새로운 면모들이다. 그리고 위기가 닥쳤을 때나 기적적으로 구조되었을 때와 같은 극적인 상황마다 홍도가 며느리를 품에 안으며 이야기한다거나 역경 가운데서도 며느리가 홍도를 지극한 정성으로 섬기는 모습으로 묘사함으로써 친모녀와 같은 고부관계를 새롭게 그려낸 것은 이 작품만의 독창적인 점이다.

또 무엇보다 홍도 서사 전승의 관계망에 있어서 이 작품 「홍도」에 대해 주목할 만한 점은 이 작품이 「정생처홍도」를 계승하면서 동시에 1930년대의 후속 작품들이 서사를 변형 확장해 나가는 데에 많은 영감을 제공했다는 사실이다. 정생이 부하를 거느리고 양원의 지휘를 받는 설정, 정생과 홍도가 군중에서 함께 생활하는 모습, 정생과 홍도가 재회 후 항주에 머물러 살게 된 이유, 홍도 일행이 2차 조난 후 재삼 향해하다가 또다시 양식이 떨어졌을 때의 행동 등이 기존 서사에 없던 것들인데 이 작품에서 새로이 추가된 이후 후속 작품들에서 활발하게 확대 변형되어 나갔다. 이에 대한 구체적인 사항은 각 작품을 다루면서 상술하겠다.

3.2.1.3. 「만리성부부상봉 입년후부녀중회」(1923)

「만리성부부상봉 입년후부녀중회」는 송순기가 엮은 야담집 『기인기사록』 하권(1923)[8]에 실린 국한문혼용체 야담이다. 이 작품은 한문현토체인 「정생처홍도」를 국한문혼용체로 번역한 것이다. 두 작품의 시작부분과 끝부분을 예로 들면 다음과 같다.

> 鄭生者ㄴ 南原人이니 失其名이라 少時에 工吹簫善歌唱ᄒᆞ며 意氣豪宕不羈ᄒᆞ야 以俠聞이러니 同郡張氏ㅣ 有女名紅桃ㅣ 姿色絶美ᄒᆞ고 才德賢淑이라 生이 爲求婚於張ᄒᆞᆫᄃᆡ 張이 許之러니 (중략) 年俱八十餘에 朝廷이 聞之ᄒᆞ고 爲召見賜爵僉中樞云이러라(「鄭生妻紅桃」)
>
> 南原地에 鄭生이란 者가 有하니 少時에 吹簫에 工하고 歌唱을 善히 하며 又 意氣가 豪宕하야 小節에 不拘하야 俠客의 氣가 有하더니 同郡 張氏 家에 紅桃라는 閨養이 有하야 姿色이 絶美하고 德性이 賢淑한지라 生이 張에게 婚을 求하야 婚約이 旣히 成立하얏는대 (중략) 其後 鄭生의 年이 八十餘에 朝廷에서 此를 聞하고 召見한 後에 僉知中樞의 爵을 賜하니라(「萬里城夫婦相逢 廿年後父女重會」)

위에 보이는 바와 같이 작품의 시작과 끝이 「정생처홍도」를 그대로 옮겨놓은 것임을 알 수 있다. 이뿐만 아니라 작품 중간에 몇 군데의 문구만 다르고 작품 말미에 사평이 없을 뿐 작품 전체가 「정생처홍도」와 거의 일치한다.

다만, 온 가족이 재회하는 장면에 "當初 夢眞의 妻는 生한 지 未朞하야 其父를 別하얏는대 무릇 二十年 後에 相逢함을 得하얏더라 擧家가 歡樂하야 一大慶宴을 設하고 鄰里鄕黨을 大會하니"라는 새로운 사건을 추가하였는데 이는 「만리성부부상봉 입년후부녀중회」라는 제목에서 볼 수 있는 바 이 작품이 '부부상봉'과 '부녀재회'라는 두 가지 사건 모두에 의미를 부여한 것과 관련이 있다. 기존의 홍도 서사에서는 상대적으로 소홀히 다루어지던 부녀재회 사건에도 주목하여 부각시킨 점이 이 작품의 독특한 점이다. 그리고 몇 가지 사건에 대한 기술 중에는 짧은 문구이긴 하지만 이 작품만의 독창적인 내용이 몇 군데 삽입되어 있는데 이에 대하여는 앞으로 후속 작품을 다루면서 상술하겠다.

3.2.1.4. 「순정비화 홍도의 일생」(1920년대)

현병주(1880~1938)의 「순정비화 홍도의 일생」은 순우리말 문체를 사용하여 18개의 장으로 구성된 중편 소설이다. 현재까지 1953년 세창서관 판본만 확인된 상태라서 정확한 창작 시기는 알 수 없다. 하지만 작가가 1938년에 사망했으므로 그 이전에 창작된 것임은

8) 송순기, 『기인기사록 下』, 간호윤 옮김, 보고사, 2014.

자명하다. 선행연구에서는 이 작품의 창작 시기가 '1920년대 후반기'로 추정된 바 있다.[9] 이를 수용하여 그 이전까지의 홍도계 서사 작품들과 비교해보면 「정생처홍도」 또는 그 번역본인 「홍도」(1918)와 유사한 서사 골격을 갖고 있는데 그 중에서도 「홍도」에만 보이는 내용들이 서로 유사한 점으로 볼 때 「순정비화 홍도의 일생」은 「홍도」를 적극적으로 수용하였음을 알 수 있다. 이를 표로 정리하면 다음과 같다.

〈표 12-4〉 「순정비화 홍도의 일생」과 기존 홍도계 서사 작품의 상관성

「純情祕話 紅桃의 一生」	기존 작품과의 상관성
정생이 방수군관이 된 사연	「홍도」를 확대
정생과 홍도의 군중 생활	「홍도」를 확대
홍도 부부의 절강 정착 이유	「홍도」를 확대

그런데 이 작품은 1953년 이전의 간행물이 발견되지 않았기 때문에 과연 이 작품이 1953년 이전에 출간된 것인지를 알 수 없는 상황이다. 따라서 이 작품과 1930년대의 홍도계 서사 작품 사이의 영향관계를 논하는 것은 적절치 않으므로 아래에서 그 비교분석은 생략하겠다.

3.2.2. 1930년대 : 근대 야담과 역사소설

1930년대에 출현한 홍도계 서사 작품들은 대체로 장편화와 소설화의 특징을 지닌다. 중·장편의 대중역사소설로 작품화되어 근대적 매체인 신문과 야담전문잡지에 연재되었다. 중·장편 소설의 경우 작품들마다 기존의 홍도 서사를 계승한 측면 외에 작품의 편폭이 대거 증가하면서 다른 서사 작품들을 수용하기도 하고 독자적으로 창의성을 발휘한 요소들도 상당히 많다. 그러나 본고에서는 홍도계 서사의 계보를 파악하고자 하는 목적에 집중하기 위하여 각 작품 직전까지의 선행 홍도계 서사 작품들과의 상관성에만 초점을 맞추어 작품을 분석하여 논의를 진행하겠다.

9) 장연연, 앞의 논문, 70.

3.2.2.1. 『춘도기우』(1932~33)

이보상의 『춘도기우』는 1932년 4월 9일부터 1933년 10월 4일까지 『매일신보』에 총 413회에 걸쳐 연재된 한문현토체 소설이다. 이 작품은 30회로 이루어진 장회체 장편소설이다. 이전까지의 홍도계 서사 작품들이 모두 단편이었던 것과는 판이하게 획기적으로 편폭이 증가한 것이 주목할 만하다. 또한 이 작품은 장르적으로도 변환을 시도하여 야담이 아니라 역사소설로 창작되었다.

『춘도기우』는 역사연의 영웅군담소설의 성격을 지녔지만 서사의 골격은 홍도 서사를 근간으로 하고 있으며, 주로 「紅桃」(1621), 「정생처홍도」(1916), 「홍도」(1918)를 수용하여 변주하였다. 그중에서도 가장 큰 영향을 받은 것은 「정생처홍도」이다. 특히 『춘도기우』는 재능있는 인재를 등용하지 않은 것이 조선과 명나라의 멸망의 주요 원인이라는 역사인식을 작품화하였는데 이것은 「정생처홍도」를 포함한 『일사유사(逸士遺事)』 서문에서 밝힌 바 조선의 차별적인 인재등용의 폐단을 비판하면서 재능있는 일사들의 일화를 소개하고자 하는 장지연의 역사인식 및 창작의도와 일치하는 것이다. 이보상은 장지연의 작가의식에서 자극받고 그러한 문제의식을 『춘도기우』를 통해 작품으로 펼쳐보인 것으로 판단된다. 이 작품과 기존의 홍도계 서사 작품과의 상관성을 표로 정리하면 다음과 같다.

〈표 12-5〉 『춘도기우』와 기존 홍도계 서사 작품의 상관성

『春桃奇遇』	기존 작품과의 상관성
홍도의 성은 장씨	「정생처홍도」와 동일
정원춘의 뛰어난 활쏘기 실력	「紅桃」의 활 쏘는 군인이라는 설정을 확대
정원춘이 기생들과 즐기는 모습을 못마땅하게 여긴 장인이 퇴혼하고자 함	「정생처홍도」에서 방탕함을 이유로 장인이 퇴혼하고자 한 설정을 확대
정원춘이 남원에서 양원을 보좌함	「홍도」에서 부하를 거느리고 양원의 지휘를 받는다는 설정을 확대
정원춘과 장홍도가 군중에서 함께 활약하고 밤에는 시주를 주고받으며 생활함	「홍도」에서 부부가 군중에서 낮에는 말 타고 왜병을 추격하고 밤에는 한 장막에서 동침한다는 설정을 확대
귀환과정에서 홍도 일행의 십사일생	「정생처홍도」에서의 2차 조난을 더욱 확대
홍도 일행이 양식이 떨어져 배 위에서 탈진하여 쓰러진 상태에서 구조됨	「홍도」에서 양식이 떨어져 키를 놓고 세 사람이 서로 의지하여 죽기를 기다리다가 구조된 설정을 확대

3.2.2.2. 「남만선상의 상사루」(1935)

신정언의 「남만선상의 상사루」는 야담전문잡지인 『월간야담』 1935년 3월호(6호)와 4월호(7호)에 상하편으로 연재된 작품이다. 이 작품은 순우리말 문체를 사용하면서도 형식적인 면에서는 전통적인 장회체 소설의 형식을 갖추고 7회로 구성된 중편의 야담형 역사소설이다.[10] 홍도 서사를 근간으로 서사의 골격이 짜여져 있으나 부정적인 양원과 명나라 군사 이미지의 형상화 및 양원과 정생의 갈등 설정 등은 앞서 출현한 여타의 홍도계 서사 작품들에서 볼 수 없었던 새로운 요소로서 주목할 만한 점이다. 다만 여기서는 이 작품과 기존의 홍도계 서사 작품과의 상관성에만 논의의 초점을 맞추어서 이를 표로 정리하면 다음과 같다.

〈표 12-6〉 「남만선상의 상사루」와 기존 홍도계 서사 작품의 상관성

「南蠻船上의 相思淚」	기존 작품과의 상관성
편사에서 정생이 우승하자 남원부사가 중매하여 홍도와의 결혼이 성사됨	『春桃奇遇』의 편사 우승을 변주
인걸지령(人傑地靈)에 의거한 여주인공 인물소개	『春桃奇遇』의 人傑地靈에 의거한 남녀주인공 인물 소개를 확대
정생이 홍도를 찾아 걸식하며 중국 각지를 돌아다니다가 절강에 이르러 천궁 도주에게 의탁함	「紅桃」를 확대
홍도와의 재회 직전 정생의 서호십경, 절강십경 유람	「歷三國一家團聚」에서 정생의 중국 유람 수용
홍도가 남만선을 타고 유럽까지 편력함	『春桃奇遇』에서 홍도가 하란선을 타고 유럽까지 편력한 것 수용

3.2.2.3. 『眉愁』(1935)

윤백남의 『미수』는 『동아일報』에 1935년 4월 1일부터 9월 20일까지 총 115회 연재된 작품이다. 이 작품은 기존 홍도 서사의 중심인물과 앞부분의 주요 사건을 가져다가 이를 바탕으로 삼되 전혀 새로운 이야기로 전개되는 것이 특징이다.[11] 장편소설로 재창작하는 과정에서 기존의 다양한 고전 서사 작품들을 혼합하였고 거기에 작가의 독특한 역사인식을 가미하여 재구성한 대중역사소설이다. 기존의 홍도계 서사 작품 가운데서는 「남만선상의 상사루」 및 『춘도기우』와 매우 밀접한 관계를 맺고 있다. 이를 표로 정리하면 다음과 같다.

10) 신태수, 「1930년대 고전 서사의 근대적 리텔링 양상-홍도 서사를 중심으로」, 282.
11) 신태수, 「『眉愁』의 재창작 양상」, 63-96.

〈표 12-7〉『미수』와 기존 홍도계 서사 작품의 상관성

「眉愁」	기존 작품과의 상관성
정도령과 김홍도의 합주	『春桃奇遇』를 변주
정도령과 홍도의 일견종정과 연서	「南蠻船上의 相思淚」의 일견종정을 확대 변주
정도령의 뛰어난 활쏘기 실력과 돌팔매질	『春桃奇遇』를 확대 변주
편사에서 정도령이 우승하자 남원부사가 중매하여 홍도와의 결혼이 성사됨	「南蠻船上의 相思淚」를 확대
부정적인 양원과 명나라 군사 이미지의 형상화	「南蠻船上의 相思淚」를 확대
전라도 백성들의 4가지 원망	「南蠻船上의 相思淚」의 5가지 원망 수용
양원과 정생의 갈등 및 양원의 야욕	「南蠻船上의 相思淚」의 양자 갈등을 확대 변주

3.2.2.4. 「국제기연」(1936)

신영철의 「국제기연」은 『매일신보』 '야담(野談)'란에 1936년 5월 21일, 28일, 6월 5일 총 3회 연재된 근대야담이다. 연재 당시 각 회의 제목이 1회에는 '國際奇緣', 2회에는 '鄭生과 紅桃', 3회에는 '男裝麗人(國際奇緣의 續)'으로 각각 다른 것이 특이하다. 3회에 걸쳐 연재되기는 하였으나 작품 전체의 분량은 단편에 해당한다.

「국제기연」은 야담집인 『기인기사록』 하권(1923)에 실린 국한문혼용체 야담 「만리성부부상봉 입년후부녀중회」를 이야기식으로 풀어서 쓴 작품이다. 앞에서 살펴 보았듯이 「만리성부부상봉 입년후부녀중회」는 본래 한문현토체인 「정생처홍도」를 국한문혼용체로 번역한 작품이지만 「국제기연」은 「정생처홍도」를 포함한 여타의 홍도계 서사 작품에는 없는 「만리성부부상봉 입년후부녀중회」만의 독특한 내용까지도 일치하기 때문에 「만리성부부상봉 입년후부녀중회」를 원텍스트로 삼은 것이 확실하다. 몇 가지 예를 들면 다음과 같다.

〈표 12-8〉「국제기연」과 「만리성부부상봉 입년후부녀중회」의 상관성

부친을 설득하는 홍도의 말	「鄭生妻紅桃」	婚姻者ᄂᆞᆫ天所定也라 旣已定日ᄒᆞ고 而背之면 不祥이라 願歸初定之人ᄒᆞ노이라
	「萬里城~」	婚姻이란 것은 天이 定한 바이라 旣히 其 柱單을 受하고 又 吉日ᄶᅡ지 定한 以上에 今에 忽然히 此를 背하면 人에게 信을 失할 ᄲᅮᆫ 아니라 又 小女는 旣히 鄭家의 人이 된 以上에 此를 背하고 他에 適하면 此는 再婚과 無二할지니 찰아리 死할지언정 此等 失節의 行은 爲치 아니하겟노이다
	「國際奇緣」	아버지— 혼인이라는 것은 원래 연분이 잇는 것이라 벌서 사주를 밧고 택일ᄶᅡ지 정한 이상에 새삼스럽게 파혼을 한다면 신의가 업슬ᄲᅮᆫ 아니라 제가 한번 정씨의 집에 약속을 허락하고 ᄯᅩ다시 다른 데로 시집을 간다면 그것은 재혼하는 것이나 마찬가지이니 죽으면 죽엇지 그와 가튼 실절하는 짓은 하지 못하겟습니다
절강 정착 이유	「鄭生妻紅桃」	없음
	「萬里城~」	臨時의 策으로 浙江에 寓居하니
	「國際奇緣」	임시책으로 절강에 우거를 정하고 잇으니
육지에 상륙한 홍도 일행 묘사	「鄭生妻紅桃」	없음
	「萬里城~」	陸에 上하니 맛치 萬仞坑塹 中에서 出하야 極樂界에 上함과 如한지라
	「國際奇緣」	비로소 상륙을 하고보니 그동안이 무려 수십일이요 모든 고초와 싸우든 일을 생각하면 만인 갱참에서 소사나와 극락세계에나 올라간 듯 그의 깃붐은 비할 데가 없섯습니다

3.3. 현대 : 전통야담 국역본과 구비설화

해방 이후 현대에 이르러서는 한문과 완전히 결별하고 한글전용이 보편화되면서 한문본은 그 자체로는 유통되지 못하고 국역본이 이를 대신하게 되었다. 새로운 한글세대를 위한 전통 계승의 차원에서 고전번역사업이 진행되어 고전서사의 명맥이 이어지고 있다. 또 다른 한편으로 우리말 문학인 구비문학의 강한 생명력은 늘 시대와 호흡을 같이하면서 끊임없이 새로운 구비서사 작품들을 생성하면서 전승해나가고 있다.

현대의 홍도계 서사 작품에는 이은상이 엮은 야담집 『한국야담사화전집』 2권(1959)에 실린 「정생(鄭生)과 홍도(紅桃)의 표랑(漂浪)」[12]과 유몽인의 『어우야담』 소재 「紅桃」를 현대어로 번역한 「행복 찾은 정생 일가」(1981)[13]를 비롯한 다양한 번역본들이 있다. 또한

12) 이은상 편, 『韓國野談史話全集』 2, 동국문화사, 1959, 290-295.
13) 이호일 편, 『우리 고전의 향기』 3, 민족문화추진회, 1981, 13-31.

1983년 강원도에서 채록되어 『한국구비문학대계』에 실린 「아내의 정조를 뺏은 양오 원수 갚기」가 있다.

우선 「정생(鄭生)과 홍도(紅桃)의 표랑(漂浪)」을 보면, 작품 끝에 『동야휘집』이 출처로 적혀 있다. 그러나 실제 내용을 살펴보면 『동야휘집』에 실린 홍도 서사인 「역삼국일가단취」와는 다르다. 정생의 중국 명승지 유람이 없는 점, 그리고 정생이 퉁소로 '사군조(思君調)'를 불렀다고 한 것 등이 일치하는 점으로 볼 때 오히려 「정생처홍도」와 유사하다. 「정생처홍도」와는 단지 표현 문체가 다르고, 시작과 끝 부분만 다를 뿐이다. 즉, 「정생(鄭生)과 홍도(紅桃)의 표랑(漂浪)」에는 정생과 홍도의 결연 과정 및 몽석을 낳기까지의 내력이 생략되고 곧바로 임진왜란 때 명나라 총병 양원이 남원을 지키고 있었다는 진술로부터 작품을 시작하였으며, 끝부분에 후일담과 사평이 없다는 차이가 있을 뿐이다. 따라서 이 작품은 이은상이 「정생처홍도」를 참조하여 지은 것임을 알 수 있다. 이은상의 「정생(鄭生)과 홍도(紅桃)의 표랑(漂浪)」은 동일한 작품이 여러 출판사에 의해 출판되었다.

「행복 찾은 정생 일가」는 유몽인의 「紅桃」를 현대어로 번역한 작품이다. 한문으로 된 원문에 충실하면서 현대적인 문장 표현법을 사용하였을 뿐 서사적인 면에서의 변화는 전혀 시도하지 않았다. 이러한 작품은 새로운 이본이라고 할 수는 없는데 기타 현대의 여러 국역본들도 여기에 해당한다.

「아내의 정조를 뺏은 양오 원수 갚기」는 강원도 영월군 영월읍에서 김진홍의 제보로 1983년 5월 24일에 채록된 설화이다. 이 작품의 경개는 이러하다. 임진왜란 때 하급장교의 아내 홍도는 뛰어난 미모로 소문이 났다. 정유재란 때 조선에 온 명나라군의 대장 양오는 홍도의 소문을 듣고는 귀국할 때 홍도 부부를 생포해 간다. 남경에 주둔한 양오가 정절을 지키며 복종을 거부하는 홍도 앞에서 남편을 살해하려 하자 홍도는 정절을 희생하여 남편을 석방시킨다. 이튿날 산속으로 달아나다가 만난 노인으로부터 삼 년 동안 무예를 전수받은 홍도는 밤중에 양오의 진에 숨어든다. 그 순간, 역시 어느 도사로부터 무예를 전수받고 나타난 남편과 함께 양오의 목을 쳐서 죽인다. 그러고는 두 내외가 무사히 귀국한다.

이 작품은 홍도계 서사에 속하는 구비설화이지만 그 내용은 장편소설 『미수』(1935)를 바탕으로 삼은 것이어서 매우 독특하다. 비록 세부적인 면에서는 다소 차이가 있으나 전체적으로는 마치 『미수』를 축약해 놓은 듯 서사의 골격이 흡사하다. 소설에서 구비설화로 장르적 전환을 이룬 흥미로운 사례로서, 홍도 서사의 전승과정에 있어서 주목할 만한 현상이다.

4. 결론

본고는 계보학의 관점에서 홍도계 서사 작품들 사이의 관계를 비교분석함으로써 홍도 서사 전승의 계보를 밝히기 위해 논의를 진행하였다. 지금까지 이루어진 논의를 토대로 이제 홍도 서사의 계보를 그림으로 나타내면 다음과 같다. 이 계보도는 1621년의 「紅桃」를 기준으로 삼고, 후속 작품들의 서사가 변화한 편폭을 그림 중앙의 수직선 축으로부터 좌우로 멀고 가까움의 거리로써 표시하였다.

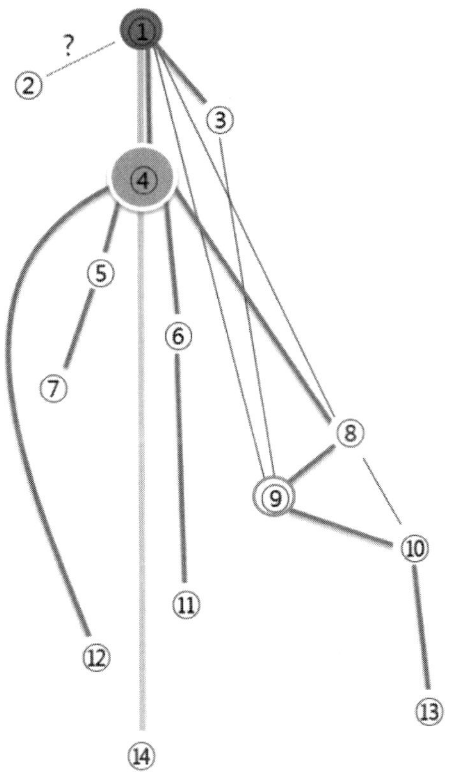

① 1621「紅桃」

② 1674「紅桃傳」

③ 1869「歷三國一家團聚」

④ 1916「鄭生妻紅桃」

⑤ 1918「홍도」

⑥ 1923「萬里城夫婦相逢 卄年後父女重會」

⑦ (?)「純情祕話 紅桃의 一生」

⑧ 1932~3『春桃奇遇』

⑨ 1935「南蠻船上의 相思淚」

⑩ 1935『眉愁』

⑪ 1936「國際奇緣」

⑫ 1959「정생(鄭生)과 홍도(紅桃)의 표랑(漂浪)」

⑬ 1983「아내의 정조를 뺏은 양오 원수 갚기」

⑭ 현대 국역본들

〈그림 12-1〉 홍도 서사의 계보도

이와 같은 홍도 서사의 계보에서는 두 가지의 특징적인 현상이 발견된다. 하나는 근대 이후의 홍도계 서사 작품들에 끼친 영향은 유몽인의 「紅桃」(1621)보다 장지연의 「정생처 홍도」(1916)가 훨씬 더 컸다는 사실이다. 이것은 근대적 신문이라는 매체의 영향력 때문으로 판단된다.

다른 하나는 부단한 장르교섭 현상이다. 주지하는 바와 같이 한국문학사에서는 설화에서 소설로 발전하였다는 진화론적 인식이 일반적이다. 그러나 문학사의 현실은 그렇게 한 방향으로만 흐르지 않았고 부단한 장르교섭을 통해 서사가 여러 장르를 넘나들면서 발전해나왔다. 그러한 움직임은 지금도 진행중이다. 홍도 서사의 전승과정에서 이루어진 활발한 장르교섭과 그 계보는 이러한 문학사의 실상을 명확히 보여준다.

고전소설의 스펙트럼

2023년 9월 1일 발행

저 자 신태수

발행처 한남대학교 탈메이지교양·융합대학(글누리)
대전광역시 대덕구 한남로 70
(042)629-7722

인쇄처 학예커뮤니케이션
(042)625-1821

ISBN 978-89-7066-420-0 03800

<정가 18,000원>